Die Entwicklung des Wasserrechts in Preußen im 19. Jahrhundert –
Zugleich ein Beitrag zur Frage der Fortgeltung
alter Rechte nach § 20 WHG

Rechtshistorische Reihe

Band 483

Zur Qualitätssicherung und Peer Review der vorliegenden Publikation

Die Qualität der in dieser Reihe erscheinenden Arbeiten wird vor der Publikation durch einen der Herausgeber der Reihe geprüft.

Notes on the quality assurance and peer review of this publication

Prior to publication, the quality of the work published in this series is reviewed by one of the editors of the series.

Nadja Straub

Die Entwicklung des Wasserrechts in Preußen im 19. Jahrhundert – Zugleich ein Beitrag zur Frage der Fortgeltung alter Rechte nach § 20 WHG

PETER LANG

Bibliografische Information der Deutschen Nationalbibliothek
Die Deutsche Nationalbibliothek verzeichnet diese Publikation in der Deutschen Nationalbibliografie; detaillierte bibliografische Daten sind im Internet über http://dnb.d-nb.de abrufbar.

Zugl.: Trier, Univ., Diss., 2018

Die vorliegende Arbeit wurde von Prof. Dr. Franz Dorn zur Aufnahme in die Reihe empfohlen.

Umschlagabbildung:
Justitia. Allegorie der Gerechtigkeit. Druck aus dem 17. Jahrhundert.

D 385
ISSN 0344-290X
ISBN 978-3-631-79041-0 (Print)
E-ISBN 978-3-631-79141-7 (E-PDF)
E-ISBN 978-3-631-79142-4 (EPUB)
E-ISBN 978-3-631-79143-1 (MOBI)
DOI 10.3726/b15692

Peter Lang – Berlin · Bern · Bruxelles · New York · Oxford · Warszawa · Wien

Diese Publikation wurde begutachtet.

www.peterlang.com

Vorwort

Die vorliegende Arbeit wurde im Wintersemester 2017/2018 vom Fachbereich Rechtswissenschaft der Universität Trier als Dissertation angenommen.

Mein besonderer Dank gilt meinem Doktorvater Prof. Dr. Dorn, der mich während des gesamten Vorhabens engagiert betreute, förderte und konstruktiv mit mir diskutierte. Sehr herzlich danken möchte ich ihm auch für die fachlich und menschlich sehr bereichernde Zeit, in der ich als wissenschaftliche Mitarbeiterin an seinem Lehrstuhl für Bürgerliches Recht und Deutsche Rechtsgeschichte tätig war. Bei Prof. Dr. Reinhardt möchte ich mich für die zügige Erstellung des Zweitgutachtens bedanken.

Auch bei den Mitarbeiterinnen und Mitarbeitern des Lehrstuhls Dorn möchte ich für die angenehme Zusammenarbeit und die Hilfsbereitschaft bedanken. Ganz besonders danke ich in diesem Zusammenhang meinem Kollegen Matthias Schneider. Mein Dank gilt ferner meinem Kollegen Constantin Willems für seine Hilfe bei der Korrektur des Manuskripts.

Schließlich danke ich von ganzem Herzen meinem Mann Torsten und meinen Eltern, die mich unermüdlich unterstützt, ermutigt und bestärkt haben. Ihnen ist diese Arbeit gewidmet.

Inhaltsverzeichnis

A. Einleitung

Wasser ist die Lebensgrundlage. Es dient als Nahrungsmittel, Rohstoff und als Betriebsmittel u.a. zur Energiegewinnung. Wasser ist eine natürliche Ressource, deren Vorkommen begrenzt ist. Ziel des Wasserhaushaltsgesetzes ist es, durch eine nachhaltige Gewässerbewirtschaftung in ökologischer Hinsicht den Wasserschatz und die Möglichkeit seiner Nutzung zu schützen und zu erhalten. So formuliert § 1 WHG, dass es Zweck des Wasserhaushaltsgesetzes ist, durch eine nachhaltige Gewässerbewirtschaftung die Gewässer als Bestandteil des Naturhaushalts, als Lebensgrundlage des Menschen, als Lebensraum für Tiere und Pflanzen sowie als nutzbares Gut zu schützen. Die an den verschiedenen Nutzungszwecken orientierten privaten und öffentlichen Interessen zur Gewässernutzung bergen ein hohes Konfliktpotential, welches mit dem steigenden Bedarf an Wasser, der technischen Weiterentwicklung, der Gefahr der Verunreinigung der Gewässer sowie den größeren wirtschaftlichen Risiken weiter anwächst und sich verschärft[1]. Um dennoch eine geordnete, mit den Zielen des WHG zu vereinbarende Gewässerbewirtschaftung zu ermöglichen, unterliegen die Benutzungen der Gewässer dem Gestattungssystem des Wasserhaushaltsgesetzes. Innerhalb dieses Systems nehmen jene Nutzungen, die auf der Aufrechterhaltung alter Rechte und Befugnisse nach § 20 WHG beruhen, eine Sonderstellung ein.

I. Zielsetzung

§ 20 WHG normiert unter den noch darzulegenden Voraussetzungen die Fortgeltung alter Rechte und Befugnisse, so dass diese weiterhin Bestandteil des heutigen Wasserrechtssystems sind. Die Aufrechterhaltung der alten Rechte und Befugnisse sowie die damit einhergehende Sonderstellung derselben bieten Anlass, sie einer genaueren Betrachtung zu unterziehen, um sie aus dem rechtshistorischen Kontext heraus zu verstehen und in das heutige System einordnen zu können.

Ziel der Arbeit ist es, die historische Entwicklung des Wasserrechts in Preußen zu untersuchen, nachzuzeichnen und sich mit der Ausgestaltung der alten Nutzungsrechte und Befugnisse an Gewässern in Preußen aus den vergangenen Jahrhunderten zu beschäftigen. Es interessiert dabei insbesondere, welche

---

1 *Breuer,* Öffentliches und privates Wasserrecht, Rn. 1.

Rechtsqualität, Beständigkeit, rechtliche Grundlage und welchen Inhalt die alten Rechte hatten.

Im Rahmen der rechtshistorischen Betrachtung, die den Schwerpunkt der Arbeit bildet, stehen Fragen und Probleme hinsichtlich des Erwerbs, Verlusts und Inhalts der Nutzungsrechte an Gewässern sowie das Verhältnis der verschiedenen Nutzungsrechte zueinander im Vordergrund. Es wird dargestellt, welche Möglichkeiten sich im 19. Jahrhundert boten, ein Wassernutzungsrecht zu erwerben, welche gesetzlichen Anforderungen für die Ausübung des Nutzungsrechts zu erfüllen, welche „behördlichen" Verfahren zu durchlaufen waren. Auch die Frage der Qualität des gewährten Rechts, d.h. auf den mit ihm verbundenen Schutz gegen staatliche Eingriffe oder Ansprüche Dritter, soll behandelt werden. Neben der Frage des Gebrauchs von Wasser finden auch Regelungen zur Entwässerung und zur Vorflut Eingang in die Betrachtung, da mit der Gewässerunterhaltung verbundenen, aus der Gewässernutzung entstehenden Pflichten ebenfalls für die Entwicklung des Wasserrechts von Bedeutung sind.

Hinsichtlich des Allgemeinen Preußischen Landrechts, das den Ausgangspunkt der Betrachtung bildet, wird aufgezeigt, welche Lehren für das Wasserrecht aus dem dem Gesetzbuch vorausgehenden Müller-Arnold-Prozess gezogen wurden und ob und inwieweit sich diese im Verlauf des 19. Jahrhunderts weiterentwickelt und gewandelt haben.

Im Rahmen dieser Arbeit soll zudem am Beispiel des Wasserrechts verdeutlich werden, wie sich im Verlaufe des 19. Jahrhunderts allmählich das Verwaltungsrecht entwickelte und ausbildete. Dabei ist auch die Frage der Kontinuität von Interesse, d.h. inwieweit sich Elemente und Vorläufer des Gestattungssystems des aktuellen WHG in den rechtlichen Regelungen der preußischen Wassergesetzgebung finden lassen.

Im Rahmen eines Ausblicks werden die Voraussetzungen des § 20 WHG erörtert und vor dem Hintergrund der zum geplanten Umweltgesetzbuch erfolgten politischen Diskussion, die in §§ 15–17 WHG a.F. enthaltenen Regelungen zur Weitergeltung alter Rechte und Befugnisse abzuschaffen[2], und der damit verbundenen Entstehungsgeschichte des § 20 WHG aufgezeigt, ob die aufrechterhaltenen Rechte und Befugnisse aus dem 19. Jahrhundert sich noch in das heute geltende System des Wasserrechts einfügen, ob und inwieweit also ihre Aufrechterhaltung rechtlich geboten erscheint. In diesem Zusammenhang soll zudem erörtert werden, ob und unter welchen Voraussetzungen eine Aufhebung dieser alten Sonderrechte durch Anpassung an das bestehende System angesichts

2 *Czychowski/Reinhardt,* WHG Kommentar, § 20 Rn. 1.

des von Art. 14 GG gewährten Schutzes möglich gewesen wäre bzw. nach dem geltenden Recht möglich ist.

II. Verortung des Themas

1. Zeitliche Einordnung

In zeitlicher Hinsicht beginnt die Betrachtung des historischen Wasserrechts mit dem Inkrafttreten des Allgemeinen Preußischen Landrechts 1794, das den Beginn des Kodifikationsprozesses zur Vereinheitlichung des Wasserrechts auf preußischem Gebiet markiert, und endet mit dem Erlass des Preußischen Wassergesetzes 1913, das den Schlusspunkt der Entwicklungsgeschichte des preußischen Wasserrechts setzt. Das ALR war der erste Versuch in Preußen, die sich aus dem Gemeinen Recht entwickelten Gewässernutzungsrechte einheitlich zu erfassen und zu regeln. Zwar hatte es im 18. Jahrhundert bereits erste Ergebnisse auf dem Gebiet der wasserrechtlichen Gesetzgebung gegeben, so z.B. das *Edikt wegen deren Wasserleitungen und Brüchern und Niederungen vom 25.02.1704*[3] und das *erneuerte Edikt wegen zu verschaffender Vorfluth und Räumung der Gräben und Bäche vom 6.Juli 1773*[4], jedoch enthielten diese Edikte vornehmlich einzelne Regelungen zu Entwässerung und zum Schutz vor Wasser bzw. Überschwemmungen und kein Gesamtkonzept zur Nutzung der Gewässer. Auch wenn diese Bestimmungen teilweise mit dem Inkrafttreten des ALR bestehen blieben und erst 1913 durch das Preußische Wassergesetz abgeschafft wurden, sind sie nicht Gegenstand der Betrachtung, da es sich nur um Momentaufnahmen wasserrechtlicher Regelungen ohne ein einheitliches Konzept handelt. Sie wurden in einzelnen Gebieten erlassen, waren damit durch die territorialen Eigenheiten geprägt und fanden somit nicht im ganzen preußischen Staatsgebiet Anwendung.

Im Laufe des 19. Jahrhunderts unternahm Preußen verschiedene Reformversuche, Rechtseinheit im Wasserrecht zu erzielen. Gelungen ist dies erst durch Erlass des Preußischen Wassergesetzes von 1913, das die Zersplitterung des Rechtes beendete und den Schlusspunkt des langwierigen Reformprozesses zur Vereinheitlichung des Wasserrechts bildete[5], in dem es umfassend sowohl den öffentlich-rechtlichen als auch den privatrechtlichen Aspekt des Wasserrechts regelte. Der lange Weg zur Rechtsvereinheitlichung und damit zur

---

3 CCM, Theil 4, Abth. 2, IV Corp. Nr. X, Sp. 287 – 290.

4 NCC, Bd. 5, 1773, Nr. 34, Sp- 371–382.

5 *Hundertmark*, Die Rechtsstellung der Sondernutzungsberechtigten, S. 4.

Rechtssicherheit im 19. Jahrhundert verdient eine nähere Betrachtung, da sich an ihm aufzeigen lässt, wie sich Nutzungsrechte an Gewässern und das damit verbundene Gestattungssystem herausgebildet und weiterentwickelt haben. Anhand dieses Entwicklungsprozesses lässt sich beispielhaft zeigen, wie sich das heutige Verwaltungsrecht allmählich ausbildete und entstand.

2. Territoriale Einordnung

In territorialer Hinsicht wird als Schwerpunkt das Gebiet Preußens im Jahre 1794 zugrundegelegt, jedoch finden auch die im Laufe des 19. Jahrhunderts erworbenen Territorien und Gebietserweiterungen Eingang in die Betrachtung. Diese Einschränkung hat ihren Grund darin, dass mit der Annektierung der hinzugewonnenen Gebiete nicht automatisch eine Übernahme der in Preußen geltenden rechtlichen Regelungen einherging, sondern vielfach die ursprünglich in den hinzugewonnenen Territorien geltenden Regelungen für diese Gebiete beibehalten und nur teilweise durch preußische ergänzt oder ersetzt wurden. Um diese unübersichtliche Rechtslage darstellen zu können, ist es notwendig, ein Untersuchungsgebiet festzulegen, in dem sich eine klare Struktur für die Geltung der Regelungen erkennen lässt. Es bietet sich daher an, die Grenzen Preußens, die zum Zeitpunkt des Erlasses des ALRs bestanden, der Untersuchung zugrunde zu legen, da jedenfalls in diesen territorialen Grenzen die zentralen wasserrechtlichen Edikte des 19. Jahrhunderts, wie z.B. das *Gesetz wegen des Wasserstauens bei Mühlen und Verschaffung der Vorfluth von 1811* oder das *Gesetz über die Benutzung der Privatflüsse* von 1843, galten.

Aufgrund seines großen politischen Einflusses und der Tatsache, dass Ende des 19. Jahrhunderts über 70 % des Reichsgebiets preußisches Territorium war[6], beeinflusste die Gesetzgebung Preußens zum Wasserrecht sowohl die Wassergesetzgebung als auch die Rechtsprechung der anderen Staaten sowie die Versuche der Vereinheitlichung des Wasserrechts im Reich[7]. Das preußische Wassergesetz von 1913 bot damit eine mögliche Vorlage für Vorschriften des heutigen Wasserhaushaltsgesetzes. Die zersplitterten partikularrechtlichen Regelungen Preußens zum Recht der Gewässernutzung im 19. Jahrhundert sind ebenso wie die Gesamtentwicklung des preußischen Wasserrechts bis zur Rechtsvereinheitlichung 1913 insbesondere im Hinblick auf § 20 WHG wenig aufgearbeitet

6 *Frotscher/Pieroth,* Verfassungsgeschichte, Rn. 452; *Rönnau,* Die Beratungen des Wasserrechtsausschusses, S. 27.

7 *Rönnau,* Die Beratungen des Wasserrechtsausschusses, S. 27.

und dogmatisch untersucht worden. Die vorliegende Arbeit soll dazu beitragen, diese Lücke zu schließen.

3. Inhaltliche Abgrenzung

Der Begriff des Wasserrechts umschreibt alle Rechtsnormen, die die Rechtsverhältnisse an ober- und unterirdischem Wasser regeln.[8] Das Wasserrecht lässt sich dabei in Wasserwirtschaftsrecht, Wasserverkehrsrecht und Wasserwegerecht aufgliedern. Unter letzterem werden jene Normen verstanden, die die Nutzung von Gewässern als Verkehrswege und die Erhaltung der Verkehrsfunktion betreffen[9], insbesondere Regelungen zur Schifffahrt und den dazu nötigen Verkehrsanlagen[10]. Das Wasserverkehrsrecht hingegen dient dazu, Sicherheit, Schutz und Leichtigkeit des Verkehrs auf schiffbaren oberirdischen Gewässern sicherzustellen[11]. Das Wasserwirtschaftsrecht betrifft die Wassermengen- und Wassergüterwirtschaft[12]. Nach der Definition des BVerwG ist Wasserwirtschaft „die rechtliche Ordnung des Wasserhaushalts nach den Regeln einer „haushälterischen" Bewirtschaftung und dient dazu, den Wasserhaushalt vor schädlichen Einwirkungen zu schützen"[13]. Der Begriff des Wasserhaushalts umfasst dabei die natürlichen Prozesse in ober- und unterirdischen Gewässern als Bestandteil eines ökologischen Systems, welche einer rechtlichen Regelung nicht zugänglich sind. Durch das Wasserwirtschaftsrecht sollen menschliche Einwirkungen auf diese natürlichen Vorgänge, d.h. auf den Wasserhaushalt, reglementiert und das Gut Wasser erhalten, nachhaltig verwendet und ggf. auch vermehrt werden[14].

Den unterschiedlichen Aspekten des Wasserrechts lässt sich ein vielfältiges Spektrum an Nutzungen zuordnen. Der dem Wasserverkehrsrecht zuzuordnende Gebrauch der Gewässer, also ihre Verwendung als Verkehrswege und Wasserstraßen zur Schifffahrt, Flößerei und zum Fähren, ist im Wasserstraßengesetz des Bundes geregelt. Diese Art der Gewässernutzung hat keine wasserwirtschaftliche Bedeutung und wird daher in der vorliegenden Arbeit nicht näher behandelt. Gleiches gilt für die Fischerei, deren Ausübung im Seefischereirecht und Binnenfischereirecht näher ausgestaltet ist. Auch wenn die Beschaffenheit

8 *Schneider,* in: *Erler/Kaufmann (Hg.),* HRG Bd. 5, Sp. 1156; *Gieseke,* ZfW, 1964, 1, 2.
9 *Papier,* Recht der öffentlichen Sachen, S. 21.
10 *Stüer,* Handbuch des Bau- und Fachplanungsrechts, Rn. 3720.
11 *Stüer,* Handbuch des Bau- und Fachplanungsrechts, Rn. 3720.
12 *Pieroth* in: *Jarass/Pieroth,* Grundgesetz, Art. 74 Rn. 82.
13 BVerwGE 116, 175, 178, vgl. auch BVerfGE 15, 1, 15.
14 *Gieseke,* ZfW, 1964, 1, 6.

des Wassers, insbesondere seine Qualität und der Grad der Verunreinigung Einfluss auf die im Gewässer lebenden Tier- und Pflanzenpopulationen hat, so ist das Fischen jedoch kein Gebrauch des Wassers selbst, sondern nur eine Nutzung der im Wasser befindlichen Lebewesen. Zudem hat es keinen unmittelbaren Einfluss auf die Wasserbedarfs- und Gütewirtschaft, sondern beinhaltet lediglich Handlungsweisen, die sich mittelbar auf das Gewässer auswirken.

Die vorliegende Arbeit beschäftigt sich daher überwiegend mit Verwendungsarten, die das Wasserwirtschaftsrecht betreffen, denn diese sind im WHG (und den Wassergesetzen der Länder) geregelt und werden von § 20 WHG erfasst. Wasser bietet seit jeher vielfältige Möglichkeiten zum Gebrauch. Dazu zählen z.B. Wasserentnahme zur Bewässerung, Ableiten von Wasser zur Entwässerung, Wasserstauen, Gebrauch der Wasserkraft, Nutzung des Wassers zum Trinken, Waschen, Schwimmen, Tränken von Vieh.

Hinsichtlich der das Wasserwirtschaftsrecht betreffenden Nutzungen differenziert das WHG zwischen Benutzungen von Gewässern nach § 9 WHG und sonstigen Gewässernutzungen, wie z.B. § 35 WHG. Der Begriff der Wasserbenutzung beinhaltet bereits terminologisch ein unmittelbares Verwenden des Wassers selbst.[15] Dies zeigt sich auch in der Definition des § 9 Abs. 1 WHG, was heute unter Benutzung von Gewässern im Sinne des Wasserhaushaltsgesetzes zu verstehen ist. Darunter fällt das Entnehmen und Ableiten von Wasser aus oberirdischen Gewässern (Nr. 1), das Aufstauen und Absenken von oberirdischen Gewässern (Nr. 2), das Entnehmen fester Stoffe aus oberirdischen Gewässern, soweit sich dies auf die Gewässereigenschaften auswirkt (Nr. 3), das Einbringen und Einleiten von Stoffen in Gewässer (Nr. 4) sowie das Entnehmen, Zutagefördern, Zutageleiten und Ableiten von Grundwasser (Nr. 5). All diesen Benutzungsarten ist originär, dass sie sich entweder unmittelbar des Wassers bedienen oder zweckgerichtet auf die Gewässer selbst einwirken[16] mit dem Ziel, Zwecke zu fördern, die außerhalb der Gewässer liegen,[17] wie z.B. Bewässerung von Grundstücken oder Energiegewinnung. § 9 Abs. 2 WHG stellt Maßnahmen den Benutzungen gleich, die zwar auch auf Gewässer einwirken, jedoch nicht um des Wassers selbst willen, sondern durch Verfolgung eines anderen Handlungsziels[18], d.h. die Benutzung muss nicht zielgerichtet im Hinblick auf die

---

15 *Pape* in: *Landmann/Rohmer*, Umweltrecht, § 9 Rn. 13.

16 *Breuer*, Öffentliches und privates Wasserrecht, Rn. 207.

17 *Knopp* in: *Sieder u.a. (Hrsg.)*, Wasserhaushaltsgesetz, Stand: 2016, § 9 Rn. 19.

18 *Breuer*, Öffentliches und privates Wasserrecht, Rn. 207.

Wasserwirtschaft erfolgen,[19] wie z.B. Aufstauen, Absenken und Umleiten von Grundwasser durch Anlagen, die hierfür bestimmt oder geeignet sind (Nr. 1), oder Maßnahmen, die geeignet sind, dauernd oder in einem nicht nur unerheblichen Ausmaß nachteilige Veränderungen der Wasserbeschaffenheit herbeizuführen (Nr. 2). Neben der Benutzung der Gewässer nach § 9 Abs. 1 bzw. 2 WHG regelt § 25 WHG die Inanspruchnahme und Benutzung von Wasser zum Zwecke des Gemeingebrauchs. Dabei handelt es sich um wasserwirtschaftlich weniger bedeutsame, meist traditionelle Arten der Wasserbenutzung, wie z.B. Baden, Waschen, Schöpfen, Viehtränken und Schwemmen, die jedem ohne behördliche Gestattung erlaubt sind. § 26 Abs. 1 WHG regelt die Benutzung von Gewässern durch deren Eigentümer, § 26 Abs. 2 WHG durch den Anlieger bzw. den Hinterlieger.

Neben dieser im §§ 9, 25 und 26 Abs. 2 WHG benannten Arten der Benutzung von Gewässern kennt das WHG im Zusammenhang mit Wasserkraft (§ 35 WHG) auch den Begriff der Nutzung von Gewässern. Dieser Nutzungstatbestand ruft dabei Handlungsweisen hervor, die einen oder mehrere Benutzungstatbestände des § 9 Abs. 1 WHG erfüllen. Die Einwirkungen auf Gewässer, die beispielsweise notwendig sind, um die Wasserkraft zur Stromerzeugung nutzbar zu machen, erfüllen im Regelfall entweder alternativ oder kumulativ die Voraussetzungen des § 9 Abs. 1 Nr. 1 WHG (Entnehmen von Wasser) bzw. des § 9 Abs. 1 Nr. 2 WHG (Aufstauen von Gewässern),[20] so dass letztlich auch die im WHG speziell geregelten Nutzungen von Gewässern einem oder mehreren Benutzungstatbeständen des § 9 WHG zugeordnet werden können.

Nach § 9 Abs. 3 WHG bzw. § 67 Abs. 2 Satz 3 i.V.m. § 9 Abs. 3 WHG fallen Maßnahmen zur Unterhaltung – sofern keine chemischen Mittel eingesetzt werden – und Maßnahmen zum Ausbau der Gewässer sowie Deich-, Ufer- und Dammbau nicht unter den Benutzungsbegriff des WHG. Für den Gewässerausbau hat dies seinen Grund darin, dass nach § 8 Abs. 1 WHG Benutzungen von Gewässern im Sinne des § 9 Abs. 1 und 2 WHG einer Erlaubnis oder Bewilligung bedürfen, während dies für Maßnahmen zum Gewässerausbau nicht der Fall ist, da diese die Durchführung eines Planfeststellungs- bzw. Plangenehmigungsverfahrens erfordern, welches eine umfassendere Abwägung und einen besseren Ausgleich der von der Maßnahme betroffenen Interessen ermöglicht als dies über das Gestattungssystem der §§ 8 ff. WHG zu erreichen wäre.[21]

---

19 *Kerkmann* in: *Jeromin/Kermann*, Kommentar zum Landeswassergesetz Rheinland-Pfalz, § 25 LWG/§ 23 WHG, Rn. 6.

20 *Czychowski/Reinhardt*, WHG Kommentar, § 35 Rn. 6; *Reinhardt*, NuR, 2006, 205, 207.

21 *Czychowski/Reinhardt*, WHG Kommentar, § 9 Rn. 93.

Maßnahmen zur Gewässerunterhaltung bedürfen gemäß § 39 WHG keines Plangenehmigungs- bzw. Planfeststellungsverfahrens, so dass – anders als bei dem Gewässerausbau – keine vorhergehende behördliche Kontrolle stattfindet,[22] da diese Maßnahme – wenn überhaupt – nur geringe Auswirkungen auf Dritte bzw. andere Gewässernutzer haben.[23] Gewässerausbau und Gewässerunterhaltung werden zudem begrifflich nicht von dem Wort „Benutzung" erfasst.[24] Auch wenn diese Maßnahmen unter den Regelungsbereich des Wasserwirtschaftsrechts fallen, handelt es sich jedoch ebenfalls nicht um Gewässernutzungen im eigentlichen Sinne, da der Schutz vor Wasser bzw. Überschwemmungen durch den Bau von Ufer- und Deichanlagen und der Ausbau und die Unterhaltung von Gewässern Gestaltungsakte am Wasser und keine Nutzung des Wassers selbst sind, weil sie zwar den Wasserlauf jedoch nicht die Menge und Beschaffenheit des Wassers beeinflussen und somit nicht zu einem unmittelbaren Gebrauch des Wassers führen.[25] Deshalb bleiben auch die Regelungen zum Gewässerausbau, zur Gewässerunterhaltung und zum Deich- und Dammbau bei der vorliegenden Arbeit außer Betracht, da im Schwerpunkt eine spezifische Auseinandersetzung mit der Nutzung des Wassers selbst und keine allgemeine mit jeglichen mit Gewässern zusammenhängenden Maßnahmen und Handlungsweisen erfolgen soll.

Im Folgenden soll daher eine Auseinandersetzung mit der historischen Entwicklung der wasserwirtschaftlich relevanten Nutzungsarten auf dem Gebiet Preußens erfolgen. Konkret werden insbesondere der Gemeingebrauch des Wassers, die Wasserentnahme zur Bewässerung, das Stauen von Wasser und die damit verbundene Nutzung der Wasserkraft am Beispiel von Mühlen und Stauwerken bzw. Mühlenrechten sowie die Entwässerung (durch Ableiten von Wasser oder Verschaffung der Vorflut) Gegenstand der vorliegenden Betrachtung sein, also jene Verwendungsmöglichkeiten, die heute größtenteils in § 9 Abs. 1 WHG und § 25 WHG geregelt sind.

III. Gang der Darstellung

Die Darstellung beginnt mit der Entstehungsgeschichte des Allgemeinen Preußischen Landrechts, daran anknüpfend erfolgt die Untersuchung der in dem Gesetzbuch enthaltenen wasserrechtlichen Regelungen. Getrennt nach

22 *Hasche* in: *Giesberts/Reinhardt*, Beck'scher OK Umweltrecht, § 9 Rn. 23.

23 *Hasche* in: *Giesberts/Reinhardt*, Beck'scher OK Umweltrecht, § 9 Rn. 23.

24 *Pape* in: *Landmann/Rohmer*, Umweltrecht, WHG § 9 Rn. 80.

25 *Seiler*, Die Gewässerbenutzungen und ihre Rechtsgrundlagen, S. 8.

öffentlichen Gewässern und Privatgewässern werden mögliche Nutzungsrechte, hinsichtlich ihres Erwerbs, ihres Inhalts und Umfangs, ihres Erlöschens sowie hinsichtlich möglicher Konkurrenzverhältnisse ausführlich erörtert, da die Regelungen des ALR die Grundlage für alle weiteren im 19. Jahrhundert erlassenen Vorschriften bilden und letztere vielfach „nur" dazu dienen, die im Gesetzbuch enthaltenen Lücken zu füllen. An die Auseinandersetzung mit dem ALR schließt sich in chronologischer Reihenfolge die Darstellung und Erörterung der für die Frage der Wassernutzungsrechte zentralen, für das preußische Gebiet erlassenen wasserrechtlichen Gesetze und Edikte an, wobei die für Mühlen und Stauwerke geltenden besonderen Bestimmungen und Gesetze in einem separaten Block zusammengefasst werden. Die Untersuchung des Preußischen Wassergesetzbuchs von 1913 bildet den Schlusspunkt der rechtshistorischen Ausführungen.

Anschließend erfolgt in einem Ausblick eine Darstellung der Voraussetzungen und Wirkungen der zu dieser Arbeit anlassgebenden Vorschrift, des § 20 WHG. In einem zweiten Schritt wird geklärt, welche dieser Rechte von § 20 WHG erfasst sind und damit aufrechterhalten bleiben, und eine Bewertung der dafür maßgeblichen Kriterien vorgenommen. Anschließend soll anhand der in den einzelnen Entwürfen des gescheiterten Umweltgesetzbuchs vorgesehenen Bestimmungen zur Aufrechterhaltung bzw. Abschaffung alter Rechte aufgezeigt werden, dass der Eingang des § 20 WHG in das geltende Wasserrecht nicht unumstritten war und welche Alternative es gegeben hätte. Abschließend wird vor dem Hintergrund dieser Streitigkeit zu der in der Einleitung aufgeworfenen Frage, ob eine Aufhebung der alten Rechte sinnvoll und verfassungsrechtlich zulässig gewesen wäre, Stellung genommen.

B. Das Allgemeine Preußische Landrecht

Das Allgemeine Landrecht für die preußischen Staaten trat am 01.06.1794 in Kraft. Inklusive der Vorarbeiten dauerte der Gesetzgebungsprozess 14 Jahre. Das ALR war als „Gesamtkodifikation" konzipiert. Die fast 20.000 Paragraphen sollten eine Vielzahl der Rechtsgebiete umfassend und abschließend regeln; so dass – wie beabsichtigt – für eine Auslegung der Normen durch Richter und damit für eine richterliche Rechtsfortbildung kein Raum blieb. Dies hatte zur Folge, dass die Regelungen sehr detailliert waren, um pedantisch jeden Einzelfall zu erfassen, führte aber auch dazu, dass das ALR schneller veraltete als ein auf allgemeine Grundsätze beschränktes mit unbestimmten Rechtsbegriffen operierendes Gesetzeswerk.

Das ALR gliedert sich in drei Teile, die Einleitung, den ersten und den zweiten Teil. In der Einleitung finden sich allgemeine Rechtsgrundsätze sowie Regelungen zur Abfassung, Auslegung, Aufhebung und Anwendung von Gesetzen. Im ersten Teil ist das Zivilrecht normiert, hauptsächlich das individuelle Vermögensrecht, während der zweite Teil sich den Personenverbindungen widmet, auf familienrechtlicher, lehnsrechtlicher und staatsrechtlicher Ebene. Daneben enthält der zweite Teil Regelungen zum Strafrecht. Die wasserrechtlichen Regelungen finden sich, soweit sie die Rechtsbeziehung zwischen dem preußischen Staat und den Bürgern betreffen, gebündelt im 15. Titel des II. Teils des ALR unter der Überschrift „Von den Rechten und Regalien des Staats in Ansehung der Landstraßen, Ströhme, Hafen, und Meeresufer", soweit sie die Rechtsbeziehungen zwischen Bürgern untereinander normieren, verstreut in Einzelnormen im I. Teil des ALR.

I. Das Verhältnis des Allgemeinen Preußischen Landrechts zu den vor Inkrafttreten des ALR erlassenen wasserrechtlichen Regelungen

Die während des Gesetzgebungsverfahrens des ALR erlassene Kabinettsorder Friedrichs II. vom 14.04.1780[26] bildete die Grundlage für den Geltungsanspruch des ALR im Verhältnis zum partikularen und gemeinen Recht der Zeit. Danach sollte das Provinzialrecht als primäres Recht erhalten bleiben und in

26 Abdruck der allerhöchsten königl. Cabinettsorder die Verbesserung des Justiz-Wesens betreffend vom 14.04.1780, abgedruckt in: NCC Bd. 6, Nr. 13, Sp. 1935 – 1944.

Provinzialgesetzbüchern gesammelt werden. Unter diesen primär geltenden Provinzialrechten ist in Abgrenzung zum gemeinen Recht das heimische Recht der Provinz zu verstehen. Es handelt sich demnach um Verträge, Landtagsabschiede, etc. zwischen dem Landesherrn und den Ständen bzw. Untertanen, um Gesetze, Statuten und Privilegien, die der Landesherr für einzelne Gebiete und Orte erlassen bzw. gewährt hat, um geschriebenes und ungeschriebenes Gewohnheitsrecht einzelner Regionen sowie um Vergleiche und Verträge zwischen den Untertanen, Städten oder den Ständen untereinander.[27] Das römische Recht und das eigene Landesrecht sollten kombiniert, vereinheitlicht und angepasst werden, um so ein einheitliches, subsidiär geltendes Gesetzbuch zu schaffen.[28] Diese grundsätzlichen Vorgaben zum Geltungsumfang des ALR bestätigte Friedrich Wilhelm II. im Rahmen des Publikationspatents vom 05.02.1794[29]. Danach tritt das allgemeine Landrecht „an die Stelle der in Unseren Landen bisher aufgenommenen gewesen Römischen, gemeinen Sachsen- und anderen fremden subsidiarischen Rechte und Gesetze"[30] und ersetzt diese mit der Folge, dass sie ab Inkrafttreten des ALR nicht mehr angewandt werden dürfen. Diese Aufzählung umschreibt das stets nachrangig geltende Gemeine Recht, d.h. die Regelungen des rezipierten römischen Rechts, des kanonischen Rechts, des langobardischen Lehnsrechts sowie das ungeschrieben deutsche Privatrecht und die Reichskonstitutionen. Auch die „von Zeit zu Zeit ergangenen allgemeinen Edikte und Verordnungen, welche bisher in allen Unseren Provinzen als gemeine Landesgesetze gegolten haben"[31], werden durch das ALR ersetzt. So ist z.B. das erneuerte Edikt wegen zu verschaffender Vorfluth und Räumung der Gräben und Bäche vom 16. Juli 1773 mit dem ALR außer Kraft gesetzt worden.[32] Ihr Inhalt wurde

---

27 ObTr. 4, 422, 432; *Schwennicke,* Die Entstehung der Einleitung des ALR, S. 91; *Haxthausen,* Jahrbücher für die preußische Gesetzgebung, Rechtswissenschaft und Rechtsverwaltung, Bd. 43 (1834), 3, 19.

28 Abdruck der allerhöchsten königl. Cabinettsorder die Verbesserung des Justiz-Wesens betreffend vom 14.04.1780, abgedruckt in: NCC Bd. 6, Nr. 13, Sp. 1935, 1941.

29 Patent wegen Publikation des neuen Allgemeinen Landrechts für die preußischen Staaten vom 05.02.1794, abgedruckt in *Landé,* Das Allgemeine Landrecht für die preußischen Staaten, S. 1 ff.

30 Patent wegen Publikation des neuen Allgemeinen Landrechts für die preußischen Staaten vom 05.02.1794, cap. I, abgedruckt in *Landé,* Das Allgemeine Landrecht für die preußischen Staaten, S. 1.

31 Patent wegen Publikation des neuen Allgemeinen Landrechts für die preußischen Staaten vom 05.02.1794, cap. II, abgedruckt in *Landé,* Das Allgemeine Landrecht für die preußischen Staaten, S. 2.

32 *Baumert,* Die Unzulänglichkeit der bestehenden Wassergesetze, S. 21.

thematisch passend ins ALR aufgenommen. Diejenigen gemeinen Landesgesetze,[33] die beibehalten werden sollten, sind im Wege einer Verweisung in das ALR integriert worden. Wie in der Kabinettsorder vom 1780 vorgesehen, bleiben die bereits erlassenen Provinzialgesetze und Statuten weiterhin gültig. Sie genießen einen dahingehenden Anwendungsvorrang, dass „die vorkommenden Rechtsangelegenheiten hauptsächlich nach diesen, und nur erst in deren Ermangelung nach den Vorschriften des allgemeinen Landrechts beurtheilt und entschieden werden sollen"[34]. Dieser Grundsatz kommt auch in ALR Einleitung § 21 zum Ausdruck, der die Rangfolge der anzuwendenden Rechtsquellen im Detail festlegt. Darin heißt es: „Uebrigens stehen, bey Beurtheilung einzelner Streitfragen, die allgemeinen Gesetze den Provinzialgesetzen, diese den besondern Statuten, und diese endlich den auf andre Art wohlerworbnen Rechten nach". Demnach gehen die wohlerworbenen Rechte, zu denen insbesondere Privilegien zählen, den Statuten, den Provinzialgesetzen und dem ALR vor. Der engere Rechtskreis genießt somit Vorrang vor dem allgemeineren,[35] d.h. dass die besonderen Rechte die Regel und die allgemeinen Regelungen die Ausnahme bilden.[36] Mit der Bewahrung der Provinzial- und Lokalrechte wurde den ständischen Forderungen Rechnung getragen, ihre Vorrechten und Privilegien zu erhalten und zu sichern.[37] Eine vorrangige Geltung des ALR hätte die ständischen Privilegien beschränkt, wenn nicht gar abgeschafft.[38] Aufgrund der subsidiären Geltung des ALR blieben hinsichtlich der Regelung des Wasserrechts beispielsweise folgende Edikte und Ordnungen in Kraft, die erst durch § 399 PrWG abgeschafft wurden: die Schlesische Mühlenordnung vom 28. August 1777, das Schlesische Vorfluthedikt vom 20. Dezember 1746; die Ufer- und Schlachtordnung für die an der Weser und Werre belegenen Untertanen des Fürstentums Minden und des Amtes Blotho in der Grafschaft Ravensberg vom 28. Dezember 1749 und die Geldernsche Grabenordnung von 1769.

33 Zu der Frage, was als gemeine Landesgesetze anzusehen sind, vgl. *Haxthausen,* Jahrbücher für die preußische Gesetzgebung, Rechtswissenschaft und Rechtsverwaltung, Bd. 43 (1834), 3, 31; *Klein,* System des preußischen Zivilrechts, S. 5.

34 Patent wegen Publikation des neuen Allgemeinen Landrechts für die preußischen Staaten vom 05.02.1794, cap. III, abgedruckt in *Landé,* Das Allgemeine Landrecht für die preußischen Staaten, S. 2.

35 *Dilcher,* ZEuP, 1994, 446, 454.

36 *Mohnhaupt,* in: Ius Commune, V (1975), 71, 103 f.

37 *Mohnhaupt,* in: Ius Commune, V (1975), 71, 103 f.

38 *Schwennicke,* Die Entstehung der Einleitung des ALR, S. 92.

II. Die Entstehungsgeschichte des ALR

Mitte des 18. Jahrhunderts beauftragte Friedrich der Große seinen Großkanzler *Samuel Freiherr von Cocceji* ein allgemeines deutsches Landrecht zu schaffen. Die in den Folgejahren vorgelegten Teilentwürfe wurden zwar in einigen Landesteilen in Kraft gesetzt, jedoch aufgrund des Todes von Cocceji 1755, vor allem aber aufgrund des Siebenjährigen Krieges nie vollendet. Der Gesetzgebungsprozess stagnierte, bis 1779 der Müller-Arnold-Prozess zum Auslöser der Wiederaufnahme des Gesetzgebungsverfahrens wurde. Dieser im Folgenden darzustellende Rechtsfall führte Friedrich II. aus seiner Sicht die viel beklagten Missstände des Justizwesens drastisch vor Augen und war der Punkt, an dem seine Unzufriedenheit mit dem bestehenden Rechtswesen ihren Höhepunkt erreichte. Friedrich der Große kassierte das kammergerichtliche Urteil und setzte seinen Machtspruch an dessen Stelle, weil er durch das Urteil seinen „Namen cruel gemisbraucht"[39] sah und „ein nachdrückliches Exempel statuiren [wollte], damit sämtliche Justiz-Collegia in allen dero Provinzen sich daran spiegeln, und keine dergleichen grobe Ungerechtigkeiten begehen mögen"[40]. Mit Protokoll vom 11.12.1779 entließ er den bisherigen reformfeindlichen und konservativen Justizminister von Fürst und Kupferberg und berief von Carmer zum neuen Großkanzler. Mit der Kabinettsordre vom 14.4.1780 beauftragte Friedrich II. von Carmer mit einer umfassenden Justizreform, deren Ergebnis die Allgemeine Gerichtsordnung von 1793 war, und ordnete die Fortführung des Gesetzgebungsprojektes an, ein in deutscher Sprache verfasstes, für alle Bürger verständliches und zugängliches Gesetzbuch zu schaffen, in dem Bestreben und der Hoffnung, dass dann Advokaten nicht mehr benötigt und somit überflüssig wären.[41] In den folgenden Jahren wurden die von Svarez, der nach dem Tod von Carmers wesentlichen Einfluss auf das Gesetzgebungsprojekt nahm, und Klein ausgearbeiteten Entwürfe publiziert, mehrfach überarbeitet und redigiert. 1794 trat schließlich in revidierter Form die bereits 1791 fertiggestellte Kodifikation des Allgemeinen Preußischen Landrechts in Kraft.

---

39 Bericht vom Kammergerichtsrat Ransleben, abgedruckt in: *Preuss*, Friedrich der Grosse, Bd. 3., Anhang I, Beilage 17. i. zu S. 387, S. 495–498, 498. Alle gerichtlichen Urteile ergingen im Namen der Königlichen Majestät.

40 Protokoll Friedrichs des Großen vom 11.12.1779 über die drei Kammergerichtsräte Friedel, Graun und Ransleben, aufgenommen durch den Geheimen Kabinettsrat Stellter, zitiert nach *Dießelhorst,* Die Prozesse des Müllers Arnold, S. 53.

41 Abdruck der allerhöchsten königl. Cabinettsorder die Verbesserung des Justiz-Wesens betreffend vom 14.04.1780, abgedruckt in: NCC Bd. 6, Nr. 13, Sp. 1935, 1940.

III. Der Müller-Arnold-Prozesses und der Bezug zu den wasserrechtlichen Regelungen des Allgemeinen Preußischen Landrechts

Abgesehen davon, dass der Müller-Arnold-Prozess zumindest mittelbar dazu beitrug, dass das Kodifikationsverfahren voranschritt und schließlich mit in Kraft treten des ALR seinen Abschluss fand, liegt die rechtshistorische Bedeutung des Müller-Arnold-Prozesses nicht zuletzt in der Frage der Unabhängigkeit der Gerichte und des Eingriffs in die Rechtspflege. Seine geschichtliche Bedeutung auf dem Gebiet des Wasserrechts indes ist gering. Dessen ungeachtet wird im Folgenden der Müller-Arnold-Prozess unter dem Gesichtspunkt des Wasserrechts untersucht, da er ein prominentes Beispiel dafür ist, welche Probleme aufgrund der fehlenden Kodifikation des Wasserrechts bestanden, und er ein Grund dafür ist, warum das ALR überhaupt Fragen des Wasserrechts regelte. Dazu wird zunächst in gedrängter und verkürzter Form der Sachverhalt des Rechtsfalles und der Gang des Prozesses dargestellt, bevor erörtert werden kann, auf welcher rechtlichen Grundlage die materiellen Ausführungen der Urteile der Regierung zu Küstrin vom 28.10.1779 und des Kammergerichts vom 11.12.1779 hinsichtlich des Wasserrechts beruhten und ob sie unter Zugrundelegung des damals geltenden Rechts zutreffend waren. Im Rahmen der rechtlichen Beurteilung der Urteilsgründe wird aufgezeigt, inwieweit bereits vor Geltung des ALR Rechtsgrundsätze hinsichtlich der Wassernutzung bestanden, diese Institute im Urteil aufgegriffen und bestätigt oder ggf. auch missachtet wurden und letztlich ihren Niederschlag im ALR fanden. Im Rahmen der sich an dieses Kapitel anschließenden Darstellung der wasserrechtlichen Vorschriften des ALR wird daher darauf aufbauend auch von Interesse sein, inwieweit diese eine Reaktion auf den Müller-Arnold-Prozess darstellen und die im Urteil vertretenen Rechtssätze bestätigen oder negieren.

Neben dieser materiell-rechtlichen Problematik des Wasserrechts wirft das Ergebnis des Müller-Arnold-Prozesses viele weitere Fragen auf, z.B. ob Graf von Schmettau einen Anspruch auf den Pachtzins gegen Müller Arnold hatte, ob die Verurteilung der Richter wegen Rechtsbeugung formell und materiell rechtmäßig war, ob der „Machtspruch" Friedrichs des Großen rechtmäßig war und er selbst durch Hinwegsetzen über die bereits rechtskräftigen Urteile eine eigene Entscheidung fällen und vollziehen durfte[42]. Diese sollen jedoch bei der

42 Differenzierend: *Dickel*, Beiträge zum preußischen Rechte, S. 98 f., 102, der lediglich die Bestrafung der Richter als ungerechtfertigt ansieht; *Finkenauer*, ZRG (GA), 113 (1996), 40, 45 Fn. 9; der die Verurteilung der Richter als zulässig erachtet, aber die

vorliegenden Arbeit außer Betracht bleiben, da sie die Lösung der wasserrechtlichen Fragestellung nicht weiterbringen.

1. Sachverhalt und Prozessgeschichte des Müller-Arnold-Prozesses

Der Wassermüller Christian Arnold hatte 1762 durch einen „Erbkauf" die im Gerichtsbezirk Pommerzig in Neumark im Kreis Krossen nahe der Oder liegende sogenannte Krebsmühle von seinem Vater erworben. Die Mühle und ihr Zubehör wurden ihm „erb- und eigenthümlich verschrieben"[43]. Die Krebsmühle, eine am Krebsbach gelegene Wassermühle, aus dem sie ihr Wasser bezog, gehörte zum Gebiet des Grundherrn Heinrich Leopold Graf von Schmettau. Als Erbbaubesitzer schuldete Christian Arnold dem Grundherrn als Pacht pro Jahr „drei Malter Korn, wie es in der Mühle erworben wird, und die Unterthanen dahin zu malen bringen"[44] sowie einige Nebenabgaben. 1770 ließ der damalige Landrat und Ritterschaftsdirektor Georg Samuel Wilhelm von Gersdorff oberhalb der Krebsmühle auf dem Gebiet des Grundherrn Kay Karpfenteiche[45] anlegen, welche vom Krebsbach mit Wasser gespeist wurden.[46] Seit 1771 entrichtete der Müller Arnold seine Pacht nur noch teilweise, ab 1773 unterblieben die Pachtzahlungen an den Grundherrn Graf von Schmettau vollständig.[47] Zur Begründung führte der Müller an, dass der Krebsbach nur noch im Frühjahr und Herbst genügend Wasser führe, um regelmäßig mahlen zu können.[48] Die übrige Zeit sei der Wasserzufluss aufgrund der Karpfenteiche zu gering, um die Mühle

---

Aufhebung des rechtkräftigen Urteils als unzulässigen Machtspruch bewertet; *Bornhak*, Preußische Staats- und Rechtsgeschichte, S. 256; der das Eingreifen des Königs als formell rechtmäßig, die Verurteilung der Richter als materiell rechtswidrig ansieht; offengelassen: *Dießelhorst*, Die Prozesse des Müllers Arnold, S. 64, 68; für die Rechtswidrigkeit des königlichen Eingreifens: *Repgen*, Der Müller Arnold Prozess in: *Falk/Luminati/Schmoeckel (Hg.)*, Fälle aus der Rechtsgeschichte, S. 244, *Stammler*, Deutsches Rechtsleben, Bd. 1, S. 422.

43 Erbkaufvertrag vom 16.10.1762, abgedruckt in und zitiert nach: *Dießelhorst*, Die Prozesse des Müllers Arnold, Anhang, Quelle I 3, S. 73 f.

44 Erbkaufvertrag vom 15.01.1710, abgedruckt in und zitiert nach: *Dießelhorst*, Die Prozesse des Müllers Arnold, Anhang, Quelle I 1. S. 71.

45 Zu dem in der Literatur herrschenden Streit über die Anzahl der Karpfenteiche siehe *Dießelhorst*, Die Prozesse des Müllers Arnold, S. 7 ff.

46 *Dießelhorst*, Die Prozesse des Müllers Arnold, S. 6 f.

47 *Dießelhorst*, Die Prozesse des Müllers Arnold, S. 11.

48 *Dickel*, Beiträge zum preußischen Rechte, S. 2; *Stammler*, Deutsches Rechtsleben, Bd. 1, S. 414.

regelmäßig betreiben zu können.[49] Daraufhin erhob Graf von Schmettau 1773 Klage gegen den Müller vor dem zuständigen Patrimonialgericht in Pommerzig auf Zahlung des Pachtzinses. Der Patrimonialrichter verurteilte den Müller antragsgemäß zur Zahlung des ausstehenden Pachtzinses mit der Begründung, dass der Wassermangel aufgrund der Karpfenteiche kein „Absolutoriam", d.h. keine Befreiung von der Verbindlichkeit bewirke, da der Graf von Schmettau als Gläubiger des Pachtzinses den Wassermangel nicht zu verantworten habe.[50] Nach Ansicht des Richters musste der Müller vielmehr denjenigen in Anspruch nehmen, der ihm das Mahlwasser entzog. Demnach hätte Müller Arnold den Landrat von Gersdorff rechtlich belangen müssen. Die folgende Klage des Müllers gegen den Grafen von Schmettau bei der Regierung zur Küstrin[51] auf Erlass des Pachtzinses und Beseitigung des Wassermangels,[52] d.h. Wiederherstellung des Zuflusses der ursprünglichen Wassermenge, wurde mit dem gleichen Argument, aufgrund dessen die Klage Schmettaus erfolgreich gewesen war, abgewiesen. Auch eine daraufhin eingelegte Berufung beim Berliner Kammergericht blieb ohne Erfolg. Da Müller Arnold auch in der Zwischen- und Folgezeit die gutherrlichen Abgaben nicht bezahlte, verklagte Graf von Schmettau ihn jeweils 1773 und 1777 erneut. Auch in diesen beiden Verfahren,[53] deren Einzelheiten ohne Belang sind, wurde der Müller antragsgemäß verurteilt. 1778 wurde die Krebsmühle aufgrund des rechtskräftigen Urteils vom 05.09.1777 zwangsversteigert, da Müller Arnold die aufgelaufenen Schulden nicht beglich.[54]

Müller Arnold wandte sich, da der Rechtsweg erschöpft war und er seine Mühle verloren hatte, mit zwei Suppliken an den König und mit einer Beschwerde an den Großkanzler von Fürst und Kupferberg mit der Bitte, eine Untersuchungskommission einzusetzen.[55] Sowohl die Bittschriften als auch die Beschwerde wurden jedoch abgewiesen. Erst die persönliche Beschwerde bei der

49 *Dießelhorst,* Die Prozesse des Müllers Arnold, S. 11.

50 *Dickel,* Beiträge zum preußischen Rechte, S. 2 f.

51 Dies war das höchste Gericht der Neumark. Seine Zuständigkeit im vorliegenden Fall ergab sich aus dem aufgrund der privilegierten gesellschaftlichen Stellung des Grafen von Schmettau bestehenden Anspruchs, von den Personen seines Standes gerichtet zu werden.

52 *Dickel,* Beiträge zum preußischen Rechte, S. 5.

53 Für Einzelheiten hinsichtlich der 1773 und 1777 vor dem Patrimonialgericht durchgeführten Verfahren siehe *Dießelhorst,* Die Prozesse des Müllers Arnold, S. 17 ff.

54 *Dießelhorst,* Die Prozesse des Müllers Arnold, S. 21; *Dickel,* Beiträge zum preußischen Rechte, S. 5.

55 *Dießelhorst,* Die Prozesse des Müllers Arnold, S. 23 f.

Bittschriftenlinde in Potsdam, bei der der Müller Arnold auf Befehl des Königs zu Protokoll vernommen wurde, führte dazu, dass der König im August 1779 eine Untersuchungskommission einsetzte.[56] Die beiden eingesetzten Kommissionsmitglieder kamen im Verlauf der Untersuchung zu gegensätzlichen Ergebnissen, Oberst von Heucking berichtete dem König, dass dem Müller Unrecht geschehen sei, während Regierungsrat Neumann diese Auffassung nicht vertrat. Daraufhin wies der König das Justiz-Departement an, dem Müller Arnold „Gerechtigkeit wiederfahren, und ihm prompte Justiz angedeihen zu laßen, damit seinen Beschwerden gänzlich abgeholfen, und derselbe ohne Anstand klaglos gestellet werde"[57]. Der Regierung zu Küstrin befahl er „die Sache Arnold, sogleich in Ordnung zu bringen, ihn sofort klaglos zu stellen und allen seinen Beschwerden, ohne den mindesten Anstand, abzuhelfen"[58].

Von Amts wegen wurde das Verfahren des Müllers Arnold gegen von Gersdorff vor der Regierung zur Küstrin eröffnet. Materiell-rechtlich sollte über die Wiedereinräumung der Mühle und über einen Schadensersatzanspruch wegen Entziehung des Mahlwassers verhandelt und entschieden werden.[59] Den Anspruch auf Wiedereinräumung der Mühle wies die Regierung mit der Begründung zurück, dass diese dem Müller „praevia legali subhastatione adjudiciret"[60] worden war, d.h. dass er die Mühle durch die rechtmäßige Zwangsversteigerung, die ordnungsgemäß durchgeführt worden war, verloren hatte. Auch hinsichtlich des Schadensersatzes hielt die Regierung den Anspruch aus rechtlichen Gründen nicht für gerechtfertigt.[61] Die dennoch durchgeführte Beweisaufnahme führte nach Überzeugung der Regierung zu Küstrin zu dem Ergebnis, dass der Wassermangel nicht von der Anlegung der Karpfenteiche herrühre,

56 *Dickel,* Beiträge zum preußischen Rechte, S. 8.

57 Befehl Friedrichs des Großen an das Justizdepartement vom 27.09.1779, abgedruckt in und zitiert nach: *Dießelhorst,* Die Prozesse des Müllers Arnold, Anhang, Quelle II 7. S. 81 f.

58 Befehl Friedrichs des Großen an die Regierung zu Küstrin vom 29.09.1779, abgedruckt in und zitiert nach: *Dießelhorst,* Die Prozesse des Müllers Arnold, Anhang, Quelle II 8. S. 82.

59 *Repgen,* Der Müller Arnold Prozess in: *Falk/Luminati/Schmoeckel (Hg.),* Fälle aus der Rechtsgeschichte, S. 229.

60 Urteil der Regierung zu Küstrin vom 28.10.1779, abgedruckt in und zitiert nach *Dießelhorst,* Die Prozesse des Müllers Arnold, Anhang, Quelle II 10, S. 84.

61 Hinsichtlich der näheren Begründung der Abweisung des Schadensersatzanspruchs siehe unten S. 35.

diese trotz Anlegung der Teiche zum Mahlen zu verwenden sei und daher dem Müller kein Schaden entstanden sei.[62]

Nach dieser ablehnenden Entscheidung wandte sich der Müller erneut mit einer Supplik an den König mit der Bitte, dafür zu sorgen, dass ihm Recht widerfahre und er seine Mühle wieder erhalte. An die nächste Instanz könne er sich aufgrund der damit verbundenen hohen Kosten, die er aufgrund seiner schlechten finanziellen Lage nicht tragen könne, nicht wenden.[63] Auf die Supplik hin befahl Friedrich der Große der Regierung zu Küstrin, den Rechtsstreit „nach Recht und Billigkeit, abzumachen und das nöthige darunter, ohne Anstand, vorzunehmen"[64]. Die Regierung zu Küstrin verwies darauf, dass sie in der Sache bereits entschieden habe und diese daher nicht mehr verändern könne. Eine Änderung des Urteils sei nur durch das Kammergericht in Berlin möglich. Der Müller Arnold solle sich daher an die nächste Instanz wenden. Da für ihn das Armenrecht gelte, habe er auch keine Gebühren zu tragen.[65] Die Eheleute Müller appellierten an das Kammergericht Berlin. Der König wies das Kammergericht an, dass Verfahren zu beschleunigen und zügig zu einer Entscheidung zu gelangen.[66] Der als Berichterstatter beauftragte Kammergerichtsrat Ransleben folgte in seinem Gutachten der Regierung zu Küstrin. Abgesehen von der Tatsache, dass er den Schaden des Müllers nicht als erwiesen ansah, stand nach seiner Ansicht von Gersdorff das Recht zu, den Krebsbach nach seinem Belieben zu gebrauchen und dementsprechend auch die Teiche anzulegen, ohne dafür Schadensersatz leisten zu müssen.[67] Das Urteil des Kammergerichts entsprach dem Gutachten Ranslebens und fiel dementsprechend zu Ungunsten des Müllers aus.

---

62 Urteil der Regierung zu Küstrin vom 28.10.1779, abgedruckt in und zitiert nach *Dießelhorst,* Die Prozesse des Müllers Arnold, Anhang, Quelle II 10, S. 84, 90.

63 Supplik des Christian Arnold vom 15.11.1779, abgedruckt in und zitiert nach *Dießelhorst,* Die Prozesse des Müllers Arnold, Anhang, Quelle II 12, S. 95 f.

64 Befehl Friedrichs des Großen an die Regierung zu Küstrin vom 21.11.1779, abgedruckt in und zitiert nach: *Dießelhorst,* Die Prozesse des Müllers Arnold, Anhang, Quelle II 13, S. 96.

65 Bericht der Regierung und der Kriegs- und Domänenkammer zu Küstrin an den König vom 24.11.1779, abgedruckt in und zitiert nach: *Dießelhorst,* Die Prozesse des Müllers Arnold, Anhang, Quelle II 14, S. 97 f.

66 Ordre Friedrichs des Großen an das Kammergericht Berlin vom 28.11.1779; abgedruckt in und zitiert nach: *Dießelhorst,* Die Prozesse des Müllers Arnold, Anhang, Quelle III 1, S. 98.

67 Relation des Kammergerichtsrats Ransleben vom 8.12.1779, abgedruckt in und zitiert nach: *Dießelhorst,* Die Prozesse des Müllers Arnold, Anhang, Quelle III 5., S. 100 ff.

Auch eine Wiederaufnahme des dritten Verfahrens gegen den Grafen Schmettau brachte sowohl vor der Regierung zu Küstrin als auch vor dem Kammergericht in Berlin keinen Erfolg.

Nachdem er Kenntnis vom Urteil des Kammergerichts erhalten hatte, berief Friedrich der Große den Großkanzler von Fürst sowie die drei Kammergerichtsräte, die das Urteil abgefasst hatten, zu sich. Er verhörte sie und stellte ihnen abstrakte Rechtsfragen, deren Inhalt dem Rechtsfall Müller Arnold entlehnt war.[68] Das förmliche Verhör diktierte der König zu Protokoll, in welchem er zugleich die Kammerrichter und mit ihnen die ganze Justiz zurechtwies und seine Vorstellungen von Gerechtigkeit als zukünftigen Verhaltensmaßstab für die Justizkollegien formulierte und festlegte.[69] Sowohl die drei Kammergerichtsräte als auch die Regierung zu Küstrin wurden verhaftet. Der Minister des Kriminaldepartements Freiherr von Zedlitz wurde angewiesen, dafür zu sorgen, dass die Inhaftierten „nach der Schärfe des Gesetzes"[70] bestraft würden, und daher „auf Kassation und Festungsarrest"[71] von mindestens einem Jahre erkannt werden sollte. Zudem sollten sie dem Müller den Kaufpreis für die Mühle sowie alle entstandenen Schäden erstatten. Der Kriminalsenat leitete daraufhin eine Untersuchung ein und gab ein eigenes Gutachten über die Rechtsfragen im Müller-Arnold-Prozess und die möglichen Verfehlungen der Richter in Auftrag. Das Gutachten bestätigte, dass die Urteile der Richter in gesetzmäßiger Weise ergangen waren und nicht auf Rechtsmissbrauch, Bestechung oder Korruption beruhten.[72] Seinen Bericht, den der Kriminalsenat dem König zuleitete, stützte er im Wesentlichen auf Begründung und Ergebnis des Gutachtens.[73] Friedrich der Große ließ das Ergebnis nicht gelten und wiederholte am 27.12.1779 und 30.12.1779 jeweils ohne Erfolg seinen Befehl, die Richter zu bestrafen. Als der

---

68 Bericht vom Kammergerichtsrat Ransleben, abgedruckt in *Preuss,* Friedrich der Grosse, Bd. 3, Anhang I, Beilage 17. i. zu S. 387, S. 495–498

69 Protokoll Friedrichs des Großen vom 11.12.1779 über die drei Kammergerichtsräte Friedel, Graun und Ransleben, aufgenommen durch den Geheimen Kabinettsrat Stellter, abgedruckt in: *Dießelhorst,* Die Prozesse des Müllers Arnold, S. 52 ff.

70 Befehl des Königs an den Minister Zedlitz vom 11.12.1779, abgedruckt in und zitiert nach: *Dießelhorst,* Die Prozesse des Müllers Arnold, Anhang, Quelle IV 4, S. 118, 119.

71 Befehl des Königs an den Minister Zedlitz vom 11.12.1779, abgedruckt in und zitiert nach *Dießelhorst,* Die Prozesse des Müllers Arnold, Anhang, Quelle IV 4, S. 118, 119.

72 Relation des Inquirenten beim Kammergericht vom 19.12.1779, abgedruckt in *Dießelhorst,* Die Prozesse des Müllers Arnold, Anhang, Quelle IV 21, S. 151–168.

73 Bericht des Kriminalsenats des Kammergerichts vom 26.12.1779, abgedruckt in: *Dießelhorst,* Die Prozesse des Müllers Arnold, Anhang, Quelle IV 25, S. 176–188,

Minister von Zedlitz dem König mitteilte, dass er kein „condemnatorisches Urtheil gegen die in der Arnold'schen Sache arretirten Justizbedienten"[74] abfassen könne, weil dies ein Handeln gegen seine Überzeugungen bedeutete, sprach Friedrich der Große selbst das Urteil[75]. Den Küstriner Regierungsrat Scheibler und den Kammerrichter Ransleben entließ er aus der Festungshaft. Die übrigen Inhaftierten wurden „cassirt und zum einjährigen Vestungsarrest condemniret"[76]. Darüber hinaus wurden sie dazu verurteilt, dem Müller Arnold den ihm entstandenen Schaden aus eigenen Mitteln zu ersetzen, so dass er „völlig in integrum restituiret"[77] wurde. Als von Zedlitz die Gegenzeichnung verweigerte, vollzog der König das Urteil ohne diese.[78] Nachdem Müller Arnold seine Mühle zurückerhalten hatte, wurden die Inhaftierten begnadigt. Friedrichs Nachfolger, Friedrich Wilhelm II., rehabilitierte die Inhaftierten. Der Prozess Müller Arnold gegen Gersdorff wurde auf Betreiben von Friedrich Wilhelm II. vor dem Obertribunal wieder aufgenommen. Das Obertribunal erklärte es zwar für rechtswidrig, den Unterlieger durch das Abgraben von Wasser zu stören, allerdings verneinte es, dass Müller Arnold ein Schaden entstanden sei.[79] Der König löste den Konflikt, in dem er Gersdorff den Kaufpreis aus der Staatskasse erstattete, die Richter aus der Staatskasse entschädigte und Müller Arnold seine Mühle beließ.[80]

2. Das Urteil der Regierung Küstrin und seine Bewertung

Die Regierung zu Küstrin stützt ihr Urteil zu einem darauf, dass es sich bei dem Krebsbach um ein Privatgewässer handle, bei dem der Grundstückseigentümer, durch dessen Land das Wasser fließe, auch Eigentümer des Wassers sei und dementsprechend dieses nach Belieben nutzen könne, ohne dass er dem Unterlieger

---

74 Schreiben vom 31.12.1779, abgedruckt in und zitiert nach: *Dießelhorst,* Die Prozesse des Müllers Arnold, S. 60.

75 Entscheidung Friedrichs des Großen vom 1.1.1780, abgedruckt in und zitiert nach: *Dießelhorst,* Die Prozesse des Müllers Arnold, S. 60 f. und S. 188 f.

76 Entscheidung Friedrichs des Großen vom 1.1.1780, abgedruckt in und zitiert nach: *Dießelhorst,* Die Prozesse des Müllers Arnold, S. 60 und S. 189.

77 Entscheidung Friedrichs des Großen vom 1.1.1780, abgedruckt in und zitiert nach: *Dießelhorst,* Die Prozesse des Müllers Arnold, S. 60 und S. 189.

78 *Dießelhorst,* Die Prozesse des Müllers Arnold, S. 62, *Dickel,* Beiträge zum preußischen Rechte, S. 26.

79 *Dickel,* Beiträge zum preußischen Rechte, S. 108; *Stammler,* Deutsches Rechtsleben, Bd. 1, S. 428.

80 *Dickel,* Beiträge zum preußischen Rechte, S. 109.

wegen des entzogenen Vorteils zu Schadensersatz verpflichtet sei. Zum anderen legt sie ihrem Urteil einen Vergleichsvertrag von 1665, welcher zwischen den Vorgängern des Grafen von Schmettau und den Vorfahren von Gersdorff geschlossen wurde, zugrunde, wonach von Gersdorff das Mühlenfließ für einen Teich nach seinem Belieben gebrauchen durfte.

In der Zeit, in der das Urteil verfasst wurde, fehlte es an geschriebenem Wasserrecht,[81] welches aufgrund einer einheitlichen Regelung eine klare Rechtslage zu schaffen vermochte. Die Richter wendeten daher, das rezipierte römisch-gemeine Recht an, wie es im 17. Jahrhundert üblich war, wenn sich keine örtlichen gewohnheitsrechtlichen Regelungen fanden.

Im Folgenden soll nun beurteilt werden, inwieweit die Urteilsbegründung von den vor allem römisch-rechtlichen Regelungen der Zeit getragen wird.

a) Der Krebsbach als Privatgewässer

Es erscheint bereits fraglich, ob die Annahme des Gerichts zutreffend war, dass es sich bei dem Krebsbach um ein Privatgewässer handelte. Die Regierung zu Küstrin versuchte in ihrem Urteil die Stelle D 43, 12, 1. § 3 (Ulp.) zu entkräften, in der es heißt, dass flumina publica, also öffentliche Flüsse solche sind, die das ganze Jahr fließen, denn nach dieser Digestenstelle wäre der Krebsbach als öffentlicher Fluss zu anzusehen gewesen, für den hinsichtlich des Wasserentzugs andere Maßstäbe galten als für einen Privatfluss. Nach Auffassung des Gerichts war vielmehr unter Zitierung von verschiedenen Autoritäten des Gemeinen Rechts, wie *Brunnemann*, *Bilderbeck*, *Schilter* und *Horn* für die Frage, ob es sich um einen Privatfluss oder einen öffentlichen Fluss handelte, darauf abzustellen, ob dieser schiffbar war und/oder der Allgemeinheit Nutzen brachte. Die Abgrenzung nach schiffbaren und nicht schiffbaren Flüssen war nach gemeinem Recht ein gängiges Unterscheidungsmerkmal für öffentliche und private Flüsse.[82] Im Einzelnen herrschte sowohl hinsichtlich der Begrifflichkeiten als auch hinsichtlich der Unterscheidungskriterien für öffentliche und private Flüsse große Unklarheit und Uneinigkeit. Während einige die römischrechtliche Abgrenzung favorisierten, sahen andere die Abgrenzung nach schiffbar und nicht schiffbar als die maßgebliche an.[83] In der Rechtspraxis setzte sich letztere eher durch,[84] so dass es nicht verwundert, dass die Regierung zu Küstrin ihr folgte. Die Notwendigkeit

---

81 *Sendler*, JuS 1986, 759, 762.

82 *Baumert*, Die Unzulänglichkeit der bestehenden Wassergesetze, S. 9.

83 Vgl. *Baumert*, Die Unzulänglichkeit der bestehenden Wassergesetze, S. 11.

84 Vgl. *Baumert*, Die Unzulänglichkeit der bestehenden Wassergesetze, S. 11.

eines dem römischen Recht nicht entsprechenden Kriteriums lag wohl darin, dass auf dem Gebiet des Deutschen Reiches das Problem, dass Flüsse aufgrund der klimatischen Bedingungen vertrockneten, nicht auftrat und deswegen das römisch-rechtliche Abgrenzungskriterium wenig geeignet erschien.[85] Wegen der Bedeutung, die die großen Ströme als Verkehrswege hatten, und der Tatsache, dass schiffbare Flüsse zu den Regalien gehörten und damit unter die Landeshoheit der Fürsten fielen, kristallisierte sich die Schiffbarkeit als geeignetes Differenzierungsmerkmal heraus.[86] Nach Ansicht der Regierung zu Küstrin handelte es sich bei dem Krebsbach aufgrund seiner Wasserarmut nicht um einen öffentlichen Fluss, sondern um ein Privatgewässer.[87] Ob diese Einschätzung des Gerichts zutreffend war, kann aus heutiger Sicht nicht mehr beurteilt werden, da dies eine genauere Untersuchung der vorhandenen Wassermenge und Tauglichkeit für die Schifffahrt bedürfte, die heute nicht mehr vorgenommen werden kann. Für die folgende Untersuchung des Urteils der Regierung zu Küstrin ist jedoch zuzugestehen, dass der Krebsbach ein Privatgewässer war, da eine Auseinandersetzung mit der darauf fußenden Urteilsbegründung sonst wenig sinnvoll wäre.

b) Vergleichbarkeit und Übereinstimmung mit den zitierten Digestenstellen

Nach Ansicht der Regierung zu Küstrin war es ein allgemeiner Rechtssatz, dass ein Privatfluss im Eigentum desjenigen stand, durch dessen Grundstück er floss und der Eigentümer daher das Wasser beliebig verwenden durfte. Zur Stützung seines Arguments berief sich das Gericht zunächst auf zwei Stellen aus den Digesten, auf D 39, 2, 24 § 12 (Ulp.) und D 39, 2, 24 § 12 (Ulp.). Im ersten Rechtsfall aus den Digesten ging es darum, dass durch das Anlegen eines Brunnens, dem Brunnen auf dem Nachbargrundstück das Wasser abgegraben wurde. Im zweiten Fall wurde vom Nachbargrundstück das Wasser mittels eines Grabens abgeleitet. In beiden Fällen haftete derjenige, der das Wasser entzog nicht, da er im ersteren Fall lediglich sein Recht ausübte, und er im zweiten Fall dem Nachbarn nur einen Vorteil entzog, ihm aber keinen Schaden zufügte. Auch wenn es in den zitieren Digestenstellen um die Entziehung von Wasser geht, und man deshalb eine gewisse Ähnlichkeit zum Müller-Arnold-Fall annehmen könnte, so

---

85 Vgl. *Baumert,* Die Unzulänglichkeit der bestehenden Wassergesetze, S. 9.

86 Vgl. *Baumert,* Die Unzulänglichkeit der bestehenden Wassergesetze, S.10.

87 Urteil der Regierung zu Küstrin vom 28.10.1779, abgedruckt in und zitiert nach: *Dießelhorst,* Die Prozesse des Müllers Arnold, Anhang, Quelle II 10, S. 84 ff.

ist jedoch *Dießelhorst* darin zuzustimmen, dass die Vergleichbarkeit der Rechtsfälle zum Müller Arnold Prozess zweifelhaft ist.[88] Dies gilt zum einen insofern, als es sich um zwei Brunnen bzw. Wasser, was als wild abfließendes Wasser ausgelegt werden kann, zweier direkten Nachbarn handelt. Insbesondere der Brunnen ist räumlich wesentlich begrenzter als ein Flusslauf. Wild abfließendes Wasser verhält sich anders als ein in Bahnen gelenkter Fluss. Die tatsächlichen Gegebenheiten der Gewässer in den zitierten Digestenstellen sind daher bereits nicht mit denen im Müller-Arnold-Prozess vergleichbar. Außerdem werden die Brunnen künstlich im eigenen Grundstücksboden angelegt, während es bei Nutzung eines Wasserlaufs darum geht, das natürlich vorhandene, fließende Wasser zu gebrauchen. Zum anderen wird in den Digesten Justinians systematisch zwischen Brunnen und Flüssen unterschieden, so dass die Regierung zu Küstrin bereits aus systematischen Gründen auf „de fluminibus" D 43, 12 und nicht auf die Stellen D 39 des Nachbarrechts hätte rekurrieren müssen. In dem Kapitel wird Labeo dahingehend zitiert (D 43, 2, 1 § 12 (Ulp.)), dass bei Hinderung des Wasserlaufs eines nicht schiffbaren Flusses ein Verbot gefordert werden könnte. Auf den ersten Blick scheint es, als würde diese Stelle genau auf die Situation des Müller-Arnold-Prozesses passen. Die Anwendung dieser Regelung unter dem Gesichtspunkt des rezipierten römischen Rechts führt jedoch zu einem Widerspruch, denn das römische Recht unterteilt – wie bereits dargelegt – die Flüsse nach anderen Kriterien als das Gemeine Recht. Im römischen Recht spielt für die Frage, ob ein öffentlicher oder ein privater Fluss vorliegt, die Schiffbarkeit des Gewässers keine Rolle, sondern nur das Kriterium, ob der Fluss austrocknet oder das ganze Jahr Wasser führt.

Bei dem in der Textstelle erwähnten nicht schiffbaren Fluss handelt es sich nach der Textsystematik von D 43, 12, 1 (Ulp.) um einen öffentlichen Fluss. Dies ergibt sich insbesondere aus dem Beginn von D 43, 12, 1. § 12 (Ulp.), wonach ein solches Einwirken auf öffentliche Flüsse verboten wird, das dazu führt, dass die Schifffahrt schlechter wird, weshalb dieses Verbot auch nur für schiffbare Flüsse gelten soll. Dieses Verbot wird anschließend von Labeo aber auf die Hinderung des Wasserlaufs bei nicht schiffbaren Flüssen übertragen. Nach D 43, 12, 1. § 4 (Ulp.) bezieht sich das Interdikt des zwölften Titels nur auf öffentliche und nicht auf private Flüsse. Daraus lässt sich ableiten, dass es nach römischem Recht keine Beschränkung für Privatflüsse dahingehend gab, dass es verboten war, den Wasserlauf zu hindern. Ihre Verwendung stand somit im Belieben des Eigentümers, ohne dass dieser auf Unterlieger Rücksicht zu nehmen hatte. Nach

88 *Dießelhorst,* Die Prozesse des Müllers Arnold, S. 31 f.

dem Gemeinen Recht, bei dem es gerade auf das Kriterium der Schiffbarkeit ankommt, führt die Auslegung der zitierten Textstelle dazu, dass der Begriff „nicht schiffbarer Fluss“ mit dem Begriff „Privatfluss“ gleichzusetzen ist und daher auch bei nicht schiffbaren, also Privatflüssen, im Fall der Hinderung oder Austrocknung des Wasserlaufs ein Interdikt zu gewähren ist. Dies steht jedoch in Widerspruch zu dem allgemeinen Grundsatz, dass das Interdikt nur für öffentliche Flüsse gilt und für Privatflüsse gerade nicht anwendbar ist (D 43, 12, 1. § 4 (Ulp.), so dass die Nutzung der Privatgewässer dem Eigentümer überlassen bleibt. Die Anwendung beider Rechtssätze zugleich schließt sich aus. Dieser Widerspruch lässt sich auch nicht über ein System von Regel und Ausnahme auflösen, da sich der jeweilige Regelungsgehalt deckt, so dass für die Regel kein Anwendungsfall mehr bliebe und sie daher vollständig in der Ausnahme aufginge. Im konkreten Fall des Müllers Arnold bedeutet dies, dass die Anwendung von D 43, 12, 1. § 12 (Ulp.) unter der Gleichsetzung von nicht schiffbarem Fluss und Privatfluss dazu geführt hätte, dass der Müller ein Verbot der Hinderung des Wasserlaufs des Krebsbaches durch von Gersdorff hätte fordern können, und somit das Urteil der Regierung zu Küstrin im Widerspruch zur Digestenstelle stünde. Hätte man hingegen den allgemeinen Grundsatz, dass ein Interdikt nur für öffentliche Flüsse anzuerkennen ist, angewendet, hätte dies hingegen dazu geführt, dass von Gersdorff den Krebsbach beliebig hätte nutzen können und daher das Urteil dahingehend zutreffend gewesen wäre, dass die Nutzung von Privatgewässern im Belieben des Eigentümers steht.

Über die Frage, in welchem Sinn die Regierung zu Küstrin die Digestenstelle ausgelegt hätte, kann nur spekuliert werden, auch wenn Urteil und Begründung wohl eher für die letztere Interpretationsvariante sprechen. Der durch die Rezeption und den Wandel in der Begrifflichkeit entstandene Widerspruch ist daher nicht aufzulösen. Festzuhalten bleibt aber, dass aus systematischen Gesichtspunkten die Regierung zu Küstrin zum Beleg ihrer Ansicht unzutreffende und mit dem Rechtsfall des Müllers Arnold wenig vergleichbare Digestenstellen ausgewählt hat. *Repgen*[89] ist daher insoweit zuzustimmen, dass sich zumindest aus den rezipierten Digesten keine eindeutige Antwort auf die Frage ergibt, ob die Nutzung des Privatflusses im Belieben des Eigentümers steht. Allerdings ist seine Aussage, „das Labeo auch bei Privatgewässern ein Interdikt gewähren wollte [...]“[90] ungenau und wird der Komplexität des Problems insofern nicht

89 *Repgen,* Der Müller Arnold Prozess in: *Falk/Luminati/Schmoeckel (Hg.),* Fälle aus der Rechtsgeschichte, S. 241.

90 *Repgen,* Der Müller Arnold Prozess in: *Falk/Luminati/Schmoeckel (Hg.),* Fälle aus der Rechtsgeschichte, S. 241.

gerecht, als *Repgen* übersieht, dass römisches Recht und Gemeines Recht ein unterschiedliches Verständnis von einem Privatfluss haben, der Begriff daher einen Wandel erfahren hat und somit der Begriff „nicht schiffbare Flüsse" nicht unbedenklich mit dem der „Privatflüsse" gleichgesetzt und der eine Begriff in diesem Kontext daher nicht synonym für den anderen verwendet werden kann.

c) Übereinstimmung mit sonstigen gemeinrechtlichen Rechtssätzen

Im weiteren Verlauf der Urteilsbegründung stützt sich die Regierung zu Küstrin auf Rechtsfälle des Gemeinen Rechts, die in ihrem Sinn entschieden wurden. Denen bei *Mevius*, *Horn* und *Stryck* dargestellten Fällen,[91] auf die sich die Urteilsbegründung bezieht, ist gemein, dass jeweils einer am unteren Flusslauf liegenden Mühle durch Einwirkungen des Oberliegers auf den Flusslauf der Wasserzufluss abgegraben wird. Übereinstimmend wird entschieden, dass eine Entziehung des Wassers bei einem flumen publicum nicht gestattet ist, während eine Einwirkung auf den Flusslauf bei einem Privatgewässer erlaubt sei, da der über das Grundstück des Oberliegers laufende Fluss quasi sein Eigentum sei. Dies zeigt, dass es im Gemeinen Recht zumindest ein weit verbreiteter Grundsatz war, dass der Grundstückseigentümer mit einem ihm gehörenden Privatfluss nach Belieben verfahren konnte, ohne auf mögliche Unterlieger Rücksicht nehmen zu müssen.[92] Insoweit stimmt das Urteil der Regierung zu Küstrin mit geltenden Rechtssätzen des gemeinen Rechts überein und ist dahingehend nicht zu beanstanden.

d) Mühlengerechtigkeit

Die Regierung zu Küstrin vertrat die Ansicht, dass sich auch das Privileg, eine Mühle betreiben zu dürfen, dem Müller Arnold nicht weiterhelfe, da dieses Privileg lediglich eine Vergünstigung enthalte, welche die Rechte Dritter unberührt lasse.[93] Im Urteil berief sich die Regierung zu Küstrin auf *Voet*[94]. Dieser setzte sich in den zitierten Passagen damit auseinander, inwieweit von einem Princeps erteilte Privilegien dem Gewohnheitsrecht bzw. dem Gemeinen Nutzen widersprechen und Rechte Dritter beeinträchtigen dürfen. In einer

---

91 Für Einzelheiten vgl. *Dießelhorst,* Die Prozesse des Müllers Arnold, S. 32 ff.

92 *Dießelhorst,* Die Prozesse des Müllers Arnold, S. 34.

93 Urteil der Regierung zu Küstrin vom 28.10.1779, abgedruckt in und zitiert nach: *Dießelhorst,* Die Prozesse des Müllers Arnold, Anhang, Quelle II 10., S. 84, 85.

94 *Voet,* Commentarius ad Pandectas, Bd. 1, Lib. I, Tit. IV. De Constitutione principum, Ziff. 17, S. 27.

Auseinandersetzung mit verschiedenen Digestenstellen und Ansichten von Juristen seiner Zeit kam er zu dem Ergebnis, dass der Vorteil einer jeden Privatperson dem gemeinen Nutzen dienen und ihm unterworfen sein muss.[95] Falls von einem Princeps erteilte Privilegien, die vornehmlich dem Vorteil einer einzelnen Person dienten, zwar im Zeitpunkt ihrer Erteilung kein Recht eines Dritten beeinträchtigen, eine solche Beeinträchtigung aber zu einem späteren Zeitpunkt eintreten würde, verlören diese Privilegien im Zweifel ihre Geltungskraft.[96] Das heißt, dass ein Privileg, welches nicht dem gemeinen Nutzen dient, sondern allein Interessen des Einzelnen, nicht in Rechte Dritter eingreifen darf.

Es erscheint zweifelhaft, ob diese Rechtsfolge auf die Situation der Krebsmühle übertragbar ist. Eine Mühle, zu der die Untertanen der Gutsherrschaft ihr Korn zum Mahlen bringen, dient zumindest auch dem gemeinen Nutzen, so dass ein Privileg, sie zu betreiben, nicht bloß im Interesse eines einzelnen erlassen wird. Für *Voet* ist der zentrale Aspekt für ein „rechtmäßig" erteiltes Privileg gerade, dass dieses dem Gemeinnutzen dient. Nur wenn diese Voraussetzung nicht erfüllt ist, soll im Zweifel die „Sanktion" dahingehend folgen, dass es in seiner Wirkungskraft gegenüber Dritten beschränkt ist und deren Rechte nicht beeinträchtigen kann und darf. Da die Voraussetzung des Gemeinnutzens bei der Mühle gerade erfüllt ist, ist eine Übertragbarkeit nicht gegeben.

Die Regierung zu Küstrin hätte sich daher damit auseinandersetzen müssen, ob nicht die erteilte Konzession zum Betrieb der Mühle dazu führte, dass Dritte trotz der Qualifizierung des Krebsbachs als Privatfluss in ihrer Befugnis in den Flusslauf einzugreifen, beschränkt gewesen wären. Regierungsrat Schiebler, der zum Regierungskollegium in Küstrin gehörte, vertrat die Ansicht, dass im Fall des Müllers Arnold eine Mühlengerechtigkeit bestand, welche den Müller vor Beeinträchtigungen anderer schützte.[97] Er begründete seine Ansicht damit, dass

95 Vgl. *Voet,* Commentarius ad Pandectas, Bd. 1, Lib. I, Tit. IV. De Constitutione principum, Ziff. 17, S. 27: „tamen, cum in dubio privati cujusque commodum publica utilitati cedere & postponi fas sit".

96 Vgl. *Voet,* Commentarius ad Pandectas, Bd. 1, Lib. I, Tit. IV. De Constitutione principum, Ziff. 17, S. 27: „ [...] adhuc manebit illud, privilegia certis tantum personis aut causis primario faventia, juribus communibus in ambiguo minimum debere prajudicum inferred. Atque hinc est, quod & ipsa Principum beneficia, qua tempore concessionis nullis tertii involvebant detrimentum, in dubio vires perditura sunt, quoties ob circumstantias supervenientes incipiunt tertio damnosa, atque ita iniqua".

97 Protokoll der Vernehmung des Küstrinschen Regierungsrats Schiebler, abgedruckt in: *Dießelhorst,* Die Prozesse des Müllers Arnold, Anhang, Quelle IV 13, S. 135, 137.

Markgraf Johann Georg im Landtagsabschied von 1572[98] festgelegt habe, dass, bevor jemand gestattet werde, eine Mühle zu errichten, dem stets eine Untersuchung vorausgehe, ob durch den Mühlenbau Rechte Dritter beeinträchtigt würden. Aus dieser vorangegangen Untersuchung entstehe „die natürliche Folge [...], daß er bei seiner Mühlen-Gerechtigkeit geschützet, und er darin auf keinerlei Weise beeinträchtigt werden müsse“[99]. In dem von Schiebler zitierten Landtagsabschied heißt es: „Wer neue Mühlen bauen will, soll dasselbe zuvor an Uns gelanden, so wollen wir darauf Erkundigung nehmen, ob solchs ohn Unsern, oder der andern benachbarten Mühlen, Schaden undt Nachtheil geschehen könne. Undt wenn dasselbe befunden, wollen wir Uns mit Unserer Bewilligung gnedigst erzeigen [...]“[100]. Allerdings galt dieses Edikt – wie auch Regierungsrat Schreiber anmerkte – nicht für das Herzogtum Crossen, in dessen Gebiet die Krebsmühle lag, da es diesem gegenüber nicht kundgetan wurde, sondern nur für die neumärkische und sternbergische Landschaft.[101] Geografisch betrachtet gehörte das Herzogtum Crossen zwar zur Neumark. Das Gebiet „Neumark“ untergliederte sich jedoch in vier einzelne Territorialteile: das Land „über Oder“ (die eigentliche Neumark), das Land Sternberg, das Herzogtum Crossen und die Herrschaft Cottbus.[102] Aus der Tatsache, dass im Landtagsabschied von 1572 das Land Sternberg separat neben der Neumark aufgeführt ist, lässt sich schließen, dass mit der Neumark das Einzelterritorium Land „über Oder“, also die Neumark im engeren Sinn und nicht die gesamte geografische Region Neumark gemeint war, so dass das Land Sternberg und die Neumark im engeren Sinne, nicht aber das Herzogtum Crossen vom Geltungsbereich des Landtagsabschieds erfasst waren.

98 Neumärkischer Landtagsabschied, der Neumärkischen und Sternbergischen Ritterschaft wegen unterschieden Puncten erstellt von 1572, abgedruckt in: CCM Teil IV., Abteilung I., Nr. XXXII; Sp. 95, 101.

99 Protokoll der Vernehmung des Küstrinschen Regierungsrats Schiebler, abgedruckt in: *Dießelhorst,* Die Prozesse des Müllers Arnold, Anhang, Quelle IV 13, S. 135, 137.

100 Neumärkischer Landtagsabschied, der Neumärkischen und Sternbergischen Ritterschaft wegen unterschieden Puncten erstellt von 1572, abgedruckt in: CCM Teil IV., Abteilung I., Nr. XXXII; Sp. 95, 101

101 Neumärkischer Landtagsabschied, der Neumärkischen und Sternbergischen Ritterschaft wegen unterschieden Puncten erstellt von 1572, abgedruckt in: CCM Teil IV., Abteilung I., Nr. XXXII; Sp. 95, 96, 101.

102 *Baudisch,* Geografische Grundlagen in: *Materna/Ribbe (Hg.),* Brandenburgische Geschichte, S. 30 f.

Aus diesem lässt sich inhaltlich ableiten, dass es zumindest in einigen Gebieten Brandenburgs üblich war, dass für das Betreiben einer Mühle eine Konzession erteilt wurde, der eine Untersuchung hinsichtlich möglicher Beeinträchtigungen Dritter vorausging. Wurde die Konzession erteilt, dann bedeutete dies, dass die Mühle keine Beeinträchtigungen anderer verursachte. Auf diesem Weg konnten Kollisionen zwischen einander widersprechenden Nutzungsinteressen vermieden und bereits bestehende Nutzungen geschützt werden. Dass eine Genehmigung nur erteilt wurde, wenn Beeinträchtigungen Dritter nicht ersichtlich waren, zeigt, dass der Bestand vorhandener Nutzungen Vorrang vor der Zulassung neuer Nutzungen hatte und daher das zeitlich Frühere gegenüber dem zeitlich Späteren stärker geschützt wurde. Zu Recht ist deshalb mit *Sengebusch*, *Dießelhorst* und *Repgen* die Rechtsfolge der Genehmigung dahingehend erweiternd auszulegen, dass mit der Erteilung einer Mühlenkonzession der Schutz des Mühlbetriebes vor Beeinträchtigungen Dritter einherging, denn mit Genehmigung der Mühle wurde jede anschließend beantragte Mühle daraufhin überprüft, ob sie den Bestand der genehmigten und bereits bestehenden Mühle beeinträchtigt. Diese Auslegung wird gestützt durch die Kurfürstlich-Brandenburgischen Polizeiordnung für das Herzogtum Magdeburg[103] von 1688, auf die *Sengebusch* zutreffend hingewiesen hat. Dort heißt es in Kapitel XII § 1 ausdrücklich „Diejenigen, die an einen navigablen oder anderen Flusse vor rechtsverjährter Zeit eine Mühle gebaut, die dem Wasser oder Furth unschädlich, sollen dabei ruhig gelassen"[104]. Der Begriff „dabei ruhig gelassen" kann bei sinngemäßer Auslegung der Vorschrift nur bedeuten, dass dem Müller der status quo, d.h. auch der bei Konzessionserteilung bestehende Wasserzufluss, erhalten bleiben muss.[105] Andernfalls wäre die Norm bedeutungs- und zwecklos.[106] Auch wenn diese Vorschrift hier bereits aufgrund des Geltungsbereichs nicht anwendbar ist und inhaltlich angesichts des eindeutigen Wortlauts nicht passt, da es sich bei dem Krebsbach gerade nicht um einen schiffbaren Fluss handelt, so zeigt sich doch, dass der Rechtsgedanke, dass eine von der Obrigkeit genehmigte Mühle Schutz vor Beeinträchtigungen Dritter genießt, in der Gesetzgebung Preußens

---

103 Chur-Fürstliche Brandenburgische Im Hertzogthume Magdeburg Publicirte Policey- und andere Derselben einverleibte Ordnungen. Anno 1688.

104 Chur-Fürstliche Brandenburgische Im Hertzogthume Magdeburg Publicirte Policey- und andere Derselben einverleibte Ordnungen. Anno 1688, Cap. XII § 1, S. 135.

105 *Repgen,* Der Müller Arnold Prozess in: *Falk/Luminati/Schmoeckel (Hg.),* Fälle aus der Rechtsgeschichte, S. 242.

106 *Repgen,* Der Müller Arnold Prozess in: *Falk/Luminati/Schmoeckel (Hg.),* Fälle aus der Rechtsgeschichte, S. 242.

in dieser Zeit vorhanden war. Zumindest hätte die Regierung zu Küstrin prüfen müssen, ob im Fall des Müllers Arnold eine derartige Mühlengerechtigkeit vorlag bzw. mit der Genehmigung des Mühlenbaus vor rechtsverjährter Zeit einherging.[107] Regierungsrat Schiebler hat dies zu Recht erkannt, konnte sich mit seiner Ansicht aber nicht durchsetzen, so dass eine Prüfung unterblieb. Aus diesem Grund ist das Urteil der Regierung zu Küstrin rechtsfehlerhaft ergangen.

e) Vertrag von 1566

Die Regierung zu Küstrin stützte sich zudem auf einen Vergleich zwischen dem Besitzer des Gutes Kay und den Rechtsvorgängern des Grafen Schmettau aus dem Jahre 1566.[108] Diesen müsse der Müller gegen sich gelten lassen, da er vom Rechtsvorgänger des Grafen Schmettau seine Rechtsstellung ableite. In diesem Vergleich hieß es „den Teich ganz und gar mit beyden Ufern von der Pomerziger Brücke an bis an die Schneide-Mühle für sich zu gebrauchen und zu behalten – ihres Gefallen darzubauen, was ihnen gefällig oder nützlich seyn möchte [...] und sollen die v. Gersdorff ihr angefangen Fluthbett, darum sie beyderseits streitig gewesen, für ihren Teich und Schneidemühle unverhindert nach ihrem Gefallen bereiten, machen und gebrauchen“[109]. Danach konnte von Gersdorff das Wasser des Krebsbachs für einen Teich nach seinem Belieben gebrauchen. Ob es sich bei dem Teich, für den dieser Vergleich galt, um die Karpfenteiche des von Gersdorff oder vielmehr, wie *Dießelhorst*[110] meint, um den Schneidemühlenteich handelte, der unterhalb der Schneidemühle auf dem Gebiet des Gutsbesitzers Kay gelegen war und über das Aufstauen des Mühlenfließes bewässert wurde, lässt sich heute nicht mehr abschließend klären. Sollte sich der Vergleich nur auf den Schneidemühlenteich bezogen haben, dann hätte von Gersdorff nur für diesen beliebig Wasser ableiten können. Der Karpfenteich wäre vom Regelungsgehalt nicht erfasst, so dass sich von Gersdorff nicht hätte darauf berufen

---

107 *Dießelhorst,* Die Prozesse des Müllers Arnold, S. 36, *Repgen,* Der Müller Arnold Prozess in: *Falk/Luminati/Schmoeckel (Hg.),* Fälle aus der Rechtsgeschichte, S. 242.

108 Der Vergleichstext ist im Original leider nicht mehr erhalten, so dass auf die Zitate im Urteil der Regierung zu Küstrin vom 28.10.1779, abgedruckt in und zitiert nach: *Dießelhorst,* Die Prozesse des Müllers Arnold, Anhang, Quelle II 10, S. 84 ff. und auf die Zitate in der Relation des Kammergerichtsrats, abgedruckt in und zitiert nach *Dießelhorst,* Die Prozesse des Müllers Arnold, Anhang, Quelle III 5, S. 100 ff., zurückzugreifen ist.

109 Urteil der Regierung zu Küstrin vom 28.10.1779, abgedruckt in und zitiert nach: *Dießelhorst,* Die Prozesse des Müllers Arnold, Anhang, Quelle II 10, S. 84, 86.

110 *Dießelhorst,* Die Prozesse des Müllers Arnold, S. 36 f.

können und das Urteil insoweit fehlerhaft wäre. War auch der Karpfenteich vom Vergleich umfasst, so ist *Dießelhorst* darin zuzustimmen, dass eine derartige Einigung vermutlich gegen die hoheitliche Gestattung, die Krebsmühle zu betreiben, verstoßen hätte.[111] Zumindest hätte der Widerspruch zu der möglichweise bestehenden Mühlengerechtigkeit im Urteil thematisiert und problematisiert werden müssen. Da eine dahingehende rechtliche Auseinandersetzung in den Urteilsgründen nicht erfolgte, ist das Urteil der Regierung zu Küstrin auch unter diesem Gesichtspunkt rechtsfehlerhaft.

f) Beweiswürdigung der Küstriner Regierung

Zusätzlich zu den rechtlichen Würdigungen, die bereits ausgereicht hätten, die Klage des Müllers gegen von Gersdorff abzuweisen, nahm die Regierung zu Küstrin in ihrem Urteil eine Beweiswürdigung hinsichtlich der Frage vor, ob dem Müller durch die Karpfenteiche überhaupt ein Schaden entstanden ist. Dies verneinte sie mit der Begründung, dass weder die Schadenshöhe noch ansonsten bewiesen werden könne, dass der Mühle das Wasser entzogen worden sei und sie deshalb nicht habe mahlen können.[112] Inwieweit die ausgewerteten Beweise, dieses Ergebnis wirklich tragen, ist eine Frage der Beweiswürdigung, der Auseinandersetzung mit dem Wert der Zeugenaussagen und der Plausibilität, Logik und Richtigkeit des Sachverständigengutachtens. Für die wasserrechtliche Fragestellung ist sie nicht von Bedeutung. Aus der überzeugenden Auseinandersetzung *Dießelhorsts* mit den Beweisen und der gerichtlichen Beweiswürdigung ergibt sich jedoch, dass eine hohe Wahrscheinlichkeit dafür spricht, dass eine Schädigung des Müllers Arnold durch die Anlage der Karpfenteiche vorgelegen hat, auch wenn über die Schadenshöhe keine fundierte Aussage mehr getroffen werden kann.[113] Insofern ist die Beweiswürdigung der Regierung zu Küstrin ein weiterer Grund für die Rechtsfehlerhaftigkeit des Urteils.

g) Das kammergerichtliche Urteil und seine Bewertung

Das Urteil des Kammergerichts Berlin folgt im Ergebnis dem Urteil der Regierung zu Küstrin. Neben einer erneut vorgenommenen Beweiswürdigung, hinsichtlich deren Bewertung auf die zutreffenden Ausführungen von *Dießelhorst*[114]

111 *Dießelhorst,* Die Prozesse des Müllers Arnold, S. 36 f.

112 Urteil der Regierung zu Küstrin vom 28.10.1779, abgedruckt in und zitiert nach: *Dießelhorst,* Die Prozesse des Müllers Arnold, Anhang, Quelle II 10, S. 84, 87 ff.

113 *Dießelhorst,* Die Prozesse des Müllers Arnold, S. 44.

114 *Dießelhorst,* Die Prozesse des Müllers Arnold, S. 49 f.

zu verweisen ist, stützt das Gericht sein Urteil darauf, dass von Gersdorff zur Bewässerung seines Teiches beliebig Wasser aus dem Krebsbach ableiten dürfe, da dieses durch sein Grundstück laufe und „es ihm eigenthümlich“[115] gehörte, denn „derjenige thut dem anderen kein Unrecht, welcher sich des ihm zustehenden Rechts bedient“[116]. Diese Begründung entspricht zusammengefasst dem zentralen Argument der rechtlichen Würdigung der Regierung zu Küstrin. Wie bereits dargestellt, lässt sich diese Rechtsfrage mit dem gemeinen Recht zwar nicht eindeutig beantworten, jedoch war die in den Urteilen vertretene Auffassung der vorherrschende Grundsatz, so dass diesbezüglich das kammergerichtliche Urteil nicht zu beanstanden ist. Das ändert aber nichts an der Tatsache, dass das kammergerichtliche Urteil insoweit fehlerhaft ist, als auch dort eine Auseinandersetzung mit einer möglicherweise bestehenden Mühlengerechtigkeit nicht erfolgte. Diesbezüglich kann auf die obigen Ausführungen verwiesen werden.[117] Weitere Ausführungen zu der Rechtsfrage, ob der Müller gegen von Gersdorff einen Schadens- bzw. Unterlassungsanspruch wegen Entziehung des Wassers hatte, enthält das kammergerichtliche Urteil nicht.

3. Fazit

Unter Anwendung des Wasserrechts des 17./18. Jahrhunderts sind die Urteile der Regierung zu Küstrin und des Kammergerichts daher aus verschiedenen Gründen rechtsfehlerhaft. Die vorhandenen geschriebenen und ungeschriebenen Regelungen tragen im Ergebnis die Urteilsbegründungen nicht, so dass in dem Rechtsstreit des Müllers Arnold gegen von Gersdorff Fehlurteile ergangen sind.

Zum einen wendete die Regierung zu Küstrin die Digesten insoweit unzutreffend an, als sie sachnähere und vergleichbarere Regelungen außer Betracht ließ und damit die systematische Gliederung der Digesten, die zwischen Flüssen und Brunnen differenzieren, missachtete. Es bleibt in diesem Zusammenhang festzuhalten, dass es im römischen Recht den Grundsatz gab, dass die Nutzung von Privatflüssen im Belieben des Eigentümers stand, über dessen Grundstück der Fluss verlief. Dies führte dazu, dass das Eigentum des Oberliegers gegenüber dem Eigentum des Unterliegers privilegiert war, da die Gewässernutzung des ersteren notwendigerweise Einfluss auf die Gewässernutzung des letzteren hatte

---

115 Urteil des Kammergerichts vom 11.12.1779, abgedruckt in und zitiert nach: *Dießelhorst,* Die Prozesse des Müllers Arnold, Anhang, Quelle III 6, S. 114, 116.

116 Urteil des Kammergerichts vom 11.12.1779, abgedruckt in und zitiert nach: *Dießelhorst,* Die Prozesse des Müllers Arnold, Anhang, Quelle III 6. S. 114, 116.

117 Siehe oben S. 40.

und dem ersteren damit im Vergleich zum Unterlieger ein wesentlich größerer Nutzungsspielraum hinsichtlich seines Eigentums gewährt wurde.

Ob dieser römisch-rechtliche Grundsatz unverändert im rezipierten römischen Recht galt, erscheint vor dem Hintergrund des Urteils zweifelhaft. Die aufgrund des Wandels der Begrifflichkeiten bestehende Problematik wurde bereits aufgezeigt. Dessen ungeachtet zeigen die im Urteil der Regierung zu Küstrin zitierten Rechtsfälle, dass im gemeinen Recht vergleichbare Streitfälle hinsichtlich der Gewässernutzung an Privatflüssen zwischen Ober- und Unterlieger dem römischen Rechtssatz entsprechend dahingehend entschieden wurden, dass der Oberlieger bezüglich der Wassernutzung auf den Unterlieger keine Rücksicht zu nehmen brauchte. Damit lässt sich die These vertreten, dass dieser Grundsatz im Gemeinen Recht zumindest vorherrschend war, auch wenn es auf die Rechtsfrage keine eindeutige Antwort gab[118]. Wenigstens in diesem Punkt haben die Regierung zu Küstrin und das Kammergericht in ihren Urteilen einen vertretbaren Begründungsansatz gewählt, auch wenn dieser in der Gesamtschau die Urteile nicht zu retten vermag.

Den größten Mangel weisen die Urteile dadurch auf, dass die Frage der Mühlengerechtigkeit nicht erörtert worden ist. Dies wiegt hinsichtlich des Urteils der Regierung zu Küstrin besonders schwer, da Regierungsrat Schiebler auf die Problematik hingewiesen hat, seine Einwände aber ungehört blieben. Hinsichtlich dieser Rechtsfrage hat die obige Untersuchung zum einen gezeigt, dass für das Betreiben einer Mühle eine von der Obrigkeit zu erteilende Konzession erforderlich war. Der Sinn dieser Konzession bestand darin, im Rahmen einer Untersuchung zu ermitteln, ob durch die Mühle Beeinträchtigungen Dritter zu erwarten waren, um auf diesem Weg eine Kollision zwischen sich widersprechender Nutzungsinteressen zu vermeiden und bereits bestehende Nutzungen zu schützen. Zum anderen lässt sich aus dem Erörterten ableiten, dass die Idee, dass eine von der Obrigkeit genehmigte Mühle in ihrem Bestand vor Beeinflussungen Dritter geschützt ist, zur Zeit des Müller-Arnold-Prozesses bereits vorhanden war und teilweise schriftlich fixiert wurde, so z.B. in Kapitel III § 1 der Magdeburger Polizeiordnung von 1688. Eine entsprechende Anwendung dieses Rechtsgedankens durch die Regierung zu Küstrin hätte dazu führen können, dass ein Anspruch des Müllers Arnolds gegen von Gersdorff wegen Entziehung des Wassers zu bejahen gewesen wäre.

118 *Repgen,* Der Müller Arnold Prozess in: *Falk/Luminati/Schmoeckel (Hg.),* Fälle aus der Rechtsgeschichte, S. 241.

Dass darüber hinaus auch noch der Vergleich von 1566 unzutreffend gewürdigt wurde und zudem eine fehlerhafte Beweiswürdigung erfolgte, sind weitere Aspekte dafür, dass die rechtlichen Ausführungen und Begründungen der Urteile der Regierung zu Küstrin und des Kammergerichts einer kritischen Beurteilung nicht standhalten.

Unabhängig von der viel diskutierten Frage, ob sich Friedrich der Große über die Urteile der Regierung zu Küstrin und des Kammergerichts hinwegsetzen und sie durch eine eigene Entscheidung ersetzen durfte, zeigt sich mit dem gefundenen Ergebnis jedoch, dass er über ein gutes Judiz verfügte, da er die Urteile zutreffend als Fehlurteile wertete. Er empfand es als ungerecht, dass „einem Müller, der kein Wasser hat und also nicht mahlen und also auch nichts verdienen kann“[119] die Mühle genommen wurde, weil er seine Pacht nicht bezahlen konnte. Aus der Freilassung des Regierungsrats Scheibler, der vertrat, dass der Oberlieger nicht berechtigt sei, dem Unterlieger das Wasser zu entziehen, und der Anordnung der fortdauernden Inhaftierung der anderen Richter, die dem Rechtssatz folgten, dass „ein jeder Eigentümer [...] auf seinem Grund und Boden nach Gefallen bauen und Anlagen machen, folglich auch das Wasser eines durch sein Gut strömenden Fließes nach Gefallen nutzen und anwenden könne, ohne sich an die Convenienz der Nachbaren zu kehren [...]“[120], lässt sich schließen, dass nach Ansicht des Königs es nicht im Belieben des Eigentümers stand, den über sein Grundstück fließenden Privatfluss ohne Rücksicht auf die Unterlieger zu nutzen.[121] Dies zeigt, dass Friedrich der Große die mit der unbeschränkten Nutzung des Eigentums einhergehende Problematik erkannte[122] und eine Rücksichtnahme des Eigentümers auf Belange und Interessen Dritter als unabdingbar ansah. In diesem Verständnis des Eigentums spiegelt sich bereits der Ansatz der Idee von der Sozialpflichtigkeit des Eigentums wieder,[123] welche heute in Art. 14 Abs. 2 GG ihren Niederschlag gefunden hat.

---

119 Vom König abgehaltenes Protokoll über die drei Kammergerichtsräte Friedel, Graun und Ransleben vom 11.12.1779, abgedruckt in und zitiert nach: *Dießelhorst,* Die Prozesse des Müllers Arnold, Anhang, Quelle IV 1, S. 117 und S. 52.

120 Bericht des Kriminalsenats des Kammergerichts vom 26.12.1779, abgedruckt in und zitiert nach *Dießelhorst,* Die Prozesse des Müllers Arnold, Anhang, Quelle IV 25, S. 176, 180.

121 *Dickel,* Beiträge zum preußischen Rechte, S. 89.

122 *Sendler,* JuS, 1986, 759, 761.

123 *Sendler,* JuS, 1986, 759, 761.

IV. Die wasserrechtlichen Regelungen des ALR

Mit dem ALR wurden erstmals einheitliche wasserrechtliche Bestimmungen für Preußen geschaffen, auch wenn diesen – wie dargelegt – teilweise nur subsidiäre Bedeutung zukam. Es lässt sich zumindest in Ansätzen ein Regelungskonzept erkennen, welches aber bei weitem nicht alle Probleme, die bei der Nutzung von Gewässern aufkommen können, abdeckte. Im Folgenden werden nun im Rahmen der vom ALR vorgenommen Unterteilung in öffentliche Gewässer und Privatgewässer die vorhandenen Vorschriften untersucht.

1. Einteilung der Gewässer

Das ALR unterscheidet zwischen öffentlichen Gewässern und Privatgewässern. Es knüpft an die jeweilige Gewässerart unterschiedliche Nutzungsbedingung und Eigentumsverhältnisse.

a) Öffentliche Gewässer

Gemäß ALR II 14 § 21 zählen die „von Natur schiffbaren Ströme“ zum Eigentum des Staates. Ihre Nutzung gehört gemäß ALR II 15 § 38 zu den Regalien des Staates. Der Begriff „öffentliche Gewässer“ wird dabei nicht verwendet. Dennoch ergibt die Ausgestaltung ihrer Rechtsnatur als Regalien und gemeines Eigentum des Staates, dass es sich hierbei um Gewässer handelt, die allein der Dispositionsbefugnis des Hoheitsträgers unterworfen und damit als öffentlich einzuordnen sind. Für die Qualifizierung eines Flusses als öffentlich ist die tatsächliche Gegebenheit als von Natur schiffbarer Strom entscheidend,[124] auf die an dem Fluss bestehenden rechtlichen Eigentums- und Nutzungsverhältnisse kommt es nicht an, d.h. es ist für die Frage der Öffentlichkeit irrelevant, wer Eigentümer oder Nutzungsberechtigter des Flusses ist.[125] Die Entscheidung des preußischen Obertribunals vom 24.11.1870, die besagt, dass die Entscheidung, ob ein Gewässer öffentlich oder privat ist, „sich nach der Art und Natur der Eigenthums- beziehungsweise Nutzungsrechte daran, nicht aber darnach, ob das Gewässer sich im Eigentume des Staates oder einer Privatperson […] befindet“[126] bestimmt, ist insofern missverständlich, als sich das am Gewässer bestehende Eigentumsrecht danach richtet, ob das Gewässer schiffbar ist oder nicht. Nur ein von Natur aus schiffbares Gewässer unterliegt dem gemeinen

124 *Frank*, Wasserrecht und Wasserpolizei, S. 59.
125 ObTr., StrA 81, 73, 79.
126 ObTr., StrA 81, 73, 79 f.

Staatseigentum und den sich daraus ergebenden Rechten. Die Art und Natur des Eigentums ergibt sich aus der Zuordnung als öffentliches oder privates Gewässer und nicht umgekehrt. Die zitierte Feststellung des preußischen Obertribunals scheint diesbezüglich Ursache und Wirkung zu vertauschen.

Da die Schiffbarkeit das maßgebliche Kriterium für die Zuordnung von Gewässern ist, stellt sich folglich die Frage, was unter „von Natur schiffbare Ströme" zu verstehen ist und was damit öffentliche Flüsse sind. Zunächst fällt auf, dass hier auf das Kriterium der Schiffbarkeit abgestellt wird. Dieses setzt im Unterschied zum „Schiffreichtum", welcher z.B. im Bayerischen Landrecht von 1756[127] die maßgebliche Voraussetzung für die Annahme eines öffentlichen Flusses war, nicht die tatsächliche Nutzung des Flusses für den Schiffsverkehr voraus, sondern stellt allein darauf ab, ob das Gewässer dafür geeignet ist.[128] Im Gegensatz zum gemeinen Recht und der damit beim Müller-Arnold-Prozess vorherrschenden Rechtslage, bei der bereits unklar war, auf welche Kriterien für die Bestimmung der Öffentlichkeit der Gewässer abzustellen ist, legt das ALR die Schiffbarkeit eines Flusses als einheitliches Abgrenzungskriterium fest.

aa. Die Schiffbarkeit als geeignetes Abgrenzungskriterium?

Trotz dieser Festlegung hinsichtlich der Einordnung der Gewässer ist auch der Rechtsbegriff der Schiffbarkeit nicht frei von Auslegungs- und Zweifelsfragen geblieben. Diese betreffen insbesondere die Frage, welche Auswirkungen ein schiffbarer Abschnitt eines Flusses auf die Beurteilung und Einordnung des gesamten Flusslaufs und möglicherweise der Seitenarme, Quellen, etc. hat. Ist ein Fluss, von dem ein Teilstück schiffbar ist und ein Teilstück nicht, in seiner ganzen Ausdehnung als öffentlicher Fluss anzusehen oder ist er nur ab dem Abschnitt als öffentlich zu qualifizieren, ab dem er schiffbar ist?

bb. Lösungsansätze in der Rechtsprechung des preußischen Obertribunals

Die Beantwortung dieser Frage hat während des Geltungszeitraums des ALR einen Wandel erfahren. So legte das preußische Obertribunal mit dem Präjudiz Nr. 2253[129] im Jahre 1850 fest, dass natürliche, teilweise schiffbare Flüsse als

---

127 Vgl. 2. Teil 1. Kapitel § 5 „Unter die Res Communes & Jure Gentium Publicas, deren Gebrauch zwar jedermann, das Eigentum aber niemand zuständig ist, wird insgemein nicht nur […], sondern auch *schiffreiche* Ströme […] gerechnet […]" (Hervorhebung durch den Verf.).

128 *Seiler,* Die Gewässerbenutzungen und ihre Rechtsgrundlagen, S. 102a.

129 ObTr., StrA 1, 131 ff.

„öffentliche Ströme von der Mündung bis zur Quelle“[130] galten. Demnach wurde ein gesamter Flusslauf zu einem öffentlichen Fluss, wenn nur ein Streckenabschnitt schiffbar und damit öffentlich war. Begründet wurde diese Ansicht damit, dass es Ziel des Gesetzgebers gewesen sei, die bestehenden Unklarheiten und Zweifel ob der Zuordnung der Gewässer vollständig durch das Kriterium der Schiffbarkeit zu beseitigen und mit diesem Kriterium nicht neue Schwierigkeiten zu schaffen.[131] Der Gesetzgeber habe sich daher im Grundsatz der Constitutio de regalibus[132] von 1158 angeschlossen, die bereits schiffbare Flüsse zu den Regalien rechnete, sie aber hinsichtlich der Umwandlung von Privatflüssen in öffentliche Flüsse modifiziert. Um eine eindeutige und zweifelsfreie Zuordnung des Flusses zu erreichen, könne nur eine einheitliche, für den gesamten Flusslauf geltende Beurteilung und Einordnung vorgenommen werden.[133] Eine Zergliederung des Flusslaufs in Abschnitte und eine damit einhergehende streckenweise Zuordnung würde der Zielsetzung des Gesetzgebers zuwiderlaufen. Gedeckt werde diese Auslegung auch durch den Wortlaut des ALR II 14 § 21, der hinsichtlich der Flüsse keine Differenzierung zwischen teilweise und vollständig schiffbar vornimmt, sondern sie entsprechend der Land- und Heerstraßen zum Eigentum des Staates mache.[134] Die Öffentlichkeit der Flüsse stehe nach dem Wortlaut des ALR II 14 § 21 auch nicht unter einer Bedingung, wie z.B. „soweit sie von Natur aus schiffbar sind“.[135] Aus dem unbedingten Wortlaut ergebe sich, dass die Flüsse als „ungetheiltes Ganzes“[136] zu behandeln seien. Es sei zudem aufgrund des öffentlichen Interesses geboten, den gesamten Fluss als öffentlich zu behandeln, sonst könnte durch Hindernisse oberhalb des Punktes der Schiffbarkeit der Wasserlauf des Flusses beeinträchtigt werden.[137]

Diese Rechtsprechung gab das preußische Obertribunal 1867 mit dem Präjudiz Nr. 2748[138] ausdrücklich auf und schloss sich der in der Literatur und Verwaltung vorherrschenden Ansicht dahingehend[139] an, dass nur „die von Natur

130 ObTr., StrA 1, 131.

131 ObTr., StrA 1, 131, 132 f.

132 MGH DDF.I. Nr. 237, S. 27 ff.: „Regalia sunt hec: […] flumina navigabilia et quibus fiunt navigabilia […]“.

133 ObTr., StrA 1, 131, 133 f.

134 ObTr., StrA 1, 131, 134.

135 ObTr. 58, 1, 10.

136 ObTr. 58, 1, 10.

137 ObTr. 58, 1, 10 f.

138 ObTr. 58, 1 ff.

139 *Scheele*, Das preußische Wasserrecht, S. 12; *Sommer*, Neues Archiv für preußisches Recht und Verfahren, sowie für deutsches Privatrecht, 15 (1852), 665, 666.

schiffbaren Ströme und Flüsse […] von dem Punkte an, wo diese Schiffbarkeit beginnt als öffentliche […] anzusehen“[140] seien. Damit beschränkte sich die Öffentlichkeit des Flusses auf den Streckenabschnitt, ab dem er schiffbar war. In der ausführlichen Begründung versucht der erkennende Senat des Obertribunals historisch nachzuweisen, dass ALR II 14 § 21 gerade nicht – wie es der 3. Senat in seiner Entscheidung 1850 und in den folgenden Jahren vertrat – an die Constitutio de regalibus von 1158 angelehnt sei. Dabei bezieht der erkennende Senat sich auf eine Aussage Svarez‘ zu ALR II 13–16, die dieser im Rahmen eines amtlichen Vortrags zur Schlussrevision des ALR[141] getätigt hat. Darin äußert er, dass die in den Titeln 13 – 16 enthaltenen Themen bisher kaum im Ius commune scriptum zu finden gewesen seien.[142] Die wenigen vorhandenen Ansätze im Corpus Iuris Civilis seien gar nicht bzw. wenn überhaupt nur modifiziert angewandt worden. Auch aus dem allgemeinen Landrecht habe sich nichts ergeben; einzig einige Provinzialgesetze und -ordnungen enthielten entsprechende Bedingungen.[143] Daraus leitet der Senat des Obertribunals ab, dass Svarez die sich aus dem gemeinen Recht hinsichtlich der Flüsse ergebenden Unsicherheiten beseitigen und deswegen gerade nicht Regelungen aus der Constitutio de regalibus und damit aus dem langobardischen Lehnsrecht in das ALR aufnehmen wollte, insbesondere um den bestehenden Streit über die Bedeutung des „ex quibus nagavibilia fiunt“[144] nicht zu übernehmen.[145] Im Rahmen der daran anschließenden systematischen Auslegung legt der Senat dar, dass Privatflüsse, die gemäß ALR II 15 § 40 schiffbar gemacht würden, weiterhin im Privateigentum (ALR II 15 § 41) verblieben, soweit dies mit der Schiffbarkeit vereinbar sei. Dies zeige, dass der Gesetzgeber es nicht für notwendig erachtet habe, die nicht schiffbaren Abschnitte eines Flusses im Interesse der Schifffahrt als öffentlich festzulegen.[146] Auch könne die fehlende Schiffbarkeit von Flussabschnitten nicht dadurch ersetzt werden, dass der Fluss als einheitliches Ganzes betrachtet und deswegen insgesamt als schiffbar erklärt werde. Dies sei insofern nicht gewollt,

140 ObTr. 58, 1.

141 *Svarez,* Jahrbücher für die preußische Gesetzgebung, Rechtswissenschaft und Rechtsverwaltung, Bd. 41 (1833), V, 179.

142 *Svarez,* Jahrbücher für die preußische Gesetzgebung, Rechtswissenschaft und Rechtsverwaltung, Bd. 41 (1833), V, 179.

143 *Svarez,* Jahrbücher für die preußische Gesetzgebung, Rechtswissenschaft und Rechtsverwaltung, Bd. 41 (1833), V, 179.

144 MGH DDF.I. Nr. 237, S. 27, 29.

145 ObTr. 58, 1, 18.

146 ObTr. 58, 1, 19.

da dann auch Quellflüsse, Nebenflüsse, Zuflüsse, etc. zu dem Fluss gerechnet und als schiffbar erklärt werden müssten, was zu einer derartigen Ausdehnung dieses Kriteriums führen würde, dass dieses für eine Abgrenzung nicht mehr geeignet wäre.[147]

cc. Dualismus der Lösungsansätze

Dieser Streit zeigt, dass der durch die Festlegung des Kriteriums der Schiffbarkeit gewünschte Eintritt der Rechtsklarheit hinsichtlich der Zuordnung von Flüssen nicht so problemlos erfolgte, wie dies die Redaktoren des ALR beabsichtigt hatten. Das Kriterium „Schiffbarkeit" führte zu mehr Rechtssicherheit und Genauigkeit, als dies im Geltungszeitraum des Gemeinen Rechts der Fall war, da zumindest der Maßstab bestimmt wurde, an dem die Gewässer zu messen waren. Auch wenn in Einzelfällen darüber gestritten werden konnte, ob ein Fluss für die Schifffahrt geeignet war oder nicht, so bot der Aspekt der Schiffbarkeit doch grundsätzlich die Möglichkeit eine Zuordnung von Flussabschnitten anhand objektiver Merkmale vorzunehmen. Allerdings bleibt zu bedenken, dass sowohl die anfängliche Lösung, bei einem teilweise schiffbaren Fluss seinen gesamten Lauf als öffentlich zu erklären, als auch die später vertretene Auffassung, nur den schiffbaren Flussabschnitt als öffentlich anzusehen, angreifbar ist und im Ergebnis keine befriedigende Lösung für eine Einteilung von Gewässern in öffentlich und privat zu erbringen vermag. Der erste Lösungsansatz birgt die Gefahr, die auch das Obertribunal in seinem Präjudiz 2748[148] zurecht aufzeigt, dass die Ausdehnung der Öffentlichkeit des Flusses auf nichtschiffbare Bereiche, nur um eine einheitliche Einordnung zu erreichen, das Kriterium letztlich aushebelt, weil keine eindeutige Grenze vorhanden ist, auf welche Bereiche des Flusses die Ausdehnung erfolgen kann. So könnten z.B. Quellflüsse und Seitenarme zur Einheit des Flusslaufs gehören und damit auch öffentlich sein oder sie könnten eben nicht dazu gehören, weil nur der Hauptfluss an sich einbezogen werden soll. Im Extremfall würde fast das ganze Flussnetz öffentlich werden, wenn ein einzelner schiffbarer Abschnitt dazu führt, dass auch Seitenarme, Neben-, Zu- und Abflüsse eines Flusses öffentlich werden, da die meisten Flüsse und Bäche in einen schiffbaren Strom münden.[149] Auf diese Weise würde das Ziel, eine eindeutige Zuordnung zu ermöglichen und präzise zwischen öffentlichen und Privatflüssen zu differenzieren, verfehlt. Um bei einer dem anfänglichen Lösungsansatz

147 ObTr. 58, 1, 19 f.
148 ObTr. 58, 1, 20.
149 ObTr. 58, 1, 20.

entsprechenden Anwendung die Ausuferung des Begriffs der Schiffbarkeit zu verhindern, hätten weitere, einheitliche Kriterien festgelegt werden müssen, in welchem Rahmen, d.h. wie weit und welche Bereiche des Flusses öffentlich sind, wenn ein Teilabschnitt schiffbar ist. Dies ist jedoch nicht geschehen und dürfte angesichts der Einzigartigkeit der jeweiligen Flussläufe auch kaum realisierbar und praktikabel gewesen sein.

Der zweite Lösungsansatz, wonach lediglich der schiffbare Abschnitt des Flusses öffentlich ist, führt dazu, dass – im Gegensatz zum ersten Lösungsansatz – eine klare Einordnung der Flussabschnitte in öffentlich bzw. privat möglich ist. Allerdings birgt er die Gefahr, dass ein Fluss sehr stark unterteilt wird und daher eine unübersichtliche Gemengelage von privaten und öffentlichen Abschnitten an einem Flusslauf entstehen kann. Dies ist insofern problematisch, als – wie im Folgenden dargestellt wird – die jeweilige Einordnung zu unterschiedlichen Nutzungsrechten und –pflichten führt und z.B. auch die Beantwortung der Frage, inwieweit der Fluss eigentumsfähig ist, von der Eingruppierung des Gewässers abhängig ist. Die Einteilung nach Abschnitten führt daher zu einer starken Zersplitterung der rechtlichen Verhältnisse am Fluss und provoziert damit eine Kollision der sich aus der Einteilung als öffentlicher bzw. Privatfluss ergebenden Rechte, die durch eine einheitliche Beurteilung vermeidbar gewesen wäre. Auch wenn durch den zweiten Lösungsansatz Probleme der Zuordnung vermieden werden, so kann er in der Folge und aufgrund der sich aus der Einteilung ergebenden Rechtsfolgen eine unübersichtliche Rechtslage produzieren, welche es nach Bestreben der Redaktoren des ALR gerade zu vermeiden galt.

Aus alle dem zeigt sich, dass das Kriterium „Schiffbarkeit“ nur eingeschränkt dazu geeignet ist, eine eindeutige Einteilung von Gewässern zu ermöglichen, ohne dabei zugunsten der Differenzierung die Übersichtlichkeit der Rechtslage Preis zu geben und Folgeprobleme zu schaffen.

b) Privatgewässer

Von den öffentlichen Flüssen sind die natürlichen nicht öffentlichen Gewässer zu unterscheiden. Der Begriff Privatgewässer ist im ALR nicht legal definiert. Er wird allerdings in z.B. in ALR I 9 §§ 177, 185, 186 verwendet. Es handelt sich hierbei um einen einheitlichen Oberbegriff, welcher verschiedene Arten von Gewässern umfasst. Die Privatgewässer unterteilen sich in die geschlossenen Gewässer und die nicht geschlossenen Gewässer. Zu ersteren zählen gemäß ALR I 9 § 176 Teiche, Seen und Hälter, aber auch künstlich angelegte Gewässer, wie Brunnen oder Zisternen, also alle stehenden Gewässer. Ihnen ist gemeinsam, dass sie zu allen Seiten zu den Grundstücken abgeschlossen sind,[150] d.h. keinen oberirdischen Abfluss in ein anderes Gewässer haben. Die nicht geschlossenen Gewässer wiederum unterteilen sich in die Privatflüsse, also Flüsse, Bäche, Quellabflüsse, und die künstlich angelegten Kanäle, Gräben, Wasserleitungen, etc.[151] Der Begriff „Privatfluss" wird z.B. in ALR I 8 § 99, I 9 § 187 verwendet, jedoch enthält das ALR weder eine abschließende Aufzählung[152] dessen, was vom Begriff erfasst ist, noch erfolgt eine Legaldefinition des Begriffes. Dennoch lässt sich aus dem systematischen Zusammenhang des ALR ableiten, welche Gewässer als Privatflüsse angesehen werden. Dies ergibt sich insbesondere daraus, dass das Wort „Privatfluss" z.B. in ALR I 8 § 99 als Gegenbegriff zu den in ALR I 8 § 98 benannten öffentlichen Flüssen gebraucht wird.[153] Daraus wird deutlich, dass das ALR zwischen diesen beiden Begriffen differenziert. Aus dieser Gegenüberstellung und der Tatsache, dass vom Wortsinn her privat das Gegenteil von öffentlich ist, lässt sich der Schluss ziehen, dass Privatflüsse alle in abgegrenzten Flussbetten fließende Gewässer[154] sind, die nicht öffentlich sind, d.h. die nicht der Definition des ALR II 14 § 21 unterfallen, also nicht „von Natur schiffbar" sind. Unterirdische Wasseradern werden von dem Begriff „Privatflüsse" nicht erfasst.[155] Ebenso bilden auf einem Grundstück entspringende Quellen, deren Wasser nicht in einem abgegrenzten Bett, sondern wild abfließt, keinen Privatfluss.[156] Auch die künstlichen Gewässer, wie künstlich angelegte Gräben, Kanäle oder Wasserleitungen gehören nicht, wie sich aus dem Wortlaut des ALR II 14 § 21 ergibt, zum Eigentum des Staates und damit nicht zu den öffentlichen Flüssen, da ALR II 14 § 21 von „von Natur schiffbaren" spricht, also folglich jene Flüsse meint, die aufgrund ihrer natürlichen Gegebenheiten für die Schifffahrt geeignet sind und nicht jene, die erst künstlich dafür angelegt werden.[157]

c) Abgrenzungszeitpunkt und nachträgliche Veränderungen

Für die Beurteilung, ob ein Fluss schiffbar ist oder nicht, kommt es grundsätzlich auf den Zeitpunkt des Inkrafttretens des ALR an.[158] Für Veränderungen

---

150 *Frank*, Wasserrecht und Wasserpolizei, S. 58, *Scheele*, Das preußische Wasserrecht, S. 90.
151 *Frank*, Wasserrecht und Wasserpolizei, S. 58.
152 *Seiler*, Die Gewässerbenutzungen und ihre Rechtsgrundlagen, S. 109.
153 *Seiler*, Die Gewässerbenutzungen und ihre Rechtsgrundlagen, S. 109.
154 ObTr., StrA 4, 211, 213.
155 *Dernburg*, Das Sachenrecht des Deutschen Reichs, Bd. 3, S. 413 Fn. 5 zu § 137.
156 ObTr., StrA 4, 211, 214.
157 *Dernburg*, Das Sachenrecht des Deutschen Reichs, Bd. 3, S. 413.
158 *Dernburg*, Das Sachenrecht des Deutschen Reichs, Bd. 3, S. 409 Fn. 1 zu § 136.

der Schiffbarkeit nach Inkrafttreten des ALR hängt die Einschätzung davon ab, worauf diese Veränderungen beruhen und ob sich der Fluss selbst oder nur die Möglichkeiten des Schiffverkehrs geändert haben. Aufgrund technischer Neuerungen können Flüsse schiffbar gemacht werden, die es ursprünglich nicht waren, was aber nicht zu einer veränderten Einteilung des Flusses führt, d.h. ein Privatfluss wird dadurch nicht öffentlich, da keine Veränderung am Flusslauf selbst entstanden ist. Wird der Fluss an sich nach Inkrafttreten des ALR verändert, d.h. wird ein Privatfluss durch natürliche Einflüsse oder künstliche Eingriffe schiffbar, so kann sich auch seine rechtliche Einordnung ändern. Bei ersterem, also einer Wandlung von nicht schiffbar zu schiffbar aufgrund natürlicher Einflüsse, verliert das Gewässer seinen Charakter als Privatfluss und wird zum öffentlichen.[159] Wird in den Flusslauf künstlich eingegriffen, ist die entstehende Rechtsfolge nicht allgemeingültig festgelegt, sondern von den Umständen des Einzelfalls abhängig. Seitens des Staates ist es möglich unter Beachtung der Voraussetzungen von ALR II 15 §§ 39, 40 einen Privatfluss schiffbar zu machen. Nach ALR II 15 § 39 können Privatflüsse zum Nachteil des Eigentümers nicht schiffbar gemacht werden. Von diesem Grundsatz lässt das ALR in II 15 § 40 die Ausnahme für den Fall zu, dass die Schiffbarmachung „dem gemeinen Besten zuträglich ist“, d.h. dass sie aus Gründen des öffentlichen Wohls erfolgt[160]. Darunter fällt vor allem eine Schiffbarmachung im Interesse der Schifffahrt. In diesem Fall ist der bisherige Eigentümer für die entgangenen Nutzungen des Flusses und die durch die Schiffbarmachung entstandenen Nachteile zu entschädigen. Aus dieser Entschädigungspflicht ergibt sich, dass ausnahmsweise aus Gründen des gemeinen Wohls die Schiffbarmachung auch zum Nachteil des Eigentümers möglich ist, da die Entschädigungspflicht andernfalls leerlaufen würde, da ansonsten keine Nachteile für den Eigentümer entstehen könnten, die entschädigungspflichtig wären. Durch die Schiffbarmachung verliert der bisherige Eigentümer nicht unbedingt sein Eigentum. Es bleibt vielmehr bestehen, soweit es mit der neuen Nutzung des Flusses vereinbar ist (ALR II 15 § 41). Auch wenn der Staat dadurch nicht Eigentümer des Flusses wird, wie dies bei den natürlich schiffbaren Flüssen der Fall ist, ändert dies nichts daran, dass der schiffbar gemachte Abschnitt des Flusses öffentlich wird, während der nicht schiffbar gemachte Teil seinen privatrechtlichen Charakter erhält und somit Privatfluss bleibt.[161] Der Grund dafür ist, dass es im ALR für die Frage der Öffentlichkeit

159 *Frank,* Wasserrecht und Wasserpolizei, S. 59.

160 *Dalcke* in: *Koch,* Kommentar zum ALR, Bd. 4, S. 788.

161 ObTr. 80, 136, 142.

von Gewässern nicht darauf ankommt, wer dessen Eigentümer ist,[162] sondern allein auf die tatsächliche Gegebenheit der Schiffbarkeit.

2. Nutzungsrechte an Gewässern

Gewässer lassen sich in vielfältiger Weise für den Menschen nutzbar machen. So kann die Wasserkraft für den Betrieb eines Stauwerkes, das Wasser selbst als Trink- und Brauchwasser und zur Bewässerung der Felder sowie der Flusslauf als Verkehrsweg genutzt werden, um nur einige Beispiele zu nennen. Diese Nutzungen bedürfen einer besonderen rechtlichen Regelung, da sie insbesondere bei fließenden Gewässern in einem Konkurrenzverhältnis zueinander stehen. Der Gebrauch von Wasser eines fließenden Gewässers zum Zwecke einer bestimmten Nutzung hat Auswirkungen auf die anderen Nutzungsarten. Auch wenn ein Fluss durch den Flusslauf und die Ufer begrenzt ist, so erstreckt er sich in seiner Gesamtheit doch über eine Vielzahl von Grundstücken. Die Wassernutzung des Oberliegers beeinflusst die aller Unterlieger. Damit bleibt der Wirkungskreis eines Gebrauchs nicht örtlich begrenzt,[163] wie dies z.B. für viele Arten der Grundstücksnutzung der Fall ist.

Im Folgenden wird untersucht, inwieweit das ALR die Nutzungen an Gewässern regelt und wie die rechtlichen Regelungen zu den einzelnen Nutzungsarten ausgestaltet sind. Es sollen insbesondere der Erwerb, der Umfang und die Beschränkungen des Nutzungsrechts in den Blick genommen werden. Dabei wird auch der Frage nachgegangen, ob und wie es dem ALR gelingt, einen Ausgleich zwischen individuellen Nutzungsinteressen und der Sicherung der Wassernutzung für die Allgemeinheit zu finden. Ein Rückgriff auf die heute gängigen Kategorien von Gemeingebrauch, Eigentümergebrauch und Sondernutzung ist im Rahmen der Untersuchung nur sehr eingeschränkt möglich, da sich diese Begriffe im Sinne ihres heutigen Verständnisses erst im Laufe des 20. Jahrhunderts entwickelt haben. Auch sind sie Elemente eines Nutzungssystems, das öffentlich-rechtlich konzipiert ist und in dem daher alle Nutzungsrechte auf öffentlich-rechtlichen Regelungen basieren. Eine derartige Zuordnung gab es 1794 noch nicht, da zu diesem Zeitpunkt noch keine klare Trennung von öffentlichem und privatem Recht erfolgt war. Dementsprechend beruht das Gewässernutzungssystem des ALR auf einer Kombination von Vorschriften, die nach heutigen Maßstäben teils privatrechtlichen und teils öffentlich-rechtlichen Charakter aufweisen, d.h. dass es sowohl Nutzungsrechte gibt, die privatrechtlich

---

162 ObTr., StrA 81, 73, 79.

163 *Frank,* Wasserrecht und Wasserpolizei, S. 56.

ausgebildet sind als auch solche, deren Ausgestaltung eher öffentlich-rechtlich geprägt ist. Ersteres gilt insbesondere für die Nutzung privater Gewässer, letzteres eher für das zwischen Staat und dem einzelnen bestehenden Rechtsverhältnis an öffentlichen Flüssen. Dies führt dazu, dass sich die rechtlichen Regelungen zur Gewässernutzung nicht nur nach Art der Nutzung, sondern vor allem nach Art des zu nutzenden Gewässers unterscheiden. Daher werden im Folgenden öffentliche Flüsse und private Gewässer getrennt betrachtet.

a) Die Nutzung öffentlicher Gewässer

Im Rahmen der Untersuchung von Nutzungsverhältnissen an öffentlichen Gewässern ist zwischen dem nach ALR II 15 § 44 jedermann zustehenden Gebrauch und den Nutzungsrechten zu unterscheiden, die unter dem Vorbehalt des Staates stehen und der einzelne daher von diesem ableiten muss. Bei ersterem handelt es sich um eine Gebrauchsform, die dem heutigen Gemeingebrauch sehr nahekommt, nämlich ein zulassungs- und gestattungsfreier Gebrauch des öffentlichen Gewässers für bestimmte Nutzungsarten. Letztere weisen im Ansatz Gemeinsamkeiten mit den Nutzungsrechten auf, die heute auf einer Sondernutzungserlaubnis in Form der Bewilligung beruhen, auch wenn sie sich begrifflich und aufgrund ihrer rechtlichen Gestaltung stark unterscheiden. Ihnen ist aber gemein, dass dem einzelnen vom Staat eine Nutzungsberechtigung verliehen wird, die ihm einen beständigen und sicheren Gebrauch gewährleistet, d.h. ihn vor zukünftigen rechtlichen Veränderungen, vor Entziehung der Nutzung und Abwehransprüchen Dritter schützt.

Im Folgenden werden zunächst der gemeine Gebrauch öffentlicher Flüssen und anschließend die übrigen Nutzungsrechte mit ihren Besonderheiten dargestellt.

aa. Gemeine Nutzungsrechte an öffentlichen Flüssen

Das ALR enthält in ALR II 15 § 44 eine Regelung zur Nutzung von öffentlichen Flüssen durch die Allgemeinheit. Nach dieser Vorschrift darf jedermann das Flusswasser zum Schöpfen, Baden und Tränken verwenden. Diese Regelung dient dazu, dass Gut Wasser der Allgemeinheit zur Verwendung als Trink- und Brauchwasser zur Verfügung zu stellen. Dahinter steht die Idee, dass fließendes Wasser nicht eigentumsfähig ist,[164] da es sich hierbei nach ALR I 8 § 3 um eine Sache handelt, deren Nutzung aufgrund ihrer natürlichen Beschaffenheit durch

164 *Dalcke* in: *Koch,* Kommentar zum ALR, Bd. 4, S. 814.

niemanden verhindert werden kann. Aufgrund dieser Tatsache kann jeder das fließende Wasser öffentlicher Flüsse als Trink- und Brauchwasser verwenden. Dieses grundsätzlich bestehende Recht findet seine Einschränkung dadurch, dass es nur ausgeübt werden kann, wenn der Berechtigte freien Zugang zum fließenden Wasser hat, d.h. er benötigt eine öffentliche Uferstelle oder einen öffentlichen Weg, um an das fließende Wasser gelangen zu können. Für das Tränken von Tieren ist dies ausdrücklich in ALR II 15 § 45 geregelt. Ist der öffentliche Fluss von Privatgrundstücken umschlossen, benötigt er die Gestattung des Grundstückseigentümers für den Zugang zum Fluss.[165] Ein Anspruch auf Zugang gegen den Grundstückseigentümer kommt ihm jedoch nicht zu.

Auch die Nutzung der öffentlichen Flüsse zum Zwecke der Schifffahrt ist jedermann nach ALR II 15 § 47 im Rahmen der strompolizeilichen Regelungen gestattet. Eine einheitliche Verordnung zu den Bedingungen der Schifffahrt existiert nicht. Vielmehr finden sich in den im Laufe des 19. Jahrhunderts für einzelne Flüsse oder Gebiete im Interesse der Landeskultur erlassenen Ufer- und Deichordnungen, auch Vorschriften und Anordnungen hinsichtlich der Schifffahrt. Dessen ungeachtet handelte es sich bei der Schifffahrt um eine Nutzung im öffentlichen Interesse, wodurch ihr eine Vorrangstellung gegenüber allen anderen Nutzungsarten zukam,[166] d.h. diese durften nur ausgeübt werden, soweit die Schifffahrt durch sie nicht beeinträchtigt wurde. Für den Fall, dass die Schifffahrt aufgrund ihrer Vorrangstellung andere Nutzungsinteressen und -rechte benachteiligte, löste dies keine Entschädigung zugunsten des anderen Nutzungsinteressenten bzw. -berechtigten aus, da das Recht auf Gewässernutzung nicht dem öffentlichen Interesse widersprechende Benutzungen umfasste.[167] Eine Ausnahme und damit eine Entschädigungspflicht bestand nur für die Konstellation, dass durch das Errichten einer Anlage, wie z.B. die Schiffbarmachung eines Flusses, der Hauptzweck des Gewässers erst ermöglicht, das „öffentliche Interesse erst geschaffen wurde“[168].

Die Flößerei mittels verbundener Hölzer, d.h. der Transport von Holz auf dem Wasser, bei dem dieses zu einem von Menschen gesteuerten Floß verbunden wurde,[169] konnte jeder ohne Genehmigung betreiben. Eine entsprechende ausdrückliche Regelung enthält das ALR nicht. Doch ergibt sich dies aus zwei

165 *Dalcke* in: *Koch,* Kommentar zum ALR, Bd. 4, S. 814; *Frank,* Wasserrecht und Wasserpolizei, S. 305; *Endemann,* Das ländliche Wasserrecht, S. 26 Fn. 9.

166 *Gerber/Cosack,* System des deutschen Privatrechts, S. 93.

167 *Gerber/Cosack,* System des deutschen Privatrechts, S. 93 f.

168 *Gerber/Cosack,* System des deutschen Privatrechts, S. 93.

169 *Dalcke* in: *Koch,* Kommentar zum ALR, Bd. 4, S. 815.

Überlegungen, zum einen aus einem Umkehrschluss aus ALR II 15 § 49. Danach steht nur die Flößerei von unverbundenem Holz, d.h. das Holz wird einzeln zum Transport der Strömung des Flusses überlassen, ohne dass es ein Mensch steuert, unter dem Vorbehalt des Staates. Zum anderen spricht für diese Auslegung die bereits im Gemeinen Recht verbreitete Ansicht[170], dass das Flößen von verbundenem Holz eine Art Schifffahrt sei, die lediglich mit einem anderen Wasserfahrzeug betrieben werde und demnach entsprechend der Schifffahrt zu handhaben sei. Folglich steht das Flößen mit verbundenem Holz nach der Idee des ALR der Schifffahrt gleich.

Diese Vorschriften des ALR hinsichtlich der Schifffahrt, der Flößerei und der Trinkwassernutzung zeigen, dass das Gesetzbuch bereits die Idee des Gemeingebrauchs, also die erlaubnisfreie Nutzung einer bestimmten Sache durch jedermann, kannte. Es wurden im Rahmen des Gemeingebrauchs die für das 18. Jahrhundert zentralen Nutzungsarten von Gewässern gestattet, die Trinkwasserversorgung und die Nutzung öffentlicher Flüsse als Transportweg. Auf diese Weise dienten die öffentlichen Gewässer der Allgemeinheit sowohl als Wasserreservoir als auch als Schifffahrtsstraße. Angesichts der zentralen Rolle, die die Schifffahrt in Preußen spielte, was insbesondere an ihrer Vorrangstellung gegenüber anderen Nutzungsarten deutlich wurde, lässt sich zum Entstehungszeitpunkt des ALR die Ansicht *Nieberdings*[171], dass der Gemeingebrauch lediglich die Ausnahme bildete, nur schwer vertreten. Trotz dieser weitreichenden Einräumung des Gemeingebrauchs unterlag dieser der staatlichen Regelung. Dementsprechend konnte der Staat diesen jederzeit abschaffen, erweitern und verändern, d.h. insbesondere seine Ausübung an Bedingungen knüpfen. Aus derartigen Beschränkungen oder Aufhebungen erwuchs dem einzelnen gegenüber keine Entschädigungspflicht, da nach herrschender Literaturansicht[172] der Gemeingebrauch dem Einzelnen kein Recht gewährte.

Die Zuordnung von Nutzungsrechten zum Gemeingebrauch bedeutete jedoch nicht, dass an ihnen kein privates Sonderrecht erworben werden konnte.[173] Es bestand vielmehr die Möglichkeit ein solches durch einen privatrechtlichen Titel zu erwerben. Einhergehend mit dieser Möglichkeit erkannte das Reichsgericht[174]

---

170 *Runde,* Grundsätze des allgemeinen deutschen Privatrechts, S. 80; *Fischer,* Lehrbegrif sämtlicher Kameral- und Polizeyrechte, Bd. 3, S. 113, Nr. 219.

171 *Frank,* Wasserrecht und Wasserpolizei, S. 304.

172 *Frank,* Wasserrecht und Wasserpolizei, S. 305 f; *Gerber/Cosack,* System des deutschen Privatrechts, S. 92.

173 RG, Gruchots Beiträge 38, 1042, 1048.

174 RG, Gruchots Beiträge 38, 1042, 1048.

auch für solche Nutzungen, die dem Gemeingebrauch unterlagen, den Erwerb eines Sonderrechts durch Ersitzung an. Voraussetzung dafür war, dass dem Erwerbenden ein entsprechender Wille zukam und der Fiskus die Ausübung des Nutzungsrechts als dahingehenden Willen, ein privates Sonderrecht zu erwerben, erkennen konnte.[175] Im Ersitzungsakt musste also die entsprechende Willensbetätigung nach außen deutlich werden, das Nutzungsrecht nicht aufgrund des jedermann zustehenden Gemeingebrauchs auszuüben, sondern als individuelles Sonderrecht. Lag eine derartige Erkennbarkeit vor, war der Staat zur Vermeidung der Ersitzung verpflichtet zu widersprechen. Legte er keinen Widerspruch ein, war die Ersitzung möglich.

bb. Regale Nutzungsrechte an öffentlichen Gewässern

Nach ALR II 15 § 38 zählen die Nutzungen an öffentlichen Gewässern, d.h. alle Vorteile, die der öffentliche Fluss unbeschadet seiner Substanz gewähren kann (ALR I 2 § 110), zu den Regalien des Staates. Ausdrücklich festgelegt wird dies im ALR für folgende Nutzungsrechte: das Flößungsrecht für unverbundenes Holz (ALR II 15 § 49), das kostenpflichtige Fähren und Pramen zur Flussüberquerung (ALR II 15 § 51), den Fischfang (ALR II 15 § 73) und die Anlage von Mühlen (ALR II 15 § 229). Es sind aber auch noch weitere Gebrauchsarten öffentlicher Gewässer denkbar, die das ALR nicht ausdrücklich benennt, so z.B. Ab- und Zuleitung von Wasser in öffentliche Flüsse, Errichtung bestimmter Anlagen und Bauten wie Kaimauern, Anlegestelle, etc. Angesichts der Generalklausel des ALR II 15 § 38 ist eine ausdrückliche Benennung nicht erforderlich, da die Ausübung aller Regalrechte dem Staat vorbehalten war. Grundsätzlich konnte er das Wasser beliebig für seine Zwecke nutzen, ohne dabei auf andere Nutzer Rücksicht nehmen zu müssen. So bestand z.B. bei der Ableitung von Wasser aus einem Gewässer für den Staat nicht das Erfordernis für eine Zurückleitung zu sorgen.[176] Auch konnte er Wasser aus einem öffentlichen Fluss verwenden bzw. es diesem entziehen, selbst wenn dadurch in den Betrieb privater Anlagen eingegriffen wurde, denn das Nutzungsrecht des Staates begrenzte das Nutzungsrecht Privater, d.h. letzteres konnte nur soweit ausgeübt werden, wie es nicht mit dem des Fiskus kollidierte. Im Kollisionsfall erhielt das Nutzungsrecht des Staates den Vorrang.

175 RG, Gruchots Beiträge 38, 1042, 1048.

176 *Frank*, Wasserrecht und Wasserpolizei, S. 306.

cc. Die Übertragung regaler Nutzungsrechte nach den Regelungen des ALR

Der bestehende Vorbehalt des Staates an den Gewässernutzungsrechten bedeutete jedoch nicht, dass es dem Einzelnen unmöglich war, die öffentlichen Flüsse z.B. zur Bewässerung oder zum Betrieb einer Mühle zu nutzen. Er konnte vielmehr durch staatliche Verleihung – mittels derer die Ausübung des Regalrechts am Gewässer übertragen wurde – ein Nutzungsrecht erwerben. Hinsichtlich der Übertragung des Rechts standen dem Staat verschiedene Titel, die den Rechtsgrund für die Befugnis zur Ausübung des Nutzungsrechts bildeten, zur Verfügung. Die Rechtsübertragung konnte durch Privileg oder Belehnung geschehen. Diese Übertragungsformen sind nach heutigen Kategorien eher als öffentlichrechtlich anzusehen. Ihnen war gemein, dass dabei das materielle Nutzungsrecht übertragen wurde, welches dem Berechtigten insoweit eine gesicherte Rechtsposition verschaffte, als sowohl Abwehransprüche Dritter als auch die entschädigungslose Rechtsentziehung weitgehend ausgeschlossen waren. Inwieweit die regale Verleihung sowie die in ALR II 14 § 46 vorgesehenen Erlaubnis einen solchen Titel für ein Gewässernutzungsrecht darstellten, wird im Folgenden zu klären sein.

Neben diesen auf Handlungen des Staatsoberhauptes beruhenden Rechtsübertragungen bestand für den Einzelnen auch die Möglichkeit das Benutzungsrecht im Wege der Verjährung[177] zu erwerben.

Regalien konnten grundsätzlich auch auf privatrechtlichem Wege durch Erbpacht, Schenkung oder Verkauf übertragen werden.[178] Im Gemeinen Recht galt jedoch der Grundsatz, dass an öffentlichen Gewässern ein Erwerb durch Rechtsgeschäft nicht möglich sei.[179] Inwieweit dieser Grundsatz ins ALR übernommen wurde, ergab sich nicht aus dem Gesetzestext. ALR II 14 § 26 besagte zwar, dass niedere Regalien von Privatpersonen erworben werden können. Aber zu der Frage, wie ein derartiger Erwerb aussah und nach welchen Regeln er zu erfolgen hatte, enthielt das Gesetz keine Angaben. Die anschließenden ALR II 14 §§ 27, 28 30, 31, 33 sprachen allerdings im Zusammenhang mit der Übertragung niederer Regalien stets von Verleihung, was den Schluss nahelegt, dass zur Übertragung

177 Das ALR unterscheidet zwischen der erlöschenden und der erwerbenden Verjährung, ALR I 9 § 501. Diese bewirken nach Ablauf einer bestimmten Zeit den Rechtsverlust oder den Rechtserwerb. Die erwerbende Verjährung wird heute mit dem Begriff Ersitzung umschrieben.

178 *Holtz/Kreutz/Schlegelberger,* Das preußische Wassergesetz 1955, Bd. 2, S. 591.

179 *Holtz/Kreutz/Schlegelberger,* Das preußische Wassergesetz 1955, Bd. 2, S. 592; RGZ 23, 147, 152 f.; ObTr., Seufferts Archiv 21, Nr. 97; 24 Nr. 10.

ein hoheitlicher Akt insbesondere in Form eines Privilegs vorausgesetzt wurde und ein schuldrechtliches Geschäft gerade nicht ausreichte. Dies entsprach auch der gängigen Kommentarliteratur und Rechtsprechung der Zeit, die als Übertragungsweg neben dem Privileg nur die Verjährung anerkannten.[180] Ungeachtet dessen konnte Inhalt eines Privilegs ein Kauf, eine Schenkung oder eine Erbpacht sein, je nachdem, ob das Privileg gegen Zahlung einer Geldsumme oder schenkweise verliehen wurde.[181]

(1) Privileg

Eine Möglichkeit der Verleihung regaler Rechte bestand in der Erteilung eines Privilegs. Dabei handelte es sich um ein Sonderrecht, welches als Ausnahme vom allgemeinen Recht dem Privilegierten gewährt wurde. Ursprünglich umfasste der Begriff des Privilegs nicht nur begünstigende Sonderrechte, sondern ebenso belastende Momente, so dass durch das Privileg dem Betroffenen auch Nachteile und Belastungen entstehen konnten. Erst ab dem 18. Jahrhundert erfolgte eine Einschränkung der Bedeutung, indem sich ein dahingehendes Verständnis durchsetzte, dass von dem Begriff Privileg nur begünstigende Sonderrechte umfasst wurden.[182] Dessen ungeachtet ist der Begriff des Privilegs nicht eindeutig und allgemeingültig zu bestimmen. Dies liegt vor allem an der Tatsache, dass sich seine Beurteilung entweder auf formelle oder auf materielle Kriterien oder auf eine Kombination aus beidem stützte,[183] so dass es bereits an einer einheitlichen Beurteilungsgrundlage fehlte. Innerhalb der jeweiligen Beurteilungsgrundlage gab es wiederum sehr unterschiedliche Auffassungen darüber, was unter einem Privileg zu verstehen sei, so dass im Ergebnis eine allgemeingültige Definition nicht zu erreichen war. Soweit die Beurteilung des Privilegs auf formelle Kriterien gestützt wurde, verstand man unter einem Privileg überwiegend[184] eine vom Kaiser oder Papst aufgrund ihrer hoheitlichen Gewalt erlassenen Urkunde, in der eine Einzelanordnung getroffen wurde.[185] Für eine

---

180 *Rehbein/Reinicke,* Allgemeines Landrecht, Bd. 4, S. 566 Anm. 16a; Dalcke in *Koch,* Kommentar zum ALR, Bd. 4, S. 751 Anm. 17; ObTr., StrA 35, 345, 346 f.

181 Dazu vgl. unten S. 60.

182 *Glück,* Ausführliche Erläuterung der Pandecten, Bd. 1, S. 555; *Lobethan,* Abhandlung über die Lehre von Privilegien, S. 29.

183 *Mohnhaupt,* in: Ius Commune, V (1975), 71, 76.

184 Eine Darstellung dieser Streitigkeiten in all ihren Facetten wäre nicht zielführend, so dass es bei einer Skizzierung der Hauptelemente der beiden Hauptströmungen – Beurteilung aufgrund formeller Kriterien bzw. aufgrund materieller Kriterien – bleibt.

185 *Mohnhaupt,* in: Ius Commune, V (1975), 71, 76; in der spätkarolingischen Zeit und den darauffolgenden Jahrhunderten werden unter den Begriff des Privilegs

Beurteilung aufgrund inhaltlicher Kriterien hingegen waren die Form bzw. Art der Rechtserteilung nicht entscheidend, sondern die Eigenschaften des erworbenen Rechts. Danach lag ein Privileg dann vor, wenn einem Einzelnen oder auch einer Personengruppe ein Recht gewährt wurde, welches eine Ausnahme zu bestehenden gesetzlichen Regelungen bildete.[186] Im deutschen Rechtskreis überwog eine Kombination aus formellen und inhaltlichen Kriterien, so dass unter dem Begriff Privileg ein durch Urkunde erteiltes Sonderrecht, das nicht den allgemeinen Rechtsnormen entsprach, verstanden wurde.[187] Dieses im deutschen Rechtskreis im 18. Jahrhundert vertretene Verständnis als Sonderrecht, das nicht mit den allgemeinen Regelungen übereinstimmte, findet sich in ALR II 13 § 7 wieder, wonach Privilegien als Ausnahme von Gesetzen, also insbesondere von den Regelungen des ALR, zu gewähren waren. Bereits diese Norm zeigt, dass das ALR als erste Kodifikation in Preußen, das Privilegienwesen nicht überwunden, sondern bewahrt hat.

(a) Die Stellung des Privilegs im ALR

Die Erhaltung des Privilegienwesens ergibt sich auch aus der vorrangigen Stellung, die den Privilegien im ALR gegenüber den Regelungen des Allgemeinen Gesetzbuches eingeräumt wurden. In ALR Einl. § 21 heißt es, dass die allgemeinen Gesetze unter anderem den wohlerworbenen Rechten, also auch den Privilegien, nachstehen. Damit hob das ALR bestehende Privilegien nicht auf, sondern bewahrte sie. Auch an den Regelungen zur Aufhebung von Privilegien in ALR Einl. §§ 62, 70 wird dies deutlich, die zum einen den Betroffenen ein Anhörungsrecht gewährten (§ 62) und zum anderen eine Aufhebung nur aus überwiegenden Gründen des Gemeinwohls und gegen eine Entschädigung ermöglichten (§ 70). Durch diese Aufrechterhaltung der Privilegien konservierte das ALR somit den Rechtszustand der vorigen Jahrhunderte, indem das generelle Gesetz die Ausnahme und besondere dem Einzelnen gewährte Rechte die Regel bildeten.[188]

Das ALR regelt in seiner Einleitung einige Rechtsfragen hinsichtlich der Privilegien. Die Normen orientieren sich, wie Svarez in der Revisio Monitorum

---

alle Königurkunden gefasst, vgl. dazu *Bresslau,* Handbuch der Urkundenlehre für Deutschland, Bd. 1, S. 63 Fn. 1.

186 So auch Svarez in der Abhandlung über Privilegien in der „Revisio Monitorum“, Von Privilegis I 1), abgedruckt in und zitiert nach: *Schwennicke,* Die Entstehung der Einleitung des ALR, Anhang IV, S. 401.

187 *Mohnhaupt,* Ius Commune, V (1975), 71, 78.

188 *Mohnhaupt,* Ius Commune, V (1975), 71, 103 f.

angibt,[189] an dem Werk „Promtuarium" von Müller und übernehmen weitgehend die gemeinrechtliche Privilegienlehre. In ALR Einl. §§ 52–58 werden Fragen der Auslegung von Privilegien, in ALR Einl. §§ 61, 62, 70–72 die Möglichkeiten ihrer Aufhebung und in ALR Einl. §§ 63–69 ihre Geltungsgrenzen behandelt. Anderen Rechtsfragen, wie z.B. hinsichtlich des Konkurrenzverhältnisses von Privilegien untereinander bzw. zu anderen Arten der Rechtsverleihung, zu Wirkung und zu Einzelheiten der Erteilung werden im ALR nicht geregelt, so dass diesbezüglich auf die Regelungen des Gemeinen Rechts zurückzugreifen ist, wie dies die Rechtswissenschaft und Kommentarliteratur des 19. Jahrhunderts getan hat[190]. Nach ALR Einl. § 57 bilden die Vorschriften des Gemeinen Rechts zudem die Auslegungs- und Interpretationsgrundlage für die Bestimmungen über die Privilegien.

(b) Die Erteilung von Privilegien zur Verleihung regaler Rechte

Die Erteilung von Privilegien oblag gemäß ALR II 13 § 7 dem Oberhaupt des Staates, also dem König. Es gehörte zu seinen Majestätsrechten und war damit nicht auf eine Privatperson übertragbar, da es sich bei den Majestätsrechten um unveräußerliche Rechte des Herrschers handelte.[191] Diese dem gemeinen Recht entnommene Regel fand sich bereits in § 10 der Einleitung des Entwurfs von 1784, wonach nur der Gesetzgeber, also das Staatsoberhaupt als Inhaber der Gesetzgebungsgewalt, Privilegien erteilen konnte.[192] Eine darüberhinausgehende Regelung zu Modalitäten und Einzelheiten der Privilegienerteilung enthielt das ALR nicht. Jedoch äußert sich Svarez in seiner Abhandlung über Privilegien in der „Revisio Monitorum"[193] von 1788 zur Art ihrer Erteilung. Er

189 Svarez in der Abhandlung über Privilegien in der „Revisio Monitorum", Von Privilegis VII., abgedruckt in und zitiert nach: *Schwennicke,* Die Entstehung der Einleitung des ALR, Anhang IV, S. 405.

190 Vgl. mit Beispielen aus der Kommentarliteratur des 19. Jahrhunderts *Mohnhaupt,* Privilegien und „gemeines Wohl" im ALR, in: *Dölemeyer/Mohnhaupt (Hg.),* 200 Jahre Allgemeines Landrecht, S. 132.

191 Svarez, Abhandlung über die Berücksichtigung der Regalien im Gesetzbuch, abgedruckt in und zitiert nach: *Schwennicke,* Die Entstehung der Einleitung des ALR, Anhang III, S. 392 ff., S. 393.

192 § 10 Einl. AGB: „Privilegia, welche die Vorschriften des gemeinen Rechts, in Ansehung gewißer Sachen, Personen oder Fälle verändern, können allein vom Gesetzgeber ertheilt werden.", zitiert nach *Svarez/Krause,* Entwurf eines allgemeinen Gesetzbuches, Bd. I A/1, S. 14.

193 Abgedruckt in und zitiert nach: *Schwennicke,* Die Entstehung der Einleitung des ALR, S. 401 ff.

differenziert dabei zwischen drei Arten von Privilegien – onerosa, remuneratoria und mere gratiosa.[194] Bei ersteren wird das Privileg aufgrund eines lästigen Vertrages verliehen. Der Privilegierte erbringt, um z.B. ein Gewässernutzungsrecht zu erhalten, eine Gegenleistung in Form einer Zahlung, Dienst- oder Werkleistung. Remuneratoria werden Privilegien zur Belohnung für erbrachte Dienste erteilt und mere gratiosa als purer Gnadenakt seitens des Herrschers ohne eine Gegenleistung des Privilegierten.[195] Sowohl das durch lästigen Vertrag als auch das als Belohnung erworbene Privileg muss, selbst wenn es dem Wortlaut nach als einseitige Erklärung des Herrschers angesehen werden könnte, als eine auf Gegenseitigkeit beruhende Vereinbarung verstanden werden.[196]

Auch wenn diese Ansichten *Svarez* nicht in Gesetzesform gegossen wurden, so sind sie dennoch bei den Fragen zur Erteilung zu berücksichtigen und heranzuziehen, da es sich um die Motive und Gründe handelt, die die Basis der im ALR enthaltenen Bestimmungen bilden. Die Differenzierung *Svarez'* stimmt dabei mit Einteilungen überein, die auch im Gemeinen Recht vorgenommen wurden.[197]

Grundsätzlich wurden Privilegien erst mit ihrer Erteilung wirksam. Eine Ausnahme war dann anzunehmen, wenn das Staatsoberhaupt dem Privileg im Einzelfall eine rückwirkende Geltung einräumte.[198] Diese war ausdrücklich in das Privileg aufzunehmen. Sie war nicht unproblematisch, da dadurch gegebenenfalls Rechte Dritter beeinträchtigt wurden, die darauf vertrauten, dass kein Privileg bestand.

Die Erteilung des Privilegs führte im Gemeinen Recht nicht dazu, dass der König dadurch insoweit gebunden wurde, dass er für den gleichen Ort nicht ein identisches Privileg aussprechen konnte, denn mit der Verleihung sollte und

---

194 Svarez, Abhandlung über Privilegien in der „Revisio Monitorum", Von Privilegis IV), abgedruckt in und zitiert nach: *Schwennicke,* Die Entstehung der Einleitung des ALR, Anhang IV, S. 401 ff., S. 402.

195 *Höpfner,* Theoretisch-practischer Commentar, § 49, S. 75; *Häberlin,* Repertorium des Teutschen Staats- und Lehnrechts, Bd. 4, S. 291 Sp. 1 und Fn b).

196 Svarez, Abhandlung über Privilegien in der „Revisio Monitorum", Von Privilegis IV), abgedruckt in und zitiert nach: *Schwennicke,* Die Entstehung der Einleitung des ALR, Anhang IV, S. 401 ff., S. 402.

197 Vgl. z.B. *Heimbach,* Art. Privileg in: *Weiske (Hg.),* Rechtslexicon für Juristen aller teutschen Staaten, Bd. 8, S. 495, der u.a. auch zwischen einem durch bloße Gnade oder durch Vertrag erworbenes Privileg differenziert; *Glück,* Ausführliche Erläuterung der Pandecten, Bd. 2, S. 9.

198 Für das Gemeine Recht: *Heimbach,* Art. Privileg in: *Weiske (Hg.),* Rechtslexicon für Juristen, Bd. 8, S. 497 f.; *Lobethan,* Abhandlung über die Lehre von Privilegien, S. 35.

konnte keine Beschränkung seines Majestätsrechts einhergehen.[199] In den Kronprinzenvorträgen erklärt *Svarez* dies explizit für die Erteilung eines Mühlenprivilegs, so dass dieser Grundsatz auch dem ALR zugrunde liegt. Das Privileg zum Errichten einer Mühle hindert den Staat nicht, selbst Mühlen zu errichten oder anderen ein entsprechendes Privileg zu verleihen.[200] Eine mögliche Kollision einer aufgrund eines Privilegs errichteten Mühle mit einer vom Staat beabsichtigen Mühle in der Weise, dass letztere der ersteren Wasser oder Kunden entzieht, löst er über die Auslegungsregel, dass durch die Auslegung die wohltätige Absicht des Gebers nicht vereitelt werden dürfe. Die staatliche Mühle würde gegen diesen Grundsatz verstoßen und den Vorteil des Privilegierten vereiteln.[201] Eine über diesen Auslegungsgrundsatz hinausgehende Einschränkung wurde in § 11 des gedruckten Entwurfs von 1784 in Übereinstimmung mit dem Gemeinen Recht jedoch dahingehend gemacht, dass Privilegien die Rechte Dritter nicht beeinträchtigen durften.[202] Diese Regelung führte nicht zu einem Erteilungsverbot seitens des Staatsoberhauptes und damit auch nicht zu einer Beschränkung seines Majestätsrechts, sondern wurde über die Konstruktion der Unwirksamkeit des beeinträchtigenden Privilegs[203] gelöst. Eine Verletzung von Rechten Dritter durch die Erteilung eines Privilegs wurde somit nicht zu Lasten des Staatsoberhauptes ausgelegt. Vielmehr lag der Begründung der Unwirksamkeit die Vermutung zugrunde, der Begünstigte habe sich durch falsche Angaben das Privileg erschlichen. Das Staatsoberhaupt sei aufgrund dieser falschen Angaben einem Irrtum erlegen, was zur Unwirksamkeit des Privilegs wegen dieses Irrtums führte.[204]

(2) Regale Verleihung (im engeren Sinn)

Nach *Seiler* gibt es eine weitere Übertragungsmöglichkeit regaler Rechte, die regale Verleihung (im engeren Sinn).[205] Diese unterscheidet sich vom Privileg nicht durch das materiell gewährte Recht und der damit verbundenen

---

199 *Heimbach,* Art. Privileg, in: *Weiske (Hg.),* Rechtslexicon für Juristen, Bd. 8, S. 496

200 *Svarez,* Vorträge über Recht und Staat, S. 241 f. XV. 4.

201 *Svarez,* Vorträge über Recht und Staat, S. 241 f. XV. 4.

202 § 11: „Privilegia, wodurch ein Dritter in seinem Besitz oder Rechte wider die Vorschrift der Gesetze gekränkt wird, sollen für erschlichen angesehen werden", abgedruckt in *Svarez/Krause,* Entwurf eines allgemeinen Gesetzbuches, Bd. I A/1, S. 15.

203 Dabei war jedoch umstritten, welches der erteilten Privilegien das beeinträchtigende war. Vgl. dazu unten Verhältnis der Privilegien zueinander S. 99.

204 *Schwennicke,* Die Entstehung der Einleitung des ALR, S. 240.

205 *Seiler,* Die Gewässerbenutzungen und ihre Rechtsgrundlagen, S. 177 ff.

Berechtigung des Empfängers, sondern durch ihre Rechtsnatur. Während die Verleihung des Privilegs ein Gesetzgebungsakt darstellt und es als lex specialis außerhalb der allgemeinen Gesetze verliehen wird, handelt es sich der regalen Verleihung nach *Seiler* um eine Rechtsübertragung, die sich im Rahmen der geltenden Gesetze vollzieht. Nach der Darstellung *Seilers* stehen das Privileg und die regale Verleihung im 19. Jahrhundert nebeneinander und können alternativ als Übertragungsart für Regalien gewählt werden.

Es erscheint aus mehreren Gründen zweifelhaft, ob eine derartige Differenzierung zutreffend ist. Das ALR selbst enthält keine Vorschriften zur regalen Verleihung, sondern nur solche zur Erteilung von Privilegien. Die Normen ALR Einl. §§ 63 ff., auf die *Seiler* bezüglich der Erlöschensgründe der durch regale Verleihung erworbenen Recht verweist,[206] betreffen nach dem Wortlaut des Gesetzes das Erlöschen von Privilegien und gerade nicht das der regalen Verleihung. Diesbezüglich nimmt Seiler also selbst eine Gleichstellung der „beiden Verleihungsarten" vor, die er an anderer Stelle kritisiert[207]. Zudem handelt es sich bei der von Seiler für die regale Verleihung zitierten Literatur[208] und Rechtsprechung[209] um Beiträge, die nach 1850 entstanden sind, also in einer Zeit, in der das Privileg als lex specialis, welches außerhalb der geltenden Gesetze stand, immer mehr an Bedeutung verlor. Dies lag zum einen daran, dass im 19. Jahrhundert die Regalien, die mittels Privilegien verliehen wurden, sukzessive aufgrund der Veränderungen der gesellschaftlichen Lage und der Verfassungswirklichkeit abgeschafft wurden.[210] Zum anderen wirkte sich der Umbau des politischen Systems, die Entwicklung von einem absolutistisch regierten Staat zu einem Rechtsstaat mit Gewaltteilung unmittelbar auf die Erteilung von Privilegien aus. Je weiter die Ausbildung des Rechtsstaates voranschritt, desto weniger wurden willkürliche Entscheidungen der Obrigkeit geduldet, die außerhalb der Rechtsordnung und in Widerspruch zu geltenden Gesetzen standen, so dass die ursprünglichen Privilegien immer mehr zurückgedrängt wurden.[211] Einhergehend mit dieser Entwicklung entstanden Gesetze und Verordnungen, die die bisher ungeregelten

206 *Seiler,* Die Gewässerbenutzungen und ihre Rechtsgrundlagen, S. 179 Fn. 1.

207 *Seiler,* Die Gewässerbenutzungen und ihre Rechtsgrundlagen, S. 179.

208 *Gierke,* Deutsches Privatrecht, Bd. 2, S. 402 f.; *Treuenfels,* Gemeingebrauch und Sonderrechte, S. 34 ff. Letzterer setzt sich in der zitierten Passage mit der Übertragung von Sonderrechten nach römischem Recht auseinander und stellt dort fest, dass die verliehenen Sonderrechte am Wasser in einigen Punkten den Privilegien gleichen.

209 RGZ 23, 147; ObTr., Seufferts Archiv 34, Nr. 267.

210 *Gerber,* Zeitschrift für die gesammte Staatswissenschaft, 1871 (27), 430, 440.

211 *Gerber,* Zeitschrift für die gesammte Staatswissenschaft, 1871 (27), 430, 442.

Materien, welche in den vorhergehenden Jahrhunderten durch ein stark ausgeprägtes Privilegienwesen ausgefüllt worden waren, normierten. So wurde eine Gestattungsform für die Übertragung von Nutzungsrechten geschaffen, die gesetzeskonform war, wie z.B. die vor allem im Gewerberecht erforderliche Konzession. Dies alles führte dazu, dass sich auch die Rechtsnatur der Privilegien im 19. Jahrhundert veränderte von einem außerhalb des Gesetzes stehenden lex specialis für die Übertragung von Nutzungsrechten zu einer sich im Rahmen der Gesetzes haltenden Begründung von Nutzungsrechten,[212] also letztlich zu einem Mittel zum Vollzug der geltenden Gesetze.[213] Das Privileg entwickelte sich nach und nach zu dem Rechtsinstitut, das wir heute als Verwaltungsakt bezeichnen.[214] Vergleicht man den Privilegienbegriff der überkommenen Privilegienlehre mit dem Begriff des heutigen Verwaltungsaktes, so lassen sich – zumindest hinsichtlich des begünstigten Verwaltungsaktes – einige Gemeinsamkeiten feststellen. Es handelt sich jeweils um die Einzelentscheidung eines Hoheitsträgers, durch die eine Einzelberechtigung, bestimmte Handlungen vorzunehmen oder bestimmte Rechte auszuüben, erteilt wird.[215] Neben der Rechtsübertragung gestaltet diese Einzelberechtigung auch das Rechtsverhältnis zwischen dem Berechtigten, dem Hoheitsträger und ggf. auch Dritten. Der zentrale Unterschied, der zwischen Privileg und Verwaltungsakt besteht, also die Tatsache, dass Verwaltungsakte im Rahmen der Gesetze erlassen werden, während das Privileg als deren Durchbrechung gerade außerhalb des Gesetzes steht,[216] verschwindet mit dem oben dargestellten Wandel des Privilegienverständnisses, so dass *Gerber* bereits 1871 in diesem Sinne feststellt, dass „Privilegienhandlungen der allgemeinen Classe der Verwaltungshandelungen angehören“[217]. *Meyer* 1885 formuliert dann ausdrücklich „Als Privileg bezeichnet man den ein concretes Rechtsverhältniss begründenden Verwaltungsact, wenn durch denselben einem einzelnen Rechtssubjekt eine bevorrechtigte Stellung gewährt wird.“[218] Es vollzieht sich

---

212 *Gerber,* Zeitschrift für die gesammte Staatswissenschaft, 1871 (27), 430, 442; *Engert,* Die historische Entwicklung des Rechtsinstituts Verwaltungsakt, S. 187; *Meyer,* Lehrbuch des deutschen Staatsrechtes, S. 522.

213 *Mohnhaupt,* Art. Privileg neuzeitlich, in: *Erler/Kaufmann (Hg.),* HRG Bd. 3, Sp. 2009.

214 *Mohnhaupt,* Vom Privileg zum Verwaltungsakt, in: *Heyen (Hg.),* Wissenschaft und Recht der Verwaltung, S. 58.

215 *Mohnhaupt,* Vom Privileg zum Verwaltungsakt, in: *Heyen (Hg.),* Wissenschaft und Recht der Verwaltung, S. 45.

216 *Mohnhaupt,* Vom Privileg zum Verwaltungsakt, in: *Heyen (Hg.),* Wissenschaft und Recht der Verwaltung, S. 45.

217 *Gerber,* Zeitschrift für die gesammte Staatswissenschaft, 1871 (27), 430, 443.

218 *Meyer,* Lehrbuch des deutschen Staatsrechtes, S. 521.

im 19. Jahrhundert also der Wandel im Verständnis des Privilegs „vom Gnadenerweis zum Rechtsanspruch auf Erteilung“[219]. Trotz der ausdrücklichen Formulierung *Meyers* ist die Begriffswahl Mitte und Ende des 19. Jahrhunderts uneinheitlich und schwankend.[220] Teilweise wird der Begriff „Privileg“ in ehemaligem Verständnis gebraucht, teilweise mit dem noch nicht präzise entwickelten Begriff des Verwaltungsakts oder mit der Konzession, deren Inhalt dogmatisch auch noch nicht ausgereift war,[221] gleichgesetzt bzw. als ein davon verschiedenes Gestattungsinstrument betrachtet.[222]

Vor diesem Hintergrund verwundert es nicht, dass die von *Seiler* angeführten, angeblichen Vertreter der regalen Verleihung nur abstrakt von Verleihung des Regals sprechen und dabei den Begriff des Privilegs bzw. anderer Übertragungsmöglichkeiten unberücksichtigt lassen. Aus der Tatsache, dass die Verleihung nicht näher präzisiert und kein Bezug zum Privileg hergestellt wird, kann m. E. aber nicht der Schluss gezogen werden, dass es sich hierbei um eine besondere Form einer Rechtsübertragung handelt, die gleichberechtigt neben dem Privileg existiert. Vielmehr ist darin allenfalls der oben beschriebene Übergang des Privilegs im neuzeitlichen Sinn zum heutigen Verwaltungsakt zu sehen, so dass es sich hierbei um eine „Zwischenstufe“ handelte, die in ihrer Anfangszeit teilweise neben das Privileg trat, dieses letztlich aber ablöste. Auch die Heranziehung von *Treuenfels*[223] vermag die Annahme *Seilers* nicht zu stützen. Da *Treuenfels* sich in der von Seiler zitierten Stelle lediglich mit der Übertragung von Sonderrechten nach römischem Recht auseinandersetzt und dort feststellt, dass die verliehenen Sonderrechte am Wasser in einigen Punkten den Privilegien gleichen – ohne dabei darauf einzugehen, was er unter dem Begriff Privileg versteht und worin der Unterschied zur Verleihung besteht -,[224] kann m.E. aus

---

219 *Mohnhaupt,* Art. Privileg neuzeitlich, in: *Erler/Kaufmann (Hg.),* HRG Bd. 3, Sp. 2009.

220 *Mohnhaupt,* Vom Privileg zum Verwaltungsakt, in: *Heyen (Hg.),* Wissenschaft und Recht der Verwaltung, S. 53 ff.

221 So verstanden *Hinschius-Kahl,* Art. Privilegium, in: *Fleischmann/Stengel (Hg.),* Wörterbuch des deutschen Staats- und Verwaltungsrechts, S. 137 und *Gerber,* Zeitschrift für die gesammte Staatswissenschaft, 1871 (27), 430, 438 unter der Konzession einen „Acte der Ausübung eines gesetzlich angeordneten Prüfungsrechts“ und damit gerade kein Privileg. Im Gegensatz dazu, sah *Meili,* ZHR, 24 (1879), 339, 359 die Konzession als staatlichen Hoheitsakt, als Privileg an.

222 Zu den Einzelheiten der unterschiedlichen Begriffsverwendungen vgl. *Mohnhaupt,* Vom Privileg zum Verwaltungsakt, in: *Heyen (Hg.),* Wissenschaft und Recht der Verwaltung, S. 53 ff.

223 *Treuenfels,* Gemeingebrauch und Sonderrechte, S. 34 ff.

224 *Treuenfels,* Gemeingebrauch und Sonderrechte, S. 35.

dessen Darstellung kein Argument für die Möglichkeit der Nutzungsberechtigung im Wege der regalen Verleihung im Entstehungszeitpunkt des ALR abgeleitet werden. Dies gilt insbesondere vor dem Hintergrund, dass im Corpus iuris civilis kein eigener Titel über die Privilegienlehre existierte,[225] weshalb vielfach auf die römische Lehre zum ius singulare zugegriffen wurde, aber auch zentrale Aspekte der Privilegienlehre dem kanonischen Recht entnommen wurden[226]. Bei einer Auseinandersetzung mit der Verleihung von Sonderrechten im römischen Wasserrecht kann demnach denknotwendig nicht auf eine Übertragung mittels Privileg im Sinne der neuzeitlichen Privilegienlehre rekurriert werden, so dass es logisch ist, dass *Treuenfels* dies in seiner Abhandlung auch nicht tut. Hinzu kommt, dass z.B. *Maurenbrecher*[227] als Formen der Regalienverleihung an Private lediglich das Privileg und die unvordenkliche Verjährung benennt, der Begriff der regalen Verleihung jedoch bei ihm sowie in der übrigen Literatur[228] nicht auftaucht. Dies deckt sich mit der Auffassung des Reichsgerichts, dass die Verleihung sowohl im gemeinen als auch im preußischen Recht im Wege der Erteilung eines Privilegs erfolgt.[229] Aufgrund dieser Tatsache und angesichts der schleichenden und wechselvollen Entwicklung des Privilegs im 19. Jahrhundert hin zum Verwaltungsakt ist die Festlegung „regale Verleihung" als weitere Möglichkeit der Rechtsübertragung abzulehnen, da sie letztlich den Wandel, dem der Begriff Privileg inhaltlich unterliegt, verschleiert, und damit der geschichtlichen Entwicklung nicht gerecht wird.

(3) Erlaubnis nach ALR II 15 § 46

Nach ALR II 15 § 46 bedürfen die Anlage von Wasch- und Badehäusern an sowie Wasserleitungen aus öffentlichen Strömen einer staatlichen Erlaubnis.[230] Das ALR bestimmt nicht, was unter dieser besonderen Erlaubnis zu verstehen ist. Es enthält dementsprechend keine Vorschriften über ihre Rechtsnatur oder

---

225 *Mohnhaupt,* Erteilung und Widerruf von Privilegien, in: *Dölemeyer/Mohnhaupt (Hg.),* Das Privileg im europäischen Vergleich, Bd. 1, S. 102

226 *Hinschius-Kahl,* Art. Privilegium, in: *Fleischmann/Stengel (Hg.),* Wörterbuch des deutschen Staats- und Verwaltungsrechts, S. 196.

227 *Maurenbrecher,* Grundsätze des heutigen deutschen Staatsrechts, S. 386.

228 Siehe auch *Eccius/Förster,* Preußisches Privatrecht, Bd. 1, S. 76 f., der nur die Verleihung von Gerechtigkeiten aufgrund von Regalien mittels Privileg kennt.

229 RGZ 80, 19, 24; 80, 366, 369.

230 Als weiteres Beispiel für die Verwendung des Begriffs „besondere Erlaubnis des Staates" dient ALR II 15 § 52, der die Anlage von neuen Brücken über öffentliche Ströme regelt.

die Form und Voraussetzungen ihrer Erteilung. Die Frage der rechtlichen Einordnung dieser Erlaubnis blieb Rechtsprechung und Literatur überlassen.

Rausnitz sah die Anlage von Wasch- und Badehäusern sowie von Wasserleitungen als zum Gemeingebrauch gehörig an. Dies ergibt sich daraus, dass seine Aufzählung des Allgemeingebrauchs an öffentlichen Flüssen auch ALR II 15 § 46 umfasst.[231] Die gleiche Ansicht vertrat zunächst das Reichsgericht, indem es die Anlage von Wasserleitungen bzw. Wasch- und Badehäusern als ein Recht verstand, das jedermann aufgrund des Gemeingebrauchs an öffentlichen Flüssen zukam.[232] Auch *Scheele* führt aus, dass es sich bei der Erlaubnis zur Anlage von Wasch- und Badehäuser nicht um die „Übertragung eines regalen Rechts“[233] handelte, so dass darüber kein Privatrecht erworben werden konnte. Dies schließt er daraus, dass das ALR andere Wassernutzungsrechte im Gegensatz zur Anlage von Wasch- und Badehäusern ausdrücklich als Regalien bezeichnet, wie z.B. das Fähr- und Prahmrecht in ALR II 15 § 51.[234] Aufgrund der systematischen Stellung von ALR II 15 § 46 zwischen ALR II 15 § 44 und 47, die jeweils den Gemeingebrauch an öffentlichen Flüssen – hinsichtlich alltäglicher Gebrauchsarten sowie hinsichtlich der Schifffahrt regeln – liegt der Schluss nahe, dass auch ALR II 15 § 46 eine Bestimmung zum Gemeingebrauch ist, jedoch mit der Besonderheit, dass als Nutzungsvoraussetzung zusätzlich eine staatliche Erlaubnis erforderlich ist. Dafür spricht auch die inhaltliche Nähe der Entnahme mittels Wasserleitungen im Vergleich zur Entnahme durch Schöpfen bzw. zum Tränken nach ALR II 15 § 44 bzw. die Errichtung von Badehäusern im Vergleich zum Baden in öffentlichen Flüssen. Sieht man ALR II 15 § 46 als eine Sondervorschrift zu ALR II 15 § 44 an,[235] so könnte es sich bei der Erlaubnis im Sinne von ALR II 15 § 46 um eine polizeiliche Genehmigung handeln, denn diese setzt lediglich eine Prüfung des öffentlichen Interesses voraus, ohne an weitere Voraussetzungen gebunden zu sein. Entspricht die Errichtung der Anlage dem öffentlichen Interesse, so ist die polizeiliche Genehmigung für die Errichtung zu erteilen,[236] d.h. in diesem Fall hat der Berechtigte einen Anspruch

---

231 *Rausnitz,* Beiträge zur Erläuterung des Deutschen Rechts, 39 (1895), 525, 535.

232 RGZ 32, 237, 238 f.

233 *Scheele,* Das preußische Wasserrecht, S. 17 f.

234 *Scheele,* Das preußische Wasserrecht, S. 18.

235 Vgl. RGZ 64, 137, 138 ff. In dieser Entscheidung stellt das Reichsgericht die Argumentation der Vorinstanz, dem Kammergericht Berlin, welches die Erlaubnis ALR II 15 § 46 als polizeiliche Genehmigung ansieht, dar und setzt sich mit dessen Begründung auseinander.

236 RGZ 64, 137, 138.

auf die polizeiliche Genehmigung. Im Falle der Unvereinbarkeit der Anlage mit dem öffentlichen Interesse ist die Genehmigung zu versagen. Es handelt sich bei der polizeilichen Genehmigung folglich um eine gebundene Entscheidung ohne dahingehenden Spielraum, zu welchen Bedingungen sie erteilt wird. Sie steht somit im Gegensatz zur Verleihung regaler Rechte mittels Privileg, dessen Bedingungen im Belieben des Erteilenden stehen. Die Erlaubnis wäre nach dieser Ansicht eine zusätzlich zu erfüllende Voraussetzung für die grundsätzlich freie Nutzung des öffentlichen Flusses zur Anlage von Wasserleitungen bzw. Wasch- und Badehäusern. Als Begründung wird angeführt, dass – betrachte man die Erlaubnis als eine Verleihung regaler Rechte – die Norm ALR II 15 § 46 überflüssig wäre, da ALR II 15 § 38 für alle Wassernutzungsrechte festlege, dass es sich dabei um Regalien handle.[237] Die polizeiliche Genehmigung sei in den Fällen des ALR II 15 § 46 erforderlich, da diese Art der Wassernutzung stärkeren Einfluss auf die Stromverhältnisse habe, als die in ALR II 15 § 44 genannten unschädlichen Gebrauchsarten.[238]

Das dahingehende Argument, dass ALR II 15 § 46 überflüssig sei, vermag nach Ansicht des Reichsgerichts aus zwei Gründen nicht zu überzeugen. Zum einen benenne das ALR an anderer Stelle ausdrücklich, welche Nutzungsrechte Regalien seien bzw. unter dem Vorbehalt des Staates stehen, so z.B. in ALR II 15 §§ 49, 51, 73, 229.[239] Diese Vorschriften wären dann auch überflüssig. Zum anderen lasse sich das Argument der überflüssigen Regelung umso mehr für die Annahme als polizeiliche Genehmigung anführen, da ALR I 8 § 96 ausdrücklich festlege, dass Wasserleitungen an öffentlichen Flüssen nur unter landespolizeilicher Aufsicht geführt werden dürften.[240] Nach Ansicht des Reichsgerichts[241] handelte es sich bei der Erlaubnis um die Übertragung eines regalen Rechts. Aus dem Wortlaut lasse sich nur entnehmen, dass durch den Begriff „besondere Erlaubnis" der Gegensatz zu dem in ALR II 15 § 44 geregelten Gemeingebrauch betont werden soll. Auch die Verwendung des Begriffs in ALR II 15 § 52 spreche dafür, bei ALR II 15 § 46 die Verleihung eines regalen Rechts anzunehmen, denn Brückenbauten über öffentliche Flüsse seien kein Gemeingebrauch, so dass „besondere Erlaubnis" im Rahmen von ALR II 15 § 52 definitiv als Verleihung zu verstehen sei, was aufgrund der identischen Begrifflichkeit dann auch für ALR II

237 RGZ 64, 137, 139.
238 RGZ 64, 137, 140.
239 RGZ 64, 137, 139.
240 RGZ 64, 137, 139.
241 RGZ 38, 1042, 1045; 64, 137, 141 ff.; RG JW 1894, 378.

15 § 46 gelten müsse.[242] Das zentrale Argument sei aber letztlich die Regelungssystematik hinsichtlich der Rechtsverhältnisse an öffentlichen Flüssen. Es gelte der Grundsatz, dass die Nutzung öffentlicher Flüsse zu den Regalien gehöre. Von diesem Grundsatz werde in ALR II 15 § 44 zugunsten des Gemeingebrauchs eine Ausnahme gemacht. Dass ALR II 15 § 46 nicht unter diese Ausnahme des Gemeingebrauchs falle,[243] ergebe sich zum einen daraus, dass der Gesetzgeber eine separate Überschrift verwende. Zum anderen bestehe ein wichtiger Unterschied in der Art der Nutzung, der eine Zuordnung zum Gemeingebrauch verbiete. Während es sich bei den gemeingebräuchlichen Nutzungsarten des ALR II 15 § 44, wie schöpfen, baden, tränken, um Gebrauchsformen handle, die ein einzelner zum persönlichen Gebrauch selbst ausübe und die daher nur in sehr geringem Maße die Stromverhältnisse beeinflussen würden, handle es sich bei Wasserleitungen bzw. insbesondere bei Wasch- und Badehäusern um Anlagen, die geschäftlich genutzt würden und zu einer Ausbeutung des Flusses und damit einer Beeinträchtigung der Stromverhältnisse und daher auch des Gemeingebrauchs führen könnten und deshalb „begrifflich zu diesem in einem gewissen Gegensatze" stünden.[244]

Auch Vertreter der Literatur schlossen sich der Auffassung des Reichsgerichts an und behandelten die besondere Erlaubnis als einen Fall der Verleihung regaler Rechte – ohne dafür jedoch Begründungen zu liefern.[245] Sowohl bei *Eccius* als auch bei *Nieberding* lässt sich dies nur mittelbar aus den von ihnen vorgenommenen Aufzählungen schließen; so erwähnt *Eccius* bei der Aufzählung des Gemeingebrauchs an öffentlichen Flüssen ALR II 15 § 46 nicht,[246] während *Nieberding* diese Vorschrift im Rahmen seines Katalogs für Rechte, die unter dem Vorbehalt des Staates stehen, zitiert[247]. *Dernburg* äußert zwar explizit, dass die Anlage von Wasserleitungen von staatlicher Verleihung abhängig ist.[248] Zu Begründung stützt er sich aber nur auf die Digestenstelle D 43, 20 § 43[249], wonach

---

242 RGZ 64, 137, 141.

243 RGZ 38, 1042, 1045.

244 RGZ 64, 137, 142.

245 *Eccius/Förster,* Preußisches Privatrecht, Bd. 1, § 21 Fn. 21, S. 111 f.; *Frank,* Wasserrecht und Wasserpolizei, S. 306 Fn. 11; *Dernburg,* Lehrbuch des preußischen Privatrechts Bd. 1, S. 586; *Baron,* Zeitschrift für vergleichende Rechtswissenschaft, Bd. 1 (1878), 261, 290 f.

246 *Eccius/Förster,* Preußisches Privatrecht, Bd. 1, § 21 Fn. 21, S. 111 f.

247 *Frank,* Wasserrecht und Wasserpolizei, S. 306 Fn. 11.

248 *Dernburg,* Lehrbuch des preußischen Privatrechts Bd. 1, S. 586.

249 D 43, 20 § 43 „Et datur interdum praediis, interdum personis."

Wasserleitungsrechte eingeräumt/erteilt werden.[250] Eine darüberhinausgehende Auseinandersetzung mit der Problematik erfolgt auch hier nicht.

Allein aus den Vorschriften des ALR heraus bleibt unklar, was mit dem Begriff „besondere Erlaubnis des Staates" gemeint ist. Die Argumentation des Reichsgerichts über die Gesetzessystematik und die Differenzierung nach Art der Wassernutzung kann in diesen Punkten überzeugen. Allerdings muss sie sich einige Aspekte entgegenhalten lassen, von denen der erste auch bereits im Urteil des Reichsgerichts[251] anklingt. Das ALR spricht in anderen Vorschriften, wie z.B. in ALR II 15 §§ 51, 73 ausdrücklich von den Regalien des Staates, so dass sich die Frage stellt, warum der Gesetzgeber nicht auch in ALR II 15 § 46, wenn er auch dort auf die Verleihung regaler Rechte abzielten wollte, den Begriff des Regals verwendete. Dem lässt sich zumindest entgegenhalten, dass auch in ALR II 15 §§ 49, 229, welche unstreitig regale Staatsrechte enthalten, nicht der Begriff „Regalien", sondern stattdessen „Vorbehalt des Staates" verwendet wird, so dass der Begriff „besondere Erlaubnis" danach als weiteres Synonym für das Wort „Regalien" angesehen werden könnte. Andererseits bleibt dabei unklar, warum noch ein dritter Begriff für ein identisches Anliegen gewählt wird. Gleiches ließe sich aber auch der Gegenansicht entgegenhalten, denn das ALR rekurriert an anderer Stelle explizit auf die Erlaubnis der Polizeiobrigkeit, so z.B. in ALR I 8 § 80, so dass eine entsprechende Formulierung auch im Rahmen von ALR II 15 § 46 hätte gewählt werden können.

Auch der Vergleich des Reichsgerichts mit ALR II 15 § 52 vermag insofern nicht zu überzeugen, als sich dieser auf die bloße Behauptung einer Tatsache stützt und gerade nicht begründet wird, warum der Bau von Brücken kein Gemeingebrauch ist und „zweifellos" die Verleihung regaler Rechte gemeint ist. Ebenso gut ließe sich vertreten, dass lediglich eine polizeiliche Genehmigung erforderlich ist mit der Konsequenz, dass dies dann auch für ALR II 15 § 46 gelten würde.

Ein weiterer Aspekt, der gegen die Annahme einer Verleihung regaler Rechte spricht, ist die Tatsache, dass die Gesetzesrevisoren ihren Entwurf zu Titel 15 des ALR II den § 11, der ALR II 15 § 46 ersetzen sollte, wie folgt fassten: „Wasserleitungen dürfen aus öffentlichen Flüssen ohne besondere Erlaubnis der Landespolizei-Behörde nicht geführt werden"[252]. In den Motiven zu diesem Entwurf

250 *Dernburg*, Lehrbuch des preußischen Privatrechts Bd. 1, S. 586 Fn. 8.

251 RGZ 64, 137, 141 f.

252 Gesetzesrevision – Pensum XII., Entwurf Allgemeines Landrecht Th. II Tit. 10. Tit. 13. Tit. 14. Tit. 15. Tit. 16. Abschn. 1–3. Tit. 17 Abschn. 2. und Tit. 19., S. 44, abgedruckt in *Schubert*, Gesetzrevision Abt. II, Bd. I, 1. Hb., S. 1, 44.

wurde nur ausgeführt, dass der Begriff „besondere Erlaubnis des Staates“ durch „Erlaubnis der Landespolizei-Behörde“ zu ersetzen sei,[253] ohne jedoch eine nähere Begründung dafür zu liefern. ALR II 15 § 52 sollte angesichts des neugefassten § 7 des Entwurfs zu Titel 15 ALR II[254], welcher nun den Begriff „landespolizeiliche Erlaubnis“ enthielt, gestrichen werden.[255] Anhand dieser Vorschläge lässt sich erkennen, dass zumindest die Revisoren den Begriff der besonderen Erlaubnis als polizeiliche Genehmigung verstanden wissen wollten. Die Tatsache, dass keine näheren Ausführungen zur Neufassung gemacht wurden, lässt durchaus den Schluss zu, dass es sich hierbei lediglich um eine Präzisierung der Begrifflichkeit und nicht um eine inhaltliche Veränderung der Norm handelte, da letztere einen deutlich größeren Begründungsaufwand verursacht hätte, wie dies sonst in den Motiven geschah, wenn Vorschläge zur Änderung von Regelungsgehalten gemacht wurden. Eine Präzisierung der Begrifflichkeit würde bedeuten, dass der Gesetzgeber selbst, die „besondere Erlaubnis des Staates“ als polizeiliche Genehmigung und gerade nicht als Verleihung eines regalen Rechts ansah. Letztlich bleibt unklar, welche Rechtsnatur der besonderen Erlaubnis nach ALR II 15 § 46 zu kam. Das Reichsgericht entschied sich dazu, darunter die Verleihung regaler Rechte zu verstehen. Aus seinem Urteil vom 29.09.1906 wird deutlich, dass in der Praxis für den Fall der Wasserleitung aus öffentlichen Gewässern neben der nach ALR I 8 § 96 erforderlichen landespolizeilichen Genehmigung zusätzlich das regale Recht übertragen wurde.[256] Dies geschah zunächst durch Privileg, mit Aufkommen des Verwaltungsakts durch diesen,[257]

253 Gesetzesrevision – Pensum XII., Motive zu dem vom Revisor vorgelegten Entwurfe der Tit. 10. Tit. 13. Tit. 14. Tit. 15. Tit. 16. Abschn. 1–3. Tit. 17 Abschn. 2. und Tit. 19. des zweiten Theils des Allgemeinen Landrechts, S. 205 f., abgedruckt in *Schubert,* Gesetzrevision Abt. II, Bd. I, 1. Hb., S. 85, 293 f.

254 § 7: „Zu baulichen Anlagen an und in öffentlichen Flüssen ist nur der Staat berechtigt, und kein Anderer darf dergleichen, selbst nicht auf eigenem Grund und Boden, ohne landespolizeiliche Erlaubnis unternehmen.“ Gesetzesrevision – Pensum XII., Entwurf Allgemeines Landrecht Th. II Tit. 10. Tit. 13. Tit. 14. Tit. 15. Tit. 16. Abschn. 1–3. Tit. 17 Abschn. 2. und Tit. 19., S. 44, abgedruckt in *Schubert,* Gesetzrevision Abt. II, Bd. I, 1. Hb., S. 1, 44.

255 Gesetzesrevision – Pensum XII., Motive zu dem vom Revisor vorgelegten Entwurfe der Tit. 10. Tit. 13. Tit. 14. Tit. 15. Tit. 16. Abschn. 1–3. Tit. 17 Abschn. 2. und Tit. 19. des zweiten Theils des Allgemeinen Landrechts, S. 208, abgedruckt in *Schubert,* Gesetzrevision Abt. II, Bd. I, 1. Hb., S. 85, 296.

256 RGZ 64, 137, 140.

257 vgl. auch oben S. 67.

so dass im Ergebnis die Erlaubnis nach ALR II 15 § 46 keine gesonderte Art und Weise für die Übertragung eines wasserrechtlichen Nutzungsrechts ergibt.

(4) Belehnung

Eine weitere Möglichkeit für das Staatsoberhaupt, regale Wassernutzungsrechte zu verleihen, bestand in der Belehnung seiner Untertanen. Auch wenn dieser Weg im Laufe des 19. Jahrhunderts immer mehr an Bedeutung verlor, sollen hier die Grundzüge des Lehnswesens nachvollzogen werden, da es zumindest 1794 noch einige Relevanz hatte.

(a) Lehnsrecht im ALR

Trotz zum Teil starker Ablehnung der Redaktoren hinsichtlich der Aufrechterhaltung des bestehenden Lehnswesens wurde dieses mit Schaffung des ALR nicht beseitigt.[258] Vielmehr enthält das ALR I im 1. Abschnitt des 18. Titels ein rund 680 Paragraphen umfassendes Regelwerk zum Lehen. In den preußischen Provinzen galten jeweils eigene rechtliche Regelungen zum Lehnsverhältnis, die sich sehr stark voneinander unterschieden.[259] Die Normierung des Lehnsrechts im ALR war nach Svarez notwendig, da zum einen „im Zusammenhang des Systems keine solche Lücke gelassen werden konnte“[260] und zum anderen eine Orientierungshilfe für die Verfasser der Provinzialgesetzbücher, in die auch das Lehnsrecht für die jeweilige Provinz aufgenommen werden sollte, erforderlich war, damit sie auf die relevanten Regelungsgegenstände und Streitfrage aufmerksam gemacht wurden und diese in den Provinzialgesetzbüchern berücksichtigt wurden.[261] Insoweit wurde versucht, aus den Spezialvorschriften der einzelnen Provinzen zum Lehen allgemeine Grundsätze und Rechtsregeln zu abstrahieren.[262] Daher umfassen die Vorschriften zum Lehen im ALR neben dem Zweck des Lehnsverhältnisses, vor allem Regelungen zu dessen Errichtung und Beendigung sowie der rechtlichen Beziehung zwischen Lehnsherrn und Belehntem bzw. mehreren Belehnten untereinander.

---

258 *Bornemann,* Systematische Darstellung des Preußischen Civilrechts, Bd. 4, S. 49.

259 Eine kurze Übersicht über das in den einzelnen Provinzen geltende Lehnsrecht enthält *Bornemann,* Systematische Darstellung des Preußischen Civilrechts, Bd. 4, S. 51 ff.

260 *Svarez,* Jahrbücher für die preußische Gesetzgebung, Rechtswissenschaft und Rechtsverwaltung, Bd. 41 (1833), V, 88.

261 *Svarez,* Jahrbücher für die preußische Gesetzgebung, Rechtswissenschaft und Rechtsverwaltung, Bd. 41 (1833), V, 88.

262 *Svarez,* Jahrbücher für die preußische Gesetzgebung, Rechtswissenschaft und Rechtsverwaltung, Bd. 41 (1833), V, 88.

(b) Erwerb des Lehens

Das Lehnsverhältnis nach dem ALR beruht auf der Idee des geteilten Eigentums an einer Sache[263]. Danach teilt sich das Eigentum in das nutzbare Eigentum und das Obereigentum, ALR I 18 § 1. Ersteres besteht aus dem Nutzungsrecht und einem Teil der Proprietät, letzteres aus dem übrigen Teil der Proprietät. Dementsprechend setzt die Belehnung voraus, dass es sich bei dem Lehnsgegenstand um eine Sache handelt, bei der das Eigentum in Obereigentum und nutzbares Eigentum aufgeteilt und unterschiedlichen Personen zugeteilt werden kann, ALR I 18 § 25. Als niedere Regalien des Staates (ALR I 14 § 24, 15 § 38) sind die Nutzungen öffentlicher Ströme somit mögliche Lehensgegenstände, da das Nutzungsrecht auf eine einzelne Person übertragbar ist, während das Regal selbst beim Staat verbleibt.

Die Belehnung erfolgt durch Übertragung des nutzbaren Eigentums an den Vasallen, also durch Übertragung des betreffenden Nutzungsrechts am Gewässer, in Form der Übergabe der beliehenen Sache im Gegenzug gegen das Treueversprechen des Vasallen, ALR I 18 §§ 13, 14, 18, 89. Dieser Investitur liegt ein Titel zugrunde, welcher gemäß ALR I 18 § 80 entweder auf einem Lehnsvertrag, einer letztwilligen Verordnung oder der Verjährung beruht. Der Lehnsvertrag, der schriftlich zu errichten ist (ALR I 18 § 83), muss sowohl die wechselseitige Einwilligung zur Lehnserrichtung als auch die Bedingungen für die Lehnserrichtung und den Lehnsbesitz enthalten.[264] Mit dem Vollzug des Lehnsvertrages durch die Investitur wird die zu belehnende Sache zum Lehnsgut und der Vasall erhält alle sich aus dem Lehn ergebenden Rechte und Nutzungen, selbst wenn er noch nicht den körperlichen Besitz der Lehnssache inne hat, ALR I 18 §§ 93, 94.

Die Begründung des Lehnsverhältnisses im Wege der Verjährung ist im Allgemeinen Landrecht nicht näher geregelt. Sie entstammt den langobardischen Rechtsgewohnheiten, wonach ein Vasall, der dreißig Jahre eine Sache als Lehen besessen hat, geschützt wird. Dementsprechend hat das gemeine Recht eine Verjährungszeit von dreißig Jahren angenommen. Im ALR hingegen sind die allgemeinen Verjährungsvorschriften nach ALR I 9 §§ 500 ff. heranzuziehen, so

263 Zu berücksichtigen ist hierbei, dass das ALR nicht den heutigen in § 90 BGB normierten Sachbegriff des körperlichen Gegenstands kannte, sondern auch Rechte als Sachen im engeren Sinn ansah, ALR I § 7, sofern diese Gegenstand einer dauernden Berechtigung sein können, wie z.B. Gerechtigkeiten, dingliche Gebrauchs- und Nutzungsrechte.

264 Für die Belehnung unbeweglicher Sachen unter Privaten sieht das ALR in ALR I 18 § 84 weitere Anforderungen vor, die an die wirksame Errichtung des Lehnsvertrages zu stellen sind.

dass bei Vorliegen der entsprechenden Voraussetzungen auch eine zehn- bzw. zwanzigjährige Verjährungsfrist in Betracht kommt.[265]

(5) Erwerbende Verjährung

Der Erwerb von Wassernutzungsrechten an öffentlichen Flüssen durch Ersitzung ist nach dem Allgemeinen Preußischen Landrecht möglich. Das Gesetzbuch verwendet dabei den Begriff „Verjährung“ bzw. „erwerbende Verjährung“ synonym zur heutigen Bezeichnung „Ersitzung“. Das ALR erkennt in ALR I 9 § 579 an, dass neben einer Sache auch Rechte, an denen ein Besitz möglich ist – wie dies bei Wassernutzungsrechten als sogenannte negative Rechte nach ALR I 7 § 81[266] der Fall ist, ersessen werden können. Gemäß ALR II 14 § 26 können niedere Regalien, zu denen die Wassernutzungsrechte nach ALR II 14 § 24, 15 § 38 gehören, von Privatpersonen erworben und besessen werden. Sie sind damit nicht dem Rechtsverkehr entzogen, so dass nicht die Ausschlussnorm des ALR I 9 § 581 greift und damit die Möglichkeit des Erwerbs durch Verjährung besteht. Dies wird ausdrücklich durch ALR II 15 § 35 bestätigt, der für den Erwerb niederer Regalien im Wege der Verjährung auf die Vorschriften über die Verjährung gegen den Staat, ALR I 9 §§ 629 ff. verweist.[267] Die Ersitzung setzt voraus, dass sich der Ersitzende während des gesetzlich vorgeschriebenen Zeitraums in Besitz des Wassernutzungsrechts befindet. Den Besitz eines negativen Rechts erlangt man gemäß ALR I 7 § 81, indem man in Ausübung des Rechts eine Handlung vornimmt, der ein anderer – in diesem Fall der Staat – widersprechen kann, dies aber nicht getan hat. Darüber hinaus ist eine dahingehende Erklärung erforderlich, dass man der Meinung sei, dass einem dieses Recht zustehe, ALR I 7 § 82. Diese Erklärung muss nicht ausdrücklich erfolgen, sondern kann sich konkludent aus den Umständen ergeben. Die Ersitzung setzt also voraus, dass derjenige, der die Ersitzung behauptet, das Wassernutzungsrecht objektiv erkennbar ausgeübt hat, ohne dass der Staat der Nutzungsausübung widersprochen hat, da ein Widerspruch die Ersitzung hindert. Darüber hinausgehend muss der Ersitzende nicht beweisen, dass er seine Handlungen in der Absicht, das Recht auszuüben, vorgenommen hat[268], auch sonstige zusätzliche

---

265 *Bornemann*, Systematische Darstellung des Preußischen Civilrechts, Bd. 4, S. 62.

266 *Johow* in: *Koch*, Kommentar zum ALR, Bd. 1, S. 319 f., der als Anwendungsgebiet für ALR I 7 § 81 einige wasserrechtliche Beispiele heranzieht; *Sternberg*, Preußische Wasserbenutzungsrechte, S. 10; RG, PrVBl. 32, 783, 784, wonach das Recht zum Halten einer Badeanstalt ein negatives Recht im Sinne der Vorschrift ist.

267 ObTr., StrA 35, 345, 346 f.

268 RG, Gruchots Beiträge 32, 927, 928; *Sternberg*, Preußische Wasserbenutzungsrechte, S. 27.

Merkmale sind für den Beginn des Verjährungszeitraums nicht notwendig.[269] Während der Ersitzungszeit nach der Besitzergreifung ist es jedoch gemäß ALR I 9 § 596 erforderlich, dass mindestens einmal jährlich das Recht ausgeübt worden ist. Kann der Ersitzende den Anfang und das Ende des Besitzes nachweisen, dann wird gemäß ALR I 9 § 599 vermutet, dass er auch in der Zwischenzeit das Recht ausgeübt hat. Die Anwendbarkeit der Vermutung setzt voraus, dass beide Zeitpunkte vollständig bewiesen werden, ALR I 9 § 600. Die Art und der Umfang der Wassernutzung muss während der Ersitzungszeit gleich geblieben sein. Unwesentliche Nutzungsänderungen schaden jedoch nicht.[270] Die Änderung einer Anlage beinhaltet nicht notwendigerweise eine wesentliche Änderung des Nutzungsrechts. Vielmehr ist im Einzelfall durch einen Vergleich der Nutzungen vor und nach Anlagenänderung zu entscheiden, ob dadurch eine die Ersitzung hindernde Nutzungsänderung eingetreten ist.[271] Des Weiteren setzt die Ersitzung voraus, dass während des Ersitzungszeitraums das zu ersitzende Wassernutzungsrecht und dessen Ausübung nicht im Widerspruch zum öffentlichen Zweck des Flusses stehen.[272] Es muss also insbesondere mit den Interessen der Schifffahrt vereinbar sein. Eine nach vollendeter Verjährung entstandene Unvereinbarkeit zwischen öffentlichen Zweck und Nutzungsrecht ist unbeachtlich und berührt das erworbene Recht nicht.[273] Zudem ist gemäß ALR I 9 § 631 die Redlichkeit des Besitzes erforderlich, welche nach ALR I 7 § 18 vermutet wird. Es müssen alle Voraussetzungen der 30-jährigen Verjährung – abgesehen von der Frist -, also vollständiger, redlicher Besitz des Nutzungsrechts, erfüllt sein. Dies ist zwar nicht ausdrücklich im Gesetz geregelt, ergibt sich aber aus Materialien zum ALR, wonach „bei der vierzigjährigen Verjährung […] wohl alle übrigen

269 Nach RG, PrVBl. 32, 783, 784 genügt bereits die Ausübung eines Nutzungsrechts (in diesem Fall das Betreiben einer Badeanstalt), welche nicht unter den Gemeingebrauch fällt, als für den Staat erkennbare und damit ausreichende Ersitzungshandlung. A.A.: LWA 3, 89, welches für den Fall, dass ausdrücklich eine strompolizeiliche Genehmigung im Sinne von ALR II 15 § 62 erteilt wurde, eine besondere Handlung des Ersitzenden fordert, aus der ersichtlich wird, dass dieser das Nutzungsrecht für sich beansprucht und nicht bloß eine Vergünstigung der Behörde ausnutzt.

270 *Sternberg*, Preußische Wasserbenutzungsrechte, S. 29.

271 PrOVG, ZAgR 9, 137, 139.

272 RG, Gruchots Beiträge 37, 1012, 1015; *Sternberg*, Preußische Wasserbenutzungsrechte, S. 19.

273 *Sternberg*, Preußische Wasserbenutzungsrechte, S. 19.

Erfordernisse der 30jährigen Verjährung vorhanden sein“[274] müssen. Sind alle diese Voraussetzungen erfüllt, muss die Ersitzungszeit eingehalten werden.

Die gewöhnliche Ersitzungszeit gegen den Staat beträgt gemäß ALR I 9 § 629 44 Jahre, unabhängig davon, ob der Ausübung des Nutzungsrechts ein Titel zugrunde liegt oder nicht, ALR I 9 § 630. Findet die Ersitzung gegenüber einer Privatperson statt, die ihr Nutzungsrecht nach ALR II 14 § 26 von Staat erworben hat, so greift gegenüber dieser Person nur die gewöhnliche Verjährungsfrist von 30 Jahren bei einer Ersitzung ohne Titel. Dies ergibt sich aus ALR I 9 § 636, welcher besagt, dass derjenige, der ein Recht vom Fiskus ableitet, sich nur auf seine eigenen Befugnisse, d.h. auf die Vorschriften, die für die Ersitzung zwischen Privaten gelten, berufen kann. Eine Ausnahme enthält ALR I 9 § 637, wonach der Fiskus sich auch dann gegenüber dem Ersitzenden auf die 44-jährige Verjährungszeit berufen kann, wenn er das Nutzungsrecht auf einen Dritten übertragen hat, vorausgesetzt er hat aufgrund des zwischen ihm und seinem Rechtsnachfolger bestehenden Rechtsverhältnisses zu dessen Gunsten für die Erhaltung des übertragenen Rechts einzustehen.

dd. Zusätzliche Voraussetzungen für die Zulässigkeit von Mühlen und Wasserbauten

Zur Errichtung von Wasserbauten an öffentlichen Flüssen war neben der Übertragung des regalen Nutzungsrechts eine strompolizeiliche Genehmigung nach ALR II 15 § 62 erforderlich. Es handelte sich dabei um eine Gebrauchserlaubnis für die Anlage, durch die jedoch keine subjektive Berechtigung und damit kein materielles Nutzungsrecht verliehen wurde, so dass der Berechtigte mit ihrer Erteilung keinen besonderen Rechtstitel für ein privates Wassernutzungsrecht erwarb.[275] Ein solches musste er vielmehr zusätzlich z.B. durch ein Privileg erwerben. Soweit beides von derselben Behörde zu erteilen war,[276] konnte – soweit kein ausdrücklicher Vorbehalt enthalten war – in der polizeilichen Genehmigung

---

274 Abgedruckt in und zitiert nach: *Simon/Strampff,* Zeitschrift für wissenschaftliche Bearbeitung des preußischen Rechtes, 3 (1836), 1, 550. Es wird in dem Zitat von der 40-jährigen Verjährung gesprochen, da alle Entwürfe zum ALR eine 40-jährige Ersitzungszeit vorsahen und erst im umgearbeiteten Entwurf aufgrund des Monitums, dass noch das quadriennium restitutionis in integrum hinzukommen müsse, die 44-jährige Ersitzungsfrist festgelegt. *Förster,* in: *Koch,* Kommentar zum ALR, Bd. 1, S. 591.

275 *Holtz/Kreutz/Schlegelberger,* Das preußische Wassergesetz 1955, Bd. 2, S. 577; LWA, PrVBl. 37, 462; LWA, PrVBl. 49, 736, 737.

276 Im Laufe des 19. Jahrhunderts z.B. vom Regierungspräsidenten oder dem Chef der Strombauverwaltung.

auch die stillschweigende Einwilligung in die Nutzung des Regals gesehen werden.[277] Diese Duldung bedeutete jedoch keinen Rechtsanspruch auf Benutzung, also nicht die Übertragung eines subjektiven Rechts, sondern lediglich eine unverbindliche prekaristische Erlaubnis.[278] Im Vorfeld einer Genehmigung nach ALR 15 II § 62 wurde lediglich die Vereinbarkeit der Anlage mit polizeilichen Vorschriften und insbesondere dem öffentlichen Interesse geprüft und entsprechend bei Vereinbarkeit die Genehmigung erteilt bzw. bei Unvereinbarkeit versagt. Das Fehlen einer solchen Genehmigung führte zur Widerrechtlichkeit des Errichtens und Betreibens von Wasserbauten. Dementsprechend konnte ohne diese Genehmigung der für die Ersitzung erforderliche Rechtsbesitz nicht wirksam erlangt werden,[279] so dass trotz Vorliegens der übrigen, oben dargestellten Voraussetzungen eine Ersitzung nicht möglich war. Das Reichsgericht ließ es für das Vorliegen der Genehmigung jedoch genügen, wenn die Strompolizeibehörde bereits vor der Ersitzungszeit von 44 Jahren, die Wasseranlage kannte und duldete.[280]

Die Mühlengerechtigkeit war ein weiteres Wassernutzungsrecht im ALR, bei dem der Berechtigte neben der Erlangung des regalen Rechts weitere Voraussetzungen zu erfüllen hatte, bevor er eine Mühle an einem öffentlichen Fluss betreiben durfte. Für die anderen hier betrachteten Wassernutzungsrechte, wie die Bewässerung, das Flößen, das Fähren und Prahmen waren derartige zusätzliche Bedingungen nicht vorgesehen. Der Mühlenbetrieb jedoch stand unter landespolizeilicher Aufsicht. Das bedeutete, dass der Berechtigte die Errichtung einer neuen Mühle, den Wiederaufbau oder die Veränderung einer alten Mühle bei der Landespolizeibehörde anzeigen und sich an deren Anweisungen halten musste, ALR I 15 §§ 231, 232. Die Anzeigepflicht bedeutete jedoch nicht, dass die Anlage der Mühle erlaubnispflichtig war, sondern es sollte durch die mittels Anzeige ermöglichte Überprüfung seitens der Landespolizeibehörde ausgeschlossen werden, dass durch fehlerhafte Mühlenanlagen die Schifffahrt oder die Bevölkerung gefährdet wurde.[281] Daher war auch der Plan der beabsichtigten

277 *Holtz/Kreutz/Schlegelberger*, Das preußische Wassergesetz 1955, Bd. 2, S. 577; *Schlegelberger*, Beiträge zur Erläuterung des Deutschen Rechts, 63 (1919), 529, 533.

278 *Schlegelberger*, Beiträge zur Erläuterung des Deutschen Rechts, 63 (1919), 529, 533.

279 RG, PrVBl. 32, 783, 784.

280 RG, PrVBl. 32, 783, 784.

281 Gesetzesrevision – Pensum XII., Motive zu dem vom Revisor vorgelegten Entwurfe der Tit. 10. Tit. 13. Tit. 14. Tit. 15. Tit. 16. Abschn. 1–3. Tit. 17 Abschn. 2. und Tit. 19. des zweiten Theils des Allgemeinen Landrechts, S. 276, abgedruckt in *Schubert*, Gesetzrevision Abt. II, Bd. I, 1. Hb., S. 85, 364.

Einrichtung anzuzeigen, ALR II 15 § 235. Die Landespolizeibehörde hörte zusätzlich zur Überprüfung der Vereinbarkeit mit polizeilichen Vorschriften sowohl benachbarte Mühlenberechtigte als auch andere Betroffene an, denen durch den Bau der neuen Mühle oder die Veränderung an einer bereits bestehenden Mühle ein Schaden hätte entstehen können, ALR II 15 § 236, bevor sie die Genehmigung erteilte. Aus materiell-rechtlichen Gründen war der Bau/die Veränderung einer Mühle zu versagen, wenn dadurch eine bereits vorhandene Mühle Nachteile bezüglich ihrer Zwangsgerechtigkeit erlangen würde, ALR II 15 § 240. Gleiches galt für den Bau einer neuen Mühle, wenn dadurch bereits vorhandenen Mühlen das für das Mahlen erforderliche Wasser entzogen bzw. aufgestaut wurde, ALR II 15 § 241. Auf diese Weise sollte zum einen dem bestehenden Mühlenbann Rechnung getragen werden. Die zugunsten einer bereits betrieben Mühle bestehende Zwangsgerechtigkeit hatte demnach Vorrang vor der Errichtung einer neuen Mühle. Zum anderen sollte der Betrieb der älteren Mühle im Interesse der Allgemeinheit aufrechterhalten und ein Stillstand des Mahlbetriebs verhindert werden.[282] Beide Vorschriften dienten demnach dem Bestandsschutz bereits vorhandener Anlagen und der Sicherung und Aufrechterhaltung eines geregelten Mahlbetriebs. Um ein regionales Überangebot an Mühlen zu verhindern, bestimmte ALR II 15 § 242 die Versagung der Genehmigung, falls in einem Ort oder Distrikt ausreichend Mühlen zur Versorgung der Bevölkerung vorhanden waren und die beabsichtigte Mühle nicht zum Eigenbedarf, sondern als gewerbliche Mühle betrieben werden sollte.

ee. *Inhalt und Umfang der Nutzungsrechte*

Das Allgemeine Preußische Landrecht enthielt keine konkreten Vorgaben, welche Handlungsweisen und Gebrauchsmodalitäten von den einzelnen Nutzungsrechten gedeckt waren und welche nicht. Insbesondere gab es keine Vorschriften, die die Ausübung der Nutzungsrechte zur Verhütung von Verschmutzungen und Verunreinigungen der Wasserläufe beschränkten. Dementsprechend durften insbesondere ungeklärte Abwässer in den Flusslauf zurückgeleitet werden. Dies galt auch für Abwässer von Gerbereien, Färbereien und vergleichbare Betrieben. Einzig ALR II 17 § 10 enthielt eine allgemeine Generalklausel, die der Polizei ein Einschreiten zur Abwehr von Gefahren für die öffentliche Sicherheit und Ordnung ermöglichte. Im Rahmen dieser Befugnis konnte die Polizei, auch ohne dass ein ausdrückliches Verunreinigungsverbot bestand, gegen die Einleitung von Abwässern vorgehen, wenn diese derart verunreinigt waren, dass z.B. eine

282 ObTr. StrA 19, 264, 266.

Gesundheitsgefahr für die Bevölkerung oder die Gefahr der Verseuchung von Grund und Boden drohte. Bei dieser Vorschrift handelte es sich jedoch nicht um eine spezifische wasserrechtliche Regelung, sondern um eine allgemeine polizeirechtliche Norm. Das Fehlen jeglicher spezifischer Vorschriften hinsichtlich der Einleitung von Flüssigkeiten in Gewässer zeigt, dass zum Zeitpunkt des Inkrafttretens des ALR der Umweltschutz und die Sicherung der Wasserqualität noch nicht in den Blickpunkt des Gesetzgebers gerückt waren.[283] Das lässt umgekehrt auch den Schluss zu, dass schwere Umweltkonflikte und Umweltschädigungen nicht auftraten. In einer Gesellschaft, in der die Agrarwirtschaft den dominierenden Wirtschaftszweig ausmachte und Industriebetriebe noch in der Entwicklung waren, bestand (noch) kein Bewusstsein dafür, dass sich aus der Einleitung ungeklärter Abwässer massive Probleme hinsichtlich der Versorgung der Bevölkerung mit sauberem Wasser ergeben könnten. Orientiert an der Agrarwirtschaft und dem vorrangigen Ziel die Wasserläufe insbesondere als Transportwege für die Schifffahrt zu erhalten, wurden die wasserrechtlichen Regelungen des ALR auf die Nutzungsverhältnisse an öffentlichen Flüssen ausgerichtet.[284]

Die Vorschriften über das Anlegen von Mühlen nach ALR II 15 §§ 229 ff. bildeten die einzige Ausnahme hinsichtlich der fehlenden Konkretisierung bezüglich einzelner Nutzungsrechte. Sie legten allgemein fest, dass sich die Ausübung des verliehenen Rechts nach dem Privileg und bestehenden Mühlenordnungen zu richten hatte, ALR I 15 § 230. Detailliertere Vorgaben zu Inhalt und Ausübung der Mühlenrechte enthielten jedoch auch sie nicht. Der konkrete Inhalt und Umfang der einzelnen Wassernutzungsrechte ergab sich demnach aus den jeweiligen Verleihungen, so dass sowohl das Privileg als auch die Belehnung hinsichtlich ihrer Wirkungen und der gewährten Rechtsausübung im Folgenden näher zu betrachten sind.

(1) Das Privileg

(a) Rechtswirkung

Für die Frage, welche Befugnisse dem durch das Privileg Berechtigten zukamen, ist zunächst zu untersuchen, welche Rechtswirkungen das Privileg im Innenverhältnis zwischen demjenigen, der das Privileg erteilt hat, und dem Berechtigtem hatte und welche Rechtswirkungen im Außenverhältnis zwischen dem Privilegierten und der Allgemeinheit bestanden. Im Rahmen des ersteren bedeutete die Erteilung des Privilegs die Übertragung eines besonderen Rechts, das der

---

283 *Wolf,* Der Stand der Technik, S. 37; *Büschenfeld,* Flüsse und Kloaken, S. 237.

284 *Wolf,* Der Stand der Technik, S. 37; *Büschenfeld,* Flüsse und Kloaken, S. 237.

Privilegierte auszuüben vermochte. Gleichzeitig war eine Garantie des Privilegienerteilers, also des Staatsoberhauptes, enthalten, das übertragene Recht und dessen Ausübung zu schützen und zu bewahren. Gegenüber der Allgemeinheit beinhaltete das Privileg, die nicht immer ausdrücklich enthaltene Verpflichtung, dass diese die Rechtsausübung des Privilegierten zu achten hatte und nicht beeinträchtigen durfte. Handlungen eines Nichtprivilegierten, die dem Privileg zuwiderliefen, waren nicht wirksam.[285] Dieses an alle gerichtete Schutzgebot und Störungsverbot erinnert an einen Verwaltungsakt in Form der Allgemeinverfügung nach § 35 S. 2 VwVfG, wodurch eine konkret-generelle Regelung für einen Einzelfall für einen unbestimmten Adressatenkreis getroffen wird. In Betracht kommt dabei insbesondere die benutzungsregelnde Allgemeinverfügung innerhalb derer die Benutzung einer Sache durch die Allgemeinheit geregelt wird. Dennoch hinkt der Vergleich zwischen dem Privilegium und der Allgemeinverfügung aus mehreren Gründen. Erstens beinhaltet das Privileg neben dem an die Allgemeinheit gerichteten Ge- und Verbot auch noch die konkrete Regelung des Rechtsverhältnisses zwischen Privilegiertem und Staat, was aus heutiger Sicht eher einem Verwaltungsakt nach § 35 S. 1 VwVfG entspricht und gerade nicht charakteristisch für die Allgemeinverfügung ist. Auch bei Generalprivilegien, die einer bestimmten Bevölkerungsgruppe, wie z.B. den Juden, den Scholaren, verliehen wurde, ist der Personenkreis der Privilegierten genau bestimmt, so dass im Gegensatz zur Allgemeinverfügung kein unbestimmbarer Personenkreis berechtigt wird. Zum anderen kam dem Privileg im 18. Jahrhundert nach h.M. Gesetzesrang zu.[286] Im Unterschied dazu ist eine Allgemeinverfügung aufgrund ihrer konkret-generellen Regelung kein Gesetz, [287] da dieses eine abstrakt-generelle Regelung beinhaltet.

Die Einordnung des Privilegs als Gesetz ist aus heutiger Sicht insofern problematisch, als dass das Gesetzesverständnis, dem das Privileg untergeordnet wird, nicht der heutigen Idee von einem Gesetz entspricht. Es ist daher schwierig, das

---

285 *Heimbach*, Art. Privileg, in: *Weiske (Hg.),* Rechtslexicon für Juristen aller teutschen Staaten, Bd. 8., S. 498; *Lobethan,* Abhandlung über die Lehre von Privilegien, S. 33.

286 *Heimbach*, Art. Privileg, in: *Weiske (Hg.),* Rechtslexicon für Juristen aller teutschen Staaten, Bd. 8, S. 497 f.; *Svarez,* Abhandlung über Privilegien in der „Revisio Monitorum", Von Privilegis VI 1), abgedruckt in und zitiert nach: *Schwennicke,* Die Entstehung der Einleitung des ALR, Anhang IV, S. 401 ff., S. 403; *Glück,* Ausführliche Erläuterung der Pandecten, Bd. 2, § 101 S. 1; *Stammler,* Privilegien und Vorrechte, in: *Stammler (Hg.),* Rechtsphilosophie Abhandlungen und Vorträge, Bd. 1, S. 21; a.A.: *Ebel,* Geschichte der Gesetzgebung in Deutschland, S. 39.

287 *Stelkens* in: *Stelkens/Bonk/Sachs,* Verwaltungsverfahrensgesetz, § 35 Rn. 267.

Privileg im Rahmen des Gesetzesbegriffs dogmatisch eindeutig zu fassen.[288] Insbesondere ist dabei zu berücksichtigen, dass die Allgemeinheit heutiger Gesetze die Gleichheit aller vor dem Gesetz voraussetzt, während die mit dem Privileg verliehene Sonderberechtigung gerade auf dem System der rechtlichen Ungleichheit und der Bevorzugung einzelner bzw. Benachteiligung vieler basiert, so dass die mit dem Privileg begründete Allgemeinheit lediglich eine formale ist, die der materiellen Allgemeinverpflichtung heutiger Gesetze nicht entspricht, sondern zu ihr einen Gegensatz bildet.[289]

Ungeachtet dieser Schwierigkeiten werden im Folgenden kurz die Gründe für die Einordnung des Privilegs als Gesetz aufgezeigt, welche die Rechtswissenschaft des 17.–19. Jahrhunderts anführt. Als zentrales Argument wird die in der Privilegienurkunde im Rahmen der Sanctio enthaltene Strafandrohung für den Fall der Störung des verliehenen Rechts herangezogen.[290] Da das Privileg nur vom Staatsoberhaupt verliehen werden konnte, bedeutete ein Verstoß gegen das Schutzgebot und Störungsverbot zugleich eine Zuwiderhandlung gegen die staatliche Autorität.[291] Die Strafandrohung war darüber hinaus so formuliert, dass jeder – zumindest jeder Untertan des Erteilers – erfasst wurde und die Ge- und Verbote des Privilegs genauso wie ein Gesetz zu achten hatte. Da sich das Privileg somit – neben der Bevorrechtigung des Privilegierten – an einen unbestimmten Adressatenkreis richtete, enthielt es letztlich eine abstrakte Regelung, die auch für heutige Gesetze charakteristisch und mithin ein Argument für die Gesetzeseigenschaft des Privilegs ist. Abgesehen von den rein deklaratorischen Privilegien, die dazu dienten, bereits verliehene Rechte erneut zu bestätigten,[292] stellte das zumindest konkludent enthaltene, an Dritte gerichtete Gebot, Störungen des verliehenen Rechts zu unterlassen, einen Akt objektiver Rechtssetzung dar und bildete somit einen weiteren Baustein für die Annahme des Privilegs als Gesetz.[293] Die Tatsache, dass das Privileg vom Staatsoberhaupt verliehen wurde, kann nicht als Begründung für seine Rechtsnatur als Gesetz herangezogen werden. Dies würde zu einer Vertauschung von Ursache und Wirkung führen, da gerade der Gesetzesrang als Begründung dafür herangezogen wurde,

---

288 Für weitere Einzelheiten zu dieser Problematik vgl. *Mohnhaupt,* in: *Dölemeyer/Mohnhaupt (Hg.),* Das Privileg im europäischen Vergleich, Bd. 1, 93, S. 108 ff.

289 *Schulze,* ZRG (GA), 98 (1981), 157, 204 f.

290 *Mohnhaupt,* Ius Commune, V (1975), 71, 80 f.

291 *Mohnhaupt,* Ius Commune, V (1975), 71, 79 f.

292 *Ebel,* Geschichte der Gesetzgebung in Deutschland, S. 39.

293 *Schulze,* ZRG (GA), 98 (1981), 157, S. 203 f.

warum das Privileg nur vom Staatsoberhaupt verliehen werden konnte,[294] denn ein Gesetz konnte nur vom Gesetzgeber, der in diesem Fall das Staatsoberhaupt war, erlassen werden. Bereits an der gesetzlichen Systematik des ALR, d.h. durch die Einordnung der Regelungen zu den Privilegien in ALR Einl. unter die Überschrift „Von den Gesetzen überhaupt" wurde deutlich, dass sich die Redaktoren der herrschenden Lehre des Gemeinen Rechts anschlossen und die Privilegien als Gesetze ansahen.[295] Gleiches ergab sich aus dem Wortlaut von ALR II 13 § 7 „Privilegia, als Ausnahmen von dergleichen Gesetzen [...]".

Kennzeichnend für das Privileg sind – neben seiner Einordnung als Gesetz – somit zwei Elemente, zum einen die subjektive Berechtigung des Einzelnen, ein bestimmtes Recht auszuüben, zum anderen die objektive Rechtsgeltung gegenüber jedermann oder wie *Mohnhaupt* den Doppelcharakter des Privilegs treffend beschreibt, als eine Kombination aus „objektivem Sonderrecht und subjektiver Sonderberechtigung"[296].

(b) Inhalt und Umfang des Nutzungsrechts

Der konkrete Inhalt der verliehenen Gewässernutzungsrechte ergab sich aus der mit der Verleihung erteilten Privilegienurkunde.[297] Hinsichtlich des Aufbaus orientierte sich diese an den kaiserlichen und päpstlichen Urkunden. Sie enthielt die klassischen Urkundenbestandteile von der Intitulation bis zur Sanctio. Bis Ende des 18. Jahrhunderts lassen sich diese einzelnen Elemente nachweisen, auch wenn einige Privilegien so stark verknappt wurden, dass sie nur noch entfernt an die ursprüngliche Form der Urkunden erinnerten.[298] Innerhalb der Dispositio wurden der konkrete Inhalt des Einzelrechts und dessen Modalitäten beschrieben sowie dessen ungestörte Ausübung versichert. Hierbei handelte es sich um die eigentliche Willenserklärung des Regenten, die dieser auf den in der Petitio gestellten Antrag des zukünftig Berechtigten abgab.[299] Die Sanctio der

---

294 Vgl. dazu im Einzelnen *Mohnhaupt,* Erteilung und Widerruf von Privilegien, in: *Dölemeyer/Mohnhaupt (Hg.),* Das Privileg im europäischen Vergleich, Bd. 1, S. 105 ff., *Mohnhaupt,* Privatrecht in Privilegien, in: Vorträge zur Geschichte des Privatrechts, S. 59.

295 *Mohnhaupt,* Privilegien und „gemeines Wohl" in: *Dölemeyer/Mohnhaupt (Hg.),* 200 Jahre Allgemeines Landrecht., S. 115.

296 *Mohnhaupt,* Ius Commune, V (1975), 71, 82.

297 *Heimbach,* Art. Privileg, in: *Weiske (Hg.),* Rechtslexicon für Juristen aller teutschen Staaten, Bd. 8, S. 498.

298 *Mohnhaupt,* Ius Commune, V (1975), 71, 78 f.

299 Die Überleitung zwischen Petitio und Dispositio erfolgte meist mit den Worten „so haben wir ihn Gnade gethan", „qua proper", vgl. *Mohnhaupt,* Erteilung und Widerruf

Urkunde enthielt das Dritten gegenüber geltende Störungsverbot und Schutzgebot. Folglich unterschieden sich Inhalt und Umfang der Rechtsausübung von Privileg zu Privileg und war im Einzelfall zu bestimmen. Grundsätzlich festgelegt wurde der Ort, an dem das gewährte Nutzungsrecht ausgeübt werden durfte.[300] Hinsichtlich einer verliehenen Mühlengerechtigkeit regelte das Privileg z.B. die Weite des Mühlenkanals, die Art der Mühle (Wasser- oder Schiffsmühle), die maximale Stauhöhe des Wassers, die Legung des Fachbaums und die Schlagung des Sicherpfahls[301].[302]

Manchmal wurde ein bereits erteiltes Privileg als Beispiel bzw. Vorlage für ein neues Privileg herangezogen. Der Inhalt und Umfang dieses nach dem Muster eines anderen erteilten Privilegs (*privilegium ad instar)* war folglich nach dem Beispielprivileg zu beurteilen.[303] Ergänzend oder ersetzend zum Inhalt der Privilegienurkunde konnten auch bisherige Gewohnheiten, d.h. der herkömmliche Umfang sowie die bisher übliche Art und Weise der Ausübung, die Grenzen des Privilegs festlegen.[304]

Der Gebrauch des verliehenen Rechts umfasste auch die Möglichkeit, dieses einem Dritten im Wege eines Pachtverhältnisses zur Nutzung zu überlassen. Eine vollständige Übertragung des Privilegs war jedoch nicht zulässig,[305] da dies einer „Unterverleihung" bzw. „Weiterverleihung" gleichgekommen wäre. Der Privilegierte erwarb mit dem Privileg jedoch nicht das Verleihungsrecht, da dieses als unveräußerliches Majestätsrecht ausschließlich dem Staatsoberhaupt zustand, wie sich aus dem Wortlaut des ALR II 13 § 7 „Privilegia [...] zu verleihen gebührt nur dem Oberhaupte des Staates" ergibt. Eine Übertragung mit dem Inhalt, dass das Privileg vollständig auf den Erwerber überging, war jedoch dann zulässig, wenn der Privilegienerteiler dieses bewilligte und bestätigte.[306]

---

von Privilegien, in: *Dölemeyer/Mohnhaupt (Hg.)*, Das Privileg im europäischen Vergleich, Bd. 1, S. 103.

300 Für die Errichtung einer Mühle *Schwab*, Beilagenheft zur AcP, 30 (1847), I, 104.

301 Der Sicherpfahl wird von Amts wegen gesetzt und legt den maximal zulässige Höhe des gestauten Wasserspiegels fest, vgl. *Mittermeier*, Grundsätze des gemeinen deutschen Privatrechts, Bd. 1, § 238 S. 611.

302 *Schwab*, Beilagenheft zur AcP, 30 (1847), I, 100.

303 *Glück*, Ausführliche Erläuterung der Pandecten, Bd. 2, § 101, S. 5.

304 *Glück*, Ausführliche Erläuterung der Pandecten, Bd. 2, § 101, S. 5.

305 So für das Gemeine Recht *Heimbach*, Art. Privileg, in: *Weiske (Hg.)*, Rechtslexicon für Juristen aller teutschen Staaten, Bd. 8, S. 498; *Glück*, Ausführliche Erläuterung der Pandecten, Bd. 2, § 101, S. 6.

306 *Lobethan*, Abhandlung über die Lehre von Privilegien, S. 37 f.

In diesem Fall war allerdings eine Erneuerung des Privilegs zwischen dem ursprünglichen Erteiler und dem Erwerber erforderlich.

(c) Auslegung von Privilegienurkunden

Bestanden Zweifel über den Inhalt der Privilegienurkunde und der darin enthaltenen Regelungen, so war das Privileg nach Maßgabe der ALR Einl. §§ 54–58 auszulegen. *Privilegia onerosa* waren nach den Regeln über die Verträge auszulegen. Alle anderen Privilegien waren so auszulegen, dass sie Dritte möglichst wenig beeinträchtigten und dass sie dem Willen des Erteilenden entsprachen und dem von ihm mit der Verleihung beabsichtigten Zweck nicht zuwiderliefen, ALR Einl. §§ 54, 55. Die dahingehende Anordnung, dass eine Auslegung eines Privilegs im Zweifel nicht zum Nachteil eines Dritten erfolgen durfte, beruhte auf dem Grundsatz, dass Privilegien stets unbeschadet der Rechte Dritter erteilt wurden, auch wenn dies nicht ausdrücklich in den Privilegientext aufgenommen worden war. Mit ALR Einl. § 58 wurde zudem der Auslegung nach objektiven Maßstäben Vorrang vor einer an den subjektiven Beweggründen des Erteilers orientierten Beurteilung eingeräumt, da im Zweifel der Inhalt des Privilegs und nicht die dahinterstehenden Motive maßgeblich sein sollten. Darüber hinaus hatte die Auslegung in Übereinstimmung mit den Vorschriften des ALR und den „Hauptzwecken des Staates", also dem Gemeinwohl, zu erfolgen, ALR Einl. § 57. Durch eine Auslegung im Sinne der Vorschriften des ALR wurde erreicht, den bestehenden Ausnahmecharakter der Privilegien gegenüber allgemeinen Gesetzen zu minimieren und eine inhaltliche Annäherung zwischen beidem zu vollziehen. Insbesondere ALR Einl. § 57 zeigte in der Zusammenschau mit den anderen Auslegungsregelungen, dass der Inhalt der Privilegien als Ausnahme von den allgemeinen Gesetzen eng auszulegen war[307]. Insoweit nahm das ALR Abstand von der insbesondere im 17. Jahrhundert im Gemeinen Recht weit verbreiteten Auffassung[308] der weiten Auslegung von Privilegieninhalten, die sich auf D 1, 4, 3[309] stützte, und schloss sich im Ergebnis der auf *Thomasius*[310]

307 *Bornemann,* Systematische Darstellung des Preußischen Civilrechts Bd. 1, S. 70 f. Fn. 3; *Schwennicke,* Die Entstehung der Einleitung des ALR, S. 253.

308 *Brunnemann,* Commentarius in quinquaginta libros pandectarum, Lib. I, Tit. IV, ad L. beneficium 3., n. 1, S. 16; *Leyser,* Augustini a Leyser Meditationes ad Pandectas, Bd. 1., Spec. X, med. 3, S. 83; *Stryk,* De privilegiorum, Cap. IV, N. 28, S. 39.

309 D 1, 4, 3: „Beneficium imperatoris, quod a divina scilicet eius indulgentia proficiscitur, quam plenissime interpretari debemus."

310 *Thomasius,* De Interpretatione, § XLIX S. 25 f.

fußenden und im 18. Jahrhundert entwickelten und verbreiteten Lehre[311] der einschränkenden Auslegung von Privilegien an.[312]

(2) Belehnung

Das Lehnsverhältnis zwischen Lehnsherrn und Vasallen ist geprägt durch die Figur des geteilten Eigentums. Dies führt dazu, dass dem Vasallen als Nutzungseigentümer der unmittelbare Besitz am Lehnsgegenstand zukommt, während das Mitbesitzungsrecht des Obereigentümers ruht, solange dem Vasallen ein Recht am Lehen zukommt und er die Lehnssache in Besitz hat, also das Recht des Nutzungseigentümers besteht ALR I 18 § 3. Während dieser Zeit beschränken sich die Proprietätsrechte des Obereigentümers auf die Übertragung der Lehnsherrlichkeit, die Erteilung von Eventualbelehnungen und die Beschränkung der Verfügungen des Vasallen.[313] Da es sich bei der Lehnsherrlichkeit um ein allodiales Recht handelt, kann diese grundsätzlich ohne Zustimmung des Vasallen übertragen werden, ALR I 18 § 179. Ausnahmen bestehen für den Fall, dass der Vasall dem Lehnsherrn das Obereigentum aufgetragen hat, sog. feudo oblato (ALR I 18 § 180) bzw. dass die Lehnsherrlichkeit an einen Lehnsherrn übertragen werden soll, der einen niedereren Stand hat als der bisherige (ALR I 18 § 182). Im ersteren Fall ist eine Übertragung, die ohne Zustimmung des Vasallen erfolgt, diesem gegenüber relativ unwirksam; im letzteren Fall braucht der Vasall die Übertragung nicht anzuerkennen, wenn sie gegen seinen Willen erfolgt.

Als Nutzungseigentümer erhält der Vasall alle sich aus dem nutzbaren Eigentum ergebenden Rechte und Vorteile – ordentliche wie außerordentliche (ALR I 18 §§ 6, 7) -, soweit durch die Rechtsübung nicht das Lehen in seiner Substanz beeinträchtigt oder das Lehnsverhältnis aufgehoben wird.[314] Im Gegenzug trägt er aber alle Lasten, ALR I 18 § 11, und ist nicht berechtigt, Veränderungen an der Sache oder an Teilen der Sache vorzunehmen, die dazu führen, dass die Sache im Ganzen bzw. ihre Hauptbestimmung beeinträchtigt wird, ALR I 18 §§ 8, 9. Dementsprechend darf er aufgrund eines Nutzungsrechts an einem öffentlichen Fluss diesen nicht derart umbauen oder verändern, dass er letztlich keinen Flusslauf

311 *Heimbach*, Art. Privileg, in *Weiske (Hg.)*, Rechtslexicon für Juristen aller teutschen Staaten, Bd. 8, S. 499; *Glück*, Ausführliche Erläuterung der Pandecten, Bd. 1, § 99, S. 561; *Häberlin*, Repertorium des Teutschen Staats- und Lehnrechts, Bd. 4, S. 289 Sp. 2; *Lobethan*, Abhandlung über die Lehre von Privilegien, S. 17.

312 *Schwennicke*, Die Entstehung der Einleitung des ALR, S. 253.

313 *Bornemann*, Systematische Darstellung des Preußischen Civilrechts, Bd. 4, S. 65 f.

314 *Bornemann*, Systematische Darstellung des Preußischen Civilrechts, Bd. 4, S. 66.

mehr darstellt, oder nur noch ein ausgetrocknetes Flussbett vorhanden ist. Auch ist es ihm nicht gestattet, das Lehen zu belasten oder zu veräußern. Jegliche Veräußerung des nutzbaren Eigentums oder von Teilen dessen ohne Einwilligung oder nachträgliche schriftliche Genehmigung des Lehnsherrn ist nichtig und stellt eine Felonie, d.h. einen vorsätzlichen Verstoß gegen die Lehnspflichten, dar.[315] Im Lehnsvertrag oder der Lehnsbrief kann der Lehnsherr dem Vasallen jedoch die Befugnis zur Veräußerung des Lehens einräumen. Zweifelhafte Formulierungen hinsichtlich der Veräußerungsbefugnis sind grundsätzlich streng, nicht über den Wortlaut hinaus auszulegen, im Fall des feudo oblato jedoch nach den allgemeinen Vorschriften für die Auslegung von Willenserklärungen nach ALR I 4 §§ 65 ff. sowie im Zweifel zugunsten des Vasallen, ALR I 18 §§ 197–199. Auch ist dem Vasall nicht gestattet über das Lehn auf den Todesfall hin zu verfügen, es sei denn, Lehnsvertrag oder Lehnsbrief enthalten eine ausdrückliche Veräußerungsbefugnis, dann umfasst diese auch die Befugnis auf den Todesfall zu verfügen, ALR I 18 §§ 200, 201. Die berechtigte Veräußerung bzw. Verfügung von Todes wegen ist aber hinsichtlich lehnsfähiger Personen im Sinne von ALR I 18 §§ 44, 47 möglich, es sei denn der Lehnsherr benennt ausdrücklich den Erwerber.

Demgegenüber ist der Vasall zur Verleihung einzelner Lehnsteile zu Erbzins oder Erbpacht sowie zur Abtretung des Lehens an einen Agnaten oder Mitbelehnten berechtigt. Die Abtretung ist gegenüber dem Lehnsherrn anzeigepflichtig und kann nicht zu einem Rechtsverlust seinerseits führen.[316] Zudem steht dem Vasall das Recht zu, sein Lehen an eine lehnsfähige Person weiterzuverleihen. Auch diese sog. Afterbelehnung ist anzeigepflichtig gegenüber dem Lehnsherrn, ALR I 18 § 211.[317]

Zusätzlich zu diesen sich letztlich aus der Figur des geteilten Eigentums ergebenden Rechten und Pflichten bei der Ausübung belehnter Wassernutzungsrechte sind Vasall und Lehnsherr durch ein Treueverhältnis verbunden. Ersterer muss letzterem gegenüber die ihm aufgrund des Lehnsvertrages bzw. der Lehnsgesetze obliegenden Pflichten erfüllen, jegliche für den Lehnsherrn nachteilige Handlung unterlassen sowie ihm seinen Respekt erweisen. Diese Lehnstreue umfasst auch die Pflicht, Hilfs- und Ehrendienste zu leisten, deren genauer

315 Zu den Einzelheiten der sich aus der Veräußerung ergebenden Konsequenzen siehe ALR I 18 §§ 188–190.

316 Zu diesen Möglichkeiten vgl. im Einzelnen, ALR I 18 §§ 192–196.

317 Zur Ausgestaltung des Rechtsverhältnisses zwischen Aftervasallen, Obervasallen und Lehnsherr siehe ALR I 18 §§ 212–227.

Inhalt sich nach dem jeweiligen Lehnsvertrag richtet,[318] sich bei nicht streitigen, das Lehen betreffenden Angelegenheiten der Lehnsgerichtsbarkeit[319] zu unterwerfen (ALR I 18 § 166) sowie beim Lehn- bzw. Thronfall um die Wiederholung der Investitur nachzusuchen[320]. Vorsätzliche Verstöße gegen diese Lehnspflichten sind nach Maßgabe der ALR I 18 §§ 152–163 mit Strafe bedroht und ziehen im schlimmsten Fall den Verlust des Lehens nach sich. Der Lehnsherr ist umgekehrt dem Vasallen zum Schutz auch gegenüber Dritten verpflichtet und hat dafür zu sorgen, dass dieser das Lehn entsprechend seiner Rechte nutzen kann, ALR I 18 § 21. Auch darf er seine Gewalt und Stellung nicht dazu missbrauchen, die Gesundheit, Freiheit oder Ehre des Vasallen zu verletzen, ALR I 18 § 164. Eine dementsprechende Pflichtverletzung führt zum Verlust des Obereigentums sowie der lehnsherrlichen Rechte.

(3) Ersitzung

Der Inhalt des ersessenen Nutzungsrechts bestimmt sich nach Art und Umfang des während des Ersitzungszeitraums ausgeübten Wasserrechts.[321] Dementsprechend stellt dieses die Höchstgrenze der möglichen Ausübung des ersessenen Rechts dar. Es ist folglich nicht möglich ein unbeschränktes Nutzungsrecht zu ersitzen, weil die Rechtsausübung während der Ersitzungszeit die Grenze des erworbenen Rechts bildet.[322] Dies gilt insbesondere für Staurechte, d.h. der Berechtigte kann kein in der Wasserstauhöhe unbegrenztes Staurecht erwerben, da die bisherige Ausübungspraxis und damit die bisherige Stauhöhe maßgeblich sind.[323] Führt die Veränderung von Anlagen, die nach Vollendung der Ersitzungszeit vorgenommen wird, zu einer wesentlichen Veränderung der Wassernutzung, so lässt sich aus dem ersessenen Wassernutzungsrecht nicht die Berechtigung ableiten, das Gewässer in der veränderten Art und Weise zu nutzen.[324] Durch eine Veränderung der Anlage auftretende unwesentliche Nutzungsänderungen sind vom ersessenen Recht umfasst. Eine wesentliche Nutzungsänderung eines

---

318 ALR I 18 §§ 144, 145.

319 Hinsichtlich der Einzelheiten zur Lehnsgerichtsbarkeit, vgl. ALR I 18 §§ 166–177.

320 Einzelheiten zur Erneuerung der Investitur sind in ALR I 18 §§ 102–144 geregelt.

321 PrOVG, ZAgR 8, 134, 136.

322 PrOVG, ZAgR 8, 309, 317.

323 PrOVG, ZAgR 8, 309, 317.

324 *Sternberg*, Preußische Wasserbenutzungsrechte, S. 31; Kammergericht PrVBl. 48, 115, wonach das ersessene Recht zur Ableitung von Fabrikabwässern mittels einer Kläranlage nicht die direkte Einleitung der Abwässer in den Fluss beinhaltet.

Wasserableitungsrechts liegt beispielsweise vor, wenn sich der Umfang und die des zurückzuleitenden Wassers erheblich erhöht.[325]

ff. Konkurrierende Nutzungsrechte

Der Umfang und Inhalt der Nutzungsrechte wird wesentlich auch dadurch bestimmt, in welchem Verhältnis die einzelnen Gewässernutzungen zueinander stehen. Aufgrund der Länge eines öffentlichen Flusses und seiner Bedeutung für die Bevölkerung als Wasserversorgung, Verkehrsweg und Wirtschaftsfaktor wurden viele verschiedene Nutzungsrechte für das gleiche Gewässer verliehen, die aufgrund der begrenzten Wassermenge eines Flusslaufs mit einander kollidieren und sich gegenseitig beeinträchtigen konnten. Daher stellt sich die Frage, ob und inwieweit das ALR bereits Regelungen hinsichtlich des Verhältnisses der Nutzungsrechte zueinander bzw. des Ausgleichs untereinander enthält und damit Grenzen der Rechtsausübung festlegt. Dabei geht es zum einen um das Konkurrenzverhältnis von regalen Nutzungsrechten zum Gemeingebrauch und zum anderen um das Konkurrenzverhältnis untereinander. Dabei sind auch die Verleihungsinstitute zu berücksichtigen, denn die Frage, in welchem Verhältnis die einzelnen Nutzungsrechte zu einander stehen, ist auch eine Frage, wie sich Privilegien untereinander bzw. gegenüber Belehnungen verhalten.

(1) Verhältnis zum Gemeingebrauch

Hinsichtlich der in ALR II 15 §§ 44, 45 geregelten Möglichkeiten des Gemeingebrauchs enthält das ALR keine Regelung, in welchem Verhältnis diese zu den regalen Nutzungsrechten stehen. Es ist daher auf die im Gemeinen Recht geltenden Grundsätze zurückzugreifen. Bei den verliehenen Nutzungsrechten handelt es sich um Sonderrechte, die dem Begünstigten ein Vorrecht auf Wassernutzung gewähren. Dabei ist zu berücksichtigen, dass der Berechtigte ein Recht auf Nutzung des Wassers jedoch kein Recht auf das Wasser und den Fluss an sich hat,[326] d.h. er darf das Wasser im Rahmen des verliehenen Rechts gebrauchen, aber nur soweit die Eigenschaft des Flusses als öffentlicher dadurch nicht aufgehoben wird.[327] Die Ausschließlichkeit des verliehenen Rechts bezieht sich darauf, dass die Ausübung der konkreten Gerechtigkeit dem Beliehenen ausschließlich zukommt. Sie begründet aber kein alleiniges Recht am öffentlichen Fluss selbst,

---

325 PrOVG, ZAgR 7, 25, 27.

326 *Heimbach,* Art. Wasserrecht, in: *Weiske (Hg.),* Rechtslexicon für Juristen, Bd. 14, S. 117.

327 *Schwab,* Beilagenheft zur AcP, 30 (1847), I, 108.

wodurch dieser seinen Charakter der Öffentlichkeit verlieren würde,[328] denn trotz Verleihung regaler Rechte bleibt das Gewässer öffentlich und gehört damit weiterhin zum gemeinen Eigentum des Staates. Soweit der Gemeingebrauch das Sonderrecht des Beliehenen beeinträchtigt, kann dieser die Ausübung des Gemeingebrauchs verwehren, mit seinem Nutzungsrecht zu vereinbarenden Gemeingebrauch muss er dulden.[329] Der in ALR II 15 §§ 44, 45 geregelte Gemeingebrauch kann folglich von den regalen Nutzungsrechten bis hin zu seinem vollständigen Ausschluss zurückgedrängt werden.[330] Ihre Grenze finden die regalen Nutzungsrechte in diesem Zusammenhang dort, wo ihre Ausübung die Schiffbarkeit des Flusses und damit seine Öffentlichkeit aufheben würde.

Für die Schifffahrt gilt nicht, dass diese durch regale Rechte zurückgedrängt oder vollständig ausgeschlossen werden kann. Zum einen würde eine nutzungsbedingte Aufhebung der Schiffbarkeit und damit die Verhinderung der Schifffahrt dazu führen, dass der Fluss seine Eigenschaft als öffentliches Gewässer verliert. Zum anderen kam der Schifffahrt als das zentrale Recht des Gemeingebrauchs eine Vorrangstellung gegenüber allen anderen Wassernutzungsrechten zu. Die Bedeutung der Schifffahrt zeigt sich an der korrespondierend zur Regalienhoheit bestehenden Pflicht des Staates, dass dieser die Flüsse so zu unterhalten hat, dass die Sicherheit und Bequemlichkeit der Schifffahrt gewährleistet ist, ALR II 15 § 79. Die Vorrangstellung der Schifffahrt wird zudem durch ALR II 15 § 61 deutlich, wonach am Ufer nichts angelegt werden darf, dass den Flusslauf zum Nachteil der Schifffahrt hemmt, einschränkt oder sonst verändert. Diese Norm legt damit ausdrücklich für Anlagen an öffentlichen Flüssen fest, wozu auch Wassermühlen und Wasch- und Badehäuser zählen, dass die Schifffahrt nicht gestört werden darf. Dieser Rechtsgedanke lässt sich aufgrund der zentralen Bedeutung der Schifffahrt in Preußen auf alle regalen Nutzungsrechte und alle Arten der Gewässernutzung übertragen mit der Folge, dass diese nur insoweit ausgeübt werden dürfen, als dadurch die Schifffahrt nicht beeinträchtigt wird.

328 *Schwab,* Beilagenheft zur AcP, 30 (1847), I, 108.

329 *Hesse,* Jahrbücher für Dogmatik des heutigen römischen und deutschen Privatrechts, 7 (1865), 179, 277.

330 *Holtz/Kreutz/Schlegelberger,* Das preußische Wassergesetz 1955, Bd. 2, S. 594.

(2) Das Verhältnis der Mühlengerechtigkeit zur anderen regalen Nutzungsrechten

Zum Verhältnis der verschiedenen wasserrechtlichen Regalien zueinander enthält das ALR keine Regelungen. Die einzige Ausnahme bildet die Mühlengerechtigkeit. Für ihre Stellung unter den Nutzungsrechten ist ALR II 15 § 246 die zentrale Vorschrift, die das Verhältnis von Mühlenrecht zu den übrigen Wassernutzungsrechten regelt. Diese Norm kann durchaus als dem Müller-Arnold-Prozess geschuldet angesehen werden, da sie gerade die Regelung trifft, die im Fall des Müllers Arnold im Gemeinen Recht nicht existierte, die aber dem damaligen Standpunkt des Königs entspricht.[331] Sie besagt, dass einer bereits vorhandenen Mühle das zu ihrem Betrieb notwendige Wasser nicht entzogen werden darf. Dieses Verbot ist von den Nachbarn bei jeglicher anderen Art der Wassernutzung zu beachten. Es handelt sich hierbei um eine polizeiliche Klausel zur Sicherung des bestehenden Mahlbetriebs im Interesse der Allgemeinheit.[332] Der Grund dafür liegt in der Bedeutung der Mühle für die Produktion von Lebensmitteln. In Zeiten des Mühlenzwangs war die Bevölkerung auf das Funktionieren des Mahlbetriebs angewiesen, der durch diese Norm sichergestellt werden sollte. Auch wenn sie den Schutz der Mühle bezweckt, so führt der polizeiliche Charakter der Vorschrift nicht dazu, dass der Mühleneigentümer nicht mehr über den Mühlenbetrieb und die damit verbundenen Rechte verfügen kann[333]. Dementsprechend kann er das Recht aus ALR I 22 § 246 durch stillschweigende Einwilligung ALR I 22 §§ 43, 44 und durch Verjährung (erlöschende, wie erwerbende) verlieren.

ALR I 22 § 246 legt für bereits bestehende Mühlen ein vorrangiges Wassernutzungsrecht fest. Danach mussten alle anderen Nutzer in ihrem Gebrauch soweit Rücksicht nehmen, dass die Mühle ungestört betrieben werden konnte und zwar unabhängig davon, ob sie an einem öffentlichen oder einem Privatfluss lag. Die Norm enthält somit eine Beschränkung des Eigentums an den Gewässernutzungsrechten der Ober- und Unterlieger. Dies ergibt sich insbesondere auch aus dem ausdrücklichen Verweis auf ALR I 22 § 3, der die „Gerechtigkeiten der Grundstücke gegeneinander" behandelt. Nach dieser Vorschrift muss jeder Grundbesitzer Einschränkungen seines Grundstücks hinnehmen, ohne die ein anderes unbrauchbar wird. Um die (teilweise) Unbrauchbarkeit des anderen Grundstücks zu verhindern, wird auf dem dienenden Grundstück eine servitus

331 *Sendler*, JuS, 1986, 759, 762.
332 ObTr., StrA 19, 264, 266; StrA 71, 56, 59; StrA 97, 152, 156 f.
333 ObTr., StrA 97, 152, 157.

necessaria errichtet, die der Grundstückseigentümer zu dulden hat. Damit regelt ALR I 22 § 3, dass notwendige Beschränkungen des Eigentums zugunsten eines anderen hingenommen und geduldet werden müssen und das Eigentum nicht ungeachtet der Rechte Dritter ausgeübt werden darf. Auch eine Mühlengerechtigkeit würde durch den Entzug des zum Mahlbetriebs notwendigen Wassers ganz oder teilweise unbrauchbar, so dass die in ALR II 15 § 246 vorgesehene Einschränkung des Wassernutzungsrechts der Oberlieger zugunsten des Berechtigten eine dem ALR I 22 § 3 entsprechende Situation darstellt und ALR II 15 § 246 daher als gesetzlich normierte Eigentumsbeschränkung verstanden werden muss.

Diese Eigentumsbeschränkung gilt nach ALR II 15 § 246 für den Nachbarn. Im Gegensatz zu ALR I 8 §§ 102 -189 ist der Begriff des Nachbarn in ALR II 15 § 246 weit auszulegen,[334] d.h. darunter ist nicht nur der unmittelbar ans Grundstück angrenzende Eigentümer oder Besitzer zu verstehen, sondern auch weiter entfernt befindliche Oberlieger am Fluss. Diese Unterscheidung erklärt sich daher, dass die ALR I 8 §§ 102–189 andere tatsächliche Gegebenheit voraussetzen als ALR II 15 § 246. So ist bei ALR I 8 § 102 z.B. denknotwendig erforderlich, dass sich der Kanal auf der Grundstücksgrenze befindet und damit unter Nachbarn aneinandergrenzende Grundstücke zu verstehen sind. Die nach ALR II 15 § 246 verbotene Entziehung des Mahlwassers kann aber auch von weiter entfernt am Flusslauf liegenden Grundstückseigentümern verursacht werden, so dass auch diese vom Begriff des Nachbarn im Sinne von ALR II 15 § 246 erfasst sein müssen.

Über ALR II 15 § 246 verboten sind unmittelbare Handlungen, die auf die Entziehung des Wassers gerichtet sind, also z.B. Ableitung oder Aufstauen des Wassers.[335] Solange dieser Zweck besteht, sind auch indirekte Handlungen, wie z.B. das Entfernen oder Errichten eines Dammes, gemäß ALR II 15 § 246 unzulässig, da diese letztlich nur Mittel zur eigentlichen Zielerreichung sind.[336] Soweit der Entzug des Wassers eine unbeabsichtigte, mittelbare Folge einer auf dem Grundstück des Oberliegers errichteten Anlage ist, welche der besseren Nutzung des Grundstücks dienen soll, fällt dieser nach der Rechtsprechung des preußischen Obertribunals nicht unter die Eigentumsbeschränkung des ALR II 15 § 246, es sei denn, der mit der Mühlengerechtigkeit Beliehene hat ein besonderes Untersagungsrecht gegen den Oberlieger erworben oder

334 ObTr., StrA 61, 26, 28 f.
335 ObTr., StrA 49, 36, 38.
336 ObTr., StrA 19, 264, 266.

die Anlage des Oberliegers wurde missbräuchlich aus Rivalitätsgründen zum Berechtigten errichtet.[337] Begründet wird dies mit ALR I 8 § 130, wonach ein auf dem eigenen Grundstück gegrabener Brunnen auch dann zulässig ist, wenn dem Brunnen des Nachbarn dadurch das Wasser entzogen wird, und mit ALR I 8 § 13.[338] Nach dieser Norm ist niemand verpflichtet über den Gebrauch seines Eigentums Rechenschaft abzulegen, es sei denn das ALR schreibt dies vor. Die Errichtung der Anlage auf dem eigenen Grundstück stellt sich somit als Ausfluss des Eigentumsrechts dar. Soweit bei dessen Ausübung nur mittelbare Folgen zuungunsten des mit der Mühlengerechtigkeit Beliehenen auftreten, erfährt dieses Eigentumsrecht durch ALR II 15 § 246 daher keine Beschränkung. Daher wird bei öffentlichen Flüssen durch diese Vorschrift auch nicht das Grundstück des Nachbarn einer Eigentumsbeschränkung unterworfen – im Gegensatz zu den Privatflüssen, worauf noch zurückzukommen sein wird – sondern nur das ihnen verliehene Wassernutzungsrecht, da ALR II 15 § 246 im Ergebnis nur den freien Gebrauch des Wassernutzungsrechts und nicht den Gebrauch des Grundstücks im Übrigen einschränkt[339]. Dieses ist bei öffentlichen Flüssen gerade nicht Bestandteil des Eigentums des angrenzenden Grundstücks, sondern muss als regales Nutzungsrecht vom Staat übertragen werden.

(3) Verhältnis regaler Nutzungsrechte zueinander

Im Verhältnis verschiedener Mühlengerechtigkeiten zueinander galt, dass neu zu errichtende Mühlen unzulässig waren und damit die polizeiliche Genehmigung nicht zu erteilt werden durfte, wenn die neue Mühle einer bereits errichteten das zu deren Betrieb erforderliche Wasser entziehen bzw. zu ihrem Nachteil aufstauen würde, ALR II 15 § 238. Im Rahmen der Mühlengerechtigkeiten bestand demnach ein Bestandsschutz für ältere Mühlen hinsichtlich der Gewährleistung des erforderlichen Wassers. Für die Frage, wer im Verhältnis der übrigen regalen Nutzungsrechte untereinander, insbesondere zur Bewässerung an einem Flusslauf bei mehreren nebeneinander bestehenden Wasserleitungsrechten, im Falle kollidierender Interessen den Vorrang erhielt bzw. wie ein Ausgleich zwischen diesen widerstreitenden Interessen zu finden war, war im ALR nicht ausdrücklich geregelt. Es war daher zunächst auf die allgemeine Vorschrift des ALR Einl. § 97 zurückzugreifen, wonach bei einer Kollision von Rechten gleicher Beschaffenheit, die Berechtigten jeweils so viel nachgeben mussten, dass beide Rechte

337 ObTr., StrA 49, 36, 38 f.
338 ObTr., StrA 49, 36, 38 f.
339 ObTr. 50, 426, 429.

zugleich ausgeübt werden konnten. Diese Vorschrift vermochte die Kollision der Rechte aber nur aufzulösen, wenn eine anteilige Nutzung durch mehrere Berechtigte tatsächlich möglich war. Dies war bei kollidierenden Wassernutzungsrechten aufgrund des beschränkten Wasserkontingents des Flusslaufs und der Erforderlichkeit einer bestimmten Wassermenge für gewisse Nutzungsrechte nicht immer der Fall. Es stellt sich daher die Frage, welchem Recht der Vorzug zu geben war, wenn aufgrund der tatsächlichen Gegebenheiten eine anteilige Ausübung unter gegenseitiger Rücksichtnahme nicht möglich war.

Es könnten die Ansichten des Gemeinen Rechts zur Kollision von Wassernutzungsrechten heranzuziehen sein. Dies erscheint jedoch aus verschiedenen Gründen problematisch. Im Gemeinen Recht wurde insbesondere bezüglich des Wasserleitungsrechts zu Bewässerungszwecken von Provinz zu Provinz eine unterschiedliche Zuordnung vorgenommen, so dass sich kein einheitliches Bild dahingehend ergab, ob das Recht zu den Regalien oder zum Gemeingebrauch zu zählen war. Da das Verhältnis der einzelnen Nutzungsrechte zueinander wesentlich dadurch beeinflusst war, ob das Gebrauchsrecht als Regal oder als Gemeingebrauch behandelt wurde, war eine Übertragung der gemeinrechtlichen Ansichten kaum möglich. Wurde aber das Wasserleitungsrecht zu Bewässerungszwecken im Gemeinen Rechts als Gemeingebrauch angesehen, so lief der Konflikt zu einem anderen Wasserleitungsrecht auf eine Kollision von zwei Gemeingebrauchsarten hinaus bzw. bei einem Konflikt mit einem regalen Nutzungsrecht auf eine Kollision Gemeingebrauch gegen Sonderberechtigung. Damit bestand in diesen Fällen im Gemeinen Recht gerade nicht das hier relevante Problem der Unvereinbarkeit zweier gleichberechtigter Sonderrechte. Selbst im Falle der Zuordnung der Bewässerung zu den Regalrechten erscheint eine Heranziehung der gemeinrechtlichen Regelungen als problematisch, da das Gemeine Recht die im ALR vorgesehene Vorrangstellung der Mühlengerechtigkeit nicht kannte,[340] so dass im Gemeinen Recht die Nutzungsrechte insgesamt anders ins Verhältnis gesetzt werden, als dies nach ALR möglich war.

Insbesondere vor dem Hintergrund, dass das Privileg eines der zentralen Verleihungsinstrumente für die Übertragung regaler Rechte darstellt, ist für die Frage, wie diese ins Verhältnis zu setzen sind, auf das Konkurrenzverhältnis zwischen den Privilegien untereinander sowie zwischen dem Privileg und den anderen Erwerbsformen, wie Belehnung und Verjährung abzustellen. Dies gilt umso mehr, da es an entsprechenden wasserrechtlichen Sondervorschriften mangelt und somit auf allgemeine Regelungen zurückzugreifen ist. Zudem

340 RGZ 18, 256, 258.

geben diese Verleihungsakte den übertragenen Nutzungsrechten das Gepräge. Das ALR selbst enthält keine Kodifizierung der Problematik, in welchem Verhältnis Privilegien untereinander bzw. zu Ersitzung und Belehnung stehen. Hinsichtlich dieser Fragestellung sind daher die Ansichten des Gemeinen Rechts zugrunde zu legen.

(a) Verhältnis der Privilegien zueinander

Das Staatsoberhaupt konnte für den gleichen Flusslauf unterschiedliche Privilegien zur Gewässernutzung erteilen. Dies führte aufgrund der begrenzten Wassermenge des Flusslaufes zu kollidierenden Interessen hinsichtlich der Ausübung der Privilegien. Das Problem bestand dabei darin, dass die Verleihung eines neuen Privilegs zu einer derartigen Beeinträchtigung der Ausübung eines älteren Privilegs führen konnte, dass dieses mangels tatsächlicher Gebrauchsmöglichkeiten nutz- und wertlos wurde und die Vergabe somit quasi einem Widerruf des älteren Privilegs gleichkam.[341] Dies konnte beispielsweise geschehen, wenn ein Oberlieger ein Wasserleitungsrecht zu Bewässerungszwecken erteilt bekam und durch dessen Gebrauch für den Unterlieger zu wenig Wasser übrigblieb, um sein eigenes Wasserleitungsrecht zur Speisung von Teichen auszuüben. Das gleiche Problem stellt sich bei der erneuten Verleihung des identischen Privilegs an eine andere Person. Es ist also die Frage zu beantworten, inwieweit sich die Privilegien gegenseitig in ihrer Wirksamkeit beeinflussten.

Einigkeit bestand im Gemeinen Recht dahingehend, dass bei einer Vereinbarkeit der Privilegien, d.h. bei der Möglichkeit diese ohne gegenseitige Beeinträchtigung nebeneinander auszuüben, beide Privilegien mit der Maßgabe galten, dass der jeweils andere an der Ausübung nicht gehindert und diese nicht beeinträchtigt werden durfte.[342]

Wie gleiche Privilegien im Konkurrenzfall zu behandeln waren, war hingegen im Gemeinen Recht sehr umstritten. Bei einer Unvereinbarkeit von zeitgleich erteilten Privilegien sollte zunächst auf eine gegebenenfalls bei der Verleihung seitens des Staatsoberhaupts für den Kollisionsfall getroffenen Bestimmung zurückgegriffen werden. Lag eine solche nicht vor, so konnten die Privilegierten zwar Dritte dazu anhalten, dass Privileg nicht zu beeinträchtigen, und sie an entsprechender Rechtsausübung hindern, untereinander war die Rechtsausübung jedoch nicht möglich, weil dadurch automatisch eine Beeinträchtigung des

341 *Schwennicke,* Die Entstehung der Einleitung des ALR, S. 241.

342 *Heimbach,* Art. Privileg, in: *Weiske (Hg.),* Rechtslexicon für Juristen aller teutschen Staaten, Bd. 8, S. 496.

Privilegs des jeweils anderen einherging.[343] Dies bedeutete letztlich eine starke Entwertung des Privilegs, weil lediglich der Ausschluss Dritter aber keine eigene Rechtsausübung erreicht werden konnte. Bei Privilegien für die Nutzung von Gewässern waren diese in einer solchen Konstellation wirtschaftlich wertlos, da es den Privilegierten nicht möglich war, das Wasser zum vorgesehenen Zweck zu nutzen. Eine nur „halbe" oder anteilige Ausübung des Nutzungsrechts, durch die eine Beeinträchtigung des anderen Privilegs ggf. hätte vermieden werden könnte, ist z.B. bei einem Wasserleitungsrecht zu Bewässerungszwecken schwer möglich. Auch eine nur zeitweilige Rechtsausübung, d.h. eine nur zeitweise Nutzung des Bewässerungssystems hätte je nach Jahreszeit und Niederschlagshäufigkeit zu beträchtlichen wirtschaftlichen Einbußen und damit zu einer nahezu vollständigen Entwertung des Privilegs geführt.

Die Behandlung der Kollision von zeitlich nacheinander verliehenen Privilegien wurde im Gemeinen Recht unterschiedlich beurteilt. Dabei ging es stets um die Frage, welchem der Privilegien der Vorrang einzuräumen sei. Einige differenzierten danach, ob das ältere Privileg im Rahmen eines lästigen Vertrages oder auf wohltätige Art erworben wurde.[344] Da es sich bei letzterem um einen reinen Gnadenakt des Staatsoberhauptes handele, sei dieses Privileg seitens des Herrschers jederzeit frei widerruflich. Aufgrund dessen sei der Herrscher nicht an der Vergabe weiterer Privilegien gehindert, so dass das jüngere Privileg das ältere verdränge, da der Erlass des jüngeren Privilegs als Widerruf des älteren gelte. Anders sehe es aus, wenn das Privileg durch Vertrag erworben werde. In diesem Fall habe der Privilegierte eine Gegenleistung für die Erteilung des Privilegs erbracht. Der Herrscher könne das Privileg nicht beliebig widerrufen, da auch er an den Grundsatz „pacta sunt servanda" gebunden sei.

Eine andere Ansicht[345] räumte unabhängig von der Erwerbungsart dem älteren Privileg den Vorzug ein mit der Begründung, dass durch ein Privileg Rechte

343 *Heimbach,* Art. Privileg, in *Weiske (Hg.),* Rechtslexicon für Juristen aller teutschen Staaten, Bd. 8, S. 496, 498, *Glück,* Ausführliche Erläuterung der Pandecten, Bd. 2, § 101, S. 6;

344 *Hartleben,* Meditationes ad pandectas, Spec. XII, med. 5, S. 240.

345 *Heimbach,* Art. Privileg, in *Weiske (Hg.),* Rechtslexicon für Juristen aller teutschen Staaten, Bd. 8, S. 497; *Glück,* Ausführliche Erläuterung der Pandecten, Bd. 2, S. 19 ff.; *Eichmann,* Erklärungen des Bürgerlichen Rechts, S. 128; *Hommel,* Rhapsodia quaestionum in foro quotidie, Bd. III., Obs. 496, S. 104 ff.; *Lobethan,* Abhandlung über die Lehre von Privilegien, S. 40 f., letztere allerdings mit der Einschränkung, dass falls das ältere als Precarium ereilt wurde, das jüngere vorgehe, weil in der Verleihung des jüngeren die Aufhebung des älteren zu sehen sei.

Dritter nicht beeinträchtigt werden dürften. Einer Verletzung des älteren Privilegs durch ein jüngeres wohne die Vermutung inne, dass letzteres erschlichen und daher unwirksam sei.

Wieder andere[346] vertraten die Auffassung, dass das jüngere Privileg Vorrang habe. Sie begründeten dies mit der für allgemeine Gesetze geltenden Rechtsregel „lex posterior derogat priori" und übertrugen diese aufgrund des den Privilegien beigemessen Gesetzescharakters auf diese.

Der gedruckte Entwurf des ALR von 1784 schloss sich für gleiche Privilegien der letztgenannten Ansicht an und sah vor, dem späteren Privileg Vorrang gegenüber dem früheren Privileg einzuräumen, es sei denn das ältere Privileg war als ausschließliches erteilt worden,[347] d.h. dass ihm ein ausdrücklicher Bestandsschutz in der Weise zugestanden worden war, dass ausschließlich der Privilegierte dieses Recht erwerben durfte und ein künftiger Erwerb des gleichen Privilegs durch einen Dritten ausgeschlossen war.[348] Svarez begründete dies damit, dass kein Grund bestehe und es nicht notwendig sei, „Privilegia als Abweichung von dem iure communi sehr zu begünstigen"[349]. Auch wenn diese Regelung letztlich nicht ins ALR übernommen wurde, so zeigt sowohl sie als auch die Aussage Svarez' in der „Revisio Monitorum", dass die Redaktoren des ALR den Vorrang des jüngeren Privilegs gegenüber dem älteren favorisierten und im Zweifel diese Regelung zur Anwendung kommen sollte.

(b) Das Verhältnis von Privileg zu Belehnung und zu Ersitzung

Es stellt sich die Frage, in welchem Verhältnis das mittels Privileg erworbene Recht im Kollisionsfall zu dem durch Belehnung oder im Wege der Ersitzung erworbenen Nutzungsrecht steht. Dabei ist fraglich, ob die Verleihungsform über den Vorrang eines Rechts entscheidet oder nicht. Da den Privilegien nach allgemeiner Ansicht Gesetzesrang zukam, könnten die so verliehenen Rechte

346 *Walch,* Intoductio in controversias iuris civilis, II. Cap. § V, S. 18; *Bastineller,* De eos quod iustum, § 13, S. 14 f.

347 § 12: „Wenn jemanden ein Privilegium nicht ausschließend ertheilt wird, so kann eben dasselbe auch anderen verliehen werden." abgedruckt in: *Svarez/Krause,* Entwurf eines allgemeinen Gesetzbuches, Bd. I A/1, S. 15.

348 Dafür genügt nicht, dass der Privilegienerteiler anderen den Gebrauch des verliehenen Rechtes untersagt, es muss vielmehr in der Privilegienurkunde ausdrücklich formulieren, zukünftig von seinem Verleihungsrecht hinsichtlich eines gleichen Privilegs keinen Gebrauch mehr machen zu wollen. Vgl. *Lobethan,* Abhandlung über die Lehre von Privilegien, S. 15.

349 GStA Merseburg, Rep. 84 Abt. XVI Nr. 7, Bd. 72, fol. 24, abgedruckt in und zitiert nach: *Schwennicke,* Die Entstehung der Einleitung des ALR, S. 244 Fn. 30.

gegenüber den anderen Verleihungstatbeständen den Vorrang genießen, d.h. dass im Kollisionsfall das Privileg das „stärkere" Nutzungsrecht enthält und sich die Ausübung der anderen Nutzungsrechte an diesem zu orientieren hat. Dies erscheint jedoch zweifelhaft. Das ALR enthält keine Vorschriften, die ein Rangverhältnis zwischen den Erwerbsarten bestimmen. Auch die Belehnung beruht auf einem Rechtsverhältnis mit dem Staatsoberhaupt und es ist nicht ersichtlich, warum dieses „weniger wert" sein sollte als das zwischen Privilegiertem und Staatsoberhaupt. Die Verjährung ist als weitere rechtmäßige Erwerbsform ausdrücklich gesetzlich vorgesehen, so dass auch ihr die gleiche Wertigkeit wie einem Privileg zukommt. Die unterschiedlichen Erwerbsarten stehen damit gleichrangig nebeneinander. Damit kann nur der Zeitpunkt der Erteilung der maßgebliche sein. Auch diesbezüglich enthält das ALR keine Regelungen. Aus Bestandsschutzgesichtspunkten könnte dem älteren Nutzungsrecht der Vorrang vor dem jüngeren eingeräumt worden sein.[350] Es besteht aber auch die Möglichkeit, das Problem entsprechend der Frage, in welchem Verhältnis Privilegien zueinanderstehen, zu lösen und daher dem jüngeren Nutzungsrecht dem Vorzug vor dem älteren zu geben. Diesem Ansatz liegt der Grundsatz „lex posterior derogat priori" zugrunde liegt, welcher für das Verhältnis von Gesetzen zueinander entwickelt wurde. Die Idee dahinter ist, dass der Gesetzgeber mit Erlass des neueren Gesetzes gleichzeitig das alte aufheben wollte.[351] Eine Übertragung dieses Grundsatzes auf Wassernutzungsrechte erscheint möglich, auch wenn bei der Ersitzung kein bewusster Willensakt des Staatsoberhauptes vorliegt, der eine Aufhebung anderer Rechte implizieren könnte. Sinn und Zweck der erwerbenden Verjährung ist es dem Ersitzenden einen dauerhaften Rechtserwerb eines Nutzungsrechts zu ermöglichen und damit Rechtssicherheit zu gewährleisten. Gerade in den Fällen, in denen sich das ersessene Wassernutzungsrecht gegen das ältere Recht wendet, erscheint es daher sinnvoll ersterem Vorrang vor älteren Berechtigungen einzuräumen und den Vertrauens- und Bestandsschutz zurücktreten zu lassen.

gg. Erlöschen der Nutzungsrechte

Die Nutzungsrechte an öffentlichen Gewässern enden mit dem Erlöschen des verliehenen Privilegs bzw. der Beendigung des Lehnsverhältnisses. Ihr Bestand

---

350 Wie dies das Reichsgericht (RGZ 18, 256, 259 f.) für den Bereich des gemeinen Rechts bei gewerblichen Anlagen bestimmt. In der zeitgenössischen Literatur wird dieses Problem nicht diskutiert.

351 *Larenz,* Methodenlehre der Rechtswissenschaft, S. 266 f.

und ihre Geltungsgrenzen sind also auch hier an die Verleihungsform gebunden. Sowohl das Erlöschen des Privilegs als auch das Ende des Lehnsverhältnisses sind im ALR kodifiziert.

(1) Erlöschen von Privilegien

Das Erlöschen von Privilegien richtet sich nach ALR Einl. §§ 62–72. Während ALR I Einl. § 62 die Aufhebung durch Gesetz regelt, bestimmen ALR Einl. §§ 70–72 die Aufhebung von Privilegien aufgrund eines Willensaktes des Staatsoberhauptes im Einzelfall. Die Paragraphen ALR Einl. §§ 63–69 regeln die gesetzlich vorgesehenen Erlöschensgründe für Privilegien, die ipso iure eintreten.

Für den Fall des Erlöschens von Privilegien aufgrund eines Gesetzes ordnet ALR Einl. § 62 an, dass die durch das Gesetz nachteilig Betroffenen angehört werden müssen.

Nach ALR Einl. § 63 erlöschen Privilegien, die an die Person des Privilegierten gebunden sind, also *privilegia personalia*, mit dem Tod des Privilgierten ipso iure. Ein Übergang auf die Erben findet nicht statt, es sei denn aus dem Inhalt des Privilegs ergibt sich, dass ein solcher vorgesehen ist. Diese Regelung ist nicht unmittelbar aus der Norm zu entnehmen, lässt sich aber aus ihrer Entstehungsgeschichte ableiten, da § 44 des gedruckten Entwurfs von 1784[352] noch einen entsprechenden ausdrücklichen Zusatz enthielt.

Privilegia realia, d.h. Privilegien, die bzgl. einer Sache verliehen werden,[353] gehen auf den Rechtsnachfolger über, es sei denn die Verleihungsurkunde oder ein Gesetz schließen ausdrücklich einen derartigen Übergang aus, ALR Einl. § 64. Die Unfähigkeit zur Ausübung des verliehenen Rechts seitens des Rechtsnachfolgers führt nicht dazu, dass ein Übergang ipso iure entfällt, sondern bewirkt, dass das Recht solange ruht, bis das Ausübungshindernis beseitigt ist, ALR Einl. § 65.

Privilegia mixta, d.h. Privilegien, die auf einer Verbindung zwischen einer Person und einer Sache beruhen, erlöschen nach ALR Einl. § 66 bei Trennung von Besitzer und Sache unwiderruflich, so dass ein Wiederaufleben des Privilegs bei Wiedervereinigung von Besitzer und Sache nicht in Betracht kommt.[354]

---

352 § 44: „Privilegia, die nur einer gewissen Person ertheilt worden, erlöschen mit dem Abgang des Privilegierten; es wäre denn, daß sie ausdrücklich auch seinen Erben verliehen worden." Abgedruckt in: *Svarez/Krause*, Entwurf eines allgemeinen Gesetzbuches, Bd. I A/1, S. 21.

353 So z.B. die Jagdgerechtigkeit, die für ein Landgut erteilt wird.

354 *Johow* in *Koch*, Kommentar zum ALR, Bd. 1, S. 58.

So klar diese Regelung für das Erlöschen der einzelnen Privilegienformen ist, so unklar bleibt trotz der Einführung des ALR, welche Art von Privileg vorliegt. Das ALR hat den im Gemeinen Recht bestehenden Streit, wie die einzelnen Ausprägungen von Privilegien voneinander abzugrenzen sind, nicht entschieden. Die Abgrenzungsversuche im Gemeinen Recht reichten davon, dass im Zweifel Realprivilegien[355] bzw. Personalprivilegien[356] anzunehmen seien bis zu einer Differenzierung nach dem Titel[357] oder nach dem Inhalt[358] des Privilegiums. Das ALR hat diesbezüglich keine Vermutungsregel aufgestellt, so dass letztlich die für den Einzelfall wichtige Frage offenblieb, ob ein *privilegium realium*, das vererblich ist, oder ein unübertragbares *privilegium personalium* vorlag. Damit galt, dass derjenige, der sich auf eine bestimmte Form des Privilegs berufen wollte, diese auch beweisen musste,[359] ohne dass ihm Vermutungsregeln zu Hilfe kamen, die im Zweifelsfall den Ausschlag geben konnten.

ALR Einl. §§ 67–69 regeln die Geltungsgrenzen von befristeten sowie von unter einer Bedingung oder für einen bestimmten Zweck erteilten Privilegien. Das befristete Privileg erlischt durch Zeitablauf, das unter einer Bedingung erteilte dann, wenn der Bedingungseintritt unmöglich geworden oder in absehbarer Zeit nicht mehr möglich ist. Gleiches gilt für das zweckgebundene Privileg, es erlischt ipso iure, wenn die Zweckerreichung dauerhaft unmöglich bzw. in absehbarer Zeit nicht möglich ist.

Neben den im ALR normierten Erlöschensgründen kennt das Gemeine Recht noch weitere Gründe, die zum Erlöschen von Privilegien führen können: der Nichtgebrauch des Privilegs und die Verzichtsleistung. Auch diese wurden trotz fehlender Kodifizierung im Geltungszeitraum des ALR herangezogen und anerkannt. Die Verzichtsleistung ist eine vom Privilegierten getroffene Entscheidung, sich des Privilegs nicht weiter bedienen zu wollen. Sie kann ausdrücklich oder konkludent durch dem Privileg zuwiderlaufende Handlungen erklärt

---

355 *Cocceji,* Jus civile controversum, Bd. 1, Lib. I, Tit. IV. Qu. IV, S. 53 f., *Stryk,* De privilegiorum, Cap. I, N. 36, S. 7.

356 *Walch,* Intoductio in controversias iuris civilis, Proleg. Cao. 2. § 8, S. 20 f.

357 Ein auf Vertrag beruhendes Privilegium sei als privilegia realia, ein auf einem Gnadenakt beruhendes als privilegia personalia anzusehen: *Berger,* Oeconomia juris ad usum hodiernum accomaodati, Lib. I., Tit. I., XXV., S. 26 f.; *Hofacker,* Principia Iuris Civilis Romano-Germanici, Bd. 1, Cap. III, Tit. I, §§ 92, 93, S. 76 f.

358 Im Fall der Nützlichkeit des Privilegs und seiner Unschädlichkeit gegenüber Dritten sei ein Realprivileg, andernfalls ein Personalprivileg anzunehmen: *Voet,* Commentarius ad Pandectas, Bd. 1, Lib.I Tit. IV § 14, S. 26.

359 *Johow* in: *Koch,* Kommentar zum ALR, Bd. 1, S. 57 f.

werden, allerdings nur, soweit die Ausübung des Privilegs für den Privilegierten disponibel ist.[360]

Der Verlust des Privilegs durch Nichtgebrauch trat nur ein, wenn folgende Voraussetzungen erfüllt waren. Der Privilegierte musste die Möglichkeit zur freien Ausübung der Privilegien gehabt, sich ihrer aber über einen längeren Zeitraum nicht bedient haben und nach Ansicht einiger[361] musste darüber hinaus ein Dritter ein Interesse am Erlöschen des Privilegs haben.[362] Die Frage, wie lange der Nichtgebrauch des Privilegs gedauert haben muss, um zum Erlöschen des Vorrechts zu führen, war umstritten, und wurde für verschiedene Privilegien unterschiedlich festgelegt. Die Frist schwankt zwischen 10 und 30 Jahren. Ein dem Privileg widersprechendes, nachträglich erlassenes Gesetz hingegen hob dieses nur auf, wenn es den ausdrücklichen Passus enthielt, dass ihm keine Privilegien zuwiderlaufen dürften.[363]

ALR Einl. § 70 bietet dem Staatsoberhaupt die Möglichkeit, Privilegien aus Gründen des überwiegenden Gemeinwohls gegen eine Entschädigung aufzuheben. Diese Regelung gilt sowohl für Privilegien, die durch lästigen Vertrag oder als Belohnung verliehen wurden als auch für Privilegien, bei denen es sich um einen reinen Gnadenakt des Herrschers handelt. Damit hat das ALR den im Gemeinen Recht herrschenden Streit, inwieweit der Herrscher berechtigt ist, Privilegien zu widerrufen, einheitlich entschieden. Im Gemeinen Recht vertraten einige[364], darunter auch Svarez in seiner Revisio Monitorum[365] die Ansicht, dass das Privileg jederzeit und unbeschränkt – wie jedes allgemeine Gesetz auch – widerruflich sei. Andere differenzierten danach, ob es sich um ein aus

360 *Lobethan,* Abhandlung über die Lehre von Privilegien, S. 58 f., *Glück,* Ausführliche Erläuterung der Pandecten, Bd. 2, S. 41.

361 So *Glück,* Ausführliche Erläuterung der Pandecten, Bd. 2, S. 49 f. zumindest für affirmative Privilegien; *Lobethan,* Abhandlung über die Lehre von Privilegien, S. 60 f.

362 Siehe zu den einzelnen Voraussetzungen und ihren jeweiligen Vertretern *Glück,* Ausführliche Erläuterung der Pandecten, Bd. 2, S. 48 ff.

363 *Lobethan,* Abhandlung über die Lehre von Privilegien, S. 64.

364 *Heimbach,* Art. Privileg, in: *Weiske (Hg.),* Rechtslexicon für Juristen aller teutschen Staaten, Bd. 8, S. 501; *Schmid,* Lehrbuch des gemeinen deutschen Staatsrechts, Bd. 1, § 67 S. 103; *Pfeiffer,* Practische Ausführungen aus allen Theilen der Rechtswissenschaft, Bd. 3, S. 297 f., einschränkend fordert *Gönner,* Teutsches Staatsrecht, § 293, S. 461 f., dass die Aufhebung von Privilegien nicht willkürlich, sondern nur aufgrund eines erheblichen Grundes erfolgen könne.

365 *Svarez,* Abhandlung über Privilegien in der „Revisio Monitorum", Von Privilegis VI) 1), abgedruckt in und zitiert nach: *Schwennicke,* Die Entstehung der Einleitung des ALR, Anhang IV, S. 401 ff., S. 403.

Gnade erteiltes Privilegium oder um ein durch lästigen Vertrag erworbenes Privilegium handelte.[366] Ersteres war frei widerruflich, da im Zweifel vermutet wurde, dass es nach Art eines Precariums, d.h. eine unentgeltliche, frei widerrufliche Überlassung einer Sache, aus der sich kein Rechtsanspruch und nach römischem Recht kein Vertrag ergibt, erteilt worden war.[367] So wie der Herrscher nach seinem Willen gnädig sein könne, ebenso könne er diese Gnade beliebig wieder entziehen. Durch lästigen Vertrag erworbene Privilegien unterlägen dagegen nicht der willkürlichen Entziehung, da auch der Herrscher an den Grundsatz „pacta sunt servanda" gebunden sei, könnten aber wegen besonderer Gründe und Umstände widerrufen werden.[368] Dabei wurden die in der Petitio und Dispostitio der Privilegienurkunde enthaltenen Formulierungen als Argument und Nachweis für den vertraglichen Charakter des Privilegs herangezogen, um so dem Privileg den Anschein der willkürlichen, gnadenweisen Erteilung zu nehmen.[369] In der Urkunde enthaltene Bestimmungen hinsichtlich geleisteter bzw. noch zu leistender Dienste sowie die Festsetzung eines Entgeltes wurden als Hinweise auf die Gegenseitigkeit des Rechtsverhältnisses und damit als Beweis für den vertraglichen Charakter des Privilegs aufgefasst.[370]

Die Differenzierung zwischen privilegia mere gratiosa und privilegia onerosa war auch in § 43 des gedruckten Entwurfs des ALR von 1784[371] vorgesehen, wurde jedoch dann zugunsten der in ALR Einl. § 70 enthaltenen Regelung aufgegeben. Denn das ALR formulierte in der genannten Norm „auch solche, die durch lästigen Vertrag erworben wurden" und zeigte damit, dass es privilegia mere gratiosa und privilegia onerosa gleichbehandelt wissen wollte. Somit schloss es sich im Ergebnis der Ansicht des Gemeinen Rechts an, die hinsichtlich der Frage des Widerrufs keine Differenzierung nach Art des Privilegienerwerbs

366 *Glück,* Ausführliche Erläuterung der Pandecten, Bd. 2, S. 33; *Cocceji,* Jus civile controversum, Bd. 1, Lib. I, Tit. IV. Qu. X, S. 57 f.; *Hartleben,* Meditationes ad pandectas, Spec. III., med. 6, S. 258 ff.

367 *Hartleben,* Meditationes ad pandectas, Spec. III., med. 6, S. 258 ff.

368 *Vitriarius,* Corpus iuris publici, Bd. 3, S. 1235.

369 *Mohnhaupt,* Erteilung und Widerruf von Privilegien, in: *Dölemeyer/Mohnhaupt (Hg.),* Das Privileg im europäischen Vergleich, Bd. 1, S. 103 f.

370 Vgl. *Mohnhaupt,* Erteilung und Widerruf von Privilegien, in: *Dölemeyer/Mohnhaupt (Hg.),* Das Privileg im europäischen Vergleich, Bd. 1, S. 118.

371 § 43: „Privilegia, welche der zeitige Inhaber nicht aus bloßer Gnade erlangt hat, sollen nicht anders, als aus überwiegenden Gründen für das gemeine Beste, gegen billige Entschädigung, zurück genommen werden." Abgedruckt in *Svarez/Krause,* Entwurf eines allgemeinen Gesetzbuches, Bd. I A/1, S. 20.

vorsah, sondern auf das Vorliegen von überwiegenden Allgemeinwohlgründen abstellte.

Nach dieser Auffassung war auch ein aufgrund hoheitlicher Gnade erteiltes Privileg als ein solches anzusehen, das durch Vertrag, nämlich durch Schenkungsvertrag, erworben wurde[372]. Auch diese Vertreter versuchten über die zwischen Begünstigtem und Regenten abgegebenen „wechselseitigen Willenserklärungen" den vertraglichen Charakter des Rechtsverhältnisses zu betonen, um damit die Willkürlichkeit des gnadenweise erteilten Privilegs zu negieren. Ein Precarium sei auch im Zweifelsfall nicht anzunehmen, da dieses seiner Natur nach nur ausdrücklich erteilt werden könne.[373] Da die Schenkung grundsätzlich unwiderruflich und damit gerade kein Precarium sei, sei ein graziöses Privileg hinsichtlich seiner Bestandskraft genauso zu behandeln wie eines, das im Wege des lästigen Vertrages erworben werde.[374] Die Widerruflichkeit von jeglichen Privilegien war damit sowohl nach dieser Ansicht als auch nach der Norm des ALR nur aus überwiegenden Gründen des Gemeinwohls gegen Entschädigung zu bejahen. Eine Ausnahme wurde in den Fällen angenommen, in denen sich der Herrscher den Widerruf im Privileg vorbehalten hatte.[375] Dann war das Privileg jederzeit frei widerruflich und entsprach insoweit der Natur eines Precariums. Die freie Widerruflichkeit aufgrund des Vorbehalts führte jedoch nicht automatisch dazu, dass das Privileg mit dem Tod des Verleihers erlosch, sondern es bestand im Gegenteil auch nach dessen Tod fort, es sei denn aus dem Wortlaut des Privilegs wurde deutlich, dass der Erteiler es nur auf seine Person bezogen hatte.[376] Dann erlosch das Privileg mit dessen Tod, ohne dass es eines Widerrufs seitens seines Nachfolgers bedurft hätte.[377]

---

372 *Glück*, Ausführliche Erläuterung der Pandecten, Bd. 2, S. 34; *Höpfner*, Theoretisch-practischer Commentar, § 50 S. 76; für einen Vertrag, ohne diesen näher zu klassifizieren, spricht sich auch *Häberlin*, Repertorium des Teutschen Staats- und Lehnrechts, Bd. 4, S. 291 Sp. 1 aus.

373 *Eichmann*, Erklärungen des Bürgerlichen Rechts, S. 152.

374 *Glück*, Ausführliche Erläuterung der Pandecten, Bd. 2, S. 34 f.

375 Der Widerrufsvorbehalt wurde z.B. durch folgende Klausel kenntlich gemacht: „auf Wohlgefallen, bis auf Widerruf, bis auf weitere Verfügung, oder der uns, unseren Erben und Nachkommen zustehenden Macht zu mindern oder gar aufzuheben, vorbehältlich", zitiert nach *Glück*, Ausführliche Erläuterung der Pandecten, Bd. 2, S. 35.

376 *Eichmann*, Erklärungen des Bürgerlichen Rechts, S. 153 ff.; *Lobethan*, Abhandlung über die Lehre von Privilegien, S. 12 f.

377 *Eichmann*, Erklärungen des Bürgerlichen Rechts, S. 158, *Glück*, Ausführliche Erläuterung der Pandecten, Bd. 2, S. 36.

Der Begriff „überwiegende Gründe des Allgemeinwohls" ist als unbestimmter Rechtsbegriff im ALR nicht definiert. Auch die Rechtswissenschaft präzisierte oder konkretisierte den Begriff nicht. Einigkeit besteht nur dahingehend, dass nicht jeder staatliche Vorteil oder jedes staatliche Interesse für die Bejahung von Gemeinwohlgründen genügt.[378] Er ist je nach dem Bereich, in dem Privilegien erteilt werden, unterschiedlich auszulegen. Im Bereich der Nutzungsrechte an öffentlichen Gewässern sind vor allem aufgrund von Belangen hinsichtlich der Stromregulierung oder hinsichtlich der Schifffahrt, die Ende des 18. Jahrhunderts eine zentrale Rolle spielte, überwiegende Gemeinwohlgründe zu bejahen. So konnten die staatlichen Pflichten, welche aufgrund der öffentlichen Bestimmung des Flusses bestanden, also „Maßnahmen zur Ausbildung und Erhaltung eines einheitlichen Flussbettes"[379] sowie Schutzvorkehrungen für Brücken und Ufer, Gemeinwohlgründe begründen, welche ein mittels Privileg verliehenes Fischereirecht überwogen und daher dessen Beeinträchtigung rechtfertigten.[380] Maßgeblicher Beurteilungszeitpunkt war dabei nicht der der Privilegienerteilung, sondern der Zeitpunkt, in dem das verliehene Recht mit dem Gemeinwohl kollidierte.[381] Ob überwiegende Allgemeinwohlgründe vorlagen, oblag allein der Prüfung durch das Staatsoberhaupt oder seitens einer Behörde, die ausdrücklich dazu ermächtigt und damit beauftragt wurde.[382] Diese Entscheidung war gerichtlich nicht überprüfbar, da sie einen Ausdruck staatlicher Hoheitshandlungen darstellte, welche nicht justiziabel waren.[383]

Im Unterschied zum Gemeinen Recht nimmt ALR Einl. § 70 eine Entschädigungspflicht für jegliche Privilegien im Falle des Widerrufs an. Vertreter des Gemeinen Rechts wollten eine solche nur bei Privilegien, die durch lästigen Vertrag erworben wurden, anerkennen. Bei Widerruf habe der Staat die aufgrund des Vertrages in Geld erbrachte Gegenleistung zu erstatten, da durch Aufhebung

---

378 *Johow* in *Koch,* Kommentar zum ALR, Bd. 1, S. 58 f.

379 RGZ 54, 260, 267.

380 RGZ 54, 260, 266 ff.

381 *Mohnhaupt,* Erteilung und Widerruf von Privilegien, in: *Dölemeyer/Mohnhaupt (Hg.),* 200 Jahre Allgemeines Landrecht, S. 144.

382 *Bornemann,* Systematische Darstellung des Preußischen Civilrechts Bd. 1, S. 71.

383 *Johow* in: *Koch,* Kommentar zum ALR, Bd. 1, S. 58 f.; *Rönne,* Ergänzungen und Erläuterungen, Bd. 1, S. 45 rechte Spalte. Vgl. dazu §§ 35, 36 der Verordnung wegen verbesserter Einrichtung der Provinzial-, Polizei- und Finanz-Behörden vom 26.12.1808, GS 1806–1810, 464, 473, welche ausdrücklich anordnet, dass über Maejestäts- und Hoheitsrechte, zu denen die Erteilung und der Widerruf eines Privilegs gehören, die richterliche Erörterung nicht stattfindet.

des Privilegs der Rechtsgrund zum Behaltendürfen des Geldes entfallen sei.[384] Entgangenen Gewinn sowie Zinsen erhalte der ehemals Privilegierte jedoch nicht, da er im Gegenzug die im Privileg verliehenen Rechte habe ausüben dürfen.[385] Die Höhe der Entschädigung war im ALR nicht näher bestimmt und stand damit im Ermessen des Richters,[386] auch wenn Svarez sich in der Revisio Monitorum bei einem durch lästigen Vertrag erworbenen Privileg für folgende Entschädigungsposten ausgesprochen hat: „[…] a) alle Kosten die der Privilegiatus verwendet hat zur Erlangung des Privilegii b) alle Kosten die er auf die Ausübung des Privilegii und auf die dazu erforderlichen Anstalten verwendet hat, in so fern ihm erstere nicht schon durch den aus den Privilegio gezogenen Nutzen ersetzt worden und letztere nach der Aufhebung des Privilegii ihm unnütz werden c) überhaupt aller Verlust und Nachteil, welcher ihm in seinem gegenwärtigen Vermögenszustande aus der Aufhebung der Privilegii zuwächst […]"[387]. Er ging damit deutlich über das hinaus, was die wohl herrschende Ansicht des Gemeinen Rechts als entschädigungsfähig angesehen hatte. In der Festsetzung der Entschädigung in ALR Einl. § 70 zeigte sich, dass das Privilegium als Eigentum verstanden wurde und dem staatlichen garantierten Eigentumsschutz unterlag.[388] Diese Zuordnung nahm *Svarez* bereits in Rahmen der Kronprinzenvorträge vor, wenn er ausführte, dass *„die Vorteile, die er aus dem Genusse seines Privilegii zog, machen einen wirklichen Teil des Seinigen oder seines Eigentums aus"*[389].

Gemäß ALR Einl. § 70 erfolgt die Festsetzung der Entschädigung dem Grunde und der Höhe nach entweder durch Vertrag zwischen dem Staatsoberhaupt und dem ehemals Privilegierten oder durch richterliches Urteil. Im Gegensatz zur Frage der Zulässigkeit und Rechtmäßigkeit des Widerrufs ist hinsichtlich der Frage, ob Entschädigung zu leisten ist und in welcher Höhe, der Rechtsweg eröffnet.[390]

---

384 *Glück*, Ausführliche Erläuterung der Pandecten, Bd. 2, S. 37; Für einen Entschädigungsanspruch ohne nähere Begründung sind: *Schmid*, Lehrbuch des gemeinen deutschen Staatsrechts, Bd. 1, § 67 S. 104 und *Pfeiffer*, Practische Ausführungen aus allen Theilen der Rechtswissenschaft, Bd. 3, S. 297 f.

385 *Glück*, Ausführliche Erläuterung der Pandecten, Bd. 2, S. 37;

386 *Bornemann*, Systematische Darstellung des Preußischen Civilrechts Bd. 1, enthaltend die geschichtliche Einleitung, die Fundamentallehren des Preußischen Rechts und die Lehre vom Besitz, S. 71 f. Fn. 1.

387 Zitiert nach *Schwennicke*, Die Entstehung der Einleitung des ALR, S. 267 Fn. 121.

388 *Koselleck*, Preussen zwischen Reform und Revolution, S. 32.

389 *Svarez*, Vorträge über Recht und Staat, S. 242, XVII. 2.

390 *Rehbein/Reinicke*, Allgemeines Landrecht, Bd. 1, S. 96; ObTr. 20, 3, 7 f.

Somit bestand eine grundsätzliche Bindung des Herrschers an das Privileg. Dessen Aufhebung war an Regeln gebunden und konnte nicht willkürlich erfolgen. Auch der Rechtsnachfolger des Herrschers konnte nur unter den Voraussetzungen des ALR Einl. § 70 ein Privileg aufheben, da dieses vom Staatsoberhaupt in seiner Funktion als Regent und Repräsentant des Staates verliehen und damit hoheitlich, unabhängig von der natürlichen Person, die den Staat repräsentiert, erteilt wurde.[391] Darin zeigen sich Ansätze, den Staat unabhängig von der Herrscherperson zu sehen und das Staatsoberhaupt in seiner Funktion wahrzunehmen.

Abgesehen von einer Aufhebung des Privilegs nach ALR Einl. § 62 bzw. §§ 70, 71 besteht die Möglichkeit, dass der Privilegierte sein Recht nach ALR Einl. § 72 entschädigungslos verwirkt. Dies ist dann der Fall, wenn er aufgrund groben Missbrauchs seines Privilegs dem Staat oder einem Dritten schadet. Der Begriff Missbrauch wird für die Nutzung des Eigentums in ALR I 8 § 28 definiert. Danach handelt es sich beim Missbrauch um eine derartige Nutzung, die aufgrund ihrer Natur nur die Kränkung eines anderen zur Absicht haben kann. Diese Definition ist auf die Situation beim Privileg übertragbar. Auch dort ist der Missbrauch im strafrechtlichen Sinne gemeint, d.h. der Privilegierte muss vorsätzlich handeln, in der Absicht, einen anderen zu schädigen.[392] Sowohl die irrige Annahme, dass ihm ein Privileg zustehe als auch die Absicht, sich selbst einen Vorteil zu verschaffen, genügen für die Annahme des Missbrauchs nicht.[393] Dieser verlangt Schädigungsabsicht seitens des Privilegierten, d.h. Zweck der gewählten Ausübungsart des Rechts muss die Schädigung des Dritten sein. Der Begriff „grob" bezieht sich weder auf den Willen des Privilegierten noch auf den Umfang des angerichteten Schadens, sondern darauf, in welchem Verhältnis der unberechtigte Gebrauch des Privilegs zur Berechtigung steht.[394]

Die Rechtsverwirkung tritt nicht ipso iure ein, sondern es bedarf eines gerichtlichen Urteils in einem Strafprozess, in dem festgestellt wird, dass sich der Privilegierte des groben Missbrauchs zum Schaden des Staates oder eines Dritten schuldig gemacht hat. 1794, als die Verwaltungsrechtslehre und auch die Verwaltungsgerichtsbarkeit noch nicht existierten, war es systemkonform für die Rechtsverwirkung ohne Entschädigung einen Strafprozess und keinen Zivilprozess zu führen, da zum einen der entschädigungslosen Rechtsverwirkung ein

391 *Glück*, Ausführliche Erläuterung der Pandecten, Bd. 2, S. 37 f.

392 Johow in: *Koch*, Kommentar zum ALR, Bd. 1, S. 59.

393 Johow in: *Koch*, Kommentar zum ALR, Bd. 1, S. 59.

394 Johow in: *Koch*, Kommentar zum ALR, Bd. 1, S. 59.

strafendes Moment innewohnt und zum anderen die vorsätzliche Schädigung eines Dritten strafrechtlichen Charakter hat.

(2) Beendigung des Lehensverhältnisses

Das Lehnsverhältnis endet durch den Untergang der Lehnssache, ALR I 18 §§ 678, 679, durch Verkauf des Lehens, durch Ersitzung seitens eines Dritten, durch Konsolidation, durch Appropriation oder durch den Tod aller Lehnsberechtigten und ihrer Lehnsnachfolger. Das bloße Unterlassen der Ausübung landesherrlicher Rechte führt weder zu einer Aufhebung der Lehnseigenschaft des Lehnsguts noch zur Entstehung von freiem Eigentum am Lehnsgut, ALR I 18 § 657. Der Verkauf des Lehens führt nur dann zu einem Erlöschen des Lehnsverhältnisses, wenn das Lehen in der Eigenschaft eines Allods unter Beachtung der gesetzlichen Vorschriften nach ALR I 18 §§ 331, 332 verkauft wird, dies ist z.B. nach ALR I 18 § 338 der Fall, wenn die Veräußerung der Lehnssache unter Erhalt der Lehneigenschaft nicht zur Befriedigung des Gläubigers ausreicht. Hinsichtlich des Kauferlöses findet keine dingliche Surrogation statt, d.h. er tritt nicht ipso iure an die Stelle der Lehnssache, ALR I 18 § 340, Lehnsherr, Agnaten und Mitbelehnte können aber unter den Voraussetzungen der ALR I 18 §§ 341, 342 die Verwendung des Erlöses als Lehngut verlangen.

Die Frage, ob ein Dritter durch Ersitzung freies Eigentum an der Lehnssache erwirbt, bestimmt sich danach, ob und inwieweit die Sache und die an ihr bestehenden Lehnseigenschaften ins Hypothekenbuch eingetragen wurden. Ist die Lehnssache mit Lehnseigenschaften ins Hypothekenbuch eingetragen, so ist gegen den Lehnsherrn, die Agnaten und Mitbelehnte, welche jeweils ihre Rechte eintragen ließen, eine Verjährung nicht möglich, ALR I 18 § 667. Diejenigen, die ihre Rechte nicht haben eintragen lassen, können gemäß ALR I 18 § 668 i.V.m. § 291 ihr Recht in die Lehnsfolge einzutreten, nicht gegenüber dem Dritten zu dessen Nachteil ausüben, d.h. der Dritte erwirbt diesbezüglich unbelastetes Eigentum. Für den Fall, dass die Lehnssache ins Hypothekenbuch eingetragen, die Lehnsrechte aber nicht vermerkt wurden, erwirbt der Dritte nach den in ALR I 18 § 665 geregelten Voraussetzungen freies Eigentum gegenüber allen Lehnsberechtigten am Lehnsgut. Dafür ist erforderlich, dass er aufgrund eines rechtsgültigen Titels in redlicher Weise, also gutgläubig, Besitz an der Lehnssache hat. Dann läuft die sich nach den Vorschriften über die gewöhnliche Verjährung gemäß ALR I 9 §§ 579 ff. bestimmende Verjährungsfrist von 10 Jahren ab Eintragung des Besitztitels ins Hypothekenbuch. Sollte die Lehnssache nicht ins Hypothekenbuch eingetragen worden sein, was insbesondere auf bewegliche Sachen zutrifft, erwirbt der Dritte freies Eigentum nach den Fristen der

Verjährung durch Nichtgebrauch gemäß ALR I 9 §§ 535 ff. ab dem Tage, ab dem der Lehnsberechtigte seine Rechte am Lehnsgut ihm gegenüber geltend machen könnte, vorausgesetzt der Dritte hat den Besitz gutgläubig erlangt, ALR I § 666. Die regelmäßige Verjährungsfrist bei Nichtgebrauch beträgt 30 Jahre, ALR I 9 § 546. Während des Laufs der Verjährungsfristen von 10 bzw. 30 Jahren kann der Lehnsberechtigte seine Lehnsrechte geltend machen und insbesondere eine Protestation ins Hypothekenbuch eintragen lassen, um die Verjährungsfristen zu unterbrechen.[395]

Konsolidation liegt vor, wenn das nutzbare Eigentum und das Obereigentum in der Person des Lehnsherrn zusammenfallen. Eine nur vorübergehende Konsolidation führt nicht zu einem Erlöschen der Lehnseigenschaft der Sache, ALR I 18 § 678. Damit das Lehnsverhältnis endgültig endet, ist daher ein Aperturfall, d.h. ein Fall der Erledigung des Lehns erforderlich. Dieser kann verschiedene Ursachen haben. Zunächst kommt die in ALR I 18 §§ 614–634 geregelte Felonie des Vasallen in Betracht. Eine Felonie erster Klasse zieht den Verlust des Lehens für den Vasallen und seine Nachkommen nach sich, eine Felonie zweiter Klasse nur den Verlust des Lehens für den Vasallen. Die Rechte der Agnaten und Mitbelehnten am Lehen bleiben durch einen Treuebruch des Vasallen unberührt, ALR I 18 § 618. Ob eine Felonie erster, zweiter oder dritter Klasse vorliegt, bestimmt sich gemäß ALR I 18 §§ 147 ff. nach der Schwere der vom Vasallen begangenen Verfehlung. Der Lehnsverlust tritt trotz der Formulierung „Durch die Felonie […] verwirkt der Vasall das Lehn" des ALR I 18 § 615 nicht ipso iure mit der begangenen Felonie ein.[396] Es ist gemäß ALR I 18 § 264 vielmehr erforderlich, dass der Lehnsherr den Treuebruch rügt, d.h. vor Gericht die Einziehung des Lehens beantragt[397], die Sache vor Gericht gehört wird, und das richterliche Urteil auf Verlust des Lehens erkennt. Der Verlust des Lehens tritt zum Nachteil der Leibeslehnserben des Vasallen nach ALR I 18 § 615 nicht ein, wenn der Vasall vor Erlass des gerichtlichen Urteils auf Einziehung des Lehens verstirbt. Die Rüge des Lehnsherrn ist binnen eines Jahres ab Kenntnis der Felonie zu erheben, andernfalls gilt diese als erlassen, ALR I 18 § 630. Gleiches ist anzunehmen, wenn der Kenntniszeitpunkt des Lehnsherrn unbekannt und ab dem Zeitpunkt des Treuebruchs fünf Jahre vergangen sind, ALR I 18 § 631. Die Rüge ist ausgeschlossen, wenn die Felonie ausdrücklich vom Lehnsherrn erlassen wurde, ALR I 18 § 629. Gleiches gilt, wenn der Lehnsherr vor Erhebung der

---

395 *Bornemann,* Systematische Darstellung des Preußischen Civilrechts, Bd. 4, S. 131.
396 *Johow* in: *Koch,* Kommentar zum ALR, Bd. 2, S. 689.
397 *Johow* in: *Koch,* Kommentar zum ALR, Bd. 2, S. 689.

gerichtlichen Rüge verstirbt, dann geht nach ALR I 18 § 626 die Rügemöglichkeit nicht auf die Rechtsnachfolger über, es sei denn der Tod des Lehnsherrn wurde durch Treuebruchshandlung verursacht, ALR I 18 § 628.

Eine weitere Ursache für die Lehnserledigung kann die einseitige Entsagung des Vasallen von seinem Recht auf das Lehen sein, ALR I 18 § 643. Dieser Verzicht führt allerdings nur dann zu einer dauerhaften Vereinigung von Ober- und Nutzungseigentum beim Lehnsherrn, wenn keine Lehnsfolger oder keine Dritten vorhanden sind, zu deren Gunsten der Vasall entsagen kann, ALR I 18 § 671. Andernfalls wirkt der Verzicht zugunsten der Lehnfolger oder des Dritten und führt dazu, dass diese an die Stelle des Vasallen in das Lehnsverhältnis einrücken. Bei einem Lehen, das seitens des Vasallen noch nicht durch die Investitur übernommen worden ist, kann nur der Verzicht zugunsten des Lehnsfolgers erfolgen, ALR I 18 § 644; ein Verzicht zugunsten eines Dritten ist in dieser Konstellation nicht möglich und würde zur vollständigen Unwirksamkeit der Entsagung führen[398]. Bei bereits übernommenen Lehen ist die Entsagung zugunsten eines Dritten möglich. Ihre Wirksamkeit ist nach den Vorschriften über die Veräußerung von Lehen gemäß ALR I 18 §§ 302 zu beurteilen, ALR I 18 § 645. Der Verzicht des Lehnsnehmers begründet jedoch keinen Rechtsverlust für künftige Anfälle, es sei denn dieser bezieht sich ausdrücklich darauf.

Als weitere Gründe für die Konsolidation kommt die Akquistivverjährung, d.h. der Erwerb des Lehns durch den Lehnsherrn mittels Ersitzung nach den allgemeinen Vorschriften über die Verjährung von Besitz gemäß ALR I 9 §§ 579 ff. sowie der Tod des Vasallen und sämtlicher seiner Lehnsnachfolger, ALR I 18 § 670, in Betracht.

Appropriation bedeutet, dass der Vasall das Lehen als freies Eigentum erwirbt. Der Grund für diesen Erwerb kann entweder eine Entsagung des Lehnsherrn, die Ersitzung, soweit das Recht des Lehnsherrn nicht aus dem Hypothekenbuch hervorgeht (ALR I 18 § 659), oder eine vom Lehnsherrn begangene Felonie sein. Ebenso wie der Lehnsnehmer ist der Lehnsherr berechtigt, auf seine lehnsherrlichen Rechte einseitig zu verzichten, ALR I 18 § 651. Voraussetzung für die Appropriation ist es jedoch, dass der Lehnsherr die Lehnsherrlichkeit als freies Eigentum besaß und keine Mitbelehnten oder zur Succession berechtigten Verwandten existieren, ALR I 18 § 652, denn die Rechte der Mitbelehnten und Agnaten bleiben durch den Verzicht des Lehnsherrn gemäß ALR I 18 § 654 unberührt. Anwartschaften und Eventualbelehnung erlöschen allerdings durch

398 Gesetzesrevision, Motive des revidierten Lehnrechts, S. 144, abgedruckt in: *Schubert*, Gesetzrevision, Abt. II, Bd. VII, S. 801, 948.

die Entsagung, ALR I 18 § 655, erstere, da es sich um obligatorische Ansprüche handelt, letztere, weil sie unter der Bedingung erfolgt, dass das Lehen an den Lehnsherrn zurückfällt und diese Bedingung nach der Entsagung nicht mehr eintreten kann.[399] Die Felonie des Lehnsherrn führt nur dann zu einer Appropriation, wenn es sich bei der Lehnsherrlichkeit um freies Eigentum handelt. Andernfalls ruhen die landesherrlichen Rechte, bis der Lehnsnachfolger Obereigentum erlangt, ALR I 18 §§ 640, 641.

(3) Erlöschen von durch Verjährung erworbenen Rechte

Mit Beseitigung der zur Ausübung der Nutzungsrechte erforderlichen Anlagen oder durch Wegfall der landespolizeilichen Genehmigung im Sinne des ALR II 15 § 62 erlöschen die durch Verjährung erworbenen Nutzungsrechte nicht, da es sich hierbei um titulierte Rechte handelt, die nicht an den Bestand der dazugehörigen Anlagen gebunden, sondern von diesem unabhängig sind.[400]

Das Wasserbenutzungsrecht erlischt durch Verzicht seitens des Berechtigten. Dieser Verzicht kann sich neben einer ausdrücklichen Erklärung auch konkludent aus den konkreten Umständen ergeben. So genügt die Beseitigung der zur Ausübung des Nutzungsrechts erforderlichen Anlagen alleine nicht, einen konkludenten Verzicht anzunehmen. Wird jedoch jahrelang kein Versuch der Wiederaufnahme des Betriebes bzw. der Ausübung des Nutzungsrechts unternommen, so kann darin ein Verzicht zu sehen sein.[401]

hh. Fazit: Die Nutzungsrechte an öffentlichen Gewässern

Zusammenfassend ist festzuhalten, dass das Privileg und die Belehnung im ALR zum Zeitpunkt seines Erlasses die zentralen Wege des Staates waren, Gewässernutzungsrechte für öffentliche Gewässer an einzelne zu verleihen. Sie begründeten ein Sonderrechtsverhältnis zwischen dem daraus Berechtigten und dem Staat als Privilegienerteiler bzw. Lehnsherr. Auf dieses Sonderrechtsverhältnis gründete sich das Recht des Einzelnen zur Nutzung des öffentlichen Gewässers in dem verliehenen Umfang. Trotz der oben dargestellten allgemein für Privileg und Lehnsverhältnis geltenden Grundsätze hinsichtlich Rechtswirkung und inhaltlicher Ausgestaltung des verliehenen Rechts, bestimmten sich die Einzelheiten, wie Zweck und Ausübungsmodalitäten des Gewässernutzungsrechts,

---

399 *Johow* in: *Koch*, Kommentar zum ALR, Bd. 2, S. 692.

400 Vgl. *Sternberg*, Preußische Wasserbenutzungsrechte, S. 32.

401 OVG, ZAgR 6, 237, 240.

individuell nach dem Inhalt der jeweiligen Privilegien- bzw. die Belehnungsurkunde. Daran hatte sich der Berechtigte zu halten.[402]

Neben der ausdrücklichen Rechtsübertragung bestand unabhängig vom Willen des Staatsoberhaupts auch die Möglichkeit, im Wege der erwerbenden Verjährung ein Nutzungsrecht zu erhalten. Für dieses galt, dass die Rechtsausübung während der Ersitzungszeit im Einzelfall Inhalt und Umfang des ersessenen Rechts bestimmte. Das ersessene Recht konnte nicht weiterreichen und umfassender sein, als es während der Ersitzungszeit ausgeübt wurde.

Trotz der Tatsache, dass bei den Gestattungsinstrumenten Inhalt und Umfang einzelfallabhängig sind, kann man für die zentralen Wassernutzungsrechte der Triebkraftnutzung und der Bewässerung, im Grundsatz Folgendes festhalten: Die Verleihung des Rechts, eine Mühle an einem öffentlichen Fluss zu errichten bzw. eine bereits angelegte Mühle zu betreiben (ALR II 15 §§ 229, 230), beinhaltet das Recht, das vorhandene, zum Betrieb der Mühle erforderliche Wasser zu nutzen.[403] Diese Mühlengerechtigkeit umfasst ausschließlich die Nutzung der Triebkraft des Wassers. Der Berechtigte darf die Wasserkraft zum Betrieb seiner Mühle verwenden.[404] Er ist jedoch nicht berechtigt, andere verleihungspflichtige Nutzungen auszuüben, beispielsweise das Wasser zur Bewässerung seines Grundstücks abzuleiten.[405] Derjenige, der ein Wasserleitungsrecht zum Zwecke der Bewässerung landwirtschaftlich genutzter Grundstücke innehat, darf das Wasser auch nur für diesen Zweck ableiten und nicht, um damit z.B. einen Teich zu speisen oder das Vieh zu tränken.[406] Einen Anspruch auf den Zufluss einer bestimmten Wassermenge kennt das ALR nicht. Dieser ist weder ausdrücklich bestimmt, noch lässt er sich aus den vorhandenen Vorschriften mittelbar ableiten. Allerdings kann ein derartiger Anspruch individuell zwischen dem Berechtigtem und dem Staat vereinbart werden. Vor dem Hintergrund, dass der Staat bei zu geringem Wasserzufluss dafür Sorge tragen müsste,

402 *Hesse,* Jahrbücher für Dogmatik des heutigen römischen und deutschen Privatrechts, 7 (1865), 179, S. 277; *Heimbach,* Art. Wasserrecht, in: *Weiske (Hg.),* Rechtslexicon für Juristen, Bd. 14, S. 117.

403 ObTr., StrA 75, 250, 253.

404 *Schwab,* Beilagenheft zur AcP, 30 (1847), I, 99 f.; *Endemann,* Das ländliche Wasserrecht, S. 40.

405 *Hesse,* Jahrbücher für Dogmatik des heutigen römischen und deutschen Privatrechts, 7 (1865), 179, 277.

406 Für weitere Beispiele vgl. *Seiler,* Die Gewässerbenutzungen und ihre Rechtsgrundlagen, S. 194.

dass der Berechtigte mit ausreichend Wasser versorgt wird, erscheint es zweifelhaft, inwieweit eine derartige Vereinbarung tatsächlich geschlossen wurde.

Weiterhin ist festzuhalten, dass es die regale Verleihung als eine weitere, gesonderte Form der Rechtsübertragung nicht gegeben hat. Das ALR unterscheidet 1794 noch nicht zwischen Gesetzgebung und Verwaltung. Erst einhergehend mit der Entwicklung des Verwaltungsrechts im Verlauf des 19. Jahrhunderts entwickelt sich das Privileg mehr und mehr von einem außerhalb der Gesetze erlassenen Rechtsakt zu einem, der sich im Rahmen der Gesetze hält. Der Begriff „Privileg" erfährt damit im 19. Jahrhundert einen inhaltlichen Wandel, den eine Anerkennung der regalen Verleihung überdecken würde. In die bereits unübersichtliche nicht einheitliche Begriffswelt des 19. Jahrhunderts hinsichtlich der Möglichkeiten der Übertragung regaler Rechte würde ein weiterer treten, ohne dass inhaltlich etwas gewonnen wäre.

Auch zeigt sich, dass sich die Rechtsnatur der Erlaubnis gemäß ALR II 15 § 46 aus den Vorschriften des ALR heraus nicht eindeutig bestimmen lässt und damit sowohl eine Einordnung als polizeiliche Genehmigung als auch eine als Übertragung eines regalen Rechts möglich erscheint. Auch wenn gute Gründe dafür sprechen, dass die Redaktoren die Erlaubnis des ALR I 15 § 46 als landespolizeiliche Genehmigung verstanden wissen wollten, so hat sich die Praxis dafür entschieden, sie als eine Übertragung regaler Rechte aufzufassen, so dass auch für das Anlegen von Wasserleitungen und die Errichtung von Wasch- und Badehäusern eine Rechtsverleihung im Wege des Privilegs oder der Belehnung erforderlich war.

b) Die Nutzung von Privatgewässern

Das ALR enthält keine ausdrückliche Regelung darüber, wer Nutzungsbefugter für den Gebrauch von Privatflüssen ist und wie sich dieser Gebrauch gestalten soll. Die Regelung zur Nutzung von Privatgewässern war in I. Theil, Abth. 3 Tit. 2 § 37 des Entwurfes des ALR vorgesehen, wurde aber letztlich nicht ins ALR übernommen. § 37 des Entwurfes regelte ausdrücklich: „Die Nutzungen unschiffbarer Flüsse kommen der Regel nach dem Eigenthümer der Grundstücke zu, durch welche dieselben ihren Lauf nehmen."[407] Danach oblag die Nutzung von Privatflüssen den angrenzenden Grundstücks- und damit den Flusseigentümern. Die Aufnahme ins ALR scheiterte an der Ungenauigkeit der Redaktoren.[408] Der Großkanzler v. Cramer hatte den Paragraphen bei einer Überarbeitung des Titels

407 Zitiert nach ObTr., StrA 81, 73, 78.
408 ObTr. StrA 81, 73, 78.

gestrichen, worauf Svarez aufmerksam machte.[409] Die Redaktoren beschlossen dennoch die Streichung des Paragraphen an dieser Stelle, weil er zu einem der speziellen Titel gehörte.[410] Bei Bearbeitung dieses speziellen Titels wurde die Vorschrift jedoch vergessen, so dass sie letztlich nicht in Kraft trat. Dies zeigt, dass es keine bewusste Entscheidung war, keine ausdrückliche Regelung für die Nutzungsverhältnisse an Privatgewässern zu schaffen, sondern das Fehlen einer Regelung vielmehr auf der Nachlässigkeit der Redaktoren beruhte.

Auch wenn diese Norm keinen Eingang in das ALR gefunden hat, so bildet ihr Regelungsgehalt dennoch die Grundlage für die Rechtsverhältnisse an Privatgewässern.

aa. Eigentum an Privatgewässern

Im Gemeinen Recht wurde vielfach das Problem erörtert, ob Gewässer überhaupt eigentumsfähig sind. Während dies für geschlossene Gewässer anerkannt war,[411] war die Frage für offene, d.h. fließende Gewässer in der Literatur[412] sehr umstritten. Bedenken hinsichtlich der Eigentumsfähigkeit ergaben sich bei Privatgewässern vor allem aufgrund der tatsächlichen Beschaffenheit der Gewässer, nämlich aus der mangelnden Beherrschbarkeit der fließenden Welle.[413] Für geschlossene Gewässer legte ALR I 9 § 176 fest, dass diese, falls sie vollständig

409 Gesetzesrevision – XII., Motive zu dem vom Revisor vorgelegten Entwurfe der Tit. 10. Tit.13. Tit. 14. Tit. 15. Tit. 16. Abschn. 1–13. Tit. 17. Abschn. 2. und Tit. 19 des zweiten Theils des Allgemeinen Landrechts, S. 204, abgedruckt in: *Schubert,* Gesetzrevision, Bd. II, 1. Hb., S. 85, 292.

410 Materialien Bd. XIX fol. 74, zitiert nach Gesetzesrevision – Pensum XII., Motive zu dem vom Revisor vorgelegten Entwurfe der Tit. 10. Tit. 13. Tit. 14. Tit. 15. Tit. 16. Abschn. 1–13. Tit. 17. Abschn. 2. und Tit. 19 des zweiten Theils des Allgemeinen Landrechts, S. 204, abgedruckt in: *Schubert,* Gesetzrevision, Bd. II, 1. Hb., S. 85, 292.

411 *Frank,* Wasserrecht und Wasserpolizei, S. 68 f.

412 Gegen die Eigentumsfähigkeit: *Schenck,* Zur Wasserrechtsfrage, S. 7 f.; *Kori,* Archiv für die civilistische Praxis, 18 (1835), 37, 51; *Elvers,* Themis – Zeitschrift für Doctrin und Praxis des Römischen Rechts, N.F. Bd. 1, 413, 424; *Müri,* Das Recht an der Wasserquelle, S. 64 f. Für die Eigentumsfähigkeit: *Funke,* Archiv für die civilistische Praxis, 12 (1839), 432, 434; a.A.: *Evelt,* Neues Archiv für preußisches Recht und Verfahren, sowie für deutsches Privatrecht, 12 (1847), 155, 157 und *Mittermeier,* Grundsätze des gemeinen deutschen Privatrechts, Bd. 1, S. 583, die vertreten, dass das vorbeifließende Wasser als Zubehör zum Grundstück anzusehen ist; a.A.: *Bluntschli,* Deutsches Privatrecht, Bd. 1, S. 375 f., der von einer Art beschränktem Eigentum aufgrund der fehlenden Beherrschbarkeit des fließenden Wassers ausgeht.

413 *Schenck,* Zur Wasserrechtsfrage, S. 7.

auf einem Grundstück lagen, Eigentum des Grundstückseigentümers waren. Erstreckte sich das geschlossene Gewässer, insbesondere ein Landsee, über zwei oder mehr Grundstücke, so fiel es zur Hälfte bzw. anteilig in das Eigentum der jeweiligen Grundstückseigentümer.[414] Entsprechend der Regelung für Flüsse nach ALR I 9 § 265 galt auch für einen Landsee, dass dieser den Ufereigentümern nach Ausdehnung ihres Eigentums als Adjacenz zu ihrem Ufergrundstück gehörte.[415]

Hinsichtlich der fließenden Gewässer vermochte auch die Einführung des ALR den Streit über die Fragen der Eigentumsfähigkeit und des Eigentums nicht aufzulösen,[416] da es an der gesetzlichen Normierung des Eigentums von Privatflüssen fehlte und damit keine eindeutige Entscheidung zugunsten oder zuungunsten der Eigentumsfähigkeit getroffen wurde. Das preußische Obertribunal[417] sprach sich ebenso wie das Reichsgericht[418] und einige Vertreter der Literatur[419] dafür aus, dass den Uferbesitzern das Eigentum am Privatfluss nach Ausdehnung ihres Grundstücks zustand. Dass das ALR trotz fehlender ausdrücklicher Normierung von der Eigentumsfähigkeit ausgehe, ergebe sich aus ALR II 15 §§ 39 ff.,[420] da diese Vorschriften im Zusammenhang mit der Schiffbarmachung eines Privatflusses vom „bisherigen Eigentümer" bzw. in ALR II 15 § 41 ausdrücklich von der Aufrechterhaltung der Eigentumsrechte sprechen. Die Rechtsprechung sah dieses Eigentum als Ausfluss des Eigentums an den Ufergrundstücken an.[421] Zudem seien die im ALR enthaltenen Regelungen über Anschwemmungen, Inseln und verlassene Flussbetten heranzuziehen. Da in allen drei Fällen dem Ufereigentümer der entstehende Boden zuwachse, seien diese als Zubehör zum Ufergrundstück zu betrachten.[422] Daraus sei zu folgern,

414 ObTr. 52, 38, 41.

415 ObTr. 52, 38, 41 f.

416 Hinsichtlich der Einzelheiten des Streits vgl. die zusammenfassende Darstellung bei RG, Gruchot 27, 148, 149 ff.

417 ObTr. 15, 361, 363; 52, 38, 40; 64, 34, 39. Abweichend entscheidet das Obertribunal im Urteil vom 16.12.1853 (ObTr. 27, 46 48 f.), indem es den Ufereigentümern nur beschränktes Eigentum am Fluss zugesteht, welches nicht nach den allgemeinen Vorschriften über das Eigentum zu beurteilen, sondern an den besonderen Verhältnissen zu messen sei.

418 RGZ 16, 178, 179; RG, Gruchot 27, 148, 152; 29, 873, 874 f.

419 *Scheele,* Das preußische Wasserrecht, S. 26, *Dernburg,* Lehrbuch des preußischen Privatrechts Bd. 1, S. 587.

420 *Scheele,* Das preußische Wasserrecht, S. 26.

421 RG, Gruchot 29, 873, 874 f.

422 ObTr. 15, 361, 365.

dass den Flussanliegern das Eigentum an diesem zukomme. Stießen die Flussufer an zwei verschiedene Grundstücke, so gehöre den jeweiligen Grundstückseigentümern der Privatfluss bis zur Flussmitte.[423] Auch die Revisoren des ALR waren der Ansicht, dass im ALR diese Frage zugunsten der Eigentumsfähigkeit von Privatflüssen entschieden wurde.[424] Dies werde insbesondere an der Vorschrift des ALR I 9 § 233 deutlich, welche ein Eigentumsrecht der Uferbesitzer voraussetze.[425]

Auch *Boele* erkennt die Eigentumsfähigkeit von Privatflüssen an, vertritt aber die Ansicht, dass der Fluss als Ganzes im Miteigentum aller Flussanlieger stehe und daher alle ein Mitbenutzungsrecht am Wasserlauf hätten.[426] Er begründet seine Auffassung damit, dass die Besitzergreifung von Inseln zum Erwerb des Eigentums daran sonst keinen Sinn machen würde, weil die Insel automatisch im Eigentum des Flusseigentümers stehen müsste, wenn dieser am Flussabschnitt Alleineigentum hätte.[427]

Einige Vertreter der Literatur lehnen die Eigentumsfähigkeit von Wasserläufen generell ab, da die fließende Welle nicht eigentumsfähig sei, bejahen aber ein Wassernutzungsrecht der Uferbesitzer.[428] Die rechtliche Konstruktion, dem Uferbesitzer die Nutzung des vorbeifließenden Wassers zu ermöglichen, ist dabei uneinheitlich. Während sich nach *Nieberding*[429] und *Lette/Rönne*[430] die Nutzungsbefugnis hinsichtlich des Wassers aus dem Uferbesitz ergibt, leitet *Förster*[431] das Nutzungsrecht aus dem Eigentum der Uferbesitzer am Flussbett ab.

---

423 ObTr., StrA. 81, 73, 79.

424 Gesetzesrevision – Pensum XII., Motive zu dem vom Revisor vorgelegten Entwurfe der Tit. 10. Tit. 13. Tit. 14. Tit. 15. Tit. 16. Abschn. 1–13. Tit. 17. Abschn. 2. und Tit. 19 des zweiten Theils des Allgemeinen Landrechts, S. 204, abgedruckt in: *Schubert*, Gesetzrevision, Bd. II, 1. Hb., S. 85, 292.

425 Gesetzesrevision – Pensum XII., Motive zu dem vom Revisor vorgelegten Entwurfe der Tit. 10. Tit. 13. Tit. 14. Tit. 15. Tit. 16. Abschn. 1–13. Tit. 17. Abschn. 2. und Tit. 19 des zweiten Theils des Allgemeinen Landrechts, S. 204, abgedruckt in: *Schubert*, Gesetzrevision, Bd. II, 1. Hb., S. 85, 292.

426 *Boele*, Neues Archiv für preußisches Recht und Verfahren, sowie für deutsches Privatrecht, 2 (1836), 627, 643 f.

427 *Boele*, Neues Archiv für preußisches Recht und Verfahren, sowie für deutsches Privatrecht, 2 (1836), 627, 644.

428 *Frank*, Wasserrecht und Wasserpolizei, S. 56 f., 67, 245, *Förster*, Theorie und Praxis, Bd. 3, S. 140; *Lette*, Die Landeskulturgesetzgebung des Preußischen Staates, Bd. II, 2, S. 630, Anm. *.

429 *Frank*, Wasserrecht und Wasserpolizei, S. 248 f.

430 *Lette*, Die Landeskulturgesetzgebung des Preußischen Staates, Bd. II, 2, S. 630, Anm. *.

431 *Förster*, Theorie und Praxis, Bd. 3, S. 140 f.

Erkennt man an, dass die Privatflüsse im Eigentum der Uferanlieger stehen, wirft dies das Problem auf, worauf sich das Eigentum bezieht. Es könnte das Gewässer insgesamt und alle seine Bestandteile oder auch nur einen Teil der Bestandteile umfassen. Ein Gewässer besteht aus der Einheit Gewässerbett, dem darin fließenden oder stehenden Wasser und den das fließende oder stehende Wasser begrenzenden Ufern. Unter Gewässerbett ist dabei der von den Ufern begrenzte Raum, durch den das Wasser fließt bzw. in dem es steht, zu verstehen,[432] also letztlich der Grund und Boden des Flusses, Sees, etc. Während für öffentliche Gewässer das ALR z.B. eine Einzelregelung für die Ufer in ALR II 15 § 55 vorsieht, sind für Privatgewässer keine gesonderten Vorschriften hinsichtlich der einzelnen Gewässerbestandteile enthalten. Das Eigentum daran richtet sich, soweit man es anerkennt, folglich nach dem des Privatgewässers in seiner Gesamtheit, mit anderen Worten, wer Eigentümer des Privatflusses ist, der ist auch Eigentümer des Flussbettes, der Ufer und des fließenden Wassers.

Dieses Eigentum kann auch dem Staat zustehen, soweit er Eigentümer des das Gewässer umschließenden bzw. des angrenzenden Ufergrundstücks ist. Das Privatgewässer steht dann als Domäne oder Kammergut im besonderen Eigentum des Staates.[433] Der Privatfluss wird nicht dadurch öffentlich, da dies die Schiffbarkeit des Flusses voraussetzt. An diesem Kriterium fehlt es bei Privatflüssen aber gerade.

Auch wenn das Problem der Eigentumsfähigkeit von Privatflüssen somit letztlich ungelöst blieb, zeigt sich doch, dass die Ansichten zumindest in der Frage, wem die Nutzung des Privatflusses zukommen sollte, übereinstimmten. So war man sich darin einig, dass dem Uferbesitzer entlang der Ausdehnung seines Uferbesitzes das Nutzungsrecht an dem in diesem Abschnitt vorbeifließende Wasser zustand. Nur in der rechtlichen Begründung dieses Nutzungsrechts unterschieden sich die Auffassungen. Das Recht stellte sich somit je nach Ansicht entweder als Ausfluss des Eigentums am Fluss oder als Annex zum bestehenden Uferbesitz dar. In beiden Fällen war damit der Uferbesitzer der Berechtigte.

bb. Ausübung des Nutzungsrechts

Grundsätzlich stand dem Uferbesitzer die Nutzung des Gewässers frei. Bei geschlossenen Gewässern, die unter ALR I 9 § 176 fielen, konnte der Eigentümer sie uneingeschränkt gebrauchen.[434] Von dieser Vorschrift wurden auch Quellen

---

432 ObTr., StrA 51, 157.

433 ObTr., StrA. 81, 73, 79.

434 *Boele*, Neues Archiv für preußisches Recht und Verfahren, sowie für deutsches Privatrecht, 2 (1836), 627, 636.

erfasst, deren Wasser nicht in einem abgegrenzten Flussbett über benachbarte Grundstücke, sondern wild oder gar nicht abfloss.[435] Bei Flüssen und nicht geschlossenen Gewässern, die anteilig mehreren gehörten, hatte sich der einzelne Anlieger an seinem eigenen Bedürfnis am Wasser zu orientieren. Er durfte das Wasser nicht in der Absicht ver- und gebrauchen, um seinen Nachbarn zu schädigen.[436] Dies ergab sich bereits aus den allgemeinen Vorschriften zum Eigentum nach ALR I 8 §§ 27, 28, wonach niemand sein Eigentum zur Kränkung oder Schädigung anderer missbrauchen durfte. Im Rahmen dieses Bedürfnisses konnte er das Wasser beliebig nutzen, soweit nicht gesetzliche Einschränkungen hinsichtlich des Gebrauchs bestanden.

(1) ALR I 8 § 99

ALR I 8 § 99 normiert für Privatflüsse, d.h. natürliche Wasserläufe,[437] die allgemeine Grenze der Nutzungsausübung. Danach wird die Hemmung des Wasserablaufs zum Nachteil der Nachbarn und Uferbesitzer verboten. Dies gilt auch für den Betrieb von Mühlen und Triebwerken, denen ein Hemmen von Wasser immanent ist, da ALR I 8 § 99 keine Unterscheidung zwischen denjenigen, die zur Hemmung berechtigt sind, und jenen, die es nicht sind, trifft.[438] Aus dem Wortlaut der Norm ergibt sich, dass allein Nachteile und Beeinträchtigungen, die den Nachbarn und Uferanliegern durch eine Ablaufhemmung entstehen können, verhindert werden sollen.[439] Sinn und Zweck ist es, damit zum einen eine durch das Aufstauen begünstigte Überschwemmung von Grund und Boden sowie zum anderen eine Verlegung des Flusslaufs durch Verdrängung des Wassers aus seinem eigentlichen Bett zu unterbinden.[440] Die Vorschrift ist damit

435 ObTr., StrA 4, 211, 214.

436 *Evelt,* Neues Archiv für preußisches Recht und Verfahren, sowie für deutsches Privatrecht, 12 (1847), 155, 159 f.; *Boele,* Neues Archiv für preußisches Recht und Verfahren, sowie für deutsches Privatrecht, 2 (1836), 627, 648.

437 *Heydemann,* Einleitung in das System des preußischen Civilrechts, Bd. 1, S. 418; a.A.: ObTr., StrA 49, 56, 58, welches auch künstliche Flüsse, wie z.B. Abzugsgräben erfasst, da unter Privatfluss jeder private Wasserlauf fällt, der zwischen zwei festen Ufern fließt.

438 ObTr., StrA 82, 49, 58.

439 *Scheele,* Das preußische Wasserrecht, S. 27.

440 Entscheidung des ObTr. abgedruckt bei *Evelt,* Neues Archiv für preußisches Recht und Verfahren, sowie für deutsches Privatrecht, 12 (1847), 155, 163 ff., 168; ObTr., StrA 58, 222, 225.

sowohl privatrechtlicher als auch polizeilicher Natur.[441] Ihr Verbot beinhaltet nicht das Gebot, auf den Unterlieger in der Weise Rücksicht zu nehmen, dass diesem ein ausreichender Wasserzufluss zukommt, da es nicht Ziel der Vorschrift ist, dem Unterlieger seinen aus dem Zufluss entstehenden Vorteil zu sichern.[442] Daher kann man mit *Scheele*[443] ALR I 8 § 99 als Vorschrift zur Regelung der Vorfluth ansehen. Entsprechend der ratio legis der Vorschrift meint „Hemmung" im Sinne von ALR I 8 § 99 nach Ansicht des preußischen Obertribunals nicht das nur vorübergehende bzw. teilweise Aufhalten des Gewässers, sondern das dauerhafte und vollständige Stauen.[444] Begründet wird dies damit, dass andernfalls niemand – abgesehen vom letzten Flussanlieger – das Wasser zeitweise stauen könnte, sobald einem Unterlieger ein Nachteil entstehen würde.[445] Dies würde die im Gemeinen Recht bestehende Ansicht, dass der Flusseigentümer den über sein Grundstück fließenden Fluss unbeschränkt gebrauchen und ohne Rücksicht auf die Unterlieger über das Wasser disponieren könne,[446] in ihr Gegenteil verkehren.[447] Einen derartigen Bruch mit den Gemeinen Recht sei im ALR nicht beabsichtigt gewesen.[448] Es gelte daher der Grundsatz, dass „in der Regel niemand verpflichtet sei, etwas zu leisten, was ihm selbst keinen Nutzen gewährt, sondern nur einem anderen zum Vorteil gereicht"[449]. Folglich könne der Oberlieger eine Schleuse zur Bewässerung seines Grundstücks anlegen und verwenden, auch wenn durch zeitweises Schließen der Schleuse und dem damit verbundenen Auffangen des Wassers dem Unterlieger dieses zeitweise entzogen werde.[450] Ein Verstoß gegen ALR I 8 § 99 liege nur vor, wenn der Wasserlauf

441 ObTr., StrA 100, 78, 80, weshalb bei einem Verstoß gegen diese Vorschrift der ordentliche Rechtsweg zulässig ist.

442 *Scheele,* Das preußische Wasserrecht, S. 27; *Heydemann,* Einleitung in das System des preußischen Civilrechts, Bd. 1, S. 418; ObTr., StrA 58, 222, 225.

443 *Scheele,* Das preußische Wasserrecht, S. 29.

444 ObTr., Neues Archiv für preußisches Recht 8 (1843), 282, 300; ObTr., Präjudiz Nr. 1092, Pr.-S. I, 25.

445 ObTr., Neues Archiv für preußisches Recht 8 (1843), 282, 302.

446 So z.B. *Elvers,* Themis – Zeitschrift für Doctrin und Praxis des Römischen Rechts, N.F. Bd. 1 (1841), 413, 424 f. Über die unterschiedlichen Ansichten des Gemeinen Rechts zum Verhältnis der Nutzungsrechte an Privatflüssen siehe die Übersicht bei *Scheele,* Das preußische Wasserrecht, S. 20 ff.

447 ObTr, Neues Archiv für preußisches Recht 8 (1843), 282, 302.

448 ObTr, Neues Archiv für preußisches Recht 8 (1843), 282, 302.

449 ObTr. 10, 245, 252.

450 *Evelt,* Neues Archiv für preußisches Recht und Verfahren, sowie für deutsches Privatrecht, 12 (1847), 155, 165 ff.

durch ein stetiges Schließen der Schleuse dauerhaft gehemmt sei und so dem Nachbarn ein Nachteil entstünde. Entsteht durch die Hemmung dem Nachbarn kein Nachteil, so liegt kein Verstoß gegen ALR I 8 § 99 vor.[451] Dies ergibt sich aus dem Wortlaut „zum Nachteil" und der ratio der Vorschrift, da nicht jedem Flussanlieger, d.h. insbesondere nicht derjenige, dessen Grundstück soweit von der Anlage entfernt ist, dass es bereits an der tatsächlichen Möglichkeit einer Einwirkung fehlt, ein Widerspruchsrecht zukommen soll, sondern nur demjenigen, der durch die Anlage in Form eines Nachteils betroffen ist.[452] Die Norm schützt nicht vor generellen Einwirkungen auf den Wasserlauf, sondern nur vor der nachteiligen Hemmung desselben.

Wenn das Wasser eines Privatflusses nicht für alle Anlieger ausreicht, um z.B. zeitgleich ihr Grundstück bewässern zu können, dann trifft das ALR damit gerade keine Entscheidung, welchem Anlieger der Vorzug zu geben ist. Folglich entscheiden die rein tatsächlichen Gegebenheiten, d.h. welcher Anlieger höher am Flusslauf liegt und damit eher Zugriff auf das Wasser hat, wer das Wasser nutzen kann und wer nicht.[453] Ein allgemeines Rücksichtnahmegebot in der Weise, dass die Rechte der übrigen Flussanlieger zu berücksichtigen sind, ist ALR I 8 § 99 nach alledem nicht zu entnehmen. Die entsprechende Ansicht *Boeles*, dass allen Flussanliegern ein Mitbenutzungsrecht am Fluss zukommt und daher jeder sein Nutzungsrecht mit Rücksicht auf die anderen Nutzungsrechte ausüben muss,[454] ist somit abzulehnen. Diese gemeinsamen Nutzungsrechte setzen nämlich zudem das von *Boele* angenommene Miteigentum am Flusslauf voraus, das – wie gezeigt – den Regelungen des ALR gerade nicht zugrunde liegt. Der einzelne Flusseigentümer kann mithin beliebig von seinem Nutzungsrecht Gebrauch machen, solange er nicht dauerhaft zum Nachteil der Nachbarn den Abfluss hemmt. ALR I 8 § 99 stellt damit lediglich die Ableitung des Bachwassers nicht in das Belieben des Eigentümers, sondern unterwirft es der gesetzlichen Schranke. Insofern ist es auch konsequent, wenn das ObTr. diesbezüglich von einem Regulierungsbedarf hinsichtlich der Nutzungsrechte spricht.[455] Dies

451 ObTr., StrA 49, 56, 58.

452 ObTr., StrA 49, 56, 58 f.

453 *Evelt*, Neues Archiv für preußisches Recht und Verfahren, sowie für deutsches Privatrecht, 12 (1847), 155, 170.

454 *Boele*, Neues Archiv für preußisches Recht und Verfahren, sowie für deutsches Privatrecht, 2 (1836), 627, 639 f.

455 Entscheidung des Obertribunals abgedruckt bei *Evelt*, Neues Archiv für preußisches Recht und Verfahren, sowie für deutsches Privatrecht, 12 (1847), 155, 163 ff., 171 f.

ist entgegen *Scheele*[456] nicht als eine irrige Interpretation der Vorschrift anzusehen.

Aufgrund seines umfassenden Nutzungsrechts ist der Flusseigentümer, soweit er nicht gegen ALR I 8 § 99 verstößt, dem Nachbarn nicht zum Schadensersatz verpflichtet, auch wenn diesem durch die Nutzungsausübung des Eigentümers ein Schaden entsteht, ALR Einl. § 94. Eine Ausnahme besteht nur dann, wenn der Nachbar gegen den Nutzenden ein entsprechendes Untersagungsrecht – beispielsweise durch Verjährung – erworben hat, dass dieser z.B. eine gewisse Nutzung (wie das Stauen des Wassers zu Bewässerungszwecken) zu bestimmten Jahreszeiten oder insgesamt nicht ausüben darf.

Dies alles zeigt, dass ALR I 8 § 99 entgegen der Ansicht von *Repgen*[457] und anderen Vertretern der Literatur[458] gerade keine klare Regelung hinsichtlich der Ansprüche des Müllers Arnold gewesen wäre, wenn es zur Zeit des Rechtsstreits bereits gegolten hätte. ALR I 8 § 99 gibt kein Recht darauf, dass der Oberlieger den Zufluss von Wasser zum Unterlieger nicht verhindern darf, sondern die Norm schützt lediglich vor Schädigungen, die durch eine Ablaufhemmung entstehen können. Aus dieser Vorschrift hätte der Müller somit keine Rechte herleiten können. Die für ihn maßgebliche Vorschrift wäre vielmehr ALR II 15 § 246 gewesen,[459] wonach einer Mühle das für ihren Betrieb notwendige Wasser nicht entzogen werden durfte. Diese Vorschrift galt auch für Mühlen an Privatflüssen und ist im Vergleich zu ALR I 8 § 99 auch die speziellere Norm. Der Müller Arnold hätte damit der Ableitung des Wassers aus dem Krebsbach für die Karpfenteiche des Grafen von Schmettau erfolgreich widersprechen können, da dem Grafen ein Verstoß gegen das Verbot des ALR II 15 § 246 vorzuwerfen gewesen wäre.

(2) ALR I 8 § 100

Für künstliche Wasserläufe, wie Gräben und Kanäle legt ALR I 8 § 100 die allgemeine Grenze der Nutzungsausübung fest. Diese Vorschrift normiert eine Unterhaltungspflicht des Eigentümers für über sein Eigentum fließende künstliche Wasserläufe, so dass diese sich weiterhin zum Abfluss von Wasser eignen[460].

---

456 *Scheele,* Das preußische Wasserrecht, S. 32 Fn. *).

457 *Repgen,* Der Müller Arnold Prozess, in: *Falk/Luminati/Schmoeckel (Hg.),* Fälle aus der Rechtsgeschichte, S. 249 f.

458 *Dießelhorst,* Die Prozesse des Müllers Arnold, S. 68 Rn. 4; *Sendler,* JuS, 1986, 759, 762 nennt sowohl ALR I 8 § 99 als auch zutreffend ALR II 15 § 246 als die Normen, die im Müller-Arnold-Prozess einschlägig gewesen wären.

459 Dies erkennt auch *Stammler,* Deutsches Rechtsleben, Bd. 1, S. 424.

460 ObTr. 43, 69, 72; ObTr., StrA 97, 152, 155 f.

Auch wenn es sich um eine polizeiliche Vorschrift handelt, dient sie sowohl dem Interesse des Eigentümers als auch dem Interesse der Nachbarn und anderer Uferanlieger und ist damit auch privatrechtlicher Natur[461]. Diese Einordnung als auch „dem Interesse der Nachbarn dienend", ergibt sich aus der Zusammenschau mit § 10 des Vorfluthsedikts von 1811,[462] welcher ausdrücklich davon spricht, dass ein Ufereigentümer zur Räumung angehalten werden kann, wenn ein „Nachtheil für die Besitzer anderer Grundstücke oder nutzbarer Anlagen" besteht. Demgemäß ist der Eigentümer zur Erhaltung der bestehenden Gräben und Kanäle verpflichtet, der Nachbar erhält dadurch aber kein Recht, die Wiederherstellung alter Wassergräben, die nicht mehr verwendet werden, zu verlangen.[463] Eine entsprechende Verbindlichkeit des Eigentümers und damit ein Anspruch des Nachbarn auf eine bestimmte Wasserableitung lässt sich aus ALR I 8 § 100 nicht herleiten. Etwas anderes gilt nur dann, wenn der Nachbar einen besonderen Rechtstitel auf Wasserabzug durch die alten Gräben inne hat.[464] Die Unterhaltungspflicht umfasst dabei, die Beseitigung aller im Wasserlauf befindlichen Hindernisse, die den Abfluss des Wassers und damit die Vorfluth hindern.[465] Darunter fällt auch die Erhaltung der Ufer in der Weise, dass dadurch ein Abbruch des Ufers sowie Anlandungen oder Verstrauchungen verhindert werden. Zu sonstigen Uferbauten[466] oder zu einer künstlichen Wiederherstellung des durch „ein ungewöhnliches Ereignis" weggerissenen Ufers[467] ist der Eigentümer nicht verpflichtet.

Unter diese Regelung fallen nach dem Plenarbeschluss des preußischen Obertribunals vom 09.04.1844[468] keine Privatflüsse, d.h. den Eigentümer eines Privatflusses trifft keine dahingehende Unterhaltungspflicht, dass er z.B. durch Reinigung des Flusslaufs für einen Abfluss des Wassers zu sorgen hat. Mit dieser Entscheidung gab das preußische Obertribunal die vorher seitens des II. Senats bestehende Rechtsprechung, dass ALR I 8 § 100 auch für Privatflüsse gelte,

461 ObTr., StrA 100, 78, 80.

462 ObTr., StrA 44, 78.

463 ObTr. 43, 69, 72 f.

464 ObTr. 43, 69, 73.

465 Entscheidung des OVG vom 10.02.1887, zitiert nach *Frank*, Gesetze, betreffend Wasserrecht und Wasserpolizei, II. Abschnitt, Nr. 33, S. 5.

466 Entscheidung des OVG vom 10.02.1887, zitiert nach *Frank*, Gesetze, betreffend Wasserrecht und Wasserpolizei, II. Abschnitt, Nr. 33, S. 5.

467 Entscheidung des RG vom 18.06.1852, zitiert nach *Frank*, Gesetze, betreffend Wasserrecht und Wasserpolizei, II. Abschnitt, Nr. 32, S. 5.

468 ObTr. 10, 245, 246; ObTr., JMBl. 1844, 199; ObTr., Präjudiz Nr. 1425, Pr.-S. I, 25.

endgültig[469] auf. Die ursprüngliche Argumentation ging dahin, dass die § 99 und § 100 durch das Wort „vielmehr“ verbunden seien und damit ALR I 8 § 100 eine Verschärfung der in der vorstehenden Norm enthaltenen Verpflichtung begründe und dass darüber hinaus das Wort „Kanal“ nicht zwingend auf einen künstlichen Wasserlauf schließen lasse, weil das ALR den Begriff uneinheitlich zum Teil auch in der Bedeutung Flussbett oder Wasserlauf verwende, so dass auch natürliche Flussbetten von § 100 erfasst seien.[470] Dem hielt der Plenarbeschluss entgegen, bei den beiden Paragraphen handle es sich um zwei getrennte Vorschriften, von denen eine in Ansehung der Privatflüsse und die andere in Ansehung der künstlichen Wasserläufe erlassen worden sei.[471] Hätte die Regelung des ALR I 8 § 100 auch für die Privatflüsse gelten sollen, wäre der Regelungsgehalt beider Vorschriften in einer Norm zusammengefasst worden.[472] Auch wenn es zutreffend sei, dass das ALR das Wort „Kanal“ nicht einheitlich, sondern z.B. in ALR I 9 § 271 oder ALR II 15 §§ 69 ff. im Sinne von Wasserlauf/Flussbett verwende, so müsse doch nach ALR Einl. § 46 den Begriffen die übliche, gewöhnliche Bedeutung, also im Sinne eines künstlichen Wasserlaufs, zugrunde gelegt werden, denn einzelne Abweichungen würden nicht dazu berechtigen, das Wort stets anders auszulegen.[473] Als weitere Begründung zog das Obertribunal den Vergleich zum Gemeinen Recht. Dass auch dort den Eigentümern von künstlichen Wasserläufen die Unterhaltungspflicht dafür auferlegt worden war, während sie für Eigentümer von Privatflüssen gerade nicht galt, wird aus den im Urteil zitierten Digestenstellen D 39, 3, 2, 4 und 6 deutlich und entsprach der Ansicht der zeitgenössischen Literatur[474]. Angesichts der Aufteilung in zwei Paragraphen und der Differenzierung zwischen Privatfluss und Kanal bzw. Graben erscheint es wahrscheinlich, dass das ALR in diesen Vorschriften die Regelungen des Gemeinen Rechts übernehmen wollte. Auch die Gesetzesrevisoren gingen in ihren Motiven zu dem von der Deputation vorgelegten Entwurf des 8. Titels des I. Teils des ALR davon aus, dass „in den §§ 99 und 100 des Titels

---

469 Die späteren Entscheidungen des Obertribunals, so z.B. ObTr., StrA 30, 55, 58 f.; StrA 22, 272, 273 legen den Plenarbeschluss von 1844 zugrunde.

470 Entscheidung des preuß. ObTr. vom 22.04.1842 in Auszügen abgedruckt in: ObTr. 10, 245, 246 ff.

471 ObTr. 10, 245, 250.

472 ObTr. 10, 245, 250.

473 ObTr. 10, 245, 251.

474 *Elvers,* Themis – Zeitschrift für Doctrin und Praxis des Römischen Rechts, N.F. Bd. 1 (1841), 413, 536 f.; *Kori,* Archiv für die civilistische Praxis, 18 (1835), 37, 52.

die natürlichen und die künstlichen Wasserwege einander gegenüber gestellt"[475] worden sind. Sie sahen es nicht als Notwendigkeit an, dem Eigentümer eines Privatflusses eine Räumungspflicht für den Flusslauf aufzuerlegen,[476] weshalb sie in ihrem Entwurf die Formulierung der Vorschriften unangetastet ließen.[477]

Auch wenn den Flusseigentümer damit keine Verpflichtung zum Tätigwerden und damit zur Erhaltung und Räumung des Privatflusses trifft, so obliegt ihm aber die dahingehende Duldungspflicht, dass er seinem Nachbarn auf dessen Kosten gestattet, auf seinem Grundstück den Fluss zu reinigen, wenn dies dem Nachbarn einen Vorteil bringt.[478]

(3) Weitere Grenzen der Nutzungsausübung an Privatgewässern

Weitere Grenzen der Nutzungsausübung sind für die jeweils speziellen Nutzungsformen vorgesehen, so z.B. für den Mühlenbetrieb in ALR II 15 §§ 233 ff. oder für die Fischerei in ALR I 9 § 186, die nicht Gegenstand der vorliegenden Betrachtung sein soll. ALR II 15 § 233 gestattet es dem Uferanlieger, an einem Privatflusses auf seinem Grundstück eine Mühle anzulegen, soweit dies nicht durch spezielle gesetzliche Regelungen in den einzelnen Provinzen verboten ist. Dieses Recht reicht jedoch nur, soweit dadurch nicht Rechte Dritter beeinträchtigt werden, ALR II 15 § 234. Eine solche Beeinträchtigung hat der III. Senat des Obertribunals in seiner Entscheidung vom 16.12.1853 nicht darin gesehen, dass ein Eigentümer ein Stauwerk über die Mitte des Flusses hinaus bis zum gegenüberliegenden, im Eigentum eines anderen stehenden Ufers angelegt hat.[479] Begründet wird dies damit, dass die vorhandenen Bestimmungen des ALR weder ausdrücklich noch implizit ein derartiges Verbot vorsähen. Auch enthalte das Gemeine Recht keinen derartigen Grundsatz, dass sich ein Stauwerk

---

475 Gesetzesrevision – Pensum XIII., Motive zu dem von der Deputation vorgelegten Entwurf der Tit. 2., Tit. 7., Tit. 8., Tit. 9.b Abschn. 1–7 u. 9., Tit. 10. und Tit. 15. des ersten Theils des Allgemeinen Landrechts, S. 62, abgedruckt in *Schubert,* Gesetzrevision, Abt. II, Bd. II, 1. Hb., S. 1, 68.

476 Gesetzesrevision – Pensum XIII., Motive zu dem von der Deputation vorgelegten Entwurf der Tit. 2., Tit. 7., Tit. 8., Tit. 9.b Abschn. 1–7 u. 9., Tit. 10. und Tit. 15. des ersten Theils des Allgemeinen Landrechts, S. 62, abgedruckt in *Schubert,* Gesetzrevision, Abt. II, Bd. II, 1. Hb., S. 1, 68.

477 Gesetzesrevision – Pensum XIII. – Allgemeines Landrecht. Th. I Tit. 2; Tit. 7–8; Tit. 9 Abschn. 1–7, 9; Tit. 10; Tit. 15, ALR I 8 §§ 73, 75; S. 44, abgedruckt in *Schubert,* Gesetzrevision, Abt. II, Bd. I, 2. Hb., S. 1065, 1108.

478 ObTr., StrA 30, 55, 59.

479 ObTr. 27, 48, 52 ff.

nicht über die Mitte eines Privatflusses erstrecken dürfe.[480] Diese Entscheidung erscheint doch sehr, wenn nicht zu weitgehend. Zum einen steht der Privatfluss nach der Rechtsprechung des Obertribunals nur bis zur Flussmitte im Eigentum des Uferanliegers,[481] so dass ein sich über die Mitte erstreckendes Stauwerk in das Eigentum des Gegenüberliegenden reicht. Dies berührt durchaus dessen Befugnisse, weil es ihm ggf. eine Nutzung des ihm zustehenden Flussanteils erschwert, wenn nicht gar unmöglich macht. Das würde einen Verstoß gegen ALR II 15 § 234 begründen. Nach ALR II 15 § 236 prüft die Landespolizeibehörde, ob benachbarten Mühlenberechtigten und anderen Uferanliegern die Errichtung bzw. Veränderung der Mühle einen Schaden entstehen lässt. Inwiefern von dieser Norm Schäden, die dem Gegenüberliegenden entstehen könnten, nicht erfasst sind, wie das Obertribunal zumindest mittelbar annimmt[482], wird aus der Entscheidung leider nicht deutlich. Zum anderen lässt sich aus der Tatsache, dass die Errichtung eines Stauwerks über die Flussmitte hinaus nach Gemeinem Recht nicht ausdrücklich ausgeschlossen ist, nicht der Schluss ziehen, dass ein derartiges Vorgehen als zulässig erachtet worden ist.[483] Der II. Senat des preußischen Obertribunals ist von der Sichtweise des III. Senats abgerückt und hat – ohne jedoch seine ursprüngliche Entscheidung ausdrücklich zu revidieren – in seiner Entscheidung vom 27.03.1865[484] unter Berufung auf ALR Einl. § 97 angenommen, dass gegenüberliegende Ufereigentümer zur Nutzung des vorbeifließenden Wassers „gleichmäßig berechtigt" sind und daher der Ufereigentümer der Wassernutzung des anderen widersprechen kann, wenn diese zum Ausschluss oder zur Beeinträchtigung seines eigenen Nutzungsrechts führt. Auch in der Entscheidung des II. Senats vom 25.09.1866[485] führt dieser aus, dass eine Benutzung des gegenüberliegenden Ufers zur Befestigung einer Stauanlage eine Beeinträchtigung des Eigentums des Uferanliegers sei. Aus dem Wassernutzungsrecht lasse sich eine derartige Berechtigung nicht herleiten, vielmehr müsse sie besonders begründet werden.[486] Auch hier revidiert der II. Senat die Entscheidung des III. Senats nicht ausdrücklich, sondern versucht den Widerspruch zwischen den beiden Entscheidungen dadurch zu erklären, dass sich die

480 ObTr. 27, 51.
481 ObTr., StrA. 81, 73, 79.
482 ObTr. 27, 52 f.
483 *Scheele,* Das preußische Wasserrecht, S. 80 f.
484 ObTr., StrA 58, 222, 226.
485 ObTr., StrA 66, 83, 90 f.
486 ObTr., StrA 66, 83, 91.

Ansicht des III. Senats auf die besonderen Vorschriften über Mühlen gründe, die aber nicht allgemein auf Stauwerke jeglicher Art zu übertragen seien.[487]

Hinsichtlich der Vorschriften zur Mühlengerechtigkeit ALR II 15 §§ 235, 236, 238, 239, 243–246 und zur Frage, inwieweit diese zu einer Einschränkung des Nutzungsrechts führen, gilt das oben Ausgeführte entsprechend, da das ALR an dieser Stelle keine Differenzierung zwischen Mühlen an öffentlichen und Mühlen an Privatflüssen vornimmt und somit beide unter den Anwendungsbereich der Vorschriften fallen. Das heißt auch an Privatflüssen ist eine Prüfung und Genehmigung seitens der Landespolizeibehörde für die Errichtung einer Mühlenanlage erforderlich, ALR II 15 § 235. Dementsprechend kommt dem Nachbarn und den übrigen Uferanliegern, die nachteilig betroffen sein könnten, ein Anhörungs- und Widerspruchsrecht zu, ALR II 15 §§ 236, 239–241. Auch an Privatflüssen gilt der Bestandsschutz für bereits errichtete Mühlen gegenüber neuen Mühlen, ALR II 15 § 238 sowie gegenüber anderen Formen der Wassernutzung, ALR II 15 § 246.

cc. *Ersitzung von Nutzungsrechten*

Der Uferbesitzer hat die Möglichkeit, im Verhältnis zu anderen Uferbesitzern bestimmte Nutzungsrechte im Wege der Ersitzung zu erwerben, soweit diese ihm nicht schon aufgrund der Tatsache zustehen, dass er Anlieger eines Privatflusses ist. Dies gilt insbesondere für das Recht, den Wasserlauf bis zu einer bestimmten Höhe aufzustauen. Nach ALR I 8 § 99 ist dem Uferbesitzer die Hemmung des Wasserlaufs untersagt, soweit dadurch dem Nachbarn ein Nachteil entsteht.[488] Es ist jedoch möglich ein entsprechendes Staurecht durch Verjährung zu erwerben, da ALR I 8 § 99 nicht zu den Verbotsgesetzen im Sinne von ALR I 9 § 664 gehört, gegen die keine Rechte durch Verjährung erworben werden können.[489] ALR I 9 § 664 erfasst nur solche Verbotsgesetze, die das öffentliche Interesse betreffen und daher nicht zur Disposition des einzelnen stehen, bzw. solche Vorschriften, die ausdrücklich den Erwerb durch Verjährung ausschließen.[490] Verbotsgesetze, die dem Privatinteresse einzelner dienen, um Nachteile oder Schaden von ihnen abzuwenden, unterliegen hingegen der Verjährung. Auch wenn ALR I 8 § 99

487 ObTr., StrA 66, 83, 91.

488 Für Einzelheiten zur Regelung des ALR I 8 § 99 vgl. oben S. 121 ff.

489 *Heydemann,* Einleitung in das System des preußischen Civilrechts, Bd. 1, S. 418; Entscheidung des königlichen Land- und Stadtgerichts zu Mühlhausen, Neues Archiv für preußisches Recht 8 (1843), 282, 289; ObTr., Präjudiz Nr. 1723, Pr.-S I, 25; ObTr., StrA 97, 152, 156.

490 ObTr., StrA 97, 152, 155.

unter der Überschrift „Gesetzliche Einschränkungen zum Besten des gemeinen Wohls" steht, so schützt die Norm doch die Privatinteressen der Flussanlieger vor Nachteilen, die durch die Hemmung des Wasserablaufs entstehen, so dass es sich um ein Verbotsgesetz handelt, dass den Interessen einzelner dient und deswegen der Verjährung unterliegt.[491] Der Erwerb des Rechts durch Verjährung, das Wasser bis zu einer bestimmten Höhe aufzustauen, richtet sich nach ALR I 9 §§ 596 ff. Es fällt insbesondere nicht unter die jura discontinua nach ALR I 9 § 649, bei denen die Möglichkeit sie auszuüben nur gelegentlich und aufgrund vom Willen des Berechtigten nicht beeinflussbarer Umstände besteht. Das Recht, das Wasser bis zu einer bestimmten Höhe zu stauen, kann demgegenüber regelmäßig ausgeübt werden und seine Ausübung ist in einem gewissen Rahmen dem Willen des Berechtigten unterworfen. Diesbezüglich greift auch nicht die vierzigjährige Verjährung des ALR I 9 § 649, sondern die dreißigjährige Verjährung des ALR I 9 § 625, da kein Besitztitel besteht. Der Berechtigte hat also nach ALR I 9 §§ 596 ff. zu beweisen, dass zwischen seiner ersten Besitzhandlung und seiner letzten Besitzhandlung ein Zeitraum vom 30 Jahren liegt. Kann er dies, so erwirbt er das Recht, das Wasser bis zu einer bestimmten Höhe zu stauen.

dd. Besonderheiten für die Zulässigkeit von Mühlen an Privatflüssen

Nach ALR II 15 § 233 darf jeder Eigentümer auf seinem Grundstück eine Mühle an einem Privatfluss anlegen. Eine Ausnahme besteht nur dort, wo Provinzialrechte etwas anderes bestimmen. Dabei darf er jedoch nicht die Befugnisse eines Dritten einschränken. Eine durch die Mühle entstehende Schmälerung der Befugnisse Dritter ist nach ALR II 15 § 234 unzulässig. Es darf nach ALR II 15 § 246 insbesondere einer tiefer am Flusslauf gelegenen Mühle nicht das Wasser entzogen werden. Bei dieser Vorschrift handelt es sich um eine Beschränkung des Eigentumsrechts unterhalb gelegener Grundstücke.[492] Auch ist nach ALR II 15 § 235 eine landespolizeiliche Genehmigung einzuholen, so dass das für die Mühlen an öffentlichen Flüssen Gesagte entsprechend gilt.[493]

491 Entscheidung des königlichen Land- und Stadtgerichts zu Mühlhausen, Neues Archiv für preußisches Recht 8 (1843), 282, 289.
492 ObTr., StrA 49, 36, 37; StrA 71, 56, 60.
493 Siehe dazu oben S. 81 ff.

ee. Fazit

Die Ausführungen zeigen, dass das ALR die Nutzungsverhältnisse an Privatgewässern nur rudimentär ausgestaltet hat. Es fehlt aufgrund der Unachtsamkeit der Redaktoren eine Vorschrift, die die Eigentumsverhältnisse eindeutig regelt. Auch hinsichtlich der Fragen, in welchem Verhältnis die einzelnen Nutzungsrechte zueinander stehen und wie im Fall einer Kollision ein Ausgleich geschaffen werden kann, schweigt das ALR weitgehend. Einzig zur Verhinderung der Ablaufhemmung und der Beeinträchtigung von und durch Mühlen werden Regelungen erlassen. Es zeigt sich, dass nur dort in Ansätzen die Idee der gegenseitigen Rücksichtnahme anklingt. Im Übrigen kann der Ufereigentümer das an seinem Grundstück vorbeifließende Wasser in seinem Interesse gebrauchen, so dass letztlich allein die tatsächlichen Gegebenheiten, d.h. die Lage und die geologische Struktur des Eigentums am Flusslauf darüber entscheiden, wie viel Wasser ihm für die von ihm beabsichtigte Nutzung zur Verfügung steht.

V. Gesamtfazit zum Allgemeinen Preußischen Landrecht

Die obigen Ausführungen zeigen, dass das ALR kein umfassendes Regelungssystem im Bereich der Gewässernutzung enthält. Auch wenn sich im 15. Titel des zweiten Buches des ALR rund 70 Paragraphen mit der Problematik der Gewässernutzung beschäftigen, so sind dies doch lediglich Einzelregelungen zu verschiedenen Fragen, die die Materie nicht erschöpfen, sondern anreißen. Neben den Vorschriften des 15. Titels ist auch auf andere Regelungen des ALRs z.B. aus den Bereichen Privilegien, Eigentum, Verjährung, etc. zurückzugreifen, ohne dass dadurch alle Rechtsfragen gelöst werden. Das ALR entwickelte die unübersichtlichen Regelungen des Gemeinen Rechts zum Wasserrecht zwar weiter, schaffte es aber nicht, sie in ein systematisches Konzept umzusetzen und Streitigkeiten vollständig aufzulösen. Auch wenn in den Vorentwürfen teilweise Lösungsansätze für bis dahin im Gemeinen Recht bestehende Streitigkeiten enthalten waren, so wurden diese Paragraphen vielfach nicht in die endgültige Fassung übernommen, so dass zur Schließung der vorhandenen Lücken auf Gesetzesmotive und das Gemeine Recht zurückgegriffen werden musste.

Bemerkenswert ist, dass die heutige Einteilung von Gewässern in Gemeingebrauch und Sondernutzung bereits im ALR vorgezeichnet ist. Wassernutzungen, die heute unter den Gemeingebrauch fallen, wurden von diesem – zumindest bei öffentlichen Gewässern – auch im ALR erfasst. Gleiches gilt für die heutigen Sondernutzungen. Im Geltungszeitraum des ALR hingen die Sondernutzungen für öffentliche Gewässer bereits von hoheitlichen Genehmigungen, wenn auch in der Form der Verleihung, ab.

Die im ALR enthaltenen Regelungen zum Wasserrecht sind der bestehenden Ständeordnung und dem Obrigkeitsdenken geschuldet, vom dem sich das ALR nicht zu lösen vermochte. Dies zeigt sich vor allem an der Tatsache, dass die Privilegien das zentrale Mittel sind, um Gewässernutzungsrechte zu erhalten und sie ausüben zu dürfen. Bei der hoheitlichen Verleihung von Wassernutzungsrechten stand nicht das Ziel, die knappe Ressource Wasser gerecht und nachhaltig unter dem Gesichtspunkt der Erhaltung für jetzige und künftige Generationen zu verteilen, im Vordergrund, sondern die Idee, über Regalien dem Staat eine wichtige Einnahmequelle zu sichern und ihm die bevorrechtigte Nutzung der Gewässer zu gewähren. Die Kontrolle über die Gewässernutzungen ermöglichte es dem Staat, unter Erhaltung der eigenen Machtbasis, vorhandene Vorrechte zu bewahren. Das ALR enthält daneben aber auch erste Ansätze eines Systems, das das Wohl der Allgemeinheit berücksichtigt. So wurden neben wirtschaftlich ertragreichen Nutzungen, wie z.B. der Schifffahrt für den Transport von Gütern, auch für die Versorgung der Bevölkerung zentrale Gebrauchsarten, wie z.B. der Mühlenbetrieb für die Nahrungsmittelproduktion, vor Beeinträchtigungen durch andere Gewässernutzungen mittels spezieller Regelungen besonders geschützt. Dennoch wird deutlich, dass der teilweise anklingende Begriff des gemeinen Wohls noch nicht näher definiert und umfassend ausgearbeitet ist. Im Entstehungszeitpunkt des ALR erfasst er vor allem die Interessen der Schifffahrt. Umweltrechtliche Belange, die für die heutige Begriffsdeutung eine zentrale Rolle spielen, werden gar nicht erfasst, da diese noch nicht ins Blickfeld gerückt sind. Auch wenn sich die Privilegien am Gemeinwohl messen lassen mussten, so schützt das System des ALRs durch die Ermöglichung der willkürlichen Vergabe von Privilegien, die außerhalb der Rechtsordnung standen, vorrangig die Interessen und Vorrechte einzelner. In einer Ordnung, die im ständischen Denken verhaftet war und in der Privilegien ein zentrales Element der eigenen Machtausübung und des eigenen Wirkungs- und Bewegungskreises waren, konnte es letztlich kein auf gerechtes, am Gemeinwohl orientiertes, auf nachhaltige und effektive Wasserverteilung gerichtetes System geben.

C. Die Entwicklung des Wasserrechts in Preußen im 19. Jahrhundert

Die nur rudimentären Regelungen zum Wasserrecht im Allgemeinen Preußischen Landrecht hatten zur Folge, dass im Verlauf des 19. Jahrhunderts eine Vielzahl von Gesetzen erlassen wurde, die mittels Ergänzungen, Veränderungen, Aufhebungen und Ersetzungen der bestehenden Normen versuchten, das Wasserrecht zu regeln. Auf diese Weise entstand ein unübersichtliches Normgeflecht, das eine einheitliche Ausgestaltung der Problematik unmöglich machte. Gefördert wurde die Unübersichtlichkeit und Verschiedenheit dadurch, dass die erlassenen Regelungen nicht immer für das gesamte Preußen, sondern lediglich für Teile des Herrschaftsgebiets galten und manche Territorien ausgenommen waren. Dies lag vor allem an den im 19. Jahrhundert stattfinden Gebietserweiterungen des preußischen Staates. Bereits erlassene Gesetze wurden in den neuerworbenen Gebieten nicht immer in Kraft gesetzt, sondern stattdessen die dort bestehenden Regelungen beibehalten oder Sondervorschriften geschaffen. Dementsprechend galten in den 1815 und 1866 neu erworbenen Gebieten andere Bestimmungen als in den alten Provinzen.[494]

Einhergehend mit der Vielzahl der wasserrechtlichen Regelungen im Verlaufe des 19. Jahrhunderts und des veränderten Staatsverständnisses wandelte sich auch die Rechtsnatur des Privilegs.[495] Während in Zeiten fehlender gesetzlicher Bestimmungen und Verordnungen das Privileg diese Lücke füllte und die entsprechende Funktion übernahm, wurde es mit zunehmender Normierung ungeregelter Materien überflüssig. Basierend auf den Ideen der Erteilung von Berechtigungen im Rahmen der Gesetze, der Gleichheit und der Gesetzmäßigkeit des Verwaltungshandelns bestand kein Raum mehr für eine außerhalb des Gesetzes stehende lex specialis für die Übertragung von Nutzungsrechten. Das Privileg entwickelte sich zu einer Verwaltungsentscheidung, die dem Vollzug der geltenden Gesetze diente.[496] Nach und nach wurde aus der außerhalb der Gesetze stehenden Verleihung das, was heute unter dem Begriff Verwaltungsakt verstanden wird.[497] Ein konkreter Zeitpunkt für das veränderte Begriffsverständnis lässt

494 *Büschenfeld,* Flüsse und Kloaken, S. 237.

495 Dazu bereits oben S. 67 ff.

496 *Mohnhaupt,* Art. Privileg, neuzeitlich, in: *Erler/Kaufmann (Hg.),* HRG Bd. 3, Sp. 2009.

497 Zu dieser Entwicklung vgl. *Mohnhaupt,* Vom Privileg zum Verwaltungsakt, in: *Heyen (Hg.),* Wissenschaft und Recht der Verwaltung, S. 53 ff.

sich nicht festlegen. Zum einen waren die Begrifflichkeiten nicht einheitlich, zum anderen handelte es sich um einen schleichenden Prozess, der die zunehmende Rechtssetzung in Preußen auch auf dem Gebiet des Wasserrechts begleitete.

Im Folgenden wird auf diese schleichende Entwicklung des Privilegs nicht weiter eingegangen, sondern untersucht, inwieweit die im 19. Jahrhundert erlassenen wasserrechtlichen Regelungen eine Nutzungsordnung für Gewässer ausgestalteten. Dabei soll aufgezeigt werden, ob und inwieweit zusätzliche Bedingungen für den Erwerb, die Ausübung und den Verlust von Gebrauchsrechten geschaffen, bestehende Bedingungen verändert und konkurrierenden Nutzungsinteressen in Ausgleich gebracht wurden.

I. Allgemeine Strohm-, Deich- und Ufer-Ordnung für Ostpreußen und Litthauen vom 14.04.1806

Die allgemeine Strohm-, Deich- und Uferordnung wurde 1806 für Ostpreußen und Litthauen[498] erlassen. Sie sollte „die Schifffahrt […] befördern, Unordnungen […] verhüten, […] die eingedeichten Niederungen gegen Durchbrüche und Ueberschwemmungen […] sichern“[499]. Orientiert an diesen Zielen enthielt sie im Wesentlichen Vorschriften zum Deich- und Uferbau und deren Unterhaltung. Es waren aber auch einige Normen zur Nutzung schiffbarer, also öffentlicher, Flüsse enthalten, um dem Zweck der Förderung der Schifffahrt gerecht zu werden. Der Geltungsbereich der Vorschriften war jedoch insoweit eingeschränkt, als er nur jene öffentlichen Flüsse betraf, auf denen die Schifffahrt nach Königsberg betrieben wurde. Die Normen dienten alleine dazu, die Schifffahrt zu fördern und deren Beeinträchtigung durch andere Formen der Wassernutzung möglichst gering zu halten. Aus diesem Grund stellten sie die betroffenen Gewässer unter die Aufsicht des Ostpreußischen Oberdeichinspektors, welcher die Einhaltungen der Stromordnungen überwachte und dafür Sorge trug, dass die Schifffahrt nicht gehindert oder gestört wurde, § 1 Stromordnung 1806. Diese Vorschrift war eine Konkretisierung des ALR I 8 § 96, welcher jegliche Form der Wasserbauten unter staatliche Aufsicht stellte. Entsprechend der gesetzgeberischen Ziele

498 1722 wurde das Gebiet Ostpreußens in zwei Departements aufgeteilt, die Ostpreußische Domänenkammer und die Littauische Domänenkammer. Diese Gebietseinteilung bestand bis 1808, so dass der in der Ordnung vorkommende Begriff „Litthauen“ auf das Littauische Departement im Nordosten Ostpreußens rekurriert und nicht das Gebiet des heutigen Litauens meint.

499 Allgemeine Strohm-, Deich- und Uferordnung für Ostpreußen und Litthauen vom 14.04.1806, GS 1806–1810, S. 1.

verbot § 3 Stromordnung 1806 unter Androhung einer Körper-, Freiheits- oder Geldstrafe (§ 90 Nr. I Stromordnung 1806), die Schifffahrt durch eigenmächtig vorgenommene Einschränkungen am Fluss zu beeinträchtigen. Insoweit griff der Paragraph die Regelung des ALR II 15 § 61 auf, die Anlagen an Ufern verbot, die eine Hemmung des Flusslaufs zum Nachteil der Schifffahrt verhinderten. § 3 Stromordnung 1806 verlangte für die Anlage von Wasch- und Badehäusern sowie von Wasserleitungen eine besondere behördliche Erlaubnis/Genehmigung von der Kriegs- und Domänenkammer. Die Erlaubnispflicht wurde im Vergleich zu ALR II 15 § 62 auch auf die Nutzung von Fischereigeräten und das Anschwemmen von Holz, also auf alles ausgedehnt, wodurch eine Veränderung oder Hemmung des Flusslaufs entstehen konnte. Zudem war sie insoweit konkreter gefasst, als sie die für die Genehmigung zuständige Behörde angab, was bei ALR II 15 § 62 nicht der Fall war. Obwohl § 3 Stromordnung 1806 sprachlich ALR II 15 § 46 ähnelte, handelte es sich hierbei doch um eine dem ALR II 15 § 62 vergleichbare Vorschrift, da es sich bei der erforderlichen Genehmigung bzw. Erlaubnis um eine polizeiliche Erlaubnis und nicht um ein Privileg handelte. Dies ergibt sich vor allem aus der Zuständigkeit der Kriegs- und Domänenkammer für die Aufsicht und Genehmigung der betreffenden Anlagen. Der Kriegs- und Domänenkammer oblag die Verwaltung der Landespolizei-, Militär- und Verwaltungsangelegenheiten.[500] Sie kontrollierte vor Erlass der Genehmigung die Vereinbarkeit des Vorhabens mit landespolizeilichen Regelungen und insbesondere, dass es keine Beeinträchtigung der Schifffahrt verursachte. Interessen und Rechte anderer Gewässernutzer wurden nicht überprüft. Die Erteilung der Genehmigung verschaffte dem Berechtigten gegenüber damit keine materielle Rechtsposition gegenüber Dritten oder dem Staat, sondern sie bestätigte lediglich, dass das geplante Vorhaben die Schifffahrt nicht beeinträchtigte und auch sonst den polizeilichen Vorschriften entsprach.

Auffällig hinsichtlich der Strafandrohung in § 90 Nr. 1 Stromordnung 1806 für die Beeinträchtigung der Schifffahrt war, dass eine Leibes-, Freiheits- oder Geldstrafe vorgesehen war, während für fast alle anderen nach der Ordnung strafbewährten Handlungen – mit Ausnahme der Räumungspflicht für Kanäle, der Pflichtverletzung bei der Eiswache und bei dringender Hochwasser- bzw. Eisganggefahr – lediglich eine Geldbuße bestimmt war. Dieser hohe Strafrahmen spricht für die zentrale Bedeutung, die der Schifffahrt im Rahmen der Gewässerbewirtschaftung in Preußen zukam.

---

500 *Merk*, Deutsches Verwaltungsrecht, Bd. 1, § 421, S. 490.

Grundidee und Inhalt des ALR I 8 § 96 wurden in der Strompolizeiordnung 1806 aufgegriffen und durch die Strafandrohung verschärft bzw. durch die Ergänzung weiterer genehmigungsbedürftigen Vorhaben erweitert. Bei §§ 1, 3 Stromordnung 1806 handelte es sich damit nach heutiger Sicht um Vorschriften mit rein öffentlich-rechtlichem Charakter. Eine Regelung privater Nutzungsrechte und konkurrierender Nutzungsinteressen wurde von der Stromordnung 1806 nicht vorgenommen, so dass es diesbezüglich bei den Bestimmungen des ALR blieb. Hinsichtlich der an Anschwemmungen und Inseln in öffentlichen Strömen bestehenden Rechte wurde das Eigentum insoweit eingeschränkt, als jegliche Form der Nutzung einer Genehmigung bedurfte und nur solche Nutzungen genehmigt wurden, die die Schifffahrt nicht beeinträchtigten. In den entsprechenden Regelungen des ALR waren derartige Eigentumsbeschränkungen nicht vorgesehen. Eine Vorschrift, nach der das Eigentum von Anschwemmungen an Flussbauten automatisch dem Staate zufiel, wenn dieser die Kosten getragen hatte, enthielt das ALR nicht.

II. Allerhöchste Kabinettsorder vom 24sten Februar 1816

Im Februar 1816 wurde eine Kabinettsordre erlassen, die der Verhinderung der Verunreinigung öffentlicher Flüsse diente. Sie verbot es, Sägespäne, Borke oder sonstige von Gewerbetrieben anfallende „Abgänge“ in den Fluss zu werfen, insoweit der Fluss dadurch erheblich verunreinigt werden konnte. Wer gegen dieses Verbot verstieß, musste auf seine Kosten die Hemmnisse im Wasserlauf entfernen und zudem eine Strafe von 10 bis 50 Talern zahlen. Insbesondere aus der Beseitigungspflicht und dem Begriff „Abgänge“ wird ersichtlich, dass mit der Kabinettsordre primär das Ziel verfolgt wurde, die öffentlichen Wasserläufe frei von Hindernissen zu halten, um eine ungestörte Schifffahrt zu gewährleisten. Daher bezog sich das Verbot auf das Einwerfen fester Stoffe.[501] Das Kammergericht Berlin hat darüber hinaus in einem Urteil vom 27.Februar 1893 entschieden, dass „Abgänge in den Fluss werfen“ auch das Einleiten flüssiger Stoffe erfasse.[502] Diese Entscheidung erfolgte jedoch erst über 80 Jahre nach Erlass der Kabinettsorder und widerspricht der Interpretation der Ministerialverfügung vom 20.02.1901, so dass fraglich ist, inwieweit diese Auslegung Bedeutung erlangte und tatsächlich in der Rechtspraxis herangezogen wurde[503].

---

501 Verfügung vom 20. Februar 1901, betr. Fürsorge für die Reinhaltung der Gewässer, VMBl. 62, 91, 93.

502 *König,* Die Verunreinigung der Gewässer, S. 19.

503 *Gilhaus,* Schmerzenskinder der Industrie, S. 221 Fn. 56.

III. Privatflussgesetz von 1843

Das Gesetz über die Benutzung der Privatflüsse[504] (PrivatflussG von 1843) trat am 28.02.1843 in Kraft. Ihm ging ein langjähriger Gesetzgebungsprozess voraus. Bereits 1825 in Schlesien[505] und 1829 in Pommern[506] beantragten die Stände auf den Provinziallandtagen, ein Gesetz über die Benutzung der Privatgewässer zu erlassen, in dem insbesondere die Bewässerung nach dem Vorbild des Vorfluthedikts von 1811 entsprechend der Entwässerung geregelt und geschützt werden sollte.[507] Die Landtagsabschiede[508] enthielten die Zusage, eine entsprechende Verordnung zu vorzubereiten. Der daraufhin ausgearbeitete Entwurf, der über den ursprünglich beabsichtigten Regelungsgegenstand hinaus das gesamte Wasserrecht (Privatgewässer, öffentliche Flüsse, Bewässerung, Mühlenanlagen, Vorfluth und Deichwesen) umfasste, wurde 1834 den Ständen von Posen, Preußen, Brandenburg und Pommern sowie 1837 den Ständen von Schlesien, Sachsen und Westfalen zur Begutachtung vorgelegt.[509] Die Provinzialstände reichten umfassende Kritik und Anregungen ein.[510] Dennoch gelang es

---

504 Gesetz über die Benutzung der Privatflüsse, vom 28. Februar 1843, GS 1843, S. 41 ff.

505 *Rumpf (Hg.)*, Landtagsverhandlungen der Provinzial-Stände in der Preußischen Monarchie, zweite Folge, enthaltend die ersten Provinzial-Landtags-Verhandlungen des Herzogthums Schlesien, der Grafschaft Glatz, des Markgrafthums Oberlausitz und der Provinz Sachsen im Jahre 1825, Berlin 1828, S. 34.

506 *Rumpf (Hg.)*, Landtagsverhandlungen der Provinzial-Stände in der Preußischen Monarchie, sechste Folge, enthaltend die Verhandlungen des zweiten Westphälischen, des dritten Pommerschen und des dritten Preußischen Landtags in den Jahren 1829 und 1830, Berlin 1831, S. 252 ff.

507 Denkschrift über den Gesetz-Entwurf wegen Benutzung der Privatflüsse, Allg. Preuß. Staatszeitung 1842, Beilage zu No. 303 (01.11.1842), S. 2193 Sp. 1; *Baumert*, Die Unzulänglichkeit der bestehenden Wassergesetze, S. 33.

508 *Rumpf (Hg.)*, Landtagsverhandlungen der Provinzial-Stände (Fn. 503), S. 67; *Rumpf (Hg.)*, Landtagsverhandlungen der Provinzial-Stände (Fn. 504), S. 266.

509 Denkschrift über den Gesetz-Entwurf wegen Benutzung der Privatflüsse, Allg. Preuß. Staatszeitung 1842, Beilage zu No. 303 (01.11.1842), S. 2193 Sp. 1.

510 Zu den einzelnen sich teilweise widersprechenden Kritikpunkten am Gesetzesentwurf vgl. die Verhandlungen der Provinzialstände von Preußen, Posen und Brandenburg in: *Rumpf (Hg.)*, Landtagsverhandlungen der Provinzial-Stände in der Preußischen Monarchie, zwölfte Folge, enthaltend die Verhandlungen des fünften Preußischen, des dritten Posenschen und des fünften Brandenburgischen Provinzial-Landtages, nebst den Landtags-Abschieden, Berlin 1837, S. 15 ff., 104 ff., 215 ff.; sowie die Verhandlungen der Provinzialstände von Schlesien und Sachsen in: *Rumpf/Nitschke (Hg.)*, Landtagsverhandlungen der Provinzial-Stände in der Preußischen Monarchie, vierzehnte Folge, enthaltend die Verhandlungen des sechsten Provinzial-Landtages in

nicht, ein umfassendes Wassergesetz zu erlassen, da die Regelungsmaterie sich als zu umfangreich erwies. Die Fragen und Problemstellungen der einzelnen Aspekte des Wasserrechts ließen sich nicht in einem einzigen Gesetzgebungsverfahren klären. Die sich in den Beratungen zeigenden Mängel, Unzulänglichkeiten und Unklarheiten des Entwurfs waren zu groß, als dass dieser sich zu einem Gesetz umsetzen ließ.[511] Aufgrund der im ALR fehlenden Bestimmungen über die Nutzung von Privatgewässern sowie inspiriert von den gut ausgebauten Bewässerungssystemen in Oberitalien und im Fürstentum Siegen und der diesbezüglich bestehenden Gesetzgebung[512] bestand jedoch Einigkeit dahingehend, dass zumindest hinsichtlich der Benutzung von Privatgewässern zum Zwecke der Bewässerung ein für ganz Preußen geltendes Recht geschaffen werden sollte. Der unter Berücksichtigung ständischer Einwände und Anmerkungen von einer Kommission des Staatsrates erarbeitete Entwurf[513] wurde schließlich mit einigen inhaltlichen Änderungen, auf die im Folgenden noch zurückzukommen sein wird, übernommen und 1843 in Kraft gesetzt.

1. Örtlicher und sachlicher Anwendungsbereich des Privatflussgesetzes von 1843

Ausweislich seiner Einleitung galt das PrivatflussG von 1843 „für den Umfang der Monarchie", d.h. für das ganze preußische Territorium, mit Ausnahme der Gebiete, die zum Bezirk des Rheinischen Appellationsgerichtshofs[514] gehörten. Erst durch Verordnung vom 09.01.1845[515] wurde das PrivatflussG von 1843 auch für diese Landesteile eingeführt, allerdings mit besonderen Maßgaben in

---

Preußen und der fünften Provinzial-Landtage in Schlesien und Sachsen, vom Jahre 1837, nebst den Landtags-Abschieden, Berlin 1840, S. 184 ff., 343 ff.

511 *Baumert,* Die Unzulänglichkeit der bestehenden Wassergesetze, S. 34.

512 Denkschrift über den Gesetz-Entwurf wegen Benutzung der Privatflüsse, Allg. Preuß. Staatszeitung 1842, Beilage zu No. 303 (01.11.1842), S. 2193 Sp. 1; *Baumert,* Die Unzulänglichkeit der bestehenden Wassergesetze, S. 32.

513 Gesetzes-Entwurf über die Benutzung der Privatflüsse, Allg. Preuß. Staatszeitung 1842, Beilage zu No. 304 (02.11.1842), S. 2199 f.

514 Der Bezirk des Rheinischen Appellationsgerichtshofs umfasste die Rheinlande mit Ausnahme der Kreise Rees, Duisburg und Essen; vgl. dazu und zur Geschichte des Gerichtshofs *Klein,* Die rheinische Justiz in: *Wolffram (Hg.),* Recht und Rechtspflege, S. 147.

515 Verordnung, betreffend die Einführung des Gesetzes vom 28. Februar 1843 über die Benutzung der Privatflüsse in dem Bezirk des Appellationsgerichtshofes zu Köln, D.d. den 9. Januar 1845, GS 1845, S. 35.

Ansehung der §§ 24, 32 und 47 PrivatflussG von 1843. Die vereinzelt bestehenden Provinzialgesetze zur Bewässerung wurden durch das PrivatflussG von 1843 nicht verdrängt (§ 1 PrivatflussG von 1843), sondern mussten gesondert aufgehoben und das PrivatflussG von 1843 – sollte es Geltung erhalten – eingeführt werden. Dies zeigt z. B. die Verordnung vom 26.04.1844[516], welche für das Markgraftum Oberlausitz das dort geltende Patent von 1727 zur Wiesenbewässerung aufhob und das PrivatflussG für anwendbar erklärte. Für den Kreis Siegen wurde 1846 eine eigene Wiesenordnung[517] (Wiesenordnung von 1846) erlassen, da das PrivatflussG von 1843 für die bis dato geltende, revisionsbedürftige Wiesenordnung vom 8.12.1790 keinen adäquaten Ersatz bot, weil es – wie in der Einleitung zur Ordnung angemerkt ist – den besonderen Verhältnissen im Kreis Siegen, insbesondere der seit 16. Jahrhundert bestehenden und geförderten Wiesenkultur, nicht ausreichend Rechnung trug. Die Vorschriften des PrivatflussG von 1843 fanden im Kreis Siegen damit nur dann Anwendung, wenn die speziellere Wiesenordnung von 1846 ausdrücklich darauf verwies, § 77 Wiesenordnung von 1846.

In sachlicher Hinsicht galt das zu betrachtende Gesetz von 1843 nur für Privatflüsse, nicht für öffentliche Gewässer[518]. Bei der Sitzung der ständischen Ausschüsse vom 31.10.1842 wurde beantragt, den Anwendungsbereich des PrivatflussG von 1843 auch auf öffentliche Flüsse auszudehnen.[519] Davon sah man jedoch im Hinblick auf die Wahrung des Schifffahrtsinteresses und den Plan ab, eine besondere Ordnung für öffentliche Flüsse zu schaffen. Unter Privatfluss fallen nach der Klammerdefinition des § 1 PrivatflussG von 1843 auch Quellen, Bäche, Fließen sowie Seen, die einen Abfluss haben. Nicht erfasst werden geschlossenen Gewässer, künstlich angelegte Gräben oder Kanäle[520] sowie wild abfließendes Wasser, da ein Fluss begriffsnotwendig einen festen Lauf und ein Bett voraussetzt[521]. Eine Ausdehnung auf andere als im Gesetz

---

516 Verordnung, betreffend die Aufhebung des im Markgrafthum Oberlausitz geltenden Ober-Amtspatents vom 18. August 1727., wegen Wässerung der Wiesen, freien Wasserlaufs und Räumung der Flüsse. Vom 26. April 1844, GS 1844, S. 112 f.

517 Wiesenordnung für den Kreis Siegen; vom 28. Oktober 1846, GS 1846, S. 485 ff.

518 Zur Abgrenzung von öffentlichen Gewässern zu Privatgewässern vgl. oben S. 49 ff und S. 54 f.

519 Sitzung der ständischen Ausschüsse vom 31.10.1842, Allg. Preuß. Staatszeitung 1842, No. 312 (10.11.1842), S. 2231.

520 *Oppenhoff*, Die preußischen Gesetze über die Ressortverhältnisse, S. 411 Anm. 4; ObTr., StrA 80, 198.

521 ObTr., StrA 4, 211, 213, 215.

ausdrücklich bezeichnete Gewässer ist nicht möglich. Der Wortlaut ist insoweit bindend.[522]

2. Rechte des Uferbesitzers nach § 1 PrivatflussG von 1843

Gemäß § 1 PrivatflussG von 1843 ist grundsätzlich jeder Uferbesitzer an Privatflüssen berechtigt, das vorbeifließende Wasser zu seinem Vorteil unter Berücksichtigung der Einschränkungen der §§ 13 ff. PrivatflussG von 1843 zu verwenden. Ausnahmen bestehen, wenn jemand anderem das ausschließliche Eigentum an dem Privatfluss zukommt oder wenn Provinzialgesetze, Lokalstatuten oder spezielle Rechtstitel ein anderes bestimmen.

§ 1 PrivatflussG von 1843 enthält das sich durch das Gesetz ziehende Grundprinzip, dass die Nutzung des fließenden Wassers des Privatflusses als Ausfluss des Privateigentums an den angrenzenden Ufern genehmigungs- bzw. erlaubnisfrei ist und somit keiner polizeilichen Konzession bedarf.[523] Die Wassernutzung steht somit „dem Uferbesitzer als Annexum seines Eigenthums an Grund und Boden“[524] zu. Der in den dreißiger Jahren des 19. Jahrhunderts den Provinzialständen vorgelegte Entwurf zur Regelung des gesamten Wasserrechts hatte die Wassernutzung noch von einer vorherigen Genehmigung durch die Landespolizeibehörde abhängig gemacht, welche das vorhandene Wasser nach einer Prüfung und Abwägung der widerstreitenden Interessen verhältnismäßig aufteilen sollte.[525] Aus der Besorgnis heraus, die Bodenkultur und Bewässerung nicht ausreichend zu fördern und das Nutzungsrecht nicht umfassend genug zu schützen,[526] wurde zugunsten der Freiheit des Privateigentums die Genehmigungsbedürftigkeit aufgegeben. § 19 PrivatflussG von 1843 normierte in Übereinstimmung mit diesem Grundsatz, dass die Anlage von Bewässerungsanstalten keiner Erlaubnis bedarf. Zu berücksichtigen ist aber, dass gewerbliche Anlagen ab 1845 nach der Gewerbeordnung bzw. Mühlen und Triebwerke bis 1845 nach den Edikten von 1808 und 1810 genehmigungspflichtig waren.[527]

---

522 ObTr., StrA 4, 193, 194 f.

523 *Oppenhoff*, Die preußischen Gesetze über die Ressortverhältnisse, S. 413 Anm. 12.

524 Denkschrift über den Gesetz-Entwurf wegen Benutzung der Privatflüsse, Allg. Preuß. Staatszeitung 1842, Beilage zu No. 303 (01.11.1842), S. 2193, Sp. 2.

525 Denkschrift über den Gesetz-Entwurf wegen Benutzung der Privatflüsse, Allg. Preuß. Staatszeitung 1842, Beilage zu No. 303 (01.11.1842), S. 2193, Sp. 2.

526 Denkschrift über den Gesetz-Entwurf wegen Benutzung der Privatflüsse, Allg. Preuß. Staatszeitung 1842, Beilage zu No. 303 (01.11.1842), S. 2193, Sp. 2.

527 Zu den Einzelheiten dieser Genehmigungen und Genehmigungspflicht siehe unten C. IV. 1. und IV. 3.

a) *Berechtigter*

Berechtigt durch das PrivatflussG wird der Uferbesitzer. Uferbesitz setzt voraus, dass das Wasser des Privatflusses unmittelbar am Grundstück vorbeifließt, d.h. das Grundstück direkt an das Wasser grenzt.[528] Ein zwischen Fluss und Grundstück verlaufender Landstreifen, unabhängig davon, ob er im Privateigentum steht oder für kommunale Zwecke verwendet wird, verhindert, dass es sich bei dem Grundstück um Uferbesitz handelt.[529] Berechtigt ist damit nur der unmittelbare Uferanlieger am Fluss. Der Grund für ihre Berechtigung ist zum einen darin zu sehen, dass sie aufgrund der örtlichen Gegebenheiten und des direkten Zugriffs auf das vorbeifließende Wasser dieses am einfachsten und besten verwenden können.[530] Zum anderen ist die dem Nutzungsrecht gegenüberstehende und mit ihm korrelierende Pflicht nach § 7 PrivatflussG von 1843 zur Räumung des Flusslaufs als ein weiterer Aspekt zu nennen.

b) *Umfang des Nutzungsrechts*

Es gilt zu untersuchen, welche Formen der Wassernutzung § 1 PrivatflussG von 1843 gewährt. Umstritten war, ob der in Norm verwendete Begriff „Vortheile" sich nur auf die Nutzungsart der Bewässerung[531] bezog oder auch andere Formen der Wassernutzung[532], wie z.B. Bleich- oder Badeanstalten, davon umfasst waren. *Lette* verstand den Begriff dahingehend, dass er sich nur auf die Nutzung des Gewässers zum Zwecke der Bewässerung bezog. Dies ergebe sich aus den §§ 15, 18, 19, 20, etc., die nur die Wasserbenutzung unter dem Aspekt der Bewässerungsanlagen im Blick hätten.[533] Auch sei bei den Gesetzesberatungen die Verbesserung der Bodenkultur und damit die Förderung der Bewässerung das maßgebliche und leitende Motiv gewesen, wie auch die Denkschrift der

---

528 ObTr., StrA 63, 318, 320.

529 ObTr., StrA 63, 318, 320.

530 *Lette,* Die Landeskulturgesetzgebung des Preußischen Staates, Bd. II, 2, S. 648; *Lette,* Die Gesetzgebung über Benutzung der Privatflüsse, S. 17.

531 *Lette,* Die Gesetzgebung über Benutzung der Privatflüsse, S. 8; *Lette,* Die Landeskulturgesetzgebung des Preußischen Staates, Bd. II, 2, S. 636.

532 *Baumert,* Deutsche Juristen-Zeitung, IV. (1899), 354; *Frank,* Wasserrecht und Wasserpolizei, S. 253; *Hahn,* Die preußische Gesetzgebung über Vorfluth, S. 57 Anm. 1; *Oppenhoff,* Die preußischen Gesetze über die Ressortverhältnisse, S. 411 Anm. 2; *Scheele,* Das preußische Wasserrecht, S. 53.

533 *Lette,* Die Gesetzgebung über Benutzung der Privatflüsse, S. 8; *Lette,* Die Landeskulturgesetzgebung des Preußischen Staates, Bd. II, 2, S. 636.

Stände von 1842[534] zeige.[535] Andere Autoren[536], die Rechtsprechung[537] und die preußischen Ministerien[538] waren sich demgegenüber einig, dass § 1 PrivatflussG von 1843 und der sich daran anschließende Abschnitt bis einschließlich § 12 PrivatflussG von 1843 allgemeine Grundsätze zur Nutzung von Privatgewässern aufstellt und sich der Begriff „Vortheile" auf alle Arten der Gewässerbenutzung bezog, so dass nicht nur Anlagen zur Verbesserung der Bodenkultur, sondern auch insbesondere gewerbliche Anlagen in den Regelungsbereich mit einzubeziehen waren. Dies ergebe sich zum einen aus dem klaren Wortlaut der Vorschrift[539] und zu anderen daraus, dass in den §§ 2 -12 PrivatflussG von 1843 von vielen verschiedenen Anlagen, wie z.B. Färbereien und Gerbereien (§ 3), Anlagen zum Flachs- und Hanfröthen (§ 6) oder zur Flößerei (§ 6), die Rede sei.[540] Die systematische Stellung der Vorschrift zu Beginn des Gesetzes zeige, dass der Gesetzgeber beabsichtigt habe, den allgemeinen Grundsatz für eine generelle Nutzung der Privatgewässer an den Anfang zu stellen und die spezielleren Normen für Bewässerungsanlagen (§§ 19 ff.) nachfolgen zu lassen.[541] Die in § 1 Abs. 2 PrivatflussG normierte Ausnahme für Triebwerke und Fischerei sei überflüssig, wenn sich der Begriff „Vortheile" nur auf Bewässerungsanlagen beziehe. Zudem spreche auch die Überschrift „Benutzung der Privatflüsse überhaupt" für eine derartige Auslegung.[542]

---

534 Denkschrift über den Gesetz-Entwurf wegen Benutzung der Privatflüsse, Allg. Preuß. Staatszeitung 1842, Beilage zu No. 303 (01.11.1842), S. 2193 f.

535 *Lette,* Die Gesetzgebung über Benutzung der Privatflüsse, S. 8.

536 *Frank,* Wasserrecht und Wasserpolizei, S. 253; *Hahn,* Die preußische Gesetzgebung über Vorfluth, S. 57 Anm. 1; *Oppenhoff,* Die preußischen Gesetze über die Ressortverhältnisse, S. 411 Anm. 2; *Scheele,* Das preußische Wasserrecht, S. 53.

537 PrOVGE 11, 263 ff.; ObTr., StrA 39, 31 ff.

538 Verfügung an die königliche Regierung zu N., betreffend die Anlegung von Schnellbleichen mit Benutzung von Dampfmaschinen und des Wassers eines Privatflusses, vom 7. Februar 1849, VMBl. 1849, 49 ff.; Verfügung an die königliche Regierung zu Liegnitz, betreffend die Auslegung des § 23 des Gesetzes vom 28. Februar 1843., wegen Benutzung der Privatflüsse, rücksichtlich der Kompetenzverhältnisse der Behörden bei Streitigkeiten über Bewässerungsanlagen, vom 9. September 1845, VMBl. 1845, 270 f.

539 PrOVGE 11, 263, 265 f.; *Hahn,* Die preußische Gesetzgebung über Vorfluth, S. 56 f. Anm. 1.

540 ObTr., StrA 39, 31, 33.

541 *Baumert,* Die Unzulänglichkeit der bestehenden Wassergesetze, S. 34 f.

542 *Baumert,* Die Unzulänglichkeit der bestehenden Wassergesetze, S. 34.

Einigkeit bestand demgegenüber darin, dass das PrivatflussG von 1843 nach dem eindeutigen Wortlaut von § 1 Abs. 2 PrivatflussG von 1843 bei Triebwerken und Mühlen nur dann zu anzuwenden war, wenn durch das PrivatflussG von 1843 ein bisheriges Recht ausdrücklich abgeändert wurde.

Die Freiheit der Uferbesitzer, das vorbeifließende Wasser zu gebrauchen, umfasste dabei auch das Recht zu einem gewissen Verbrauch desselben.[543] Der Uferbesitzer war zwar nach § 13 Nr. 2 PrivatflussG von 1843 verpflichtet, das von ihm aus dem Flussbett abgeleitete Wasser in dieses zurückzuleiten.[544] Diese Pflicht bezog sich jedoch nur auf jenes Wasser, das nach dem Gebrauch übrig war.[545] Darüber hinaus hatte der Uferbesitzer weder dafür zu haften, wenn sich Wasserqualität und Wasserströmung aufgrund seiner Nutzung nachteilig veränderten,[546] noch dafür, dass Wasser ggf. verdunstete oder versickerte[547] und daher zur Nutzung durch andere nicht mehr zu Verfügung stand.

Aus dem PrivatflussG von 1843 lässt sich aber nicht die Befugnis des Uferbesitzers oder Eigentümers herleiten, auf künstlichem Weg zufließendes Wasser in den Fluss einzuleiten[548] – unabhängig davon, ob es unschädlich ist oder nicht. Zwar enthielt § 7 PrivatflussG von 1843 eine Räumungspflicht zur Verschaffung der Vorfluth, um so die Ableitung von Wasser sicherzustellen. Dies galt aber nur für das auf natürlichem Weg zufließende Regen- oder Quellwasser und gerade nicht für Wasser, welches aus Gruben, Fabriken oder ähnlichem künstlich abgeleitet wurde.[549] Zudem diente das PrivatflussG von 1843 dazu, die Wasserbenutzung zu Zwecken der Bewässerung zu regeln und enthielt keine Bestimmungen zur Entwässerung bzw. diesbzgl. Anlagen.[550]

Umgekehrt stand den Uferbesitzern nach der Rechtsprechung des Reichsgerichts aufgrund ihres (Mit-) Eigentums am Privatfluss[551] ein Abwehrrecht gegen die Einleitung von künstlich zugeführten Fabrik- oder Grubenwassern zu.[552]

---

543 *Frank,* Wasserrecht und Wasserpolizei, S. 254; *Scheele,* Das preußische Wasserrecht, S. 39.

544 Näheres zu § 13 PrivatflussG von 1843 siehe unten S. 149 ff.

545 *Scheele,* Das preußische Wasserrecht, S. 39.

546 *Frank,* Wasserrecht und Wasserpolizei, S. 254.

547 *Scheele,* Das preußische Wasserrecht, S. 39; ObTr., StrA. 88, 1, 17 f.

548 RGZ 2, 208, 210; 16, 178, 180.

549 RG PrVBl. IV, 6, 7.

550 RG PrVBl. IV, 6, 7; RG Gruchot 29, 873, 876.

551 Die Frage der Eigentumsfähigkeit von Privatflüssen und der Eigentümerstellung der Uferbesitzer ist umstritten, vgl. dazu das folgende Unterkapitel S. 145 ff.

552 RG Gruchot 29, 873, 875, RGZ 16, 178, 180;

Auch wenn das Eigentum des Uferbesitzers aufgrund der Vorschriften des PrivatflussG einigen Einschränkungen unterlag, so handelte es sich dennoch um ausschließliches Eigentum, welches vor unbefugten Eingriffen Dritter zu schützen war – unabhängig davon, ob diese Eingriffe zu Nachteilen oder Schäden für den Eigentümer führten.[553] Die Unschädlichkeit des Eingriffs war nicht geeignet, diesen zu rechtfertigen. Während das Reichsgericht zunächst noch jegliche Zuleitung von künstlich zufließendem Wasser für unzulässig erklärte, nahm es ab dem Jahre 1886 eine dahingehende Einschränkung vor, dass der Unterlieger Zuleitungen, welche das für den Einzelfall zu bestimmende Gemeinübliche nicht überschreiten, zu dulden hatte, selbst wenn dadurch sein Gebrauch beeinträchtigt wurde.[554] Über das Gemeinübliche hinausgehenden Zuleitungen hingegen stellten eine Verletzung des Eigentums dar und berechtigten den Uferbesitzer damit zum Widerspruch.[555]

Uneinigkeit bestand darüber, inwieweit der Uferbesitzer, sein ihm gesetzlich zustehendes Nutzungsrecht an andere abtreten konnte. Der Entwurf von 1842 hatte dies in § 15 noch ausdrücklich vorgesehen.[556] Diese Bestimmung wurde jedoch nicht in das PrivatflussG von 1843 übernommen, um eine unbegrenzte Ausdehnung der Befugnis zu verhindern und der Regelung des ALR Einl. § 101 Rechnung zu tragen[557]. Das PrivatflussG von 1843 sah in § 25 Nr. 5 für Bewässerungsanlagen die Möglichkeit für den Uferbesitzer vor, dass dieser beantragte, sein Nutzungsrecht auf den angrenzenden Uferbesitzer abtreten zu dürfen. *Scheele* sieht diese Norm als Ausnahmevorschrift an und leitet aus der Streichung des § 15 des Entwurfs ab, dass dem Uferbesitzer keine Berechtigung zukommt, sein Nutzungsrecht abzutreten, auch wenn dies nicht ausdrücklich im

---

553 RG Gruchot 29, 873, 876 f.

554 RGZ 16, 178, 182.

555 RGZ 16, 178, 182.

556 Vgl. § 15 des Entwurfs von 1842, Gesetzes-Entwurf über die Benutzung der Privatflüsse, Allg. Preuß. Staatszeitung 1842, Beilage zu No. 304 (02.11.1842), S. 2199 f.: „Der Uferbesitzer ist befugt, sein Recht zur Benutzung des Wassers einem anderen zu überlassen, […].“ Dieser Paragraph wurde bereits in der Sitzung der ständischen Ausschüsse vom 02.11.1842 mit der Begründung kritisiert, dass mit dieser Norm die Gefahr bestehe, dass das Grundeigentum aufgrund von Einzelinteressen stärker belastet und so dessen Entwertung herbeigeführt würde, Allg. Preuß. Staatszeitung No. 314 (12.11.1842), S. 2243. In Sitzung der ständischen Ausschüsse vom 07.11.1842 wurde die Vorschrift unter Einfügung des § 25 Nr. 5 endgültig gestrichen, Allg. Preuß. Staatszeitung No. 321 (19.11.1842), S. 2273, 2274.

557 *Lette*, Die Landeskulturgesetzgebung des Preußischen Staates, Bd. II, 2, S. 649.

PrivatflussG von 1843 bestimmt ist.[558] *Nieberding* meint, dass die in § 1 PrivatflussG gewährten Rechte an den Uferbesitz gebunden sind und der Uferbesitzer daher nicht isoliert, sondern nur in Verbindung mit dem Uferbesitz über sie verfügen kann.[559] *Lette/Rönne* hingegen sind der Auffassung, dass unabhängig von § 25 Nr. 5 PrivatflussG von 1843 und der Entstehungsgeschichte eine Abtretung aufgrund der allgemeinen Gesetze möglich ist. Auch die Rechtsprechung ist in dieser Hinsicht uneinheitlich. Zum Teil erkennt sie die Übertragbarkeit des Nutzungsrechts an.[560] Sie leitet dies zum einen aus dessen Rechtsnatur[561] her. Zudem setze § 25 Nr. 5 PrivatflussG von 1843, welcher ausdrücklich die Abtretung des Rechts erwähnt, die Möglichkeit einer solchen voraus.[562] In einer anderen Entscheidung lehnt das Obertribunal[563] die vom Eigentum isolierte Abtretung des Nutzungsrechts ausdrücklich mit der Begründung ab, dass es sich bei dem Nutzungsrecht um kein selbstständiges, sondern ein akzessorisch mit dem Eigentum am Grundstück verbundenes Recht handle und daher nur zusammen mit diesem übertragen werden könne.

c) Rechtsnatur des Nutzungsrechts aus § 1 PrivatflussG von 1843

Bei dem gesetzlich eingeräumten Recht, nach dem jeder Uferbesitzer befugt ist, das an seinem Grundstück vorbeifließende Wasser zu seinem Vorteil zu verwenden, handelte es sich um ein Privatrecht.[564] *Scheele* sah dieses Privatrecht des Uferbesitzers „als Eigentum am Fluss, soweit dasselbe sein Ufer [das des Uferbesitzers] berührt“[565] an. Auch in der Denkschrift der Stände wurde die Nutzungsbefugnis des Wassers als Gegenstand des Privateigentums anerkannt, der „dem Uferbesitzer als Annexum seines Eigenthums an Grund und Boden zusteht“[566]. In der Denkschrift wurde das Privatrecht nicht mit dem Eigentum am Fluss gleichgesetzt, sondern als Ausfluss des Eigentums am angrenzenden Ufergrundstück verstanden. *Nieberding* und *Lette/Rönne* hingegen verstanden

---

558 *Scheele,* Das preußische Wasserrecht, S. 49 f.

559 *Frank,* Wasserrecht und Wasserpolizei, S. 249.

560 ObTr., StrA 25, 327, 328; PrOVGE 11, 263, 266.

561 Zur Rechtsnatur des Nutzungsrechts aus § 1 PrivatflussG siehe sogleich S. 156 ff.

562 ObTr., StrA 25, 327, 328.

563 ObTr. 52, 116 f.

564 *Scheele,* Das preußische Wasserrecht, S. 54 f.; ObTr. StrA 25, 327, 328; *Oppenhoff,* Die preußischen Gesetze über die Ressortverhältnisse, S. 413 Fn. 11.

565 *Scheele,* Das preußische Wasserrecht, S. 54.

566 Denkschrift über den Gesetz-Entwurf wegen Benutzung der Privatflüsse, Allg. Preuß. Staatszeitung 1842, Beilage zu No. 303 (01.11.1842), S. 2193.

das Privatrecht als ein vom Eigentum unabhängiges Nutzungsrecht des Wassers und des Flusses,[567] da das fließende Wasser aufgrund seiner wechselhaften Natur von niemanden besessen und damit auch in niemanden Eigentum stehen könne. Die Einordnung des Nutzungsrechts nach § 1 PrivatflussG von 1843 als Privatrecht war folglich davon abhängig, ob der Privatfluss als eigentumsfähig angesehen wurde oder nicht. Da das PrivatflussG von 1843 keine ausdrückliche Bestimmung enthielt, die die Eigentumsfähigkeit und das Eigentum von Privatflüssen regelte, blieb die Klärung dieser Frage der Literatur und Rechtsprechung überlassen. Während die überwiegende Rechtsprechung[568] und Teile der Literatur[569] sich dafür aussprachen, dass der Privatfluss eigentumsfähig sei und im Privateigentum der Uferanlieger stände, soweit deren Ufer reiche, lehnten insbesondere *Nieberding*[570] und *Lette/Rönne*[571] mangels Beherrschbarkeit der fließenden Welle die Eigentumsfähigkeit von Flüssen überhaupt und damit auch von Privatflüssen ab. In der reichsgerichtlichen Rechtsprechung[572] setzte sich letztlich sowohl die Ansicht von der Eigentumsfähigkeit der Privatflüsse als auch die Auffassung durch, dass diese im Eigentum der Uferbesitzer stünden. Da andere Rechtstitel fehlten, stünde das Eigentum am Privatfluss den Uferbesitzern als „Ausfluss ihres Eigentums" an den Ufergrundstücken zu.[573] Über die Frage, wie das Nutzungsrecht nach § 1 PrivatflussG von 1843 einzuordnen war, hat das Reichsgericht nicht entschieden. Es bleibt somit festzuhalten, dass dieses seiner Rechtsnatur nach ein Privatrecht war, hinsichtlich dessen Einordnung als Eigentum, Ausfluss des Ufereigentums oder vom Eigentum unabhängiges Recht im 19. Jahrhundert keine einheitliche Linie erzielt wurde. Letztlich schuf man mit dem in § 1 PrivatflussG von 1843 gewährten umfassenden Wassernutzungsrecht

---

567 *Frank,* Wasserrecht und Wasserpolizei, S. 246 ff.; *Lette,* Die Landeskulturgesetzgebung des Preußischen Staates, Bd. II, 2, S. 630 Fn. *.

568 Die Rechtsprechung ist hinsichtlich dieser Problematik uneinheitlich. In ObTr., StrA 25, 142, 145 f.; ObTr., StrA 75, 15, 19; ObTr. 15, 361, 365 f.; ObTr. 42, 47, 49; ObTr. 52, 38, 40; ObTr. 64, 34, 39; RGZ 3, 245, 246; RG PrVBl. IV, 6 Sp. 2, RG JW 1914, 87 Nr. 17 nahmen das Obertribunal und das Reichsgericht an, dass der Privatfluss im Eigentum der Uferbesitzer steht, in ObTr., StrA 11, 135 lehnte ersteres hingegen eine derartige Annahme ab.

569 *Scheele,* Das preußische Wasserrecht, S. 54 f.

570 *Frank,* Wasserrecht und Wasserpolizei, S. 67, 245 ff.; *Lette,* Die Landeskulturgesetzgebung des Preußischen Staates, Bd. II, 2, S. 630 Fn. *.

571 *Lette,* Die Landeskulturgesetzgebung des Preußischen Staates, Bd. II, 2, S. 630 Fn. *.

572 RGZ 3, 245, 246; RG PrVBl. IV, 6 Sp. 2.

573 RG Gruchot 29, 873, 874 f.

einen neuen Rechtstitel auf Wassernutzung,[574] der jedem Uferanlieger aufgrund der geografischen Lage seines Grundstücks zukam.

d) Grenzen des Nutzungsrechts aus § 1 PrivatflussG von 1843

Seine Grenze findet das Nutzungsrecht neben den Provinzialgesetzen und Lokalstatuten zum einen in den besonderen Rechtstiteln bzw. im ausschließlichen Eigentum anderer und zum anderen in den gesetzlichen Beschränkungen der §§ 13 ff. PrivatflussG von 1843. Das Gesetz möchte bestehende Privatrechte nicht aufheben, sondern einen Ausgleich zwischen ihnen und dem nach § 1 PrivatflussG von 1843 gewährten Nutzungsrecht herstellen. Im Falle der Kollision ist letzteres im Verhältnis zu diesen älteren Rechten das schwächere[575] und muss daher zurücktreten. Steht der Fluss im ausschließlichen Eigentum eines anderen, kann das eigentlich nach § 1 PrivatflussG von 1843 gewährte Nutzungsrecht des Uferanliegers nicht zum Tragen kommen, da die Wassernutzung Ausfluss des Eigentumsrechts des Flusseigentümers ist[576]. Die §§ 13 ff. PrivatflussG von 1843 stellen somit eine Beschränkung des Eigentums dar, welche sich für die Förderung der Nutzbarkeit und Nutzbarmachung der Privatgewässer als notwendig erweist.

aa. Besondere Rechtstitel

Unstreitig fielen Verleihungen, Verträge sowie rechtskräftige Urteile unter den Begriff der besonderen Rechtstitel,[577] die geeignet waren, ein Wassernutzungsrecht zu beschränken oder sogar auszuschließen. Wirksame Verträge und Verleihungen konnten nur von den Uferbesitzern vorgenommen werden, da es ihnen alleine zustand, über die Rechte an Privatflüssen zu verfügen. Insbesondere bei polizeilichen Genehmigungen zur Anlage einer Mühle oder eines Triebwerks handelte es sich nicht um eine wirksame Verleihung und damit nicht einen besonderen Rechtstitel im Sinne der Vorschrift, da die Behörden nicht verfügungsberechtigt hinsichtlich der Rechte am Wasser waren.[578]

Umstritten war jedoch, ob auch die Verjährung vom Begriff des besonderen Rechtstitels umfasst war. Der den ständischen Ausschüssen zur Beratung vorgelegte Entwurf schloss dies aus und der der Gesetzeskommission vorsitzende

574 *Lette,* Die Landeskulturgesetzgebung des Preußischen Staates, Bd. II, 2, S. 646.

575 *Scheele,* Das preußische Wasserrecht, S. 51.

576 ObTr. 42, 47, 49.

577 *Baumert,* Die Unzulänglichkeit der bestehenden Wassergesetze, S. 35.

578 *Scheele,* Das preußische Wasserrecht, S. 48 f.

Richter betonte, dass ein ausdrücklich verliehenes Recht erforderlich sei, um den Grundsatz der Nutzungsfreiheit zu durchbrechen.[579] Die Literatur[580] und die Rechtsprechung[581] hingegen sahen die Verjährung als besonderen Rechtstitel an. Als Begründung für diese Bejahung der Verjährung als besonderen Rechtstitel wurde der Vergleich zum Code Civil herangezogen, der im Rahmen der wasserrechtlichen Bestimmungen in Art. 642 die Verjährung einem vertraglichen Titel gleichstellte.[582] Zudem spreche die Änderung der Formulierung von „ausdrücklich verliehenes Recht" zu „besonderem Rechtstitel" dafür, dass man auch die Verjährung als mit umfasst wissen wollte. Einige[583] nahmen hinsichtlich der Verjährung als Rechtstitel die Einschränkung vor, dass es sich dabei um die qualifizierte Verjährung handeln müsse, da für die Wassernutzungsrechte die Vorschriften der ALR I 9 §§ 505–507 einschlägig seien. Das bedeutet, dass die Rechte gemäß ALR I 9 § 505 durch bloßen Nichtgebrauch nicht verloren gingen. Allerdings konnte im Wege der Verjährung ein Untersagungsrecht gegen diese erworben werden, ALR I 9 § 507. Demnach konnte ein Uferbesitzer durch Verjährung das Recht erwerben, einen anderen Uferbesitzer, der zur Benutzung des Flusswassers berechtigt wäre, von dieser auszuschließen.[584] Der Erwerb des Untersagungsrechts setzte Besitz desselben voraus. Nach ALR I 7 § 86 wurde dieser dadurch erworben, dass der Berechtigte auf ein Verbot des Erwerbenden hin von einer Handlung absah, folglich ein Uferbesitzer aufgrund eines Verbotes eines anderen Uferbesitzers von dem Gebrauch des vorbeifließenden Wassers Abstand nahm. Allein die Tatsache, dass ein Uferbesitzer das ihm zufließende Wasser für ein Triebwerk nutzte, genügte für den Erwerb des Untersagungsrechts gegenüber anderen nicht, da er mangels tatsächlicher Herrschaft weder

---

579 *Baumert,* Die Unzulänglichkeit der bestehenden Wassergesetze, S. 35

580 *Frank,* Wasserrecht und Wasserpolizei, S. 249; *Scheele,* Das preußische Wasserrecht, 51; *Lette,* Die Gesetzgebung über Benutzung der Privatflüsse, S. 13; *Lette,* Die Landeskulturgesetzgebung des Preußischen Staates, Bd. II, 2, S. 647 Fn. 1, welcher jedoch bei § 17 Nr. 2 PrivatflussG von 1843 die Verjährung nicht unter den Begriff „besonderer Rechtstitel" fasst, da diese Norm voraussetzt, dass der bisherige Nutzungsumfang seitens des Triebwerksbesitzers gerade nicht dem entspricht, auf den ein Anspruch aufgrund des besonderen Rechtstitels besteht.

581 ObTr., StrA 31, 364 ff.; ObTr. StrA 48, 132 ff.

582 *Lette,* Die Gesetzgebung über Benutzung der Privatflüsse, S. 13.

583 So z.B. *Lette,* Die Gesetzgebung über Benutzung der Privatflüsse, S. 13 für den Fall des § 17 Nr. 2 PrivatflussG von 1843; *Scheele,* Das preußische Wasserrecht, S. 45; ObTr., StrA 31, 364, 366.

584 ObTr., StrA 31, 364, 366.

Besitz an dem ihm zufließenden Wasser hatte, noch der Zufluss seinem Willen oder seiner Handlung unterlag oder von der Duldung Dritter abhängig war.[585]

bb. §§ 13–18 PrivatflussG von 1843

Die §§ 13–18 PrivatflussG regelten die Beschränkungen, denen die Ausübung des gesetzlich gewährten Nutzungsrechts nach § 1 PrivatflussG von 1843 unterlag. Dabei wurden jedoch nur jene Handlungen berücksichtigt, die sich unmittelbar auf das im Flussbett vorhandene Wasser auswirkten; wirtschaftliche Veränderungen, wie z.B. die Umwandlung eines Waldes in eine Wiese, die mittelbaren Einfluss auf die vorhandene Wassermenge hatten, wurden nicht erfasst.[586] Die §§ 13, 14 betrafen dabei die Rechtsverhältnisse des Uferbesitzers zu anderen Uferbesitzern, § 15 das Verhältnis von Uferbesitzer und öffentlichem Interesse und die §§ 16–18 das Rechtsverhältnis des Uferbesitzers zu Triebwerksbesitzern bzw. Fischereiberechtigten.[587] All diese Vorschriften gewährleisteten den Schutz der Privatrechte, insbesondere des Nutzungsrechts nach § 1 PrivatflussG von 1843, der anderen Uferbesitzer. Aufgrund der Tatsache, dass die §§ 13 ff. ausschließlich Privatrechte schützten, waren bei Beeinträchtigungen die ordentlichen Gerichte anzurufen, da die Polizeibehörden diesbzgl. nur aufgrund ausdrücklicher gesetzlicher Anordnung tätig wurden, welche im PrivatflussG von 1843 nicht vorgesehen war.[588]

Nach § 13 PrivatflussG von 1843 durfte der Uferbesitzer weder das Wasser über seine Grundstückgrenzen hinaus aufstauen noch andere Grundstücke versumpfen lassen oder überschwemmen. Diese beiden Schranken musste er kumulativ einhalten, um das vorbeifließende Wasser gesetzmäßig zu verwenden[589] und sein Nutzungsrecht rechtmäßig auszuüben. Zudem hatte er das abgeleitete Wasser in das Flussbett zurückzuleiten, bevor der Fluss das Ufer eines fremden Grundstücks berührte. Diese Vorschrift diente dem Eigentumsschutz angrenzender Uferbesitzer und war damit nicht im öffentlichen Interesse erlassen[590]. Sie war folglich abdingbar, so dass sich der Nachbar mit einer über die Beschränkung des § 13 PrivatflussG von 1843 hinausgehenden Nutzung einverstanden erklären konnte[591]. Auch konnten durch Privatrechtstitel und damit

585 *Scheele,* Das preußische Wasserrecht, S. 45.
586 ObTr., StrA 88, 1, 8.
587 *Lette,* Die Landeskulturgesetzgebung des Preußischen Staates, Bd. II, 2, S. 648.
588 PrOVGE 11, 263, 266 f.
589 PrOVGE 77, 283, 289.
590 PrOVGE 77, 283, 289.
591 PrOVGE 11, 263, 266.

ebenso im Wege der Verjährung die sich aus § 13 PrivatflussG von 1843 ergebenden Beschränkungen wegerworben werden, da es sich bei der Norm nicht um ein absolutes Verbot handelte[592]. Der Erwerb eines Staurechts bis zu einer bestimmten Höhe umfasste dabei aber nicht das Recht, durch die Aufstauung die angrenzenden Grundstücke zu überschwemmen oder zu versumpfen.[593] Dieses musste separat erworben werden, da es sich hierbei um eine Beschränkung handelte, die kumulativ und nicht alternativ neben das Verbot des Aufstauens über die Grundstücksgrenzen hinaus trat.

Die Pflicht zur Zurückleitung nach § 13 Nr. 2 PrivatflussG von 1843 sorgte für viel Unsicherheit. Da das Berühren des gegenüberliegenden Grundstücks durch eine Ableitung auch ein Berühren von fremden Grund und Boden war, wurde diskutiert, ob eine Zurückleitung erfolgen muss, wenn am gegenüberliegenden Ufer das Grundstück eines Dritten beginnt. Nachdem die Rechtsprechung[594] diesbezüglich widersprüchlich war, entschied das Obertribunal durch Plenarbeschluss, dass die Zurückleitung zu erfolgen habe, bevor am Ufer auf Seiten der Ableitung ein fremdes Grundstück beginne.[595] Die gegenüberliegende Flussseite sei diesbezüglich nicht maßgeblich. Dass § 13 PrivatflussG von 1843 nur das Ufer der Ableitung meinte, lässt sich auch aus der Denkschrift zum Gesetzesentwurf[596] schließen, welche davon spricht, dass dem Uferbesitzer durch diese Norm „nach oben und nach unten hin die Gränze gesetzt ist".[597] Allerdings muss nach Ansicht des Obertribunals dem Besitzer des gegenüberliegenden Ufers so viel Wasser zur Verfügung verbleiben, als wäre die Zurückleitung vor seiner Grundstücksgrenze erfolgt, damit ihm entsprechend der Vorschrift des § 14 PrivatflussG von 1843, welche das Verhältnis zwischen sich gegenüberliegenden

592 RGZ 4, 282, 284 f.

593 PrOVGE 77, 283, 289.

594 Der dritte Senat des Obertribunals (ObTr. 7, 326, 328 f.) entschied, dass das Wasser zurückzuleiten sei, bevor auf dem gegenüberliegenden Ufer ein neues Grundstück beginnt. Der fünfte Senat des Obertribunals lehnte dies in einem vergleichbaren Fall ab. Diese Entscheidung ist nicht veröffentlicht, siehe Hinweis auf sie in ObTr., StrA 12, 337, 338.

595 ObTr., StrA 12, 337, 339; daran anschließend: ObTr., StrA 45, 83, 86 f., ebenso *Scheele,* Das preußische Wasserrecht, S. 36 ff.

596 Denkschrift über den Gesetz-Entwurf wegen Benutzung der Privatflüsse, Allg. Preuß. Staatszeitung 1842, Beilage zu No. 303 (01.11.1842), S. 2193

597 *Scheele,* Das preußische Wasserrecht, S. 39.

Uferbesitzern regelte, die Hälfte des Wassers gewährt werden könne.[598] Nach Sinn und Zweck von § 14 PrivatflussG von 1843 sollte der gegenüberliegende Uferbesitzer durch die Ableitung des Wassers nicht in seinem eigenen Nutzungsrecht beeinträchtigt werden.[599] Daraus folgt nach Ansicht des Obertribunals aber nicht, dass der gegenüberliegende Uferbesitzer einen Anspruch auf Zurückleitung des Wassers vor seiner Grundstücksgrenze habe bzw. der das Wasser ableitende Uferbesitzer einer diesbzgl. Zurückleitungspflicht unterliege.[600]

Die Vorschrift des § 14 PrivatflussG von 1843 führte in der Praxis zu erheblichen Schwierigkeiten. Lagen sich beide Grundstücke so gegenüber, dass ihre jeweiligen Grenzen übereinstimmten, dann konnte bei einer einmaligen Wasserableitung zu beiden Grundstücken hin, eine hälftige Teilung theoretisch über die Anlage eines Wehrs oder einer Schleuse erreicht werden, auch wenn die quantitative Teilung von fließendem Wasser im 19. Jahrhundert sicherlich Probleme bereitete. Sollte das Wasser aus dem Fluss jedoch mehrfach abgeleitet werden, stellte sich die Sachlage nicht so einfach dar. Insbesondere falls einer der Uferanlieger das abgeleitete Wasser bereits in den Fluss zurückgeleitet hatte, während der andere die Ableitung noch weiterführte, stellte sich die Frage, wie das im Fluss befindliche Wasser aufzuteilen war. Wurde das Wasser hälftig geteilt oder musste sich derjenige, der es noch nicht zurückgeleitet hatte, das auf seinem Grundstück befindliche anrechnen lassen? Das Gesetz gab darauf keine Antwort. *Wangenheim* entschied sich für die hälftige Teilung, da zum einen eine Anrechnung aufgrund der Unstetigkeit des Wasserverbrauchs tatsächlich nicht umsetzbar wäre, zum anderen auch demjenigen, der das Wasser noch nicht zurückgeleitet habe, das Recht der vollständigen Ausnutzung seines Wasseranteils zukommen müsse, und zum dritten es sich bei dem Flussbett um gemeinschaftliches Eigentum handle, so dass eine erneute hälftige Teilung zu dulden wäre.[601] Waren die Grundstücksgrenzen der gegenüberliegenden Ufer nicht deckungsgleich oder besaß ein Uferanlieger Grundstücke auf beiden Uferseiten, wovon sich das eine Grundstück weiter am Fluss entlangzog, so dass auf der gegenüberliegenden Seite bereits das Eigentum des Nachbarn begann, stellte sich die Frage, ob dieser (höherliegende) Uferbesitzer das Wasser vollständig ableiten durfte. Trotz fehlender ausdrücklicher Regelung bejahte *Wangenheim* dies mit der Begründung,

---

598 ObTr., StrA 12, 337, 341; a.A.: *Scheele,* Das preußische Wasserrecht, S. 40 f., der auf die Hälfte des zwischen den Ufern tatsächlich vorhandenen Wassers abstellt und daher oberhalb erfolgte Ableitungen unberücksichtigt lässt.

599 ObTr., StrA 12, 337, 341.

600 ObTr., StrA 12, 337, 341.

601 *Wangenheim,* Die befreite Undine, S. 20 f.

dass dem Unterlieger nur die Hälfte des sich im Flussbett wieder sammelnden Wassers zukomme.[602] Er hatte folglich keinen Anspruch auf denselben Wasserzufluss wie der Oberlieger. Dies war insbesondere dann problematisch, wenn der Oberlieger das Wasser längere Zeit nicht nutzte, der Unterlieger daraufhin in eine bestimmte Form der Wassernutzung investierte, z.B. in eine Bewässerungsanlage, und der Oberlieger dann das Wasser ableitete. Soweit der Unterlieger nicht geltend machen konnte, dass er das Wassernutzungsrecht des Oberliegers, z.B. durch Verjährung oder Verleihung, wegerworben hatte, war der Oberlieger zur Ableitung berechtigt und der Unterlieger musste dies dulden, auch wenn es seine Bewässerungsanlage schädigte. Daran zeigt sich, dass sich nach PrivatflussG von 1843 der Oberlieger aufgrund der natürlichen Gegebenheiten des Flusses gegenüber dem Unterlieger im Vorteil befand. Abgesehen vom letzten bzw. ersten Uferanlieger befand sich so jeder hinsichtlich der Wassernutzung gegenüber dem unterhalb liegenden Nachbarn im Vorteil und gegenüber dem oberhalb liegenden im Nachteil.[603] Das PrivatflussG von 1843 regulierte somit die Nutzungsverhältnisse anhand der tatsächlichen Gegebenheit des Wasserlaufs. Die zeitliche Reihenfolge der Nutzung spielte nur dann eine Rolle, wenn spezielle Rechtstitel vorhanden waren.

§ 15 PrivatflussG von 1843 gestattete es der Regierung[604] die Ableitung des Wassers zu beschränken, wenn aufgrund der Bewässerungsanlage ein öffentliches Interesse gefährdet oder den Unterliegern so viel Wasser entzogen wurde, dass „daraus ein Nothstand für ihre Wirtschaft" entstand. Diese Vorschrift, die erst in der Sitzung der ständischen Ausschüsse vom 07.11.1842 in das PrivatflussG aufgenommen worden war[605], ermöglichte eine Beschränkung des Wassernutzungsrechts in Härtefällen und zugunsten des öffentlichen Interesses und ließ damit der Regierung eine Hintertür offen, bei kollidierenden Interessenlagen regulierend einzugreifen. So konnte sie beispielsweise um drohenden Wassermangel in einer Stadt abzuwenden, die Bewässerung untersagen. Bei der Verfügung, dass das Wasser den städtischen Wasserleitungen zuzuführen war, um

---

602 *Wangenheim,* Die befreite Undine, S. 22 f.

603 *Wangenheim,* Die befreite Undine, S. 24.

604 Mit Erlass des Gesetzes über die Zuständigkeit der Verwaltungs- und Verwaltungsgerichtsbehörden vom 1.8.1883 (GS 1883, S. 237 ff.) entscheidet anstatt der Regierung der Bezirksausschuss über derartige Beschränkungen der Wassernutzungsanlage, vgl. § 73 des Gesetzes.

605 Sitzung der ständischen Ausschüsse vom 07.11.1842, Allg. Preuß. Staatszeitung No. 321 (19.11.1842), S. 2273, 2274.

den Wasserbedarf der Einwohner und für den Fall der Feuergefahr zu decken, handelte es nicht um eine wasserrechtliche, sondern eine polizeirechtliche.[606]

Gemäß § 16 PrivatflussG von 1843 kam den Besitzern rechtmäßig bestehender Mühlen und Triebwerke ein Widerspruchsrecht gegen andere Wasseranlagen der Uferbesitzer zu, soweit ihnen aufgrund eines speziellen Rechtstitels das Recht zur ausschließlichen Benutzung des gesamten Wassers bzw. eines Teils desselben zukam und dieses Recht beeinträchtigt wurde oder soweit ihnen das für den Betrieb im bisherigen Umfang erforderliche Wasser entzogen wurde. Das PrivatflussG unterschied also zwei Fälle, im ersten waren Maß und Umfang der Wassernutzungsberechtigung durch einen speziellen Rechtstitel bestimmt, im zweiten Fall bestanden weder Rechtstitel noch eine genaue Festlegung des Nutzungsumfangs bzw. –maßes. Entscheidend war vielmehr der bei Publikation des Gesetzes bestehende Besitzstand. Lag ein spezieller Rechtstitel vor, wurde die Nutzungsberechtigung durch diesen geschützt, soweit der Mühlen-/Triebwerksbetrieb das durch den Titel bestimmte Maß nicht überstieg. Eine Überschreitung des gewährten Maßes der Nutzung war nicht gestattet,[607] so dass dem Triebwerksbesitzer dann kein Widerspruchsrecht zukam und ihm damit die Möglichkeit verwehrt war, sich gegen die Nutzungsbeeinträchtigung zu wehren. Fehlte es an einem speziellen Rechtstitel und damit an der Bestimmung des Nutzungsmaßes, war der Betrieb im bisherigen Umfang maßgeblich. Darunter war nicht nur der faktisch bestehende Mühlen- bzw. Triebwerksbetrieb zur Zeit der Publikation des PrivatflussG zu verstehen, sondern auch die Leistungsfähigkeit derselben im nämlichen Zeitpunkt.[608] Die Entziehung von Wasser im Sinne von § 16 Nr. b PrivatflussG von 1843 meinte nach Rechtsprechung des preußischen Obertribunals nicht das temporäre Aufstauen des Privatflusses, wodurch das Wasser dem Unterlieger unregelmäßig zugeführt wurde,[609] sondern nur das dauerhafte Hemmen des Wasserzuflusses. Diese Rechtsprechung hatte das Reichsgericht im Jahre 1886 explizit aufgegeben und anerkannt, dass auch das in erheblichem Maße erfolgende, zeitweilige Vorenthalten des Wassers eine Entziehung sein könne.[610] Es sei nach den Umständen des Einzelfalls zu beurteilen,

606 Erkenntniß des königlichen Gerichtshofs zur Entscheidung der Kompetenzkonflikte, vom 03. April 1858, VMBl. 1858, 236, 237.

607 ObTr. 35, 173, 176. Zur Kritik an dieser Regelung siehe *Scheele,* Das preußische Wasserrecht, S. 46 ff.

608 ObTr. 35, 173, 176.

609 ObTr., StrA 89, 170, 174; StrA 91, 270 f.

610 RGZ, Gruchot 31, 418, 421.

„ob eine nur temporäre Wasserentziehung von solcher Erheblichkeit ist, daß sie unter den gesetzlichen Begriff der Entziehung fällt“[611].

Die Idee hinter diesen Regelungen war, bestehende Mühlenanlagen vor Einschränkungen des Wasserzuflusses zu schützen, allerdings nur insoweit, als ihnen das Recht auf das Wasser wirklich zustand bzw. sie das Wasser zu Mahlbetrieb wirklich benötigten.[612] Besitzern von nach der Publikation des Gesetzes neu angelegten oder erweiterten Triebwerken kam grundsätzlich kein Widerspruchsrecht zu, um eine Privilegierung gegenüber anderen Wassernutzungsarten zu vermeiden und so die Bodenkultur zu fördern. Eine Ausnahme bestand nur dann, wenn hinsichtlich der Wassernutzung ein spezielles Recht ausdrücklich verliehen wurde. Dieses blieb unberührt, § 16 Abs. 2 PrivatflussG von 1843.

Erhob ein Triebwerksbesitzer Widerspruch nach § 16 Nr. b PrivatflussG von 1843 und war dieser Widerspruch unbegründet, dann konnte der Uferbesitzer das Wasser zur Bewässerung nutzen. War hingegen der Widerspruch begründet, war dem Uferbesitzer die Bewässerung verboten, bis er sich entweder auf privatem Wege mit dem Triebwerksbesitzer geeinigt oder den Widerspruch im Wege des Verfahrens nach §§ 24 ff. PrivatflussG von 1843[613] beseitigt hatte.[614] Der Uferbesitzer war verpflichtet, das administrative Verfahren über die Frage, ob der Widerspruch begründet war oder nicht, abzuwarten, bevor er die Bewässerungsanlage (weiter) betrieb. Legte der Triebwerksbesitzer dar, dass durch die Bewässerung hinsichtlich des Betriebswassers des Triebwerks erhebliche nachteilige Veränderungen entstanden waren, konnte die Regierung ein polizeiliches Verbot an den Uferbesitzer erlassen, wenn dieser die Bewässerung vornahm, ohne den Ausgang des Verfahrens abzuwarten.[615]

611 RGZ, Gruchot 31, 418, 421.

612 ObTr. 35, 173, 177.

613 Zu dem Verfahren nach den §§ 24 ff. PrivatflussG von 1843 siehe unten S. 159 ff.

614 Verfügung an die königliche Regierung zu N., betreffend die Ausführung des § 23 des Gesetzes vom 28. Februar 1843 über die Benutzung der Privatflüsse, in Beziehung auf Bewässerungsanlagen, vom 20. August 1847, VMBl. 1847, 261

615 Verfügung an die königliche Regierung zu N., betreffend die Ausführung des § 23 des Gesetzes vom 28. Februar 1843 über die Benutzung der Privatflüsse, in Beziehung auf Bewässerungsanlagen, vom 20. August 1847, VMBl. 1847, 261; Verfügung an die königliche Regierung zu N., das Verbot von Bewässerungs-Anolagen aus Gründen einer Besitzstörung, und das Verfahren bei den diesfalls im Verwaltungswege zu erlassenden Entscheidungen betreffend, vom 16. Dezember 1860, VMBl. 1861, 71 f.

3. Pflichten des Uferbesitzers nach §§ 3 ff. PrivatflussG von 1843

Die Pflichten des Uferbesitzers richteten sich nach §§ 3 ff. PrivatflussG von 1843. Nach § 3 durfte das Flusswasser durch die Zuleitung von Abwässern aus Färbereien, Gerbereien und ähnlicher, gewerblicher Anlagen[616] nicht verunreinigt werden, wenn dadurch eine erhebliche Beeinträchtigung des Bedarfs an sauberem Wasser oder eine Belästigung der Bevölkerung verursacht wurde. War der Wasserlauf bereits derart verunreinigt, dass für wirtschaftliche Zwecke nicht mehr brauchbar war und wurde der Bedarf an sauberem Wasser aus anderen Gewässern gedeckt, dann war hinsichtlich weiterer Verunreinigungen eine Beeinträchtigung iSv § 3 PrivatflussG ausgeschlossen und auf diese Norm folglich keine Rücksicht zu nehmen.[617]

Nach §§ 4 und 5 PrivatflussG von 1843 durften Steine, Erde oder Sand nicht in Flüsse geworfen werden. Eine Ausnahme zur Uferbefestigung bzw. zur Anlegung von Wiesen war nur dann möglich, wenn weder der Wasserabfluss behindert noch das Wasser verunreinigt wurde noch die Vorfluth, die Schifffahrt oder die Unterlieger beeinträchtigt wurden. § 4 PrivatflussG erfasste dabei nicht nur solche Materialien, die den Ablauf des Wassers hemmten, sondern auch solche, die das Wasser verunreinigten, wie sich aus der Verweisung auf § 3 PrivatflussG ergibt.[618] § 6 PrivatflussG von 1843 verbot das Flachs- und Hanfröthen in Privatflüssen. Es handelte sich dabei um absolute Verbotsgesetze,[619] was zur Folge hatte, dass Uferanlieger keine Befreiung von diesen Verboten erlangen konnten.[620] Verstöße gegen diese Pflichten waren strafbewährt. Nach der Polizei-Verordnung für den Regierungsbezirk Frankfurt z.B. wurden Verstöße mit Strafe in Höhe von bis zu 10 Talern belegt.[621]

Mit den Vorschriften der §§ 3–6 PrivatflussG von 1843 wurden erstmalig Regelungen zum Schutz des Gemeinwohls und zur Verhinderung der Verunreinigung von Privatgewässern aufgestellt. Sie beschränkten sich auf die hergebrachten Möglichkeiten der Gewässerverschmutzung und trugen damit vor

616 Darunter fällt z.B. auch eine Melasse-Fabrik, vgl. Bescheid an die Kaufleute N.N. zu N., bezüglich auf die Unzulässigkeit der Verunreinigung der Flüsse durch die Abgänge gewerblicher Anlagen, vom 26. Januar 1853, VMBl. 1853, 53.

617 PrOVGE 29, 287, 292 f.

618 ObTr. 70, 351, 353.

619 ObTr. 70, 351, 354.

620 ObTr. 70, 351, 354.

621 Polizei-Ordnung für den Regierungsbezirk Frankfurt, vom 15. November 1851, VMBl. 1851, 286, 292.

allem den Bedürfnissen der Landwirtschaft Rechnung. Ein allgemeines Verunreinigungsverbot zum Zwecke der Schadensprävention – auch hinsichtlich industrieller Anlagen – enthielt das PrivatflussG von 1843 nicht.[622] Dessen ungeachtet ergingen vor allem auf Grundlage von § 3 PrivatflussG von 1843 bis in die siebziger Jahre des 19. Jahrhunderts zahlreiche Urteile zugunsten der Flusseigentümer, die die Einleitung gewerblicher Abwässer in Privatflüsse untersagten.[623] Soweit allerdings bereits verunreinigte Wasserläufe vorhanden waren, half § 3 PrivatflussG von 1843 nach Ansicht des PrOVG nicht weiter, weil dann keine Beeinträchtigung des Bedarfs durch weitere Nutzung mehr verursacht wurde.[624]

Die in § 7 PrivatflussG von 1843 normierte Räumungspflicht für Uferbesitzer war die Kehrseite des nach § 1 PrivatflussG von 1843 gewährten umfassenden Nutzungsrecht.[625] Wem die Vorteile der Nutzung zukamen, der sollte auch die mit dem Flusslauf verbundenen Lasten tragen. Diese Norm erweiterte ALR I 8 § 100, der eine Unterhaltungspflicht der Anlieger von künstlichen Wasserläufen und Gräben vorsah, insoweit, als eine Räumungspflicht der Uferbesitzer bestand, soweit dies zur Verschaffung der Vorfluth notwendig war. Die Verschaffung der Vorfluth konnte dabei aus gesundheitspolizeilichen Gründen geboten sein.[626] Gesundheitspolizeiliche Gründe alleine[627] genügten für die Anwendung des § 7 PrivatflussG von 1843 ebenso wenig wie Interessen der Schifffahrt[628]. Auch eine über die Räumungspflicht hinausgehende Unterhaltungs- oder sonstige Pflicht (wie z.B. Vertiefung, Verbreiterungen oder Durchstiche) zur Flussregulierung konnte dem Uferbesitzer nicht auferlegt werden.[629] Stand der Privatfluss im ausschließlichen Eigentum eines anderen, oblag dem Uferbesitzer keine Räumungspflicht, da ihm in diesem Fall auch nicht der Vorteil in Form der Wassernutzung zugutekam.[630] Im Gegensatz zu § 10 Vorfluthedikt von 1811, der der Polizeibehörde nur in dringlichen Fällen und für einen vorübergehenden Zeitraum gestattete, den Räumungspflichtigen zu bestimmen und diesen zur Räumung anzuhalten, ermächtigte § 7 Abs. 2 PrivatflussG von 1843 die Polizeibehörde dazu, den Verpflichteten definitiv zur Räumung anzuhalten[631]. Bei

622 *Gilhaus,* Schmerzenskinder der Industrie, S. 222.
623 Z.B.: ObTr., StrA 16, 50 ff.; StrA 60, 82 ff.
624 PrOVGE 29, 287, 293.
625 ObTr. 42, 47, 49 f.
626 PrOVGE 11, 244, 246.
627 PrOVGE 11, 244, 246.
628 PrOVGE 2, 281, 284.
629 *Oppenhoff,* Die preußischen Gesetze über die Ressortverhältnisse, S. 414 f. Fn. 15.
630 ObTr. 42, 47, 49 f.
631 *Oppenhoff,* Die preußischen Gesetze über die Ressortverhältnisse, S. 414 f. Fn. 15.

Unklarheiten über die Person des Räumungspflichtigen entschied vorübergehend der Besitzstand, wem die Verpflichtung oblag. Wenn dieser ungewiss war, war der Uferbesitzer heranzuziehen, bis eine Gerichtsentscheidung den Pflichtigen feststellte.

Kam der Räumungspflichtige seiner Pflicht nicht nach, dann war die Polizeibehörde befugt, die Räumung des Flusses vorzunehmen und dem Säumigen die dafür angefallenen Kosten aufzuerlegen und beizutreiben[632].

4. Gemeingebrauch nach § 2 PrivatflussG von 1843

§ 2 PrivatflussG von 1843 gestattete den Gemeingebrauch, d.h. die Nutzung des Wassers zum Trinken, Schöpfen und Tränken, an den Uferabschnitten, an denen der Privatfluss an öffentliche Plätze und Wege grenzte. Grenzte der Fluss an ein Privatgrundstück, so stand der Gemeingebrauch den Uferbesitzern und denjenigen Personen zu, denen die Uferbesitzer den Zugang zum Fluss gestatten, da nur sie dazu berechtigt waren, das Ufer zu betreten und damit auch nur sie in der Lage waren, den Gemeingebrauch auszuüben. Sollte der Gemeingebrauch andere Uferbesitzer in der Ausübung ihres Nutzungsrechts nach § 1 PrivatflussG von 1843 stören, so kam ihnen weder ein Recht auf Widerspruch noch auf Entschädigung zu.[633] Sie hatten die Ausübung des Gemeingebrauchs vielmehr zu dulden. Diese Duldungspflicht zeigt, dass der Gemeingebrauch gegenüber den übrigen Nutzungsrechten Vorrang genoss. Eine Ausnahme bestand dann, wenn der Gemeingebrauch den Flusslauf derart störte, dass dem Unterlieger das Wasser vollständig entzogen wurde und die Möglichkeit der Flussnutzung somit aufgehoben war,[634] da der Gemeingebrauch des Wassers nicht unbegrenzt zum Nachteil anderer ausgedehnt werden durfte. In einem solchen Fall musste vielmehr ein Ausgleich im Einzelfall zwischen den kollidierenden Interessen gefunden und die Nutzung des Wassers beschränkt und geregelt werden.[635] Gleiches galt, wenn der Gemeingebrauch zu einer mit Gemeinwohlinteressen nicht zu vereinbarenden Beeinträchtigung der Nutzungsmöglichkeiten des Flusses

---

632 Erkenntnis des königlichen Gerichtshofes zur Entscheidung der Kompetenz-Konflikte, vom 25. Oktober 1856, bzgl. der Befugnis des Beitreibens vgl. § 20 Gesetz über die Polizeiverwaltung, vom 11. März 1850 (GS 1850, S. 265 ff.); § 1 Nr. 5 der Verordnung wegen exekutivischer Beitreibung der direkten und indirekten Steuern und anderer öffentlicher Abgaben und Gefälle in der Rheinprovinz, vom 24. November 1843 (GS 1843, S. 351 ff.).

633 *Frank*, Wasserrecht und Wasserpolizei, S. 246.

634 *Frank*, Wasserrecht und Wasserpolizei, S. 246 f.

635 *Frank*, Wasserrecht und Wasserpolizei, S. 246 f.

führte. Zudem konnte die Polizeibehörde, falls durch den Gemeingebrauch die Beschädigung des Ufers drohte, diesen gemäß § 2 PrivatflussG von 1843 untersagen.

5. Besonderheiten zur Förderung von Bewässerungsanlagen

Um das Ziel, die Bodenkultur zu verbessern und Landeskulturinteressen ausreichend zu berücksichtigten, zu erreichen, enthielt das PrivatflussG von 1843 eine Vielzahl von Vorschriften, die die Errichtung und den Betrieb von Bewässerungsanlagen förderten. Dazu wurden eigens zwei verschiedene Verfahren, das Präklusions- und Aufgebotsverfahren sowie das Vermittlungsverfahren eingeführt, um den Bewässerungsinteressen besonders Rechnung zu tragen.

a) Das Präklusions- und Aufgebotsverfahren für Bewässerungsanlagen

Zur Errichtung von Bewässerungsanlagen brauchte der Uferbesitzer nach § 19 PrivatflussG von 1843 keine polizeiliche Erlaubnis. Ihm war jedoch die Möglichkeit eröffnet, mit Hilfe der Polizeibehörde ein Präklusions- und Aufgebotsverfahren zu durchlaufen, um sich Gewissheit über das Bestehen möglicher Widerspruchsrechte sowie Entschädigungsansprüche hinsichtlich seiner Bewässerungsanlage zu verschaffen. Diese Option des Präklusions- und Aufgebotsverfahrens sah das PrivatflussG von 1843 nur für Bewässerungsanlagen, nicht für andere Formen der Wassernutzung vor.[636] Sie konnte in jedem Stadium des Unternehmens genutzt werden, d.h. sowohl vor Errichtung, in der Errichtungsphase als auch bei bereits bestehenden Anlagen.[637]

Nach Einreichung eines Plans inklusive Zeichnung der Anlage beim Landrat veranlasste dieser die öffentliche Bekanntmachung in der in § 21 PrivatflussG von 1843 näher bestimmten Art und Weise. Die öffentliche Bekanntmachung musste dabei die Aufforderung enthalten, Widersprüche und Entschädigungsansprüche binnen drei Monaten geltend zu machen. Bei dieser Frist handelt es sich um eine Präklusionsfrist. Alle nicht innerhalb der Frist geltend gemachten Widersprüche bzw. Entschädigungsansprüche waren damit ausgeschlossen. So wurde für den Unternehmer Rechtssicherheit und Schutz seiner Bewässerungsanlage erreicht.

---

636 Verfügung an die königl. Regierung zu Liegnitz, betreffend die Auslegung des § 23 des Gesetzes vom 28. Februar 1843, wegen Benutzung der Privatflüsse, rücksichtlich der Kompetenzverhältnisse der Behörden bei Streitigkeiten über Bewässerungsanlangen, vom 9. September 1845, VMBl. 1845, 270, 271.

637 *Baumert,* Die Unzulänglichkeit der bestehenden Wassergesetze, S. 47.

Die Regierung[638] erließ anschließend einen Präklusionsbescheid, in dem alle geltend gemachten Rechte vorbehalten, alle übrigen präkludiert waren und stellte diesen dem Unternehmer zu, § 22 PrivatflussG von 1843. Gegen den Bescheid konnte eine Restitution bei der Regierung[639] binnen zehn Tagen eingelegt werden. Das Aufgebots- und Präklusionsverfahren endete mit Erlass des Bescheides. Der Unternehmer hatte nun die Wahl, ob er sein Bewässerungsvorhaben durchführte und die Geltendmachung der Ansprüche abwartete oder ob er ein gerichtliches Verfahren anstrengte, um die Unbegründetheit der Ansprüche nachzuweisen und sie damit zu beseitigen.[640] Als dritte Möglichkeit stand ihm das Vermittlungsverfahren zur Einschränkung oder Beseitigung bestimmter entgegenstehender Rechte offen.

Der von der Regierung erlassene Präklusionsbescheid begründete kein subjektives Recht auf Wassernutzung. Er diente ausschließlich dazu, mögliche Ansprüche und Widersprüche anderer Wassernutzer hinsichtlich der Bewässerungsanlage endgültig mit präklusiver Wirkung festzustellen. Es wurde daher im Gegenteil vorausgesetzt, dass dem Unternehmer des Bewässerungsvorhabens ein subjektives Recht auf Wassernutzung zustand, weil er ansonsten im Vermittlungsverfahren oder in einem gerichtlichen Verfahren, in dem über entgegenstehende Ansprüche und Widersprüche verhandelt wird, unterlegen hätte.

b) Das Vermittlungsverfahren nach den §§ 24 ff. PrivatflussG

Neben dem Aufgebots- und Präklusionsverfahren konnte der Uferbesitzer ein Vermittlungsverfahren vor einer Kommission in Anspruch nehmen, wenn Dritte ihm in Ansehung seiner Bewässerungsanlage Rechte einräumen bzw. sich die Einschränkung ihres Rechts gefallen lassen sollten. Dieses Verfahren diente dazu, entgegenstehende Rechte gegen Zahlung einer Entschädigung einzuschränken oder zu beseitigen. Sobald der Ufereigentümer also die Grenzen der §§ 13 bis 18 PrivatflussG von 1843 überschreiten wollte, musste er das Vermittlungsverfahren nach §§ 24 ff. PrivatflussG von 1843 in Anspruch nehmen,

---

638 Mit Erlass des Gesetzes über die Zuständigkeit von Verwaltungs- und Verwaltungsgerichtsbehörden vom 1.8.1883 (GS 1883, 237 ff.) fallen alle bisher der Regierung zustehenden Aufgaben in den Zuständigkeitsbereich des Stadt- bzw. Kreisausschusses, vgl. §§ 74 ff. des Gesetzes, mit Ausnahme der Beschränkungen nach § 15 PrivatflussG von 1843. Über diese entscheidet dann der Bezirksausschuss.

639 Mit Erlass des Gesetzes über die Zuständigkeit von Verwaltungs- und Verwaltungsgerichtsbehörden vom 1.8.1883 (GS 1883, 237 ff.). entscheidet der Kreis- bzw. Stadtausschuss über das Restitutionsgesuch im Verwaltungsstreitverfahren, § 74.

640 *Scheele*, Das preußische Wasserrecht, S. 59.

um der Gefahr, dass andere Uferanlieger ihre Rechte und Ansprüche geltend machten und so die Durchführung seines Unternehmens beeinträchtigten, zu begegnen.[641]

Die §§ 25 bis 29, 37 enthielten die materiellen Regelungen über die dem Antragsteller und den übrigen betroffenen Uferbesitzern zukommenden Rechte. Die übrigen Bestimmungen, §§ 30 bis 36, 38 bis 55 betrafen das formelle Verfahren. Die Inanspruchnahme der Polizeibehörde und damit die Einleitung des Vermittlungsverfahrens war zulässig soweit ein überwiegendes Landeskulturinteresse bestand, § 24 PrivatflussG von 1843. Nur wenn ein solches feststand, war das weitere Verfahren zulässig.[642] Das Vermittlungsverfahren stand dabei selbstständig neben dem Aufgebots- und Präklusionsverfahren und konnte gleichzeitig mit oder unabhängig von diesem durchgeführt werden. Die Polizeibehörde konnte außerhalb dieses Vermittlungsverfahrens nicht regulierend eingreifen, um im Interesse der Bodenkultur die Wassernutzungsverhältnisse festzulegen und bestehende Konflikte zwischen den Nutzungsinteressen beizulegen.[643] Die Polizeibehörde konnte von Amts wegen nur aus landespolizeilichen Gründen, wie z.B. die Beeinträchtigung der Schifffahrt, tätig werden, da der Schutz privater Rechte ihr nur nach Aufforderung seitens des Bewässerungsunternehmers zukam.[644]

aa. Materielle Bestimmungen

Im Rahmen des Vermittlungsverfahrens hatte der Uferbesitzer mehrere Möglichkeiten zugunsten seiner Bewässerungsanlage Rechte Dritter zu beschränken bzw. eigene Rechte zu erweitern. Unabhängig davon, welche Möglichkeit er wählte, war er zu Entschädigungsleistungen an den betroffenen Grundstückseigentümer verpflichtet. Der Uferbesitzer konnte die Einräumung eines Wasserleitungsservituts über ein fremdes Grundstück (§ 25 Nr. 1), eine Ausnahme von den Beschränkungen des § 13 Nr. 1 PrivatflussG von 1843 (§ 25 Nr. 3) sowie die Benutzung des gegenüberliegenden Ufers für den Anschluss eines Stauwerks (§ 25 Nr. 2) verlangen. Zudem hatte er die Möglichkeit, vom Triebwerksbesitzer zu fordern, dass dieser eine Beschränkung seines Wassernutzungsrechts duldete (§ 25 Nr. 4). Dem von den Anträgen betroffenen Grundstückseigentümer standen ebenfalls verschiedene Optionen zu, darauf zu reagieren. Sowohl

641 *Lette*, Die Gesetzgebung über Benutzung der Privatflüsse, S. 54.
642 *Lette*, Die Landeskulturgesetzgebung des Preußischen Staates, Bd. II, 2, S. 666.
643 *Lette*, Die Gesetzgebung über Benutzung der Privatflüsse, S. 23 f.
644 *Lette*, Die Gesetzgebung über Benutzung der Privatflüsse, S. 23 f.

hinsichtlich des Wasserleitungsservituts als auch hinsichtlich der Ausnahme zu § 13 Nr. 1 PrivatflussG von 1843 hatte der Grundstückseigentümer, dessen Grundstück mit dem Servitut belastet werden sollte bzw. von der Aufhebung der Beschränkungen nachteilig betroffen war, gegen den Uferbesitzer einen Übernahmeanspruch, wenn das Grundstück nicht mehr zweckmäßig genutzt werden konnte (§ 26 Nr. b PrivatflussG von 1843) bzw. die Bewässerungsanlage eine Versumpfung des Grundstücks verursachte (§ 29 PrivatflussG von 1843). Im Fall der Anlage des Stauwerks nach § 25 Nr. 2 PrivatflussG von 1843 konnte der betroffene Grundstückseigentümer wählen, ob er statt einer vollständigen Entschädigung das aufgestaute Wasser zur Hälfte mitnutzte. In diesem Fall hatte er die Hälfte der Kosten des Stauwerks zu tragen. Entschied er sich für die Entschädigung oder traf er binnen drei Monaten keine Entscheidung, verlor er die Möglichkeit der Wassermitbenutzung, § 27 PrivatflussG von 1843.

Die §§ 28 und 37 PrivatflussG regelten das Verhältnis zu anderen Wassernutzungsarten. § 28 PrivatflussG von 1843 gebot, dass im Zweifel die Landeskulturinteressen hinter der Entwässerung zurückstehen mussten, wenn durch die Aufhebung der Beschränkungen des § 13 Nr. 1 PrivatflussG von 1843 die Entwässerung von oberhalb liegenden Grundstücken Dritter beeinträchtigt wurde. § 37 PrivatflussG von 1843 stellte den Grundsatz auf, dass bei einer Kollision von Bewässerungsanlage und Triebwerk ein Triebwerksbesitzer die Abänderung des inneren Triebwerks nicht zu dulden brauchte, er allerdings eine zweckmäßige Einrichtung der Stauwerke, des Gerinnes und des Wasserrades hinnehmen musste. Ziel dieser Vorschrift war es die Verschwendung von Wasserkraft durch unzweckmäßig errichtete Triebwerke zu verhindern und ungenutztes Wasser für Bewässerungszwecke nutzbar zu machen.[645] Der Antragsteller hatte die Kosten der Einrichtung zu tragen und dem Triebwerksbesitzer den Schaden zu ersetzen, der während Einrichtungsarbeiten durch Hemmung seines Gewerbebetriebs entstanden war. Zudem hatte er dauerhaft die aufgrund der neuen Einrichtung entstehenden, erhöhten Unterhaltungskosten des Triebwerks zu zahlen.

bb. Das formelle Verfahren im Überblick[646]

Die Anträge für die Forderungen nach § 25 PrivatflussG von 1843 waren an die Vermittlungskommission zu richten, welche nach den Vorgaben des § 30

645 Sitzung der ständischen Ausschüsse vom 04.11.1842, Allg. Preuß. Staatzeitung No. 320 (18.11.1842), S. 2269.

646 Die §§ 27 ff. PrivatflussG werden durch das Gesetz über die Enteignung von Grundeigentum, vom 11. Juni 1874 (GS 1874, S. 221) nicht aufgehoben, da ausweislich des § 54 dieses Gesetz auf Vorflutangelegenheiten, Entwässerungs- und

PrivatflussG u.a. mit Sachverständigen zu besetzen war. § 31 PrivatflussG benannte die notwendigen Unterlagen und Erklärungen, die dem Antrag beizufügen waren. In der ersten Phase des Verfahrens prüfte die Kommission vor dem Antrag zunächst die in § 24 PrivatflussG von 1843 enthaltene Vorfrage, ob ein überwiegendes Landeskulturinteresse[647] bestand. Dabei hatte sie die Abwägungsvorgabe des § 28 PrivatflussG zugunsten der Entwässerung oberhalb der Bewässerungsanlage gelegener Grundstücke zu beachten. Gegen diese Entscheidung über das Bestehen oder Nichtbestehen des Landeskulturinteresses konnten sowohl der Antragsteller als auch der vom Antrag nachteilig Betroffene binnen einer Ausschlussfrist von sechs Wochen Rekurs an die Regierung einlegen. Gegen eine von der Kommission abweichende Entscheidung der Regierung war ein Rekurs an das Innenministerium zulässig, § 32 PrivatflussG von 1843.

Nach dem Feststehen des überwiegenden Landeskulturinteresses ernannte die Regierung in der zweiten Phase des Verfahrens die Kommissarien, welche unter Mitwirkung des Landrats den Antrag und die geltend gemachten Widersprüche im Einzelnen prüften, § 33 PrivatflussG von 1843. Die §§ 34 bis 36 enthalten Fragestellungen und Problempunkte, die je nach Antrag (§ 25 Nr. 1, 2 oder 4 PrivatflussG) bei der Prüfung besonders zu beachten und zu hinterfragen waren. Neben den Widersprüchen hatten die Kommissarien bei der Prüfung auch das öffentliche Interesse zu berücksichtigen. Auf Basis dieser Prüfung erstellten sie einen Plan zur Ausführung und Benutzung der Bewässerungsanlage, welcher den Parteien zur Erklärung und der Regierung mit einem gutachterlichen Bericht vorgelegt wurde, § 40 PrivatflussG von 1843. Die Regierung entschied auf Basis des Gutachtens und des Plans darüber, ob die geltend gemachten Widersprüche zulässig waren und ob und unter welchen Bedingungen die Genehmigung für die Bewässerungsanlage zu erteilen war. Der daraufhin erteilte Beschluss musste eine Frist enthalten, innerhalb derer die Bewässerungsanlage errichtet sein musste, § 43 PrivatflussG von 1843. Ein Überschreiten der Frist führte zum Verlust des Rechtes. Der Beschluss war beiden Parteien bekanntzumachen,

---

Bewässerungsangelegenheiten sowie die Benutzung von Privatflüssen keine Anwendung findet.

647 Für den Bezirk des Appellationsgerichtshofs zu Köln gilt nach dem Gesetz vom 9.2.1845 (GS 1845, S. 35), dass im Zweifel dem Interesse bereits vorhandener Triebwerke Vorrang vor dem Landeskulturinteresse einzuräumen sei.

welche binnen einer sechswöchigen Ausschlussfrist ab Bekanntgabe Rekurs an das Innenministerium[648] einlegen konnten, § 44 PrivatflussG von 1843.[649]

Wenn endgültig feststand, inwieweit ein Recht zugunsten einer Bewässerungsanlage eingeräumt bzw. eingeschränkt werden sollte, bestimmte die Regierung in einer dritten Phase des Verfahrens drei Taxatoren, welche unter Zuziehung aller Beteiligten die Höhe der Entschädigung ermittelten und diese um einen Betrag von 25 % des ermittelten Wertes aufstockten.[650] Die Entschädigungssumme wurde durch Beschluss festgesetzt, der den Parteien bekanntzumachen war und gegen den der zu Entschädigende binnen einer sechswöchigen Ausschlussfrist Rekurs beim Revisionskollegium[651] einlegen konnte,[652] wenn er

648 Für den Bezirk des Appellationsgerichtshofs zu Köln ist nach dem Gesetz vom 9.2.1845 (GS 1845, S. 35) anstatt des Ministeriums des Innern das Revisionskollegium für Landeskultursachen für den Rekurs zuständig.

649 Im Gesetzes-Entwurf über die Benutzung der Privatflüsse (Allg. Preuß. Staatszeitung 1842, Beilage zu No. 304 (02.11.1842), S. 2199 f.) war die Restitution nicht vorgesehen. Dieser Vorschlag wurde erst in der Sitzung vom 3.11.1842 gemacht (vgl. *Wangenheim*, Die befreite Undine, S. 56). Mit Erlass des Gesetzes über die Zuständigkeit der Verwaltungs- und Verwaltungsgerichtsbehörden vom 1.8.1883 (GS 1883, 237 ff.) findet gemäß § 77 des Gesetzes gegen den Beschluss binnen zwei Wochen der Antrag auf mündliche Verhandlung im Verwaltungsstreitverfahren statt.

650 Der Gesetzes-Entwurf über die Benutzung der Privatflüsse (Allg. Preuß. Staatszeitung 1842, Beilage zu No. 304 (02.11.1842), S. 2199 f.) sah noch vor, dass der Zuschlag von 25 % nicht gewährt werden sollte, wenn der zu Entschädigende Rekurs einlegt. Auf diese Weise sollte die mutwillige Einlegung eines Rechtsmittels verhindert und so das Verfahren beschleunigt werden. Auf der Sitzung der ständischen Ausschüsse vom 04.11.1842 wurde diese Regelung mit der Begründung aufgehoben, dass die weiteren Verfahrenskosten Querulanten genug Abschreckung bieten würden und dass der Wegfall des Zuschlags einer Sukkumbenzstrafe entspräche, die – entgegen der üblichen Praxis – auch bei Obsiegen zu entrichten wäre, Allg. Preuß. Staatszeitung No. 320 (18.11.1842), S. 2270.

651 Mit Erlass der Verordnung, betreffend den Geschäftsgang und Instanzenzug bei den Auseinandersetzungsbehörden, vom 22. November 1844 (GS 1845, S. 19 ff.) werden gemäß § 7 der VO die Revisionskollegien ersetzt durch das „Revisionskollegium für Landeskultursachen" zu Berlin, welches für die ganze Monarchie zuständig ist. Dieses wird gemäß § 2 des Gesetzes, betreffend das Verfahren in Auseinandersetzungsangelegenheiten, vom 18. Februar 1880 (GS 1880, S. 59 ff.) in „Oberlandeskulturgericht" umbenannt.

652 Mit Erlass des Gesetzes über die Zuständigkeit der Verwaltungs- und Verwaltungsgerichtsbehörden vom 1.8.1883 (GS 1883, 237 ff.) wird die Entschädigungssumme durch den Kreis- bzw. Stadtausschuss durch Endurteil festgestellt, vgl. § 78 des Gesetzes. Gegen dieses kann der Berechtigte Berufung beim Oberlandeskulturgericht einlegen.

die veranschlagte Entschädigung für nicht ausreichend erachtete, § 47 PrivatflussG von 1843. Die Rekursschrift musste gemäß § 48 PrivatflussG von 1843 den geforderten Mehrbetrag der Entschädigungssumme enthalten. Der Unternehmer der Bewässerungsanlage hatte kein Recht zum Rekurs. Alternativ zu einer Entschädigung in Geld konnte der zu Entschädigende in den Fällen der §§ 26 und 29, dann wenn der Unternehmer zur Übernahme des Grundstücks verpflichtet war, eine Landabfindung fordern, deren Wert dem der Entschädigungssumme entsprach.

Der Unternehmer erhielt die Baufreigabe zur Ausführung der Bewässerungsanlage erst, wenn er die Entschädigungssumme gezahlt oder hinterlegt hatte. Im Falle des Rekurses gegen den Entschädigungsbescheid seitens des Entschädigungsberechtigten konnte die Regierung unter der Voraussetzung, dass der Unternehmer die von der Regierung festgesetzte Entschädigungssumme als Kaution zahlte, nach § 52 PrivatflussG von 1843 vorläufig die Ausführung gestatten, wenn gerichtliche Verfahren über einzelne Widerspruchsrechte noch nicht abgeschlossen waren. Wenn sich der Bewässerungsunternehmer nicht an den Bewässerungsplan hielt und dadurch benachbarte Grundstücke schädigte, konnte der geschädigte Nachbar nur gerichtliche Hilfe in Anspruch nehmen. Die Polizei- und Verwaltungsbehörden waren mangels ausdrücklicher Regelungen nicht dafür zuständig, die ordnungsgemäße Ausführung des Plans zu überwachen sowie die sich aus rechtswidriger Überschreitung des Plans ergebende Streitigkeit zu schlichten.[653]

cc. Die Rechtsnatur des Vermittlungsbeschlusses

Fraglich ist, ob dem Berechtigten mit Erlass des Vermittlungsbeschlusses ein subjektives Recht auf Wassernutzung verliehen wird. § 19 Nr. 2 PrivatflussG von 1843 spricht davon, dass das Vermittlungsverfahren u.a. dazu dient, dass „ein Anderer ihm ein Recht einräume". Nach dem Wortlaut handelte es sich damit um eine Rechtsübertragung und nicht z.B. um die Einholung einer polizeilichen Genehmigung. Gestützt wird der Wortlaut durch § 25 Nr. 1 PrivatflussG von 1843, der die Einräumung eines Servituts, also eines dinglichen Nutzungsrechts an einer Sache, ermöglicht. Auch wenn damit von der Übertragung eines subjektiven Rechts ausgegangen werden kann, muss es sich bei dem in Frage

653 *Oppenhoff*, Die preußischen Gesetze über die Ressortverhältnisse, S. 427 f. Anm. 53; Bescheid an den Mühlenbesitzer N. zu N., die Ausführung der Bewässerungs-Pläne und die Kompetenz in den dabei entstehenden Streitigkeiten betreffend, vom 19. Oktober 1861, VMBl. 1861, 282, 283.

stehenden Recht noch nicht um ein Wassernutzungsrecht handeln. Sowohl die Wasserleitung über ein fremdes Grundstück (§ 25 Nr. 1) als auch die Nutzung des gegenüberliegenden Ufers für den Stauwerksanschluss (§ 25 Nr. 2) greift in die Rechte der betroffenen Grundstückseigentümer ein, da diesen originär das Leitungsrecht über ihr Grundstück bzw. die Nutzung der Ufer als Ausfluss ihres Grundstückseigentums zusteht. Um dem Inhaber der Bewässerungsanlage die Nutzung zu ermöglichen, muss ihm folglich ein entsprechendes Recht durch den Eigentümer gewährt werden. Diese Rechtsgewährung stellt die Einräumung eines subjektiven Rechts dar. Allerdings handelt es sich bei § 25 Nr. 1 PrivatflussG von 1843 nicht um ein Recht, das auf die Nutzung des Privatflusses selbst abzielt, sondern auf das angrenzende Grundstück und dessen Erdmasse, so dass zumindest hinsichtlich dieser Rechtseinräumung kein subjektives Recht auf Wassernutzung gewährt wird.

Anders sieht es bei § 25 Nr. 2 PrivatflussG von 1843 aus. Die Nutzung des gegenüberliegenden Ufers für den Anschluss des Stauwerkes beinhaltet notwendigerweise die Nutzung der dem Grundeigentümer zustehenden Flusshälfte, da das Stauwerk sich von einem Ufer zum anderen erstrecken soll und somit zwangsläufig auch der dem gegenüberliegenden Uferbesitzer zustehende hälftige Anteil an der Wassermasse mit aufgestaut wird. Hierbei kann man also von der Einräumung eines subjektiven Wassernutzungsrechts sprechen.

Gesetzlich stand dem Bewässerungsanlageninhaber gemäß § 14 PrivatflussG von 1843 nur ein Wassernutzungsrecht an der Hälfte des Wassers zu. Bei einem zu seinen Gunsten ausgehenden Vermittlungsverfahren erhält er das Recht, eine Stauanlage bis ans gegenüberliegende Ufer zu erstrecken und damit mittelbar auch das Recht die gesamte Wassermasse zu stauen. Die in § 25 Nr. 3 PrivatflussG von 1843 vorgesehenen Ausnahme von der Beschränkung des § 13 Nr. 1 PrivatflussG von 1843, also dem Verbot des Wasserrückstaus über die Grundstücksgrenzen sowie der Versumpfung und Überschwemmung fremder Grundstücke, bedeutet für den Berechtigten, dass ihm diese Handlungen gestattet sind. Insoweit handelt es sich um eine Erweiterung seines ihm gesetzlich bereits nach § 1 PrivatflussG zustehenden Staurechts. Inhalt und Umfang dieses Staurechts, insbesondere die Stauhöhe, werden dadurch verändert. Darin ist eine Rechtseinräumung zu sehen, da ihm ein Mehr an Wassernutzung durch den betroffenen Grundstückseigentümer zugestanden wird.

c) Eingeschränkter Schutz von Triebwerken

Während das Aufgebots- und Präklusionsverfahren dazu diente, mögliche Widersprüche und Entschädigungsansprüche festzustellen und dem Unternehmer

Gewissheit zu verschaffen, sollte über das Vermittlungsverfahren die Aufopferung von Rechten Dritter zugunsten von Bewässerungsanlagen erreicht werden[654]. Beide Verfahren zur Förderung der Bodenkultur waren insgesamt sehr zeitaufwendig und für den Bewässerungsunternehmer sehr kostspielig, da dieser neben den Entschädigungs- und ggf. Schadensersatzkosten auch größtenteils die Verfahrenskosten zu tragen hatte. *Lette* kritisierte zudem, dass der Unternehmer erst in der 3. Phase des Vermittlungsverfahrens erfahre, welche Entschädigungskosten wirklich auf ihn zukämen.[655] Die Realisierbarkeit der Bewässerungsanlage entschied sich also zu einem Zeitpunkt, indem der Unternehmer bereits viel Zeit und Arbeit eingesetzt und einiges an Investitionen getätigt hatte, betrachtete man die für das Verfahren einzureichenden Unterlagen und Gutachten sowie die Verfahrenskosten.

Desweiteren fällt auf, dass das PrivatflussG von 1843, um die Begünstigung von Bewässerung zu erreichen, bestehenden Triebwerken nur geringen Schutz zukommen ließ. Im Vergleich zu ALR II 15 § 246, wonach einer bestehenden Mühle das zum Betrieb erforderliche Wasser durch den Nachbarn nicht entzogen werden durfte, hatte sich die Position der Triebwerks- und Mühlenbesitzer verschlechtert. Zwar wurde ihnen ein Widerspruchsrecht zugestanden, das jedoch nicht sehr effektiv ausgestaltet war. Die Bewässerungsanlagen konnten ohne vorherige Genehmigung, Anzeige oder Bekanntmachung errichtet werden, so dass der Mühlenbesitzer von einer oberhalb gelegenen Bewässerungsanlage ggf. erst erfuhr, wenn das vorbeifließende Wasser zum Betrieb seiner Mühle nicht mehr ausreichte. Er konnte den Widerspruch also ggf. erst dann geltend machen, wenn der Schaden bereits eingetreten war. Zur Geltendmachung des Widerspruchs stand ihm der Klageweg offen, es sei denn die Ausnahme des § 23 Abs. 2 PrivatflussG von 1843 war einschlägig. Schutz ihres Gewerbes durch das Einschreiten der Gewerbepolizei war für sie nicht möglich.[656] Da der Geltungsbereich des § 23 Abs. 2 PrivatflussG von 1843 erst durch den königlichen Gerichtshof zur Entscheidung der Kompetenzkonflikte geklärt werden musste und die Rechtsprechung diesbzgl. teilweise uneinheitlich war, entstand sowohl bei den beteiligten Parteien als auch bei den Behörden eine große Unsicherheit über die Zuständigkeit, so dass schlimmstenfalls Gericht und Behörde sich für unzuständig erklärten. Dies bedeutete eine starke Einbuße an Rechtssicherheit,

654 *Scheele,* Das preußische Wasserrecht, S. 65.

655 *Lette,* Die Gesetzgebung über Benutzung der Privatflüsse, S. 63.

656 *Baumert,* Die Unzulänglichkeit der bestehenden Wassergesetze, S. 54; *Lette,* Die Gesetzgebung über Benutzung der Privatflüsse, S. 27.

da es aufgrund der bestehenden Unklarheiten über die Zuständigkeit für den Triebwerksbesitzer schwierig, wenn nicht gar unmöglich war, seine Rechte geltend zu machen und darüber hinaus durchzusetzen.

Auch an anderen Aspekten des PrivatflussG von 1843 zeigt sich, dass Triebwerken und Mühlen in Ansehung der Bewässerungsanlagen eine nur untergeordnete Rolle zukam. Im Vermittlungsverfahren nach §§ 24 ff. PrivatflussG stand dem Triebwerksbesitzer im Gegensatz zu den Nachbarn, bei denen lediglich Grund und Boden betroffen waren, kein Übernahmeanspruch hinsichtlich seines Gewerbes gegen den Bewässerungsunternehmer zu,[657] wenn durch die Bewässerungsanlage das Triebwerk in der herkömmlichen Art und Weise nicht fortgesetzt werden konnte. Auch war der Triebwerksbesitzer nach § 37 PrivatflussG von 1843 verpflichtet, die zweckmäßige Einrichtung der Stauwerke, des Gerinnes und des Wasserrades zu dulden. Eine Veränderung des inneren Triebwerks hingegen brauchte er nicht hinzunehmen. Dabei ging der Gesetzgeber davon aus, dass Veränderungen des äußeren Werkes keinen Einfluss auf das innere Triebwerk hätten.[658] Nach Ansicht von *Volz* und einigen Stimmen bei den ständischen Ausschüssen handelte es sich dabei um eine irrige Annahme, da eine Veränderung des Stauwerkes bzw. des Wasserrades durchaus Einfluss auf das innere Triebwerk nehmen und damit einen Umbau desselben notwendig machen konnten, wenn das Wasser mit geringerer Geschwindigkeit auf das Wasserrad treffen würde und daher pro Zeiteinheit weniger Umdrehungen möglich wären.[659] Zudem ermöglichte § 36 ausdrücklich die Beschränkung des Wassernutzungsrechts der Triebwerksbesitzer, um das Ziel, die Förderung der Bodenkultur und Bewässerung zu erreichen. Wie weit diese Beschränkung gehen konnte und ob auch eine vollständige Aufhebung des Rechts möglich war, wurde im PrivatflussG von 1843 nicht geregelt. Nach Ansicht von *Scheele* war „eine Beschränkung auf ein Minimum und somit völlige Aufhebung zulässig“[660].

Eigentümern von Triebwerken, die nach Inkrafttreten des PrivatflussG von 1843 errichtet wurden, stand aus den §§ 16 und 17 PrivatflussG weder ein Widerspruchsrecht zu – es sei denn, das Recht wurde ausdrücklich verliehen – noch sah das Gesetz einen sonstigen Schutz ihrer Interessen vor. Dies verwundert insofern, als die Mühlen nach § 5 Edikt von 1810 bzw. ab 1845 nach § 27

---

657 *Volz,* Entwurf eines Gesetzes, S. 73.

658 Sitzung der ständischen Ausschüsse vom 04.11.1842, Allg. Preuß. Staatszeitung No. 320 (18.11.1842), S. 2270.

659 *Volz,* Entwurf eines Gesetzes, S. 74; Sitzung der ständischen Ausschüsse vom 04.11.1842, Allg. Preuß. Staatszeitung No. 320 (18.11.1842), S. 2270.

660 *Scheele,* Das preußische Wasserrecht, S. 69.

GewO von 1845 genehmigungspflichtig waren und damit nur mit obrigkeitlicher Genehmigung erbaut werden durften.

Aufgrund dieses unzureichenden Schutzes der Triebwerke und Mühlen stieß das Gesetz in der Literatur[661] auf große Ablehnung; *Baumert* bezeichnete es als „Missgeburt“[662], während *Glaß* meinte, dass es wohl „nur der Versuch eines Gesetzes genannt werden“[663] könne.

6. Das Verhältnis des Privatflussgesetz von 1843 zum ALR

Das ALR enthielt aufgrund eines Redaktionsversehens fast keine Regelungen zu den Nutzungsverhältnissen an Privatflüssen. Dem PrivatflussG von 1843 kam die Aufgabe zu, diese Lücke zu schließen. Es stand folglich neben dem ALR. Die wenigen im ALR vorhandenen Vorschriften wurden durch das PrivatflussG von 1843 teils ergänzt und teils modifiziert. So veränderten beispielsweise die §§ 1, 13 PrivatflussG von 1843 zugunsten der Uferbesitzer die Vorschrift des ALR I 8 § 99,[664] wonach an Privatflüssen zum Nachteil der Nachbarn und Uferbewohner oder durch Hemmung des Ablaufs nichts verändert oder vorgenommen werden durfte, und gaben ihr ihre nähere Bestimmung[665], indem sie ein umfassendes Nutzungsrecht gewährten, welches nur einigen gesetzlichen Beschränkungen unterlag. Insbesondere § 13 PrivatflussG von 1843 mit seinem Überschwemmungs- und Versumpfungsverbot konkretisierte die dem ALR I 8 § 99 zugrundeliegende Idee, den Oberlieger vor Überschwemmungen und Schäden aufgrund von aufgestautem Wasser auf seinem Grundstück zu schützen. Die §§ 16, 17, 36 und 37 PrivatflussG von 1843 schränkten den umfassenden Schutz der Triebwerke und Mühlen, den ALR II 15 § 246 ihnen gewährte, dahingehend ein, dass zugunsten von Bewässerungsanlagen im Wege des Vermittlungsverfahrens Mühlen- bzw. Triebwerksrechte beschränkt werden durften, d.h. auch ihnen im Zweifel ein Teil oder sogar das ganze Wasser entzogen werden durfte, wenn dies aufgrund von einem überwiegenden Landeskulturinteresse zur Förderung der Bewässerung erforderlich sein sollte. Eine Erweiterung erfuhr der Regelungsbereich von ALR I 8 § 100 durch § 7 PrivatflussG

661 *Volz,* Entwurf eines Gesetzes, S. 49 ff.; *Lette,* Die Gesetzgebung über Benutzung der Privatflüsse; *Baumert,* Die Unzulänglichkeit der bestehenden Wassergesetze, S. 31 ff., *Glaß,* Die wasserrechtliche Gesetzgebung, S. 57, 61 ff.

662 *Baumert,* Die Unzulänglichkeit der bestehenden Wassergesetze, S. 31, 53.

663 *Glaß,* Die wasserrechtliche Gesetzgebung, S. 57.

664 ObTr. 34, 89, 91 f.

665 ObTr., StrA 11, 6, 7.

von 1843, in dem die Räumungspflicht, die nach der Vorschrift des ALR nur für künstliche Gräben und Kanäle galt, nun auch auf natürliche Privatflüsse ausgedehnt wurde.[666]

7. Fazit

Ziel des PrivatflussG von 1843 war es, die Bodenkultur, die Bewässerung von Grund und Boden und damit die Landwirtschaft zu fördern und das vorhandene (bisher ungenutzte) Wasser im Interesse des Gemeinwesens und Gemeinwohls zu verwenden. Dabei ging es jedoch nicht darum, eine einheitliche Wasserwirtschaft aufzubauen; vielmehr standen agrarpolitische Aspekte im Vordergrund.[667] Über eine Ertragssteigerung aufgrund besserer Bewässerung sollte eine Verbesserung der Gewerbe- und Ernährungsverhältnisse bewirkt werden.[668] Beeinflusst durch die Mitte des 19. Jahrhunderts in Preußen vorherrschende Idee des freien Wettbewerbs und der Selbstregulierung der Wirtschaft, wurde auch das System der Wasserwirtschaft zumindest hinsichtlich der Privatflüsse überwiegend privatrechtlich ausgestaltet. Die Regelungen der Verhältnisse der verschiedenen Uferbesitzer zueinander erinnern an das zwischen Grundstückseigentümern geltende Nachbarrecht.[669] Den Polizeibehörden und damit der staatlichen Regulierung der Nutzungsverhältnisse wurde nur eine untergeordnete Nebenrolle zugestanden. Ihnen oblag die Aufsicht über die von den Uferbesitzern einzuhaltenden Pflichten. Das Präklusions- und Aufgebotsverfahren ebenso wie das Vermittlungsverfahren zur Regulierung widerstreitender Nutzungsinteressen wurden nicht von Amts wegen durchgeführt, sondern nur auf Antrag eines Uferbesitzers, so dass zumindest das „Ob" des Verfahrens allein der Privatautonomie unterlag.

Im Interesse der Bodenkultur wurde ein umfassendes Wassernutzungsrecht für Ufereigentümer eingeführt, das seiner Rechtsnatur nach ein Privatrecht war. Die verschiedenen Formen der Wassernutzung waren danach genehmigungs- und anzeigefrei. Diese Genehmigungsfreiheit bedeutete zugleich eine geringere staatliche Kontrolle der Nutzungsverhältnisse, als dies bei vor Nutzungsaufnahme einzuholenden Konzessionen der Fall gewesen wäre. Auch hier zeigt sich,

666 *Heydemann,* Einleitung in das System des preußischen Civilrechts, Bd. 1, Bd. 1: Allgemeiner Teil, S. 420.

667 *Sievers,* VerwA, 51 (1960), 187, 200.

668 Sitzung der ständischen Ausschüsse vom 02.11.1842, Allg. Preuß. Staatszeitung No. 314 (12.11.1842), S. 2243.

669 *Sievers,* VerwA, 51 (1960), 187, 200.

welche untergeordnete Rolle den Polizeibehörden zugestanden wurde. Dahinter stand die Idee durch größtmögliche Privatautonomie und damit größtmögliche Freiheit in der Wassernutzung, die Uferbesitzer zum Gebrauch des Wassers im Sinne der Bodenkultur, also zur Bewässerung, zu motivieren.

Ältere Rechte blieben bestehen und wurden durch das PrivatflussG nicht aufgehoben.[670] Ihnen wurde nach § 1 PrivatflussG von 1843 der Vorrang vor dem bestehenden umfassenden Nutzungsrecht eingeräumt. Sie sollten somit im Vergleich zum Wassernutzungsrecht aus § 1 die stärkeren Rechte sein und „Bestandsschutz" genießen. Hinsichtlich bestehender Mühlen und Triebwerke war die Umsetzung dieser Idee nur bedingt gelungen – wie sich aus der dargestellten Benachteiligung im Vergleich zu den Bewässerungsanlagen ergibt. Die Unsicherheiten und Unklarheiten hinsichtlich des Rechtsweges, der fehlende Übernahmeanspruch, die Duldungspflicht bzgl. Veränderungen von Wasserrad, Gerinne und Stauwerk sowie die Möglichkeit ihre Nutzungsrechte (auf ein Minimum) zu beschränken, schwächten die Position der Triebwerks- und Mühlenbesitzer im Verhältnis zu den Unternehmern der Bewässerungsanlagen im Vergleich zur Regelung des ALR II 15 § 246 erheblich. Es zeigt sich, dass das PrivatflussG von 1843, auch wenn es auf den ersten Blick so scheint, den Schutz bestehender Anlagen nicht in den Vordergrund gerückt hatte. Vielmehr wurde alles dem erklärten Ziel der Förderung der Bodenkultur und der Bewässerungsanlagen untergeordnet.

Aufgrund dessen enthielt das Gesetz kaum Bestimmungen, welche die Nutzungsverhältnisse untereinander regelten oder auf Interessen anderer Nutzungsberechtigter Rücksicht nahmen. Abgesehen von §§ 1 und 13 PrivatflussG von 1843, die das Nutzungsrecht des Uferanliegers etwas beschränkten, sowie die in § 37 PrivatflussG von 1843 enthaltene Duldungspflicht der Triebwerksbesitzer hinsichtlich äußerlicher, zweckmäßiger Veränderungen an Stauwerken, am Gerinne und am Wasserrad räumte lediglich § 28 PrivatflussG von 1843 der Entwässerung unter gewissen Voraussetzungen den Vorrang vor der Bewässerung ein. Im Verhältnis der sich gegenüberliegenden Uferbesitzer wurde die Frage danach, wie das Nutzungsverhältnis am Fluss zu regeln war, dadurch gelöst, dass jedem die Hälfte des Wassers zugeteilt wurde. Es wurden also nicht die einzelnen Nutzungsformen zueinander ins Verhältnis gesetzt und ihnen eine Rangfolge gegeben. Es wurde auch nicht beachtet, welche Anlage zur Nutzung die zeitlich frühere bzw. spätere war, sondern es wurde rein quantitativ die vorhandene Wassermenge aufgeteilt, ohne dabei individuelle Bedürfnisse zu berücksichtigen.

670 *Scheele*, Das preußische Wasserrecht, S. 51.

Darüberhinausgehende Regelungen zur Vereinbarkeit kollidierender Nutzungsinteressen traf das Gesetz nicht. Falls das „freie Spiel der Kräfte“[671] und die vorhandenen gesetzlichen Vorschriften nicht zu einem Ausgleich widerstreitender Interessen führten, griff die Rechtsprechung des Öfteren auf die allgemeinen Grundsätze über das Eigentum zurück. Danach fand das Eigentumsrecht des einen seine Grenze im Eigentumsrecht des anderen.[672] Dementsprechend hatte der Eigentümer sein Eigentum so zu nutzen, dass dadurch sein Nachbar im Gebrauch seines Eigentums nicht beeinträchtigt wurde.[673] Hinsichtlich der Nutzung des fließenden Wassers wurde dabei auf die tatsächlichen Verhältnisse des Flusslaufs abgestellt – es sei denn, es lagen spezielle Rechtstitel vor. Das hieß, der Oberlieger konnte das Wasser nach seinem Belieben gebrauchen, solange er sich in den gesetzlichen Beschränkungen bewegte, selbst wenn dadurch dem Unterlieger weniger Wasser zur Verfügung stand. Eine Ausnahme hiervon war § 15 PrivatflussG von 1843, der es dem Staat ermöglichte, in Einzelfällen regulierend tätig zu werden. Insgesamt hatte sich damit aber die Überzeugung des Gesetzgebers, dass das PrivatflussG auch dazu diente, „entstehende Kollisionen der Wasser-Nutzungsrechte auszugleichen“[674], nicht bewahrheitet. Hinzu kommt, dass mit Einsetzen der Industrialisierung das Gesetz, welches primär auf die Förderung der Landwirtschaft ausgerichtet war, an seine Grenzen stieß. Es konnte die Konflikte zwischen den Interessen der wachsenden Industrie und denen der Landwirtschaft am vorhandenen Wasser nicht auflösen, da das PrivatflussG von 1843 für derartig entgegengesetzte Nutzungsziele keine Lösungsstrategien enthielt.

IV. Besondere Bestimmungen zur Regelung der Mühlenangelegenheiten

1. Die Aufhebung des Mühlenzwangs

Mit Edikt vom 29.03.1808[675] wurde der Mühlenzwang, d.h. die Befugnis des Mühlenbesitzers, andere dazu zu verpflichten und zu zwingen, ihr Getriede

671 *Sievers,* VerwA, 51 (1960), 187, 200.

672 ObTr., StrA 80, 198, 199.

673 ObTr. 5, 282, 293; ObTr. StrA 53, 193, 196.

674 Sitzung der ständischen Ausschüsse vom 02.11.1842, Allg. Preuß. Staatszeitung No. 314 (12.11.1842), S. 2243.

675 Edikt für Ostpreußen. Litthauen, Ermeland und den Marienwerderschen Landräthlichen Kreis, bei Mühlen-Gerechtigkeit und die durchgängige Aufhebung des Mühlenzwangs betreffend, vom 29.03.1808, GS 1806–1810, S. 217 ff.

ausschließlich in seiner Mühle mahlen oder schroten zu lassen,[676] für Ostpreußen, Litauen, Ermeland und den Marienwerderschen Landrätlichen Kreis abgeschafft. Damit einhergehend erklärte das Edikt für die betroffenen Provinzen die Vorschriften des ALR zur Mühlengerechtigkeit, die den Besonderheiten des Zwangsrechts Rechnung trugen, also ALR II 15 §§ 246, 237, 240, 242, für aufgehoben. Zwei Jahre später mit Edikt vom 28.10.1810[677] erfolgte die Aufhebung des Mühlenzwangs für ganz Preußen. Einhergehend mit dieser Regelung modifizierten und ergänzten die Edikte von 1808 und 1810 die Vorschriften des ALR zur Mühlengerechtigkeit, also der Befugnis, an einem Flussabschnitt eine Mühle zu errichten. Die Abschaffung des Mühlenzwangs führte insbesondere dazu, dass die Regelung des ALR II 15 § 245 sich nur noch auf Mühlen an öffentlichen Flüssen bezog, weil keine besonderen Mühlengerechtigkeiten von Privaten mehr verliehen werden konnten und somit nur noch das Mühlenregal des Staates bestand. Am 10.09.1828 wurde vom Gesetzgeber ein Regulativ zur Errichtung baulicher Anlagen[678], d.h. auch von Mühlen, in der Umgebung von Festungen erlassen, um insbesondere der Notwendigkeit der Verteidigungsfähigkeit von Festungen durch freie, umfassende Sicht und den ungehinderten Waffeneinsatz Rechnung zu tragen. Auf diese speziellen Vorschriften, die für die Errichtung einer Mühle, insbesondere eine Prüfung des Festungskommandanten und eine Entscheidung des Kriegsministeriums vorsahen, soll im Folgenden nicht eingegangen werden. Es handelt sich dabei um Spezialvorschriften, die der Lage der Mühle in den Rayonbezirken geschuldet sind, so dass es letztlich keine mühlen- bzw. wasserspezifische Regelungen sind, bei denen es um den Ausgleich von Nutzungsinteressen am Gewässer geht, sondern Bestimmungen, die der Sicherheit und Funktionsfähigkeit von Festungen dienen. Im Folgenden ist daher lediglich auf die Edikte von 1808 und 1810 einzugehen sowohl hinsichtlich der Fragen des örtlichen Anwendungsbereichs als auch hinsichtlich ihrer inhaltlichen Regelungen.

---

676 ObTr. 5, 121, 122.

677 Edikt wegen der Mühlen-Gerechtigkeit, und Aufhebung des Mühlen-Zwangs, des Bier- und Branntwein-Zwangs in der ganzen Monarchie, vom 28.10.1810, GS 1806–1810, S. 95 ff.

678 Regulativ über das Verfahren bei baulichen Anlagen oder sonstigen Veränderungen der Erdoberfläche innerhalb der nächsten Umgebung von Festungen, vom 10. September 1828, GS 1828, S. 120 ff.

a) *Örtlicher Anwendungsbereich der Edikte vom 29.03.1808 und 28.10.1810*

Das Edikt vom 29.03.1808 regelte abschließend für die Provinzen Ostpreußen, Litthauen, Ermeland und den Marienwerderschen landräthlichen Kreis das Mühlenwesen. Da es sich hierbei um besonderes Provinzialrecht handelte, fand das Edikt vom 28.10.1810 zum Mühlenwesen auf diese Provinzen keine Anwendung[679].

Für die 1814 erworbenen Provinzen ergab sich bzgl. der Anwendbarkeit des Edikts vom 28.10.1810 bis 1836 ein uneinheitliches Bild. Zu differenzieren war dabei zwischen den Provinzen, in denen vor der Annektierung durch Preußen bereits die Zwangsgerechtigkeiten abgeschafft worden waren, also jenen Landesteilen, in denen ehemals der Code Civil gegolten hatte, und den Provinzen, in denen die Zwangsgerechtigkeiten weiter bestanden hatten.

Für erstere wurde, soweit es sich um wiedervereinigte Provinzen handelte, mit § 1 des Patents wegen der Wiedereinführung des Allgemeinen Landrechts vom 09.09.1814[680] die Wiedereinführung des ALR inklusive der abändernden, ergänzenden und erläuternden Bestimmungen, also auch des Edikts vom 28.10.1810, bestimmt. Diese Inkraftsetzung fand Bestätigung durch das Reskript des Ministeriums des Inneren vom 14.02.1816[681]. Abweichend davon bestimmte das Ministerium des Inneren in den Reskripten vom 03.02.1827[682] und 29.05.1827[683], dass die 1814 annektierten Provinzen nicht dem Abwendungsbereich des Edikts vom 28.10.1810 unterfielen. Dies gelte sowohl für die wiedererworbenen als auch für die neu erworbenen Provinzen.[684] Begründet wurde dies mit der Kabinettsordre

679 Allerhöchste Kabinettsorder vom 22.09.1826, über die Nichtanwendung der wegen des Mühlenwesens ergangenen Verordnung vom 28.10.1810 und deren Deklarationen auf die dem Edikt vom 29.03.1808 unterliegenden Landestheile der Provinz Preußen, GS 1826, S. 85.

680 Patent wegen der Wiedereinführung des Allgemeinen Landrechts und der Allgemeinen Gerichtsordnung, in die von den Preußischen Staaten getrennt gewesenen mit denselben wieder vereinigten Provinzen, GS 1814, S. 89 ff.

681 Reskript vom 14.02.1816, Kamptz J.B. VIII (1816), 244, 245.

682 Rescript des köngl. Ministeriums des Innern, an die königl. Regierung zu N.N. in Westphalen und abschriftlich an die beiden anderen westphälischen Regierungen, dieselbe Angelegenheit betreffen, 03.02.1827, Kamptz J.B. XI. (1827), 212 f.

683 Rescript des königl. Ministeriums des Innern, an die königl. Regierung zu Magdeburg, und abschriftlich zur Nachricht an die königl. Regierungen zu Erfurt und Merseburg, die Mühlen-Anlagen in den neuen und wieder eroberten Provinzen betreffend, 29.05.1827, Kamptz J.B. XI. (1827), 483 f.

684 Rescript vom 29.05.1827, Kamptz J.B. XI. (1827), 483.

vom 23.10.1826[685], in der es heißt: „Die gegenwärtige Bestimmung bezieht sich übrigens nur auf diejenigen Provinzen, in welchen das Gesetz vom 18. Oktober 1810 gesetzliche Kraft hat, mithin weder [...] noch auf die seit 1814 mit der Monarchie vereinigten Provinzen und Ortschaften, in welchen es bei den daselbst bestehenden Vorschriften verbleibt". In den 1814 annektierten Provinzen ist das Allgemeine Landrecht – in der Fassung von 1794 – anzuwenden, welches „an die Stelle aller früher bestandenen allgemeinen Gesetze getreten ist"[686]. Diese Anordnung des Ministeriums war insofern widersprüchlich, als sie zum einen hinsichtlich der wiedervereinigten Provinzen nicht mit § 1 Patent vom 09.09.1814 übereinstimmte und zum anderen Vorschriften angewandt wissen wollte, die nicht mit dem tatsächlichen Rechtszustand vereinbar waren, da in diesen Provinzen der Mühlenzwang abgeschafft worden war[687] und somit z.B. die Regelungen in ALR II 15 §§ 237, 240, 242 leerliefen.

Für einige Provinzen, in denen die Zwangsrechte für Mühlen weiterhin aufrechterhalten blieben, wurde das Allgemeine Preußische Landrecht mit allen abändernden und ergänzenden Bestimmungen eingeführt, so z.B. für die ehemals sächsischen Provinzen mit dem Patent vom 15.11.1816[688] oder für das Herzogtum Westphalen, das Fürstenthum Siegen, die Grafschaft Wittgenstein und die Grafschaft Wittgenstein-Berleburg mit Patent vom 21.06.1825[689]. Nach Ansicht der Gesetzesrevisoren war das Edikt vom 28.10.1810 dennoch nicht anwendbar, da dieses eine Aufhebung der Zwangsrechte voraussetze, weil es ohne Gewerbefreiheit nicht ausführbar sei.[690] Dieses Argument erscheint jedoch

---

685 Allhöchste Kabinets-Ordre, die Beschränkung der neuen Mühlen-Anlagen betreffend, 23.10.1826, Kamptz J.B. X. (1826), 1118 f.

686 Rescript vom 03.02.1827, Kamptz J.B. XI. (1827), 212.

687 Gesetzesrevision – Pensum XII., Motive zu dem vom Revisor vorgelegten Entwurfe der Tit. 10. Tit. 13. Tit. 14. Tit. 15. Tit. 16. Abschn. 1–3. Tit. 17 Abschn. 2. und Tit. 19. des zweiten Theils des Allgemeinen Landrechts, S. 259, abgedruckt in *Schubert,* Gesetzrevision Abt. II, Bd. I, 1. Hb., S. 85, 347.

688 Patent wegen Einführung des Allgemeinen Landrechts in die mit den Preußischen Staaten vereinigten ehemals Sächsischen Provinzen und Distrikte, vom 15.11.1816, GS 1816, S. 233 ff.

689 Patent wegen Einführung des Allgemeinen Landrechts und der Allgemeinen Gerichtsordnung in das Herzogthum Westphalen, das Fürstenthum Siegen mit den Aemtern Burbach und Neuen-Kircehn (Freie- und Hücken-Grund) und die Graffschaften Wittgenstein-Wittgenstein, und Wittgenstein- Berleburg, vom 21.06. 1825, GS 1825, S. 153 ff.

690 Gesetzesrevision – Pensum XII., Motive zu dem vom Revisor vorgelegten Entwurfe der Tit. 10. Tit. 13. Tit. 14. Tit. 15. Tit. 16. Abschn. 1–3. Tit. 17 Abschn. 2. und Tit.

zweifelhaft, weil das Edikt selbst in § 1 den Mühlenzwang abschaffte und seine Abschaffung damit nicht voraussetzte. Allerdings ist zu bedenken, dass nach den Patenten vom 15.11.1816 und vom 28.10.1810 jeweils gemäß § 3 die besonderen Rechte und Gewohnheiten, also die wohlerworbenen Rechte, aufrechterhalten blieben. Die mit dem Edikt vom 18.10.1810 angeordnete Abschaffung des Mühlenzwangs hätte für denjenigen, der von den Bannpflichtigen verlangen konnte, dass sie ausschließlich seine Mühle zum Mahlen des Getreides verwandten, zur Folge gehabt, dass er dieses wohlerworbene Recht der Mühlengerechtigkeit verloren hätte, was mit § 3 der Patente vom 15.11.1816 und vom 28.10.1810 unvereinbar gewesen wäre. Daher ist den Gesetzesrevisoren hinsichtlich des Ergebnisses zuzustimmen, dass das Edikt vom 18.10.1810 in diesen Provinzen keine Anwendung fand.

In den Provinzen, in denen die Zwangsrechte weiterhin bestanden und auch das Allgemeine Landrecht nicht durch Patente eingeführt wurde, wie z.B. in Wetzlar, in Neu-Vorpommern oder in Teilen des Düsseldorfer Departements, galten entweder französisches Recht, das Gemeine Recht oder besondere Lokalstatute, worauf hier nicht näher eingegangen werden soll. Das ALR und das Edikt vom 28.10.1810 waren nicht in Kraft getreten.

Um die bestehende Unsicherheiten insbesondere in den ehemals französischen Provinzen hinsichtlich der Frage, ob das Edikt vom 28.10.1810 auch in den neu und wieder erworbenen Provinzen galt, zu beseitigen und eine einheitliche Regelung für alle 1814 neu und wiedererworbenen Gebiete zu treffen, ordnete der Gesetzgeber mit der Kabinettsorder vom 23.03.1836[691] an, dass das Edikt vom 28.10.1810 nicht mit der Inkraftsetzung des Allgemeinen Preußischen Landrechts in den 1814 annektierten Provinzen eingeführt werde und folglich in diesen Landesteilen nicht angewendet werden könne. Dies wurde 1847 durch ein Präjudiz des III. Senats des preußischen Obertribunals[692] erneut klargestellt.

b) Edikt vom 29.03.1808

In Übereinstimmung mit ALR II 15 § 233 gestattete das Edikt vom 29.03.1808 in § 1 den Eigentümern, an Privatflüssen auf ihrem Grundstück Wassermühlen

---

19. des zweiten Theils des Allgemeinen Landrechts, S. 261 ff, abgedruckt in *Schubert*, Gesetzrevision Abt. II, Bd. I, 1. Hb., S. 85, 349 ff.

691 Allerhöchste Kabinetsorder vom 23.03.1836, betreffend die Anwendung des Edikts vom 28.10.1810 wegen Aufhebung des Mahl-, Bier- und Brantweinzwanges in den neuen und wiedervereinigten Provinzen, GS 1836, S. 168.

692 ObTr. Präjudiz Nr. 1922, Pr.-S. I, 316.

anzulegen. Hinsichtlich der Anlage von Wassermühlen an öffentlichen Flüssen verblieb es bei den Regelungen des ALR II 15 §§ 229–232, so dass die Übertragung eines Nutzungsrechts erforderlich war, um eine Mühle anlegen und betreiben zu können. Der Neubau oder die Veränderung einer Mühle setzte – unabhängig, ob diese an einem Privatfluss oder öffentlichen Strom gelegen war – eine Anzeige bei der Landespolizeibehörde voraus, die das nach den §§ 2 ff. Edikt vom 29.03.1808 vorgesehene Verwaltungsverfahren in Gang setzte. Im Rahmen dieses Verfahrens stand jedem Eigentümer einer bereits vorhandenen Mühle ein Widerspruchsrecht zu, falls ihm durch die neue Anlage Wasser entzogen oder zu seinem Nachteil aufgestaut wurde, § 4 Edikt vom 29.03.1808. Zudem war jeder Grundeigentümer zum Widerspruch berechtigt, sofern die Nutzung seines Grundeigentums durch die Mühle beeinträchtigt sein konnte. Der Widerspruch musste binnen einer sechswöchigen Frist, beginnend ab dem Tag der öffentlichen Bekanntmachung, bei der Landespolizeibehörde und bei demjenigen, der die Mühle errichten/verändern wollte, angezeigt werden, § 4 Edikt vom 29.03.1808. Ein Versäumen der Frist hatte die Präklusion möglicher Einwendungen zur Folge. Auf diese Weise sollte der Bauherr der Mühle vor nachträglichen Einsprüchen geschützt und nicht dem Risiko ausgesetzt werden, eine mit hohen Investitionskosten verbundene Mühlenerrichtung umsonst getätigt zu haben.[693] Die Präklusion diente damit der Schaffung von Rechtssicherheit nach erteilter Genehmigung. Nach § 6 Edikt vom 29.03.1808 durfte die Anlage der Mühle aufgrund eines verspäteten Widerspruchs nicht untersagt werden. Zudem stand dem ursprünglich Widerspruchberechtigten das Recht, auf Unterlassung bzw. Baueinstellung zu klagen, nicht zu. Dies galt auch, wenn in den anderen Fällen, in denen der Widerspruch nicht zum Erfolg führte (z.B. bei fehlender Erheblichkeit oder Abänderung der Anlage). Der Betroffene verlor durch die Fristversäumung seine Rechtsposition endgültig. § 4 Edikt vom 29.03.1808 lag damit der Gedanke der heutigen materiellen Präklusion, d.h. der Verlust der materiellen, klagefähigen Rechtsposition/Abwehransprüche nach Ablauf der Präklusionsfrist,[694] zugrunde. Der Betroffene hatte nur die Möglichkeit, eine Entschädigungsklage vor den Gerichten anzustrengen, und zwar auch dann, wenn er in der vorgeschriebenen Frist keinen Widerspruch erhoben hatte. Die Präklusion griff folglich nicht bei Schadensersatzansprüchen aufgrund eines erlittenen Nachteils, der auf dem Mühlenbau beruhte.

---

693 ObTr. 7, 188, 198 f.

694 *Ramsauer/Wysk*, in: *Kopp/Ramsauer*, VwVfG – Kommentar, § 73 Rn. 92; *Kallerhoff*, in: *Stelkens/Bonk/Sachs*, Verwaltungsverfahrensgesetz, § 26 Rn. 54.

Die Anzeige des beabsichtigten Mühlenbaus und die zu Beginn des Verfahrens vorgesehene Einreichung des Plans ermöglichte der Landespolizeibehörde die Kontrolle der geplanten Einrichtung.[695] Sie prüfte hinsichtlich der Anlage/Veränderung der Mühle die Vereinbarkeit mit polizeilichen Vorschriften. Eine Prüfung oder sogar Wahrnehmung von Rechten Dritter durfte von Amts wegen nicht vorgenommen werden. Hierfür fehlte der Behörde nach § 3 S. 2 Edikt vom 29.03.1808 die Befugnis. Ob eine Beeinträchtigung von Interessen Dritter vorlag, prüfte die Behörde erst, wenn ein entsprechender Widerspruch erhoben wurde. Bei Unvereinbarkeit der geplanten Mühle mit polizeilichen Vorschriften konnte die Behörde den Bau bzw. die Veränderung untersagen. Gleiches galt, wenn der fristgerechte Widerspruch Drittbetroffener erheblich und eine Änderung des Bauplans zur Ausräumung der im Widerspruch enthaltenen Einwendungen nicht möglich war. Dies ergab sich aus einem Umkehrschluss zu § 6 Edikt vom 29.03.1808. Die Anlage bzw. Veränderung unterlag damit der Erlaubnis mit Anzeigenvorbehalt[696]. Das Edikt vom 29.03.1808 sprach in § 2 von der Anzeige der „beabsichtigten Einrichtung", wodurch zum Ausdruck gebracht ist, dass das Vorhaben noch nicht durchgeführt war. Dies könnte konkludent die Verpflichtung beinhalten, dass die Anzeige vor Beginn der Errichtung zu erfolgen hatte. Dem steht jedoch entgegen, dass nur die Anzeigepflicht, jedoch nicht der Zeitpunkt der Anzeige ausdrücklich bestimmt war. Auch würde der Passus in § 6 des Edikts „Einstellung des Baus" keinen Sinn machen, wenn vor Baubeginn die Anzeige vorgenommen und eine mögliche Unterlassungsverfügung abgewartet werden musste. Ob eine Anzeige während oder vor Baubeginn erfolgte, hatte keinen Einfluss auf die Kontrollmöglichkeiten der Behörde, da auch bei später Kenntniserlangung eine Untersagung des Baus möglich war. Lediglich für den Bauherrn war das – vor allem finanzielle – Risiko bei Anzeige nach Baubeginn größer, da seine getätigten Aufwendungen bei behördlicher Untersagung hinfällig wurden, so dass es aus Gründen der Risikominimierung de facto sinnvoll war, die Anzeige vor Baubeginn einzureichen. Allein daraus lässt sich aber kein Vollzugsverbot für die Errichtung bzw. Änderung der Mühle herleiten. Das Edikt vom 29.03.1808 sah ein solches nicht vor. Es regelte überhaupt nicht, welche Konsequenzen ein Unterlassen der Anzeige hatte. Daher handelte es sich auch nicht um ein Verbot mit Anzeigenvorbehalt, da dieses den Vollzug der Tätigkeit gerade von einer vorherigen oder zumindest gleichzeitigen Anzeige bei der

695 *Siegel,* Entscheidungsfindung im Verwaltungsverbund, S. 91.
696 Zu den verschiedenen Formen verwaltungsrechtlicher Zulassung von Tätigkeiten vgl. *Siegel,* Entscheidungsfindung im Verwaltungsverbund, S. 91.

Behörde abhängig macht[697], sondern um eine Erlaubnis mit Anzeigevorbehalt. Der Bau bzw. die Veränderung der Mühle an Privatflüssen war damit bereits aufgrund der entsprechenden gesetzlichen Normierung erlaubt, an öffentlichen Flüssen aufgrund des vom Staat nach den Vorschriften des ALR verliehenen Nutzungsrechts, so dass die Behörde keine Erlaubnis oder Genehmigung erteilen konnte. Sie hatte nur die Möglichkeit im Einzelfall bei Vorliegen der gesetzlichen Voraussetzungen das Vorhaben zu untersagen. Dementsprechend war im Edikt nicht die Möglichkeit vorgesehen, ein materielles Nutzungsrecht für den Gebrauch des Wassers zu erwerben.

c) Edikt vom 28.10.1810

Das Edikt vom 28.10.1810 gestattete nach § 5 jedem, der zur Anlage von Bauanlagen auf seinem Grundstück berechtigt war, die Anlage von Mühlen auf diesem. Wer zu Bauanlagen berechtigt war, bestimmte sich nach den Vorschriften des ALR. Für Privatgewässer war dies gemäß ALR II 15 § 233 der Grundstückseigentümer, für öffentliche Gewässer nach ALR II 15 §§ 229, 230 derjenige, dem vom Staat ein entsprechendes Nutzungsrecht, eine Mühlengerechtigkeit, verliehen worden war. Die Anlage oder Veränderung der Mühle bedurfte einer landespolizeilichen Genehmigung, ohne diese durfte eine neue Mühle nicht errichtet bzw. eine bestehende nicht verändert werden. Da die grundsätzliche Berechtigung zur Anlage von Mühlen von der Genehmigung der Behörde abhängig gemacht wurde und ein Baubeginn vor Erhalt der Genehmigung strafbar war[698], ähnelte es dem heutigen Verbot mit Erlaubnisvorbehalt. Dabei ist eine eindeutige Zuordnung in die Kategorien präventives oder repressives Verbot nicht möglich, da die Genehmigungspflicht nach § 5 Abs. 2 des Edikts von beiden Verbotsarten Elemente enthält. Es handelte sich wegen der grundsätzlichen Gestattung nach § 5 Abs. 1 des Edikts um erwünschtes Verhalten, was ein Kriterium für ein präventives Verbot sein könnte[699], auf der anderen Seite stand die Entscheidung der Genehmigung im Ermessen der Behörde, was wiederum auf ein repressives Verbot hindeutet[700].

---

697 *Siegel,* Entscheidungsfindung im Verwaltungsverbund, S. 91; *Schick,* BayVBl., 1967, 341.

698 Rescript des königl. Ministeriums des Innern an die königl. Regierung zu Potsdam, die Betrafung der Mühlenbau-Kontraventionen und deren Bekanntmachung durch die Amtsblätter betreffend, Kamptz Annalen 11, 486 f.

699 *Schmalz,* Allgemeines Verwaltungsrecht und Grundlagen, Rn. 380.

700 *Bull/Mehde,* Allgemeines Verwaltungsrecht, Rn. 711.

Um der Behörde die notwendigen Informationen für die Beurteilung, ob eine Genehmigung zu erteilen oder zu versagen war, zu verschaffen, ordnete § 6 des Edikts an, dass der Plan der beabsichtigen Mühle mit Angabe des Nivellements und der Einrichtung einzureichen war. Sollte die Mühle aus landespolizeilicher Sicht oder aus überwiegenden Gründen des Gemeinwohls nicht zulässig sein, so konnte die Behörde die Genehmigung verweigern, § 8 Abs. 1 Nr. 1 des Edikts vom 28.10.1810. Beispielhaft führte die Norm auf, dass eine Unvereinbarkeit dann gegeben ist, wenn der durch die Mühle verursachte Wasserstand die Landeskultur, also insbesondere die Schifffahrt, hindert. Gleiches galt, wenn die Anlage der Mühle und die damit verbundene Stauung des Wassers zur Gefahr einer Überschwemmung führten.

Zur Information der Bevölkerung hatte derjenige, der den Bau bzw. die Veränderung einer Mühle beabsichtigt, dies unter der Angabe, um welche Art von Mühle es sich handelte, öffentlich bekannt zu machen, § 6 Edikt vom 28.10.1810. Ab dem Tag der Bekanntmachung lief eine achtwöchige Widerspruchsfrist. Das Versäumen der Frist führte zur Präklusion möglicher Einwendungen. Nach Ablauf der Präklusionsfrist konnte kein Widerspruch mehr erhoben werden mit dem Ziel der Beseitigung der bereits errichteten Mühle.[701] Dies galt auch dann, wenn die Genehmigung den Vorbehalt „unbeschadet der Rechte eines Dritten" enthielt, da sich dieser Passus nur auf potentielle Entschädigungsansprüche bezog.[702] Das lag daran, dass die Landespolizeibehörde nicht ermächtigt war, die gesetzlich vorgeschriebene Präklusionsfrist für die Einreichung des Widerspruchs durch individuelle Vereinbarungen oder im Rahmen der Genehmigungserteilung zu verändern,[703] weil sonst der mit der Präklusion bezweckte Schutz des Bauherrn leergelaufen wäre.

Der Widerspruch war bei der Landespolizeibehörde und beim Bauherrn der Mühle einzulegen. Widerspruchsberechtigt war jeder, der eine durch die beabsichtigte Mühlenanlage hervorgerufene Beeinträchtigung seiner Rechte befürchtete, § 7 des Edikts. Dem Eigentümer einer bestehenden Mühle kam ein Widerspruchsrecht jedoch nur insoweit zu, als ihm durch den Entzug von Wasser oder Stauung desselben ein Schaden an seinem Mühlenbetrieb entstand, welcher nicht durch eine Entschädigung abgegolten wurde, § 7 Abs. 2 des Edikts. Für das Vorliegen des Schadens war der Eigentümer beweispflichtig. Eine Entschädigung erhielt er nur, wenn die Landespolizeibehörde die neue Mühle als

701 ObTr. 7, 188, 197.
702 ObTr. 7, 188. 197.
703 ObTr. 7, 188, 199.

„überwiegend vorteilhaft" erachtete. Wenn also ein Mühleneigentümer Widerspruch einlegte, prüfte die Landespolizeibehörde, ob er einen Schaden nachgewiesen hatte und ob er für diesen entschädigt wurde. Wurde er entschädigt, weil die neue Mühle überwiegend vorteilhaft war, dann wurde der Widerspruch von vornherein abgelehnt, nach heutigen Maßstäben würde man sagen, als unzulässig zurückgewiesen. War die zu errichtende bzw. zu verändernde Mühle nicht überwiegend vorteilhaft, erfolgte eine Entscheidung in der Sache über den Widerspruch. Wurde der Widerspruch für begründet erachtet, konnte die Behörde nach § 8 Abs. 1 Nr. b) des Edikts vom 28.10.1810 die Erteilung der Genehmigung für die neue Mühle verweigern.

Beachtlich an der Regelung des § 7 Abs. 2 des Edikts vom 28.10.1810 war, dass im Falle der vollständigen Wasserentziehung bei einer bestehenden Mühle die zu errichtende Mühle genehmigt werden konnte und dem Mühleneigentümer „nur" ein Entschädigungsanspruch gegen den Bauherrn der neuen Mühle zukam. Insofern erhielt ALR II 15 § 246, der es verbietet, einer vorhandenen Mühle das Wasser zu entziehen, eine Einschränkung dahingehend, dass dies doch zulässig war, solange die Mühle nach Ansicht der Landespolizeibehörde überwiegend vorteilhaft ist. Die wohlerworbenen Nutzungs- und Mühlenrechte für den bisherigen Mühleneigentümer wurden faktisch wertlos. Auch wenn die Landespolizeibehörde ihm diese nicht entzogen hatte und auch rechtlich nicht entziehen konnte, führte die Genehmigung einer Mühle, die einer anderen Wasser entzog, dennoch rein tatsächlich zum Verlust der wohl erworbenen Rechte.

Dass die Behörde die Genehmigung nach § 8 Abs. 1 Nr. a) und b) versagen konnte, lässt nach dem Wortlaut der Norm den Schluss zu, dass es sich hierbei um eine Ermessensentscheidung handelte. Diese Überlegung wird auch dadurch gestützt, dass die Genehmigungsversagung nicht der einzige Weg war, einer, den landespolizeilichen Vorschriften widersprechenden, beabsichtigten Mühle zu begegnen. Eine Alternative wäre es, den Plan der Mühle derart abzuändern, dass sie landespolizeilich unbedenklich bzw. mit den Einwendungen des Widerspruchs vereinbar war, so wie dies z.B. in § 6 des Edikts vom 29.03.1806 vorgesehen war. Die Entscheidung der Landespolizeibehörde war abschließend. Der Rechtsweg zu den Gerichten war nach dem ausdrücklichen Wortlaut des § 8 Abs. 2 des Edikts vom 28.10.1810 nicht eröffnet, d.h. weder konnte sich der Bauherr gegen eine ihm die Mühle versagende noch der Mühleneigentümer oder der Dritte gegen eine die Mühle erlaubende Entscheidung gerichtlich wehren. Jedoch hatte der Nachbar, der Widerspruch erhoben gehabt hatte, die Möglichkeit gegen die bewilligende Genehmigung für Mehl- und Schrotmühlen innerhalb einer von der Regierung festzusetzenden Ausschlussfrist (maximal drei Wochen) einen Rekurs bei der Regierung einzulegen.[704] Dieser Rekurs hatte aufschiebende Wirkung, d.h. der Unternehmer durfte nicht mit dem Bau der Mühlenanlage beginnen, bis über den Rekurs entschieden war. Verwarf die Rekursinstanz den eingelegten Rekurs, stand dem Widersprechenden die Beschwerde zum König offen.[705] Der Unternehmer hingegen konnte gegen die ablehnende Entscheidung seines Antrags weder den Rekurs beim Ministerium noch Beschwerde beim König einlegen.

§ 8 des Edikts vom 28.10.1810 wurde durch die Kabinettsordre vom 23.12.1826 dahingehend ergänzt und präzisiert, dass der Bau bzw. die Veränderung einer Mühle, die nicht nur dem Eigenbedarf diente, dann zu untersagen war, wenn die bereits vorhandenen Mühlen ausreichten, um die Anwohner zu versorgen. Die in der Kabinettsordre vorgenommene Aufzählung der potentiell aus gewerblichen Zwecken eine Mühle Betreibenden war dabei nicht abschließend, sondern beispielhaft gemeint.[706] Die Anordnung in der Ordre war eine frühe Form einer Bedürfnisklausel. Die Erteilung der Genehmigung richtete sich auch nach dem tatsächlichen Bedarf an Mühlen, um eine zu starke gegenseitige Konkurrenz zu vermeiden. Die Beurteilung des Bedarfs oblag dem Ermessen der Landespolizeibehörde. Die Entscheidung selbst, ob die Genehmigung aus Bedarfsgründen zu versagen war, war eine gebundene Entscheidung, was sich aus dem Wortlaut der Kabinettsordre („verpflichtet sein soll") ergibt. Das hieß, für den Fall, dass die Landespolizeibehörde feststellte, dass der Bedarf an Mühlen gedeckt war, musste sie die beantragte Genehmigung verweigern. Es war bei der Bedarfsbeurteilung jedoch zu beachten, dass Mühlenanlagen, die Mehl für andere Region oder Länder produzierten, auch dann ausnahmsweise zulässig waren, wenn das Bedürfnis der Anwohner vor Ort gedeckt war, da dies andernfalls zu einer zu starken Beschränkung der Wirtschaft und des Gewerbes geführt und sich nachteilig auf das gemeine Wohl ausgewirkt hätte.[707] Ob eine solche Ausnahme zu machen war, bedurfte einer Entscheidung im Einzelfall, die abhängig von den

704 Allerhöchste Kabinettsordre vom 18.12.1836, Kamptz Annalen 20, 1006 f.

705 Allerhöchste Kabinettsordre vom 18.12.1836, Kamptz Annalen 20, 1006, 1007.

706 Rescript des Königl. Ministeriums des Innern, an die königl. Regierung zu N.N., die Anlegung von Roßschrootmühlen zum ausschließlichen Betriebe eigener Brauereien betreffend, Kamptz J.B. XI (1827), 216.

707 Gesetzesrevision – Pensum XII., Motive zu dem vom Revisor vorgelegten Entwurfe der Tit. 10. Tit. 13. Tit. 14. Tit. 15. Tit. 16. Abschn. 1–3. Tit. 17 Abschn. 2. und Tit. 19. des zweiten Theils des Allgemeinen Landrechts, S. 274, abgedruckt in *Schubert*, Gesetzrevision Abt. II, Bd. I, 1. Hb., S. 85, 362 ff.

örtlichen Gegebenheiten war.[708] Mit § 38 GewO von 1845 wurde diese Kabinettsordre vom 23.12.1826 explizit aufgehoben. 16 Jahre später erfolgte durch § 14 GewO von 1861 die Aufhebung der Regelung des § 38 GewO von 1845, so dass die Kabinettsorder und die darin enthaltene Bedürfnisklausel ab diesem Zeitpunkt wieder galten.

Eigentümern und Berechtigten bereits vorhandener Mühlen kam hinsichtlich der Frage des Bedarfs kein Widerspruchsrecht zu,[709] d.h. sie konnten sich nicht darauf berufen, dass das Bedürfnis der Bevölkerung gedeckt und deshalb der Mühle zu widersprechen sei. Dies war insofern erstaunlich, als durch die Anordnung der Bestand vorhandener Mühlen vor übermäßiger Konkurrenz bewahrt werden und somit eigentlich der Eigentümer, also ein Dritter, geschützt werden sollte. Dennoch sah das Ministerium des Inneren die Anordnung letztlich als nicht „drittschützend" an, da es allein danach ging, wem die Beurteilung der Frage oblag und welcher Regelungszweck der Kabinettsordre zugrunde lag.

d) Vergleich der beiden Edikte

Das für einige Provinzen erlassene Edikt vom 29.03.1808 bildete das Vorbild und die Grundlage für das Edikt vom 28.10.1810. Die Vorschriften über die Einreichungen bei der Behörde und die öffentliche Bekanntmachung waren in den Edikten – abgesehen von den Einzelheiten hinsichtlich der Form der öffentlichen Bekanntmachung – nahezu wortgleich. Auch die Regelungen zum Widerspruch und zur Präklusion wurden, wenn auch nicht wörtlich, so doch der Idee und den Grundsätzen nach übernommen. Ein entscheidender Unterschied bestand hinsichtlich der Widerspruchsberechtigung anderer Mühleneigentümer. Während ihnen das Edikt vom 29.03.1808 stets bei drohendem Wasserentzug bzw. drohender Wasserstauung ein Widerspruchsrecht einräumte, gestattete das Edikt vom 28.10.1810 ein solches nur, wenn der drohende Schaden nicht durch Entschädigungsleistungen ausgeglichen wurde. Auch die Folgen der Präklusion wurden im zeitlich früheren Edikt präzise formuliert, während sie in dem aus dem Jahre 1810 nur zwischen den Zeilen anklangen. Das Edikt vom 28.10.1810 räumte der Landespolizeibehörde einen größeren Ermessensspielraum für den

708 Rescript des Königl. Ministeriums des Innern, an die königl. Regierung zu Frankfurt a.O., dieselbe Angelegenheit betreffend, vom 15.12.1826, Kamptz J.B. X (1827), 1119, 1120.

709 Rescript des Königl. Ministeriums des Innern, an die königl. Regierung zu Frankfurt a.O., dieselbe Angelegenheit betreffend, vom 15.12.1826, Kamptz J.B. X (1827), 1119, 1121.

Erlass bzw. die Verweigerung der Genehmigung ein, da sie auch dann die Möglichkeit hatte, eine Mühle zu genehmigen, die einem anderen das notwendige Mahlwasser entzog, solange die Behörde die zu errichtende Mühle als überwiegend vorteilhaft einstufte. Diese Option war im Edikt vom 29.03.1808 nicht vorgesehen; eine Mühle, die einer anderen das notwendige Mahlwasser entzog, war danach nicht genehmigungsfähig.

Betrachtet man die Regelungen in ihrer Gesamtheit, so enthielt das Edikt vom 29.03.1808 im Vergleich zu dem vom 28.10.1810 die klareren und deutlicheren Vorschriften. Das preußische Obertribunal ließ daher den Rückgriff auf das zeitlich frühere Edikt für den Fall zu, dass bei dem neueren Edikt Unklarheiten auftraten, auch wenn das ältere Edikt nur für einige Provinzen Preußens erlassen worden war, da aufgrund der Parallelität der Vorschriften in beiden Edikten und mangels entgegenstehender Regelungen davon auszugehen war, dass der Gesetzgeber die im Edikt von 1808 enthaltenen Grundsätze auch im Edikt von 1810 beibehalten wollte.[710]

Beide Edikte zielten darauf ab, ein umfassendes Regelungssystem für die Anlage und Errichtung von Mühlen und anderen Wassertriebwerken zu schaffen, das den Interessen aller Beteiligten gerecht wurde. Die wechselseitige Abhängigkeit der Flussanlieger insbesondere bezüglich des Zu- und Abflusses des Wassers machte ein Verfahren notwendig, in dem kollidierende Belange berücksichtigt und miteinander in Einklang gebracht werden konnten. Trotz der für Dritte bestehenden Möglichkeiten Einwendungen gegen die Mühlenanlage während des Genehmigungsverfahrens zu erheben, hatte sich der Gesetzgeber dafür entschieden, dem Bestandsschutz und der Stabilität der Mühlen Vorrang vor den Belangen Dritter einzuräumen. Dies zeigt sich insbesondere an den strengen Präklusionsregeln hinsichtlich Einwendungen aller Art, so dass nach Ablauf der Frist weder Anpassungs- noch Untersagungsansprüche, sondern nur noch Entschädigungsansprüche geltend gemacht werden konnten. Die nach den Edikten bestehende Anzeige- bzw. Genehmigungspflicht war dabei rein öffentlich-rechtlich ausgestaltet. Fragen der privatrechtlichen Zulässigkeit wurden nicht berührt, so dass für die Errichtung von Mühlen an öffentlichen Flüssen neben der polizeilichen Genehmigung einer hoheitlichen Übertragung des Nutzungsrechts bedurfte, da die Nutzung öffentlicher Flüsse weiterhin nach ALR II 15 § 38 zu den Regalien des Staates zählte. Auch an Privatgewässern bedurfte es für den Mühlenbetrieb neben der Genehmigung die zivilrechtliche Berechtigung zur Anlage des Triebwerks.

710 ObTr. 7, 188, 202.

2. Vorfluthedikt vom 15.11.1811

Das 1811 erlassene Vorfluthedikt[711] galt in den alten Provinzen Preußens sowie in den 1814 neu erworbenen bzw. wiedererworbenen Gebieten, soweit dort das ALR in Kraft gesetzt wurde, da es aufgrund der Abänderung privatrechtlicher Vorschriften mit dem ALR in sehr enger Verbindung stand und als mit ihm eingeführt anzusehen war.[712] Die Bezirke des Appellationsgerichtshofs zu Köln und des Justizsenats zu Ehrenbreitstein und für die hohenzollernschen Landen erhielten 1859 ein eigenes Vorfluthgesetz[713], welches lediglich Bestimmungen zu Entwässerungsanlagen enthielt. Für Neuvorpommern und Rügen wurde 1867 ebenfalls ein eigenes Vorfluthgesetz[714] erlassen, welches dem von 1811 ähnelte. Beide Vorflutgesetze sollen aufgrund ihres begrenzten Geltungsbereichs und der inhaltlichen Nähe zum Vorfluthedikt von 1811 nicht Gegenstand der folgenden Betrachtung sein.

Die Regelungen des 1811 erlassenen Vorfluthedikts dienten ausweislich der Einleitung des Gesetzes dazu, die Nachteile für die Landschaft, die durch das Aufstauen von Wasser bei Mühlen entstehen können, zu verhindern. Dementsprechend regelte das Gesetz ausschließlich Fragen der Entwässerung und der Verschaffung der Vorflut. So legte es z.B. in den §§ 15–33 fest, welches Verfahren bei Erstellung eines Entwässerungsplans für ein Grundstück, insbesondere mit dem Ziel des Abflusses stehender Gewässer, durchlaufen werden musste. Durch dieses Verfahren konnte der antragstellende Oberlieger, der sein Grundstück entwässern mochte, ein Recht gegen den Unterlieger erwerben, dass dieser zur Aufnahme des abfließenden Wassers verpflichtet war und damit von seinem Abwehrrecht nach ALR I 8 § 102 keinen Gebrauch machen durfte.

Daneben bestimmte es die Pflichten der Mühlenbesitzer, die eingehalten werden mussten, um im Interesse der Förderung der Bodenkultur und der Schifffahrt ein Stauen von Gewässern zu verhindern und somit den freien Lauf derselben zu verstärken. Diese Pflichten galten sowohl für bereits vorhandene

711 Gesetz wegen des Wasserstauens bei Mühlen, und Verschaffung von Vorfluth, vom 15ten November 1811, GS 1811, S. 352 ff.

712 Über die Gültigkeit des Edicts vom 15. November 1811 wegen des Wasserstaues und der Vorfluth in den Provinzen, worin das ALR eingeführt ist, Kamptz J.B. XI (1818) S. 6.

713 Gesetz wegen Verschaffung der Vorfluth in den Bezirken des Appellationsgerichtshofs zu Cöln und des Justizsenats zu Ehrenbreitstein, sowie in den hohenzollernschen Landen, vom 14. Juni 1859, GS 1959, S. 325 ff.

714 Vorfluthsgesetz für Neuvorpommern und Rügen, vom 9. Februar 1867, GS 1867, S. 220 ff.

als auch neuanzulegende Mühlen.[715] Dies bedeutete für den Mühlenbesitzer, d.h. sowohl für den Eigentümer als auch den vollständigen bzw. unvollständigen Besitzer im Sinne von ALR I Titel 7 und 8, wie z.B. den Pächter,[716] dass er die Setzung eines Merkpfahls nach dem in §§ 1–7 des Vorfluthedikts von 1811 vorgeschriebenen Verfahren dulden und gestatten musste, sofern ein Dritter die Setzung eines Merkpfahls beantragte. Antragsberechtigt war jeder, dem durch die Stauung des Wassers ein Nachteil oder Schaden entstehen konnte.[717] Im Rahmen dieses Verfahrens war zu berücksichtigen, ob der Mühlenbesitzer ein Recht, das Wasser bis zu einer bestimmten Höhe zu stauen, im Wege der Verjährung nach ALR I 9 §§ 596 ff. erworben hatte. Diese Berücksichtigung setzte allerdings voraus, dass der Berechtigte eine ganz bestimmte Stauhöhe nachwies. Ein Aufstauen bis zu einer Höhe, die in seinem Belieben stand und je nach Situation wechselte, war nicht ersitzungsfähig.[718] Denn dies wäre dem Merkpfahlsetzungsverfahren zuwidergelaufen und hätte dieses überflüssig gemacht, da es gerade dazu diente, Stauhöhen eindeutig festzulegen und die bisher bestehenden Unsicherheiten und Schwankungen zu beseitigen.[719]

Führte der Umbau eines bereits vorhandenen Stauwerks zu einer Veränderung des Wasserstandes, so war die Regulierung desselben in dem wegen der Veränderung vorzunehmenden Konzessionsverfahrens zu klären und nicht das Verfahren nach den §§ 1–7 des Vorfluthedikts durchzuführen, da dieses nicht griff, wenn der Berechtigte selbst die Bestimmung der Stauhöhe fordert.[720] Begehrte ein Unternehmer eine Genehmigung zur Errichtung einer Mühlenanlage oder eines Wassertriebwerks nach den Edikten von 1808 und 1810 bzw. später nach den Gewerbeordnungen von 1845 und 1861, so konnte im Rahmen dieser Genehmigung eine Bestimmung zur Setzung des Merkpfahls und die Festlegung der maximalen Stauhöhe getroffen werden.[721] Der Merkpfahl legte die maximale Stauhöhe für Sommer und Winter fest. Überstieg das aufgestaute

---

715 ObTr., StrA. 20, 25, 27.

716 ObTr., JMBl. 1866, 331; *Hahn,* Die preußische Gesetzgebung über Vorfluth, S. 41 Fn. 18.

717 Bescheid an die königliche Regierung zu N., die Regulierung von Streitigkeiten über Wasserstauwerke betreffend, vom 6. Mai 1863, VMBl. 1863, 167, 168.

718 RG, PrVwBl. 19, 154; RG, PrVwBl. 24, 831, 832.

719 RG, PrVwBl. 19, 154; RG, PrVwBl. 24, 831, 832.

720 *Hahn,* Die preußische Gesetzgebung über Vorfluth, S. 27, Fn. 6.

721 Circular-Verfügung an sämmtliche königl. Regierungen, betreffend die Festsetzung des zulässigen Wasserstandes bei Ertheilung der polizeilichen Konzession zu den durch Wasserkraft betriebenen Triebwerken, vom 14. Juli 1847, VMBl. 1847, 136, 137.

Wasser die maximale Stauhöhe, war der Mühlenbesitzer verpflichtet, durch Öffnen von Kanälen, Gräben und Schleusen das Wasser bis zum Erreichen der maximalen Stauhöhe abzuleiten, § 8 des Vorfluthedikts von 1811. Unterließ er dies vorsätzlich oder fahrlässig, war die Polizeibehörde zur Ersatzvornahme befugt, deren Kosten der Mühlenbesitzer neben dem Ersatz des entstandenen Schadens sowie einer Geldstrafe von 20 bis 50 Talern zu tragen hatte, § 9 des Vorfluthedikts.

Neben der Duldung des Merkpfahls war der Mühlenbesitzer verpflichtet, ein Aufstauen des Wassers zu unterlassen und dem Gewässer seinen freien Lauf zu lassen, wenn dies aufgrund eines überwiegenden Vorteils für die Bodenkultur oder Schifffahrt seitens der Polizeibehörde angeordnet und seitens der davon Begünstigten eine Entschädigungsleistung bereitgestellt wurde, § 11 Vorfluthedikt von 1811. Noch weitergehend war die Regelung des § 12 Vorfluthedikt von 1811, wonach ein Mühlenbesitzer gegen Zahlung einer Entschädigung enteignet und seine Mühle abgerissen werden konnte, wenn nach Ermessen der Polizeibehörde nur so der überwiegende Vorteil für die Bodenkultur bzw. Schifffahrt zu erreichen war. Im Interesse einer ausgiebigeren Nutzung von Grund und Boden, z.B. eine intensive land- oder forstwirtschaftliche Bewirtschaftung, musste der Mühlenbesitzer eine Einschränkung oder sogar eine Aufhebung seiner Rechte hinnehmen.[722] Seine Mühle genoss insoweit keinen Bestandsschutz, selbst wenn die in den Mühlenedikten von 1808 und 1810 vorgeschriebene Genehmigung erteilt worden waren. Dieses Sonderopfer war aber nur in dem Umfang zu erbringen, der für die Zweckerreichung erforderlich war.[723] Auch durfte der überwiegende Vorteil nicht anders zu erreichen sein, als durch einen Eingriff in bzw. die Aufhebung fremder Rechte.[724] Die §§ 11, 12 Vorfluthedikt von 1811 enthielten den Gedanken der Aufopferung zugunsten von Gemeinwohlinteressen, die hier im Ziel der Förderung der Bodenkultur bzw. Schifffahrt konkretisiert waren.

All diese Bestimmungen zeigen, dass die Zielsetzung des Vorfluthedikts nicht darin bestand, die Nutzungsverhältnisse an Gewässern zu regulieren und das knappe Gut Wasser unter den Nutzungsberechtigten aufzuteilen. Ziel war es vielmehr, die Bodenkultur, d.h. letztlich die Land- und Forstwirtschaft und die Schifffahrt zu fördern. Zu diesem Zweck regelte das Gesetz die Entwässerung und die Vorflutverhältnisse, um Grundstücke nutzbar zu machen. Insbesondere

---

722 *Baumert,* Die Unzulänglichkeit der bestehenden Wassergesetze, S. 29.
723 PrOVGE 8, 217, 218 f.
724 PrOVGE 8, 217, 218 f.

dienten die Vorschriften der Setzung des Merkpfahls ausschließlich dazu, den Oberlieger vor Überschwemmungen und Stauwasser und damit vor der Unbrauchbarkeit seines Grund und Bodens zu schützen und nicht dazu, dem Unterlieger ein Recht auf Wasserzufluss bzw., vom Wasserzufluss verschont zu bleiben, zu verschaffen. Dass das Vorfluthedikt auch nicht die Wassernutzung zwischen zwei Stauungsberechtigten regeln mochte, zeigt sich an § 5 Vorfluthedikt von 1811, der nur für das Verhältnis zwischen Stauungsberechtigtem und dem Interessenten der Bodenkultur, jedoch nicht für Streitigkeiten zwischen zwei Stauungsberechtigten galt[725]. Der Grund besteht darin, dass es sich bei der Norm um eine Ausnahmevorschrift zur Förderung der Bodenkultur handelte, die Streitigkeiten um Privatrechte, deren Beilegung eigentlich den Gerichten zugewiesen war, ausnahmsweise den Kommissarien der Polizeibehörden übertrug.[726] Diese hatten nach dem eindeutigen Wortlaut nur die Kompetenz den Wasserstand so zu regulieren, dass „das gegenseitige Interesse der Bodenkultur und des Müllers oder sonstigen Stauberechtigten möglichst vereinigt werde“[727]. Für Streitigkeiten zwischen Stauungsberechtigten waren sie hingegen nicht zuständig, da das leitende Prinzip, die widerstreitenden Interessen von Bodenkultur und Stauungsberechtigten zu vereinen, nicht auf die Konfliktsituation zwischen zwei Stauungsberechtigten übertragbar ist[728]. Für das Verhältnis zwischen Stauungsberechtigten blieb die Vorschrift des ALR I 8 § 99 maßgeblich, nach der eine Ablaufhemmung zum Nachteil der Nachbarn nicht vorgenommen werden durfte.[729]

3. Auswirkungen der GewO und ihrer Folgegesetze auf die Anlage und den Betrieb von Mühlen

Die Allgemeine Gewerbeordnung vom 17. Januar 1845[730] führte für die in § 27 des Gesetzes näher bezeichneten Anlagen ein behördliches Genehmigungsverfahren ein. Durch das Gesetz, betreffend die Errichtung gewerblicher Anlagen

---

725 ObTr. 17, 73, 84; *Scheele,* Das preußische Wasserrecht, S. 107; a.A.: Ministerium für landwirthschaftliche Angelegenheiten, Verfügung der königl. Regierung in N., betreffend die Regulierung von Streitigkeiten über Wasserstauwerke, vom 11. März 1850, VMBl. 1850, 69.

726 ObTr. 17, 73, 80 f.

727 ObTr. 17, 73, 80 f.

728 ObTr. 17, 73, 80 f.

729 Für Einzelheiten zu dieser Vorschrift siehe oben S. 121 ff.

730 Allgemeine Gewerbeordnung vom 17.01.1845, GS 1845, S. 41 ff.

vom 01. Juli 1861[731] erfuhr dieses Genehmigungsverfahren weitere Veränderungen. Da auch durch Wasser bewegte Triebwerke, also Mühlen, von der Aufzählung des § 27 und der des § 1 des Gesetzes von 1861 erfasst wurden, gilt es zu untersuchen, inwieweit das neu eingeführte und anschließend geänderte Zulassungsverfahren das im Edikt vom 28.10.1810 normierte Verfahren modifizierte. Zudem stellt sich die Frage, ob die Gewerbeordnungen von 1845 und 1861 die Vorschriften der älteren Edikte aufhoben oder lediglich ergänzten.

a) Die Allgemeine Gewerbeordnung vom 17.01.1845

Gemäß § 27 GewO von 1845 war für die Errichtung von Mühlen eine Genehmigung erforderlich. Das Errichten und Betreiben der Mühle ohne polizeiliche Genehmigung war unter Geld- bzw. Freiheitsstrafe gestellt, § 177 Abs. 1 GewO von 1845. Gleiches galt für Gerbereien; auch sie waren nach § 27 GewO von 1845 genehmigungspflichtig.

aa. Das Genehmigungsverfahren im Überblick

Die Genehmigung war bei der Regierung unter Beifügung von Beschreibung des Vorhabens inklusive Zeichnungen zu beantragen, § 28 GewO von 1845. Die Beurteilung der Zulässigkeit der geplanten Anlage stand im Ermessen der Regierung. Sollte die Anlage aufgrund der erheblichen Nachteile oder Gefahren für die Nachbarn bzw. die Allgemeinheit offensichtlich unzulässig sein, dann hatte die Regierung den Antrag zurückzuweisen, § 29 GewO von 1845. Bestand keine offensichtliche Unzulässigkeit des Vorhabens, so wurde es auf Anweisung der Regierung[732] durch die Ortspolizei im Amtsblatt öffentlich bekannt gemacht.[733] Ab dem Tag der öffentlichen Bekanntmachung lief für die Geltendmachung von Einwendungen eine vierwöchige Frist, die für nicht privatrechtliche Einwendungen präklusiv war. Für Einwendungen, die privatrechtlicher Natur waren, galt die Präklusionsfrist nach dem eindeutigen Wortlaut des § 29 a. E. GewO

731 Gesetz, betreffend die Errichtung gewerblicher Anlagen vom 01.07.1861, GS 1861, S. 749 ff.

732 Circular-Verfügung an sämmtliche königl. Regierungen, betreffend den Erlaß öffentlicher Bekanntmachungen wegen Errichtung gewisser, der polizeilichen Genehmigung bedürfenden gewerblichen Anlagen, vom 21. März 1847, VMBl. 1861, 61.

733 Auch Art, Inhalt und Umfang der Bekanntmachung sind ab 1861 durch die Ausführngsverordnung näher bestimmt, siehe Circular-Verfügung an sämmtliche königliche Regierungen (excl. Sigmaringen) mit der Instruktion zur Ausführung des Gesetzes über die Errichtung gewerblicher Anlagen, VMBl. 1861, 172, 174.

von 1845 nicht. Sie konnten daher auch später noch geltend gemacht werden. Die Polizeibehörde bearbeitete die erhobenen, privatrechtlichen Einwendungen nicht, sondern verwies sie zur Entscheidung an die ordentlichen Gerichte, § 31 GewO von 1845. Alle anderen Einwendungen erörterte die Polizeibehörde mit dem Unternehmer und sendete das Verhandlungsprotokoll mit einem Gutachten über das Vorhaben an die Regierung, welche dann über den Antrag des Unternehmers entschied, § 31 Abs. 2 GewO von 1845. Sowohl die Verhandlung über die polizeilichen Einwendungen als auch die Entscheidung über Erteilung oder Versagung der Genehmigung erfolgten unabhängig vom gerichtlichen Verfahren über die privatrechtlichen Einwendungen, § 31 GewO von 1845. Dementsprechend enthielt die polizeiliche Genehmigung auch nur die Aussage, dass keine derart erheblichen Nachteile, Gefahren oder Belästigungen bestanden, dass die geplante Mühlenanlage untersagt werden musste, sondern dass sie – ggf. unter Einhaltung von Auflagen – aus polizeirechtlicher Sicht zulässig war.[734] Die Feststellung, dass aufgrund der Anlage unter keinen Umständen ein Schaden entstehen konnte, beinhaltete die Genehmigung hingegen nicht.[735] Es handelte sich somit nicht um eine Unbedenklichkeitsbescheinigung.[736] Vielmehr wurde das bestehende Restrisiko insbesondere zum Nachteil der Umgebung im Interesse des wirtschaftlichen Fortschritts geduldet.[737]

Die Entscheidung darüber, ob die Genehmigung bedingt oder unbedingt erteilt oder versagt wurde, stand grundsätzlich im Ermessen der Regierung. Sie wägte unter Berücksichtigung von feuer-, bau- und gesundheitspolizeilichen Vorschriften nach Lage der Akten ab und überprüfte die Einwendungen ohne mündliche Verhandlung mit den betroffenen Parteien dahingehend, ob und inwieweit tatsächlich erhebliche Nachteile, Gefahren oder Belästigungen drohten. Nur für den Fall, dass keine Einwendungen erhoben wurden, war die Regierung verpflichtet, die Genehmigung zu erteilen, § 30 GewO von 1845.

---

734 ObTr. 23, 252, 266; Bescheid an die Kaufleute N.N. zu N., bezüglich auf die Unzulässigkeit der Verunreinigung der Flüsse durch die Abgänge gewerblicher Anlagen, vom 26. Januar 1853, VMBl. 1853, 53; Verfügung der königlichen Regierung zu Oppeln, die polizeiliche Genehmigung zu gewissen gewerblichen Anlagen und die Aufhebung oder Ablösung von Krugverlagsrechten betreffend, vom 23. April 1846, VMBl. 1846, 94, 95.

735 ObTr. 23, 252, 266; Bescheid an die Kaufleute N.N. zu N., bezüglich auf die Unzulässigkeit der Verunreinigung der Flüsse durch die Abgänge gewerblicher Anlagen, vom 26. Januar 1853, VMBl. 1853, 53.

736 *Rohde,* Das Recht der genehmigungsbedürftigen Anlagen, S. 38.

737 *Rohde,* Das Recht der genehmigungsbedürftigen Anlagen, S. 38.

Da sowohl durch die Genehmigung als auch durch den Versagungsbescheid ein „formell sicheres" Rechtsverhältnis zwischen Regierung und Antragsteller begründet werden sollte, mussten beide Bescheide die genaue Bezeichnung der beabsichtigten Mühlenanlage inklusive einer umfassenden Beschreibung derselben enthalten.[738] Wurde die Anlage bewilligt, musste der Bescheid zudem die unbedingte bzw. die bedingte Genehmigung mit den entsprechenden Auflagen und Bedingungen bezeichnen. Die Regierung konnte im Rahmen der Genehmigung zudem auch z.B. die Höhe des Wasserstandes als Angabe auf dem nach §§ 1 ff. Vorfluthedikt von 1811 erforderlichen Merkpfahl festsetzen.

Der Genehmigungsbescheid war sowohl dem Unternehmer als auch denjenigen bekannt zu machen,[739] die gegen die Errichtung der Anlage Einwendungen erhoben hatten, § 33 GewO von 1845. Gegen den Regierungsbescheid konnten sowohl der Unternehmer als auch diejenigen, die rechtzeitig Einwendungen geltend gemacht hatten, einen Rekurs an das Ministerium einlegen. Ein Rekurs eines Einwendenden hatte aufschiebende Wirkung, d.h. er führte solange zur Suspendierung der Genehmigung, bis das Ministerium über den Rekurs entschieden hatte. Um einer Verfahrensverschleppung seitens des Opponenten vorzubeugen, der so versuchte, den Bau der Mühlenanlage hinauszuzögern und einen Missbrauch des Rekursverfahrens zu verhindern, sah die GewO von 1845 zeitlich eng bemessene Fristen für die Durchführung des Rekursverfahrens vor.

bb. Durch die GewO von 1845 den Nachbarn gewährter Rechtsschutz

Hinsichtlich der Frage, inwieweit sich ein Nachbar gegen die Beeinträchtigungen einer beabsichtigten Mühle wehren konnte, ist zwischen den ihm zustehenden Möglichkeiten innerhalb und außerhalb des Genehmigungsverfahrens zu differenzieren.

(1) Rechtsschutz des Nachbarn während des Genehmigungsverfahrens

Im Rahmen des Genehmigungsverfahrens stand dem Nachbarn die Möglichkeit offen, Einwendungen bei der Genehmigungsbehörde zu erheben. Soweit

---

738 Auszug aus der Verfügung an die königl. Regierung zu N., betreffend das polizeiliche Verfahren bei beabsichtigten Mühlen- u. Anlagen und Veränderungen, v. 24. Juni 1847, VMBl. 1847, 211, 212.

739 Dies erfolgt nach der Ausführungsverordnung vom 31.08.1861, abgedruckt in der Circular-Verfügung an sämmtliche königliche Regierungen (excl. Sigmaringen) mit der Instruktion zur Ausführung des Gesetzes über die Errichtung gewerblicher Anlagen, VMBl. 1861, 172, 175, in der Regel durch Eröffnung des Bescheides zu Protokoll unter Anwesenheit der beteiligten Parteien.

es sich nicht um privatrechtliche Einwendungen handelte, war der Nachbar darauf angewiesen, dass seine Einwände im Abwägungsprozess der Regierung ausreichend Berücksichtigung fanden. Zudem unterlagen sie einer Präklusionsfrist von vier Wochen, so dass sie innerhalb dieses Zeitraums erhoben werden mussten. Nach Ablauf der Frist geltend gemachte Einwände blieben unberücksichtigt, auch wenn sie auf Gefahren oder Nachteilen beruhten, die sich erst im Nachhinein zeigten und die mangels Kenntnis gar nicht hätten gerügt werden können. Privatrechtliche Einwendungen hingegen unterlagen nicht der Präklusionsfrist. Auch entschied die Behörde nicht selbst darüber, sondern leitete sie an den Zivilrichter weiter.

Diese Einteilung in privatrechtliche und andere Einwendungen und ihre unterschiedliche Behandlung sowohl hinsichtlich der Präklusion als auch hinsichtlich der Entscheidungsgewalt führte zu der zentralen, in der damaligen Rechtsprechung und Literatur umstrittenen Frage, was unter privatrechtlichen Einwendungen zu verstehen war.

Nach der Circular-Verfügung des Handelsministers vom 9.10.1849[740], in der auf das Regierungsreskript vom 16.02.1847[741] Bezug genommen und deren Definition des Begriffs der privatrechtlichen Einwendung wörtlich übernommen wurde, handelte es sich bei privatrechtlichen Einwendungen um „solche, die auf Rechtstitel beruhen, welcher die Verfolgung des Anspruchs im Wege Rechtens zuläßt oder sich auf ein nach der bestehenden Gesetzgebung den Richter zu schützendes Recht gründen"[742]. Davon abzugrenzen waren bloße Privatinteressen, die nicht auf einem besonderen Titel beruhten und daher nicht privatrechtlicher Natur im Sinne der Gewerbeordnung von 1845 waren. Nach dieser Definition der Regierung zu Arnsberg genügte eine Eigentumsbeeinträchtigung desjenigen, der sich gegen die Anlage der Mühle wehrte, nicht, da weder das Eigentum selbst noch ein aus dem Eigentum folgendes Recht als Privatrecht angesehen, sondern als bloßes Privatinteresse verstanden wurde, wie sich auch aus dem im Rescript enthaltenen Beispiel ergab[743], wonach allein die Tatsache,

740 Circular-Verfügung an sämmtliche königl. Regierungen, ausschlißlich derjenigen zu Arnsberg, betreffend das Provokationsverfahren bei Wassermühlen-Anlagen, vom 9.10.1849, VMBl. 1849, 229 f.

741 Auszug aus dem Reskripte an die königl. Regierung zu Arnsberg, vom 16. Februar 1847, VMBl. 1849, 229 f.

742 Circular-Verfügung an sämmtliche königl. Regierungen, ausschlißlich derjenigen zu Arnsberg, betreffend das Provokationsverfahren bei Wassermühlen-Anlagen, vom 9.10.1849, VMBl. 1849, 229.

743 VMBl. 1849, 229.

dass einem das an die zu errichtende, emittierende Anlage angrenzende Grundstück gehörte, kein privatrechtliches Widerspruchsrecht begründete. Es war vielmehr für das Erheben einer privatrechtlichen Einwendung erforderlich, dass der Betroffene ein besonderes persönliches oder dingliches Recht, das er z.B. aufgrund eines Vertrages erworben hatte oder welches ihm ein solches aufgrund einer spezialgesetzlichen Norm oder eines Servituts zustand, geltend machte.

Sowohl das preußische Obertribunal[744] als auch der Dritte Senat des Rheinischen Appellationsgerichtshofs zu Köln[745] vertraten in Anlehnung an das Regierungsreskript in den fünfziger Jahren des 19. Jahrhunderts die Auffassung, dass eine privatrechtliche Einwendung im Sinne der §§ 29, 31 der Gewerbeordnung von 1845 auf einem speziellen Rechtstitel beruhen müsste. Das Obertribunal erkannte dabei an, dass gesetzlich normierte Rechte, die sich als Ausfluss des Eigentumsrechts darstellten, als besonderer Rechtstitel anzusehen waren.[746] Zu der Frage, ob auch eine Verletzung des allgemeinen Eigentumsrechts als privatrechtliche Einwendung geltend gemacht werden konnte, äußerte sich das Obertribunal nicht. Der Rheinische AGH hingegen erklärte ausdrücklich, dass unter §§ 29, 31 der Gewerbeordnung von 1845 nicht „alle Klagen fallen, die auf die Freiheit des Eigentums gestützt worden"[747] waren. Die durch die Anlage hervorgerufenen Beeinträchtigungen von nachbarlichem (Grund-) Eigentum waren nach Auffassung des Gerichts keine „Verletzung eines individuell bestimmbaren Privatrechts", sondern ein allgemeiner Nachteil, der die gesamte Nachbarschaft traf.[748] Die Beurteilung sich darauf stützender Einwendungen könne nur der Polizeibehörde obliegen, da zum einen Gericht und Verwaltungsbehörde aufgrund der Gefahr sich widersprechender Entscheidungen nicht entscheiden könnten („ein derartig diametrales Entgegenwirken coordinirter Gewalten ist prinzipienwidrig"[749]) und zum anderen aufgrund des polizeilichen Aspekts, der derartigen Einwendungen innewohne, eine ausschließlich gerichtliche Entscheidung nicht möglich sei.[750] In den §§ 26, 29, 32 der Gewerbeordnung von 1845 werde der Polizeibehörde ausdrücklich die Prüfung von Nachteilen, Gefahren und Belästigungen sowohl für die Allgemeinheit als auch für einzelne Nachbarn

744 ObTr. 21, 127, 138.
745 Rhein. AGH, Rhein.Arch. 54, 10, 14.
746 ObTr. 21, 127, 132, 138.
747 Rhein. AGH, Rhein.Arch. 54, 10, 12.
748 Rhein. AGH, Rhein.Arch. 54, 10, 12 f.
749 Rhein. AGH, Rhein.Arch. 54, 10, 13.
750 Rhein. AGH, Rhein.Arch. 54, 10, 13.

zugewiesen, worunter neben den rein polizeilichen Einwendungen damit auch jene fallen, die auch privaten Interessen dienen.[751]

Bereits ein Jahr später erkannte der Zweite Senat des Rheinischen AGH[752] auch Einwendungen, die auf einen Eingriff in das allgemeine Eigentumsrecht gestützt wurden, als privatrechtliche an, indem er eine auf Schutz vor Immissionen und Betriebseinstellung gerichtete Klage gegen eine emittierende Anlage zuließ, die sich ausschließlich auf die Beeinträchtigung des benachbarten Grundeigentums stützte. Die rechtswissenschaftliche Literatur[753] hatte sich dieser Auslegung des Rheinischen AGH angeschlossen. So stellte z.B. *Oppenhoff* in Anlegung an das Urteil vom 5.5.1859 fest, dass privatrechtliche Einwendungen jene sind, die „aus dem allgemeinen Grundsatze der Ausschließlichkeit und Unverletzlichkeit des Eigentums hergeleitet werden“[754]. Auch das preußische Obertribunal wendete sich mit seinem Urteil von 1864[755] schließlich von der Ansicht ab, dass der Begriff privatrechtliche Einwendungen lediglich solche erfasst, die auf speziellen Rechtstiteln beruhen. Begründet wurde dies mit Blick auf die Entstehungsgeschichte des § 31 der Gewerbeordnung von 1845. Ursprünglich sei die Wendung „aus Privatrechtstiteln“ vorgesehen gewesen, diese für zu eng erachtet worden, da auch der Rechtsweg zu den Gerichten für diejenigen offen stehen sollte, denen ein aus einem wohlerworbenen Recht resultierendes Einspruchsrecht zukomme.[756] Daher waren unter Einwendungen privatrechtlicher Natur jene zu verstehen, „die auf allgemeine oder besondere Gesetze gegründet werden, überhaupt solche, die darauf beruhen, dass durch die beabsichtigte Anlage ein Eingriff in die dem Widersprechenden zustehenden Privatrechte geschehe. [...] Dies Recht [zum Einspruch] könne auf besonderen Privatrechtstiteln, oder auch auf statutarischen Bestimmungen, provinziellen Normen oder allgemeinen Gesetzen beruhen.“[757]

---

751 Rhein. AGH, Rhein.Arch. 54, 10, 13 f.

752 Rhein. AGH, Rhein.Arch. 55, 19, 23.

753 *Oppenhoff*, Die preußischen Gesetze über die Ressortverhältnisse, S. 452, Anm. 28; *Foerstemann*, Principien des preußischen Polizeirechts, S. 339.

754 *Oppenhoff*, Die preußischen Gesetze über die Ressortverhältnisse, S. 452, Anm. 28.

755 ObTr. 53, 147, 155.

756 ObTr. 53, 147, 155. Die Idee, dass es sich bei den privatrechtlichen Einwendungen um wohlerworbene Rechte im Sinne von ALR I 8 § 26 handelt könnte, zu denen auch das Eigentum selbst zu zählen ist, klingt bereits in einem Urteil des Obertribunals aus dem Jahre 1852 (ObTr. 23, 252, 264) an.

757 ObTr. 53, 147, 155 f.

In Rechtsprechung und Literatur hatte sich damit die Auffassung durchgesetzt, dass auch das Eigentum selbst ein Privatrecht war, dessen Verletzung durch die Anlage von Wassertriebwerken im Wege privatrechtlicher Einwendungen gerügt werden konnte. Der anfangs sehr eng verstandene Begriff der privatrechtlichen Einwendung wurde so im Laufe der Zeit umfassender interpretiert, so dass sich ein weiter Anwendungsbereich eröffnete. Dieser Wandel im Begriffsverständnis bedeutete für beeinträchtigte Nachbarn einen besseren Schutz, da alle Einwendungen, die allgemein auf eine Verletzung des Privateigentums gestützt waren und einen Hauptteil der erhobenen Einwände ausmachten, gesondert gerichtlich überprüfbar wurden und nicht mehr einen bloßen Posten im Abwägungs- und Entscheidungsvorgang der Genehmigungsbehörde bildeten. Das Gericht konnte nämlich, wenn es die privatrechtlichen Einwendungen für begründet erachtete und die Beeinträchtigung der Privatrechte Dritter nicht durch Auflagen verhinderbar war, das Bestehen eines Untersagungsrechts bezüglich des Wassertriebwerks trotz bestehender polizeilicher Genehmigung feststellen[758] und so die Rechte des Nachbarn die Unternehmensinteressen überwiegen lassen. Die polizeiliche Genehmigung wurde dann in der Folge wirkungs-[759] und damit auch nutzlos. Diese Möglichkeit stand dem Gericht zumindest für jene privatrechtlichen Einwendungen offen, die während des laufenden Genehmigungsverfahrens erhoben wurden.

Dennoch darf trotz dieser Option die Schutzmöglichkeit des Nachbarn vor Beeinträchtigungen und Nachteilen im Genehmigungsverfahren nicht überbewertet werden, denn die in § 35 GewO von 1845 normierte Verteilung der Kostenlast stellte eine nicht zu unterschätzende Hemmschwelle für das Einreichen von Einwendung dar. Nach dieser Norm fielen die Kosten, die durch unbegründete Einwendung entstanden, dem Widersprechenden zur Last, so dass diesem das Kostenrisiko hinsichtlich der Geltendmachung von Einwänden aufgebürdet wurde. Auch ist zu berücksichtigen, dass es sich bei der Entscheidung der Regierung über die Erteilung der Genehmigung um eine Ermessensentscheidung handelte. Im Abwägungsprozess konnte sie daher das Landeskulturinteresse oder andere wirtschaftliche Interessen möglichen Gefahren und Nachteile für

758 Auszug aus dem Rescripte an die königl. Regierung zu Arnsberg, vom 16. Februar 1847, VMBl. 1849, 229, 230, welcher vom Handelsminister in seiner Circular-Verfügung an sämmtliche königl. Regierungen, ausschließlich derjenigen zu Arnsberg, betreffend das Provokationsverfahren bei Wassermühlen-Anlagen, vom 9.10.1849, VMBl. 1849, 229 f., zitiert und übernommen wurde.

759 Auszug aus dem Rescripte an die königl. Regierung zu Arnsberg, vom 16. Februar 1847, VMBl. 1849, 229, 230.

die Umgebung überwiegen lassen und so trotz Beeinträchtigungen der Nachbarn die Genehmigung erteilen. Dieser dehnbare Begriff der Erheblichkeit setzte eine hohe Schwelle für die Beachtlichkeit der von den Nachbarn vorgebrachten oder im Interesse der Allgemeinheit zu berücksichtigenden, öffentlich-rechtlichen Einwände. Letztlich sollten so besonders gravierende Schädigungen oder Beeinträchtigungen verhindert,[760] aber nicht jede Form der Belastung der Umgebung unterbunden werden.

(2) Rechtsschutz des Nachbarn nach abgeschlossenem Genehmigungsverfahren

Alle Einwendungen, die nicht privatrechtlicher Natur waren, blieben nach Abschluss des Genehmigungsverfahrens ausgeschlossen. Auch wenn sich das Mühlentriebwerk im Nachhinein als unzumutbar für die Ober- bzw. Unterlieger herausstellte, genoss es aufgrund der polizeilichen Genehmigung hinsichtlich von Nachteilen, die nicht ein Privatrecht beeinträchtigten, Bestandsschutz.

Inwieweit dieser Ausschluss auch für privatrechtliche Einwendungen galt, ist nicht einheitlich zu beantworten. Unstreitig konnten auf privatrechtliche Einwände gestützte Schadensersatzansprüche bzw. bauliche Veränderungen, die die von der Mühlenanlage ausgehenden Emissionen verringerten, auch nachträglich, d.h. nach Abschluss des Genehmigungsverfahren und Errichtung der Mühlenanlage vor den Zivilgerichten begehrt werden.[761]

Eine auf Unterlassung gerichtete Klage beruhend auf zivilrechtlichen Einwendungen sah *Lies-Benachib*[762] aufgrund der Regelung des § 25 GewO von 1845 als ausgeschlossen an. Die Norm besagte, dass „Beschwerden über die Untersagung des Gewerbebetriebs" nur bei den Verwaltungsbehörden nicht aber bei den Zivilgerichten geltend gemacht werden könnten. Auf den ersten Blick scheint diese Norm auf Stilllegung des Betriebes gerichtete Unterlassungsansprüche tatsächlich auszuschließen. Betrachtet man jedoch den Wortlaut unter Berücksichtigung des Gesetzeszusammenhangs genauer, so lässt sich diese Annahme nicht mehr aufrechterhalten. § 25 GewO von 1845 knüpfte an die vorhergehenden Bestimmungen an, die das Anmeldeverfahren für anmelde- aber nicht genehmigungspflichtige Gewerbebetriebe regelten. Dort hieß es in § 23 Abs. 2 GewO von 1845, dass, sofern der Gewerbetreibende den Erfordernissen der GewO

760 *Brüggemeier,* Eine Kränkung des Rechtsgefühls, in: *Abelshauser (Hg.),* Umweltgeschichte, 106, S. 135.

761 ObTr. 23, 252, 266.

762 *Lies-Benachib,* Immissionsschutz, S. 118 f.

nicht genügte, „der Beginn oder die Fortsetzung des Gewerbebetriebs mittelst Bescheides zu untersagen" war. Liest man § 25 GewO von 1845 in Zusammenhang mit dieser Norm, so regelte er die Rechtsschutzmöglichkeiten, die dem Gewerbetreibenden im Falle der Untersagung seines nicht genehmigungspflichtigen Gewerbebetriebs verblieben. Daneben wurde der Anwendungsbereich der Norm auch auf Betriebe ausgedehnt, die nach § 26 GewO von 1845 genehmigungspflichtig waren und sich gegen die Versagung der Genehmigung richteten.[763] „Beschwerden über die Untersagung" meinte Beschwerden, die sich gegen den Untersagungs- bzw. Ablehnungsbescheid der Polizeibehörde mit dem Ziel, die Gewerbeanlage doch betreiben zu dürfen, richteten.[764] Nicht gemeint waren Beschwerden, die auf die Untersagung eines bestehenden Gewerbebetriebs gerichtet waren. Zu der Frage, inwieweit Dritte sich gegen den Gewerbebetrieb wehren konnten, traf die Norm daher keine Aussage, so dass ein Ausschluss zivilrechtlicher Unterlassungsansprüche außerhalb des Genehmigungsverfahrens daraus nicht hergeleitet werden kann.

Die Literatur des 19. Jahrhunderts[765] hielt im Gegenteil den Rechtsweg für Erhebung privatrechtlicher Einwendungen auch nach erteilter Genehmigung für zulässig, ohne dahingehend zu unterscheiden, mit welchem Ziel die Klage erhoben, d.h. ob Schadensersatz, Anpassung oder Betriebsuntersagung verlangt wurde. Für die Zulässigkeit spricht zum einen der Umstand, dass jegliche privatrechtliche Einwendungen, ohne einer Präklusionsfrist zu unterliegen, an die Gerichte verwiesen waren, ohne dass ein Unterschied dahingehend gemacht wurde, welches Klageziel mit den Einwendungen verfolgt wurde. Zum anderen waren sich die Rechtsprechung und Regierung darin einig, dass die polizeiliche Genehmigung nur das Vorhaben aus landespolizeilicher Sicht bewertete, das Rechtsverhältnis zwischen dem Mühlenbetreiber und dem widersprechenden Nachbarn aber nicht berührte.[766] Dementsprechend musste eine zivilrechtliche

763 *Oppenhoff,* Die preußischen Gesetze über die Ressortverhältnisse, S. 449 Anm. 23.

764 *Oppenhoff,* Die preußischen Gesetze über die Ressortverhältnisse, S. 449 Anm. 23.

765 *Oppenhoff,* Die preußischen Gesetze über die Ressortverhältnisse, S. 451 Anm. 28; *Scheele,* Das preußische Wasserrecht, S. 75.

766 ObTr. 23, 252, 266; Auszug aus dem Rescripte an die königl. Regierung zu Arnsberg, vom 16. Februar 1847, VMBl. 1849, 229, 230, welcher vom Handelsminister in seiner Circular-Verfügung an sämmtliche königl. Regierungen, ausschlißlich derjenigen zu Arnsberg, betreffend das Provokationsverfahren bei Wassermühlen-Anlagen, vom 9.10.1849, VMBl. 1849, 229 f., zitiert und übernommen wurde; Bescheid an die Kaufleute N.N. zu N., bezüglich auf die Unzulässigkeit der Verunreinigung der Flüsse durch die Abgänge gewerblicher Anlagen, vom 26. Januar 1853, VMBl. 1853, 53.

Unterlassungsklage nach Genehmigungserteilung, die letztlich zu einer Regelung des Verhältnisses zwischen den Beteiligten führte, möglich sein. Folglich konnte der beeinträchtigte Dritte Einwendungen privatrechtlicher Natur jederzeit gerichtlich geltend machen, unabhängig davon, ob er Schadensersatz, Betriebsanpassung oder -einstellung begehrte, wie sich in den Urteilen des Rheinischen AGH vom 5.5.1859[767] und des Obertribunals[768] zeigt. Insofern erscheint es unverständlich, warum *Lies-Benachib* „die Möglichkeit einer zivilrechtlichen Klage auf Unterlassen der Anlage“ als eklatanten Widerspruch zu den Urteilssprüchen preußischer Gerichte wertete.[769] Selbst wenn die ausgewerteten preußischen Urteile dem Klageantrag auf Betriebsstilllegung nicht stattgaben, so taten sie dies nicht aufgrund mangelnder Zulässigkeit oder unter Berufung auf § 25 GewO von 1845, sondern weil die materiellen Voraussetzungen nicht vorlagen, wie sich z.B. aus dem Plenarbeschluss des Obertribunals[770] ergibt. Hier erfolgte die Klageabweisung, weil der Kläger keine privatrechtliche Einwendung erheben konnte, da das Spezialgesetz, auf das er diese stützte, bereits aufgehoben war.

cc. Bestandsschutz für die Mühle

Im Verhältnis zu nicht privatrechtlichen Einwendungen genoss die genehmigte Mühle einen sehr weitgehenden Bestandsschutz, da alle Einwände, die nicht innerhalb der Präklusionsfrist geltend gemacht wurden, dauerhaft ausgeschlossen waren. Das Genehmigungsverfahren sollte dazu dienen, den Gewerbetreibenden vor späteren öffentlich-rechtlichen Einwendungen zu schützen.[771] Dementsprechend konnte die Behörde auch keine nachträglichen Auflagen für den bereits genehmigten Betrieb erteilen. Eine einmal erteilte Genehmigung galt zeitlich unbegrenzt, vorausgesetzt die Mühle wurde auch betrieben. Eine Betriebseinstellung über einen Zeitraum von drei Jahren, führte ipso iure zum Erlöschen der Genehmigung mit Ablauf der drei Jahre, § 67 GewO von 1845. Dies galt auch für Mühlen bzw. Triebwerke, die vor Erlass der GewO errichtet wurden; maßgeblicher Zeitpunkt für den Fristbeginn war der Verkündungstermin der GewO, § 68 GewO. Die Genehmigung wurde betriebs- und nicht

767 Rhein. AGH, Rhein. Arch. 55, 19, 23.

768 ObTr. 53, 147, 156.

769 *Lies-Benachib,* Immissionsschutz, S. 216.

770 ObTr. 21, 127, 138.

771 Circular-Verfügung an sämmtliche königl. Regierungen, ausschließlich derjenigen zu Düsseldorf und Breslau, die ortspolizeiliche Genehmigung zum Feld-Ziegelbrennen betreffend, vom 21. November 1849, VMBl. 1849, 285.

personengebunden erteilt, d.h. eine Erneuerung der Genehmigung war bei Übergang des Mühlenbetreibers auf seinen Rechtsnachfolger nicht notwendig, § 36 GewO von 1845. Dies galt auch für Mühlen, die bereits vor 1845 errichtet worden waren, da es lediglich darauf ankam, dass sie gestattet wurden, nicht aber in welcher Form die Gestattung erteilt worden war.[772] Einzig Veränderungen in der Lage oder der Beschaffenheit der Mühle erforderten eine erneute polizeiliche Genehmigung, für die auch das Verfahren nach den §§ 27 ff. GewO von 1845 zu durchlaufen war, § 36 Abs. 2 GewO von 1845. Dies galt allerdings nur, soweit die Veränderungen nicht der Erhaltung des bisherigen Zustandes, sondern der Herbeiführung einer Neuerung dienten.[773]

Die Genehmigung war jedoch widerruflich. Bei überwiegenden Gefahren und Nachteilen für das Gemeinwohl konnte die Polizeibehörde die Nutzung der Mühle/des Triebwerks untersagen, § 69 GewO von 1845. Für Anlagen, die nach dem Verfahren der §§ 27 ff. GewO von 1845 genehmigt wurden, konnte eine Stilllegung des Betriebs nur gegen Entschädigung erfolgen. Auf diese Weise sollte der Unternehmer vor staatlichen Eingriffen geschützt und der Tatsache Rechnung getragen werden, dass der Mühle durch die Genehmigung ursprünglich bescheinigt worden war, keine erheblichen Nachteile und Gefahren hervorzurufen. Für Altanlagen, die vor der GewO errichtet wurden, galt die Entschädigungspflicht gemäß § 70 GewO von 1845 nur insoweit, als eine solche auch nach der Gesetzeslage vor 1848 bestanden hätte.

Hinsichtlich zivilrechtlicher Ansprüche schützte die GewO den Mühlenbetreiber nicht vor gerichtlich geltend gemachten Einwendungen Dritter. Einen dahingehenden Bestandsschutz sah die GewO von 1845 nicht vor. Der Gesetzgeber benannte als Instrumente zur Sicherung des Bestandes nur die Präklusion nichtprivatrechtlicher Einwendungen sowie die Entschädigungspflicht im Falle des Genehmigungswiderrufs.[774] Trotz erteilter Genehmigung konnte der Unternehmer daher Schadensersatz-, Anpassungs- oder Unterlassungsansprüchen ausgesetzt sein. Einen so umfassenden Bestandschutz, wie ihn das Edikt von 28.10.1810 aufgrund der in § 7 enthaltenen Präklusionsregelung hinsichtlich

772 Verfügung an die Polizeibehörde zu N., betreffend die polizeiliche Genehmigung zu gewissen gewerblichen Anlagen, vom 21. Juni 1845, VMBl. 1845, 181.

773 Circular-Verfügung an sämmtliche königl. Regierungen, sowie an das königl. Polizeipräsidium hieselbst, die polizeiliche Genehmigung zu Veränderungen gewisser gewerblicher Anlagen betreffend, vom 28. September 1846, VMBl. 1846, 211.

774 Sammlung sämmtlicher Drucksachen des Hauses der Abgeordneten aus der dritten Session der V. Legislatur-Periode 1861, Bd. III, Nr. 100, Motive zu dem Entwurf eines Gesetzes, die Errichtung gewerblicher Anlagen betreffend, S. 7 f.

aller nicht rechtzeitig geltend gemachten Einwendungen gewährte, enthielt die Gewerbeordnung von 1845 damit nicht.

Daher erwies sich die Normierung der Allgemeinen Gewerbeordnung von 1845 weniger streng als die des § 7 des Edikts vom 28.10.1810 und der Bestandsschutz als weniger umfassend. Vor dem Hintergrund des § 38 der Gewerbeordnung von 1845, nach dem bei durch Wasser bewegten Triebwerken außer den §§ 27–36 die bestehenden besonderen Vorschriften anzuwenden waren, könnte daher angedacht werden, dass für die Anlage von Mühlen, die strengeren Regelungen des Edikts von 1810 anzuwenden waren[775]. Dies wurde von der Rechtsprechung[776] und der Regierung[777] jedoch abgelehnt. § 38 der Gewerbeordnung von 1845 beziehe sich nur auf jene Vorschriften des Edikts, die neben den §§ 27–36 stünden und anwendbar seien, nicht jedoch auf solche, die durch die besagten Paragraphen ersetzt und aufgehoben würden, wie dies für § 7 des Edikts vom 28.10.1810 gerade der Fall sei.[778] Denn § 29 der Gewerbeordnung von 1845 regle umfassend für alle Anlagen des § 27, zu denen auch die Mühlen zählen, das Genehmigungsverfahren, so dass allein diese Norm und die darin enthaltenen Fristen bzw. Förmlichkeiten maßgeblich seien.[779]

b) *Das Gesetz, betreffend die Errichtung gewerblicher Anlagen vom 01.07.1861*

Das am 01.07.1861 in Kraft getretene Gesetz betreffend die Errichtung gewerblicher Anlagen hob die §§ 27–38 der Allgemeinen Gewerbeordnung auf und fasste die darin enthaltenen Regelungen neu. Zum einen wurde der Katalog der genehmigungsbedürftigen Anlagen, um dem technischen Fortschritt Rechnung

---

775 So für privatrechtliche Ansprüche *Foerstemann,* Principien des preußischen Polizeirechts, S. 338 Fn. 1.

776 ObTr. 53, 147, 150.

777 Verfügung an die königl. Regierung zu N., betreffend die öffentlichen Bekanntmachungen wegen beabsichtigter Mühlenanlagen, vom 12. Juni 1846, VMBl. 1846, 114 f.; Auszug aus der Verfügung an die königl. Regierung zu N., betreffend das polizeiliche Verfahren bei beabsichtigten Mühlen- u. Anlagen und Veränderungen, v. 24. Juni 1847, VMBl. 1847, 211 f.

778 ObTr. 53, 147, 150.

779 Verfügung an die königl. Regierung zu N., betreffend die öffentlichen Bekanntmachungen wegen beabsichtigter Mühlenanlagen, vom 12. Juni 1846, VMBl. 1846, 114, 115; Auszug aus der Verfügung an die königl. Regierung zu N., betreffend das polizeiliche Verfahren bei beabsichtigten Mühlen- u. Anlagen und Veränderungen, v. 24. Juni 1847, VMBl. 1847, 211, 212.

zu tragen, dahingehend verändert, dass einige Anlagen, wie Zuckerfiedereien oder Malzdarren nicht mehr der Genehmigungspflicht unterfielen, während andere in den Katalog neu aufgenommen wurden. Für durch Wasser bewegte Triebwerke, wie Mühlen, verblieb es nach § 1 des Gesetzes vom 01.07.1861 bei der Genehmigungspflicht. Zum anderen vereinfachten und verkürzten die in §§ 2–13 des Gesetzes enthaltenen Regelungen hinsichtlich des Publikations- und Genehmigungsverfahrens dieses im Vergleich zu den Anforderungen der Gewerbeordnung vom 17.01.1845.[780] So schaffte die GewO von 1861 z.B. die in § 29 Abs. 1 GewO von 1845 vorgesehene Vorprüfung ab und verkürzte die Einwendungsfrist für beeinträchtigte Dritte von vier Wochen auf vierzehn Tage.

Auch die im Rekursionsverfahren ehemals vorgesehenen Fristen wurden verkürzt, um so die Missbrauchsmöglichkeiten weiter einzudämmen. Dass die vorgesehene Verkürzung der Rekursbegründungsfrist sich auch zu Lasten des Unternehmers auswirken konnte, da auch er innerhalb kürzerer Zeit seine Argumente substantiieren musste, hatte der Gesetzgeber nicht im Blick. Dies bedeutete eine erhebliche zeitliche Verknappung für die Einsichtnahme in die Unterlagen der geplanten Mühlenanlage und das substantiierte Vorbringen der Einwendungen. Zugunsten der wirtschaftlichen Interessen des Unternehmers an einer zügigen Durchführung des Genehmigungsverfahrens wurden somit die Rechte Drittbetroffener eingeschränkt und die Anforderungen an die Einlegung der Einwendungen verschärft. Das Ziel des Gesetzgebers bestand darin, die „Entwicklung der gewerblichen Tätigkeit“[781], d.h. die Errichtung neuer Gewerbebetriebe zu fördern. Eine weitere Möglichkeit der Verfahrensstraffung führte der Gesetzgeber für das Publikationsverfahren im Falle der betrieblichen Veränderung ein. Nach § 36 GewO von 1845 musste der Unternehmer, wollte er seine Betriebsstätte verändern, das Verfahren der §§ 27–36 GewO von 1845 vollständig durchlaufen. Dies erwies sich als nicht praktikabel, insbesondere bei nur kleinen Veränderungen oder solchen, die die Immissionsbelastung der Umgebung verringern sollten. Denn Opponenten nutzten diese Gelegenheit, um ihre bereits zurückgewiesenen Einwendungen erneut vorzubringen und so das Genehmigungsverfahren unnötig in die Länge zu ziehen, was für den Unternehmer je nach Art der geplanten Veränderung im ungünstigsten Fall zu

---

780 *Oppenhoff*, Die preußischen Gesetze über die Ressortverhältnisse, S. 450 Fn. 27.

781 Sammlung sämmtlicher Drucksachen des Hauses der Abgeordneten aus der dritten Session der V. Legislatur-Periode 1861, Bd. III, Nr. 100, Motive zu dem Entwurf eines Gesetzes, die Errichtung gewerblicher Anlagen betreffend, S. 7, 8.

einem Betriebsstillstand führen konnte.[782] Der Gesetzgeber räumte deshalb in § 10 GewO von 1861 der Regierung die Option ein, auf Antrag des Unternehmers vom Genehmigungsverfahren abzusehen. Ein derartiges Absehen war aber nur möglich, wenn die veränderte Anlage im Vergleich zur bereits genehmigten Anlage keine neuen oder größeren Nachteile, Gefahren oder Belästigungen verursachte. Dies zu entscheiden, oblag dem Ermessen der Regierung. Die Neuregelung hinsichtlich der Veränderung bestehender und genehmigter Anlagen sollte ausweislich der Gesetzesmotive, insbesondere der Erleichterung der Betriebsänderung von Wassermühlen dienen, da aufgrund der Beweisschwierigkeiten bezüglich der Auswirkungen auf die Unterlieger die Nachteile des Genehmigungsverfahrens sich bei Wassermühlen besonders bemerkbar machten. Andererseits hieß es, potentielle Veränderungen auf die Wasserabflussverhältnisse, die auf der beabsichtigen Mühlenänderung beruhen, ließen sich leichter durch ein Sachverständigengutachten analysieren, als dies bei anderen Gewerbebetrieben der Fall sei,[783] so dass sich die Vorteile des veränderten Verfahrens bemerkbar machen würden.

Darüber hinaus beseitigte die GewO von 1861 Unklarheiten, die während des Geltungszeitraums der GewO von 1845 entstanden waren, und schloss Gesetzeslücken, indem z.B. die bis dahin ungeklärte Situation der vor 1845 errichteten Anlagen dahingehend geregelt wurde, dass gemäß § 10 Abs. 2 GewO von 1861 eine Genehmigung fingiert wurde. Im Gegensatz zu § 30 GewO von 1845, der für den Fall, dass keine Einwendungen erhoben wurden, eine gebundene Entscheidung der Regierung auf Erteilung der Genehmigung vorsah, bestimmte nun § 4 GewO von 1861 auch in dieser Situation eine Ermessensentscheidung der Behörde. Dementsprechend prüfte die Behörde die Vereinbarkeit der Anlage mit bau-, feuer- und gesundheitspolizeilichen Vorschriften und des Weiteren, ob erhebliche Gefahren, Nachteile oder Beeinträchtigungen für die Allgemeinheit zu erwarten waren, bevor sie entschied, ob sie die Genehmigung bedingt, unbedingt oder gar nicht erteilt. Diese Veränderung war notwendig, weil die Regierung nach der Vorschrift in alter Fassung eine Anlage – mangels

782 Sammlung sämmtlicher Drucksachen des Hauses der Abgeordneten aus der dritten Session der V. Legislatur-Periode 1861, Bd. III, Nr. 100, Motive zu dem Entwurf eines Gesetzes, die Errichtung gewerblicher Anlagen betreffend, S. 7, 14.

783 Sammlung sämmtlicher Drucksachen des Hauses der Abgeordneten aus der dritten Session der V. Legislatur-Periode 1861, Bd. III, Nr. 100, Motive zu dem Entwurf eines Gesetzes, die Errichtung gewerblicher Anlagen betreffend, S. 7, 19.

Einwendungen – selbst dann genehmigen musste, wenn sie diese für gefährlich und nicht vereinbar mit dem Gemeinwohl erachtete.[784]

Die Einführung der Erörterung der Einwendungen mit beiden Parteien des Verfahrens, also mit dem Unternehmer und dem beeinträchtigten Dritten, führte zu einer Stärkung der Position des Einwendungserhebers. Denn er hatte im Rahmen dieser Erörterung die Möglichkeit, unmittelbar auf die Argumente des Unternehmers zu reagieren und sie ggf. zu entkräften. Darüber hinaus galten die Einwendungen des Opponenten als zugestanden, wenn der Unternehmer sich nicht zu ihnen äußerte oder zu dem Erörterungstermin nicht erschien.[785] Auch eröffnete ein derartiger Erörterungstermin die Möglichkeit, mögliche Interessenkonflikte zwischen den Parteien beizulegen, und wie vom Gesetzgeber favorisiert, einen gütlichen Ausgleich zu erreichen[786]. Dass eine gütliche Einigung nicht zu erreichen war, wenn die geltend gemachten Einwendungen mit Gemeinwohlinteressen übereinstimmten und es sich daher nicht mehr um einen reinen Interessenkonflikt zwischen dem Unternehmer und dem Opponenten handelte, blieb unberücksichtigt.[787]

c) Die Reichsgewerbeordnung von 1869

Nach Art. 4 Nr. 1 der Verfassung des Norddeutschen Bundes vom 26.07.1867 besaß der Reichstag Gesetzgebungskompetenz für Bestimmungen über Gewerbebetriebe. Im Jahr 1869 machte der Reichstag von dieser Gesetzgebungskompetenz Gebrauch und beschloss die Gewerbeordnung für den Norddeutschen Bund. Sie wurde am 1.7.1869 verkündet. Einzelne Abschnitte traten bereits ein paar Monate später, die übrigen Titel am 1.1.1870 in Kraft. Nach der Gründung des Deutschen Reiches und der damit einhergehenden Zuweisung der Gesetzgebung in Gewerbesachen auf den Reichsgesetzgeber, Artt. 3, 4 Nr. 1 der Reichsverfassung, wurde die GewO von 1869 im Jahre 1871 zum Reichsgesetz erklärt, § 2 Gesetz betreffend die Verfassung des Deutschen Reiches vom

---

784 Sammlung sämmtlicher Drucksachen des Hauses der Abgeordneten aus der dritten Session der V. Legislatur-Periode 1861, Bd. III, Nr. 100, Motive zu dem Entwurf eines Gesetzes, die Errichtung gewerblicher Anlagen betreffend, S. 7, 19.

785 Circular-Verfügung an sämmtliche königliche Regierungen (excl. Sigmaringen) mit der Instruktion zur Ausführung des Gesetzes über die Errichtung gewerblicher Anlagen, VMBl. 1861, 172, 175.

786 Sammlung sämmtlicher Drucksachen des Hauses der Abgeordneten aus der dritten Session der V. Legislatur-Periode 1861, Bd. III, Nr. 100, Motive zu dem Entwurf eines Gesetzes, die Errichtung gewerblicher Anlagen betreffend, S. 7, 12.

787 *Lies-Benachib,* Immissionsschutz, S. 222.

16. April 1871[788]. Hinsichtlich des Rechts der genehmigungsbedürftigen Anlagen, das im Folgenden untersucht wird, waren mit dem Übergang zum Reichsgesetz keine Änderungen verbunden,[789] so dass hier die GewO von 1869 der Betrachtung zugrunde liegt.

aa. Erweiterung des Gewässerschutzes

Die RGewO von 1869 hätte die Chance geboten, reichseinheitliche Regelungen zu erlassen, die eine Verunreinigung der Gewässer durch Gewerbebetriebe verhindert hätte. Eine Möglichkeit hätte darin bestanden, den Katalog der genehmigungspflichtigen Anlagen um solche zu erweitern, bei denen verunreinigte Abwässer zu einer erheblichen Belastung der Gewässer hätten führen können, wie z.B. Färbereien, Papier- und Farbfabriken. Für Gerbereien war dies geschehen. Sie wurden ebenso wie in den vorhergehenden Gewerbeordnungen in die Liste der genehmigungspflichtigen Anlagen nach § 16 RGewO von 1869 aufgenommen. Ein entsprechender Antrag für weitere derartige Anlagen wurde in der Sitzung vom 9. April 1869 gestellt,[790] aber dann zurückgezogen, nachdem insbesondere der Kanzeleramtspräsident daraufhin gewiesen hatte, dass es nicht Ziel der Gewerbeordnung sei, zu verhindern, dass verunreinigte Abflüsse in Gewässer geleitet würden.[791] Bei der zweiten Lesung des Gesetzesentwurfs wurde im Rahmen der Diskussionen über das Entschädigungsrecht der Antrag gestellt, der Besitzer gewerblicher Anlagen müsse jederzeit dazu angehalten werden können, entsprechende Vorkehrungen zu treffen, die eine Verschlechterung umliegender Gewässer durch eine Vermengung mit Abgängen aus gewerblichen Anlagen verhinderten. Eine Entschädigung sollte der Verpflichtete für die Ausführung der Vorkehrungen nicht erhalten. Diesen gesetzlichen Auflagenvorbehalt begründete der Antragsteller damit, dass insbesondere bei künftigen Anlagen durch entsprechende Maßregeln ein Verderben des Wassers und damit ein „großer Schaden für das ganze Publikum" verhindert werden könne.[792] In der sich anschließenden Diskussion wurde der Antrag stark kritisiert. Auch wenn die Kritiker das

788 RGBl. 1871, S. 63 ff.

789 *Rohde,* Das Recht der genehmigungsbedürftigen Anlagen, S. 52 f.

790 Stenografische Berichte des Reichstags über die Verhandlungen des Norddeutschen Bundes, I. Legislaturperiode Session 1869, I. Bd., S. 270.

791 Stenografische Berichte des Reichstags über die Verhandlungen des Norddeutschen Bundes, I. Legislaturperiode Session 1869, Anlagen III. Bd., Aktenstück Nr. 85 Ziff. 7, S. 320.

792 Stenografische Berichte des Reichstags über die Verhandlungen des Norddeutschen Bundes, I. Legislaturperiode Session 1869, I. Bd., S. 439, 441.

Problem der vorhandenen Gewässerverschmutzung nicht leugneten, was z.B. an den Beschreibungen der schwarz gefärbten Wupper[793] deutlich wird, so wollten sie die Frage der Gewässerverunreinigung im Rahmen der allgemeinen Gesetzgebung und nicht bei Normierung der Gewerbeordnung geklärt wissen.[794] Die Abgeordneten sahen in der beantragten Norm zudem einen unzulässigen Eingriff in das Privateigentum, da der betroffene Unternehmer ohne Entschädigung zu Vorkehrungen gezwungen würde, die er nach den allgemeinen und polizeilichen Gesetzen nicht zu erbringen brauchte.[795] Sie fürchteten durch die Schaffung eines nachträglichen Auflagenvorbehalts eine Schädigung vorhandener Gewerbebetriebe, die aufgrund der finanziellen Last oder der Unmöglichkeit einer alternativen Betreibung bis zu deren Geschäftsaufgabe führen könnte.[796] Eine derartige Beschränkung des Privateigentums gesetzlich festzulegen, widerstrebte den Abgeordneten. Auch wollten sie kein Sonderrecht hinsichtlich der Gewässerverunreinigung zum Vor- oder Nachteil der Gewerbebetriebe schaffen, da auch landwirtschaftliche Betriebe an der Verschmutzung der Gewässer ihren Anteil hätten.[797] Zudem böten die bisher vorhandenen Regelungen eine ausreichende Handhabe für die Problematik.[798] Aufgrund dieser umfassenden Kritik wurde der Antrag abgelehnt und keine Vorschrift zum Schutz der Gewässer vor gewerblich verursachten Verunreinigungen in die Gewerbeordnung aufgenommen. Das Problem der Gewässerverschmutzung blieb weiterhin ungelöst.

bb. Inhalt der RGewO von 1869

Inhaltlich orientierte sich die RGewO von 1869 an den preußischen GewO von 1845 und 1861. So sah auch die RGewO von 1869 für Stauanlagen für Wassertriebwerke eine besondere, behördliche Genehmigung vor. Wurden die Stauanlagen zu einem anderen Zweck betrieben, war eine gewerberechtliche

793 Stenografische Berichte des Reichstags über die Verhandlungen des Norddeutschen Bundes, I. Legislaturperiode Session 1869, I. Bd., S. 442.

794 Stenografische Berichte des Reichstags über die Verhandlungen des Norddeutschen Bundes, I. Legislaturperiode Session 1869, I. Bd., S. 439.

795 Stenografische Berichte des Reichstags über die Verhandlungen des Norddeutschen Bundes, I. Legislaturperiode Session 1869, I. Bd., S. 440.

796 Stenografische Berichte des Reichstags über die Verhandlungen des Norddeutschen Bundes, I. Legislaturperiode Session 1869, I. Bd., S. 440, 441.

797 Stenografische Berichte des Reichstags über die Verhandlungen des Norddeutschen Bundes, I. Legislaturperiode Session 1869, I. Bd., S. 441.

798 Stenografische Berichte des Reichstags über die Verhandlungen des Norddeutschen Bundes, I. Legislaturperiode Session 1869, I. Bd., S. 441.

Genehmigung nicht erforderlich.[799] Nicht einheitlich wurde die Frage beantwortet, was vom Begriff der Stauanlage erfasst ist. Zunächst verstand das PrOVG den Begriff eng und schloss daher die Bestandteile des Triebwerks aus mit der Folge, dass diese nicht genehmigungspflichtig waren.[800] Nach dieser Ansicht fielen insbesondere Turbinen nicht darunter. Diese Rechtsprechung gab das PrOVG jedoch auf und auch in der Literatur setzte sich die Ansicht durch, dass auch das Wassertriebwerk selbst und seine Einrichtungen zur Stauanlage zu zählen und damit genehmigungspflichtig waren. Wasserräder und Turbinen seien geeignet auf den Wasserverbrauch, das Aufstauen des Wassers und damit auf die Abflussverhältnisse des Wasserlaufs Einfluss zu nehmen, weshalb auch sie der Genehmigungspflicht unterfallen müssten.[801] Durch die Formulierung „Stauanlagen für Wassertriebwerke" sollte klargestellt werden, dass die innere Einrichtung der Mühlen nicht genehmigungspflichtig sei. Eine Rechtsänderung gegenüber den früheren Gewerbeordnungen dahin, dass nur noch das Stauwerk selbst genehmigungspflichtig sei, sei nicht beabsichtigt gewesen.[802] Dieser Ansicht entsprach § 13 der Preußischen Ausführungsanweisung vom 01.05.1904[803], welche Wasserräder und Turbinen ausdrücklich aufzählte.

Das zur Erlangung dieser Genehmigung zu durchlaufende Konzessionsverfahren nach den §§ 16 ff. RGewO von 1869 entsprach dem Genehmigungsverfahren der preußischen Gewerbeordnungen. Neben dem Grundgerüst der GewO von 1845 wurden auch die mit der GewO von 1861 eingeführten Verbesserungen, wie z.B. die verkürzten Fristen, übernommen, so dass diesbezüglich auf die obigen Ausführungen zu verweisen ist. Gleiches galt für die der gewerberechtlichen Genehmigung zukommenden Wirkung. Auch wenn sich die Begründungen im Einzelfall unterschieden, ging die herrschende Meinung auch bei der nach der RGewO von 1869 erteilten Genehmigung davon aus, dass diese eine umfassende Schutzwirkung gegenüber nachträglichen Auflagen entfaltete, d.h., dass die Polizeibehörde keine nachträglichen Auflagen verfügen konnte,

---

799 *Landmann/Rohmer,* Kommentar zur GewO, Bd. 1, S. 224.

800 PrOVGE 10, 277, 278.

801 PrOVGE 43, 258, 266; PrOVG, GewA 7, 388; PrOVG, GewA 3, 546; PrOVG, GewA 10, 378, 379; RGZ 48, 85, 88 f.; *Landmann/Rohmer,* Kommentar zur GewO, Bd. 1, S. 224; offengelassen: PrOVG, PrVwBl. 20, 400, 401 f.; PrOVG, PrVwBl. 20, 34, 36.

802 Bekanntmachung vom 8. September 1897, betr. den Rekursbescheid auf eine Beschwerde wegen Genehmigung zur Belassung des Fachbaums der Stauanlage bei einer Mühle, VMBl. 1897, 179, 180.

803 Erlass vom 01.Mai 1904, betr. Ausführungsanweisung zur Gewerbeordnung, VMBl. 1904, 201 ff.

solange der Berechtigte die Grenzen der Genehmigung nicht überschritt.[804] § 23 RGewO von 1869 bestimmte, dass bei Stauanlagen für Wassertriebwerke zusätzlich die bestehenden landesgesetzlichen Vorschriften anzuwenden waren. Dies bedeutete, dass bei der behördlichen Prüfung der Vereinbarkeit mit feuer- und baupolizeilichen Vorschriften auch die materiellen Bestimmungen des Wasserrechts zu berücksichtigen waren.[805] Dabei waren insbesondere die Vorschriften zur Höhe des zulässigen Wasserstandes und zur Verschaffung der Vorfluth,[806] also zur Stauhöhe und Merkpfahlsetzung, heranzuziehen. Diese Regelung entsprach § 38 GewO von 1845 und § 11 GewO von 1861.

Wie bereits in den preußischen Gewerbeordnungen war auch die gewerberechtliche Genehmigung gemäß § 51 RGewO von 1869 gegen Ersatz des erweislichen Schadens frei widerruflich. Dies galt gemäß § 52 RGewO von 1869 auch für Altanlagen, die vor Inkrafttreten der RGewO von 1869 errichtet worden waren. Abweichend von den GewO von 1845 und 1861 sah die Vorschrift damit auch eine Entschädigung im Falle des Widerrufs bei Altanlagen vor, um eine Gleichstellung der älteren zu den zukünftigen Anlagen zu erzielen[807], insofern wurde der Bestandschutz für ältere Stauwerke im Vergleich zu den früheren Gesetzen erweitert.

d) Fazit

Die GewO von 1845 diente dazu das Verfahren für die Genehmigung von Gewerbebetrieben landeseinheitlich zu regeln. Da wasserbetriebene Triebwerke sowohl zu den Gewerbebetrieben zu zählen waren als auch zu den emittierenden Betrieben gehörten, die insbesondere den Wasserabfluss der sie antreibenden Flüsse erheblich stören konnten, war es – trotz der speziellen Edikte von 1808 und 1810 – konsequent, sie in den Anwendungsbereich der GewO mit aufzunehmen. Denn die Gewerbeordnung sollte dazu dienen, die für gefährliche Betriebsarten bestehende unübersichtliche Einzelgesetzgebung zu harmonisieren und den Betrieb emittierender Anlage einem landeseinheitlichen

---

804 *Fleiner,* Institutionen des deutschen Verwaltungsrechts, S. 412 f.; RGZ 64, 117, 118 f., PrOVGE 24, 316, 320, a.A.: *Arndt,* VerwA, 10 (1902), 185, 293 f. Eine Übersicht über den Meinungsstand mit Erörterung der jeweiligen Begründungen gibt *Rohde,* Das Recht der genehmigungsbedürftigen Anlagen, S. 93 ff.

805 *Landmann/Rohmer,* Kommentar zur GewO, Bd. 1, S. 271 f.

806 Stenografische Berichte des Reichstags über die Verhandlungen des Norddeutschen Bundes, I. Legislaturperiode Session 1869, III. Bd., S. 116.

807 Stenografische Berichte des Reichstags über die Verhandlungen des Norddeutschen Bundes, I. Legislaturperiode Session 1869, I. Bd., S. 443.

Genehmigungsverfahren zu unterwerfen. Bemerkenswert ist hierbei, dass versucht wurde, die von den Mühlen ausgehenden Gefahren und Beeinträchtigungen, über den Weg des Gewerberechts und nicht über den Weg des Wasserrechts zu lösen. Diese Vorgehensweise entsprach allerdings dem bisherigen Umgang mit der Materie. Bereits im ALR wurden die Fragen der Mühlengerechtigkeit zwar im 15. Titel, aber in einem anderen Abschnitt als die wasserrechtlichen Bestimmungen geregelt, was dafür spricht, dass bereits die Gesetzgeber des ALR, sie als selbstständige Rechtsmaterie ansahen. Auch das Gesetz über die Benutzung der Privatflüsse vom 28.02.1843 ließ die Vorschriften über die Mühlen und Triebwerke unberührt, soweit es nicht ausdrücklich ein anderes bestimmte, § 1 PrivatflussG von 1843. Es war auch insofern konsequent, dass die Gewerbeordnungen neben der Frage der Genehmigung Bestimmungen zu Umfang, Ausübung, Verlust des Gewerbebetriebs, zu den Innungen der Gewerbetreibenden, zu Rechte und Pflichten der Lehrlinge sowie zu Straftaten den Gewerbetreibenden enthielten. Diese Bestimmungen galten auch für den Betreiber einer Mühle, so dass für alle Gewerbebetriebe eine einheitliche Regelung erzielt wurde. Zudem blieben nach § 38 GewO von 1845, § 11 GewO von 1861 bzw. § 23 RGewO von 1869 die besonderen wasserrechtlichen Vorschriften anwendbar, so dass der Gesetzgeber berücksichtigt hatte, dass der Betrieb von Wassertriebwerken auch rechtliche Berührungspunkte mit Fragen des Wasserrechts hatte. Durch die Aufnahme in die Gewerbeordnung hatte er sich also dafür entschieden, die Mühlen- und Triebwerksrechte dem Schwerpunkt nach gewerberechtlich zu regeln und daneben bei spezifisch wasserrechtlichen Problemen dieses ergänzend heranzuziehen. Die von den Gewerbebetrieben ausgehenden Immissionen hinsichtlich der Gewässer blieben bei allen drei Gewerbeordnungen ungeregelt. Bei der RGewO von 1869 wurden zwar entsprechende Anträge im Gesetzgebungsverfahren diskutiert, im Ergebnis aber abgelehnt, weil man zum einen die Regelung der Problematik der allgemeinen Gesetzgebung überlassen und zum anderen bestehende Gewerbebetriebe nicht durch Auflagen schädigen wollte.

Hinsichtlich des Verfahrensganges und der formellen Anforderungen, die an das Genehmigungsverfahren für Gewerbebetriebe zu stellen waren, war dieses in den GewO ausgereifter und detaillierter, wobei die GewO von 1861 diesbezüglich noch einen Schritt über die GewO von 1845 hinausging. Es wurden Unklarheiten und Zweifelsfragen beseitigt sowie Gesetzeslücken geschlossen. Die RGewO von 1869 enthielt diesbezüglich keine Neuerung. Darüber hinaus handelte es sich um landeseinheitliche Regelungen, während die Edikte von 1808 und 1810 für verschiedene Territorien galten. Insofern handelte es sich bei den Gewerbeordnungen in diesem Punkt um eine Weiterentwicklung der in den Mühlenedikten vorgesehenen Bestimmungen.

Hinsichtlich der Rechtswirkungen der Genehmigung verschob sich die Gewichtung des Bestandsschutzes. Anders als die Genehmigungen nach den Edikten von 1808 und 1810 kam der Genehmigung nach § 27 GewO von 1845 bzw. § 1 der GewO von 1861 hinsichtlich der zivilrechtlichen Ansprüche keine Legalisierungswirkung zu[808], so dass der Bestandsschutz der Mühle/des Triebwerks danach wesentlich geringer ausfiel. Dies bedeutete für den betroffenen Dritten, dass sein Rechtsschutz auf zivilrechtlicher Ebene durch die Gewerbeordnungen im Vergleich zu vorher gestärkt wurde. Der absolute Bestandsschutz der Mühle wurde zugunsten drittbetroffener Privatrechte aufgegeben und diesen untergeordnet. Hinsichtlich der Gefahren und Beeinträchtigungen auf öffentlich-rechtlicher Ebene blieb es bei dem Modell der Präklusion. Auch wenn das Genehmigungsverfahren versuchte, die kollidierenden Interessen und Ziele von Unternehmer, Nachbarn und Allgemeinheit zu vereinigen und allen Belangen Raum zu geben, so genossen die Unternehmerinteressen letztlich doch den Vorrang mit dem Ziel, wirtschaftlichen Fortschritt und Wachstum zu fördern,[809] wie sich in den Regeln zur Präklusion, dem Bestandsschutz und der Voraussetzung der erheblichen Beeinträchtigung zeigt. Durch die Schwelle der Erheblichkeit wurden zwar besonders schwerwiegende Schädigungen der Umgebung verhindert, jedoch (vermeintlich) geringere Belastungen der Nachbarn bzw. der Allgemeinheit zugunsten des industriellen Fortschritts in Kauf genommen.[810]

4. Das Verhältnis des Privatflussgesetzes von 1843 zu den Edikten von 1808 und 1810, zum Vorfluthedikt von 1811 sowie zu den GewO von 1845 und 1861

§ 1 PrivatflussG von 1843 stellte klar, dass die bestehenden Vorschriften hinsichtlich Mühlen und anderen Triebwerken sowie der Vorfluth bestehen blieben, soweit das Gesetz nicht ausdrücklich ein anderes vorschrieb. Dementsprechend stand das PrivatflussG von 1843 gleichberechtigt neben den Edikten von 1808 und 1810 und neben dem Vorfluthedikt von 1811. Auch wenn sich die Regelungsmaterien der einzelnen Gesetze aufgrund der beschränkten Ressource Wasser berührten, so regelte jedes von ihnen einen eigenen, spezifischen Bereich der Wassernutzung, so dass es wenig Überschneidungen gab.

808 *Kloepfer*, Umweltrecht, § 2 Rn. 33.

809 *Rohde*, Das Recht der genehmigungsbedürftigen Anlagen, S. 37.

810 *Brüggemeier*, Eine Kränkung des Rechtsgefühls, in: *Abelshauser (Hg.)*, Umweltgeschichte, S. 135.

Das vorwiegend die Entwässerung regelnde Vorfluthedikt von 1811 war Vorbild für das PrivatflussG von 1843.[811] Beide Gesetze dienten der Förderung und Verbesserung der Bodenkultur. Zur Errichtung dieses Zwecks ermöglichten beide die Enteignung als geeignete Maßnahme.[812] In Anlehnung an das PrivatflussG von 1843 wurde das Gesetz vom 23.01.1846[813] erlassen, wodurch das für Bewässerungsanlagen vorgesehene Aufgebots- und Präklusionsverfahrens und der sich daraus ergebene Schutz auf Entwässerungsanlagen angewandt werden sollte. Die Regelungen der §§ 19–22 PrivatflussG von 1843 wurden unter Beibehaltung der Grundzüge und Stationen des Aufgebots- und Präklusionsverfahrens inhaltlich auf die Entwässerungsanlagen angepasst und mit Gesetz vom 23.01.1846 eingeführt. Das damit eingeführte Aufgebotsverfahren diente nicht dem Zweck, dem Unternehmer einer Entwässerungsanlage ein Recht auf Wasserbenutzung zu gewähren, sondern es sollte diesem vielmehr Schutz vor nachträglich, von Seiten Dritter geltend gemachten Widersprüchen und Schadensersatzansprüchen bieten.[814] Auch das Vorfluthedikt von 1859 für den Bezirk des Appellationsgerichtshofs zu Köln, Ehrenbreitstein sowie die hohenzollerschen Lande und das von 1867 für Rügen und Neuvorpommern enthielten Verweise auf das Aufgebots- und Präklusionsverfahren, die dieses für die entsprechenden Bezirke für anwendbar erklärten.

Das PrivatflussG von 1843 regelte nicht die Benutzung des vorbeifließenden Wassers zu gewerblichen Zwecken.[815] Dementsprechend unterfielen mit Inkrafttreten der GewO von 1845 die Errichtung gewerblicher Anlagen, auch wenn mit ihnen die Nutzung von Wasser verbunden war, dem in der GewO von 1845 und den Folgegesetzen (GewO von 1861 und RGewO von 1869) vorgesehenen Verfahren und damit den gewerberechtlichen Regelungen. Als Reichsrecht ging die RGewO von 1869 im Konfliktfall der PrivatflussG von 1843 als landesrechtliche Regelung vor, wobei angesichts der unterschiedlichen Regelungsmaterien Kollisionen unwahrscheinlich waren. Da die sich aus § 1 PrivatflussG von 1843 ergebenden Rechte privatrechtlicher Natur waren, unterfielen darauf gestützte

---

811 *Oppenhoff*, Die preußischen Gesetze über die Ressortverhältnisse, S. 198 Fn. 6.

812 *Oppenhoff*, Die preußischen Gesetze über die Ressortverhältnisse, S. 198 Fn. 5.

813 Gesetz, betreffend das für Entwässerungsanlangen einzuführende Aufgebots- und Präklusionsverfahren, vom 23. Januar 1846, GS 1846, S. 26 ff.

814 LWA, ZAgR 4, 110, 111 f.

815 Verfügung an die königliche Regierung zu N., betreffend die Anlegung von Schnellbleichen mit Benutzung von Dampfmaschinen und des Wassers des Privatflusses, vom 7. Februar 1849, VMBl. 1849, 49, 50.

Einwendungen der Uferbesitzer gegen die gewerbepolizeiliche Genehmigung der richterlichen Kognition darüber.[816]

V. Die Entwicklung des Wasserrechts ab 1866

Die Unzulänglichkeiten des PrivatflussG von 1843 traten im Laufe der Zeit immer deutlicher zu Tage, so dass weiterhin der Wunsch bestand ein einheitliches Wasserrecht für Preußen zu schaffen. Das Ministerium für landwirtschaftliche Angelegenheiten erarbeitete daher einen Entwurf eines Wasserpolizeigesetzes, welches in allen Territorien gelten sollte.[817] Dieser unveröffentlichte Entwurf wurde jedoch nicht weiter verfolgt, da er sich angesichts der unterschiedlichen, hinsichtlich der privatrechtlichen Aspekte des Wasserrechts in Preußen geltenden Rechtssysteme als nicht ausführbar erwies.[818]

Die Annektierung des Königreichs Hannover, des Kurfürstentums Hessen, der Herzogtümer Nassau, Holstein und Schleswig, der Stadt Frankfurt und einiger ehemals bayrischer sowie hessen-darmstädtischer Landesteile im Jahre 1866 führte zu einer weiteren Zersplitterung des Wasserrechts, da außer der preußischen Verfassung in diesen Territorien keine preußischen Gesetze in Kraft gesetzt wurden, sondern die bisherigen Landesrechte ihre Gültigkeit behielten. Dies hatte zur Folge, dass in Preußen vom sächsischen und altpreußischen über das fränkische bis hin zum französischen Wasserrecht fast alles vertreten war.[819] Die Schaffung eines Wassergesetzes zur Vereinheitlichung der unübersichtlichen Rechtslage wurde notwendiger denn je. Sein Inkrafttreten sollte aber fast 50 Jahre dauern, bis zum Erlass des Preußischen Wassergesetzes von 1913.

1. Der Entwurf eines einheitlichen Vorfluthedikts von 1870/71 für das gesamte preußische Staatsgebiet

Da bei den Provinzialbehörden und den landwirtschaftlichen Vereinen zu Beginn der siebziger Jahre des 19. Jahrhunderts keine Einigkeit darüber bestand,

816 *Lette,* Die Gesetzgebung über Benutzung der Privatflüsse, S. 43.
817 *Frank,* Wasserrecht und Wasserpolizei, S. 35; *Bülow,* Gesetz betreffend die Bildung von Wassergenossenschaften, S. 1 f.
818 *Frank,* Wasserrecht und Wasserpolizei, S. 35; *Bülow,* Gesetz betreffend die Bildung von Wassergenossenschaften, S. 1 f.
819 *Kloess,* Grundriss des preußischen Wasserrechts, S. 3.

ob ein einheitliches Wassergesetz für Preußen ausführbar sei,[820] wurde zunächst der Versuch unternommen, die Vorflutverhältnisse für das gesamte Staatsgebiet einheitlich zu regeln. Zu diesem Zweck legte der Minister für landwirtschaftliche Angelegenheiten dem Landesökonomiekollegium, den Provinzialbehörden und den landwirtschaftlichen Vereinen den Entwurf eines Vorfluthgesetzes für den ganzen Umfang des preußischen Staates[821] zur Erörterung und Stellungnahme vor.

a) Inhaltliche Regelungen des Entwurfs von 1870/71

Inhaltlich entsprach der Entwurf des Vorfluthgesetzes weitgehend dem Vorflutgesetz für Neuvorpommern und Rügen von 1867[822]. Auch wenn dessen Geltungsbereich gering war, so wurden nahezu alle Vorschriften wörtlich übernommen, da sich dieses Gesetz, welches sich als Ergebnis von aus früheren Regelungen gezogenen Lehren und Erfahrungen darstellt, in der Praxis bewährt hatte.[823] Der Entwurf galt für öffentliche und private Wasserläufe ebenso wie für künstlich angelegte Gräben und Kanäle. Er regelte die Zuständigkeit der Polizeibehörde, die Räumung und Unterhaltung der Wasserläufe zu überwachen und die Unterhaltungspflichtigen zur Ausführung der Arbeiten anzuhalten, §§ 1, 2. Diese Bestimmungen waren ihrer Grundidee nach bereits im Vorfluthedikt von 1811 enthalten, vgl. dort § 10, wurden im Entwurf aber näher ausdifferenziert, insbesondere hinsichtlich der Problematik der mangelhaften Flussräumung aufgrund der geringen Größe des angrenzenden Grundstücks. Im Gegensatz zum Vorfluthgesetz für Neuvorpommern und Rügen von 1867 enthielt der Entwurf keine Bestimmung darüber, wem die Räumungs- und Unterhaltungspflicht oblag, da an den bestehenden gesetzlichen Verpflichtungen nichts geändert werden sollte[824]. Die sich daran anschließenden Vorschriften über die Festsetzung des Wasserstandes bei Stauanlagen entsprachen weitgehend, von einigen kleinere Veränderungen im Verfahren abgesehen, den §§ 1–9 Vorfluthedikt von 1811.

---

820 Vorlage des Herrn Ministers, betreffend den Entwurf eines Vorfluthgesetzes für den ganzen Umfang des preußischen Staates vom 11.02.1871, abgedruckt in: *Salviati,* 29. Jg., Bd. 58 (1871), III. 15. A., S. 82.

821 Abgedruckt in: *Salviati,* 29. Jg., Bd. 58 (1871), III. 15. Anlage A, S. 83–90.

822 Vorfluthgesetz für Neuvorpommern und Rügen, vom 9. Februar 1867, GS 1867, S. 220 ff.

823 Denkschrift, abgedruckt in: *Salviati,* Annalen der Landwirtschaft, 29. Jg., Bd. 58 (1871), III. 15. Anlage B, S. 90, 92.

824 Denkschrift, abgedruckt in: *Salviati,* Annalen der Landwirtschaft, 29. Jg., Bd. 58 (1871), III. 15. Anlage B, S. 90, 92.

Insbesondere die für Stauanlagenbesitzer relevante Verpflichtung, die festgesetzte Stauhöhe einzuhalten und bei einer Überschreitung der Höhe seine Schleusen, Gerinne, etc. zu öffnen, damit das Wasser abfließen konnte, wurde beibehalten. Gleiches galt für die Ermächtigung zur Ersatzvornahme durch die Polizeibehörden unter Auferlegung der Kosten und einer Polizeistrafe. Insoweit wird auf die obigen Ausführungen zum Vorfluthedikt von 1811 verwiesen.[825] Ebenso wie das Vorfluthgesetz von 1867 enthielt der Entwurf keine Bestimmungen über die Möglichkeit, den Stauwerksbesitzer im Interesse der Bodenkultur bzw. Schifffahrt zum Wasserabfluss anzuhalten oder ihn zur Förderung dieses Zweckes zu enteignen. Jedoch war in den §§ 14, 16 des Entwurfs die gleiche Verpflichtung von Triebwerks- und Stauanlagen zum Zwecke der Entwässerung im Fall eines überwiegenden Landeskulturinteresses vorgesehen. Die Idee und Möglichkeit der Enteignung, der dadurch entfallende Bestandschutz für bestehende Anlagen sowie die Einschränkung der Rechte der Triebwerksbesitzer wurde damit auch im Entwurf aufrechterhalten. Lediglich das zugrundeliegende Interesse hatte sich gewandelt. Aus dem Vorteil für Bodenkultur und Schifffahrt wurde die Entwässerung aus überwiegendem Landeskulturinteresse. Dies war insofern ähnlich, als sowohl die Bodenkultur als auch die Schifffahrt zentrale Aspekte des Landeskulturinteresses waren und letztlich dort Berücksichtigung fanden. Da die Enteignung und Beschränkung der Rechte zugunsten der Herstellung einer Entwässerungsanlage geschah, unterlagen sie dem dafür vorgesehenen Verfahren der §§ 17–28 des Entwurfs. Dieses Verfahren war auch für den Fall vorgesehen, dass zu Entwässerungszwecken ein Servitut, Wasser über ein fremdes Grundstück zu leiten oder vorhandene Wasserläufe zu erweitern, begehrt wurde. Ansätze dieses Verfahrens, insbesondere die Bildung und Inanspruchnahme eines Schiedsgerichts für Entschädigungsfragen, enthielt bereits das Vorfluthedikt von 1811. Abschließend fand das mit Gesetz vom 23. Januar 1846[826] auch für Entwässerungsanlagen eingeführte Aufgebots- und Präklusionsverfahren wortgetreu Eingang in den Entwurf. Er enthielt damit Vorschriften zur Unterhaltung von Wasserläufen, zu den Voraussetzungen und zum Verfahren für die Herstellung neuer Entwässerungsanlagen sowie Bestimmungen zum Aufgebots- und Präklusionsverfahren und regelte ausschließlich Fragen und Probleme, die im Rahmen der Verschaffung der Vorfluth und der Entwässerung von Grundstücken entstehen konnten.

---

825 Vgl. oben S. 184 ff.

826 Gesetz, betreffend das für Entwässerungsanlangen einzuführende Aufgebots- und Präklusionsverfahren, vom 23. Januar 1846, GS 1846, S. 26 ff.

b) *Das Scheitern des Entwurfs von 1870/71*

Obwohl sich die älteren Provinzen und die 1866 annektierten Landesteile einig waren, dass das gesamte Wasserrecht revisionsbedürftig sei,[827] scheiterte bereits der Versuch, nur einen Teil, nämlich die Entwässerung einheitlich für das gesamte Staatsgebiet, zu regeln.

Dies lag zum einen daran, dass die Provinzen den Vorschlag als zu eng erachteten. Zum Teil wünschten sie sich eine Kodifikation des gesamten Wasserrechts,[828] zum Teil sollte zumindest die Bewässerung aufgrund des engen Zusammenhangs, der Unzulänglichkeiten des PrivatflussG von 1843 bzw. des gänzlichen Fehlens entsprechender Bestimmungen gleichzeitig einer Neuregelung unterzogen werden[829]. Daneben bestand Uneinigkeit darüber, in welchem räumlichen Bereich die Gesetzesvorlage Geltung erhalten sollte. Während die Regierung von Stralsund sich für eine einheitliche Regelung des Wasserrechts im gesamten Gebiet des Norddeutschen Bundes aussprach, forderten z.B. Stimmen aus der Provinz Schleswig-Holstein, die dort bestehenden regionalen Besonderheiten zu achten und die Frage der Entwässerung im Wege der Provinzialgesetzgebung zu lösen.[830] Aus inhaltlicher Sicht befürworteten die älteren Provinzen den Entwurf, sahen aber eine Vereinfachung des Entwässerungsverfahrens als notwendig an. Aus den neu gewonnen Provinzen kam überwiegend

827 Zusammenstellung der Bemerkungen und Anträge der Provinzialbehörden und landwirthschaftlichen Hauptvereine zu dem Entwurf eines Vorfluthgesetzes für den ganzen Umfang des preußischen Staates, abgedruckt in: *Salviati,* Annalen der Landwirtschaft, 29. Jg., Bd. 58 (1871), III. 15. Anlage C, S. 93.

828 So die Provinzen Hannover und Schleswig-Holstein, vgl. Zusammenstellung der Bemerkungen und Anträge der Provinzialbehörden und landwirthschaftlichen Hauptvereine zu dem Entwurf eines Vorfluthgesetzes für den ganzen Umfang des preußischen Staates, abgedruckt in: *Salviati,* Annalen der Landwirtschaft, 29. Jg., Bd. 58 (1871), III. 15. Anlage C, S. 94 f.

829 So die Provinz Brandenburg, die Regierungen von Posen, Frankfurt/Oder, Oppeln, Merseburg, Münster, Minden, Düsseldorf, die landwirtschaftlichen Vereine in Sachsen, Regenwalde und Münster, die ehemals hessischen und nassauischen Landesteile, vgl. Zusammenstellung der Bemerkungen und Anträge der Provinzialbehörden und landwirthschaftlichen Hauptvereine zu dem Entwurf eines Vorfluthgesetzes für den ganzen Umfang des preußischen Staates, abgedruckt in: *Salviati,* Annalen der Landwirtschaft, 29. Jg., Bd. 58 (1871), III. 15. Anlage C, S. 94.

830 Zusammenstellung der Bemerkungen und Anträge der Provinzialbehörden und landwirthschaftlichen Hauptvereine zu dem Entwurf eines Vorfluthgesetzes für den ganzen Umfang des preußischen Staates, abgedruckt in: *Salviati,* Annalen der Landwirtschaft, 29. Jg., Bd. 58 (1871), III. 15. Anlage C, S. 95.

negative Resonanz, da sie eine vollständige Über- und Umarbeitung der Vorlage für erforderlich hielten[831]. Für die einzelnen Abschnitte und Paragraphen des Entwurfs reichten die landwirtschaftlichen Vereine und Provinzialbehörden unzählige Veränderungsvorschläge und Anträge ein, die sich zum Teil konträr gegenüberstanden[832] und daher nur schwer miteinander zu vereinbaren waren. Aus diesen Bedenken heraus, wurde eine Denkschrift[833] entwickelt, die die zentralen Fragestellungen aufgriff, und dem Landes-Oekonomie-Kollegium zur Beantwortung vorgelegt. Dieses beriet im Ausschuss[834] und im Plenum[835] darüber. Im Plenum des Landesökonomiekollegiums wurde beschlossen, dass eine einheitliche Wasserrechtsgesetzgebung für den ganzen preußischen Staat unter Berücksichtigung regionaler Besonderheiten erfolgen sollte.[836] Dabei sollte die Gesetzesvorlage vorangebracht, aber eine materielle Regelung des Vorflutrechts integriert werden. Die Weiterverfolgung des Vorflutrechts stand unter dem Vorbehalt, dass auch weitere Aspekte des Wasserrechts reformiert würden. Auch wenn eine Gesamtkodifikation des Wasserrechts angestrebt werde, dürften die Regelungen des Vorflutrechts dadurch nicht verzögert werden.[837]

Trotz dieser Beschlussfassung und der darin enthaltenen guten Vorsätze blieb die Vorlage eines einheitlichen Vorflutgesetzes für alle preußischen Provinzen ein bloßer Entwurf, dessen gesetzliche Umsetzung letztlich an den rechtlichen

831 So z.B. Hannover und Schleswig-Holstein, Zusammenstellung der Bemerkungen und Anträge der Provinzialbehörden und landwirthschaftlichen Hauptvereine zu dem Entwurf eines Vorfluthgesetzes für den ganzen Umfang des preußischen Staates, abgedruckt in: *Salviati,* Annalen der Landwirtschaft, 29. Jg., Bd. 58 (1871), III. 15. Anlage C, S. 97 f.

832 Zu den einzelnen Anträgen und Vorschlägen vgl. Zusammenstellung der Bemerkungen und Anträge der Provinzialbehörden und landwirthschaftlichen Hauptvereine zu dem Entwurf eines Vorfluthgesetzes für den ganzen Umfang des preußischen Staates, abgedruckt in: *Salviati,* Annalen der Landwirtschaft, 29. Jg., Bd. 58 (1871), III. 15. Anlage C, S. 98–137.

833 Denkschrift, abgedruckt in: *Salviati,* Annalen der Landwirtschaft, 29. Jg., Bd. 58 (1871), III. 15. Anlage D, S. 137 ff.

834 Die Verhandlungen im Ausschuß, abgedruckt in: *Salviati,* Annalen der Landwirtschaft, 29. Jg., Bd. 58 (1871), III. 15., S. 154–161.

835 Die Verhandlungen im Plenum, abgedruckt in: *Salviati,* Annalen der Landwirtschaft, 29. Jg., Bd. 58 (1871), III. 15., S. 162–170.

836 Zum Beschluss des Plenums im Einzelnen vgl. Die Verhandlungen im Plenum, abgedruckt in: *Salviati,* Annalen der Landwirtschaft, 29. Jg., Bd. 58 (1871), III. 15., S. 163.

837 Die Verhandlungen im Plenum, abgedruckt in: *Salviati,* Annalen der Landwirtschaft, 29. Jg., Bd. 58 (1871), III. 15., S. 163 f.

Unklarheiten im Detail, an vielfältigen Änderungsvorschlägen der einzelnen Provinzen und der Unvereinbarkeit der geltend gemachten Interessen scheiterte. Zudem hoffte man angesichts des Beginns der Vorarbeiten zum BGB in den siebziger Jahren des 19. Jahrhunderts, dass das Wasserrecht durch das BGB reichsgesetzlich geregelt würde.[838]

c) Regelungen zum Gewässerschutz ab 1866

Auch hinsichtlich der Frage des Gewässerschutzes vor Verunreinigungen und einer Beschränkung des Rechts, Abwässer ungeklärt in Wasserläufe einzuleiten, tat sich von gesetzgeberischer Seite so gut wie nichts. Das Fischereigesetz vom 30.05.1874[839] enthielt in den §§ 43, 44 FischereiG Verbote zur Gewässerverunreinigung zugunsten fremder Fischereirechte. So war nach § 43 FischereiG verboten, aus landwirtschaftlichen und gewerblichen Betrieben Stoffe so in Gewässer „einzuwerfen, einzuleiten oder einfließen zu lassen, das dadurch fremde Fischereirechte geschädigt werden können". § 44 FischereiG verbot das Flachs- und Hanfröten in geschlossenen Gewässern. Beide Vorschriften waren strafbewährt, bei einem Verstoß drohte gemäß § 50 Nr. 7 FischereiG eine empfindliche Geld- oder Haftstrafe. Auch wenn diese Vorschriften im gesamten preußischen Staatsgebiet galten, so kamen ihnen doch nur beschränkte, umweltschützende Wirkungen zu. Zum einen lag das daran, dass das Verbot nur hinsichtlich der Schädigung fremder Fischereirecht bestand. Hinsichtlich der originären Wassernutzungsarten wurde kein Schutz vor Verunreinigung gewährt. Daneben ermöglichte § 43 Abs. 2 FischereiG Ausnahmen von dem Verbot, falls überwiegende landwirtschaftliche oder gewerbliche Interessen an der Einleitung von Abwässern bestanden. Schadensverhütende Einrichtungen waren nicht zwingend vorgeschrieben, sondern abhängig von den örtlichen Gegebenheiten. Die in § 43 Abs. 3 FischereiG eröffnete Möglichkeit auf Antrag des nachteilig betroffenen Fischereiberechtigten einem bestehenden Gewerbebetrieb eine nachträgliche Auflage, schadensverhindernde Vorkehrungen zu treffen, wurde in ihrer Wirkungskraft erheblich eingeschränkt, zum einen durch den Zusatz, dass es sich nur um Vorkehrungen handeln durfte, die keine unverhältnismäßige Belästigung des Betriebes hervorriefen, zum anderen durch die Tatsache, dass der Antragsteller, also der Fischereiberechtigte, die Kosten der Vorkehrung zu tragen hatte.

838 *Gottschalk,* Das preußische Wassergesetz vom 7. April 1913, Einleitung S. X.
839 Fischereigesetz für den preußischen Staat vom 30. Mai 1874, GS 1974, S. 197 ff.

Das Strafgesetzbuch für das Deutsche Reich von 1876 enthielt in § 366 Nr. 10 die Strafvorschrift, wonach derjenige, der „die zur Erhaltung der Sicherheit, Bequemlichkeit, Reinlichkeit und Ruhe auf den öffentlichen Wegen, Straßen, Plätzen oder Wasserstraßen erlassenen Polizei-Verordnungen" übertrat mit Geld- oder Haftstrafe bestraft wurde. Aus dem Wortlaut wird deutlich, dass die Vorschrift hauptsächlich dazu diente, die (Wasser-) Straßen für den Transport und zu Verkehrszwecken frei zu halten. Auch wenn der Begriff „Reinhaltung" verwendet wurde, so zielte die Norm nicht primär darauf ab, eine gute Wasserqualität zu gewährleisten, sondern die Fahrrinne frei von Unrat zu halten, der die Schifffahrt hätte beeinträchtigen können. Dies wird daran deutlich, dass der Begriff Wasserstraßen und nicht Gewässer verwendet wurde, was auf eine Betonung der Funktion des Wasserlaufs als Straße hindeutet. Gestützt wird diese Auslegung durch die Tatsache, dass der Begriff in die Aufzählung „Wege, Straßen, Plätze" aufgenommen wurde, so dass § 366 Nr. 10 StGB von 1876 nur die Sicherheit und Leichtigkeit des Verkehrs schützen.

Das 1880 erlassene Feld- und Forstpolizeigesetz[840] enthielt in § 27 Nr. 3 die Strafvorschrift, dass die unbefugte Gewässerverunreinigung mit Geld- oder Haftstrafe bestraft wurde. Für die Frage der Befugnis kam es nicht darauf an, ob sie individuell erworben wurde, sondern es war auf die geltenden Gesetze abzustellen.[841] Mit dem Feld- und Forstpolizeigesetz wurde keine materiell-rechtliche Vorschrift geschaffen, die einheitlich für Preußen die Verunreinigung der Gewässer durch emittierende Industrie- oder Gewerbebetriebe oder die Landwirtschaft untersagte.[842] Die Norm setzte vielmehr das Bestehen von gesetzlichen Regelungen voraus, die eine Verschmutzung der Gewässer untersagten. Zum damaligen Zeitpunkt gab es nur die §§ 3–6 PrivatflussG für Privatflüsse, die Kabinettsorder von 1816 für öffentliche Flüsse, wobei sich diese nur auf das Einwerfen fester Bestandteile und gerade nicht auf die Einleitung verunreinigten Wassers bezog, und die §§ 43, 44 FischereiG von 1874. Das PrOVG erkannte darüber hinaus noch ein Verbot an, wenn die Verunreinigung geeignet war, Gesundheitsschädigungen hervorzurufen.[843]

Nach dem der erste Entwurf eines einheitlichen Wassergesetzbuchs für den preußische Staat 1894, der entsprechende Vorschriften zum Gewässerschutz

840 Feld- und Forstpolizeigesetz, vom 1. April 1880, GS 1880, S. 230 ff.

841 PrOVGE 29, 287, 288; Verfügung vom 20. Februar 1901, betr. Fürsorge für die Reinhaltung der Gewässer, VMBl. 62, 91, 93.

842 PrOVGE 29, 287, 288 f.

843 PrOVGE 29, 287, 290.

vorgesehen hätte, gescheitert war, und die Notwenigkeit, der Gewässerverschmutzung entgegen zu wirken, stetig zunahm, entschied man sich, dem Problem zunächst durch Erlass einer Polizeiverfügung zu begegnen,[844] da sich „aus der Verschiedenartigkeit der örtlichen und wirtschaftlichen Verhältnisse innerhalb der Monarchie und selbst innerhalb einzelner Provinzen"[845] erhebliche Schwierigkeiten und Bedenken ergaben, die die Schaffung eines Gesetz als vorläufig nicht möglich erscheinen ließ. Daraufhin wurde die Verfügung vom 20. Februar 1901[846] erlassen. Neben der Auflistung der nur spärlich vorhandenen Gesetze zur Reinhaltung der Gewässer, enthält sie die Anweisung an die Polizeibehörden, die Gewässer zu überwachen und erkannte Verunreinigungen nach Ursprung und Häufigkeit der Wiederholungen regelmäßig zu kontrollieren. Darüberhinaus sollten sie von Amts wegen Maßnahmen zur Reinhaltung der Gewässer treffen, wodurch insbesondere die Vermeidung der Verbreitung von Krankheiten und Gesundheitsschäden, die Erhaltung des Trinkwassers für den Haus- und Wirtschaftsgebrauch, für Landwirtschafts- und Gewerbebetriebe sowie der Schutz des Fischbestandes erzielt werden sollte.[847] Die Maßnahmen waren im Einzelfall unter Berücksichtigung der individuellen Gegebenheiten und unter Abwägung mit den entgegenstehenden, wirtschaftlichen Interessen zu treffen, wobei diese gleichberechtigt zum Interesse der Gewässerreinhaltung zu behandeln waren. Im Rahmen der Abwägung war dabei insbesondere Folgendes zu beachten: Gewässer, die primär der Entwässerung dienten, waren anders zu behandeln, als solche, die zur Bewässerung oder Fischzucht genutzt wurden; wurde das Wasser überwiegend zu Trinkzwecken genutzt, waren umfangreichere Vorkehrungen gegen Verunreinigungen zu treffen; bei bereits verunreinigten Gewässern war weniger streng gegen erneute Verunreinigungen vorzugehen, als bei noch sauberen Gewässern.[848] In Übereinstimmung mit den Gewerbeordnungen wurde in der Verfügung darauf hingewiesen, dass gegen gewerberechtlich genehmigte Anlagen nur innerhalb der durch die Genehmigung festgelegten Grenzen bzw. dann, wenn der Berechtigte die Genehmigung

844 *Gilhaus,* Schmerzenskinder der Industrie, S. 233.

845 Verfügung vom 20. Februar 1901, betr. Fürsorge für die Reinhaltung der Gewässer, VMBl. 62, 91 f.

846 Verfügung vom 20. Februar 1901, betr. Fürsorge für die Reinhaltung der Gewässer, VMBl. 62, 91 ff.

847 Verfügung vom 20. Februar 1901, betr. Fürsorge für die Reinhaltung der Gewässer, VMBl. 62, 91, 93 f.

848 Verfügung vom 20. Februar 1901, betr. Fürsorge für die Reinhaltung der Gewässer, VMBl. 62, 91, 94 f.

missbraucht, eingeschritten werden konnte. Als Anlage waren der Verfügung einige Grundsätze beigefügt, die bei der Einleitung von Abwässern in Vorfluter zu beachten waren.[849] Dabei galt, dass grundsätzlich Abwässer und durch die Industrie oder Landwirtschaft verunreinigtes Wasser vom Vorfluter fernzuhalten waren. Für die Frage, ob eine Einleitung zulässig war oder nicht, war im Einzelfall auf Menge und Beschaffenheit der Abwässer und die im und am Vorfluter befindlichen Umweltbedingungen abzustellen.

Im Ergebnis war Ziel dieser Verfügung die Sicherstellung einer derartigen Wasserqualität, dass dieses zu Trink-, Haushalts- und Gewerbezwecken verwendet werden konnte. Auch wenn von den Polizeibehörden zu beachtende Grundsätze aufgestellt wurden, so durfte doch nicht verkannt werden, dass es dem Ermessen der Polizeibehörde oblag, ob und wie sie im Einzelfall gegen mögliche Verunreinigungen vorgehen wollte. Zwar wurden dafür Orientierungsgrundsätze angeboten, denen es aber an festen Grenzwerten und Leitlinien sowie eindeutigen Festlegungen, was zulässig war und was nicht, fehlte. Außer Verweisen auf die Verdünnung der Abwässer, die Selbstreinigung der Gewässer und die Bodenberieselung sowie einem allgemeinen Hinweis darauf, dass „Abwässer [...] aus größeren Gewerbebetrieben [...] unter Umständen einer Behandlung für sich unterzogen werden“[850] müssten, wurden keine Wege aufgezeigt, mit dem verunreinigten Wasser umzugehen. Da es letztlich den zuständigen Behörden selbst überlassen blieb, gegen Verunreinigungen nach eigenen Maßstäben vorzugehen, darf die Effektivität der Verfügung bezweifelt werden.[851] Dies gilt umso mehr als der verwendete Begriff des „Gemeinüblichen“ als Maßstab für die Zulässigkeit von Verunreinigungen einem ständigen Wandel unterlegen und an die jeweiligen örtlichen Verhältnisse angepasst war.[852] Der mögliche Konflikt zwischen den Interessen der Industriebetriebe an Einleitung von Abwässern in den Wasserlauf und dem Schutz des Gewässers vor Verunreinigung wurde zwar als Problem erkannt, eine wirkliche Lösung bot die Verfügung jedoch nicht, da zum einen gewerberechtlich genehmigte Betriebe – von der Möglichkeit der Aufhebung der Genehmigung nach § 51 RGewO von

849 Verfügung vom 20. Februar 1901, betr. Fürsorge für die Reinhaltung der Gewässer, VMBl. 62, 91, 98 ff.

850 Verfügung vom 20. Februar 1901, betr. Fürsorge für die Reinhaltung der Gewässer, VMBl. 62, 91, 99.

851 Vgl. dazu und zu einer Kritik an der Verfügung im Ganzen *Gilhaus*, Schmerzenskinder der Industrie, S. 234 ff.; *Büschenfeld*, Flüsse und Kloaken, S. 248 ff.; *Weigelt*, Die chemische Industrie, 24 (1901), 555 ff.

852 *Weigelt*, Die chemische Industrie, 24 (1901), 555, 556.

1869 abgesehen – vollumfänglichen Bestandsschutz genossen und zum anderen Landwirtschaft und Industrie als gleichrangig neben dem Gewässerschutz anzusehen waren. Auch der ermöglichte „weniger strenge“ Umgang mit der Einleitung von Abwässern in bereits verunreinigte Flüsse trug nicht zu einer Besserung und Erhaltung der Wasserqualität bei. Zusammenfassend ist festzuhalten, dass die Verfügung den unsicheren Rechtszustand und die Rechtszersplitterung des 19. Jahrhunderts aufrechterhielt und es ihr nicht gelang, eine eindeutige und klare Regelung zum Schutz der Gewässer und zum Recht auf Einleitung von Abwässern zu treffen.[853]

2. Weitere wasserrechtliche Detailgesetze

In den folgenden Jahren beschränkte man sich erneut darauf, einzelne Spezialgesetze für bestimmte wasserrechtliche Aspekte zu erlassen, ohne dabei eine Gesamtkodifkation im Blick zu haben. Dies lag vor allem daran, dass Eingriffe in die Grundprinzipien der unterschiedlichen in Preußen geltenden Privatrechtssysteme vermieden werden sollten, und daher lediglich Materien normiert wurden, die ohne derartige Eingriffe isoliert regelbar waren.[854] So wurde 1879 das Gesetz über die Wassergenossenschaften[855] und 1883 das Strombauverwaltungsgesetz[856] in Kraft gesetzt. Schwere Hochwasserschäden aufgrund von Sturmfluten und unzureichenden Schutzmaßnahmen Ende des 19. Jahrhunderts führten zum Erlass verschiedener Hochwasserschutzgesetze zu Beginn des 20. Jahrhunderts[857], zunächst nur für einzelne Provinzen mit dem „Gesetz zur Verhütung von Hochwassergefahren, vom 16.08.1905“[858], dann für das gesamte preußische

853 *Gilhaus*, Schmerzenskinder der Industrie, S. 236.

854 *Bülow*, Gesetz betreffend die Bildung von Wassergenossenschaften, S. 2, 5.

855 Gesetz, betreffend die Bildung von Wassergenossenschaften, vom 1. April 1879, GS 1879, S. 297 ff.

856 Gesetz, betreffend die Befugnisse der Strombauverwaltung gegenüber den Uferbesitzern an öffentlichen Flüssen, vom 20. August 1883, GS 1883, S. 333 ff.

857 So z.B. das Gesetz, betreffend Schutzmaßregeln im Quellgebiet der linksseitigen Zuflüsse der Oder in der Provinz Schlesien, vom 16. September 1899; Gesetz, betreffend Maßnahmen zur Verhütung von Hochwassergefahren in der Provinz Schlesien, vom 3. Juli 1900, GS 1900, S. 171 ff.; Gesetz, betreffend Maßnahmen zur Verhütung von Hochwassergefahren in der Provinz Brandenburg und im Havelgebiete der Provinz Sachsen, vom 4. August 1904, GS 1904, S. 197 ff.; Gesetz, betreffend Maßnahmen zur Regelung der Hochwasser-, Deich- und Vorfluthverhältnisse an der oberen und mittleren Oder, vom 12. August 1905, GS 1905, S. 335 ff.

858 GS 1905, S. 342 ff.

Territorium mit Ausnahme der in § 11 des Gesetzes aufgezählten Territorien, wie z.B. des Landes Hadeln, des Fürstentums Ostfriesland und des Bezirks der Stadt Papenburg.

a) *Das Wassergenossenschaftsgesetz von 1879*

Mit dem Wassergenossenschaftsgesetz von 1879 wurde dem Bedürfnis Rechnung getragen, ein einheitliches System des Wassergenossenschaftswesens für die gesamte Monarchie zu schaffen.[859] Auch wenn für Fragen der Be- und Entwässerung u.a. bereits im PrivatflussG von 1843, im Gesetz vom 11.05.1853[860] bzw. für die neuerworbenen Landesteile durch Verordnung vom 28. Mai 1897[861] die Bildung von Genossenschaften vorgesehen war und ermöglicht wurde, so fehlte es angesichts der fortschreitenden Zersplitterung des Grundbesitzes an einer funktionierenden gesetzlichen Regelung. Die vorhandenen Gesetze ließen lediglich Genossenschaften zu, die der staatlichen Aufsicht unterlagen. Auch waren sie an die Zwecke der Be- und Entwässerung gebunden und standen daher für andere Formen der Wassernutzung nicht offen. Es konnten damit nur Genossenschaften zur Errichtung und zum Betrieb von Be- bzw. Entwässerungsanlagen gebildet werden. Deren Umfang, Anlegung sowie die innere Verfassung der Genossenschaft wurden durch landesrechtliches Statut bestimmt. Dies führte dazu, dass die Möglichkeiten einer auf Basis freier Vereinbarung und Willensbildung beruhender Genossenschaftsbildung sehr eingeschränkt waren.[862] Daneben konnten Uferbesitzer zum Beitritt zur Genossenschaft gezwungen bzw. Genossenschaften auch gegen den Widerstand der Beteiligten gebildet werden.

Das Wassergenossenschaftsgesetz von 1879 hob alle bis dahin geltenden Vorschriften zum Wassergenossenschaftswesen auf und beseitigte die aufgezeigten Missstände. So konnten Genossenschaften für alle wasserwirtschaftlichen Unternehmungen gebildet werden, insbesondere für die Benutzung und Unterhaltung von Gewässern, die Anlage von Wasserläufen, den Uferschutz, etc. vgl. § 1 des Gesetzes. Neben öffentlichen Genossenschaften, die durch behördliches

---

859 *Frank,* Wasserrecht und Wasserpolizei, S. 40.

860 Gesetz, betreffend die Einführung des dritten Abschnitts des Gesetzes über die Benutzung der Privatflüsse vom 28. Februar 1843 in den hohenzollerschen Landen, die Bildung von Genossenschaften zu Entwässerungsanlagen, und die Anwendung der Vorfluthgesetze auf unterirdische Wasserableitung, vom 11. Mai 1853, GS 1853, 182 f.

861 Verordnung, betreffend die Bildung von Genossenschaften zu Entwässerungs- und Bewässerungsanlagen in den neu erworbenen Landesteilen, vom 28 Mai 1867, GS 1867, S. 769 f.

862 *Rönnau,* Die Beratungen des Wasserrechtsausschusses, S. 39.

Statut begründet wurden und allein aus Gründen des öffentlichen oder gemeinwirtschaftlichen Nutzens eingerichtet werden durften (§§ 45, 57), ließ das Gesetz auch freie Genossenschaften zu, die nicht der staatlichen Aufsicht unterlagen. Deren Genossenschaftsstatut wurde durch gerichtlichen oder notariellen Vertrag ohne behördliche Mitwirkung geschaffen, § 11. Die Gründung der Genossenschaft und damit die Erlangung der Rechtspersönlichkeit setzte die Eintragung des Statuts und des Mitgliederverzeichnisses ins Genossenschaftsregister voraus, §§ 13, 16. Somit ermöglichte das Gesetz den auf freier Entscheidung und Willensbildung beruhenden Zusammenschluss zu einer Genossenschaft, die als selbstständiges Rechtsubjekt Rechte hatte und Verbindlichkeiten eingehen konnte. Mit Ausnahme der Ent- und Bewässerungsgenossenschaften, zu deren Beitritt der Eigentümer unter den Voraussetzungen des § 65 gezwungen werden konnte, sah das Gesetz für die Mitgliedschaft in Genossenschaften keinen Beitrittszwang mehr vor, § 46. Auch die Bildung öffentlicher Genossenschaften, welche außer auf Antrag der Beteiligten auch auf Antrag der Regierung initiiert werden konnten, konnte nur noch mit Zustimmung aller Beteiligten bzw. bei Be- und Entwässerungsanlagen der Mehrheit der Beteiligten erfolgen, §§ 78–80.

Das Wassergenossenschaftsgesetz von 1879 enthielt damit zentrale Vorschriften zur Genossenschaftsbildung und -auflösung, welche ab Inkrafttreten des Gesetzes ein einheitliches System für den gesamten preußischen Staat bildeten. Durch die Förderung der Genossenschaftsbildung bildete es die Grundlage für eine gemeinschaftliche Nutzung von Gewässern. Insbesondere die Tatsache, dass entgegen früherer Regelungen die Gewässernutzung durch Genossenschaften für alle wasserrechtlichen Unternehmungen offenstand, ermöglichte eine effektivere Wassernutzung, da der fortschreitenden Zersplitterung des Grundbesitzes und der damit einhergehenden Zerstückelung des Wassergebrauchs entgegengewirkt wurde. Aufgrund der natürlichen Gegebenheiten von Flüssen, die dazu führte, dass die Uferanlieger hinsichtlich der eigenen Wassergebrauchsmöglichkeiten von der Gewässernutzung der übrigen Anlieger abhängig waren, ließ eine gemeinschaftliche Wassernutzung eine effektivere Flussbewirtschaftung zu, weil über größere Strecken der Fluss in einem einheitlichen Sinne genutzt und so eine Kollision entgegenstehender Interessen und Nutzungsformen vermieden wurde.

Ungeachtet der Vorteile, die sich durch die Vereinheitlichung und Förderung des Wassergenossenschaftswesens erzielen ließen, darf nicht übersehen werden, dass es sich um die Kodifizierung eines Einzelaspekts wasserrechtlicher Fragestellungen handelte, der isoliert normiert und nicht in den Zusammenhang gestellt wurde. Das Gesetz behandelte in erster Linie genossenschaftliche Probleme und leistete damit einen wichtigen Beitrag zur Entwicklung des Genossenschaftsrechts. Jedoch bedeutete die genossenschaftliche Zulassung von wasserrechtlichen Unternehmungen nicht auch deren wasserrechtliche Zulässigkeit. Die Tatsache, dass eine Genossenschaft zu Wassernutzungszwecken gegründet werden durfte, sagte nichts darüber aus, inwieweit die beabsichtigte Form der Wassernutzung tatsächlich statthaft war.[863] Materiell-rechtliche Bestimmungen, inwieweit Genossenschaften ein Wassernutzungsrecht zukam, sie dieses hätten erwerben oder verlieren können, enthielt das Gesetz von 1879 nicht. Zudem bestanden z.B. keine gesetzlichen Vorschriften für den Fall, dass genossenschaftliche Nutzungsinteressen mit denen eines einzelnen Uferanliegers kollidierten. Hinsichtlich der zu untersuchenden Problematik der Wassernutzung verblieb es bei den bis dahin geltenden Regelungen und somit einer unübersichtlichen Rechtslage.

b) Das Strombauverwaltungsgesetz von 1883

Das Strombauverwaltungsgesetz von 1883 enthielt Bestimmungen zur Regulierung öffentlicher Ströme im Interesse der Schifffahrt, Landeskultur oder öffentlichen Sicherheit. Dafür wurden den Stromverwaltungsbehörden umfassende Befugnisse gegenüber den Uferbesitzern bis hin zur Enteignung eingeräumt. Sie konnten anordnen, dass die Uferbesitzer für die Errichtung der Stromregulierungswerke, wie Buhnen oder Coupierungen, den erforderlichen Grund und Boden für den Bau der Werke, die Lagerung der Materialien sowie die Nutzung der Arbeitsplätze zur Verfügung stellten sowie den Zugang zur Baustelle gestatteten, § 2. Nach § 8 des Gesetzes waren sie berechtigt, Anlandungen, Felsen, Inseln, etc. zu beseitigen, wenn dies zur Beförderung der Schifffahrt, zur Wiederherstellung des ordentlichen Flusslaufs oder im Interesse der Landeskultur oder der öffentlichen Sicherheit erforderlich war. Neben dem Betreten der Grundstücke und dem Setzen von Merkzeichen, § 11 hatte der Uferbesitzer damit auch Enteignungen und die Belastung seines Grundstücks mit Dienstbarkeiten zu dulden. Befestigungen und Bepflanzungen seiner Grundstücke unterlagen der Genehmigung seitens der Strombaubehörde, § 10. Aufgrund einer behördlichen Anordnung konnte eine Pflicht zur Weidenbepflanzung bestehen. In Fortführung der im ALR vorgesehenen Regelungen gehörten Anlandungen, die aufgrund der Errichtung von Strombauregulierungswerken entstanden, demjenigen, an dessen Ufer sie sich bildeten, § 5 Abs. 1. Für den Eigentumserwerb waren dieselben Grundsätze wie für die auf natürlichem Weg entstehende Anlandungen maßgeblich, § 5 Abs. 1. Nach ALR I 9 § 227 war eine Besitzergreifung für den

---

863 Motive des Regierungsentwurfs des Wassergenossenschaftsgesetzes, in Auszügen abgedruckt in *Bülow,* Gesetz betreffend die Bildung von Wassergenossenschaften, S. 27.

Eigentumserwerb nicht erforderlich. Mochte der Uferbesitzer die Anlandung jedoch in Besitz nehmen, z.B. um sie für landwirtschaftliche Zwecke zu nutzen, so bedurfte er dazu der Genehmigung der Strombaubehörde, § 5 Abs. 1, denn bis zur Besitzübertragung stand letzterer die Verfügung und Nutzung mit Ausnahme des Jagdrechtes zu.[864] Die Strombauverwaltung trat zu Befestigungs- und Nutzungszwecken nach § 5 Abs. 2 selbst in den Besitz an der Anlandung ein. Unter den in § 6 normierten Voraussetzungen, insbesondere, wenn der Zweck des § 5 erreicht war, d.h. die Anlandungen befestigt waren, hatte der Uferbesitzer die Möglichkeit den Besitz an den Anlandungen gegen die Erstattung ihres Wertes zu erwerben und zu übernehmen. Auch wenn das Strombauverwaltungsgesetz die uneinheitliche Rechtslage hinsichtlich der Frage, wer Eigentümer an künstlichen Anlandungen in öffentlichen Flüssen wurde, harmonisierte, blieben durch den Verweis „nach denselben Grundsätzen, wie die sich von selbst bildenden Anlandungen" die Unterschiede hinsichtlich des Wie des Eigentumserwerbs erhalten. Bei dem erworbenen Eigentum an den Anlandungen handelte es sich bis zur Besitzübertragung um eine „inhaltsleere Hülle", da die Nutzungs- und Verfügungsgewalt zunächst beim Staat verblieb.

Insgesamt regelte das Strombauverwaltungsgesetz damit im Wesentlichen das Verhältnis der Strombauverwaltungsbehörde zum Uferbesitzer und erlegte letzterem Duldungspflichten auf, insbesondere hinsichtlich seines Grund und Bodens. Fragen der Gewässernutzung seitens des Uferbesitzers wurden nicht geregelt und auch die Vorschriften zu den Anlandungen stellten das rechtliche Grundverhältnis und die rechtliche Zuordnung fest, berührten aber die Frage des Gebrauchs nur peripher, sodass das Strombauverwaltungsgesetz zwar wasserrechtliche Fragestellungen behandelte, aber letztlich keine Lösungsansätze zu der zu untersuchenden Frage der Nutzungsverhältnisse an Gewässern bot.

c) Hochwasserschutzgesetze

Die 1897 und 1903 durch das Hochwasser im Gebiet der Oder und ihrer Nebenflüsse verursachten schweren Schäden ließen eine umfassende Gesetzgebung auf dem Gebiet des Hochwasserschutzes als notwendig erscheinen. Während das 1899 für Schlesien erlassene Gesetz zunächst die Beschränkung der Land- und Forstwirtschaft in den hochwassergefährdeten Gebieten im Blick hatte,

864 Anweisung zur Ausübung des Gesetzes, betreffend die Befugnisse der Strombauverwaltung gegenüber den Uferbesitzern an öffentlichen Flüssen, vom 07.09.1883, abgedruckt in und zitiert nach *Hahn*, Die preußische Gesetzgebung über Vorfluth, S. 158, 159.

versuchten die nachfolgenden Gesetze von 1900 für die Provinz Schlesien und von 1904 für Brandenburg und das Havelgebiet der Provinz Sachsen, die Überschwemmungs- und Hochwassergefahr durch ein umfassendes Regelwerk zum sachgemäßen Ausbau und zur ordnungsgemäßen Unterhaltung[865] der Flüsse einzudämmen. Die Gesetze von 1900 und 1904 stimmen in den wesentlichen Vorschriften überein. Die bestehenden kleineren Unterschiede sind den jeweiligen örtlichen Gegebenheiten geschuldet, die eine individuelle Anpassung notwendig machten. Das Hochwasserschutzgesetz von 1905 sieht vor allem Maßnahmen zur Freihaltung von Überschwemmungsgebieten[866] vor, um auf diesem Wege die Hochwassergefahr in Preußen zu bannen.

Einschränkungen erfuhren Wassernutzungsrechte durch die Gesetze von 1900 und 1904 insoweit, als ihre vorübergehende Beeinträchtigung aufgrund der Unterhaltungspflicht geschuldeten Arbeiten entschädigungslos zu dulden war, vgl. § 18. Auch die Nutzung der Ufer war insoweit eingeschränkt, als ein Gebrauch, der die Unterhaltungslast erschwert, untersagt war. Anlagen am Ufer, die die Unterhaltungslast erschwerten, waren genehmigungspflichtig und durften nur gegen Entschädigung des Provinzialverbandes, welcher nach § 14 die Unterhaltungspflicht trug, errichtet werden, § 19. Sollte es aufgrund des Ausbaus der Flüsse zu einer vorübergehenden Beeinträchtigung der Wassernutzungsrechte kommen, dann war Schadensersatz nur zu gewähren, wenn durch den Ausbau eine „wesentliche Änderung des gewöhnlichen Wasserstandes oder Wasserablaufs" hervorgerufen wurde, § 13. Dauerhafte Beeinträchtigungen oder sogar Entziehungen der Rechte am Grundeigentum aufgrund des Ausbaus des Flusses zum Schutz vor Überschwemmungen und Hochwasser oder aufgrund der Unterhaltungspflicht unterlagen den Bestimmungen des Gesetzes über die Enteignung von Grundeigentum vom 11. Juni 1874[867], §§ 11, 22. Hierzu waren – zumindest bei Privatflüssen – auch Nutzungsrechte zu zählen (vgl. ALR I 8 §§ 9, 11). Danach konnte nur aus Gründen des öffentlichen Wohls gegen vollständige Entschädigung in Geld eine Entziehung oder Einschränkung von Grundeigentum, in diesem Fall von Nutzungsrechten, erfolgen, § 1 Enteignungsgesetz. Das Enteignungsgesetz sah dafür ein umfassendes Verfahren unter Beteiligung der Betroffenen vor, in dem ein Enteignungsplan erstellt (§§ 15–23) und Art und Umfang der Entschädigung (§§ 24–31) festgelegt wurden.

865 *Sympher*, Die neuen wasserwirtschaftlichen Gesetze, S. 12
866 *Sympher*, Die neuen wasserwirtschaftlichen Gesetze, S. 55.
867 GS 1874, S. 221.

Des Weiteren gewährten private Wassernutzungsrechte nach § 12 des Gesetzes von 1900 bzw. 1904 kein Widerspruchsrecht gegen den Ausbauplan des Flusses oder die Beseitigung zu diesem Zwecke errichteter Anlagen. Auf ihrer Grundlage konnten nur Einrichtungen verlangt werden, die zu einem Ausschluss der benachteiligenden Wirkung führten, soweit diese mit dem Ausbauplan vereinbar und wirtschaftlich gerechtfertigt waren.

Das Hochwasserschutzgesetz von 1905 bestimmte, dass die Errichtung, Erweiterung oder Verlegung einer baulichen Anlage in einem hochwasser- und überschwemmungsgefährdeten Gebiet einer staatlichen Genehmigung bedurfte, § 1. Diese Genehmigung durfte aus Gründen des Hochwasserschutzes versagt oder mit Bedingungen versehen werden, § 4. Trat die zu errichtende Anlage an die Stelle einer vorhandenen und wurde durch die neue Anlage der Hochwasserabfluss nicht mehr erschwert oder wurde die durch die neue Anlage hervorgerufene Einengung des Hochwasserprofils anderweitig ausgeglichen, dann durfte die Genehmigung nicht versagt werden. Für Wassernutzungsrechte war diese Genehmigungspflicht insofern von Bedeutung, als gewisse Nutzungsarten, wie z.B. die Nutzung der Wasserkraft mittels eines Triebwerks oder einer Mühle, die Errichtung einer baulichen Anlage erforderlich machten. Wenn diese nun neu errichtet oder bestehende Anlagen verändert werden sollten, bedurfte es in den hochwassergefährdeten Gebieten neben der gewerberechtlichen Genehmigung nach der GewO noch einer Genehmigung des Bezirks- bzw. Stadt- oder Kreisausschusses. Dadurch wurde die Wassernutzung selbst nicht genehmigungspflichtig und durch die erteilte Genehmigung erhielt der Berechtigte auch kein Wassernutzungsrecht, da nicht darüber entschieden wurde, ob der Berechtigte das Wasser in einer bestimmten Weise gebrauchen durfte oder nicht. Die Genehmigung diente vielmehr dazu, die Vereinbarkeit der für die Ausübung des Wassernutzungsrechts erforderlichen baulichen Anlage mit den Aspekten des Hochwasser- und Überschwemmungsschutzes zu überprüfen und zu bestätigten oder zu verneinen. Dessen ungeachtet hatte die Genehmigungsbedürftigkeit damit Auswirkungen auf die Möglichkeit, von einem bestehenden Wassernutzungsrecht Gebrauch zu machen. Denn sollte die Genehmigung für die bauliche Anlage versagt werden, konnte auch das Wasserrecht u.U. nicht genutzt werden. Insoweit wurden bestehende Wasserrechte zumindest mittelbar von dem Hochwasserschutzgesetz von 1905 berührt. Es war aber auch eine direkte Einflussnahme möglich. So konnte zur Verhinderung von Hochwassergefahren mittels Polizeiverordnungen, zu deren Erlass § 9 ermächtigte, die Nutzung nicht schiffbarer Wasserläufe zum Viehtränken, also zu einer Nutzungsart des Gemeingebrauchs, direkt verboten werden. Entsprechend der §§ 4, 5 PrivatflussG von 1843 verbot auch das Hochwasserschutzgesetz von 1905 das Einbringen von Schlamm, Sand, Steinen und anderen Stoffen in private sowie öffentliche Wasserläufe, § 8.

Sowohl in den territorial begrenzten Gesetzen von 1900 und 1904 als auch in dem für ganz Preußen geltenden Hochwasserschutzgesetz von 1905 zeigt sich, dass private Wassernutzungsrechte bei einer Interessenkollision im Verhältnis zum Hochwasserschutz zurückstehen mussten. Sie konnten nur unbegrenzt ausgeübt werden, soweit sie in den hochwassergefährdeten Gebieten mit den vorgesehenen Schutzmaßnahmen zu vereinbaren waren. Die Durchführung der Schutzmaßnahmen hatte der Berechtigte teils entschädigungslos, teils gegen Entschädigung zu dulden. Das Interesse der Allgemeinheit vor Überschwemmungen geschützt zu werden, überwog damit das Interesse des Einzelnen an der Ausübung seines Wassernutzungsrechts.

3. Der Einfluss des BGB

In Preußen setzte man Ende des 19. Jahrhunderts große Hoffnung darauf, dass das in der Entstehung begriffene BGB auch die Materie des Wasserrechts regeln würde, weswegen von dem Projekt ein umfassendes Wassergesetz für das preußische Staatsgebiet zu schaffen, abgesehen wurde. Die Hoffnung erfüllte sich nicht. Art. 55 EGBGB bestimmt zwar, dass die privatrechtlichen Vorschriften der Landesgesetze außer Kraft treten, soweit nicht im BGB oder EGBGB ein anderes bestimmt ist, dennoch blieben die landesrechtlichen Vorschriften zum Wasserrecht aufgrund des die Ausnahme regelnden Art. 65 EGBGB a.F.[868], der mit der Einführung des WHG zum 01.03.2010 aufgehoben wurde, aufrechterhalten. Bereits *Johow* sah in seiner Begründung des Vorentwurfs des Sachenrechts für das BGB vor, dass keine Regelung des Wasserrechts ins BGB aufzunehmen, sondern das Verhältnis des BGB zum Wasserrecht im EGBGB festzulegen sei, da es sich beim Wasserrecht um eine Kombination aus bürgerlich-rechtlichen und staatsrechtlichen Normen handle, die „auf das engste verbunden“ seien.[869] Im Sachenrechtsentwurf war dennoch ursprünglich § 3 Abs. 1 und 2 vorgesehen, nach dem freifließendes Wasser nicht Gegenstand von Rechten oder

---

868 Art. 65 EGBGB a.F.: „Unberührt bleiben die landesgesetzlichen Vorschriften, welche dem Wasserrecht angehören, mit Einschluß des Mühlenrechts und des Flötzrechts sowie der Vorschriften zur Beförderung der Bewässerung und Entwässerung der Grundstücke und der Vorschriften über Anlandungen, entstehende Inseln und verlassene Flußbetten.“

869 *Kommission zur Ausarbeitung des Entwurfs eines bürgerlichen Gesetzbuchs,* Entwurf eines Buergerlichen Gesetzbuches, Sachenrecht I, S. 38.

Rechtsverhältnissen sein konnte, sich in geschlossenen Behältnissen befindliches hingegen schon. Durch die Regelung sollte trotz des für die Landesgesetzgebung vorgesehenen Vorbehalts zur Normierung des Wasserrechts, klar gestellt werden, dass die Grundbegriffe des BGB dabei nicht aufgegeben werden dürften und Eigentum am fließenden Wasser nicht bestehen könne.[870] Bei den Beratungen der I. Kommission wurde § 3 Abs. 1 und 2 ersatzlos gestrichen, da „die Gesetzgebung und Rechtsprechung vielfach Eigentumsrechte in dem Wasserlaufe oder Wasserschatze anerkenne" und daher der Vorbehalt fälschlicherweise beschränkt werde.[871] Das gleiche Schicksal ereilte § 3 Abs. 3 des Entwurfs, der auf einem Grundstück stehendes Wasser zu dessen wesentlichen Bestandteil bestimmte. Auch dieser stieß aufgrund des bestehenden Vorbehalts für das partikuläre Wasserrecht auf Bedenken und wurde von der I. Kommission nicht aufrechterhalten.[872]

In den Motiven zur I. Kommission wurden diese Beweggründe nicht erwähnt, sondern der meist polizeirechtliche Inhalt und Charakter der wasserrechtlichen Vorschriften als Kodifikationshindernis benannt.[873] Zudem wurde dort vertreten, dass das Wasserrecht „nach dem Bedürfnisse und den geschichtlich gegebenen Verhältnissen" nur in den einzelnen Gebieten geregelt werden könne und ausschließlich lokale Bedeutung zukomme.[874] Diese Auffassung war in der Gesetzgebungsphase des BGB nicht unumstritten. So wies *Graf von Armin-Schlagenthin* in den Gutachten zum Entwurf der I. Kommission darauf hin, dass sich gerade das Wasserrecht einer lokalen Kodifizierung entziehe, da das fließende Wasser nicht an Landesgrenzen haltmache.[875] Auch seien die vorhandenen Berührungspunkte zum öffentlichen Recht nicht so zahlreich, dass nicht der privatrechtliche Teil des Wasserrechts separat im BGB geregelt werden könne. *Metz* plädierte unter Vorlage einiger von ihm entworfener Bestimmungen ebenso für eine Aufnahme wasserrechtlicher Aspekte, namentlich der Frage der Rechtsnatur und des Eigentums der Gewässer, des Gemeingebrauchs, des Erwerbs ausschließlicher Rechte, des Wasserablaufs sowie der Anlandungen, Inseln und Avulsionen.[876] Zur Begründung führte er zum einen die Tatsache an, dass bereits zum damaligen Zeitpunkt die Rechtsprechung Streitigkeiten über

870 Protokolle des I. Kommission, S. 3312.
871 Protokolle des I. Kommission, S. 3313.
872 Protokolle des I. Kommission, S. 3329.
873 *Mugdan,* Die gesamten Materialien zum BGB, Bd. 3, S. 3.
874 *Mugdan,* Die gesamten Materialien zum BGB, Bd. 3, S. 3.
875 Zusammenstellung der gutachterlichen Aeußerungen Bd. 3, S. 11 f.
876 Zusammenstellung der gutachterlichen Aeußerungen Bd. 3, S. 12.

die Ausübung bzw. den Erwerb von Wasserrechten als bürgerlich-rechtliche einordnete.[877] Zum anderen verwies er auf die im Entwurf vorgesehenen §§ 786, 856, die das Wasserrecht berührten.

Nach § 786 des Entwurfs wurde „ein Erdkörper, welcher durch Naturgewalt von einem Grundstück losgerissen und mit einem anderen Grundstück vereinigt wird, wesentlicher Bestandteil des letzten [...]". § 856 des Entwurfs sah vor, dass der Eigentümer eines Grundstücks den Wasserabfluss von einem anderen Grundstück zu dulden verpflichtet war. Beide Vorschriften wurden ausweislich der Protokolle der zweiten Kommission ersatzlos gestrichen. Angesichts des Art. 65 EGBGB, aufgrund dessen abweichende, landesrechtliche Regelungen im Bereich des Wasserrechts möglich und auch vorrangig waren, sollte mit § 768 kein subsidiäres Reichsrecht für Anlandungen geschaffen, sondern die Regelung der Problematik gänzlich der Landesgesetzgebung überlassen werden.[878] Ähnliches galt für § 856, der nur Eingang in den Entwurf gefunden hatte, weil zum damaligen Zeitpunkt die Frage des Ob und des Umfangs wasserrechtlicher Vorschriften ungeklärt war.[879] Mit der Vorschrift des Art. 65 EGBGB erschien es der Kommission nicht mehr sinnvoll, einen einzelnen Aspekt des Wasserrechts, auch wenn er große nachbarrechtliche Bezüge aufwies, separat zu regeln,[880] so dass § 865 gestrichen wurde.

Die kritischen Anmerkungen von *Graf von Armin-Schlagenthin* und von *Metz* zeigten keine Wirkung. Die II. Kommission fragte zwar bei der Reichsjustizverwaltung nach, ob ein Entwurf eines reichseinheitlichen Wasserrechts vorbereit werde, ließ es aber angesichts der verneinenden Beantwortung dabei bewenden. Das Reichsjustizamt vertrat die Auffassung, dass man nicht nur die privatrechtlichen Fragen des Wasserrechts einheitlich regeln könne, weil es im Reich keine Vorschriften zu deren Durchführung gebe.[881] Zudem verwies es auf den in Preußen von einer Kommission erarbeiteten ersten Gesetzesentwurf zum Wasserrecht von 1894, der dem Staatsministerium und einer ausgewählten Öffentlichkeit zur Überprüfung vorliege und zudem dahin geprüft werde, inwieweit er sich für eine Übertragung auf das Reich eigne.[882] Da angesichts dieser Situation weder vom Reichsjustizamt noch von Mitgliedern der Kommission Anträge zur Aufnahme wasserrechtlicher Regelungen ins BGB gestellt, ferner

877 Zusammenstellung der gutachterlichen Aeußerungen Bd. 3, S. 12.
878 *Achilles/Spahn/Gebhard,* Protokolle der Kommission, Bd. III, S. 12.
879 *Achilles/Spahn/Gebhard,* Protokolle der Kommission, Bd. III, S. 133.
880 *Achilles/Spahn/Gebhard,* Protokolle der Kommission, Bd. III, S. 133.
881 *Achilles/Spahn/Gebhard,* Protokolle der Kommission, Bd. III, S. 4.
882 *Achilles/Spahn/Gebhard,* Protokolle der Kommission, Bd. III, S. 4.

die zwei vorhandenen Paragraphen, die das Wasserrecht berührten, gestrichen worden waren und bereits zuvor Art. 65 EGBGB geschaffen worden war, kam es entgegen der in Preußen gehegten Hoffnung nicht zu einer Kodifizierung eines reichseinheitlichen Wasserrechts.

4. Fazit

Wie sich zeigte, wurden ab 1866 keine wasserrechtlichen Gesetze mehr erlassen, die sich primär mit der Frage der Nutzungsverhältnisse und Nutzungsrechte an Gewässern auseinandersetzten. Die in Kraft getretenen Gesetze beschäftigten sich mit dem Hochwasserschutz, der Zulässigkeit von Wassergenossenschaften und der Strombauverwaltung. Dabei wurden – wie aufgezeigt – vor allem im Hochwasserschutz Aspekte der Wassernutzung berührt, jedoch nur soweit eine Kollision mit den Schutzbelangen drohte. Die aufgrund der unübersichtlichen und uneinheitlichen Rechtslage dringend notwendige Regelung des Wasser(nutzungs-)rechts für das gesamte preußische Gebiet unterblieb zum einen, weil eine Gesamtkodifikation angesichts der Verschiedenartigkeit des Rechts in den einzelnen Provinzen zum damaligen Zeitpunkt für nicht bewältigbar gehalten wurde und zum anderen, weil angesichts der Entstehung des BGB die große Hoffnung auf ein reichseinheitliches Gesetz bestand, die sich jedoch nicht erfüllte. So wurden nur Einzelmaterien, die die zentralen juristischen Fragestellungen einer gerechten Wasserwirtschaft und -verteilung im Kern nicht berührten, für die preußischen Territorien einheitlich geregelt. Dabei ist jedoch die Einschränkung zu machen, dass keines der erlassenen Gesetze für das gesamte preußische Territorium galt, denn jedes Gesetz enthielt Vorschriften, die einzelne Provinzen oder abgegrenzte Gebiete innerhalb der Provinzen vom Anwendungsbereich ausnahmen.

VI. Zusammenfassung der Entwicklung im 19. Jahrhundert

Betrachtet man die Entwicklung des Wasserrechts in Preußen im 19. Jahrhundert, so zeigt sich, dass es seit Erlass des ALR nicht gelungen ist, ein einheitliches Wasserrecht zu schaffen, das im gesamten preußischen Staatsgebiet galt. Selbst die erlassenen Einzelgesetze galten – von den Gewerbeordnungen abgesehen – nicht in allen Territorien des preußischen Staates, was zu einer sehr zersplitterten und unübersichtlichen Rechtslage führte.

Der Beweggrund für den Erlass der wasserrechtlichen Regelungen kann nicht in der Verhütung von Umweltverschmutzungen und der Sicherung der

Wasserqualität gesehen werden.[883] Diese Problematik war zur Beginn des 19. Jahrhunderts noch nicht in das Bewusstsein des Gesetzgebers gerückt. Erst die mit der Industrialisierung und Verstädterung einhergehende zunehmende Verschmutzung der Gewässer durch die Einleitung ungeklärter Industrieabfälle und -abwässer hatte zur Folge, dass in den siebziger Jahren des 19. Jahrhunderts die Notwendigkeit erkannt wurde, der Verunreinigung der Flüsse entgegen- und auf deren Reinhaltung hinzuwirken. Entsprechende Regelungen im Rahmen der RGewO von 1869 scheiterten ebenso wie der Entwurf eines Wasserpolizeigesetzes. Weder wurden entsprechende Einzelgesetze zum Immissionsschutz an Gewässern noch die Schaffung einer Gesamtkodifikation des Wasserrechts, in der ein solcher Platz gefunden hätte, in Angriff genommen. Dies lag insbesondere an der Hoffnung, das BGB werde auch das Wasserrecht reichseinheitlich regeln. Der Entstehungsprozess des Bürgerlichen Gesetzbuches begann in den siebziger Jahren des 19. Jahrhunderts, also in dem Zeitraum, in dem das Problem der Gewässerverschmutzung an Bedeutung gewann, so dass angesichts des im Entstehen begriffenen BGB keine derartigen Gesetzgebungsprojekte mehr angeregt wurden.

Die Gesetze zum Wasserrecht des 19. Jahrhunderts entsprangen dem Bedürfnis, die vorhandene Wassermenge zu bewirtschaften. Dementsprechend stand für öffentliche Flüsse die Sicherung der Ausübung bevorzugter Wassernutzungsarten, wie der Schifffahrt und des Mühlenbetriebes und für Privatflüsse der Ausgleich konkurrierender Nutzungsinteressen im Vordergrund. Daneben trat das Regelungsziel der Abwehr von Gefahren, die z.B. von Hochwasser, Überschwemmungen und Eisgang ausgingen.[884] Dies wird z.B. deutlich in der Einleitung der Stromordnung von 1806, welche als Ziele die Förderung der Schifffahrt und den Schutz vor Überschwemmungen angibt. Der Erlass der Gesetze folgte dabei keinem Gesamtkonzept. Es waren vielmehr punktuelle Regelungen als Reaktion auf auftretende Probleme und technische Weiterentwicklungen. So diente das PrivatflussG von 1843 dazu, die Regelungslücken des ALR hinsichtlich der Nutzung von Privatflüssen zu schließen und die Bewässerung von Grundstücken zu fördern. Das PrivatflussG von 1843 gestaltete das Recht zur Wassernutzung als Eigentümergebrauch aus und erlegte diesem im Interesse der Vorflut und der Schifffahrt gesetzliche Beschränkungen auf. Zur Förderung der Bewässerung wurde eigens ein eigenes Verfahren für die Einrichtung von Bewässerungsanlagen eingeführt, wodurch eine gewisse Vorrangstellung derselben gegenüber

883 *Wolf*, Der Stand der Technik, S. 37.
884 *Wolf*, Der Stand der Technik, S. 37.

bereits bestehenden Mühlen und Triebwerken erreicht wurde. Dieses Gesetz blieb während der hundertjährigen Entwicklung des Wasserrechts in Preußen das einzige, das sich explizit den Fragen der Nutzungsrechte an Gewässern widmete. Alle anderen Gesetze und Edikte enthielten zwar auch Regelungen, die die Nutzung von Gewässern beeinflussten. Sie legten meist zugunsten anderer Schutzgüter dem Nutzungsberechtigten gesetzliche Beschränkungen auf, dienten aber letztlich anderen Zwecken, wie z.B. der Entwässerung von Grundstücken, dem Hochwasserschutz oder dem Ausbau der Wasserläufe zur Förderung der Schifffahrt. Eine Sonderstellung nahmen dabei die Gewerbeordnungen ein. Sie enthielten Bestimmungen, die nur für Mühlen, Triebwerke und Stauanlagen für Triebwerke galten. Inhalt dieser Bestimmungen war jedoch nicht das Recht zur Wassernutzung und die damit verbundenen Voraussetzungen und Einschränkungen, sondern die zusätzlichen Erfordernisse, die aufgrund gewerberechtlicher Erwägungen bei der Errichtung und dem Betrieb von Mühlen etc. zu beachten waren. Der Motivationsgrund für den Erlass der Gewerbeordnung ist folglich nicht in der Ordnung der Mühlenverhältnisse am Wasserlauf, sondern in den mit dem Betrieb von Gewerbeanlagen drohenden Gefahren und Nachteilen zu sehen, die es zum Schutze der Allgemeinheit staatlich zu regulieren und reglementieren galt. Dementsprechend überließen die Gewerbeordnungen die materiell-rechtlichen Regelungen der Gewässernutzung dem Wasserrecht, in dem sie ausdrücklich auf dessen Bestimmungen Bezug nahmen. Bemerkenswert hinsichtlich der Gewerbeordnung ist, dass dem Gesetzgeber diesbezüglich eine strukturierte Entwicklung des Gewerberechts, die sich sukzessive nachverfolgen lässt, sowie die Schaffung einer einheitlichen für alle preußischen Territorien geltende Rechtsgrundlage gelang, also gerade das, was er für das Wasserrecht anstrebte, aber nicht in die Tat umsetzen konnte.

D. Das Preußische Wassergesetz von 1913

Als sich anhand der Entwürfe zum BGB und insbesondere des Art. 65 EGBGB abzeichnete, dass das BGB selbst keine Bestimmungen zum Wasserrecht enthalten sollte, erarbeitete die Ministerialkommission in Preußen einen Entwurf eines einheitlichen und umfassenden Wassergesetzes, den sie 1893 veröffentlichte.[885] Aufgrund der an ihm geübten Kritik wurde dieser Entwurf 1896 erneut überarbeitet und 1907 als zweiter Entwurf zur Begutachtung veröffentlicht.[886] Auch dieser wurde angesichts der vorgebrachten Anregungen, Vorschläge und Kritik nicht dem Landtag vorgelegt, sondern erneut überarbeitet und ergänzt.[887] 1911 erfolgte die endgültige Feststellung des Gesetzesentwurfs, welcher mit Begründung dem Haus der Abgeordneten vorgelegt wurde. Nach den Lesungen und Beschlüssen im Haus der Abgeordneten und im Herrenhaus, erhielt der Entwurf am 7. April 1913 die königliche Sanktion. Das Preußische Wassergesetz vom 7. April 1913 trat gemäß § 400 I 2 PrWG i.V.m. der Königlichen Verordnung vom 13. April 1914[888] am 1. Mai 1914 in Kraft.

I. Einteilung der Gewässer

Das PrWG unterteilte Gewässer zunächst in zwei große Gruppen, in Wasserläufe und in „Gewässer, die nicht zu den Wasserläufen gehören". Aufgrund ihrer zentralen Bedeutung für die Wasserwirtschaft, insbesondere die Aufnahme des Wasserabflusses und die Nutzung der Wassertriebkraft für gewerbliche Zwecke, und der Tatsache, dass sie über weite Strecken durch verschiedene Gebiete flossen,[889] nahm die Normierung des Rechts an den Wasserläufen mit 195 Paragraphen

---

885 Einen Überblick über die einzelnen Entwürfe und das Gesetzgebungsverfahren gibt *Rönnau,* Die Beratungen des Wasserrechtsausschusses, S. 43 ff.

886 *Gottschalk,* Das preußische Wassergesetz vom 7. April 1913, Einleitung, S. X; *Holtz/Kreutz,* Das preußische Wassergesetz, Bd. 1, Einleitung S. XIX; *Hermes,* Das preußische Wassergesetz, S. 11.

887 *Gottschalk,* Das preußische Wassergesetz vom 7. April 1913, Einleitung, S. X; *Holtz/Kreutz,* Das preußische Wassergesetz, Bd. 1, Einleitung S. XIX; *Hermes,* Das preußische Wassergesetz, S. 11.

888 Verordnung über das Inkrafttreten des Wassergesetzes vom 7. April 1913, vom 13. April 1914, GS 1914, S. 64.

889 PrAH, Drucks. Nr. 9 B, S. 7, in: Sammlung der Drucksachen des Preußischen Hauses der Abgeordneten, 21. Legislaturperiode, V. Session 1912/1913, 1. Bd., S. 668.

einen weit größeren Umfang ein, als die zehn Vorschriften zu den übrigen Gewässern. Bei ersteren handelte es sich gemäß § 1 Abs. 1 PrWG um Gewässer, die in einem Bett ständig oder zeitweise oberirdisch abflossen. Mit erfasst wurden die oberirdischen Quellen und etwaige unterirdisch verlaufende Strecken dieser Gewässer, sowie in Fortführung des § 1 PrivatflussG von 1843 Seen, Teiche, und Vergleichbares, soweit sie einen oberirdischen Abfluss hatten. Für Seen galt die Besonderheit des § 1 Abs. 2 Satz 3 PrWG, dass sie nur bei Bestehen eines natürlichen Ablaufs zu den Wasserläufen zählten. Ein alleiniger künstlicher Ablauf ließ sie den sonstigen Gewässern angehören. Eine weitere Sonderregel gab es für Gräben, d.h. künstlich angelegte Wasserrinnen für den Wasserabfluss[890]. Soweit Gräben der Vorflut und damit dem Wasserabfluss mehrerer Eigentümer dienten, unterfielen sie dem Begriff der Wasserläufe, § 1 Abs. 2 PrWG. Soweit dies nicht der Fall war, gehörten sie zu den sonstigen Gewässern. Diese Differenzierung hatte ihren Grund darin, dass Gräben grundsätzlich vom Eigentümer auf seinem Grundstück in seinem eignen Interesse angelegt wurden und sie weder Belange der Nachbarn noch der Allgemeinheit tangierten.[891] Aufgrund dessen bestand ausweislich der Gesetzesbegründung kein Bedürfnis, sie als Wasserläufe anzusehen und sie den dafür geltenden Vorschriften und Beschränkungen zu unterwerfen. Ein solches Erfordernis war nur gegeben, wenn sie für mehrere Eigentümer von Interesse waren. Damit zählte alles, was nicht der Definition des § 1 PrWG unterfiel und auch nicht durch Sondervorschriften als Wasserlauf klassifiziert wurde, zu den sonstigen Gewässern. Dies waren insbesondere Seen ohne oberirdischen Abfluss, unterirdische oder wild, ohne bestimmtes Bett, abfließende Gewässer.

Die Wasserläufe selbst wurden in natürliche und künstliche Wasserläufe unterteilt. Abgrenzungsmerkmal war die Tatsache, ob das Wasser in einem natürlichen oder künstlich angelegten Bett fließt.[892] Diese Unterscheidung war wichtig, weil das PrWG unterschiedliche rechtliche Bestimmungen an die jeweilige Art knüpfte. So galten z.B. für Anlieger an natürlichen Wasserläufen stärkere Einschränkungen als für solche an künstlichen. Ebenso waren die Vorschriften für den Gemeingebrauch hauptsächlich nur bei natürlichen Wasserläufen einschlägig.

---

890 PrAH, Drucks. Nr. 9 B, S. 49, in: Sammlung der Drucksachen des Preußischen Hauses der Abgeordneten, 21. Legislaturperiode, V. Session 1912/1913, 1. Bd., S. 689.

891 PrAH, Drucks. Nr. 9 B, S. 49, in: Sammlung der Drucksachen des Preußischen Hauses der Abgeordneten, 21. Legislaturperiode, V. Session 1912/1913, 1. Bd., S. 689.

892 *Gottschalk*, Das preußische Wassergesetz vom 7. April 1913, S. 3, 8.

Das PrWG hatte die im ALR festgelegte Unterscheidung in schiffbare und damit öffentliche Gewässer und in nicht schiffbare, also Privatgewässer, aufgegeben. Denn diese Differenzierung hatte sich im Verlaufe des 19. Jahrhunderts als nicht praktikabel herausgestellt. Zu viele Gerichtsverfahren drehten sich um die Frage, ob ein Gewässer öffentlicher oder privater Natur war. Manche Zweifel über die Einordnung eines Wasserlaufs bestanden noch zu Beginn des 20. Jahrhunderts.[893] Dies lag daran, dass das ALR beide Begriffe inhaltlich nicht scharf voneinander abgrenzte und die Übergänge oft fließend waren, was zu einer großen Rechtsunsicherheit führte, da keine systematische Einordnung möglich war. Da das PrWG den einzelnen, in ihm eingeführten Kategorien der Wasserläufe verschiedenen Eigentümer zuwies und mit ihnen unterschiedliche Rechte und Pflichten verband, musste das zugrunde liegende System eine zweifelsfreie und klare Zuordnung ermöglichen. Im Interesse der Rechtssicherheit wurde daher die alte Kategorisierung aufgegeben und eine neue Einteilung vorgenommen. Da sich der Gesetzgeber im PrWG auch begrifflich von der ehemals geltenden Unterscheidung distanzieren wollte, weil die Bezeichnung „Privatfluss" vielfach die Fehlvorstellung hervorrief, dass dieser staatlicher Kontrolle und staatlichen Eingriffen entzogen sei und allein der Privatverfügung unterliege[894], wählte er die begrifflich neutrale Einteilung der Wasserläufe in Ordnungen. Dabei unterschied das Gesetz zwischen Wasserläufen I., II. und III. Ordnung. Maßgebend für die Zuordnung war die Bedeutung des Wasserlaufs für die allgemeine Wasserwirtschaft. Gemäß § 2 Abs. 1 PrWG waren die Wasserläufe der I. Ordnung, also jene, denen wasserwirtschaftlich die größte Bedeutung zukam, in einem als Anhang dem PrWG bei gefügten Verzeichnis zu entnehmen. Dieses Verzeichnis wurde von einer eigens dafür eingesetzten Kommission erstellt. Da sich die Einteilung der eindeutig zuordenbaren Wasserläufe durch das PrWG nicht ändern und der diesbzgl. bestehende Rechtszustand aufrechterhalten werden sollte, wurden alle Wasserläufe, die als Binnenschifffahrtswege galten, der I. Ordnung zu geschlagen, unabhängig davon, ob sie zur Zeit der Verzeichniserstellung tatsächlich als solche genutzt wurden oder nicht.[895] Wasserläufe, die als Privatflüsse galten, blieben dagegen außen vor. In Zweifelsfällen war maßgeblich, ob der Wasserlauf als Wasserstraße für die Allgemeinheit von größerer Bedeutung war, also ob „kraft

893 PrAH, Drucks. Nr. 9 B, S. 52, in: Sammlung der Drucksachen des Preußischen Hauses der Abgeordneten, 21. Legislaturperiode, V. Session 1912/1913, 1. Bd., S. 690.

894 PrAH, Drucks. Nr. 9 B, S. 8, in: Sammlung der Drucksachen des Preußischen Hauses der Abgeordneten, 21. Legislaturperiode, V. Session 1912/1913, 1. Bd., S. 668.

895 PrAH, Drucks. Nr. 9 B, S. 50 f., in: Sammlung der Drucksachen des Preußischen Hauses der Abgeordneten, 21. Legislaturperiode, V. Session 1912/1913, 1. Bd., S. 689 f.

öffentlichen Rechts Schiffsverkehr“[896] für einen größeren Personenkreis auf ihm stattfand. Soweit er sich nur als Verkehrsweg für Anlieger herausstellte, wurde der Wasserlauf nicht in das Verzeichnis für die I. Ordnung aufgenommen. Welche Wasserläufe in die II. Ordnung einzusortieren waren, sollte durch ein vom Oberpräsidenten nach den Vorschriften der §§ 4, 5 aufzustellendes Verzeichnis bestimmt werden. Aufzunehmen waren dabei jene Wasserläufe, die für die Wasserwirtschaft von größerer Bedeutung waren. Als maßgebliches Kriterium galt dabei nicht die Größe des Wasserlaufs oder die enthaltene Wassermenge, sondern inwieweit er für sich genommen oder in Zusammenhang mit anderen Wasserläufen „einem größeren Kreis von Beteiligten eine wirtschaftliche Ausnutzung ermöglicht“[897]. Entscheidend war der Grad, Umfang und Ausmaß der wirtschaftlichen Nutzbarkeit für die Bevölkerung. Zur III. Ordnung gehörten alle übrigen Wasserläufe, die nicht in die Verzeichnisse der I. und II. Ordnung aufgenommen worden waren.

Nach der Einsortierung in die drei Ordnungen bestimmte sich, wer Eigentümer des jeweiligen Wasserlaufs war und welche Nutzungsrechte und -pflichten dem Berechtigten zukamen. Im Folgenden werden getrennt nach der jeweiligen Ordnung sowohl die Eigentümerstellung als auch die jeweiligen Gebrauchsarten, die gesetzlich eröffneten Nutzungsmöglichkeiten ebenso wie die vorgesehenen Nutzungsbeschränkungen näher untersucht und beleuchtet. Dabei soll insbesondere aufgezeigt werden, inwieweit bis dahin geltende Regelungen übernommen, bestehende Rechtsunsicherheiten und Gesetzeslücken beseitigt wurden.

II. Nutzungsrechte an Wasserläufen

Die verschiedenen Nutzungsinteressen im Rahmen der Gewässernutzung in einen sinnvollen Ausgleich zu bringen, stellte stets einen Balanceakt zwischen einer möglichst weitgehenden Zugänglichmachung der Gewässer für eine Nutzung durch die Allgemeinheit und der Sicherung der Nutzung ohne Nachteile oder Erschwernisse für privatwirtschaftliche Unternehmungen des Einzelnen dar. Das PrWG versuchte ein Gleichgewicht herzustellen, indem es abhängig von der Ordnung, dem das jeweilige Gewässer angehörte, in begrenztem Umfang

---

896 PrAH, Drucks. Nr. 9 B, S. 52, in: Sammlung der Drucksachen des Preußischen Hauses der Abgeordneten, 21. Legislaturperiode, V. Session 1912/1913, 1. Bd., S. 690.

897 PrAH, Drucks. Nr. 9 B, S. 57, in: Sammlung der Drucksachen des Preußischen Hauses der Abgeordneten, 21. Legislaturperiode, V. Session 1912/1913, 1. Bd., S. 693.

den Gemeingebrauch für jedermann neben der Nutzung durch den Eigentümer oder den sonst Berechtigten eröffnete.

1. Der Gemeingebrauch

a) *Gemeingebrauch an Wasserläufen erster Ordnung*

Nach § 25 Abs. 1 PrWG sind bestimmte, aus heutiger Sicht untergeordnete Formen der Wassernutzung, wie Baden, Waschen, Schöpfen mit Handgefäßen, Viehtränken, Eislaufen und die Wasser- und Eisentnahme für die eigene Haushaltung und Wirtschaft sowie das Einleiten von Wasser und Abwasser, an natürlichen Wasserläufen erster Ordnung jedermann gestattet. Danach zählte nach § 26 PrWG auch die Nutzung der Wasserläufe erster Ordnung für den öffentlichen Verkehr, z.B.: die Schifffahrt oder die Flößerei mit unverbundenem Holz, zum Gemeingebrauch. Alle bereits in ALR II 15 §§ 44, 47 aufgezählten Gebrauchsarten wurden damit in § 25 PrWG übernommen und durch die Tätigkeiten des Waschens, des Eislaufens, der Wasser- und Eisentnahme für den Haus- und Wirtschaftsgebrauch und des Einleitens von Wasser und Abwässern ergänzt. Eine Entnahme von Wasser und Eis zu gewerblichen Zwecken war damit nicht mehr vom Gemeingebrauch gedeckt,[898] es sei denn, es handelte sich um einen kleingewerblichen Betrieb von geringen Umfang,[899] der nach § 25 Abs. 4 PrWG mit zum landwirtschaftlichen Haus- bzw. Hofbetrieb zu zählen war. Bis dahin hatte das Flößen von unverbundenem Holz auf öffentlichen Wasserläufen nach ALR II 15 § 49 unter dem Vorbehalt des Staates gestanden. Jegliche Form baulicher Anlagen, die zur Ausübung der zugelassenen Nutzungsarten verwendet wurden, war nicht vom Gemeingebrauch gedeckt, sondern bedurfte eines besonderen Rechts. Ausweislich der Motive wurde diese Rechtsänderung mit dem Bedürfnis nach einer Abflussrinne für Wasser und Abwässer gerechtfertigt.[900] Die Einleitung von Wasser war insoweit beschränkt, als anderen dadurch kein Nachteil

898 *Lenhard/Reichau,* Preussisches Wassergesetz, S. 101.

899 Die Gesetzesbegründung versteht unter einem kleingewerblichen Betrieb von geringem Umfang vor allem kleinere Handwerksbetriebe, sog. Hausindustrie, vgl. PrAH, Drucks. Nr. 9 B, S. 77, in: Sammlung der Drucksachen des Preußischen Hauses der Abgeordneten, 21. Legislaturperiode, V. Session 1912/1913, 1. Bd., S. 703. Die Lit., insbesondere *Lenhard/Reichau,* Preussisches Wassergesetz, S. 101, möchte zu besseren Handhabung des unbestimmten Begriffs auf § 4 HGB und dazu entstandene Lehre und Auslegung zurückgreifen.

900 PrAH, Drucks. Nr. 9 B, S. 77, in: Sammlung der Drucksachen des Preußischen Hauses der Abgeordneten, 21. Legislaturperiode, V. Session 1912/1913, 1. Bd., S. 703.

entstehen durfte.[901] Für die Einleitung von Abwässern galt, dass es sich nur um solche aus eigenem Haushalt oder eigener Wirtschaft handeln durfte, um eine übermäßige Verunreinigung der Wasserläufe zu vermeiden. Auch die Nutzung von Wasserläufen erster Ordnung zum Verkehr, zur Schifffahrt und Flößerei mit unverbundenen Hölzern war nach § 26 PrWG Gemeingebrauch. Dies galt auch im Gegensatz zu den in § 25 PrWG aufgezählten Nutzungsarten für künstliche Wasserläufe. Die Regelung des § 26 entsprach hinsichtlich der natürlichen Wasserläufe, abgesehen von der Flößerei, welche nach ALR II 15 § 49 ein Vorbehalt des Staates war, der Vorschrift des ALR II 15 § 47, wonach Schifffahrt auf öffentlichen Flüssen jedem erlaubt gewesen war. Ausgeschlossen war der Gemeingebrauch an künstlichen Wasserläufen erster Ordnung, gemäß § 25 Abs. 3 Satz 2 PrWG an Talsperren sowie an Wasserläufen in Hofräumen, Gärten und Parkanlagen, soweit sie im Eigentum der Anlieger standen, § 25 Abs. 3 Satz 1 PrWG.

Durch die abschließende Aufzählung der zulässigen Gebrauchsarten sollte eine unbegrenzte Ausübung des Gemeingebrauchs verhindert werden. Dabei unterlagen diese zugelassenen Nutzungen noch weiteren Beschränkungen. Zum einen konnte die Wasserpolizei den Gemeingebrauch gemäß § 39 PrWG bis hin zu einem vollständigen Verbot einschränken, sowohl durch eine Verordnung gegenüber der Allgemeinheit als auch durch eine nur den Einzelnen treffende Verfügung.[902] Zum anderen musste der Gemeingebrauch mit der ansonsten bestehenden, zugelassenen Nutzung vereinbar sein und durfte berechtigten Eigentümerinteressen nicht widersprechen.[903] Seine ihm immanente Grenze fand der Gemeingebrauch im privatrechtlich geschützten Rechtskreis des anderen, dem das gleiche Recht auf Gemeingebrauch oder sonstige Nutzungsrechte am Gewässer zustanden.[904] Durch die Ausübung des Gemeingebrauchs durfte daher anderen ihre Ausübung nicht unverhältnismäßig erschwert oder gar unmöglich gemacht werden, § 37 PrWG.[905] Auch durfte der Gebrauch nicht zu

---

901 PrAH, Drucks. Nr. 9 B, S. 77, in: Sammlung der Drucksachen des Preußischen Hauses der Abgeordneten, 21. Legislaturperiode, V. Session 1912/1913, 1. Bd., S. 703; *Lenhard/Reichau,* Preussisches Wassergesetz, S. 102.

902 PrAH, Drucks. Nr. 9 B, S. 84, in: Sammlung der Drucksachen des Preußischen Hauses der Abgeordneten, 21. Legislaturperiode, V. Session 1912/1913, 1. Bd., S. 706.

903 PrAH, Drucks. Nr. 9 B, S. 16, in: Sammlung der Drucksachen des Preußischen Hauses der Abgeordneten, 21. Legislaturperiode, V. Session 1912/1913, 1. Bd., S. 672.

904 RGZ 16, 144, 146.

905 RGZ 16, 144, 146; PrAH, Drucks. Nr. 9 B, S. 17, in: Sammlung der Drucksachen des Preußischen Hauses der Abgeordneten, 21. Legislaturperiode, V. Session 1912/1913, 1. Bd., S. 673.

einem Eingriff in fremde Rechte, wie das Eigentum der an das Gewässer angrenzenden Grundstücke oder am Wasserlauf führen.[906] Insbesondere berechtigte der Gemeingebrauch nicht, fremde Grundstücke zu betreten, die an das Ufer des Gewässers grenzten, § 38 PrWG. Ein allgemeines Notwegerecht, um ans Wasser zu gelangen, war im PrWG nicht vorgesehen. Soweit nicht öffentliche Wege oder Grundstücke an den Wasserlauf grenzten, war das Grundstückseigentum oder ein dingliches bzw. persönliches Zugangsrecht zum Wasser über das Ufergrundstück für die Ausübung des Gemeingebrauchs erforderlich.[907]

Der Eigentümer bzw. der Nutzungsberechtigte war demgegenüber verpflichtet, den Gemeingebrauch zu dulden. Weitere Rücksichtnahmepflichten, deren Einhaltung die Wasserpolizeibehörde überwachte, ergaben sich aus § 36 Abs. 1 PrWG. Danach durfte der Eigentümer oder sonst Berechtigte den Gemeingebrauch nicht unnötig erschweren oder ohne erheblichen Grund unmöglich machen. Bei dieser Vorschrift handelte es sich um ein Schikaneverbot. Das hieß, solange der Eigentümer oder Nutzungsberechtigte bei der Ausübung seiner Nutzungsrechte von einem berechtigten Interesse geleitet war, brauchte er keine Rücksicht auf die Ausübung des Gemeingebrauchs nehmen, selbst wenn dieser durch die Gewässernutzung seitens des Eigentümers beeinträchtigt oder gar unmöglich gemacht wurde,[908] da der Gemeingebrauch gegenüber den übrigen Nutzungsrechten subsidiär war und im Kollisionsfall zurückzustehen hatte. Eine den Gemeingebrauch beeinträchtigende Wassernutzung durch den Eigentümer war auch nicht verleihungspflichtig, da sich ein derartiger Gebrauch im Rahmen der gesetzlichen Befugnis hielt und nur solche Rechte zur Nutzung der Verleihung unterlagen, die sich nicht aus dem Gesetz ergaben bzw. nicht den aufrechterhaltenen Nutzungsrechten angehörten[909].

Nach der Konzeption des PrWG war der Gemeingebrauch öffentlich-rechtlich ausgestaltet.[910] Das heißt, es handelte sich um ein der Allgemeinheit zustehendes öffentliches Recht und nicht um ein Privatrecht des einzelnen. Dies führte

---

906 PrAH, Drucks. Nr. 9 B, S. 17, in: Sammlung der Drucksachen des Preußischen Hauses der Abgeordneten, 21. Legislaturperiode, V. Session 1912/1913, 1. Bd., S. 673.

907 PrAH, Drucks. Nr. 9 B, S. 84, in: Sammlung der Drucksachen des Preußischen Hauses der Abgeordneten, 21. Legislaturperiode, V. Session 1912/1913, 1. Bd., S. 706.

908 *Lenhard/Reichau*, Preussisches Wassergesetz, S. 119 f.

909 PrAH, Drucks. Nr. 9 B, S. 20, in: Sammlung der Drucksachen des Preußischen Hauses der Abgeordneten, 21. Legislaturperiode, V. Session 1912/1913, 1. Bd., S. 674.

910 PrAH, Drucks. Nr. 9 B, S. 16, in: Sammlung der Drucksachen des Preußischen Hauses der Abgeordneten, 21. Legislaturperiode, V. Session 1912/1913, 1. Bd., S. 672; *Bergdolt*, Preußisches Wasserrecht, S. 144.

dazu, dass der einzelne keinen (privatrechtlichen) Anspruch auf Duldung des Gemeingebrauchs gegen den Eigentümer hatte.[911] Auch wenn der Eigentümer zur Duldung verpflichtet war, so korrespondierte mit dieser Duldungspflicht gerade kein Duldungsanspruch seitens des aufgrund des Gemeingebrauchs Berechtigten. Daran anknüpfend ließ sich aus dem Gemeingebrauch weder ein Widerspruchsrecht gegen eine beantragte Verleihung eines Nutzungsrechts nach §§ 46 ff. PrWG noch ein Entschädigungsanspruch für einen erlittenen, auf einer Verletzung des Gemeingebrauchs beruhenden Nachteil herleiten.[912] Vor Erteilung der Verleihung waren allerdings mögliche Beeinträchtigungen des Gemeinwohls in der durchzuführenden Abwägung aller Belange zu berücksichtigen. Sollte dabei die Rechtsverleihung zu einer derartigen Beeinträchtigung des Gemeingebrauchs führen, dass aufgrund der entstehenden Nachteile für die Allgemeinheit das öffentliche Wohl nicht mehr ausreichend geschützt war, dann hatte die Verleihungsbehörde nach § 49 Abs. 1 PrWG die beantragte Nutzung zu untersagen. § 57 PrWG sah als mildere Möglichkeit, den Gemeingebrauch aufrechtzuerhalten, vor, dem Unternehmer, der eine Verleihung beantragte, Herstellungs- und Unterhaltungslast für solche Einrichtungen aufzuerlegen, die verhinderten, dass der Gemeingebrauch erheblich erschwert oder gar unmöglich gemacht wurde. Der Schutz, der dem Gemeingebrauch zuteil wurde, war also lediglich ein polizeilicher.[913]

b) Gemeingebrauch an Wasserläufen zweiter und dritter Ordnung

Der Gemeingebrauch an Wasserläufen zweiter und dritter Ordnung entsprach im Wesentlichen dem an Wasserläufen erster Ordnung, so dass weitgehend auf das eben Ausgeführte[914] verwiesen werden kann. Unterschiede ergaben sich hinsichtlich der Form der zugelassenen Wassernutzung und des Ausschlusses des Gemeingebrauchs für bestimmte Örtlichkeiten. Zusätzlich zu den bei den Wasserläufen erster Ordnung angeführten Ausschlüssen, die auch für die Wasserläufe zweiter und dritter Ordnung galten, war an künstlichen teichartigen Erweiterungen von Wasserläufen zweiter und dritter Ordnung und Seen, die nur

---

911 PrAH, Drucks. Nr. 9 B, S. 16, in: Sammlung der Drucksachen des Preußischen Hauses der Abgeordneten, 21. Legislaturperiode, V. Session 1912/1913, 1. Bd., S. 672.

912 PrAH, Drucks. Nr. 9 B, S. 17, in: Sammlung der Drucksachen des Preußischen Hauses der Abgeordneten, 21. Legislaturperiode, V. Session 1912/1913, 1. Bd., S. 673; *Wulff/Herold*, Wassergesetz, S. 116.

913 *Lenhard/Reichau*, Preussisches Wassergesetz, S. 95.

914 Siehe oben S. 237 ff.

einen Abfluss von natürlichen Wasserläufen zweiter und dritter Ordnung hatten, der Gemeingebrauch nach § 25 Abs. 1, 2 PrWG ausgeschlossen. Hinsichtlich der Form der zugelassenen Wassernutzung galt, dass an Wasserläufen zweiter und dritter Ordnung, die Entnahme von Eis verboten war, § 25 Abs. 2 Satz 1. Eislaufen und Kahnfahren waren nur gestattet, soweit dies gemeinüblich gewesen war. Die Gemeinüblichkeit war zu bejahen, wenn mit Wissen des Eigentümers das Eislaufen bzw. Kahnfahren über längere Zeit ohne Widerspruch betrieben wurde in der Annahme, dass ein entsprechendes Recht der Allgemeinheit bestehe.[915] Auch war grundsätzlich die Nutzung dieser Wasserläufe zu Zwecken des öffentlichen Verkehrs, vor allem zur Schifffahrt und Flößerei verboten.[916] Ausnahmen ergaben sich aus den §§ 31, 35 PrWG. So war z.B. die Flößerei in bisherigem Umfang gestattet, soweit dies gemeinüblich gewesen war oder besonders, insbesondere nach § 8 PrivatflussG von 1843, zugelassen wurde, § 31 Abs. 1 Satz 1 PrWG. Auch konnte der Landwirtschaftsminister sie aufgrund öffentlicher Interessen oder eines überwiegenden wirtschaftlichen Bedürfnisses als Nutzungsform des Gemeingebrauchs an Wasserläufen zweiter und dritter Ordnung zulassen, § 31 Abs. 1 Satz 1 PrWG. Nach § 35 PrWG waren auch sonstige Nutzung dieser Wasserläufe für den öffentlichen Verkehr möglich. Dies setzte wiederum voraus, dass der öffentliche Verkehr, also vor allem die Schifffahrt, bisher gemeinüblich oder besonders zugelassen worden war.[917] Auch hier galt, dass eine behördliche Zulassung der Wasserläufe für den öffentlichen Verkehr möglich war.[918]

2. Der Eigentümergebrauch

Neben dem Gemeingebrauch kannte das PrWG den Eigentümergebrauch. Es handelte sich dabei um die Nutzung der Wasserläufe durch deren jeweilige Eigentümer. Neben der Frage, in wessen Eigentum die jeweiligen Wasserläufe standen, bestimmte das Gesetz den Umfang des Eigentümergebrauchs und welchen gesetzlichen Beschränkungen er unterlag.

a) Eigentumsfähigkeit von Wasserläufen

Das PrWG entschied sich für die Eigentumsfähigkeit von Wasserläufen und der privatrechtlichen Ausgestaltung des Eigentums. Damit versuchte es, den im

915 *Lenhard/Reichau,* Preussisches Wassergesetz, S. 96.

916 *Lenhard/Reichau,* Preussisches Wassergesetz, S. 97, 103, 113.

917 PrAH, Drucks. Nr. 9 B, S. 83, in: Sammlung der Drucksachen des Preußischen Hauses der Abgeordneten, 21. Legislaturperiode, V. Session 1912/1913, 1. Bd., S. 706.

918 *Lenhard/Reichau,* Preussisches Wassergesetz, S. 118.

19. Jahrhundert bestehenden und bis dato ungeklärten Streit darüber, ob Eigentum an Wasserläufen überhaupt möglich ist und ob es sich bei dem Eigentum, soweit man es anerkannte, um Eigentum im privatrechtlichen Sinne handelte, zu beenden. Da der Gesetzgeber ein System schaffen wollte, das sich hinsichtlich der Begrifflichkeiten dem BGB anschließen, an seinen Rechtsinstituten ausgestaltet und seine Normen anwendbar machen sollte,[919] wurde die Alternative, die Wasserläufe eigentumslos einzustufen und dem Staat an ihnen eine bevorrechtigte Stellung bzw. den Anliegern ein weitgehendes Nutzungsrecht einzuräumen, verworfen.

Das Eigentum blieb dabei nicht auf das Flussbett beschränkt, sondern umfasste auch das darin enthaltene Wasser, so dass im Ergebnis der Wasserlauf als Ganzes das Eigentum bildete. Der im 19. Jahrhundert schwelende Streit, auf welche Bestandteile des Wasserlaufs sich das Eigentum erstreckt, sollte dadurch entschieden werden. Trotz dieser eindeutigen gesetzgeberischen Entscheidung dauerte auch nach Inkrafttreten des PrWG in der Literatur der Streit über die Frage an, ob die fließende Welle vom Begriff des Wasserlaufs umfasst ist und daher im Eigentum des Einzelnen steht oder ob sie aufgrund ihrer Beschaffenheit nicht eigentumsfähig ist.[920] Das Reichsgericht hat sich in mehreren Urteilen der Auffassung angeschlossen, dass die fließende Welle nicht eigentumsfähig ist[921]. Um dennoch der gesetzgeberischen Entscheidung Rechnung zu tragen, dass der Wasserlauf eigentumsfähig ist, vertrat es die Ansicht, dass der vom Wasser durchflossene Raum über dem Flussbett vom Eigentumsbegriff erfasst sei und deshalb im Eigentum des Wasserlaufseigentümers stehe. Der Gesetzgeber war sich der mit der fließenden Welle einhergehenden Problematik durchaus bewusst und sah die Bedenken, die gegen ihre Eigentumsfähigkeit sprachen. Dies ist daran zu erkennen, dass er in der Entwurfsbegründung klarstellte, dass es an der fließenden Welle nicht dasselbe Eigentum geben könne wie an einem körperlichen Gegenstand.[922] Dementsprechend seien weder ein Diebstahl noch

---

919 PrAH, Drucks. Nr. 9 B, S. 12, in: Sammlung der Drucksachen des Preußischen Hauses der Abgeordneten, 21. Legislaturperiode, V. Session 1912/1913, 1. Bd., S. 670.

920 Gegen die Eigentumsfähigkeit sprachen sich *Wulff/Herold,* Wassergesetz, S. 15 f., *Lenhard/Reichau,* Preussisches Wassergesetz, S. 24 aus. *Holtz/Kreutz,* Das preußische Wassergesetz, Bd. 1, S. 46 f.; *Stelling,* JW 1925, 1085, hingegen sehen das Eigentum am Wasserlauf auch als „Recht an dem fließenden Wasser" an. Auch nach Güthe *Güthe,* JMBl., 1914, 492, 493 ist die fließende Welle als vom Eigentumsbegriff mit umfasst anzusehen.

921 RGZ 53, 98, 99;94, 33, 35;

922 PrAH, Drucks. Nr. 9 B, S. 14, in: Sammlung der Drucksachen des Preußischen Hauses der Abgeordneten, 21. Legislaturperiode, V. Session 1912/1913, 1. Bd., S. 671.

Herausgabeansprüche möglich. Eine Aufteilung der rechtlichen Einordnung von Bett und Wasser erschien dem Gesetzgeber aber nicht praktikabel. Dies lag vor allem daran, dass der wirtschaftlich relevante und für die Nutzung entscheidende Bestandteil des Flusses das Wasser und nicht das Bett war.[923] Auch wirkten sich Nutzungen, insbesondere jene, die zu einer Anhebung oder Absenkung des Wasserspiegels führten, in der Regel sowohl auf das Wasser als auch das Flussbett aus. Daher waren beide nach Ansicht des Gesetzgebers zusammen als ein „einheitlicher Rechtsgegenstand" anzusehen und zu behandeln,[924] so dass nach der Konzeption des PrWG ein Wasserlauf ein Grundstück war, auf welches die Vorschriften des BGB Anwendung fanden.[925] Hinsichtlich der fließenden Welle sollte das Eigentum seinen Ausdruck in der grundsätzlich ausschließlichen Verwendung des Wassers durch den Eigentümer im Rahmen der eigenen Interessen finden.[926] Auf diese Weise sollte durch eine eindeutige und einheitliche Zuordnung und Konstruktion Rechtssicherheit erreicht werden. Diejenigen, die das Eigentum an der fließenden Welle ablehnten, schlossen sich zumindest dahingehend dem Gesetzgeber an, dass dem Eigentümer des Wasserlaufs die Nutzungs- und Verfügungsbefugnis über das vorbeifließende Wasser zustehe.[927]

b) Eigentümerstellung

Die Wasserläufe erster Ordnung standen gemäß § 7 PrWG im Privateigentum des Staates. Dies bedeutete zunächst eine Fortführung der bis dahin bestehenden Situation. Auch wenn bis zum Inkrafttreten des PrWG umstritten gewesen war, ob Flüsse eigentumsfähig waren und was sich hinter dem im ALR verwendeten Begriff des öffentlichen Eigentums verbarg, so bestand doch dahingehende Einigkeit, dass dem Staat alle Nutzungsrechte an den öffentlichen Strömen zustanden und der Einzelne nur dann von den Flüssen Gebrauch machen durfte, wenn ihm ein besonderes Nutzungsrecht ausdrücklich zugestanden worden war.

923 PrAH, Drucks. Nr. 9 B, S. 13, in: Sammlung der Drucksachen des Preußischen Hauses der Abgeordneten, 21. Legislaturperiode, V. Session 1912/1913, 1. Bd., S. 671.

924 PrAH, Drucks. Nr. 611A (Bericht der 13. Kommission über den Entwurf eines Wassergesetzes, Drucksachen Nr. 9A und B), S. 17, in: Sammlung der Drucksachen des Preußischen Hauses der Abgeordneten, 21. Legislaturperiode (Anlagen zu den Stenografischen Berichten), V. Session 1912/1913, 7. Bd., S. 4363; *Holtz/Kreutz*, Das preußische Wassergesetz, Bd. 1, S. 46.

925 *Lenhard/Reichau*, Preussisches Wassergesetz, S. 23.

926 PrAH, Drucks. Nr. 9 B, S. 14, in: Sammlung der Drucksachen des Preußischen Hauses der Abgeordneten, 21. Legislaturperiode, V. Session 1912/1913,1. Bd., S. 671.

927 *Lenhard/Reichau*, Preussisches Wassergesetz, S. 24; *Wulff/Herold*, Wassergesetz, S. 16.

Mit Einführung des Privateigentums des Staates an den Wasserläufen wurde diese Konzeption beibehalten, so dass diesbezüglich „sachlich keine Verschiebung der Befugnisse“[928] erfolgte. Allerdings ist zu berücksichtigen, dass sich die staatlichen Befugnisse im Gegensatz zur Regelung beim ALR änderten, sobald der Staat selbst von dem ihm zustehenden Nutzungsrechten Gebrauch machen wollte. Während er im Geltungszeitraum des ALR seine Nutzungsrechte ohne Rücksicht auf andere Nutzungsberechtigte und damit auch zu deren Nachteil hatte ausüben können, unterlag er als Privateigentümer mit Einführung des PrWG bei der Ausübung seiner Gebrauchsrechte sowohl den Bestimmungen des BGB als auch den Beschränkungen der §§ 19–24, 41, 44 PrWG. Die im ALR vorgesehene Sonderstellung des Staates gegenüber anderen Nutzungsberechtigten, insbesondere an nicht öffentlichen Wasserläufen, wurde durch das PrWG somit nicht aufrechterhalten.

Die Wasserläufe zweiter und dritter Ordnung standen anteilig im Privateigentum der Anlieger, d.h. der Eigentümer der ans Ufer grenzenden Grundstücke, § 8 Abs. 1. Da die Anlieger einerseits der durch den Wasserlauf entstehenden Gefahr ausgesetzt, andererseits aber aufgrund der tatsächlichen Gegebenheiten (direkter Zugang zum Wasser) am besten in der Lage waren, die Vorteile des Wasserlaufs zu nutzen, entschied sich der Gesetzgeber, den bis dahin bestehenden Rechtszustand beizubehalten.[929] Auch wenn das Eigentum der Anlieger am Wasserlauf zuvor nicht gesetzlich normiert gewesen war, so wurde es vom ALR und den folgenden Gesetzen vorausgesetzt und entsprach auch der ständigen Rechtsprechung und herrschenden Ansicht in der Literatur.[930] Zudem hätte es große praktische und rechtliche Probleme mit sich gebracht die ehemaligen Privatflüsse zu einem gemeinen Gut zu machen. Für das bestehende Privateigentum an Wasserläufen, welches ins Grundbuch eingetragen war, wäre eine Ausnahme, dem Ziel durch eine eindeutige und einheitliche Zuordnung Rechtssicherheit zu schaffen, zuwidergelaufen.[931] Eine Beseitigung dieser wohlerworbenen Rechte wäre einer Enteignung gleichgekommen und nur gegen eine entsprechende Entschädigung möglich gewesen. Hätte Preußen alle Wasserläufe der zweiten und dritten Ordnung dem Privateigentum entziehen wollen, wäre

928 PrAH, Drucks. Nr. 9 B, S. 12, in: Sammlung der Drucksachen des Preußischen Hauses der Abgeordneten, 21. Legislaturperiode, V. Session 1912/1913,1. Bd., S. 670.

929 PrAH, Drucks. Nr. 9 B, S. 13, in: Sammlung der Drucksachen des Preußischen Hauses der Abgeordneten, 21. Legislaturperiode, V. Session 1912/1913,1. Bd., S. 671.

930 Zur Frage des Eigentums an Privatflüssen siehe oben S. 145 ff. und S. 117 ff.

931 PrAH, Drucks. Nr. 9 B, S. 12, in: Sammlung der Drucksachen des Preußischen Hauses der Abgeordneten, 21. Legislaturperiode, V. Session 1912/1913,1. Bd., S. 670.

die zu veranschlagende Entschädigungssumme für den Staat nicht zu bezahlen gewesen.[932] Das anteilige Eigentum des § 8 Abs. 1 PrWG war kein Miteigentum, für das die Vorschriften der Bruchteilsgemeinschaft nach §§ 741 ff. BGB anzuwenden waren. Eine solche setzte ebenso wie das Miteigentum voraus, dass mehreren Personen ein Recht, im Falle des Miteigentums das Eigentum, an einem Gegenstand gemeinschaftlich zustand.[933] Geteilt wurde die Rechtszuständigkeit über den Bruchteilsgemeinschaft unterliegenden Gegenstand, nicht der Gegenstand selbst.[934] Beim Anteilseigentum des PrWG wurde der Wasserlauf, also gerade der Gegenstand selbst geteilt. Die Anlieger hatten somit einen reellen Abschnitt des Gewässers und nicht bloß einen ideellen Anteil desselben als Eigentum.

c) Umfang des Eigentumsrechts

Bei dem an den Wasserläufen bestehenden Eigentum handelte es sich um Privateigentum in vollem Umfang. Dem Eigentümer stand damit grundsätzlich jede Art der Benutzung frei. Gemäß § 903 BGB konnte er mit dem Wasserlauf grundsätzlich nach Belieben verfahren und andere von jeder Einwirkung ausschließen, d.h. er konnte über ihn verfügen, den Besitz ausüben, ihn verändern, sich gegen Beeinträchtigungen wehren oder seine Nutzungen ziehen. Der Begriff Nutzungen war in § 100 BGB definiert. Er umfasste neben den Früchten der Sache auch die Vorteile, die ihr Gebrauch gewährte. Das PrWG selbst sprach zwar nur von Benutzungen bzw. dem Recht, die Wasserläufe zu benutzen, diese Begriffe entsprachen aber der Nutzung nach § 100 BGB.[935] Dies ergibt sich aus den Motiven zum Entwurf des PrWG, welche ausdrücklich die Entnahme von Sand, Kies oder Steinen aus dem Flussbett, also die „Früchte" des Wasserlaufs, benannten. Auch aus einem Umkehrschluss aus § 19 Abs. 3 PrWG ergibt sich, dass der Eigentümer grundsätzlich zur Entnahme von Pflanzen, Schlamm, Erde, und ähnlichen Stoffen aus dem Wasserlauf befugt war, es sei denn, dass die Wasserbehörde dies im öffentlichen Interesse, d.h. in jedem berechtigten Interesse der Allgemeinheit,[936] beschränkte. Inwieweit eine vollständige Untersagung möglich war, war nicht

932 PrAH, Drucks. Nr. 9 B, S. 12, in: Sammlung der Drucksachen des Preußischen Hauses der Abgeordneten, 21. Legislaturperiode, V. Session 1912/1913,1. Bd., S. 670.

933 Gehrlein in: *Bamberger/Roth (Hg.)*, Beck'scher Onlinekommentar BGB, § 741 Rn. 1.

934 Gehrlein in: *Bamberger/Roth (Hg.)*, Beck'scher Onlinekommentar BGB, § 741 Rn. 1.

935 *Holtz/Kreutz*, Das preußische Wassergesetz, Bd. 1, S. 225 f.

936 *Lenhard/Reichau*, Preussisches Wassergesetz, S. 77.

geklärt.[937] Die eigentliche Benutzung des Wasserlaufs für wasserwirtschaftliche Zwecke, die im Folgenden näher beleuchtet werden soll, war somit Ausfluss des Eigentums.

§ 40 Abs. 2 PrWG zählt beispielhaft diejenigen Wassernutzungsarten auf, die wasserwirtschaftlich besonders von Bedeutung waren. Dazu zählte das Recht des Gebrauchs und Verbrauchs des Wassers, das Einleiten von flüssigen Stoffen in den Wasserlauf und das Anheben bzw. Absenken des Wasserspiegels. Aus § 40 Abs. 2 PrWG ließ sich kein Recht auf den Zufluss einer bestimmten Wassermenge ableiten, da dieses Recht nicht zu den dort aufgeführten Nutzungsarten gehörte.[938] Weder der in § 40 Abs. 2 Nr. 1 PrWG vorgesehene Gebrauch und Verbrauch von Wasser noch die in Nr. 3 normierte Hebung und Senkung des Wasserspiegels beinhalteten ein Recht auf Wasserzufluss. Dieses Recht war die Befugnis, anderen zu untersagen, dem Berechtigten durch Nutzung das Wasser zu entziehen. Der Verbrauch bzw. Gebrauch war hingegen eine Einwirkung auf das vorhandene Wasser, also die Befugnis, das Wasser im eigenen Interesse zu entnehmen, während die Hebung bzw. Senkung des Wasserspiegels im Ergebnis die Gewährung eines Staurechts war, d.h. die Befugnis das zufließende Wasser bis zu einer bestimmten Höhe aufzustauen bzw. abzusenken.[939] Die normierten Nutzungsarten bezogen sich damit auf die im Wasserlauf vorhandene Wassermenge. Auch die Tatsache, dass sie erst ab einem gewissen Wasserstand oder einem regelmäßigen und gleichmäßigen Wasserzufluss ausgeübt werden konnten, führte nicht zu einem Recht auf eine bestimmte Zuflussmenge.[940] Wenn die notwendige Wassermenge vorhanden war, dann gestattete das PrWG die in § 40 Abs. 2 PrWG aufgezählten Nutzungsarten. Der Paragraph diente jedoch nicht durch ein Recht auf Zufluss dazu, die Voraussetzungen zu schaffen, damit die Nutzungen auch ausgeübt werden konnten. Das Recht auf Wasserzufluss, als Untersagungsrecht gegenüber Dritten, konnte dementsprechend zwar zusätzlich im Wege der Verleihung erworben werden. Es war aber nicht Bestandteil der im Rahmen des Eigentümergebrauchs gestatteten Nutzungen bzw. vorgesehenen Rechte. Es mochte z.B. für einen Triebwerksbesitzer demnach sinnvoll erschienen sein zusätzlich zum bestehenden Staurecht ein selbstständiges

---

937 Für die Möglichkeit der vollständigen Untersagung: *Holtz/Kreutz,* Das preußische Wassergesetz, Bd. 1, S. 135; *Wulff/Herold,* Wassergesetz, S. 42; dagegen: *Lenhard/Reichau,* Preussisches Wassergesetz, S. 77.

938 LWA, PrVBl. 36, 469, 470; *Wulff/Herold,* Wassergesetz, S. 75.

939 LWA, PrVBl. 36, 469, 470.

940 *Wulff/Herold,* Wassergesetz, S. 75

Untersagungsrecht gegen die Oberlieger zu erwerben, dass sie eine ihm das Wasser entziehende Benutzung zu unterlassen hatten.[941]

Einzelne Nutzungsrechte konnte der Eigentümer an Dritte abtreten.[942] Er konnte ihm aber hinsichtlich des Umfangs des Rechts nicht mehr übertragen, als ihm selbst zustand.[943] Der Erwerber war damit an die gleichen gesetzlichen Beschränkungen gebunden, denen auch der Eigentümer unterlag. Die Nutzungsrechte als Ganzes waren jedoch untrennbar mit dem Eigentum am Wasserlauf verbunden und konnten daher nur mit diesem übertragen werden.[944] Auch der Staat als Eigentümer konnte frei über die ihm gehörigen Wasserläufe verfügen, d.h. einzelne Nutzungsrechte daran abtreten, den Wasserlauf veräußern oder belasten.[945]

Bei den in § 40 Abs. 2 PrWG aufgezählten Nutzungsformen handelte es sich um solche, die sich auf die tatsächlichen Verhältnisse des Wasserlaufs sowohl über den territorialen Bereich des Eigentums als auch über den Machtbereich und die Rechtssphäre des einzelnen Eigentümers hinaus auswirkten. So hatten die aufgezählten Arten der Nutzung Einfluss auf die Menge des vorhandenen Wassers, auf seine Beschaffenheit und Reinheit sowie auf die angrenzenden Ufer und Grundstücke, also insgesamt darauf, inwieweit der Wasserlauf für andere Berechtigte noch verwertbar und verwendbar war. Um die Nutzbarkeit für die Allgemeinheit zu gewährleisten und die Benachteiligung bzw. Verhinderung von Nutzungen anderer Berechtigter zu vermeiden, unterlag das grundsätzlich vollumfänglich gewährte Privateigentum daher einigen Beschränkungen, die auch der Staat als Eigentümer zu beachten hatte. Neben den im BGB und in den §§ 19, 22, 23 PrWG normierten Einschränkungen, hatten die Eigentümer der Wasserläufe aller Ordnungen bei der Nutzungsausübung gemäß § 40 Abs. 1 PrWG auch die Beschränkungen der §§ 41 und 44 PrWG zu berücksichtigen. Für die Eigentümer von Wasserläufen zweiter und dritter Ordnung galten zusätzlich die Einschränkungen der §§ 42, 43 PrWG. Hielt sich der Eigentümer nicht an die gesetzlichen Beschränkungen und stand ihm auch kein nach den §§ 46 ff. PrWG verliehenes oder wohlerworbenes, nach §§ 379 ff. PrWG aufrechterhaltenes Recht zu, welches ihm einen über die Beschränkungen hinausgehenden Gebrauch gestattet, dann konnte die Wasserpolizeibehörde nach § 21 PrWG die

---

941 LWA, PrVBl. 36, 469, 470.

942 *Wulff/Herold,* Wassergesetz, S. 74.

943 *Wulff/Herold,* Wassergesetz, S. 89.

944 *Wulff/Herold,* Wassergesetz, S. 74.

945 *Lenhard/Reichau,* Preussisches Wassergesetz, S. 29.

Benutzung des Wasserlaufs beschränken oder untersagen. Eine Pflicht zum Einschreiten bestand, wie sich aus dem Wortlaut „ist befugt" ableiten lässt, grundsätzlich nicht. Bei einer Beeinträchtigung öffentlicher Interessen, wie z.B. Entzug von Trinkwasser, Gefahr der Überschwemmung durch Hemmung der Vorflut, und erheblicher Verletzung privater Interessen durch die unbefugte Nutzung, war allerdings eine Pflicht zum Einschreiten anzunehmen,[946] während bei geringfügigen Beeinträchtigung oder Schädigung dies wohl nicht der Fall war.

aa. Beschränkungen nach §§ 19, 22, 23 PrWG

Bei den §§ 19, 22, 23 PrWG handelte es sich um polizeirechtliche Vorschriften, die aus Gründen des öffentlichen Wohls von jedermann, d.h. auch vom Staat als Eigentümer der Wasserläufe erster Ordnung zu beachtende Schranken der Wassernutzung enthielten. Die Bestimmungen übernahmen dabei größtenteils die sich im bis dahin geltenden Recht befindlichen Beschränkungen und passten sie in die Systematik des PrWG ein.

So führte § 19 Abs. 1 Satz 1 PrWG die Regelung des § 4 PrivatflussG von 1843 sowie des § 8 HochwasserschutzG von 1905 fort, indem die Norm das Einbringen fester Stoffe, wie Sand, Steine, Erde, in den Wasserlauf untersagte, um auf diese Weise sowohl einer schädlichen Verunreinigung der Gewässer als auch der Behinderung des freien Wasserablaufs vorzubeugen. Von diesem Verbot konnte die Wasserpolizeibehörde Ausnahmen zulassen, § 19 Abs. 1 Satz 2 PrWG, wenn schädliche Folgen durch das Einbringen nicht zu erwarten waren.

Für die Errichtung oder wesentliche Veränderung einer Anlage in Wasserläufen war gemäß § 22 Abs. 1 PrWG grundsätzlich eine Genehmigung der Wasserpolizeibehörde erforderlich. Anlagen meinte dabei größere Bauwerke, wie Schleusen, Wasserleitungen, Wasch- und Badehäuser, aber auch Einrichtungen von wasserwirtschaftlich geringer Bedeutung, wie Treppen, Pfähle zur Schiffsbefestigung, Stege, etc.,[947] also all jene Wasserbauten, die bereits nach ALR I 8 § 97 und II 15 §§ 46, 62 der Einwilligung bzw. der besonderen Erlaubnis des Staates bedurft hatten. Für Wasserläufe dritter Ordnung ergab sich hinsichtlich § 22 PrWG die Besonderheit, dass die Errichtung oder wesentliche Änderung von Anlagen grundsätzlich nicht genehmigungspflichtig war. Zur Vermeidung von „unnötigen Belästigungen der Beteiligten"[948] vor dem Hintergrund, dass

946 *Holtz/Kreutz,* Das preußische Wassergesetz, Bd. 1, S. 141.

947 *Lenhard/Reichau,* Preussisches Wassergesetz, S. 81; *Holtz/Kreutz,* Das preußische Wassergesetz, Bd. 1, S. 144.

948 PrAH, Drucks. Nr. 9 B, S. 75, in: Sammlung der Drucksachen des Preußischen Hauses der Abgeordneten, 21. Legislaturperiode, V. Session 1912/1913,1. Bd., S. 702.

Wasserläufen der dritten Ordnung geringere wasserwirtschaftliche Bedeutung und damit ein geringeres Interesse der Allgemeinheit zukam, hatte der Gesetzgeber eine Genehmigungspflicht als zu weitgehend erachtet und davon abgesehen. Sollten ausnahmsweise auch bei einem solchen Wasserlauf durch Anlagen Nachteile, insbesondere die Hemmung der Vorflut auftreten, konnte für natürliche Wasserläufe dritter Ordnung im Wege der Polizeiverordnung eine Genehmigungspflicht bestimmt werden. Für künstliche Wasserläufe der dritten Ordnung war dies nicht möglich,[949] so dass Anlagen dort stets genehmigungsfrei waren.

Gemäß § 23 Abs. 1 PrWG unterlag das über den Gemeingebrauch hinausgehende Einleiten flüssiger Stoffe in den Wasserlauf, unabhängig davon, ob es schädlich war oder nicht, der Anzeigepflicht bei der Wasserpolizeibehörde, welche insbesondere bei drohender Verletzung von § 41 PrWG, die Einleitung zu untersagen hatte. Liegen keine Untersagungsgründe vor, hatte sie dem Anzeigenden mitzuteilen, dass keine Bedenken gegen die Einleitung bestanden, § 23 Abs. 1 Satz 2. Alle drei Handlungsweisen, Einbringen fester Stoffe, Errichtung von Anlage und Einleiten von Flüssigkeiten, die mit der Wassernutzung in direkten Zusammenhang standen, erforderten jeweils eine Art polizeibehördlicher „Gestattung“. Bei der Zulassung nach § 19 Abs. 1 Satz 2 PrWG und der Genehmigung nach § 22 Abs. 1 PrWG handelte es sich um polizeiliche Verfügungen, die im Ermessen der Wasserpolizeibehörde stehen.[950] Sie waren jeder Zeit einschränkbar bis hin zum vollständigen Widerruf. Die Mitteilung nach § 23 Abs. 1 Satz PrWG war im Gegensatz zur Untersagung der Einleitung keine polizeiliche Verfügung, sondern ein bloßer Hinweis. Da sie gegenüber der Verfügung somit ein Weniger darstellte, war die Behörde erst Recht nicht an sie gebunden. Die Wasserpolizeibehörde konnte folglich jederzeit gegen die Einleitung von Flüssigkeiten einschreiten, wenn dies aufgrund von polizeirechtswidrigen Zuständen oder drohender Schädigung anderer erforderlich war,[951] ohne die vorherige Mitteilung beschränken oder aufheben zu müssen.

Weder auf die Mitteilung noch auf die polizeilichen Verfügungen bestand ein Anspruch des Antragstellers. Auch war ihnen gemeinsam, dass sie kein Privatrecht auf die beantragte Art der Wasserlaufnutzung gewährten; sie setzten vielmehr das Bestehen eines Wassernutzungsrechts voraus. Ein solches kam dem Berechtigten aufgrund seiner Rechtsposition als Eigentümer zu, d.h. er hatte bereits ein Privatrecht, welches ihm den Gebrauch des Wassers und des

949 *Holtz/Kreutz,* Das preußische Wassergesetz, Bd. 1, S. 145.
950 *Holtz/Kreutz,* Das preußische Wassergesetz, Bd. 1, S. 127.
951 *Holtz/Kreutz,* Das preußische Wassergesetz, Bd. 1, S. 154.

Gewässers oder des Gewässerabschnitts insgesamt ermöglichte, so z.B. ein Recht auf Einleiten oder Ableiten von Wasser in einen bzw. aus einem Flusslauf. Die bestehende Anzeigenpflicht für die Einleitung (§ 23 Abs. 1 PrWG) bzw. Genehmigungspflicht für die Anlage von Ableitungsgräben (§ 22 Abs. 1 PrWG) bezweckte eine Überprüfung auf polizeirechtlicher Ebene, um insbesondere Wasserverunreinigungen oder Abflusshemmnissen vorzubeugen. Folgerichtig sahen daher § 22 Abs. 1 Satz 2 PrWG und § 23 Abs. 4 PrWG Ausnahmen vom Anzeigen- und Genehmigungserfordernis vor, wenn eine polizeiliche Überprüfung bereits erfolgt war. Dies war der Fall, wenn die angezeigten bzw. beantragten Maßnahmen durch Verleihung als Recht oder im Rahmen eines gewerberechtlichen Konzessionsverfahrens erworben worden waren, da sowohl im Verleihungs- als auch im Konzessionsverfahren bereits die Berücksichtigung der polizeirechtlichen Gesichtspunkte erfolgte[952]. Auch soweit sie auf einem vor Inkrafttreten des PrWG erworbenen und nach den §§ 379 ff. PrWG aufrechterhaltenen Recht beruhten, waren Anzeige und Genehmigung nicht erforderlich.

Für die Zulassung nach § 19 Abs. 1 Satz 2 PrWG galten diese Ausnahmen nicht, da es sich bei der Zulassung um eine Exzeption zu einem absoluten Verbot[953] (Verbot der Einbringung fester Gegenstände) handelte. Im Wege der Verleihung konnte kein Privatrecht auf Befreiung von einem solchen Verbot erworben werden, weil ein Privatrecht nur Wirkung gegenüber anderen Nutzungsberechtigten nicht jedoch gegenüber der Allgemeinheit, zu deren Schutz das Verbotsgesetz erlassen wurde, entfaltet hätte[954] und damit das Verbotsgesetz privatrechtlich nicht abdingbar war. Da § 19 Abs. 1 PrWG dem § 4 PrivatflussG von 1843 entsprach, konnte dementsprechend auch kein wohlerworbenes, aufrechterhaltenes Recht bestehen, welchem das Verbot entgegenstand. Auch wurde eine gewerbepolizeiliche Genehmigung nicht unter Verstoß gegen ein absolutes Verbot erteilt.

---

952 *Lenhard/Reichau,* Preussisches Wassergesetz, S. 86.

953 Wie das Obertribunal (ObTr. 70, 351, 354) in seiner Entscheidung zu der Vorgängervorschrift § 4 PrivatflussG von 1843 feststellte, welche ausweislich der Motive vom Gesetzesentwurf (PrAH, Drucks. Nr. 9 B, S. 72, in: Sammlung der Drucksachen des Preußischen Hauses der Abgeordneten, 21. Legislaturperiode, V. Session 1912/1913,1. Bd., S. 700) in § 19 Abs. 1 PrWG ihren Fortgang findet.

954 ObTr. 70, 351, 354.

bb. Beschränkungen nach §§ 41 und 44 PrWG

Die in den §§ 41 und 44 PrWG normierten Beschränkungen waren dem bis dahin geltenden Recht entlehnt, zogen für die Nutzung der Wasserläufe durch den Eigentümer aber engere Grenzen, als dies zuvor der Fall gewesen war. Aufgrund der gesteigerten Ausnutzung der Wasserläufe Ende des 19. Jahrhunderts, insbesondere für industrielle Zwecke, waren engere Schranken erforderlich geworden, um die eintretende Schädigung der Allgemeinheit durch Verschmutzung der Wasserläufe, Wassermangel und Senkung des Wasserspiegels zu unterbinden. Gleichzeitig erkannte man die Notwendigkeit, der Wassernutzung des einzelnen im Interesse der anderen nutzungsberechtigten Eigentümer Grenzen zu setzen.

§ 41 PrWG führte dementsprechend diejenigen schädlichen Wirkungen der Wassernutzungen auf, die der Eigentümer bei Nutzung des Gewässers im Interesse der Allgemeinheit bzw. der anderen Berechtigten nicht verursachen durfte.[955] Geringfügige Nachteile (§ 42 Abs. 2 PrWG) oder solche, die infolge des Gewässergebrauchs entstanden, aber im PrWG nicht enthalten waren, brauchte er hingegen nicht zu vermeiden. Eine Überschreitung dieser gesetzlich festgelegten Nutzungsgrenzen führte dazu, dass Betroffene Unterlassungsansprüche hinsichtlich zukünftiger Zuwiderhandlungen und ggf. Schadensersatzansprüche gegen den Eigentümer geltend machen konnten. Da die Vorschrift privatrechtlicher Natur war, richteten sich die geltend zu machenden Ansprüche nach den Bestimmungen des BGB, also z.B. § 1004 BGB oder § 823 Abs. 1 BGB bzw. § 823 Abs. 2 BGB i.V.m. § 41 PrWG. Dabei war jedoch zu beachten, dass der Betroffene diese Überschreitung der Nutzungsgrenzen vor Gericht beweisen musste. Der ansonsten bei § 1004 BGB ausreichende Nachweis einer Einwirkung genügte hier nicht.[956]

§ 41 Abs. 1 Nr. 1 PrWG verbot die Veränderung der Vorflut und die Verunreinigung des Wassers zum Nachteil anderer. Die erste Alternative entsprach damit der Regelung des ALR I 8 § 99,[957] die allerdings nur für Privatflüsse gegolten hatte, wonach zum Nachteil der anderen Uferanlieger durch Hemmung des Ablaufs an Wasserläufen nichts hätte verändert gedurft werden. Ebenso wie bei ALR I 8 § 99 erfasste § 41 Abs. Nr. 1 PrWG nicht den Fall, dass aufgrund von Wasserableitungen, sei es mittels einer Stauanlage oder Abzugsgräben, dem Unterlieger das zum Betrieb eines Triebwerks erforderliche Wasser entzogen wurde.

955 *Holtz/Kreutz,* Das preußische Wassergesetz, Bd. 1, S. 231.
956 *Holtz/Kreutz,* Das preußische Wassergesetz, Bd. 1, S. 233.
957 Näheres zu dieser Vorschrift siehe oben S. 131 ff.

§ 41 Abs. 1 Nr. 2 PrWG sah eine Untersagung der Veränderung des Wasserstandes vor, soweit dadurch die Rechtsausübung Dritter beeinträchtigt oder fremde Grundstücke beschädigt wurden. Ein Anheben des Wasserspiegels konnte durch ein Stauwerk, das Einleiten von Wasser in den Flusslauf oder die Erhöhung der Sohle verursacht werden. Das Absenken erfolgte ebenfalls durch ein Stauwerk sowie durch Wasserableitung aus dem Flusslauf, Vertiefung der Sohle oder Verbreiterung des Flusses.[958] Die Vorschrift griff § 13 Abs. 1 Nr. 1 PrivatflussG von 1843 auf, ging aber in zweierlei Hinsicht über dessen Regelungsgehalt hinaus. Zum einen wurde nicht nur eine Überschwemmung oder Versumpfung fremder Grundstücke, d.h. ein Anheben des Wasserspiegels, sondern jede Veränderung des Wasserstandes, die sich auf fremde Grundstücke nachteilig auswirkte, verboten. Zum anderen hatte § 13 Abs. 1 Nr. 1 PrivatflussG von 1843 nur die Verhinderung einer Grundstücksbeschädigung im Blick nicht aber – wie § 41 Abs. 1 Nr. 2 PrWG – die durch die Veränderung des Wasserspiegels verursachte Beeinträchtigung der Ausübung des Nutzungsrechts. Diese Erweiterungen bedeuteten in der Folge, dass dem Berechtigten bei der Gewässernutzung ein stärkeres Maß an Rücksichtnahme abverlangt wurde, als das in den Gesetzen des 19. Jahrhunderts der Fall gewesen war.

Eine Ausnahme zu § 41 Abs. 1 Nr. 2 PrWG sah das Gesetz in § 41 Abs. 3 PrWG vor. Die Veränderung des Wasserstandes und die dadurch verursachte nachteilige Einwirkung auf den Grundwasserstand waren danach im Falle der gewöhnlichen Bodenentwässerung zulässig. Auf diese Weise sollte das Recht des Grundstückseigentümers auf Be- und Entwässerung gewährleistet bleiben und verhindert werden, dass die Förderung der Bodenkultur unnötig erschwert wurde. Dies wäre z.B. der Fall gewesen, wenn für die Einleitung überflüssigen Wassers in den Wasserlauf eine Verleihung des Rechts erforderlich gewesen wäre. Nach den Motiven zum Gesetzesentwurf lag eine gewöhnliche Bodenentwässerung vor, wenn zum Zwecke der landwirtschaftlichen Nutzung oder Bebauung das auf dem Grundstück befindliche überschüssige Wasser mit üblichen Mitteln, wie Drainagen oder offenen Gräben, abgeleitet wurde.[959] Dementsprechend durfte das aus dem Untergrund zum Zwecke der Entwässerung zutage geförderte Wasser auch dann in den Flusslauf geleitet werden,[960] wenn dadurch ein Anstieg des Wasserspiegels verursacht wurde. Dabei war jedoch

958 *Holtz/Kreutz,* Das preußische Wassergesetz, Bd. 1, S. 236.

959 PrAH, Drucks. Nr. 9 B, S. 87, in: Sammlung der Drucksachen des Preußischen Hauses der Abgeordneten, 21. Legislaturperiode, V. Session 1912/1913,1. Bd., S. 708.

960 *Holtz/Kreutz,* Das preußische Wassergesetz, Bd. 1, S. 246.

zu berücksichtigten, dass die Entwässerung weder eine Überschwemmung auf anderen Grundstücken verursachen, noch die Rechtsausübung anderer beeinträchtigen durfte. Auch durfte z.B. der Wasserstand des Flusses nicht soweit gesenkt werden, dass anderen die Entnahme von Wasser unmöglich gemacht wurde.[961]

Da die Unterhaltung der Wasserläufe und ihrer Ufer für eine geordnete Wasserwirtschaft unabdingbar war, untersagte es § 41 Abs. 1 Nr. 3 PrWG, sie zu erschweren. Eine solche Erschwerung konnte z.B. durch das Einleiten von Abwässern in den Wasserlauf oder die Errichtung von Stauanlagen im Fluss verursacht werden.[962]

Eine Modifikation des Eigentümergebrauchs sah § 44 PrWG für den Fall der gemeinschaftlichen Nutzung des Wasserlaufs durch mehrere Eigentümer vor. Diese sich an § 13 Abs. 2 PrivatflussG von 1843 anlehnende Vorschrift legte fest, dass im Falle der Ausübung des Nutzungsrechts im Wege der Gemeinschaft die Grundstücke der beteiligten Eigentümer als ein Grundstück anzusehen waren, was die Zulässigkeit der Rechtsausübung betraf. Anders als § 13 Abs. 2 PrivatflussG von 1843 forderte § 44 PrWG zwar nicht eine besondere Anlage zur Benutzung, dies führte jedoch nicht zu einer veränderten oder gar erweiterten Befugnis, da die für eine gemeinschaftliche Nutzung in Betracht kommenden Gebrauchsarten, wie das z.B. das Ableiten oder Aufstauen von Wasser, in der Regel eine Anlage (Gräben oder Leitungen, Stauwerke) voraussetzten.[963] Auch setzte § 44 PrWG abweichend von § 13 Abs. 2 PrivatflussG von 1843 nicht voraus, dass die Eigentümer Anlieger des Flusses waren, so dass die Vorschrift auch bei Wasserläufen anwendbar war, die nicht im Eigentum der Uferanlieger standen.[964] Die Norm ermöglichte damit ein genossenschaftliches Zusammenarbeiten der Ufereigentümer. Die Behandlung der Grundstücke als ein einziges hatte zur Folge, dass z.B. abgeleitetes Wasser erst an der Grenze des am tiefsten liegenden Grundstücks des Wasserlaufs wieder in den Wasserlauf geleitet werden konnte oder dass beim Aufstauen des Wassers dieses bis zur Grenze des höchstliegenden gestaut werden durfte. Daher war § 44 PrWG insbesondere für die in § 43 PrWG vorgesehenen Beschränkungen von Bedeutung, weil er diese im Falle eines Zusammenschlusses mehrerer Grundstücke abmilderte.

---

961 *Holtz/Kreutz,* Das preußische Wassergesetz, Bd. 1, S. 249.

962 *Holtz/Kreutz,* Das preußische Wassergesetz, Bd. 1, S. 247.

963 *Holtz/Kreutz,* Das preußische Wassergesetz, Bd. 1, S. 258.

964 PrAH, Drucks. Nr. 9 B, S. 90, in: Sammlung der Drucksachen des Preußischen Hauses der Abgeordneten, 21. Legislaturperiode, V. Session 1912/1913,1. Bd., S. 709.

cc. Beschränkung nach §§ 42 und 43 PrWG

Die Beschränkungen der §§ 42, 43 PrWG galten nur für Eigentümer von Wasserläufen zweiter und dritter Ordnung. § 42 Satz 1 PrWG schützte diejenigen Mühlen und Triebwerke, die bei Verkündung des PrivatflussG von 1843, d.h. vor dem 04.03.1843, bereits rechtmäßig bestanden hatten, vor dem Entzug des zum Betrieb im damaligen Umfang notwendigen Wassers. Ebenso wie beim PrivatflussG von 1843 war für die Beurteilung des Betriebes in seinem damaligen Umfang die vom Betrieb aufgrund seiner Einrichtung zu erreichende Leistungsfähigkeit heranzuziehen. Diese war auch dann maßgeblich, wenn der Triebwerksbesitzer seine Anlage effektiver gestaltet hatte und daher mit weniger Wasser auskam, weil ihm sonst die Vorteile entzogen würden, die er sich durch den Umbau und die Investitionen geschaffen hatte.[965] Das Gesetz erhielt mit § 42 Satz 1 PrWG den durch die §§ 16 Abs. 1 Nr. b, 17 PrivatflussG von 1843 geschaffenen Rechtszustand aufrecht.[966] Die Kritik, der diese beiden Vorschriften im Laufe des 19. Jahrhunderts ausgesetzt gewesen waren, blieb unbeachtet und führte nicht zu einer veränderten Regelung im PrWG. Der durch § 42 Satz 1 PrWG gewährte Schutz wurde aber nur jenen Mühlen und Triebwerken zuteil, die sich im ehemaligen Geltungsgebiet des PrivatflussG von 1843 sowie in jenen Gebieten befanden, in denen es nachträglich in Kraft gesetzt wurde. Nicht erfasst waren folglich die Anlagen in den Provinzen Schleswig-Holstein, Hannover und Hessen-Nassau. Die Rechtmäßigkeit der Mühle oder des Triebwerks war bei Vorliegen der polizeilichen Genehmigung nach ALR II 15 §§ 235, 236 oder §§ 5, 6 Edikt vom 28.10.1810 zu bejahen, da ohne eine derartige Genehmigung die Errichtung der Anlage untersagt war. Insbesondere bei oberhalb des Triebwerks erfolgenden Ableitungen des Flusswassers zu Bewässerungs- oder anderen Zwecken und bei Aufstauen des Wasserlaufs durch den Oberlieger war die Vorschrift des § 42 PrWG zu beachten, weil vor allem diese Tätigkeiten dazu geeignet waren, dem Triebwerk das Wasser zu entziehen. Dabei genügte in Anlehnung an die Rechtsprechung des Reichsgerichts auch der temporäre Wasserentzug von einer gewissen Erheblichkeit.[967] § 42 PrWG gewährte also als Sondervorschrift für die von ihr erfassten Mühlen und Triebwerke Schutz gegen Wasserentziehung durch den Oberlieger.

Für diejenigen Anlieger nach § 8 PrWG, die aus Wasserläufen zweiter und dritter Ordnung Wasser ableiteten, normierte § 43 Abs. 1 Satz 1 PrWG die

---

965 RG Gruchot 31, 418, 420.

966 *Holtz/Kreutz*, Das preußische Wassergesetz, Bd. 1, S 251.

967 RG Gruchot 31, 418, 421.

Pflicht, das abgeleitete Wasser, bevor es das fremde, ans Ufer grenzende Grundstück berührte, wieder zurückzuleiten. Die Vorschrift entsprach damit dem im PrivatflussG von 1843 enthaltenen § 13 Abs. 1 Nr. 2. Anders als dieser stellte § 43 PrWG jedoch klar, auf welche Grundstücksgrenzen es ankam. Die bisherige Rechtsprechung und Rechtspraxis, dass dabei die Grundstücksgrenzen auf der Seite des Flusses, auf der die Ableitung erfolgte, maßgeblich waren, fand durch die Formulierung „bevor er auf der Seite, wo die Ableitung stattfindet" Eingang in das Gesetz. Entsprechend der bis dahin bestehenden Auffassung in der Literatur, übernahm das Gesetz die Regelung, dass der Anlieger das abgeleitete Wasser nicht vollständig wieder zurückleiten müsse, sondern auch komplett verbrauchen dürfe, solange dadurch nicht einer der in § 41 PrWG benannten Nachteile entstehe. Aufgrund der Beschränkungen des § 41 PrWG, die der Eigentümer zu beachten hatte, war es nicht notwendig, die durch die Literatur vorgenommene Einschränkung des Verbrauchs auf die Ufergrundstücke aufrechtzuerhalten, sondern die Zulässigkeit des Verbrauchs konnte für die dahinterliegenden, mit dem Ufergrundstück eine wirtschaftliche Einheit bildende Grundstücke erweitert werden.[968] § 43 Abs. 1 Satz 2 teilte wie bereits § 14 PrivatflussG von 1843 PrWG den am Wasserlauf gegenüberliegenden Eigentümern jeweils die Hälfte des vorüberfließenden Wassers für die Wasserentnahme zu. Im Unterschied zur späteren Vorschrift sah § 14 PrivatflussG von 1843 generell eine hälftige Teilung vor. Eine Übernahme der Norm in dieser Allgemeinheit lehnte der Gesetzgeber jedoch ab, da sich eine hälftige Teilung bei anderen Nutzungen, wie z.B. des Aufstauens des Wassers oder Veränderung des Wasserspiegels für ihn als nicht praktikabel erwies.[969] Der Eigentümer unterlag also im Fall der Wasserableitung der Beschränkung, dass er nicht alles Wasser aus dem Wasserlauf ableiten, sondern nur die ihm zustehende Menge entnehmen durfte. Die bereits in § 41 Abs. 1 Nr. 2 PrWG enthaltene Beschränkung wurde in § 43 Abs. 2 PrWG noch einmal aufgegriffen, wonach der Rückstau über die Grundstücksgrenzen hinaus untersagt war. Eine Ausnahme von dieser Beschränkung bestand dann, wenn das Recht auf Rückstau durch Ersitzung erworben wurde, was im Geltungsbereich des ALR und des PrivatflussG von 1843 möglich gewesen war, da es sich bei § 13 Nr. 1 PrivatflussG von 1843 nicht um ein absolutes Verbot gehandelt hatte.[970]

968 *Holtz/Kreutz,* Das preußische Wassergesetz, Bd. 1, S. 255.

969 PrAH, Drucks. Nr. 9 B, S. 89, in: Sammlung der Drucksachen des Preußischen Hauses der Abgeordneten, 21. Legislaturperiode, V. Session 1912/1913, 1. Bd., S. 709.

970 RGZ 4, 282, 284 f.; RGZ 23, 147, 153; *Holtz/Kreutz,* Das preußische Wassergesetz, Bd. 1, S. 258. Einzelheiten zur Ersitzung von Rückstaurechten vgl. oben S. 149.

Allerdings brauchte der Betroffene bei dieser Vorschrift den Nachweis des Schadens nicht zu führen,[971] weshalb die Norm ins Gesetz aufgenommen wurde.

Insgesamt diente die Vorschrift des § 43 PrWG dazu, den einzelnen Eigentümer des Wasserlaufs in seiner Nutzungsausübung jeweils vor den Nutzungen der anderen anliegenden Eigentümer zu schützen bzw. den einzelnen zum Schutz der anderen in seiner Ausübung zu beschränken. So war Abs. 1 Satz 1 eine Schutzvorschrift zugunsten des Unterliegers, Abs. 1 Satz 2 zugunsten des gegenüberliegenden Eigentümers und Abs. 2 zugunsten des Oberliegers. Schutzbedürftigkeit und Schutzpflicht ergaben sich dabei aus der Tatsache, dass die Eigentümer Anlieger am selben Wasserlauf waren und deshalb die jeweiligen Nutzungen sich notwendigerweise stark aufeinander auswirken konnten. Der gewährte Schutz war folglich ein Anliegerrecht,[972] während der zu gewährende Schutz eine Anliegerpflicht darstellte.

3. Nutzung von Wasserläufen durch Dritte

An Wasserläufen stand Dritten, d.h. Personen, die nicht Eigentümer des Wasserlaufs waren, außer dem Gemeingebrauch kein Recht zur Wassernutzung zu. Ihnen wurde also kein privates Nutzungsrecht vom PrWG gewährt. Der Dritte konnte jedoch vom Eigentümer ein Nutzungsrecht erwerben. Diese Nutzung des Wassers durch Dritte hatte bei Wasserläufen erster Ordnung eine weitaus größere Bedeutung, als dies bei Wasserläufen der anderen beiden Ordnungen der Fall war. Dies lag daran, dass erstere im Eigentum des Staates standen und dieser seine Nutzungsrechte häufiger als Privatpersonen auf Dritte übertrug, weil es ihm nicht möglich war, alle selbst zu bewirtschaften. Bereits das ALR hatte die Möglichkeit der Übertragung von Nutzungsrechten an öffentlichen Gewässern im Wege des Privilegs oder der Belehnung vorgesehen. Da das PrWG keine eigenen Bestimmungen dazu enthielt, wie Nutzungsrechte vom Eigentümer auf einen Dritten übertragen werden sollten, und das Gesetz vom Gesetzgeber so angelegt worden war, dass bei gewollt oder auch ungewollt, fehlenden Regelungen auf das BGB zurückzugreifen war, richtete sich die Übertragung von Nutzungsrechten nach dem bürgerlichen Recht. Dazu konnte der Staat oder der private Eigentümer dem Dritten eine Dienstbarkeit entweder in Form des Nießbrauches nach § 1030 BGB, der Grunddienstbarkeit nach §§ 1018 ff. BGB oder einer beschränkten persönlichen Dienstbarkeit nach §§ 1090 ff. BGB einräumen und so seinen

971 PrAH, Drucks. Nr. 9 B, S. 88, in: Sammlung der Drucksachen des Preußischen Hauses der Abgeordneten, 21. Legislaturperiode, V. Session 1912/1913, 1. Bd., S. 708.

972 *Holtz/Kreutz,* Das preußische Wassergesetz, Bd. 1, S. 254.

Wasserlauf dinglich belasten. Zu beachten war, dass der Eigentümer nur das ihm selbst zustehende Nutzungsrecht mit den vorhandenen gesetzlichen Beschränkungen übertragen konnte. Das heißt, er konnte nicht mehr hergeben, als ihm selbst zustand. Soweit also ein Dritter das Nutzungsrecht übertragen bekommen hatte, musste er bei dessen Ausübung die oben dargestellten Beschränkungen der §§ 19, 22, 23, 41 bis 44 PrWG beachten.

Neben dieser Möglichkeit des Erwerbs des Nutzungsrechts auf privatrechtlichem Wege konnte der Dritte nach den §§ 46 ff. PrWG die Verleihung desselben beantragen. Die Option der Verleihung stand ihm auch offen, wenn er das Wasser über das ihm übertragene Nutzungsrecht hinaus verwenden und z.B. eine der in § 41 PrWG vorgesehenen Beschränkungen aufgehoben wissen mochte. Der Dritte bekam z.B. vom Staat als Nießbrauch das Recht eingeräumt, Wasser aus dem Wasserlauf zum Zwecke der Bewässerung seiner Felder abzuleiten. Dann unterlag dieses Recht der Beschränkung des § 41 Abs. 1 Nr. 2 PrWG, dass durch die Wasserableitung der Wasserspiegel nicht gesenkt werden durfte. Mochte der Berechtigte nun die Bewässerung derart umfassend betreiben, dass damit die Absenkung des Wasserstandes einherging, konnte er die Verleihung des Rechts zur Absenkung im Falle der Ableitung des Wassers zu Bewässerungszwecken nach den §§ 46 ff. PrWG beantragen.

4. „Sondernutzung" von Wasserläufen durch die Verleihung von Nutzungsrechten

Jeder hatte die Möglichkeit, die Verleihung eines Wassernutzungsrechts zu beantragen, welches ihm außerhalb der gesetzlichen Beschränkungen den Gebrauch des Wasserlaufs ermöglichte. Der Nichteigentümer konnte im Wege der Verleihung die über den Gemeingebrauch hinausgehende Wassernutzung erlangen, der Eigentümer eine über den Eigentümergebrauch hinausgehende, die nicht den Beschränkungen der §§ 41 ff. PrWG unterlag. Trotz der Anerkenntnis des Privateigentums an Wasserläufen und den daraus resultierenden Nutzungsrechten des Eigentümers sollte dadurch keine endgültige Verteilung der vorhandenen Wassermenge erreicht werden.[973] Bereits zu Beginn des 19. Jahrhunderts hatte man die Erfahrung gemacht, dass die besondere Förderung einer bestimmten Wassernutzungsart, im konkreten Fall die Nutzung der Wasserkraft für den Betrieb von Mühlen, zur Hemmung bis hin zur weitgehenden Unterdrückung anderer, u.U. neuer Gebrauchsarten führen konnte. Um flexibel auf neue

973 PrAH, Drucks. Nr. 9 B, S. 20, in: Sammlung der Drucksachen des Preußischen Hauses der Abgeordneten, 21. Legislaturperiode, V. Session 1912/1913, 1. Bd., S. 674.

wasserwirtschaftliche Entwicklungen, reagieren zu können, wurde im PrWG das Instrument der Verleihung geschaffen und so verhindert, dass durch Anerkennung des Privateigentums eine endgültige Festlegung der Nutzungsberechtigten und der Wasserverteilung erfolgte. Dadurch konnten sowohl technische Neuerungen zur effektiveren Ausübung bekannter Nutzungsarten, neue Arten des Wassergebrauchs als auch veränderte Bedürfnisse und die damit einhergehende Verschiebung der Bedeutung einzelner Gebrauchsarten berücksichtigt werden.

a) *Verleihbare Rechte*

Verliehen werden konnten, die in § 46 Abs. 1 PrWG aufgezählten Rechte. Darunter fielen jene Rechte, die in § 40 Abs. 2 PrWG aufgelistet waren (Nr. 1), sowie das Anlegen von Häfen, Stichkanälen (Nr. 2), Anlegestellen (Nr. 3) und kommunale oder gemeinnützige Badeanstalten (Nr. 4). Neben den Rechten nach § 40 Abs. 2 PrWG, bei denen das Wasser selbst genutzt wurde, wie z.B. der Gebrauch und Verbrauch des Wassers, die Ab- oder Einleitung von Wasser, war auch eine Verleihung solcher Rechte möglich, die der Errichtung von baulichen Anlagen dienten, wodurch zwar der Flusslauf unmittelbar benutzt, auf das Wasser aber nur mittelbar eingewirkt wurde. Alle anderen, nicht in § 46 Abs. 1 PrWG aufgezählten Rechte, insbesondere jene, denen wasserwirtschaftlich eine untergeordnete Bedeutung zu kam, waren nicht verleihungsfähig. Der Gesetzgeber sah keine diesbzgl. Notwendigkeit, da ihre Ausübung auch nicht an privatrechtliche Schranken gebunden sei.[974] Nicht verleihbar waren zudem die Rechte, die dem Erwerber bereits aus anderen gesetzlichen Vorschriften zustanden, § 46 Abs. 2 PrWG. So konnte z.B. einem Eigentümer eines Wasserlaufs nicht das Recht verliehen werden, Wasser aus dem Fluss abzuleiten, weil ihm dieses bereits kraft seines Eigentums zustand. War mit der Ableitung des Wassers allerdings eine für andere Berechtigte nachteilige Veränderung des Wasserstandes nach § 41 Abs. 1 Nr. 2 PrWG verbunden, so konnte der Eigentümer mittels Verleihung ein entsprechendes Recht, welches die Beschränkung nach § 41 Abs. 1 Nr. 2 PrWG aufhob, erwerben. Von § 46 Abs. 2 PrWG wurde der Fall nicht erfasst, dass ein Dritter bereits vom Eigentümer im Wege des rechtsgeschäftlichen Erwerbs das Recht erworben hatte, da nur im Wege der Verleihung eine gesicherte Rechtsstellung gegenüber allen, auch gegenüber Behörden, erreicht wurde.[975] Vom Gemeingebrauch erfasste Rechte waren nach § 46 Abs. 2 PrWG ebenfalls nicht

974 PrAH, Drucks. Nr. 9 B, S. 21, in: Sammlung der Drucksachen des Preußischen Hauses der Abgeordneten, 21. Legislaturperiode, V. Session 1912/1913, 1. Bd., S. 675.

975 *Wulff/Herold*, Wassergesetz, S. 89, 92.

verleihungsfähig, da es sich hierbei um der Allgemeinheit zustehende, öffentliche Rechte handelte, die sich nicht in private umwandeln ließen[976]. Zu beachten war außerdem, dass Nutzungsrechte, mit denen ein Verstoß gegen die absoluten Verbote des PrWG, z.B. gegen §§ 19 Abs. 1, 20 PrWG verursacht wurde, nicht verliehen werden konnten.[977] Angesichts der Tatsache, dass bereits die Entwurfsbegründung eine entsprechende Ausführung enthielt, war die in den Berichten des Abgeordnetenhauses enthaltene Aussage des Berichterstatters, dass „Zweck der Verleihung sei […], den Erwerber von den Beschränkungen der §§ 20 bis 24 […] zu befreien“[978], als ein Versehen zu werten. Sollte jemand die Verleihung eines Rechts begehren, das in der Aufzählung des § 46 Abs. 1 PrWG nicht enthalten und von § 46 Abs. 2 erfasst oder wegen eines Verstoßes gegen ein absolutes Verbot nicht verleihbar war, wurde sein Antrag ohne das Verleihungsverfahren durchzuführen, nach § 65 Abs. 2 PrWG als unzulässig zurückgewiesen.

b) Das Verleihungsverfahren im Überblick

Derjenige, der ein Recht im Wege der Verleihung erwerben wollte, musste nach § 65 Abs. 1 PrWG einen Antrag darauf mit einem bestimmten Plan für ein Unternehmen (§ 48 PrWG) mit den erforderlichen Zeichnungen und Erklärungen, deren genauer Inhalt sich abhängig vom Gegenstand des Unternehmens aus Nr. 2–5 AusfAnw[979] ergab, bei der zuständigen Behörde[980] einreichen. War der Antrag offensichtlich unzulässig, weil er z.B. unvollständig war und innerhalb der gesetzten Frist nicht vervollständigt wurde oder den Anforderungen des § 65 Abs. 1 PrWG dadurch nicht entsprach,[981] dass keine Unterlagen beigefügt waren, war er zurückzuweisen. Andernfalls wurden in einem anschließenden

---

976 *Lenhard/Reichau,* Preussisches Wassergesetz, S. 157.

977 PrAH, Drucks. Nr. 9 B, S. 73, in: Sammlung der Drucksachen des Preußischen Hauses der Abgeordneten, 21. Legislaturperiode, V. Session 1912/1913, 1. Bd., S. 701; *Lenhard/Reichau,* Preussisches Wassergesetz, S. 157; *Wulff/Herold,* Wassergesetz, S. 86.

978 PrAH, Drucks. Nr. 611A (Bericht der 13. Kommission über den Entwurf eines Wassergesetzes, Drucksachen Nr. 9A und B), S. 74, in: Sammlung der Drucksachen des Preußischen Hauses der Abgeordneten, 21. Legislaturperiode (Anlagen zu den Stenografischen Berichten), V. Session 1912/1913, 7. Bd., S. 4392. Die erwähnten §§ 20 bis 24 des Entwurfs entsprechen den §§ 19 bis 23 PrWG.

979 Abgedruckt in: *Holtz/Kreutz,* Das preußische Wassergesetz, Bd. 2, S. 531–563, 534.

980 Zuständige Behörde ist der Bezirksausschuss als Verleihungsbehörde, § 64 Abs. 1 PrWG.

981 *Lenhard/Reichau,* Preussisches Wassergesetz, S. 201; *Holtz/Kreutz,* Das preußische Wassergesetz, Bd. 1, S. 362.

Vorverfahren, das gesetzlich nicht geregelt, aber nach Nr. 9 und 10 AusfAnw vorgesehen war, Gutachten von technischen Beamten zur Vorprüfung des Antrags mit den eingereichten Unterlagen eingeholt.

Gemäß § 65 Abs. 3 PrWG war die beabsichtigte Benutzung des Wasserlaufs öffentlich bekannt zu machen. Diese Bekanntmachung, deren Inhalt sich aus den §§ 66, 67 PrWG und Nr. 12 AusfAnw ergab, bildete die Grundlage des Verleihungsverfahrens. Mit Ablauf des letzten Ausgabetages für die die Bekanntmachung enthaltenden Blätter begann die Frist zu laufen, innerhalb derer Dritte Widersprüche gegen die Nutzung des Wasserlaufs einreichen konnten. Die Länge der Frist bewegte sich – abhängig von Umfang und Komplexität des jeweiligen Unternehmens – zwischen zwei und sechs Wochen. Jegliches Versäumen der Frist, ob verschuldet oder unverschuldet, hatte zur Folge, dass der Dritte aufgrund der ihm zustehenden Rechte keinen Widerspruch mehr gegen die Verleihung erheben konnte. Dieser Ausschluss war endgültig und galt für alle Arten von Rechten, also für titulierte Rechte ebenso, wie für solche, die auf Gesetz beruhten[982]. Eine Wiedereinsetzung in den vorigen Stand bei nicht verschuldeter Fristversäumung kannte das PrWG nicht. Die Wasserpolizeibehörde war an diese Frist nicht gebunden; sie konnte nach § 49 Abs. 4 PrWG jederzeit Widersprüche erheben. Rechtsschutz gegen die Verleihung war gemäß § 76 PrWG nur im Wege der Beschwerde zum Landeswasseramt, also durch die Exekutive und damit nicht durch die Verwaltungsgerichtsbarkeit zu erreichen. Auf die Folgen der Fristversäumung war in der Bekanntmachung hinzuweisen, § 67 Abs. 1 PrWG. Zur Fristwahrung genügte es, den Widerspruch anzumelden, eine Begründung war erst mit Bestreiten der Rechte durch den Antragsteller erforderlich.

Für die Geltendmachung von Ansprüchen auf Entschädigung oder schadensverhindernde Einrichtungen galt die Präklusionsfrist nicht, so dass diese bis zur erstinstanzlichen Entscheidung jederzeit erhoben werden konnten.[983] Danach war dies nur noch in den engen Grenzen des § 82 PrWG möglich. Waren die nachteiligen Wirkungen bereits vor Ablauf der für die Widersprüche geltenden Präklusionsfrist voraussehbar und wurden sie nicht geltend gemacht und auch kein Widerspruch erhoben, war eine nachträgliche Geltendmachung nur möglich, wenn der Betroffene aufgrund höherer Gewalt an der Fristeinhaltung gehindert war. Handelte es sich dagegen um Ansprüche hinsichtlich nachteiliger

---

982 PrAH, Drucks. Nr. 9 B, S. 105 f., in: Sammlung der Drucksachen des Preußischen Hauses der Abgeordneten, 21. Legislaturperiode, V. Session 1912/1913, 1. Bd., S. 717.

983 *Holtz/Kreutz,* Das preußische Wassergesetz, Bd. 1, S. 369.

Wirkungen, die erst durch die Ausübung des Rechts erkennbar wurden, so konnten sie nachträglich noch geltend gemacht werden.[984] Die unterschiedlichen Möglichkeiten der Anspruchsgeltendmachung vor und nach dem Abschluss des Verleihungsverfahrens hatten ihren Grund darin, dass dem Unternehmer in einem gewissen Umfang Rechtssicherheit gewährt werden und er sich nicht unbegrenzt Ansprüchen ausgesetzt sehen sollte. Sie rechtfertigte sich durch die zu den verschiedenen Zeitpunkten bestehenden Verlustrisiken für den Unternehmer. Während er im laufenden Verleihungsverfahrens bei drohender Unrentabilität aufgrund der eingereichten Ansprüche den Antrag ohne große Verluste zurücknehmen konnte, hatte er bei nachträglichen Ansprüchen bereits wesentliche Investitionen getätigt, deren Rücknahme einen erheblichen finanziellen Verlust bedeutet hätte.[985]

Das Versäumen der Präklusionsfrist wirkte sich zudem auch auf die Verleihungsanträge Dritter aus, in denen die Verleihung eines Rechts, welches mit dem des ersten Antragstellers kollidieren konnte, begehrt wurde. Anträge, durch die das vom Antragsteller begehrte Recht beeinträchtigt wurde, konnten nur innerhalb der Frist des § 66 Abs. 1 PrWG geltend gemacht werden (§ 67 Abs. 2 PrWG), um zu verhindern, dass das laufende Verfahren durch kollidierende Anträge, die nach § 61 Abs. 1 PrWG zu berücksichtigen waren, erheblich verzögert oder sogar unterlaufen wurde. Ob von § 67 Abs. 2 PrWG auch jene Anträge auf Rechte erfasst waren, die nur bei Ablehnung des zuerst beantragten Rechts ausgeübt werden konnten bzw. die durch das zuerst beantragte Recht beeinträchtigt wurden, war umstritten. Während *Holtz/Kreuz* unter Hinweis auf den eindeutigen Wortlaut solche Rechte nicht erfasst wissen wollten und die Norm deswegen als missglückt ansahen,[986] vertraten *Lenhard/Reichau* die Auffassung, dass Sinn und Zweck der Vorschrift nur unter Einbeziehung derartiger Anträge erreicht werden könne.[987]

Die erhobenen Widersprüche, Ansprüche und eingereichten Anträge auf Verleihung wurden mit den Beteiligten, d.h. dem Unternehmer, den Antragstellern, den Widersprechenden und denjenigen, die Ansprüche erhoben hatten, erörtert, § 70 PrWG, um eine gütliche Einigung herbeizuführen bzw. bei Misslingen, den Parteien Gelegenheit zur Stellungnahme zu geben. Streitigkeiten über das Bestehen eines titulierten Anspruchs waren an die Zivilgerichte

984 *Holtz/Kreutz,* Das preußische Wassergesetz, Bd. 1, S. 370.
985 *Holtz/Kreutz,* Das preußische Wassergesetz, Bd. 1, S. 370.
986 *Holtz/Kreutz,* Das preußische Wassergesetz, Bd. 1, S. 371 f.
987 *Lenhard/Reichau,* Preussisches Wassergesetz, S. 205.

zu verweisen. Dabei entschieden die Gerichte nur, ob der Anspruch überhaupt bestand, und nicht, ob er der Verleihung entgegenstand.[988] Letzteres war Aufgabe der Verleihungsbehörde. Das bedeutete aber, dass die Verleihungsbehörde das Verfahren nach § 70 Abs. 2 Satz 2 PrWG bis zur gerichtlichen Entscheidung aussetzen musste, wenn der Anspruch glaubhaft gemacht wurde und im Fall seines Bestehens dieser als einziger Versagungsgrund gegen die Verleihung in Betracht kam.

Die gesetzlichen Voraussetzungen für die Verleihung wurden von der Verleihungsbehörde ebenso von Amts wegen geprüft wie die Vereinbarkeit der beabsichtigten Wassernutzung mit polizeilichen Vorschriften, § 69 Abs. 1 PrWG. Neben den Normen des PrWG, insbesondere den §§ 46, 48–50, 61, 62, 65 Abs. 1, fanden auch allgemeine Polizeivorschriften, wie bau-, feuer-, wasser-, sicherheits-, berg-, verkehrs- und gesundheitspolizeiliche Bestimmungen Eingang in die im Verleihungsverfahren vorgenommene Prüfung. Die jeweiligen Fachbehörden waren diesbezüglich zu hören, § 69 Abs. 2 PrWG, da sie in der Regel größere Fachkenntnisse in ihrem Bereich besaßen als die Verleihungsbehörde selbst. Diese Prüfung ersetzte jedoch nicht die Einholung weiterer Genehmigungen. So war z.B. die gewerberechtliche Genehmigung nach den §§ 16 ff. GewO neben der Verleihung einzuholen.

Das Verleihungsverfahren endete mit Erteilung des Beschlusses über den Verleihungsantrag. Er war nach § 71 PrWG dem Antragsteller, den Behörden, die in Wahrnehmung öffentlicher Interessen Widerspruch erhoben hatten sowie den übrigen Beteiligten zuzustellen. Versagt werden durfte die Verleihung gemäß § 47 Abs. 1 PrWG nur aufgrund der gesetzlich vorgesehenen Gründe, wie z.B. § 49 Abs. 1 Satz 1 PrWG entgegenstehende Gründe des öffentlichen Wohls, § 49 Abs. 2 PrWG Widerspruch des Eigentümers gegen die Rechtsausübung bei künstlichen Wasserläufen, Talsperren mit Sammelbecken und Seen, aus denen natürliche Wasserläufe zweiter und dritter Ordnung abflossen. Zu versagen war die Verleihung zum Schutz privater Dritter auch dann, wenn die sie treffenden nachteiligen Wirkungen nicht durch entsprechende Einrichtungen verhindert werden konnten und der Betroffene der Verleihung widersprach, § 50 Abs. 2 Satz 1 PrWG. Da der Gesetzgeber mit dem PrWG jedoch eine größtmögliche, wirtschaftliche Ausnutzung der vorhandenen Wasserressourcen erreichen wollte, sah das Gesetz in § 50 Abs. 2 Satz 2 PrWG Ausnahmen von diesem Versagungsgrund vor. Sollte der Nutzen des Unternehmens den drohenden Schaden erheblich überwiegen und das Unternehmen andernfalls gar nicht oder nur

988 *Wulff/Herold*, Wassergesetz, S. 136.

mit einem erheblichen Kostenaufwand durchgeführt werden können, so war der Widerspruch zurückzuweisen. Gleiches galt für den Fall, dass dem betroffenen Dritten zwar ein auf einem besonderen Titel beruhendes Recht zustand, jedoch Gründe des öffentlichen Wohls vorhanden waren. Deren Bestehen ermöglichte es nach der Konzeption des PrWG, ein wohlerworbenes Recht zugunsten der Verleihung von Nutzungsrechten zurücktreten zu lassen. Angesichts dieser umfangreichen Ausnahmetatbestände kam dem Versagungsgrund nach § 50 Abs. 2 Satz 1 PrWG nur geringe Bedeutung zu, so dass letztlich private Widersprüche die Rechtsverleihung für Unternehmen, die auch Gemeinwohlinteressen dienten, kaum hindern konnten.

Lag kein gesetzlicher Versagungsgrund vor, so hatte die Verleihungsbehörde die Verleihung zu erteilen. Dabei handelte es sich ausweislich der Motive zum Entwurf um eine Amtspflicht der Verleihungsbehörde.[989] Aus heutiger Sicht wäre aus § 47 Abs. 1 PrWG ein Anspruch des Unternehmers auf Verleihung abzuleiten.[990] Im Falle der Erteilung des beantragten Nutzungsrechts konnte dieses auf Dauer oder zeitlich befristet verliehen werden, § 47 Abs. 2 PrWG. Die Entscheidung darüber stand im Ermessen der Verleihungsbehörde, da sie, abhängig von der Art des Unternehmens, dem Wasserbedarf, dem Einfluss des Unternehmens auf die Wasserverhältnisse etc., eine Entscheidung im Einzelfall treffen sollte.[991] Im Falle einer zeitlichen Befristung hatte die Behörde aber zu berücksichtigen, dass durch die Verleihung der Berechtigte eine gesicherte Rechtsposition für sein Unternehmen erhalten sollte. Dies bedeutete, dass auch eine gewisse Betriebsdauer sichergestellt sein musste, da ansonsten die Errichtung eines mit hohen Investitionen verbundenen Unternehmens sich wirtschaftlich nicht sinnvoll und rentabel hätte erweisen können.[992]

Ebenso war es möglich, die Rechtsausübung an die Erfüllung einer Bedingung[993] zu knüpfen, soweit diese gesetzlich vorgesehen war. Das PrWG eröffnete die Möglichkeit, eine Bedingung aufzuerlegen z.B. in § 56 Abs. 1 Satz 1 PrWG

989 PrAH, Drucks. Nr. 9 B, S. 91 f., in: Sammlung der Drucksachen des Preußischen Hauses der Abgeordneten, 21. Legislaturperiode, V. Session 1912/1913, 1. Bd., S. 710.

990 *Lenhard/Reichau* (Preussisches Wassergesetz, S. 160) leiten aus § 47 Abs. 1 PrWG einen Anspruch des Unternehmers ab. *Holz/Kreutz* (Das preußische Wassergesetz, Bd. 1, S. 278) verneinen dies.

991 *Wulff/Herold*, Wassergesetz, S. 95; LWA, PrVBl. 39, 479.

992 LWA, PrVBl. 39, 479; 41, 80 f.

993 Dies ist keine Bedingung iSv §§ 158 ff. BGB, da es sich nicht um einen künftigen Umstand, sondern um Auflage handelt, die der Berechtigte zu erfüllen hat, vgl. *Wulff/Herold*, Wassergesetz, S. 87.

zur Übernahme der Unterhaltungspflicht für den Wasserlauf, in § 49 Abs. 1 PrWG zur Wahrung der Rücksichten des öffentlichen Wohls, oder in § 58 Abs. 1 zur Herstellung von Einrichtungen, die das Landschaftsbild nicht „gröblich verunstalten". Nach § 47 Abs. 3 PrWG war auch die Erteilung eines Vorbehalts zur Reinigung der Abwässer möglich, wenn durch die Rechtsausübung eine Gewässerverunreinigung zu erwarten war.

Gegen einen ablehnenden Beschluss oder einen Beschluss, in dem die Verleihung nicht antragsgemäß erteilt wurde, z.B. aufgrund einer Bedingung, eines Vorbehalts oder einer zeitlichen Befristung, konnte der Unternehmer binnen zwei Wochen Beschwerde beim Landeswasseramt einreichen, § 76 Abs. 1 PrWG. Die übrigen Parteien, d.h. diejenigen Personen oder Behörden, die Ansprüche oder Widersprüche erhoben hatten, waren nur im Falle der Erteilung der Verleihung beschwerdebefugt, § 76 Abs. 1 PrWG. Das Geltendmachen von Entschädigungsansprüchen gab kein Beschwerderecht, da diese nach § 76 Abs. 2 PrWG binnen drei Monaten auf dem ordentlichen Rechtsweg zu verfolgen waren. Das Beschwerdeverfahren richtete sich nach der Verordnung über das Landeswasseramt[994].

Unmittelbar nach Eintritt der Rechtskraft des Verleihungsbeschlusses war dem Unternehmer eine Verleihungsurkunde über das verliehene Recht und das dazugehörige Unternehmen auszufertigen, § 79 PrWG, um sowohl dem Unternehmer als auch den übrigen Parteien im Streitfalle über Inhalt und Umfang des verliehenen Rechts Klarheit und Sicherheit zu verschaffen.[995]

Der Beginn der Ausübung des verliehenen Rechts richtete sich nach § 77 PrWG. Waren im Verleihungsverfahren keine Einwendungen geltend gemacht oder Widersprüche erhoben worden, durfte der Berechtigte mit Rechtskraft des Verleihungsbeschlusses mit der Rechtsausübung beginnen.[996] Andernfalls war gemäß § 77 Abs. 1 PrWG neben der Rechtskraft des Beschlusses zusätzlich erforderlich, dass die dem Rechtsweg vorbehaltenen Entschädigungsansprüche endgültig erledigt waren und die Zahlung oder Hinterlegung der nach §§ 51–53 PrWG zu leistenden Entschädigung erfolgt war. Die Erledigung der Entschädigungsansprüche konnte entweder durch Ablauf der im § 76 Abs. 2 PrWG vorgesehenen Frist, durch einseitige Verzichtserklärung oder durch rechtskräftiges Urteil erreicht werden. Der Berechtigte hatte aber die Möglichkeit gegen

994 Verordnung, betreffend das Landeswasseramt, vom 18. März 1914, GS 1914, S. 55–63.
995 PrAH, Drucks. Nr. 9 B, S. 114, in: Sammlung der Drucksachen des Preußischen Hauses der Abgeordneten, 21. Legislaturperiode, V. Session 1912/1913, 1. Bd., S. 721.
996 *Lenhard/Reichau*, Preussisches Wassergesetz, S. 224.

Zahlung einer Sicherheitsleistung[997] eine vorläufige Freigabe der Nutzungsausübung ab Erlass des Verleihungsbeschlusses zu beantragen.

c) Umfang des verliehenen Rechts

Inhalt und Umfang des verliehenen Rechts richteten sich nach den Feststellungen des Verleihungsbeschlusses. Dieser gab im Einzelfall an, wie weit die Rechtsausübung den Berechtigten reichte. Grundlage für diesen Verleihungsbeschluss bildete der Antrag des Unternehmers zu Beginn des Verleihungsverfahrens. An diesen Antrag war die Behörde gebunden, d.h. sie durfte dem Antragsteller nicht mehr oder etwas anders zusprechen, als dieser beantragt hatte.[998] Ein Zurückbleiben hinter dem Antrag war hingegen möglich.

Allgemeingültige Aussagen über den Umfang des verliehenen Rechts lassen sich daher nicht treffen, da sie vom konkreten Antrag im Einzelfall abhängig waren. Es galt jedoch grundsätzlich, dass sich die Verleihung auf die Benutzung des Wasserlaufs als Ganzes und nicht nur auf das darin enthaltene Wasser erstreckte,[999] da viele Nutzungsarten sowohl die Nutzung des Wassers als auch die des Bettes voraussetzten. Daher konnte auch das Flussbett insoweit verwendet werden, wie dies zur Rechtsausübung notwendig war. Bestand z.B. ein Recht zur Anhebung des Wasserspiegels, dann durfte zu diesem Zweck im Flussbett ein Stauwerk errichtet werden.[1000] Dabei war jedoch darauf zu achten, dass das Wasser nicht über die Uferlinie hinaus aufgestaut wurde und dadurch angrenzende, in fremdem Eigentum stehende Grundstücke überschwemmt wurden. Ein solches Recht zur Überschwemmung beinhaltete das Recht zur Hebung des Wasserstandes nicht, da nur Rechte zur Benutzung des Wasserlaufs nicht aber ein Recht auf Eingriff in fremde Ufergrundstücke verliehen werden konnten.[1001] Dafür musste sich der Stauungsberechtigte entweder auf privatem Wege mit dem Eigentümer des betroffenen Grundstücks gütlich einigen oder ein Enteignungsverfahren nach den Bestimmungen des Gesetzes über die Enteignung von Grundeigentum vom 11. Juni 1874[1002] durchführen.

---

997 Der Staat ist von der Zahlung einer solchen nach § 77 Abs. 3 PrWG befreit.
998 *Bergdolt,* Preußisches Wasserrecht, S. 226.
999 *Holtz/Kreutz,* Das preußische Wassergesetz, Bd. 1, S. 269.
1000 *Holtz/Kreutz,* Das preußische Wassergesetz, Bd. 1, S. 270.
1001 *Holtz/Kreutz,* Das preußische Wassergesetz, Bd. 1, S. 268.
1002 GS 1874, S. 221.

d) *Übertragbarkeit des verliehenen Rechts*

Das verliehene Recht war gemäß § 81 Abs. 1 Satz 2 PrWG mit dem bestimmten Unternehmen, für das es verliehen wurde, untrennbar verbunden. Dies hatte zur Folge, dass der Berechtigte das Recht nicht vom Unternehmen trennen konnte, um es zugunsten eines anderen Unternehmens selbst auszuüben.[1003] So war es z.B. nicht möglich, das für eine Trinkwasserleitung erteilte Wasserentnahmerecht von dem Unternehmen „Trinkwasserleitung" zu entkoppeln und zugunsten eines Unternehmens zur Bewässerung von Feldern einzusetzen. Nach *Holtz/Kreuz* und *Lenhard/Reichenau* war auch eine isolierte Übertragung des Rechts als Ganzes ebenso wie die Übertragung der Rechtsausübung an Dritte nicht möglich.[1004] Beides könne nur zusammen mit dem Unternehmen erfolgen. Andere sahen zumindest die isolierte Übertragung der Rechtsausübung an Dritte als zulässig an.[1005]

Ungeachtet der Frage, inwieweit die bloße Rechtsausübung isoliert übertragbar war, teilte nach einhelliger Auffassung das verliehene Recht das Schicksal des Unternehmens im Fall der Unternehmensübertragung, wie sich aus § 81 Abs. 1 Satz 2, letzter HS PrWG ergibt. Ging das Unternehmen z.B. im Wege des Erbgangs oder der Veräußerung auf einen Rechtsnachfolger über, so folgte das verliehene Recht ipso iure nach, ohne dass es eines gesonderten Übertragungsaktes bedurfte. Das verliehene Recht war folglich akzessorisch zum Unternehmen. Dies hinderte die Übertragung des Rechts nicht, bevor das Unternehmen ausgeführt, d.h. die notwendigen Anlagen errichtet oder der Betrieb aufgenommen war.[1006] Der Erwerber war dann jedoch an die Durchführung des im Verleihungsbeschluss benannten Unternehmens gebunden.

1003 *Holtz/Kreutz,* Das preußische Wassergesetz, Bd. 1, S. 432.

1004 *Holtz/Kreutz,* Das preußische Wassergesetz, Bd. 1, S. 432; *Lenhard/Reichau,* Preussisches Wassergesetz, S. 232.

1005 So *Bergdolt,* Preußisches Wasserrecht, S. 262 ohne Begründung, *Wüsthoff,* Handbuch des deutschen Wasserrechts, Bd. 1., § 81 Anm. 2b, S. 462. In der von *Bergdolt* zitierten Entscheidung des OVG vom 7.3.1923 (OVG ZAgR 15, 46, 48f.) wird letztlich offen gelassen, ob eine isolierte Übertragung der Rechtsausübung möglich ist. Davon abgesehen wurde das streitgegenständliche Staurecht nicht im Wege der Verleihung erworben, so dass die Entscheidung des OVGs nicht zur Unterstützung der Ansicht von *Bergdolt* herangezogen werden kann.

1006 *Holtz/Kreutz,* Das preußische Wassergesetz, Bd. 1, S. 433, *Lenhard/Reichau,* Preussisches Wassergesetz, S. 232

e) *Wirkung der Verleihung*

Durch den öffentlich-rechtlichen Akt der Verleihung erwarb der Berechtigte ein Privatrecht,[1007] dem gewisse öffentlich-rechtliche Wirkungen zukamen. *Hatscheck* und *Mayer* sahen das mit der Verleihung erworbene Recht an einem öffentlichen Wasserlauf als subjektives öffentliches Recht an.[1008] Diese Auffassung verkennt jedoch, dass der Gesetzgeber ausweislich der Entwurfsbegründung das verliehene Recht als Privatrecht verstanden wissen wollte.[1009] Zudem entspricht dies der der Gesamtkonzeption des PrWG zugrundeliegenden Ausrichtung am BGB. Da jedoch mit der Verleihung auch Auflagen und Bedingungen verbunden sein konnten, wurde ein Verwaltungsrechtsverhältnis zwischen dem Staat und dem Verleihungsinhaber begründet.[1010] Dies wurde insbesondere an der Tatsache, dass Streitigkeiten über den Umfang des verliehenen Rechts dem Verwaltungsstreitverfahren zugewiesen waren,[1011] deutlich. Damit ist der sich im Laufe der Zeit herausbildenden h.M.[1012] zuzustimmen, dass es sich sowohl um ein öffentliches Recht als auch um ein Privatrecht oder wie *Wüsthoff* es nennt „um ein Privatrecht mit zugleich öffentlich-rechtlicher Wirkung"[1013] handelte. Uneinigkeit bestand zudem darüber, ob es sich um ein dingliches Recht im Sinne des BGB handelte, welches auf dem Wasserlauf lastete, oder ob es ein auf dem Landesrecht beruhendes, besonderes dingliches Recht war. *Holtz/Kreuz*[1014] und *Bergdolt*[1015] gingen davon aus, dass es sich nicht um ein dingliches Recht im Sinne des BGB handelte. Sie begründeten es damit, dass das verliehene Recht ausdrücklich

---

1007 PrAH, Drucks. Nr. 9 B, S. 115, in: Sammlung der Drucksachen des Preußischen Hauses der Abgeordneten, 21. Legislaturperiode, V. Session 1912/1913, 1. Bd., S. 722; *Hundertmark,* Die Rechtsstellung der Sondernutzungsberechtigten, Bd. 63, S. 45; *Holtz/Kreutz,* Das preußische Wassergesetz, Bd. 1, S. 431.

1008 *Mayer,* Deutsches Verwaltungsrecht, Bd. 2, S. 96 ff., S. 102 Fn. 17; *Hatschek/Kurtzig,* Lehrbuch des deutschen und preußischen Verwaltungsrechts, S. 492.

1009 PrAH, Drucks. Nr. 9 B, S. 115, in: Sammlung der Drucksachen des Preußischen Hauses der Abgeordneten, 21. Legislaturperiode, V. Session 1912/1913, 1. Bd., S. 722.

1010 *Hundertmark,* Die Rechtsstellung der Sondernutzungsberechtigten, Bd. 63, S. 46.

1011 *Holtz/Kreutz,* Das preußische Wassergesetz, Bd. 1, S. 432.

1012 *Schül,* Die Verleihung besonderer Rechte, S. 34; *Hundertmark,* Die Rechtsstellung der Sondernutzungsberechtigten, Bd. 63, S. 46; *Gieseke,* ZfW, 1962, 46, S. 51; *Wüsthoff/Grimme/Kolb,* Einführung in das deutsche Wasserrecht, S. 67, so wohl auch *Seiler,* Die Gewässerbenutzungen und ihre Rechtsgrundlagen, S. 410 f.

1013 *Wüsthoff/Grimme/Kolb,* Einführung in das deutsche Wasserrecht, S. 79.

1014 *Holtz/Kreutz,* Das preußische Wassergesetz, Bd. 1, S. 431.

1015 *Bergdolt,* Preußisches Wasserrecht, S. 261.

gemäß § 185 Abs. 5 PrWG von der Eintragung ins Grundbuch ausgeschlossen sei.[1016] Auch sehe das PrWG eine aufgrund des verliehenen Rechts entstandene Beschädigung fremder Grundstücke nicht als eine Belastung derselben an, sondern als eine tatsächliche Benachteiligung. Daher sei das verliehene Recht „ein auf landesgesetzlicher Vorschrift beruhendes, besonders geartetes dingliches Recht“[1017]. *Lenhard*[1018] stimmte *Holtz/Kreuz* zwar hinsichtlich des letztgenannten Arguments zu, er sah aber dennoch das verliehene Recht als dingliches Recht im Sinne des BGB an. Auch wenn die durch das verliehene Recht ausgelösten nachteiligen Wirkungen nicht auf einem dinglichen Recht beruhten, so treffe dies doch für die gewährten Nutzungen zu.[1019] Der Ausschluss der Grundbucheintragung nach § 185 Abs. 2 PrWG hindere die Annahme eines dinglichen Rechts i.S.d. BGB nicht, da die mit dem verliehenen Recht einhergehende Belastung sich nicht von denen des bürgerlichen Rechts unterscheide.[1020] Ausweislich der Entwurfsbegründung bestand für die Aufnahme der verliehenen Rechte in das Grundbuch kein praktisches Bedürfnis.[1021] Zudem wollte man verhindern, dass die Darstellung der Rangverhältnisse im Grundbuch Schwierigkeiten bereitet.[1022] Auch wenn *Holtz/Kreuz* behauptete, der wahre Grund für die Regelung sei darin zu sehen, dass die verliehenen Rechte sich aufgrund ihrer Natur und rechtlichen Konstruktion nicht für die Eintragung ins Grundbuch eigneten, da es sich nicht um dingliche Rechte im Sinne des BGB handele,[1023] lässt sich eine derartige Argumentation und Motivationslage der Entwurfsbegründung nicht entnehmen. Berücksichtigt man darüber hinaus die grundlegende Idee des preußischen Gesetzgebers, mit dem PrWG ein Gesetz zu schaffen, das sich an den Begrifflichkeiten und Rechtsinstituten des BGB orientiert und diese angewandt wissen wollte, erscheint es zweifelhaft, dass es sich bei den verliehenen Rechten um dingliche Rechte eigener Art und damit gerade nicht im Sinne des

---

1016 *Holtz/Kreutz,* Das preußische Wassergesetz, Bd. 1, S. 431; *Bergdolt,* Preußisches Wasserrecht, S. 261.

1017 *Holtz/Kreutz,* Das preußische Wassergesetz, Bd. 1, S. 431.

1018 *Lenhard/Reichau,* Preussisches Wassergesetz, S. 231, ebenso *Wolff, Enneccerus/Wolff,* Lehrbuch des Bürgerlichen Rechts, Bd. 3, S. 348 ohne Begründung seiner Ansicht.

1019 *Lenhard/Reichau,* Preussisches Wassergesetz, S. 231,

1020 *Lenhard/Reichau,* Preussisches Wassergesetz, S. 231.

1021 PrAH, Drucks. Nr. 9 B, S. 168, in: Sammlung der Drucksachen des Preußischen Hauses der Abgeordneten, 21. Legislaturperiode, V. Session 1912/1913, 1. Bd., S. 748.

1022 PrAH, Drucks. Nr. 9 B, S. 168, in: Sammlung der Drucksachen des Preußischen Hauses der Abgeordneten, 21. Legislaturperiode, V. Session 1912/1913, 1. Bd., S. 748.

1023 *Holtz/Kreutz,* Das preußische Wassergesetz, Bd. 1, S. 679.

BGB handeln sollte. Da es sich nach beiden Ansichten um dingliche Rechte handelte, welche gegenüber jedermann wirkten, und nur ihre Zuordnung zum BGB in Frage stand, kam dem Streit keine praktische Relevanz zu.

aa. Die Wirkung der Verleihung gegenüber Dritten und anderen Berechtigten

Aufgrund der Absolutheit der Rechte war der Berechtigte in seiner Rechtsausübung gegen Beeinträchtigungen von außen geschützt. Da § 81 Abs. 1 Satz 2 PrWG die Vorschriften über das Eigentum (§§ 985–1007 BGB) auf das verliehene Recht für anwendbar erklärte, stand dem Berechtigten gegen eine Beeinträchtigung insbesondere der negatorische Anspruch aus § 1004 BGB zu[1024]. Als dingliches Recht fiel es darüber hinaus unter den Schutz des § 823 BGB, so dass rechtswidrige und schuldhafte Verletzungen des verliehenen Rechts zu einer Schadensersatzpflicht führten. Der Berechtigte erwarb damit eine gesicherte Rechtsposition gegenüber anderen Berechtigten und Dritten.

Übte der Berechtigte das ihm verliehene Recht ordnungsgemäß aus und hielt er sich damit an die durch den Verleihungsbeschluss festgelegten Schranken, waren die negatorischen Ansprüche der anderen Berechtigten gegen den Inhaber des verliehenen Rechts aufgrund der Verleihung eingeschränkt. § 82 Abs. 1 Satz 1 PrWG untersagte dementsprechend die Geltendmachung von Beseitigungs- oder Unterlassungsansprüchen gegen die Anlage bzw. Ausübung des verliehenen Rechts, auch wenn ein solcher Anspruch nach BGB begründet gewesen wäre. Das war insofern konsequent, als beeinträchtigten Dritten im Rahmen des Verleihungsverfahrens die Möglichkeit des Widerspruchs eingeräumt war und er sich damit gegen die Verleihung des Rechts hätte wehren können. Die Präklusion wäre sinn- und wirkungslos, wenn sie durch nachträgliche Geltendmachung von Unterlassungs- und Beseitigungsansprüchen umgangen werden könnte. Damit wäre der Zweck des Verleihungsverfahrens, dem Berechtigten eine gesicherte Rechtsposition zu gewähren, verfehlt worden, wenn der Dritte die rechtskräftiger Verleihung zwar nicht beseitigten, ihr aber die Wirkung hätte nehmen können, in dem er erfolgreich gegen die Ausübung des verliehenen Rechts im Wege der Untersagung oder Beseitigung hätte vorgehen können.[1025] Gleichzeitig sollte der betroffene Dritte aber nicht völlig rechtlos gestellt werden, weshalb ihm § 82 Abs. 1 Satz 2 PrWG nach Maßgabe der §§ 50–55 PrWG Einrichtungs- bzw. Schadensersatzansprüche zugestand, welche von den Normen des BGB unabhängig

1024 *Enneccerus/Wolff*, Lehrbuch des Bürgerlichen Rechts, Bd. 3, S. 348.

1025 PrAH, Drucks. Nr. 9 B, S. 115, in: Sammlung der Drucksachen des Preußischen Hauses der Abgeordneten, 21. Legislaturperiode, V. Session 1912/1913,1. Bd., S. 722.

waren und deren Anwendung ausschlossen[1026]. In Betracht kamen dabei einerseits Ansprüche, die im Verleihungsverfahren geltend gemacht aber nicht berücksichtigt worden und andererseits Ansprüche, die im Verleihungsverfahren gar nicht vorgebracht worden waren. Bei letzteren nahm das PrWG jedoch eine Einschränkung vor, um den aus dem verliehenen Recht Berechtigten nicht der Willkür des Dritten auszusetzen, wann er seine Ansprüche geltend machte. Wies der Unternehmer gemäß § 82 Abs. 1 Satz 3 PrWG nach, dass der Dritte im Verleihungsverfahren vor Ablauf der Widerspruchsfrist die durch die Verleihung entstehenden nachteiligen Wirkungen vorausgesehen hatte oder hätte voraussehen müssen, ohne Widerspruch erhoben zu haben, dann waren jegliche Einrichtungs- oder Schadensersatzansprüche ausgeschlossen. Zusammengefasst bedeutete dies, dass bei Voraussehbarkeit der nachteiligen Wirkungen nachträgliche Ansprüche nur im Falle der Widerspruchserhebung im Verleihungsverfahren, bei fehlender Voraussehbarkeit auch ohne eine solche, geltend gemacht werden konnten.

Bestand ein Anspruch des Dritten, war der Eigentümer nach § 82 Abs. 1 Satz 2 i.V.m. § 50 Abs. 1 Satz 1 PrWG verpflichtet, Einrichtungen herzustellen und zu unterhalten, die dazu geeignet waren, die nachteiligen Wirkungen auszuschließen. Zu solchen Einrichtungen zählten nach § 55 PrWG Sammelbecken, Wasserreinigungsanlagen oder Talsperren. Ebenso kam aber auch eine stundenweise Einstellung des Betriebes in Betracht.[1027] Sollte die schadensverhütende Einrichtung aus technischen oder wirtschaftlichen Gründen nicht möglich sein, stand dem Geschädigten ein Schadensersatzanspruch für künftige und für bereits eingetretene Schäden zu, der insbesondere den Beschränkungen der §§ 50 Abs. 3, 52 PrWG unterlag. Inwieweit dem Betroffenen nach § 53 PrWG ein Übernahmeanspruch hinsichtlich seines Grundstücks oder seiner Anlage zukam, war umstritten. Die h.M.[1028] sah in der Verweisung des § 82 Abs. 1 Satz 2 PrWG auf § 53 PrWG ein Redaktionsversehen, da nach § 82 Abs. 3 PrWG der § 78 PrWG, welcher im Falle des Bestehens eines Übernahmeanspruchs den Eigentumsübergang auf den Unternehmer regelte, nur anwendbar war, wenn im Verleihungsbeschluss die Entscheidung über einen Antrag zur Übernahme

1026 *Holtz/Kreutz,* Das preußische Wassergesetz, Bd. 1, S. 436.

1027 *Holtz/Kreutz,* Das preußische Wassergesetz, Bd. 1, S. 438.

1028 *Holtz/Kreutz,* Das preußische Wassergesetz, Bd. 1, S. 437; *Bergdolt,* Preußisches Wasserrecht, S. 66, *Enneccerus/Wolff,* Lehrbuch des Bürgerlichen Rechts, Bd. 3, S. 349 Fn. 22, a.A.: *Lenhard/Reichau,* Preussisches Wassergesetz, S. 235.

vorbehalten worden war (§ 70 Abs. 3 Satz 3 PrWG). Nur bei einem solchem Vorbehalt könne der Anspruch auf Übernahme geltend gemacht werden.

Abgesehen von der Möglichkeit des Schadensersatzes nach § 82 PrWG konnte der Dritte auch gegen rechtskräftig verliehene Rechte ein Ausgleichsverfahren[1029] anstrengen, wenn die Ausübung seines Nutzungsrechts durch das verliehene Recht beeinträchtigt oder gar unmöglich gemacht wurde. Diese Option bestand auch dann, wenn er im Verleihungsverfahren keine Widersprüche oder nach § 82 PrWG keine Ansprüche geltend gemacht hatte. Die Ausgleichung wirkte sich ggf. auf Art, Maß und Zeit der Nutzung aus und konnte daher einer teilweisen Zurücknahme oder Beschränkung des verliehenen Rechts entsprechen.[1030] Die Voraussetzungen der §§ 84, 85 PrWG[1031], nach denen sich die Rücknahme oder Beschränkung rechtskräftig verliehener Rechte eigentlich richtete, brauchten dafür nicht vorzuliegen. Sollte es zu einem Ausgleich gegenüber dem verliehenen Recht kommen, war der Dritte dem Berechtigten zum Schadensersatz verpflichtet.

bb. Die Wirkung der Verleihung gegenüber Behörden

Auch gegenüber den Behörden erwarb der aufgrund der Verleihung Berechtigte eine gesicherte Rechtsposition. Im Verleihungsverfahren wurden neben den privaten ebenso öffentliche Interessen berücksichtigt und die Vereinbarkeit der Rechtsausübung mit polizeilichen Vorschriften geprüft, so dass der Verleihung auch öffentlich-rechtliche Wirkung zukam. Behörden hatten zudem die Möglichkeit während des Verleihungsverfahrens Widersprüche gegen die Rechtsverleihung zu erheben. Aus diesen Gründen konnten Behörden nicht aufgrund polizeilicher Vorschriften gegen die Rechtsausübung oder die dazu notwendige Anlage einschreiten und eine Betriebseinstellung oder Unterlassungsverfügung erlassen, solange der Berechtigte das Recht in den durch die Verleihung gezogenen Beschränkungen ausübte. Der Wasserpolizeibehörde stand nach § 83 PrWG die Aufsicht über die Ausübung des verliehenen Rechts zu, d.h. sie kontrollierte insbesondere, ob die dem Berechtigten auferlegten Bedingungen eingehalten wurden, da die §§ 50–55 PrWG, welche die Möglichkeit von Auflagen ausdrücklich vorsahen, auch dem Interesse des Gemeinwohls dienten.[1032]

1029 Vgl. zum Ausgleichsverfahren unten S. 298 ff.

1030 *Holtz/Kreutz,* Das preußische Wassergesetz, Bd. 1, S. 472.

1031 Zur Rücknahme verliehener Rechte vgl. unten S. 272 ff.

1032 *Wulff/Herold,* Wassergesetz, S. 156.

f) Erlöschen des verliehenen Rechts

Das verliehene Recht erlosch im Falle der befristeten Verleihung durch Zeitablauf, im Fall der unbefristeten Verleihung nur durch Beschränkung oder Rücknahme nach §§ 84, 85 PrWG seitens der Behörde. Als Beschränkungen kamen dabei eine Reduktion der erlaubten Wasserentnahmemenge, die Errichtung von Schutzvorkehrungen, eine erhöhte Unterhaltungs- oder Reinigungslast sowie die Beseitigung von Anlagen in Betracht.[1033] Nach § 84 Abs. 1 PrWG waren Beschränkung und Rücknahme der Verleihung nur gegen Entschädigung möglich, während § 85 PrWG eine Zurücknahme ohne Entschädigung vorsah. Das Einschreiten der Verleihungsbehörde setzte einen entsprechenden Antrag voraus. Das Antragsrecht stand Privatpersonen nicht zu. Antragsberechtigt waren nach §§ 84 Abs. 1, 85 Abs. 1 PrWG die Wasserpolizeibehörde, im Fall von § 84 Abs. 1 PrWG zudem der Staat, Kommunalverbände und andere öffentlich-rechtliche Körperschaften. Die Entscheidung der Verleihungsbehörde erfolgte nach pflichtgemäßem Ermessen im Wege des Beschlusses. Mit dessen Rechtskraft erlosch bei einer Zurücknahme das Recht vollständig, bei einer Beschränkung in einem gewissen Umfang, und zwar unabhängig davon, inwieweit die Frage der Entschädigung bereits endgültig entschieden war. Übte der ehemals Berechtigte das Nutzungsrecht dennoch aus, so konnte die Wasserpolizeibehörde gemäß § 21 PrWG gegen ihn einschreiten und eine Untersagungsverfügung erlassen. Ebenso war es möglich, ihn zur Beseitigung der vorhandenen Anlagen anzuhalten, was im Falle des § 84 Abs. 1 PrWG bei der Bemessung der Entschädigung zu berücksichtigen war, während bei § 85 Abs. 1 PrWG auch die Anlagenbeseitigung wegen der ausdrücklichen Regelung des § 85 Abs. 5 PrWG ohne Entschädigung zu erfolgen hatte.

§ 84 PrWG setzte das Vorliegen überwiegender Nachteile oder Gefahren für das öffentliche Wohl voraus. Diese beruhten in der Regel auf einer Veränderung der Wasserverhältnisse, der landschaftlichen Gegebenheiten oder der wirtschaftlichen Verhältnisse. Im Rahmen der Beratungen des Abgeordnetenhauses war dafür das Beispiel angeführt worden, dass aufgrund von im Gemeininteresse erforderlicher Meliorationen großer Flächen das Staurecht einer unterhalb gelegenen Mühle zurückgenommen werden konnte, wenn dieses die Melioration unmöglich machte.[1034] Die Ausbreitung von Industrie und die damit verbundene

1033 *Wulff/Herold*, Wassergesetz, S. 158.

1034 PrAH, Drucks. Nr. 611A (Bericht der 13. Kommission über den Entwurf eines Wassergesetzes, Drucksachen Nr. 9A und B), S. 140, in: Sammlung der Drucksachen des Preußischen Hauses der Abgeordneten, 21. Legislaturperiode (Anlagen zu den Stenografischen Berichten), V. Session 1912/1913, 7. Bd., S. 4425.

notwendige Schaffung von Wohnraum konnten dazu führen, dass bisheriges aufgrund von Stauanlagen versumpftes oder überschwemmtes Land benötigt wurde, und deshalb das Staurecht eingeschränkt werden musste, um die überschwemmten Flächen bebaubar zu machen.[1035] Ebenso konnte z.B. eine verringerte Wassermenge im Flusslauf zu einer Einschränkung oder Aufhebung eines Bewässerungsrechts führen, wenn andernfalls die Trinkwasserversorgung der Bevölkerung nicht mehr gewährleistet werden konnte. Diese Beispiele zeigen, dass die vom Begriff des öffentlichen Wohls umfassten Aspekte sehr vielfältig waren. In jedem Fall wurden das Meliorationswesen, die Trinkwasserversorgung und die Schifffahrt erfasst, daneben kamen aber auch die öffentliche Gesundheitspflege, die Förderung wichtiger Industrien oder der landwirtschaftlichen Bodennutzung in Betracht. Diese Aufzählung ist bei weitem nicht abschließend. Damit ein verliehenes Recht zurückgenommen werden konnte, musste die Gefahr oder der Nachteil auf der Rechtsausübung beruhen, d.h. es musste ein ursächlicher Zusammenhang zwischen beiden bestanden haben.[1036]

§ 85 Abs. 1 Nr. PrWG ermöglichte es, die Verleihung zurückzunehmen, wenn sie erschlichen worden war, d.h. wenn die ihr zugrundeliegenden Angaben in wesentlichen Punkten unrichtig waren, der Berechtigte davon Kenntnis hatte und die Verleihung überwiegende Gefahren oder Nachteile für das öffentliche Wohl auslöste. Damit sollte insbesondere der Fall erfasst werden, dass der Unternehmer bewusst unrichtige Gutachten über Auswirkungen und Beeinträchtigung der Rechtsausübung eingereicht hatte, um so die Verleihung zu erhalten. Dieser Rücknahmegrund griff nur beim täuschenden Unternehmer selbst und seinem bösgläubigen Rechtsnachfolger, der wusste, dass der Unternehmer durch unrichtige Angaben die Verleihung erwirkt gehabt hatte, nicht hingegen bei einem gutgläubigen Erwerber, vgl. § 85 Abs. 1 Nr. 1, letzter HS PrWG. Soweit der Unternehmer die in der Verleihung enthaltenen Bedingungen und Ausführungs- bzw. Inbetriebnahmefristen verschuldet oder unverschuldet[1037] trotz Aufforderung der Wasserpolizeibehörde nicht einhielt, konnte ihm – abgesehen von

---

1035 *Holtz/Kreutz,* Das preußische Wassergesetz, Bd. 1, S. 448.

1036 *Holtz/Kreutz,* Das preußische Wassergesetz, Bd. 1, S. 449, *Lenhard/Reichau,* Preussisches Wassergesetz, S. 238 f.

1037 Die ursprünglich im Entwurf vorgesehene Voraussetzung des Verschuldens wurde von der Kommission des Abgeordnetenhauses gestrichen, vgl. PrAH, Drucks. Nr. 611A (Bericht der 13. Kommission über den Entwurf eines Wassergesetzes, Drucksachen Nr. 9A und B), S. 143, in: Sammlung der Drucksachen des Preußischen Hauses der Abgeordneten, 21. Legislaturperiode (Anlagen zu den Stenografischen Berichten), V. Session 1912/1913, 7. Bd., S. 4426.

der Möglichkeit des Einschreitens nach § 21 PrWG – gemäß § 85 Abs. 1 Nr. 2 PrWG die Verleihung entzogen werden. Als weitere Rücknahmegründe sah das PrWG in § 85 Abs. 1 Nr. 2 PrWG die dauerhafte Aufgabe der Rechtsausübung und in § 85 Abs. 1 Nr. 3 PrWG das Überflüssigwerden des verliehenen Rechts vor. Als mögliches Indiz für eine derartige Rechtsaufgabe nach Nr. 2 wurde die Beseitigung der Anlagen angeführt. Neben der Aufrechterhaltung der öffentlichen Ordnung, die insbesondere mit Nr. 1 bezweckt wurde, dienten Nr. 2 und 3 dazu, auch anderen die Nutzung der Wasserläufe zu ermöglichen und sie nicht dauerhaft durch ein nicht mehr gebrauchtes, verliehenes Recht zu sperren.[1038] Aufgrund der Tatsache, dass durch die Verleihung ein Privatrecht erworben wurde, wollte der Gesetzgeber zur Erreichung dieses Zweckes kein Erlöschen des Rechts ipso iure, sondern konsequenterweise als actus contrarius ein formelles Verfahren.[1039]

Die in den §§ 84, 85 PrWG vorgesehenen Rücknahmegründe erschienen vor dem Hintergrund eines ausgewogenen Wasserhaushalts und einer funktionierenden Wasserwirtschaft zweckmäßig und notwendig. Eine dauerhafte Rechtsverleihung mit einer umfassenden Wirkung, wie sie im PrWG vorgesehen war, erforderte es, eine Rücknahme in Ausnahmefällen zu ermöglichen, falls veränderte tatsächliche Situationen eine Anpassung der Wasserverteilung notwendig machten. Andernfalls wäre die Wassernutzung ohne die Option auf Veränderung auf unbestimmte Zeit oder für einen langen Zeitraum gebunden. Da die Beschränkung oder Rücknahme ein entsprechendes behördliches Verfahren und eine Abwägung der betroffenen Belange voraussetzten, war die Gefahr willkürlicher Entscheidungen zur Schädigung des Unternehmers unterbunden.

g) Verhältnis zwischen gewerberechtlicher Genehmigung nach §§ 16 ff. RGewO und Verleihung nach dem PrWG

Wer eine Mühle oder ein anderes Triebwerk errichten wollte, hatte nach § 16 RGewO von 1869 eine gewerberechtliche Genehmigung einzuholen. Auch das PrWG sah unabhängig davon die Beantragung einer Verleihung vor, wenn der Betroffene über das ihm gesetzlich gewährte Wassernutzungsrecht hinaus, vom Flusslauf Gebrauch machen wollte. Es stellt sich daher die Frage, in welchem Verhältnis die gewerbepolizeiliche Genehmigung zur Verleihung und die jeweils

1038 PrAH, Drucks. Nr. 9 B, S. 119, in: Sammlung der Drucksachen des Preußischen Hauses der Abgeordneten, 21. Legislaturperiode, V. Session 1912/1913, 1. Bd., S. 724.
1039 PrAH, Drucks. Nr. 9 B, S. 119, in: Sammlung der Drucksachen des Preußischen Hauses der Abgeordneten, 21. Legislaturperiode, V. Session 1912/1913, 1. Bd., S. 724.

zu durchlaufenden Verfahren zueinander standen. Die Entwurfsbegründung wies daraufhin, dass man sich dagegen entschieden habe, das wasserrechtliche Verleihungs- und das gewerberechtliche Genehmigungsverfahren zu einem einheitlichen Verfahren zu vereinigen.[1040] Neben der grundlegenden Verschiedenheit beider Verfahren beruhte dies ausweislich der Begründung vor allem auf zwei Gründen. Zum einen könne die Verleihung zeitlich beschränkt erteilt werden, während die Genehmigung stets auf Dauer erfolge.[1041] Zum anderen beruhe die Zuständigkeit der Behörden im jeweiligen Verfahren auf unterschiedlichen Voraussetzungen: Für die gewerberechtlichen Genehmigungen bestimme sie sich nach der Art der Anlage, bei der Verleihung hingegen nach der Ordnung der Wasserläufe.[1042] Eine Anpassung an gewerberechtliche Zuständigkeiten würde die sich durch das PrWG ziehende Einteilungen nach Ordnungen der Wasserläufe zunichtemachen und verschiedene Anlagen am selben Flusslauf der Zuständigkeit verschiedener Behörden unterstellen,[1043] so dass insgesamt die Vereinheitlichung der Verfahren damit in ihr Gegenteil verkehrt würde. Auch wenn die Ausführungen des Gesetzgebers so klangen, als ob er hinsichtlich der Frage der Verfahrensvereinheitlichung Entscheidungsspielraum gehabt hätte, darf nicht verkannt werden, dass es sich bei der RGewO von 1869 um ein Reichsgesetz handelte, welches nicht durch den Landesgesetzgeber im Wege des Landesrechts abgeändert werden konnte. Eine Verfahrensvereinheitlichung wäre also nur in der Weise möglich gewesen, dass das Verleihungsverfahren dem gewerbepolizeilichen Genehmigungsverfahren entsprochen hätte. Dies wäre aber zum einen aufgrund der Argumente der Entwurfsbegründung und zum anderen deshalb nicht praktikabel gewesen, da der Berechtigte durch die gewerberechtliche Genehmigung kein Privatrecht erlangte, was die Verleihung aber vor dem Hintergrund der Gewährleistung einer gesicherten Rechtsposition gerade bezwecken sollte. Da das PrWG als Landesrecht damit nicht in die RGewO von 1869 als Reichsrecht eingreifen, diese verändern oder gar aufheben konnte, standen das Verleihungsverfahren und das gewerberechtliche Verfahren

---

1040 PrAH, Drucks. Nr. 9 B, S. 24, in: Sammlung der Drucksachen des Preußischen Hauses der Abgeordneten, 21. Legislaturperiode, V. Session 1912/1913, 1. Bd., S. 676.

1041 PrAH, Drucks. Nr. 9 B, S. 24, in: Sammlung der Drucksachen des Preußischen Hauses der Abgeordneten, 21. Legislaturperiode, V. Session 1912/1913, 1. Bd., S. 676.

1042 PrAH, Drucks. Nr. 9 B, S. 24, in: Sammlung der Drucksachen des Preußischen Hauses der Abgeordneten, 21. Legislaturperiode, V. Session 1912/1913, 1. Bd., S. 676.

1043 PrAH, Drucks. Nr. 9 B, S. 24, in: Sammlung der Drucksachen des Preußischen Hauses der Abgeordneten, 21. Legislaturperiode, V. Session 1912/1913, 1. Bd., S. 676.

in den Fällen nebeneinander,[1044] in denen ein Recht auf Wassernutzung im Wege der Verleihung begehrt und zur Ausführung dieses Rechts eine Stauanlage für Wassertriebwerke errichtet werden sollte. Diese Stauanlagen brauchten die gewerberechtliche Genehmigung damit auch dann, wenn ihnen ein im Wege der Verleihung bereits erworbenes Wassernutzungsrecht zugrunde lag. Auch aus der RGewO von 1869 lässt sich ersehen, dass sie von einem Nebeneinander der gewerberechtlichen Genehmigung neben solchen des Landesrechts ausging. Dies wird an der Formulierung „Erfordernis besonderer Genehmigung" deutlich. Sie wurde bewusst gewählt, um dem Missverständnis vorzubeugen, dass Anlagen, die nicht unter die Aufzählung von § 16 RGewO von 1869 fallen, keiner polizeilichen Genehmigung mehr bedürfen.[1045] Durch das Wort „besondere" wird deutlich, dass es sich um eine zusätzliche Genehmigung handelte, die andere landespolizeiliche nicht ersetzte.[1046]

Im Rahmen des gewerberechtlichen Genehmigungsverfahrens wurden auch materielle Vorschriften des PrWG herangezogen. Dabei war insbesondere die Vereinbarkeit der geplanten Stauanlage mit jenen wasserrechtlichen Vorschriften des PrWG zu prüfen, die neben der Regelung der Rechtsverhältnisse der Nutzungsberechtigten auch dem Schutz des Wasserlaufs und des darin enthaltenen Wassers dienten.[1047] Dementsprechend waren insbesondere die §§ 41 bis 43 PrWG zu beachten. Bei einer Überschreitung der darin gesetzten Grenzen war die gewerberechtliche Genehmigung zu versagen. Das gleiche galt, wenn die Voraussetzungen des § 23 PrWG nicht beachtet, insbesondere die erforderliche Anzeige unterblieben war, da die gewerbepolizeiliche Genehmigung kein Recht auf Einleitung von Abwässern begründen konnte.[1048]

Ungeachtet der Einbeziehung des materiellen Wasserrechts in das gewerberechtliche Verfahren war das Verleihungsverfahren nach dem PrWG im Vergleich zu dem in dem RGewO von 1869 vorgesehenen das Umfassendere,[1049] da neben Prüfung der polizeilichen Gesichtspunkte auch eine Entscheidung über die privatrechtlichen Widersprüche getroffen wurde.[1050] Anders als im

1044 *Lenhard/Reichau,* Preussisches Wassergesetz, S. 148.

1045 Stenographische Berichte über die Verhandlungen des Reichstags des Norddeutschen Bundes, I. Legislatur-Periode, 1869, Bd. III, Nr. 13, 94, 115.

1046 *Lenhard/Reichau,* Preussisches Wassergesetz, S. 148.

1047 *Lenhard/Reichau,* Preussisches Wassergesetz, S. 149.

1048 *Lenhard/Reichau,* Preussisches Wassergesetz, S. 149.

1049 PrAH, Drucks. Nr. 9 B, S. 24, in: Sammlung der Drucksachen des Preußischen Hauses der Abgeordneten, 21. Legislaturperiode, V. Session 1912/1913, 1. Bd., S. 676.

1050 *Wulff/Herold,* Wassergesetz, S. 88.

Genehmigungsverfahren nach den §§ 16 ff. RGewO von 1869 wurden auch Widersprüche, die auf einem besonderen privatrechtlichen Titel beruhten, sowie die Entschädigungsansprüche im Verleihungsverfahren behandelt und nicht zur Entscheidung an die Gerichte verwiesen. Aus diesem Grund war es möglich und sinnvoll, beide Verfahren miteinander zu verbinden. Dies geschah auf Antrag des Unternehmers. Bei einer Verbindung wurde ein gemeinsames Vorverfahren durchgeführt, ein gemeinsames Hauptverfahren nur dann, wenn in beiden Fällen der Bezirksausschuss zuständig war.[1051] Falls nicht eine andere Behörde für die gewerbepolizeiliche Genehmigung zuständig war, wurde zuerst das Verleihungsverfahren und dann das Verfahren nach den §§ 16 ff. RGewO von 1869 durchgeführt, wobei letzterem aufgrund der bereits erfolgten umfassenden Prüfung nur noch formelle Bedeutung zukam.[1052] Aus diesem Grund war es auch bei fehlender Verbindung der beiden Verfahren sinnvoll, das wasserrechtliche Verleihungsverfahren vor dem gewerberechtlichen Genehmigungsverfahren durchzuführen.

War für dasselbe Unternehmen bereits eine gewerberechtliche Genehmigung erteilt und beantragte der Berechtigte zudem die Verleihung eines Rechts, um das Wasser in anderer als bisher genehmigter Art nutzen zu können, so konnte die Verleihungsbehörde von der bestehenden Genehmigung abweichen.[1053] Sie war an deren Bedingungen und Festsetzungen nicht gebunden. Da der Unternehmer das Wahlrecht hatte, ob er eine veränderte Benutzung beabsichtigte und deshalb eine Verleihung anstrengte oder wie bisher sein Recht weiter ausüben wollte,[1054] war ihm, wenn er sich bewusst für die Veränderung bestehender Nutzungsrechte entschied, auch das Risiko der abweichenden Beurteilung aufzuerlegen.

Zusammenfassend bleibt also festzuhalten, dass die gewerberechtliche Genehmigung und die Verleihung nach PrWG nebeneinander bestanden und bei dem beabsichtigten Betrieb von Stauanlagen für Triebwerke beide vom Unternehmer zu beantragen waren. Die materiell-rechtlichen Verhältnisse des Wasserrechts konnte der Landesgesetzgeber unabhängig von der RGewO von 1869 regeln. An

1051 Nr. 35 der Ausführungsanweisung zum Wassergesetze vom 7. April 1913, abgedruckt in *Holtz/Kreutz,* Das preußische Wassergesetz, Bd. 2, S. 531 ff.

1052 Nr. 36 der Ausführungsanweisung zum Wassergesetze vom 7. April 1913, abgedruckt in *Holtz/Kreutz,* Das preußische Wassergesetz, Bd. 2, S. 531 ff. Weitere Einzelheiten zur Durchführung der kombinierten Verfahren sind den Nr. 29 ff. der Ausführungsanweisung zu entnehmen.

1053 PrVBl. 39, 230, 233.

1054 PrVBl. 39, 230, 233.

die Verfahrensvorschriften nach §§ 16 ff. RGewO von 1869 war er jedoch in der Weise gebunden, dass er die Durchführung des gewerberechtlichen Verfahrens und die Erforderlichkeit der Genehmigung anerkennen und gewährleisten musste.

h) Zwischenfazit

Der Begriff der Verleihung von Nutzungsrechten erinnert an die in den vorigen Jahrhunderten übliche Verleihung von Privilegien. Auch wenn er sicherlich diesem historischen Kontext entlehnt ist, so hat doch die Verleihung nach dem PrWG – wie sich an den obigen Ausführungen zeigt – wenig mit der Privilegienverleihung gemein. Bei der Verleihung nach dem PrWG handelt es sich zwar auch um die staatlich vorgenommene Übertragung von Nutzungsrechten an Gewässern auf einen Dritten, also um einen hoheitlichen Akt. Auch sind beide Akte in den Wirkungen insofern ähnlich, als das in der jeweiligen Urkunde festgelegte Nutzungsrecht durch Dritte nicht beeinträchtigt werden darf. Dessen ungeachtet bestehen erhebliche Unterschiede zwischen der Erlangung der Verleihung und der des Privilegs. Während letzteres im Geltungszeitraum des ALR als Sonderrecht außerhalb der gesetzlichen Normen erteilt wurde und daher der Willkür des Herrschers unterlag, ist die Verleihung eines Rechts nach dem PrWG an gesetzlich festgelegte Kriterien gebunden und nur durch ein geordnetes behördliches Verfahren zu erreichen, um gerade willkürliche Entscheidungen zu vermeiden. Es zeigt sich, dass sich der gesetzgeberische Akt (Privileg) zum Akt der Exekutive (Verleihung) weiterentwickelt und gewandelt hat. Ziel der Verleihung nach dem PrWG ist es, den vorhandenen Wasserschatz einer möglichst umfassenden Bewirtschaftung – unter Berücksichtigung der widerstreitenden Rechte und Nutzungsinteressen – zuzuführen. Eine derartige Planung und Konzeption im Umgang mit dem Wasserhaushalt lag dem Privileg nicht zugrunde. Es diente vielmehr dazu, einzelne Personen für ihre Dienste und Treue zu belohnen oder sich ihnen gegenüber vertraglich zu binden. Eine unter Berücksichtigung verschiedener Nutzungsberechtigungen konzipierte Förderung der Wasserwirtschaft für das preußische Territorium war zu diesem Zeitpunkt noch nicht in den Blick gerückt.

Durch das verliehene Recht erhält der Berechtigte eine sichere Rechtsposition gegenüber Dritten und Behörden. Nur durch ein Ausgleichsverfahren oder bei Vorliegen der Voraussetzungen von den §§ 84, 85 PrWG kann das verliehene Recht beschränkt oder zurückgenommen werden. Dieser weitgehende Schutz des Berechtigten erscheint vor dem Hintergrund des vor der Verleihung durchgeführten Verfahrens mit der Möglichkeit der Widerspruchserhebung von dritter Seite und der vorgesehenen umfassenden Prüfung der Vereinbarkeit der Wassernutzung mit polizeilichen Vorschriften als gerechtfertigt. Bereits zu Beginn des 19. Jahrhunderts begann man zur Erteilung einer Genehmigung, ein behördliches Verfahren durchzuführen, das als Vorgänger des Verleihungsverfahrens angesehen werden kann. Bereits nach dem Edikt von 1808 waren eine Anzeige und das Durchlaufen eines solchen Verfahrens für die Errichtung einer Mühlenanlage erforderlich. Die entsprechenden Bestimmungen sahen neben einer Prüfung landespolizeilicher Regelungen auch die Präklusion für Widersprüche Dritter vor, wenn diese nicht rechtzeitig geltend gemacht wurden. Das Edikt von 1810 sowie die sich anschließenden GewO von 1845 und 1861 sowie die GewO von 1869 entwickelten die Ansätze weiter, so dass für die Anlage von Mühlen ein umfassendes Genehmigungsverfahren entstand. Hinsichtlich der Widerspruchsberechtigung und der Präklusionswirkung bestehen zum Verfahren nach dem PrWG jedoch entscheidende Unterschiede. Während die Edikte von 1808 und 1810 insbesondere hinsichtlich des Eigentümers das Recht, Widerspruch gegen ein geplantes Triebwerk einzulegen, stark beschränkten, konnte nach den GewO jeder, der eine Beeinträchtigung seines Rechts befürchtete, Einwendungen erheben. Die Edikte von 1808 und 1810 sahen bereits eine umfassende Präklusion für nicht innerhalb der Frist geltend gemachte Widersprüche vor. Nach den Gewerbeordnungen hingegen waren Einwendungen, die auf einem Privatrecht beruhten, von der Präklusion nicht erfasst. Das PrWG kombinierte schließlich die umfassende Widerspruchsberechtigung der Gewerbeordnungen mit der umfassenden Präklusion der Edikte von 1808 und 1810. Eine solche Kombination enthielt bereits das Aufgebots- und Präklusionsverfahren für die Errichtung von Bewässerungsanlagen im PrivatflussG von 1843. Dieses war jedoch im Unterschied zu allen anderen Verfahren optional und damit gerade nicht verpflichtend für denjenigen, der eine Bewässerungsanlage errichten und betreiben wollte. Ein Vergleich zwischen dem Verleihungsverfahren des PrWG und den verschiedenen Verfahren des 19. Jahrhunderts zeigt, dass letzterem ein entscheidender Unterschied zu ersterem gemein ist: Alle behördlichen Verfahren des 19. Jahrhunderts begründen kein Privatrecht auf Wassernutzung, sondern setzen ein solches voraus. Nur derjenige, dem ein Recht zur Nutzung des Wasserlaufs bereits zusteht, kann eine Genehmigung auf die Errichtung und den Betrieb eines Triebwerks, einer Mühle oder einer Bewässerungsanlage beantragen. Die daraufhin erteilte Genehmigung ist letztlich ein „Betriebsrecht“ für die entsprechende Anlage, aber kein Nutzungsrecht am Wasser. Den Schritt, über ein behördliches Verfahren ein Privatrecht auf eine bestimmte Art der Wassernutzung zu erteilen, geht erst das PrWG.

5. „Sondernutzung“ von Wasserläufen durch die Sicherstellung von Rechten nach § 86 PrWG?

Nach § 86 PrWG konnte der Eigentümer eines Wasserlaufs oder der nach den §§ 379–381 PrWG Berechtigte ein ihm zustehendes Wassernutzungsrecht sicherstellen lassen. Durch die Sicherstellung wurden mittels behördlichen Beschlusses dem Berechtigten bereits kraft Gesetzes zustehende Rechte festgestellt. Da für diese Rechte eine Verleihung nicht möglich war, wurde das Instrument der Sicherstellung geschaffen, um eine Möglichkeit zu eröffnen, den gesetzlichen bestehenden Rechten den gleichen Rechtsstatus wie verliehenen Rechten zukommen lassen zu können.[1055] Der Inhaber des gesetzlichen Rechts sollte durch die Sicherstellung dieselbe gefestigte Rechtsstellung gegenüber der Polizei und Dritten wie der aufgrund einer Verleihung Berechtigte erhalten.[1056] Dementsprechend stand gemäß § 86 Abs. 3 PrWG ein sichergestelltes Recht einem verliehenen gleich. Bei dem sichergestellten Recht handelte es sich damit auch um ein Privatrecht, dem öffentlich-rechtliche Wirkungen zukamen. Ebenso wie beim verliehenen Recht waren Auflagen nach § 47 Abs. 3 PrWG möglich und es wurde zwischen Rechtsinhaber und Staat ein Verwaltungsrechtsverhältnis begründet. Ob das sichergestellte Recht zu einem dinglichen Privatrecht am Wasserlauf im Sinne des BGB[1057] oder zu einem „den selbstständigen Gerechtigkeiten ähnlichen, besonders gearteten Rechte“[1058] wurde, war wie bei der Verleihung umstritten und wurde analog zu ihr eingeordnet.[1059] Dessen ungeachtet war das sichergestellte Recht mit dem Unternehmen untrennbar verbunden. Es konnte mit diesem unabhängig vom Eigentum am Wasserlauf auf Dritte übertragen werden.[1060] Im Wege der Sicherstellung konnte also eine gesicherte Rechtsposition erworben werden. Das eigentliche Wassernutzungsrecht bestand bereits vorher ipso iure.

Bei dem sicherzustellenden Recht musste es sich um ein Recht handeln, dass dem Eigentümer des Wasserlaufs bereits kraft Gesetzes zustand. Sich aus dem Gemeingebrauch ergebende Befugnisse konnten nicht mittels Sicherstellung in

---

1055 PrAH, Drucks. Nr. 9 B, S. 120, in: Sammlung der Drucksachen des Preußischen Hauses der Abgeordneten, 21. Legislaturperiode, V. Session 1912/1913, 1. Bd., S. 724.

1056 *Lenhard/Reichau*, Preussisches Wassergesetz, S. 245.

1057 *Lenhard/Reichau*, Preussisches Wassergesetz, S. 245.

1058 *Holtz/Kreutz*, Das preußische Wassergesetz, Bd. 1, S. 467.

1059 Siehe zu dieser Problematik oben S. 267 ff.

1060 *Holtz/Kreutz*, Das preußische Wassergesetz, Bd. 1, S. 486, *Lenhard/Reichau*, Preussisches Wassergesetz, S. 245.

ein Privatrecht umgewandelt werden.[1061] Sicherstellungsfähig waren nur solche Rechte, die ihrer Art nach einer Verleihung unterliegen konnten, d.h. jene Nutzungen des § 46 Abs. 1 PrWG. Der Berechtigte musste das Bestehen des sicherzustellenden Rechts nachweisen. Bei ins Grund- oder Wasserbuch eingetragenen Rechten wurde ihr Bestehen vermutet.[1062]

Das Sicherstellungsverfahren entsprach dem Verleihungsverfahren. Gemäß § 86 Abs. 2 PrWG waren u.a. die §§ 64–73 PrWG entsprechend anzuwenden, so dass diesbezüglich auf die obigen Ausführungen[1063] verwiesen werden kann. Ebenso wie die Verleihung durfte die Sicherstellung nur aufgrund ausdrücklicher gesetzlicher Anordnung versagt werden, §§ 86 Abs. 2, 47 Abs. 1 PrWG. Für letztere waren aufgrund des Verweises des § 86 Abs. 2 PrWG die in § 49 PrWG normierten Versagensgründe, also das Entgegenstehen des öffentlichen Wohls bzw. die nach § 49 Abs. 2, 3 PrWG möglichen Widersprüche, maßgeblich. Daneben konnte die Sicherstellung unter dem Vorbehalt erhöhter Anforderungen an die Abwasserreinigung nach § 47 Abs. 3 PrWG stehen. Ebenso wie bei der Verleihung war auch bei der Sicherstellung deren Rücknahme nach den §§ 84, 85 PrWG möglich. Dabei blieb das der Sicherstellung zugrundeliegende Recht bestehen, da dieses dem Berechtigen kraft Gesetzes zustand.[1064] Zurückgenommen wurde „nur" die mit der Sicherstellung erwirkte besondere Vorzugsstellung des Rechtsinhabers.

6. „Sondernutzung" von Wasserläufen aufgrund von Zwangsrechten

Das PrWG räumte dem Eigentümer von Grundstücken und teilweise auch dem Nutzungsberechtigten von Grundstücken die Möglichkeit ein, ein Zwangsrecht an einem anderen Grundstück oder Wasserlauf zu erwerben. Bei einem Zwangsrecht handelte es sich um ein Privatrecht, das auf einem öffentlich-rechtlichen Titel beruht. Ihm kam jedoch nur inter-partes-Wirkung zwischen dem Berechtigten und dem Anspruchsgegner zu, so dass auch der Schutz des § 82 PrWG für

---

1061 *Lenhard/Reichau,* Preussisches Wassergesetz, S. 245.

1062 *Holtz/Kreutz,* Das preußische Wassergesetz, Bd. 1, S. 463.

1063 Siehe zum Verleihungsverfahren oben S. 259 ff. Zu Recht weist *Holtz/Kreutz,* Das preußische Wassergesetz, Bd. 1, S. 466 daraufhin, dass es sich bei dem Verweis auf § 67 Abs. 2, 3 PrWG um einen Fehler handeln muss, da ein Konflikt zwischen zwei bestehenden Rechten im Ausgleichsverfahren zu lösen ist, da die Zurückstellung eines Rechts bei der Sicherstellung nicht möglich ist, weil beide konkurrierenden Rechte bereits bestehen.

1064 *Lenhard/Reichau,* Preussisches Wassergesetz, S. 247; *Holtz/Kreutz,* Das preußische Wassergesetz, Bd. 1, S. 465.

das Zwangsrecht nicht galt, weshalb Rechte Dritter unberührt blieben. Dies hatte zur Folge, dass Dritte, sofern dies mit dem Wassergesetz vereinbar war, Unterlassungs- und/oder Schadensersatzansprüche aufgrund der Ausübung des Zwangsrechts geltend machen konnten.[1065] In öffentlich-rechtlicher Hinsicht gewährte es Schutz gegen polizeiliches Einschreiten, da im Verwaltungsverfahren von Amts wegen die polizeilichen Vorschriften gemäß §§ 340 Abs. 5, 69 PrWG geprüft und in Wahrnehmung öffentlicher Interessen die beteiligten Behörden gehört wurden. Insofern kam ihm die gleiche öffentlich-rechtliche Wirkung wie der Verleihung zu. Entsprechend der Regelungen zur Verleihung war das Zwangsrecht zu versagen, wenn Gründe des öffentlichen Wohls entgegenstanden, §§ 340 Abs. 5, 49 Abs. 1 PrWG. Gleiches galt, wenn die Voraussetzungen der §§ 49 Abs. 3 und 4, 62 PrWG erfüllt waren.

Das Zwangsrecht konnte als Benutzungsrecht (§§ 330–334, 339 PrWG) oder als Untersagungsrecht (§ 338 PrWG) begründet werden. Bei dem Benutzungsrecht handelte es sich um eine Dienstbarkeit, entweder um eine Grunddienstbarkeit iSd §§ 1018 ff. BGB, wenn sie mit dem Grundstückseigentum verbunden war, oder um eine persönliche Dienstbarkeit iSd §§ 1090 ff. BGB, wenn sie einer bestimmten Person eingeräumt wurde.

Wie sich aus dem Verweis des § 340 Abs. 5 PrWG auf zentrale Vorschriften des Verleihungsverfahrens ergibt, wurde das Zwangsrecht nach Durchführung eines gesetzlichen Verfahrens, welches dem Verleihungsverfahren entlehnt war, durch einen öffentlich-rechtlichen Akt der Staatshoheit begründet.[1066] Es entstand gemäß § 340 Abs. 7 Satz 1 PrWG mit Rechtskraft des zu erlassenden Beschlusses, nicht erst durch die Nutzungsausübung seitens des Berechtigten[1067].

Die §§ 330 ff. PrWG regelten die Voraussetzungen, die für die Beantragung und Begründung eines Zwangsrechts zu erfüllen waren. Lagen sie nicht vor, war der Antrag auf Erteilung des Zwangsrechts als unzulässig zurückzuweisen. Aufgrund der dem Zwangsrecht zukommenden öffentlich-rechtlichen Bedeutung konnte ein solches auch dann beantragt werden, wenn ein entsprechendes Recht bereits aufgrund einer rechtsgeschäftlichen Vereinbarung bestand. Der Erwerb eines Zwangsrechts war sowohl an einem Grundstück als auch an einem Wasserlauf möglich. Da hier die Nutzungsrechte an Wasserläufen in Rede stehen, beschränkt sich die folgende Betrachtung der Zwangsrechte auf jene, die an Wasserläufen möglich sind, also auf die §§ 331, 332, 333 PrWG.

1065 *Lenhard/Reichau*, Preussisches Wassergesetz, S. 629.
1066 *Lenhard/Reichau*, Preussisches Wassergesetz, S. 628.
1067 LWA, PrVwBl. 36, 513; LWA, JWSchr. 1915, 443.

a) Das Zwangsrecht nach § 331 PrWG

Nach § 331 Abs. 1 PrWG konnte ein Unternehmen ein Zwangsrecht zur Entwässerung von Grundstücken, zur Beseitigung von Abwässern und zur besseren Ausnutzung einer Triebwerksanlage, z.B. mittels eines stärkeren oder regelmäßigeren Wasserzuflusses,[1068] erwerben. Hinsichtlich der Entwässerung hatte die Norm vor allem die Beseitigung von stehendem Wasser im Blick, dessen Entfernung auf künstlichem Weg zu erzielen war, also insbesondere die Trockenlegung von Teichen, stehenden Seen oder sonstigen ober- und unterirdischen Wasseransammlungen ohne Abfluss. Voraussetzung war, dass die Überschreitung der eigenen Grundstücksgrenze notwendig war, d.h. die Durchführung auf dem fremden Grundstück technisch und wirtschaftlich zweckmäßiger war.[1069] Solange der Zweck des Unternehmens durch geeignete Einrichtungen innerhalb der Grundstücksgrenzen erreicht werden konnte, war die Beantragung eines Zwangsrechts unzulässig.[1070]

Das Zwangsrecht war nach § 331 Abs. 1 PrWG auf die Veränderung des Wasserlaufs durch Vertiefung, Verbreitung, Durchstiche, etc. zum Zwecke des besseren Wasserabflusses gerichtet. Die Benutzung des Wasserlaufs selbst war grundsätzlich von diesem Zwangsrecht nicht mitumfasst, sondern musste dem Unternehmer gesondert zustehen bzw. von ihm zusätzlich, z.B. im Wege der Verleihung, erworben werden. Das Verleihungsverfahren und das Zwangsverfahren konnten gleichzeitig oder nacheinander eingeleitet werden, abhängig davon, wie der Unternehmer vorgehen wollte. Von diesem Grundsatz, dass zusätzlich ein Nutzungsrecht erforderlich war, gab es zwei Ausnahmen. Eine Ausnahme bestimmte § 331 Abs. 2 PrWG für die gewöhnliche Bodenentwässerung von Grundstücken. Das Zwangsrecht umfasste in diesem Fall das Recht zur Hebung bzw. Senkung des Wasserspiegels, soweit dadurch außer einer Veränderung des Grundwasserstandes keine weiteren Nachteile, d.h. insbesondere keine Überschwemmung von Grundstücken unbeteiligter Dritter oder Beeinträchtigungen unbeteiligter Dritter in ihren Rechtsausübungen am Wasserlauf[1071], hervorgerufen wurden. Sollte es zu derartigen Beeinträchtigungen kommen, war eine Verleihung erforderlich. Wurden die Voraussetzungen des § 331 Abs. 2 PrWG hingegen eingehalten, wirkte das Recht auf Hebung und Senkung des Wasserspiegels auch gegenüber Dritten.[1072] Die zweite, ungeschriebene

1068 *Holtz/Kreutz,* Das preußische Wassergesetz, Bd. 2, S. 266.
1069 *Lenhard/Reichau,* Preussisches Wassergesetz, S. 638.
1070 *Lenhard/Reichau,* Preussisches Wassergesetz, S. 637 f.
1071 *Holtz/Kreutz,* Das preußische Wassergesetz, Bd. 2, S. 272.
1072 *Lenhard/Reichau,* Preussisches Wassergesetz, S. 640.

Ausnahme bestand darin, dass, soweit der Zweck des Unternehmens nicht die gewöhnliche Bodenentwässerung war und sich die Hebung oder Senkung des Wasserstandes als Folge der Veränderung des Wasserlaufs darstellte, diese Art der Wassernutzung auch vom Zwangsrecht erfasst war, vorausgesetzt, dass nur am Zwangsverfahren beteiligte Eigentümer von den Auswirkungen der Wasserstandsveränderungen betroffen waren.[1073] In dieser Konstellation war ein Verleihungsverfahren überflüssig, da mögliche den betroffenen Eigentümern drohende Nachteile und Schäden bereits im Zwangsverfahren, welches neben schadensmindernde bzw. -verhütenden Einrichtungen auch eine Entschädigung in Geld vorsah, ausgeglichen wurden.[1074] Wurden Dritte durch die Hebung/Senkung des Wasserspiegels beeinträchtigt oder geschädigt, so war das Recht zu einer entsprechenden Nutzung durch Verleihung zu erwerben.

b) Das Zwangsrecht nach § 332 PrWG

Unternehmen, die die Entwässerung, Bewässerung, die Wasserzuleitung für häusliche oder gewerbliche Zwecke oder die Abwässerableitung zum Ziel hatten, konnten nach § 332 PrWG einen Anspruch auf Duldung der ober- oder unterirdischen Durchleitung von Wasser über bzw. durch ein Grundstück oder einen Wasserlauf erwerben. Ein Durchleitungsrecht war bereits in §§ 19 Nr. 2, 25 Abs. 1 Nr. 1 PrivatflussG von 1843 und in den §§ 13 ff. Vorfluthedikt von 1811 vorgesehen gewesen, allerdings in wesentlich geringerem Umfang, nämlich nur zu Bewässerungszwecken im Falle des PrivatflussG von 1843 und zu Entwässerungszwecken im Falle des Vorfluthedikts von 1811, so dass § 332 PrWG die möglichen Gründe für ein solches Recht deutlich erweiterte. Das Zutagefördern von Wasser war jedoch vom Zwangsrecht nach § 332 PrWG nicht erfasst.[1075] Wie bei § 331 Abs. 1 PrWG war auch bei § 332 PrWG die wirtschaftliche und technische Zweckmäßigkeit der Inanspruchnahme fremder Grundstücke bzw. Wasserläufe Voraussetzung. Hinsichtlich der Nutzung eines fremden Wasserlaufs zum Zwecke der Wasserdurchleitung dachte die Gesetzgebungskommission an die Verwendung des Luftraums über dem Wasserlauf bzw. die Sohle desselben für die Anlage von Rohrleitungen[1076]. Entgegen dieser Vorgaben der Kommission

1073 *Lenhard/Reichau,* Preussisches Wassergesetz, S. 639, *Holtz/Kreutz,* Das preußische Wassergesetz, Bd. 2, S. 271.

1074 *Holtz/Kreutz,* Das preußische Wassergesetz, Bd. 2, S. 271.

1075 *Lenhard/Reichau,* Preussisches Wassergesetz, S. 643; LWA, PrVwBl. 36, 794, 795.

1076 PrAH, Drucks. Nr. 611 A, S. 404, in: Sammlung der Drucksachen des Preußischen Hauses der Abgeordneten, 21. Legislaturperiode, V. Session 1912/1913, 7. Bd., S. 4557.

entwickelte die zeitgenössische Literatur die nach § 332 Abs. 1 PrWG zulässige Wasserlaufsnutzung dahingehend weiter, dass auch die Einleitung von Wasser bzw. Abwasser zur weiteren Abführung als Durchleitung angesehen wurde.[1077] Begründet wurde dies zum einen mit dem Zweck der Vorschrift, das Entfernen des Wassers zu ermöglichen, was ohne ein Einleiten in den Wasserlauf nicht möglich sei. Zudem stelle das Einleiten für den betroffenen Wasserlaufsinhaber eine geringere Belastung und damit einen geringeren Eingriff dar, als die mit der Anlegung von Durchleitungsrohren verbundenen Arbeiten.[1078] Wurden jedoch durch die Einleitung des Wassers/Abwassers Grundstücke bzw. Wasserläufe Dritter, die am Zwangsverfahren unbeteiligt waren, beeinträchtigt, war zusätzlich die Verleihung eines Rechts auf Einleitung erforderlich.[1079]

Hinsichtlich der Erteilung eines Zwangsrechts nach § 332 Abs. 1 PrWG eröffnete das Gesetz in Abs. 3 der Norm einen weiteren Zurückweisungsgrund für den Antrag. Soweit durch das Unternehmen wichtige öffentliche Interessen geschädigt wurden, konnte der Antrag zurückgewiesen werden. Eine Vielzahl der Fälle wurde sowohl vom Begriff des „wichtigen öffentlichen Interesses" als auch von dem in § 49 Abs. 1 PrWG verwendeten Begriff „Gründe des öffentlichen Wohls" erfasst, da beiden eine große Schnittmenge gemein war, so dass sich im Einzelfall eine Differenzierung als schwierig erwiesen hatte. Bei Deckungsgleichheit war auch eine Zurückweisung nach § 49 Abs. 1 PrWG möglich. Die Gesetzeskommission wollte den Begriff des öffentlichen Interesses weiter verstanden wissen, als den des öffentlichen Wohls. Klarstellende Unterscheidungskriterien hatte sie jedoch nicht aufgestellt. Die Aussage, dass das öffentliche Wohl „verlange, dass das Wohl der Allgemeinheit, das Gemeinwohl beteiligt sei oder gefördert werden solle, während der letztere Begriff weitergehend und allgemeiner sei, indem er jedes berechtigte Interesse der Allgemeinheit im Auge habe"[1080], half zur Abgrenzung nicht weiter. Aus den Diskussionen der Gesetzeskommission zu § 332 PrWG ergab sich – zumindest was den Begriff in diesem Zusammenhang anbelangt – dahingehende Klarheit, dass die Kommission

---

1077 *Holtz/Kreutz,* Das preußische Wassergesetz, Bd. 2, S. 277 f.; *Lenhard/Reichau,* Preussisches Wassergesetz, S. 644 f.

1078 *Holtz/Kreutz,* Das preußische Wassergesetz, Bd. 2, S. 278; *Lenhard/Reichau,* Preussisches Wassergesetz, S. 644 f.

1079 *Holtz/Kreutz,* Das preußische Wassergesetz, Bd. 2, S. 278; *Lenhard/Reichau,* Preussisches Wassergesetz, S. 645.

1080 PrAH, Drucks. Nr. 611 A, S. 40, in: Sammlung der Drucksachen des Preußischen Hauses der Abgeordneten, 21. Legislaturperiode, V. Session 1912/1913, 7. Bd., S. 4375.

den Schutz kommunaler Wasserversorgungsanlagen im Blick gehabt hatte.[1081] Ziel war es zu verhindern, dass Gemeinden, die eine Wasserversorgungsanlage betrieben, durch gleichartige, private Konkurrenzunternehmen geschädigt oder gefährdet wurden.[1082]

c) Das Zwangsrecht nach § 333 PrWG

Der Eigentümer eines Ufergrundstücks sowie jeder, der aufgrund eines dinglichen oder obligatorischen Rechts zur Nutzung dieses Grundstücks berechtigt war, konnte nach § 333 Abs. 1 Satz 1 PrWG ein dahingehendes Zwangsrecht gegen den Eigentümer eines natürlichen Wasserlaufs begründen, dass dieser die Einrichtung von Treppen, einfachen Brücken über Gewässer 2. und 3. Ordnung, Bootshäusern, Haltepfählen und ähnlichen Einrichtungen zu dulden verpflichtet war. Voraussetzung war allerdings, dass diese Bauten dem Zwecke der eigenen Haushaltung und Wirtschaft dienten. Dies beinhaltete auch das Verbot, dass der Ufereigentümer diese Anlage anderen nicht dauerhaft zur Nutzung überlassen, sie insbesondere nicht vermieten oder verpachten durfte.[1083] Soweit nicht der Weg der Verleihung zu wählen war, konnte auch für Badeanstalten und Anlegestellen ein solches Zwangsrecht begründet werden, ohne dass es auf die Voraussetzung der eigenen Haushaltung und Wirtschaft ankam, § 333 Abs. 1 Satz 2 PrWG. Von der Norm erfasst wurden folglich nur gewerbliche Badeanstalten, die nicht von einer Gemeinde errichtet wurden, da nach § 46 Abs. 1 Nr. 4 PrWG das Recht zur Errichtung kommunaler und gemeinnütziger Badeanstalten der Verleihung unterlag. Für Anlegestellen durften keine großen baulichen Anlagen erforderlich sein, da das Recht zur Errichtung solcher nur durch Verleihung nach § 46 Abs. 1 Nr. 3 PrWG erworben werden konnte.

1081 PrAH, Drucks. Nr. 611 A, S. 401, in: Sammlung der Drucksachen des Preußischen Hauses der Abgeordneten, 21. Legislaturperiode, V. Session 1912/1913, 7. Bd., S. 4555.

1082 PrAH, Drucks. Nr. 611 A, S. 402 ff., in: Sammlung der Drucksachen des Preußischen Hauses der Abgeordneten, 21. Legislaturperiode, V. Session 1912/1913, 7. Bd., S. 4556 f.

1083 *Holtz/Kreutz*, Das preußische Wassergesetz, Bd. 2, S. 282.

7. Die Nutzung von Wasserläufen aufgrund aufrechterhaltener Rechte nach § 379 PrWG

Das PrWG hält bestimmte, zum Zeitpunkt seines Inkrafttretens bereits bestehende Wassernutzungsrechte nach § 379 Abs. 1 und 2 PrWG aufrecht und gewährt ihnen so Bestandsschutz.

a) Die Aufrechterhaltung nach § 379 Abs. 1 PrWG

Von § 379 Abs. 1 Nr. 1 PrWG erfasst wurden Wassernutzungen nach § 46 PrWG; d.h. die in § 40 Abs. 2 PrWG bezeichneten Nutzungsarten, wie z.B. der Gebrauch und Verbrauch des Wassers, das Einleiten flüssiger Stoffe in den Wasserlauf sowie die Veränderung des Wasserspiegels und die Anlage von Häfen, Stichkanälen, Anlegestellen und von kommunalen bzw. gemeinnützigen Badeanstalten. Auch das den nicht zu den Wasserläufen gehörende Gewässern bestehende Recht, über die Schranken der §§ 199 bis 202 hinaus zu verfügen und vom Unterlieger die Aufnahme des wild abfließenden Wassers zu verlangen, gehörte nach § 379 Abs. 1 Nr. 2 und 3 PrWG zu den Rechten, die aufrechterhalten werden konnten. Voraussetzung dafür war aber, dass diese Rechte auf einem besonderen Titel beruhten. Hinsichtlich des besonderen Titels war es unerheblich, ob es sich um einen privatrechtlichen oder öffentlich-rechtlichen Titel handelte,[1084] da auch durch letztere Privatrechte begründet werden konnten.[1085] Als besondere Titel anzusehen waren Privilegien, soweit sie zugunsten einzelner Personen verliehen worden waren,[1086] Verträge[1087], die letztwillige Verfügung[1088] sowie die Ersitzung[1089] und bergrechtliche Enteignungen sowie Enteignungen[1090] aufgrund

1084 *Lenhard/Reichau,* Preussisches Wassergesetz, S. 766.

1085 RGZ 80, 19, 25.

1086 RGZ 4, 213, 217; *Holtz/Kreutz/Schlegelberger,* Das preußische Wassergesetz 1955, Bd. 1, § 50 Rn. 12, S. 357; *Wulff/Herold,* Wassergesetz, S. 489; *Lenhard/Reichau,* Preussisches Wassergesetz, S. 150; Nr. 22 des Erlasses vom 1. Mai 1904. Betr. Ausführungsanweisung zur Gewerbeordnung, VMBl. 1904, S. 201, 207.

1087 Nr. 22 des Erlasses vom 1. Mai 1904. Betr. Ausführungsanweisung zur Gewerbeordnung, VMBl. 1904, S. 201, 207; *Wüsthoff,* Handbuch des deutschen Wasserrechts, Bd. 1., S. 604.

1088 Nr. 22 des Erlasses vom 1. Mai 1904. Betr. Ausführungsanweisung zur Gewerbeordnung, VMBl. 1904, S. 201, 207.

1089 RGZ 111, 90, 98; LWA ZAgR 4, 80, 82 f.

1090 *Wüsthoff,* Handbuch des deutschen Wasserrechts, Bd. 1., S. 602; *Holtz/Kreutz/Schlegelberger,* Das preußische Wassergesetz 1955, Bd. 1, Bd. 1, S. 357

des Gesetzes über die Enteignungen von Grundeigentum[1091]. Erkennt man mit dem RG die Genehmigung nach ALR II 15 § 46 als die Verleihung eines regalen Rechts an,[1092] so begründet auch diese Genehmigung einen besonderen Titel.[1093] Es handelte sich also um Rechtsakte, „durch die Rechte und Pflichten begründet werden, die sich nicht schon ohne weiteres aus dem Gesetz oder Gewohnheitsrecht ergeben“[1094]. Allgemeine Rechtsnormen, wie z.B. nachbarrechtliche Vorschriften, waren damit keine besonderen Rechtstitel.[1095] Ob das Eigentum einen solchen Titel darstellte, war nicht einheitlich geklärt. Die h.M.[1096] lehnte dies mit der Begründung ab, dass die sich aus dem Eigentum ergebenden Wassernutzungsrechte unmittelbar auf Gesetz beruhen und es sich somit um allgemeine Rechtsnormen handeln würde. Auch landespolizeiliche Genehmigungen zählten nicht zu den besonderen Titeln des § 379 Abs. 1 PrWG, da sich aus den Genehmigungen nur ergab, dass polizeibehördliche Bedenken gegen die Anlage zur Wassernutzung nicht bestanden.[1097] Gleiches galt – trotz des aufgrund von § 26 RGewO von 1869 bestehenden stärkeren Schutzes des Berechtigten – für gewerbepolizeiliche Genehmigungen.[1098] Durch sie wurde für den Berechtigten kein Recht begründet, welches eine Rechtsausübung gestattete, sondern die Genehmigungen schränkten lediglich Ansprüche Dritter gegen den Betrieb der errichteten Anlage ein ohne darüber hinaus in die privatrechtlichen Verhältnisse einzugreifen.[1099]

b) Die Aufrechterhaltung nach § 379 Abs. 2 PrWG

Nutzungsrechte, die nicht auf einem besonderen Titel beruhten, d.h. insbesondere solche, die sich direkt aus dem Gesetz ergaben, blieben unter den Voraussetzungen des § 379 Abs. 2 PrWG aufrechterhalten. Es musste sich dabei um ein Recht nach § 379 Abs. 1 Nr. 1 und 2 PrWG handeln. Die Aufrechterhaltung griff

---

1091 Gesetz über die Enteignung von Grundeigentum, vom 11. Juni 1874, GS 1874, S. 221 ff.

1092 Einzelheiten zu ALR II 15 § 46 vgl. oben S. 71 ff.

1093 *Holtz/Kreutz/Schlegelberger*, Das preußische Wassergesetz 1955, Bd. 1, S. 357.

1094 *Holtz/Kreutz/Schlegelberger*, Das preußische Wassergesetz 1955, Bd. 1, S. 356 f.

1095 RGZ 23, 52, 57.

1096 *Wüsthoff*, Handbuch des deutschen Wasserrechts, Bd. 1., S. 604; *Holtz/Kreutz/Schlegelberger*, Das preußische Wassergesetz 1955, Bd. 1, S. 359; *Lenhard/Reichau*, Preussisches Wassergesetz, S. 150.

1097 RG PrVwBl. 44, 33; PrOVGE 72, 277, 283;

1098 PrOVGE 70, 377, 379; LWA PrVwBl. 37, 618, 619.

1099 *Wulff/Herold*, Wassergesetz, S. 489 f.; RGZ 90, 52, 63; RG PrVwBl. 43, 263, 265.

nur, solange und soweit rechtmäßige Anlagen zur Rechtsausübung vorhanden waren, die vor dem 01.01.1913 errichtet worden waren bzw. deren Errichtung vor diesem Termin begonnen worden war. Als Anlage kam jede Vorrichtung in Betracht, die geeignet war, die Ausübung des Nutzungsrechts zu ermöglichen.[1100] Sie musste sowohl in privatrechtlicher als auch in öffentlich-rechtlicher Hinsicht rechtmäßig sein, das bedeutete, dass weder ein privater Dritter noch die Polizei gegen die Anlage einschreiten konnte.[1101] Im privatrechtlichen Sinne war sie damit rechtmäßig, wenn sie aufgrund eines Privatrechts errichtet worden war, im öffentlich-rechtlichen Sinne, wenn die ggf. erforderliche polizeiliche Genehmigung eingeholt worden war.[1102] Zum Beispiel bedurften Anlagen zur Grundwassergewinnung keiner Genehmigung, da die Verwendung des Grundwassers im Belieben des Grundstückseigentümers stand, so dass es nur darauf ankam, dass durch die Anlage kein gesetzlicher Verstoß verursacht wurde.[1103] Nur ein mit der früheren Rechtsordnung in Einklang stehendes Nutzungsrecht wurde demnach aufrechterhalten. Hatte die Anlage vor dem 01.01.1912 bereits mehr als 10 Jahre bestanden, ohne dass ein Dritter erfolgreich Widerspruch gegen ihre Rechtmäßigkeit bei der zuständigen Behörde eingelegt hatte, dann wurde die Rechtmäßigkeit der Anlage – auch hinsichtlich des Bestehens einer polizeilichen Genehmigung[1104] – widerleglich vermutet, § 379 Abs. 3 PrWG, wenn die Wassernutzung mittels der Anlage nach früherem Recht zulässig war[1105].

c) *Inhalt der aufrechterhaltenen Rechte*

Gemäß § 379 Abs. 4 Satz 1 PrWG bestimmte sich der privatrechtliche Inhalt der nach § 379 Abs. 1 PrWG aufrechterhaltenen Rechte nach dem besonderen Titel, auf dem sie beruhten. Die öffentlich-rechtlichen Bestimmungen des PrWG, wie z.B. die §§ 19 ff., 46 ff., 87 ff., waren auch auf die aufrechterhaltenen Rechte anzuwenden.[1106]

Die Frage, inwieweit sich der Inhalt der aufrechterhaltenen Rechte im Sinne des § 379 Abs. 2 PrWG nach dem bis dato geltenden Recht richtete und

---

1100 LWA PrVwBl. 43, 406.
1101 *Wulff/Herold,* Wassergesetz, S. 490.
1102 *Lenhard/Reichau,* Preussisches Wassergesetz, S. 767.
1103 *Lenhard/Reichau,* Preussisches Wassergesetz, S. 768.
1104 LWA, PrVwBl. 42, 584, 585; *Wulff/Herold,* Wassergesetz, S. 491.
1105 LWA, PrVwBl, 41, 447, 448; LWA, PrVwBl. 42, 584, 585.
1106 PrAH, Drucks. Nr. 611 A, S. 505, in: Sammlung der Drucksachen des Preußischen Hauses der Abgeordneten, 21. Legislaturperiode, V. Session 1912/1913, 7. Bd., S. 4607.

inwieweit die Beschränkungen des neu einzuführenden PrWG maßgeblich sein sollten, war im Abgeordnetenhaus während des Gesetzgebungsverfahrens sehr ausführlich diskutiert worden.[1107] Die Notwendigkeit der Aufrechterhaltung bestehender Rechte war grundsätzlich anerkannt worden. Insbesondere vor dem Hintergrund der Gefahr der Verschmutzung der Gewässer und der Entziehung des Grundwassers waren jedoch Stimmen laut geworden, die bestehenden Privatrechte den Beschränkungen des PrWG zu unterwerfen. Andere hatten dies als einen unzulässigen Eingriff in wohlerworbene Rechte gewertet und sie nur an den bis dahin geltenden Bestimmungen messen wollen. Als Kompromiss zwischen diesen beiden Positionen nahm man § 379 Abs. 4 PrWG in das Gesetz auf, um einerseits der fortschreitenden Verschmutzung der Wasserläufe durch Industrieabwässer Einhalt zu gebieten und einer übermäßigen Entnahme von Grundwasser entgegenzuwirken, um so vor allem die Versorgung der Bevölkerung mit Trinkwasser zu gewährleisten und andererseits bestehende Rechte nicht zu sehr ihres Inhalts zu berauben. Danach richtete sich der privatrechtliche Inhalt der aufrechterhaltenen Rechte grundsätzlich nach den bis dahin geltenden Gesetzen. Die öffentlich-rechtlichen Bestimmungen des PrWG blieben, wie bei den auf besonderen Titeln beruhenden Rechten, auch hier anwendbar.[1108] Zudem galt nach § 379 Abs. 4 Satz 2 Nr. 1 PrWG die Maßgabe, dass über das Gemeinübliche hinausgehende Wasserverunreinigungen unzulässig sind. Die Gemeinüblichkeit der Verschmutzung bemaß sich im Einzelfall danach, was die Beteiligten vor Ort über einen längeren Zeitraum ohne Widerspruch aufgrund der Ansicht, hierzu verpflichtet zu sein, duldeten.[1109] Nach § 379 Abs. 4 Satz 2 Nr. 2 PrWG waren als weitere Maßgabe durch die Förderung unterirdischen Wassers entstehende Schäden zu ersetzen, soweit sie nicht durch eine entsprechende Einrichtung der Anlagen verhindert werden konnten. Der Geschädigte hatte demnach einen Anspruch auf schadensverhütende Einrichtungen, wenn diese mit dem Unternehmen vereinbar und wirtschaftlich gerechtfertigt waren. Subsidiär, falls eine derartige Einrichtung nicht möglich war, hatte er einen Entschädigungsanspruch, soweit es aus Billigkeit erforderlich war. Er war so zu bemessen, dass das Unternehmen in seiner Leistungsfähigkeit und Wirtschaftlichkeit nicht

1107 PrAH, Drucks. Nr. 611 A, S. 459 ff., in: Sammlung der Drucksachen des Preußischen Hauses der Abgeordneten, 21. Legislaturperiode, V. Session 1912/1913, 7. Bd., S. 4584 ff.

1108 PrAH, Drucks. Nr. 611 A, S. 505, in: Sammlung der Drucksachen des Preußischen Hauses der Abgeordneten, 21. Legislaturperiode, V. Session 1912/1913, 7. Bd., S. 4607.

1109 *Lenhard/Reichau*, Preussisches Wassergesetz, S. 770.

gefährdet wurde. Ersatzfähig waren nur solche Schäden, die nach dem Inkrafttreten des PrWG durch die ordnungsgemäße Rechtsausübung neu entstanden waren.[1110] Überschritt der Unternehmer die Grenzen seines Nutzungsrechts, so richtete sich die Schadensersatzpflicht nach den Vorschriften des BGB.

d) Erlöschen der aufrechterhaltenen Rechte

Die nach § 379 Abs. 1 und 2 PrWG aufrechterhaltenen Rechte erloschen ganz oder teilweise gemäß § 379 Abs. 5 i.V.m. § 84 PrWG, wenn sie aufgrund überwiegender Nachteile oder Gefahren für das öffentliche Wohl durch behördliche Entscheidung zurückgenommen bzw. eingeschränkt wurden.

Als weiterer Erlöschensgrund war die fehlende Eintragung des aufrechterhaltenen Rechts ins Wasserbuch vorgesehen. Wurde innerhalb der gesetzlichen Frist ab Inkrafttreten des PrWG, ab dem 1. Mai 1914, die Eintragung ins Wasserbuch nicht beantragt, dann erlosch das Nutzungsrecht mit Ablauf der Frist, § 380 Abs. 1 Satz 1 PrWG. Zur Wahrung der Frist genügte damit der rechtzeitige Antrag beim Bezirksausschuss als zuständige Wasserbuchbehörde; die Eintragung selbst musste noch nicht erfolgt sein. Selbst bei Zurückweisung des Eintragungsantrags blieb das Recht bestehen.[1111] Die im PrWG dafür vorgesehene Frist von zehn Jahren wurde mit der Verordnung vom 16.02.1924[1112] auf fünfzehn Jahre verlängert, so dass der Antrag bis zum 30.04.1929 zu stellen war. Von dieser Eintragungspflicht des § 380 Abs. 1 PrWG nicht betroffen waren die nach § 86 PrWG sichergestellten Rechte, da sie bereits nach § 185 Abs. 1 PrWG ins Wasserbuch eingetragen werden mussten, und jene aufrechterhaltenen Rechte, die bereits im Grundbuch eingetragen (§ 380 Abs. 1 Satz 2) worden waren, da der Zweck der Eintragungspflicht, eine eindeutige Rechtslage zu schaffen, bereits auf anderem Wege erreicht worden war[1113].

Eine Anlage, der eine gewerbepolizeiliche Genehmigung nach den §§ 16 ff. RGewO von 1869 zugrunde lag, blieb weiter bestehen und durfte auch weiterhin betrieben werden. Dies galt auch dann, wenn eine Eintragung des

---

1110 PrAH, Drucks. Nr. 611 A, S. 505, in: Sammlung der Drucksachen des Preußischen Hauses der Abgeordneten, 21. Legislaturperiode, V. Session 1912/1913, 7. Bd., S. 4607.

1111 PrAH, Drucks. Nr. 611 A, S. 507, in: Sammlung der Drucksachen des Preußischen Hauses der Abgeordneten, 21. Legislaturperiode, V. Session 1912/1913, 7. Bd., S. 4608; *Holtz/Kreutz*, Das preußische Wassergesetz, Bd. 2, S. 432.

1112 Verordnung zur Änderung des Wassergesetzes vom 7. April 1913 vom 16. Februar 1924, GS 1924, S. 112.

1113 *Lenhard/Reichau*, Preussisches Wassergesetz, S. 772.

Wassernutzungsrechts nicht beantragt worden war, da nach § 26 RGewO von 1869 die gewerbliche Genehmigung vor einer Klage auf Betriebseinstellung schützte. Einfluss hatte die fehlende Beantragung der Eintragung aber auf die Frage, inwieweit vom Anlagenbetreiber schadensverhütende Einrichtungen oder Entschädigung verlangt werden konnten. Während der Unternehmer im Fall des rechtzeitigen Antrags auf Eintragung die materielle Rechtsstellung behielt, die er bei Inkrafttreten des Gesetzes gehabt hatte, soweit nicht § 379 PrWG ein anderes bestimmte, verlor er diese und unterstand den Vorschriften des PrWG, wenn er die rechtzeitige Beantragung versäumte.[1114] Das Fortbestehen der materiellen Rechtsstellung bedeutete insbesondere, dass Ansprüche auf die Herstellung von schadensverhütenden Einrichtungen oder Entschädigungsansprüche gegen ihn nicht geltend gemacht werden konnten, auch wenn er die Grenzen des PrWG überschritt, solange er sich an die seines Nutzungsrechts hielt.[1115] Durch den Verlust der Rechtsstellung ging dieser Schutz verloren, so dass bei Überschreitung der durch das PrWG gesteckten Nutzungsgrenzen Entschädigungsansprüche oder Ansprüche auf schadensverhütende Einrichtungen drohten.

Durch das nach § 380 PrWG vorgesehene Erlöschen von aufrechterhaltenen Rechten bei Missachtung der Eintragungspflicht wurde erheblich in bestehende Rechte eingegriffen. Dieser Konsequenzen war sich der Gesetzgeber bewusst. Dennoch sah er die Vorschrift des § 80 PrWG vor dem Hintergrund einer klaren und eindeutigen Rechtslage bezüglich der bestehenden Nutzungsrechte als notwendig an.[1116] Die Beantragung stellte eine geringe Belastung für die Betroffenen dar, insbesondere da nur geringe Anforderungen (Angaben zur Person des Berechtigten, Bezeichnung des Wasserlaufs sowie Art und Inhalt der Nutzung) an den Antrag gestellt wurden.[1117] Führt man sich vor Augen, dass mit dem PrWG das Ziel verfolgt wurde, eine möglichst effektive und umfassende Ausnutzung der vorhandenen Wassermenge zu erreichen und die Wasserläufe auch neu aufkommenden Nutzungsarten zugänglich zu machen, so bedurfte es der Eindeutigkeit und Klarheit über vorhandene Nutzungsrechte, da andernfalls eine nachhaltige Regulierung und Verteilung der Wassernutzung im Sinne dieser Zielsetzung nicht zu erreicht werden konnte.

1114 *Holtz/Kreutz,* Das preußische Wassergesetz, Bd. 2, S. 433 f.

1115 *Holtz/Kreutz,* Das preußische Wassergesetz, Bd. 2, S. 433 f.

1116 PrAH, Drucks. Nr. 611 A, S. 507, in: Sammlung der Drucksachen des Preußischen Hauses der Abgeordneten, 21. Legislaturperiode, V. Session 1912/1913, 7. Bd., S. 4608.

1117 *Wüsthoff,* Handbuch des deutschen Wasserrechts, Bd. 1, S. 608.

Für die nach § 379 Abs. 2 PrWG aufrechterhaltenen Rechte (Rechte, die sich aus dem Gesetz ergeben) bestand noch ein weiterer Erlöschensgrund, nämlich dann, wenn keine rechtmäßige Anlage zur Nutzung des Rechts mehr bestand. Dies ergibt sich aus einem Umkehrschluss zum Wortlaut des § 379 Abs. 2 PrWG, wonach die Rechte nur *solange* aufrechterhalten blieben, als eine rechtmäßige Anlage bestand. Die Beseitigung der Anlage führte damit zum Erlöschen des Rechts, unabhängig davon, ob die Anlage wegen endgültiger Nutzungsaufgabe oder zugunsten einer Erweiterung mit erhöhter Ausnutzung des Wasserlaufs entfernt worden war.[1118] Letztes war dann der Fall, wenn es sich bei der Erweiterung um eine wesentliche Veränderung der Betriebsstätte im Sinne des § 25 RGewO handelte, welche eine erneute gewerbepolizeiliche Genehmigung erforderte, so z.B. bei dem Ersatz eines Wasserrades durch eine Turbine[1119].

8. Verhältnis der Nutzungsrechte zueinander

Die einzelnen nach dem PrWG zugelassenen Nutzungen blieben nicht ohne Auswirkungen auf Wasserqualität, Wasserbestand sowie den Wasserlauf insgesamt. In der Folge konnte dies zu Beeinträchtigungen der Nutzungsrechte untereinander führen bis hin zu einem Unmöglichwerden einzelner Nutzungen. Daher stellt sich die Frage, wie die einzelnen Nutzungsrechte zueinander ins Verhältnis zu setzen sind. Gab es ein Rangverhältnis zwischen den unterschiedlichen Wassernutzungen? Wenn ja, beruhte dieses dann auf der Begründung des Rechts, also darauf, ob es sich um ein verliehenes Recht, um Eigentümer- oder Gemeingebrauch handelte, oder war es vielmehr abhängig von der ausgeübten Nutzungsart oder spielten andere Abgrenzungsfaktoren eine Rolle? Sollte es ein solches Rangverhältnis nicht gegeben haben, ist zu untersuchen, welche Lösung das PrWG dann im Falle einer Kollision von Nutzungsrechten vorsah.

a) Bestehen eines Rangverhältnisses zwischen den Nutzungsrechten?

Ein solches Rangverhältnis bestand zwischen dem Gemeingebrauch und den übrigen Formen der Rechtsbegründung. Der Gemeingebrauch war gegenüber den anderen Nutzungsrechten subsidiär. Er hatte hinter allen Nutzungsrechten zurückzutreten, die auf einem Privatrecht, sei es gesetzlich gewährt oder staatlich verliehen, oder auf einem nach § 379 Abs. 1 PrWG aufrechterhaltenen Recht, welchem ein besonderer Titel zu Grunde lag, beruhten.[1120] Bereits

1118 *Lenhard/Reichau*, Preussisches Wassergesetz, S. 772.
1119 PrOVGE 43, 258, 265 f.
1120 *Wulff/Herold*, Wassergesetz, S. 59

aufgrund des Eigentums bestehende, bereits verliehene oder aufrechterhaltene Nutzungsrechte standen gleichberechtigt nebeneinander. Zwischen diesen sah das PrWG kein Rangverhältnis vor, so dass im Falle einer Kollision eine andere Lösung gefunden werden musste. Ebenso wenig bevorzugte oder benachteiligte das PrWG einzelne Nutzungsarten. Anders als noch das PrivatflussG von 1843, das explizit auf eine Förderung und damit eine Vorrangstellung der Bewässerung gegenüber anderen Nutzungsarten abgezielt hatte, beabsichtigte das PrWG die größtmögliche Ausnutzung der vorhandenen Gewässer, ohne dabei jedoch einer einzelnen Nutzungsart eine besondere Vorrangstellung gegenüber den anderen einzuräumen. Dementsprechend bestand z.B. das Recht auf Ableiten von Wasser gleichberechtigt neben dem Recht auf Aufstauen des Wassers. Das PrWG sah nun verschiedene Mechanismen vor, einerseits eine Kollision der Nutzungsrechte von vornherein zu verhindern und andererseits eine entstandene Kollision aufzulösen.

Als einer der Verhinderungsmechanismen diente das oben näher dargestellte Verleihungsverfahren. Durch die für Dritte bestehende Möglichkeit gegen die Verleihung Widerspruch zu erheben und ihre Rechte geltend zu machen, fanden diese Rechtsansprüche Eingang in das Verfahren und in die Entscheidung über die Verleihung. Die §§ 49, 50 PrWG, die Versagensgründe für die Verleihung vorsahen, führten dazu, dass sowohl die Interessen des Gemeinwohls als auch Interessen Dritter umfassend berücksichtigt wurden und insbesondere bezüglich letzterer eine Abwägung der Belange stattfand. Wurden mehrere Verleihungsanträge für ein Nutzungsrecht gestellt, die sich gegenseitig ausschlossen oder beeinträchtigten, dann war im Rahmen des Verleihungsverfahrens darüber zu entscheiden, wer den Vorrang bekam. Im Wege der Abwägung wurde dabei dem Antrag stattgeben werden, bei dem die beabsichtigte Nutzung am ehesten dem Gemeinwohlinteresse entsprach und es sich um eine wirtschaftlich wichtigere und damit vorrangig erwünschte Gewässernutzung handelte.[1121]

Für die sich aus dem Eigentum ergebenden Nutzungsrechte sah § 41 Abs. 1 PrWG Beschränkungen für die Ausübung vor, um so einer Kollision mehrerer an einem Wasserlauf bestehender Rechte verschiedener Eigentümer vorzubeugen. Sollte es zu einem Konflikt zwischen verliehenem Recht, aufrechterhaltenem Recht und/oder Nutzungsrecht aus dem Eigentum kommen, konnte unter bestimmten Voraussetzungen im Einzelfall ein Ausgleichsverfahren durchgeführt werden, um im Wege der gütlichen Einigung ein Nebeneinander der Rechte zu ermöglichen.

1121 *Wulff/Herold*, Wassergesetz, S. 131.

b) *Das Verhältnis einzelner Nutzungsrechte im Rahmen des Eigentümergebrauchs unter Berücksichtigung von § 41 Abs. 1 PrWG*

Das preußische Wassergesetz gewährte keiner auf dem Eigentümergebrauch beruhenden Wassernutzung Vorrang vor einer anderen, sie standen vielmehr gleichberechtigt nebeneinander. Über die in § 41 Abs. 1 Nr. 1 und 2 PrWG vorgesehenen Beschränkungen versuchte das Gesetz, eine solche Kollision von Nutzungsrechten von vornherein zu vermeiden und ein geordnetes Nebeneinander verschiedener Nutzungen zu ermöglichen. § 41 Abs. 1 Nr. 1 PrWG verbot die Veränderung der Vorfluth bzw. die Verunreinigung des Wassers zum Nachteil anderer. Durch die Erhöhung der Sohle, durch die Errichtung einer Stauanlage oder die Einleitung von Wasser konnte die Vorfluth beeinflusst werden, so dass insbesondere die Ausführung dieser Tätigkeiten derart angepasst werden musste, dass eine Verletzung des § 41 Abs. 1 Nr. 1 PrWG nicht eintrat.

§ 41 Abs. 1 Nr. 2 PrWG untersagte eine Veränderung des Wasserstands, durch die die Rechtsausübung anderer beeinträchtigt oder fremde Grundstücke beschädigt wurden, d.h. der Wasserspiegel durfte nicht derart gehoben oder gesenkt werden, dass dadurch andere Berechtigte ihre Rechte nicht mehr ausüben konnten. Durch die Vorschrift wurden neben den Eigentumsrechten anderer Flusseigentümer auch Staurechte, Wasserableitungs- bzw. Zuleitungsrechte Dritter, die kein Eigentum am Wasserlauf hatten, erfasst.[1122] Nach Ansicht der Literatur[1123] mussten die geschützten Rechte unmittelbar durch die Veränderung des Wasserstandes beeinträchtigt sein, d.h. ihre Verletzung durfte sich nicht nur als mittelbare Folge darstellen, wie dies z.B. der Fall wäre, wenn einem Stauwerk das notwendige Wasser entzogen würde. Dieser Fall sei gerade nicht von § 41 Abs. Nr. 2 PrWG erfasst. Dieser Ansicht liegt folgende Erwägung zugrunde: Die Beeinträchtigung des Staurechts beruhte nicht unmittelbar auf der Absenkung des Wasserspiegels, sondern auf der fehlenden Wassermenge.[1124] Wasserstand und Wassermenge konnten sich gegenseitig bedingen. Die Höhe des Wasserstandes war von der vorhandenen Wassermenge abhängig und umgekehrt, dies war jedoch beeinflussbar. Hätte man der Senkung des Wasserspiegels bei Wasserentnahme, z.B. durch das Anheben der Sohle, entgegengewirkt, so hätte sich zwar die Wassermenge verringert, der Wasserstand wäre aber gleichgeblieben.[1125]

1122 *Holtz/Kreutz,* Das preußische Wassergesetz, Bd. 1, S. 237.

1123 *Holtz/Kreutz,* Das preußische Wassergesetz, Bd. 1, S. 237 f.; *Lenhard/Reichau,* Preussisches Wassergesetz, S. 134.

1124 *Holtz/Kreutz,* Das preußische Wassergesetz, Bd. 1, S. 237 f.

1125 *Holtz/Kreutz,* Das preußische Wassergesetz, Bd. 1, S. 237 f.

Umgekehrt bliebe bei einer bloßen Vertiefung der Sohle ohne Wasserentnahme die Wassermenge gleich und der Wasserstand würde sich ändern. Da das Stauwerk von der ihm zufließenden Wassermenge und nicht vom Wasserstand abhängig war und sich beides nicht notwendigerweise bedingte, fiel eine Beeinträchtigung des Staurechts und damit auch anderer Nutzungsrechte, die auf das Vorhandensein einer bestimmten Wassermenge angewiesen waren, nach Ansicht der Literatur, selbst dann nicht unter § 41 Abs. 1 Nr. 2 PrWG, wenn ein besonderer Titel dem Betroffenen ein Recht auf den Zufluss einer bestimmten Wassermenge gewährte. Dieses Recht wurde nicht durch ein Absenken des Wasserstandes, sondern nur durch das Ableiten von Wasser, also durch eine Veränderung der Wassermenge verletzt.[1126] Nur wenn die Entziehung des Wassers ihre unmittelbare Ursache in der Veränderung des Wasserstandes hatte, gewährte § 41 Abs. 1 Nr. 2 PrWG dem Betroffenen Schutz. Umgekehrt bedeutete dies für die übrigen Nutzer, dass sie an Wasserläufen erster Ordnung keine Rücksicht darauf nehmen mussten, anderen nicht das Wasser zu entziehen, solange dieser Entzug auf der Verringerung der Wassermenge und nicht unmittelbar auf Veränderung des Wasserstandes beruhte. Eine andere Ansicht wurde diesbezüglich in der Entwurfsbegründung vertreten,[1127] die die Verringerung der Wassermenge mit den Veränderungen des Wasserstandes gleichsetzte. Nach dieser Ansicht wurde bei Bestehen besonderer Rechtstitel auf Zufluss einer bestimmten Wassermenge eine Rechtsverletzung nach § 41 Abs. 1 Nr. 2 PrWG bejaht, wenn dem Berechtigten weniger Wasser zur Verfügung stand. Diese Entwurfsbegründung lässt vermuten, dass es beabsichtigt gewesen war, die Unterlieger vor dem Wasserentzug durch die Oberlieger zu schützen und den Oberliegern bei Ausübung ihrer Nutzungen die entsprechende Beschränkung aufzuerlegen, um so den geografischen Nachteil, dem der Unterlieger gegenüber dem Oberlieger unterlag, auszugleichen. Wie sich an der Ansicht der Literatur zeigt, konnte dieses Regelungsziel aber aufgrund der Formulierung des § 41 Abs. 1 Nr. 2 PrWG nicht erreicht werden.

Die durch § 41 Abs. 1 Nr. 1 und 2 PrWG zu verhindernden Nachteile konnten jedoch auch erst durch das Zusammenwirken mehrerer Nutzungen an einem Wasserlauf eintreten. Dies konnte beispielsweise durch das Einleiten von Abwasser in den Fluss geschehen. Die Abwässer des einzelnen Eigentümers wären unschädlich gewesen, aber die Addition der Abwässer durch mehrere

---

1126 *Holtz/Kreutz,* Das preußische Wassergesetz, Bd. 1, S. 238.

1127 PrAH, Drucks. Nr. 9 B, S. 88, in: Sammlung der Drucksachen des Preußischen Hauses der Abgeordneten, 21. Legislaturperiode, V. Session 1912/1913,1. Bd., S. 708.

Eigentümer führte zu einer nachteiligen Verunreinigung des Wasserlaufs für andere. Alternativ konnte z.B. das Ableiten von Wasser aus einem Wasserlauf nur deshalb zu einer Senkung des Wasserstandes führen, weil der Oberlieger ebenfalls Wasser entnahm. Eine Regelung, wie in solchen Fällen die Rechtsausübung zu gestalten und welchem Nutzungsrecht Vorrang einzuräumen war, enthielt das PrWG nicht. *Holtz/Kreuz*[1128] und *Wulff*[1129] vertraten die Ansicht, dass dem Oberlieger Vorrang einzuräumen sei. Demnach könne der Oberlieger sein Recht vollumfänglich ausüben, während die Unterlieger ihre Ausübung soweit einschränken müssten, dass die gesetzlichen Beschränkungen nicht überschritten werden. Dem Oberlieger komme das „bessere Recht" zu.[1130] Auch das LWA vertrat dies im Ergebnis. Der Unterlieger müsse seine Nutzung an den Zustand des Wasserlaufs (wie Wasserqualität, Wassermenge) anpassen, den dieser bei ihm habe.[1131] Da der Oberlieger sein Nutzungsrecht bis zur gesetzlichen Grenze vollumfänglich ausüben dürfe, müsse der Unterlieger seine Nutzung an die gegebenen Verhältnisse anpassen und ggf. einschränken, um die gesetzlichen Grenzen nicht zu überschreiten.[1132] *Wüsthoff* sah die Bevorzugung des besseren Rechts des Oberliegers als überholt an und vertrat die Auffassung, dass der Wassernutzung der Vorrang einzuräumen sei, welche sich als die volkswirtschaftlich wichtigere darstelle.[1133] Auch er ließ damit ein Recht das andere überwiegen, legte aber einen anderen Maßstab an. Während es bei *Holtz/Kreutz* und *Wulff* einzig auf die geografische Lage des Eigentums ankam, war bei *Wüsthoff* die wirtschaftliche Bedeutung der Wassernutzung das entscheidende Merkmal. Da zwischen den Ausführungen von *Holtz/Kreutz* und *Wüsthoff* gut 35 Jahre liegen, ist zu vermuten, dass – wie Wüsthoff selbst angibt – ursprünglich der Grundsatz des „besseren Rechts" galt, dieser aber vom Kriterium der wirtschaftlichen Bedeutung abgelöst wurde. Eine vollständig andere Lösung des Problems sahen *Lenhard/Reichau* vor. Sie lehnten eine generelle Bevorzugung des Oberliegers ab. Es bestehe kein dahingehender Grundsatz, dass dessen Recht das bessere sei.[1134] Eine Vorrangstellung des Oberliegers bestehe nur hinsichtlich der Wassermenge. Diesbzgl. müsse der Unterlieger mit der Menge an Wasser auskommen, die ihm

---

1128 *Holtz/Kreutz,* Das preußische Wassergesetz, Bd. 1, S. 234.

1129 *Wulff/Herold,* Wassergesetz, S. 309. Wulff vertritt dies für den Fall der gemeinschaftlichen Verunreinigung des Wassers durch mehrere Eigentümer.

1130 *Holtz/Kreutz,* Das preußische Wassergesetz, Bd. 1, S. 234.

1131 Entscheidungen des LWA 1 (1921), 23, 31.

1132 Entscheidungen des LWA 1 (1921), 23, 31.

1133 *Wüsthoff,* Handbuch des deutschen Wasserrechts, Bd. 1, S. 418.

1134 *Lenhard/Reichau,* Preussisches Wassergesetz, S. 134 f.

der Oberlieger übrig lasse, da das PrWG gerade keinen Anspruch des Untergegen den Oberlieger auf Zufluss einer bestimmten Wassermenge enthalte.[1135] Entstehe der Schaden oder Nachteil erst durch die Kombination der Rechtsausübung durch zwei Eigentümer, so hafteten diese gemeinsam als Gesamtschuldner, es sei denn, der Oberlieger könne nachweisen, dass der Schadenseintritt trotz Einhaltung der erforderlichen Sorgfalt nicht erkennbar gewesen sei.[1136] Die Ansicht von *Lenhard/Reichau* führt dazu, dass beide Eigentümer ihre Nutzungsausübung derart einschränken mussten, dass auch in Kombination ihrer Nutzungsausübung die gesetzlich vorgeschriebenen Beschränkungen des § 41 Abs. 1 PrWG eingehalten wurden, eine Bevorzugung des einen Rechts zu Ungunsten des anderen Rechts wurde gerade nicht vorgenommen.

c) Das Ausgleichsverfahren nach den §§ 87 ff. PrWG

Die in §§ 87 ff. PrWG geregelte Ausgleichung diente dazu, bestehende, widerstreitende Nutzungsrechte im Wege eines behördlichen Verfahrens in Einklang zu bringen. Da die Rechte gleichberechtigt nebeneinander standen, fand grundsätzlich das Recht des einen dort seine Grenze, wo das Recht der anderen begann. Mit diesem Grundsatz alleine ließen sich Konflikte, die auf unterschiedlichen Nutzungsinteressen beruhten, nicht lösen. Mit dem PrWG wurde daher ein Ausgleichsverfahren eingeführt, das im Wasserrecht des 19. Jahrhunderts unbekannt gewesen war. Es kam nur für die von § 40 Abs. 1 PrWG erfassten Nutzungsarten in zwei Fällen in Betracht: zum einen, wenn die vorhandene Wassermenge nicht für die Benutzung durch mehrere Berechtigte ausreichte, zum anderen, wenn durch eine Nutzungsart eine andere beeinträchtigt oder sogar ausgeschlossen wurde. Bis zum Inkrafttreten des PrWG hätte insbesondere der Unterlieger in beiden Fällen geringe Chancen gehabt, seine Interessen zu wahren. Er wäre auf eine gütliche Einigung mit den Oberliegern angewiesen gewesen. Ein gerichtliches Verfahren hätte hinsichtlich des ersten Falls wenig Aussicht auf Erfolg gehabt, da ein Recht auf Zufluss einer bestimmten Wassermenge gesetzlich nicht vorgesehen gewesen war und er mit dem hatte auskommen müssen, was an Wasser übrig geblieben war, so dass es ihm letztlich an einem Anspruch gefehlt hatte. Im zweiten Fall hätten die Aussichten aufgrund des Rückgriffs auf den Grundsatz, dass sich die Rechte gegenseitig begrenzten, zwar besser gestanden, ausdrücklich normierte Rücksichtnahmepflichten jedoch waren rar gewesen. Das Ausgleichsverfahren stellte damit ein Novum dar, welches der Tatsache

1135 *Lenhard/Reichau*, Preussisches Wassergesetz, S. 134 f.

1136 *Lenhard/Reichau*, Preussisches Wassergesetz, S. 135.

Rechnung trug, dass der Wasserlauf aufgrund der Veränderung von Umweltbedingungen oder einer vermehrten Ausnutzung bestehender Rechte weniger Wasser führte und den Berechtigten damit weniger Wasser zufloss und zur Verfügung stand. Es ermöglichte im Falle der gegenseitigen Beeinträchtigung bzw. des gegenseitigen Ausschlusses von Nutzungsrechten eine individuell an den Einzelfall angepasste Lösung und keine pauschale Regulierung in der Weise, dass z.B. stets das Recht des Oberliegers Vorrang hatte oder dass das ältere Nutzungsrecht zu bevorzugen war.

Das Ausgleichsverfahren setzte voraus, dass es sich bei den widerstreitenden Rechten um Privatrechte handelte. Ob diese auf Gesetz, Vertrag oder Verleihung beruhten oder nach § 379 Abs. 1 PrWG aufrechterhalten waren, war dabei unerheblich.[1137] Ausgeschlossen war die Ausgleichung beim Gemeingebrauch und bei Berechtigungen, die auf einer Genehmigung nach §§ 16 ff. GewO beruhten, da weder über den Gemeingebrauch noch über die Genehmigung ein Privatrecht gewährt wurde. Letztere schied zudem aus, weil bei einer Änderung des Rechtszustandes Reichsrecht durch Landesrecht geändert worden wäre, was unzulässig war.[1138] Daher konnte der aufgrund einer gewerblichen Genehmigung Berechtigte auch nicht gegen seinen Willen in ein Ausgleichsverfahren einbezogen werden.[1139] Das Verfahren orientierte sich am Verleihungsverfahren. § 89 PrWG verwies dementsprechend auf die §§ 64, 65 Abs. 1, 2, 69–71, 76, 77 PrWG. Wie das Verleihungsverfahren begann auch das Ausgleichsverfahren mit einem Antrag, welcher bei Unzulässigkeit ohne weiteres zurückzuweisen war. Andernfalls prüfte die Ausgleichsbehörde, ob die gesetzlichen Verfahrensvoraussetzungen vorlagen, und zog die vom Antragsteller benannten Personen, mit deren Rechten er einen Ausgleich wünschte, hinzu. Über die von diesen Personen erhobenen Widersprüche entschied die Ausgleichsbehörde nach mündlicher Erörterung. Streitigkeiten über das Bestehen eines rechtlichen Titels, auf den ein Nutzungsrecht gestützt wurde, wurden nach §§ 89, 70 PrWG an die ordentliche Gerichtsbarkeit verwiesen. Über die Ausgleichung erging ein Beschluss, der den Beteiligten zuzustellen war (§§ 89, 71 PrWG). Hinsichtlich der Rechtsmittel gegen diesen Beschluss gilt das zum Verleihungsverfahren Gesagte entsprechend.

Konsequenterweise blieben bei der Verweisung auf das Verleihungsverfahren und damit im Ausgleichsverfahren diejenigen Vorschriften ausgeklammert,

---

1137 *Lenhard/Reichau,* Preussisches Wassergesetz, S. 248.
1138 *Lenhard/Reichau,* Preussisches Wassergesetz, S. 249.
1139 *Holtz/Kreutz,* Das preußische Wassergesetz, Bd. 1, S. 476.

deren Inhalt dem Zweck des Ausgleichsverfahrens nicht entsprach. So waren beispielsweise die Vorschriften zur Bekanntmachung bewusst weggelassen worden, da diese wegen der bloßen inter-partes-Wirkung des Ausgleichsbeschlusses nicht erforderlich waren. Im Ausgleichsverfahren waren nur die Rechte des Antragstellers und der besonders hinzugezogenen Personen betroffen, Rechte anderer blieben unberührt.[1140]

Über das Ausgleichsverfahren konnte das Maß, die Zeit und die Art der Wassernutzung geregelt werden. Eine Bestimmung über das Maß lag z.B. bei Veränderung der Stauhöhe oder der Begrenzung der Wasserentnahmemenge vor, über die Art der Nutzung bei Einrichtungen zur Wasserklärung oder effektiveren Wasserzurückleitung.[1141] Regelungen hinsichtlich der Zeit waren gegeben, wenn die Rechtsausübung auf bestimmte Tage oder Tageszeiten beschränkt wurde. Neben diesen Regelungsmöglichkeiten kam nach § 88 PrWG auch eine Ausgleichung durch Änderung der Betriebseinrichtung in Betracht. Durch eine Abwägung der betroffenen Privatinteressen wurde unter Berücksichtigung der öffentlichen Interessen[1142] eine Lösung der Konfliktsituation angestrebt. Die Behörde war dabei nicht an die Anträge der Beteiligten gebunden. Sie hatte vielmehr nach billigem Ermessen unter größtmöglicher Schonung und Aufrechterhaltung der bestehenden Rechte eine Entscheidung zu treffen, die auch eine umfassende wirtschaftliche Ausnutzung des vorhandenen Wasserschatzes im Blick hatte.[1143] Je nach Einzelfall konnten dabei öffentliche Interessen eine größere Rolle spielen als die Nutzungsinteressen des einzelnen, insbesondere wenn es um die Trinkwasserversorgung oder die Entwässerung von landwirtschaftlich nutzbaren Flächen ging.[1144] Damit der Ausgleichung notwendigerweise eine Einschränkung und damit ein Eingriff in wohlerworbene Rechte einherging, bestimmte § 87 Abs. 1 PrWG, dass eine Regelung, bei der der erzielte Nutzen den entstehenden Schaden nicht erheblich überstieg, abgelehnt werden konnte.

Bereits § 37 PrivatflussG von 1843 hatte die Pflicht des Triebwerksbesitzers im Interesse einer Bewässerungsanlage, eine zweckmäßige Einrichtung des Stauwerks, Wasserrades oder Gerinnes zu dulden, enthalten. Die Änderung der inneren Betriebseinrichtung hingegen hatte er nicht hinnehmen müssen. Dieser

---

1140 *Lenhard/Reichau,* Preussisches Wassergesetz, S. 252; *Holtz/Kreutz,* Das preußische Wassergesetz, Bd. 1, S. 470, 479.

1141 *Holtz/Kreutz,* Das preußische Wassergesetz, Bd. 1, S. 473.

1142 *Lenhard/Reichau,* Preussisches Wassergesetz, 250; *Holtz/Kreutz,* Das preußische Wassergesetz, Bd. 1, S. 474, a.A.: *Wulff/Herold,* Wassergesetz, S. 170.

1143 *Holtz/Kreutz,* Das preußische Wassergesetz, Bd. 1, S. 474.

1144 *Holtz/Kreutz,* Das preußische Wassergesetz, Bd. 1, S. 474.

Grundsatz wurde mit § 88 PrWG endgültig aufgegeben. Im Wege der Ausgleichung bestand nach § 88 PrWG die Möglichkeit, ineffektive Einrichtungen zur Wassernutzung, insbesondere alte Triebwerke oder Mühlen, die aufgrund eines veralteten Standes der Technik einen unnötig hohen Wasserverbrauch hatten, durch eine Verpflichtung zur Änderung der Betriebseinrichtung bzw. zur Duldung einer solchen Änderung in effektive und wassersparsame Einrichtungen umzuwandeln. Als Beispiel lässt sich die Ersetzung eines Wasserrades durch eine Turbine anführen.[1145] Voraussetzung dafür war, dass durch die Veränderung die Betriebsleistung nicht beeinträchtigt wurde und dass der Antragsteller sowohl die Kosten der Änderung als auch Schadensersatz für zeitweiligen Betriebsstillstand leistete, § 88 Abs. 1, 2 Satz 1 PrWG. Daneben hatte er auch die zusätzlich entstehenden Betriebs- und Unterhaltungskosten zu tragen, soweit diese nicht durch die aufgrund der Änderung entstehenden Vorteile aufgewogen wurden. Uneinigkeit bestand in der Literatur, ob dem Betroffenen ein Wahlrecht[1146] zwischen der Selbstvornahme der Betriebsänderung oder der Ausführung derselben durch den Antragsteller zukam oder ob die Entscheidung, durch wen die Änderungen vorzunehmen waren, der Ausgleichsbehörde oblag[1147]. Der Begriff „auferlegt" spricht eher für die letztgenannte Auffassung. Die Möglichkeit der Ausgleichung durch Änderung der Betriebseinrichtung bestand auch bei einer nach § 16 GewO genehmigten Anlage, vorausgesetzt, der Berechtigte hatte sich freiwillig dem Ausgleichsverfahren unterworfen, indem er entweder selbst einen Antrag gestellt oder sich einem laufenden Verfahren angeschlossen hatte.[1148]

d) Zwischenfazit

Es zeigt sich, dass eine Rangfolge nur im Verhältnis des Gemeingebrauchs zu den anderen Nutzungsrechten bestand. Dieser war subsidiär. Die anderen Rechte standen gleichberechtigt nebeneinander. Ein Ausgleich verschiedener Nutzungsinteressen mit einem zu verleihenden Recht konnte vor Beginn der Ausübung des letzteren durch das Verleihungsverfahren erzielt werden. Im Rahmen des Eigentümergebrauchs erreichte das Gesetz über die Beschränkungen des § 41 Abs. 1 PrWG, dass der Eigentümer eines Wasserlaufabschnitts bei der Nutzung desselben verstärkt Rücksicht auf die Nutzungsinteressen der übrigen Eigentümer des Wasserlaufs nehmen musste. Dass sich die einzelnen Nutzungen

---

1145 *Holtz/Kreutz,* Das preußische Wassergesetz, Bd. 1, S. 477.
1146 *Holtz/Kreutz,* Das preußische Wassergesetz, Bd. 1, S. 477.
1147 *Lenhard/Reichau,* Preussisches Wassergesetz, S. 251.
1148 *Holtz/Kreutz,* Das preußische Wassergesetz, Bd. 1, S. 477.

gegenseitig beeinflussten, war damit mehr in den Blick des Gesetzgebers gerückt. Dies beruhte vor allem auf der im 19. Jahrhundert stetig zunehmenden Ausnutzung der Wasserläufe für industrielle und landwirtschaftliche Zwecke und die dadurch ausgelöste Verschlechterung der Trinkwasserversorgung der Bevölkerung[1149]. Dessen ungeachtet bot das Gesetz keinen Lösungsansatz dafür, in welcher Weise Einschränkungen vorzunehmen waren, wenn im Rahmen des Eigentümergebrauchs die zu vermeidenden Nachteile durch die Kombination mehrerer Nutzungen entstanden. Es ist daher zu vermuten, dass der Gesetzgeber das Problem einer Regulierung des Wassergebrauchs, auch vor dem Hintergrund des Umweltschutzes, zwar erkannt hatte, sich aber dessen Tragweite noch nicht vollständig bewusst war. Andernfalls hätte es entsprechende Ausführungen in der Entwurfsbegründung gegeben und die Lösung wäre nicht der Literatur und Rechtsprechung überlassen worden.

Das für bestehende Rechte neu geschaffene Ausgleichsverfahren ermöglichte eine nachträgliche Anpassung des Nutzungsumfangs und der Nutzungsintensität mehrerer Berechtigter, wenn dies aufgrund veränderter natürlicher Gegebenheiten, eines veränderten Nutzungsverhalten der Berechtigten oder aufgrund einer gegenseitigen Nutzungsbeeinträchtigung bis hin zur Nutzungsverhinderung beantragt wurde. Mit dem PrWG wurde damit erstmals ein Instrument geschaffen, im Wege eines behördlichen Verfahrens unter Beteiligung der Betroffenen im Einzelfall Nutzungskonflikte aufzulösen und einen Kompromiss mit öffentlich-rechtlicher Wirkung zu erzielen. Auch wenn über dieses Verfahren nicht jede Kollision von Nutzungsinteressen zur Zufriedenheit aller Betroffenen gelöst werden konnte, so bot es doch die Möglichkeit einer bindenden, objektiven Entscheidung durch einen „Dritten", ohne ein langwieriges gerichtliches Verfahren anstrengen zu müssen, wenn eine gütliche Einigung zwischen den Beteiligten fehlschlug. Es hatte zudem den Vorteil, dass nicht eine spezielle Nutzungsart stets den Vorrang vor einer anderen erhielt, wie dies z.B. durch das in ALR II 15 § 246 enthaltene Verbot, einer Mühle das zum Betrieb notwendige Wasser zu entziehen, im Ergebnis zugunsten von Mühlen und Triebwerken erreicht worden war. Auch war die zeitliche Reihenfolge des Rechtserwerbs nicht mehr das maßgebende Kriterium für die Vorrangstellung der einen gegenüber der anderen Nutzung, wie dies für auf Privilegien beruhende Nutzungsrechte der Fall gewesen war. Das PrWG löste sich mit der flexiblen Ausgleichung zum einen von den wenigen vorhandenen, starren Vorschriften zum Verhältnis der

---

1149 PrAH, Drucks. Nr. 9 B, S. 19, in: Sammlung der Drucksachen des Preußischen Hauses der Abgeordneten, 21. Legislaturperiode, V. Session 1912/1913,1. Bd., S. 674.

Nutzungsrechte und beendete zum anderen die im 19. Jahrhundert aufgrund fehlender gesetzlicher Normierung bestehende Rechtsunsicherheit.

III. Nutzungsrechte an Gewässern, die nicht zu den Wasserläufen gehören

Neben den umfassenden Vorschriften zu den Rechtsverhältnissen an Wasserläufen enthielt das PrWG immerhin zehn Paragraphen, die die Nutzung von Gewässern regelten, die nicht zu den Wasserläufen gehörten. Alle Gewässer, die nicht der Bestimmung des § 1 PrWG unterfielen, zählten nicht zu den Wasserläufen. Dies waren z.B. oberirdische Quellen und Seen ohne (sichtbaren) Abfluss, Gräben, die nicht der Vorflut verschiedener Eigentümer dienten, unterirdisch abfließendes Wasser, soweit es nicht Teil eines Wasserlaufs war sowie oberirdisch wild abfließendes Wasser.[1150]

1. Der Eigentümergebrauch

Seen ohne sichtbaren Abfluss standen gemäß § 205 PrWG anteilig nach Maßgabe des § 8 Abs. 2 PrWG im Eigentum der Anlieger, wenn das Eigentum nicht durch Vertrag, Erbgang oder ähnliches zugeordnet war. Die Vorschrift des § 205 PrWG griff subsidiär nur dann ein, wenn es an einer anderweitigen Regelung der Eigentumsverhältnisse fehlte.[1151] Aufgrund von vorrangigen, individuellen Regelungen konnte sich ein See auch im Alleineigentum eines Anliegers oder Dritten befinden oder es war Miteigentum zu Bruchteilen möglich, welches sich nach den §§ 741 ff. BGB richtete.

Ebenso wie bei den Wasserläufen war das gesetzlich vorgesehene anteilige Eigentum des § 205 PrWG nicht als Bruchteilseigentum nach §§ 741 ff. BGB zu verstehen, da der See in reellen Anteile geteilt wurde und nicht gemeinschaftliches Eigentum nach ideellen Anteilen bestand. Für die anderen Gewässer, die nicht zu den Wasserläufen gehörten, enthielt das PrWG keine expliziten Bestimmungen über die Eigentumslage. Dies liegt daran, dass die fließende Welle, welche bei wild abfließendem und unterirdisch fließendem Wasser das maßgebliche Kriterium war, nicht eigentumsfähig ist. Dennoch knüpfte der Gesetzgeber an die Grundsätze des BGB an, obwohl er zwar den Begriff des Eigentums

---

1150 *Wulff/Herold*, Wassergesetz, S. 300 f.; *Lenhard/Reichau*, Preussisches Wassergesetz, S. 418.

1151 *Lenhard/Reichau*, Preussisches Wassergesetz, S. 450; *Holtz/Kreutz*, Das preußische Wassergesetz, Bd. 2, S. 38.

nicht übernahm, weil er ihn aufgrund der fehlenden Eigentumsfähigkeit nicht übernehmen konnte. Er übernahm aber die dem Eigentum zugrundeliegende Vorstellung, denn er unterwarf das ober- und unterirdische Wasser eines Grundstücks gemäß § 196 PrWG der Herrschaft und Verfügungsbefugnis der Grundstückseigentümer und rückte diese damit in eine dem Eigentümer vergleichbare Position.

a) Der Umfang der Verfügungsbefugnis des Grundstückseigentümers

Die nach § 196 PrWG bestehende Verfügungsbefugnis des Grundstückseigentümers reichte bis zu den Grenzen seines Grundstücks. Sie umfasste sowohl das sich oberhalb als auch das sich unterhalb der Grundstücksoberfläche befindliche Wasser. Da diese Verfügungsbefugnis ihre Wurzel im Eigentum am Grundstück hatte, stand dem Berechtigten nach § 903 BGB auch das Recht zu, andere von jeglicher Einwirkung auszuschließen.[1152] Hinsichtlich des oberirdisch wild abfließenden Wassers war der Grundstückseigentümer nach § 198 Abs. 1 PrWG berechtigt, sein Grundstück vor diesem Wasser zu schützen.[1153] Entsprechend ALR I 8 § 102 war er damit nicht verpflichtet, das wild abfließende Wasser des Oberliegers aufzunehmen.[1154] Er hatte aber keinen Anspruch darauf, dass der Oberlieger entsprechende Vorkehrungen traf, die einen Abfluss des Wassers verhinderten. Das Recht, sein Grundstück (mittels Anlagen) vor wild abfließendem Wasser zu schützen, ging dem Eigentümer durch Nichtgebrauch nicht verloren.[1155] Vielmehr musste dem Oberlieger ein Untersagungsanspruch gegen die Wasserabwehr oder ein Anspruch auf Wasseraufnahme aufgrund eines Vertrages, der Einräumung einer Grunddienstbarkeit oder des Erwerbs eines Zwangsrechts nach §§ 330, 340 PrWG zustehen.[1156] Entsprechende bereits bei Inkrafttreten des PrWG bestehende Rechte blieben gemäß § 379 Abs. 1 Nr. 3

1152 *Lenhard/Reichau,* Preussisches Wassergesetz, S. 421.

1153 Für einige in § 198 Abs. 2 PrWG aufgezählte Provinzen gilt nach § 198 Abs. 2 PrWG dieser Grundsatz mit der Maßgabe, dass der Unterlieger eines landwirtschaftlich genutzten Grundstücks das wild abfließende Wasser von einem anderen landwirtschaftlich genutzten Grundstück aufzunehmen verpflichtet ist. Der Oberlieger gegen ihn also einen Anspruch auf Wasseraufnahme hat.

1154 *Lenhard/Reichau,* Preussisches Wassergesetz, S. 427; *Holtz/Kreutz,* Das preußische Wassergesetz, Bd. 2, S. 7.

1155 So das Obertribunal (StrA 22, 272, 275) zu ALR I 8 § 102; *Lenhard/Reichau,* Preussisches Wassergesetz, S. 427; PrOVGE 45, 308, 309.

1156 So das Obertribunal (StrA 22, 272, 275) zu ALR I 8 § 102; *Lenhard/Reichau,* Preussisches Wassergesetz, S. 427; PrOVGE 45, 308, 309.

PrWG aufrechterhalten. Darunter fielen insbesondere die nach den §§ 15 ff. Vorfluthedikt von 1811 erworbenen Rechte[1157].

b) *Grenzen der Verfügungsbefugnis*

Die grundsätzlich freie Verfügungsbefugnis des Grundstückseigentümers über das sich oberhalb und unterhalb der Oberfläche befindliche Wasser unterlag gemäß § 196 PrWG einigen Beschränkungen. Zum einen waren die Einschränkungen der §§ 197, 199–202, 204 PrWG zu beachten, auf die sogleich zurückzukommen sein wird. Zum anderen durfte die Verfügung nur soweit gehen, als dadurch der Eigentümer eines Wasserlaufs in der Ausübung seiner Nutzungsrechte nicht beeinträchtigt wurde. Jegliche Gewässernutzung des Grundeigentümers, die zugleich die Benutzung eines Wasserlaufs war, der nicht im Eigentum des Grundeigentümers stand, war nur insoweit gestattet, als es sich dabei um Gemeingebrauch im Sinne von § 25 PrWG handelte.[1158] Insbesondere die Ableitung von unterirdischem Wasser war dem Grundeigentümer dann verboten, wenn es sich um die mittelbare Ableitung von Wasser aus einem Wasserlauf handelte, weil das unterirdische Wasser dann einem zum Wasserlauf gehörenden Grundwasserstrom angehörte.[1159] Da ihm ein solches Ableitungsrecht nicht aufgrund der Verfügungsbefugnis nach § 196 PrWG zustand, konnte er dieses im Wege der Verleihung nach §§ 203 Abs. 1, 2 i.V.m. 46 ff. PrWG erwerben. Gleiches galt für die Rechte, die ihm aufgrund der Beschränkungen der nach § 199–202 nicht zukamen.

aa. Beschränkungen nach § 197 PrWG

§ 197 Abs. 1 PrWG verbot es dem Grundstückseigentümer den Ablauf wild oder in Gräben abfließenden Wassers derart künstlich zu verändern, dass das Grundstück des Unterliegers belästigt wurde. Darunter fielen insbesondere künstliche Vorrichtungen, die die Richtung und den Weg des abfließenden Wassers veränderten oder den natürlichen Ablauf an sich verstärkten.[1160] Ob § 197 Abs. 1 PrWG nur Maßnahmen erfasste, deren unmittelbarer Zweck die Veränderung

---

1157 Vgl. dazu oben S. 184 ff.

1158 PrAH, Drucks. Nr. 9 B, S. 177, in: Sammlung der Drucksachen des Preußischen Hauses der Abgeordneten, 21. Legislaturperiode, V. Session 1912/1913, 1. Bd., S. 753.

1159 PrAH, Drucks. Nr. 9 B, S. 178, in: Sammlung der Drucksachen des Preußischen Hauses der Abgeordneten, 21. Legislaturperiode, V. Session 1912/1913, 1. Bd., S. 753. Näheres siehe unten S. 308 ff.

1160 *Lenhard/Reichau*, Preussisches Wassergesetz, S. 423.

des Wasserablaufs war,[1161] oder auch solche erfasst wurden, bei denen die Einwirkung nur mittelbare Folge war,[1162] wurde nicht einheitlich beantwortet. Für ersteres spricht die Entwurfsbegründung,[1163] die auf eine Entscheidung des Reichsgerichts verwies, welches im Bereich des ALR nur jene Vorrichtungen für unzulässig ansah, deren Zweck in der Zuleitung von Wasser auf das Grundstück des Unterliegers bestand, nicht aber solche, die mittelbar auf den Wasserabfluss einwirkten.[1164] Die Entwurfsbegründung verwies aber auch auf die in den Motiven zum Entwurf eines BGB[1165] enthaltenen Grundsätze zum Immissionsrecht, welche jegliche Anlagen, die den Zufluss von Wasser auf Nachbarstücke verursachten, als indirekte Immission untersagten, ohne nach dem Zweck der Anlage zu differenzieren. Damit lässt sich der Entwurfsbegründung kein eindeutiges Bild entnehmen. Die in § 197 Abs. 2 PrWG vorgesehene Ausnahme von dem Verbot für den Fall der veränderten wirtschaftlichen Nutzung des Grundstücks spricht dafür, dass auch mittelbare Folgen erfasst waren, weil die Ausnahme andernfalls überflüssig wäre, da von ihr erfasste Maßnahmen hinsichtlich des dem Unterlieger zufließenden Wassers mittelbarer Natur waren.[1166] Veränderungen des Zu- bzw. Abflusses, die auf natürlichen Ereignissen beruhten, hatte der Unterlieger, ohne Anspruch auf Wiederherstellung des früheren Zustandes, zu dulden. Ebenso waren dem Grundstückseigentümer gemäß § 197 Abs. 2 PrWG Änderungen in der wirtschaftlichen Nutzung seines Grundstücks gestattet, auch wenn dadurch das Grundstück des Unterliegers durch wild abfließendes Wasser belästigt wurde. Derartige Maßnahmen waren z.B. die Errichtung von Gebäuden, Einfriedungen des Grundstücks, veränderter Ackerbau, Anlegung und Pflasterung von Wegen.[1167]

Die bloße Belästigung des Grundstücks des Unterliegers genügte für die Anwendbarkeit des § 197 Abs. 1 PrWG. Sie musste in einer stärkeren oder veränderten Inanspruchnahme des betroffenen Grundstücks bestehen. Eine Schädigung brauchte der Unterlieger nicht nachzuweisen. Trat eine solche auf, ohne dass eine Belästigung des Grundstücks bestand, fand § 197 PrWG keine

---

1161 *Wulff/Herold,* Wassergesetz, S. 304.

1162 So *Lenhard/Reichau,* Preussisches Wassergesetz, S. 423 und *Holtz/Kreutz,* Das preußische Wassergesetz, Bd. 2, S. 4.

1163 PrAH, Drucks. Nr. 9 B, S. 178, in: Sammlung der Drucksachen des Preußischen Hauses der Abgeordneten, 21. Legislaturperiode, V. Session 1912/1913, 1. Bd., S. 753.

1164 RGZ 24, 212, 213 f.

1165 Motive zu dem Entwurfe eines BGB, Bd. III. – Sachenrecht, S. 279 f.

1166 *Holtz/Kreutz,* Das preußische Wassergesetz, Bd. 2, S. 4.

1167 *Holtz/Kreutz,* Das preußische Wassergesetz, Bd. 2, S. 5.

Anwendung. Als Beispiel sind hier Maßnahmen des Oberliegers zu nennen, durch die dem Unterlieger das Wasser entzogen wurde. Dadurch entstand ihm zwar ein Schaden, eine Belästigung des Grundstücks lag aber nicht vor, da es nicht in Anspruch genommen wurde. Dem Unterlieger kam daher nach § 197 Abs. 1 PrWG kein Anspruch auf Zufluss von Wasser zu. Waren die Voraussetzungen des § 197 Abs. 1 PrWG hingegen gegeben, standen dem Betroffenen Unterlassungs- und Schadensersatzansprüche gegen den Verursacher zu.

bb. Beschränkung nach § 199 und § 202 PrWG

§ 199 Abs. 1 PrWG enthielt das Verbot, einen See ohne sichtbaren natürlichen Abfluss abzulassen oder den Wasserspiegel derart zu senken, dass dadurch der Grundwasserspiegel zum Nachteil anderer verändert wurde. Eine Ausnahme bestand dann, wenn eine derartige Maßnahme zum Zwecke der Bodenentwässerung erforderlich war. An dieser Ausnahme zeigt sich, dass mit dem PrWG das Ziel der Förderung der Bodenkultur weiterverfolgt wurde und zugunsten dieses Ziels dem Eigentümer auferlegte Beschränkungen, die dem Schutz anderer Wassernutzungsberechtigten dienten, aufgehoben wurden, um ihm die Wasser- und Grundstücksnutzung im Sinne der Bodenkultur zu erleichtern.

Um einer Verschmutzung von Seen vorzubeugen, verbot entsprechend § 19 Abs. 1 Satz 1 PrWG auch § 199 Abs. 2 Satz 1 PrWG das Einbringen fester Stoffe in einen See, allerdings nur, wenn dadurch das Wasser für andere nachteilig verunreinigt wurde. Im Gegensatz zu den Wasserläufen galt bei Seen damit nicht das absolute Verbot des Einbringens von festen Stoffen, sondern die Untersagung wurde an die Bedingung der Verunreinigung geknüpft. Anders als an Wasserläufen konnte das Recht, feste Stoffe in einen See einzubringen, im Wege der Verleihung erworben werden, wie § 203 Abs. 1 PrWG ausdrücklich klarstellt. Das Einleiten flüssiger Stoffe in einen See war nach § 199 Abs. 2 Satz 1 PrWG ebenfalls untersagt, wenn zum Nachteil anderer das Wasser verschmutzt wurde. Ein über den Gemeingebrauch hinausgehendes Einleiten von Flüssigkeiten war gemäß §§ 199 Abs. 2 Satz 2, 23 Abs. 1 PrWG dann für den Eigentümer anzeigepflichtig, wenn Rechte Dritter am See bestanden oder eine Verunreinigung anderer Gewässer möglich war.[1168] Zu diesem Rechten zählte neben Dienstbarkeiten, Fischereirechten, sonstigen dinglichen Belastungen, wie Hypothek und

---

1168 Während *Holtz/Kreutz* (Das preußische Wassergesetz, Bd. 2, S. 13) diese Anzeigepflicht ausschließlich auf das Einleiten flüssiger Stoffe anwenden will, sehen *Lenhard/Reichau* (Preussisches Wassergesetz, S. 432 f.) und *Wulff* (*Wulff/Herold*, Wassergesetz, S. 306) auch das Einbringen von festen Stoffen als anzeigepflichtig an.

Grundschuld auch das Anteilseigentum nach § 205 PrWG, so dass die Befreiung von der Anzeigepflicht nur bei unbelastetem Alleineigentum am See bestand, wenn gleichzeitig ausgeschlossen war, dass andere Gewässer verunreinigt wurden.[1169] Ein gleiches Verbot für das Einbringen von Stoffen, wodurch unterirdisches Wasser, ein See oder ein Wasserlauf zum Nachteil anderer verunreinigt wurde, bestand nach § 202 Abs. 1 PrWG für den Eigentümer hinsichtlich des Erdreichs seines Grundstücks. Eine Ausnahme gewährte das Gesetz nach Abs. 2 für die Einbringung von Stoffen zum Zwecke der Grundstücksdüngung. Nach Ansicht des Gesetzgebers bestand damals kaum die Gefahr, dass es durch Düngung zu Verunreinigungen von unterirdischen Wasseradern und damit mittelbar von Wasserläufen und Seen kommen konnte.[1170]

Das verbotswidrige Einleiten von flüssigen Stoffen in Seen unter der Missachtung der Anzeigepflicht des § 199 Abs. 2 Satz 2 PrWG war nach den §§ 375, 376 PrWG strafbewährt. Auf zivilrechtlicher Ebene standen geschädigten Dritten bei Verstoß gegen § 199 Abs. 1 oder Abs. 2 Satz 1 oder § 202 Abs. 1 PrWG Unterlassungsansprüche nach § 1004 BGB und bei schuldhafter Schadensverursachung Schadenersatzansprüche nach § 823 BGB zu, da es sich bei §§ 199 Abs. 1, 2 und 202 Abs. 1 PrWG um Schutzgesetze i.S.d. § 823 Abs. 2 BGB handelte[1171]. Dabei musste der Geschädigte insbesondere nachweisen, dass der Schädiger den Eintritt des Schadens vorausgesehen hatte oder hätte voraussehen können.[1172] Verstöße gegen die Anzeigepflicht des § 199 Abs. 2 Satz 2 PrWG lösten eine Schadensersatzpflicht aus, wenn es zu Verunreinigungen des Wassers zum Nachteil anderer kam. Unterlassungsansprüche konnten sich daraus nicht ergeben, da es sich bei § 199 Abs. 2 Satz 2 PrWG um eine polizeiliche Anordnung handelte, aus der ein einklagbares Privatrecht auf Unterlassung mangels diesbezüglichem Drittschutz nicht hergeleitet werden konnte.[1173]

cc. Beschränkungen des § 200 PrWG

Auch die Zutageförderung von unterirdischem Wasser durch den Eigentümer war einigen Schranken unterworfen. Unbegrenzt fördern durfte er für den

---

1169 *Holtz/Kreutz,* Das preußische Wassergesetz, Bd. 2, S. 14; *Lenhard/Reichau,* Preussisches Wassergesetz, S. 433.

1170 PrAH, Drucks. Nr. 9 B, S. 184, in: Sammlung der Drucksachen des Preußischen Hauses der Abgeordneten, 21. Legislaturperiode, V. Session 1912/1913, 1. Bd., S. 756.

1171 *Lenhard/Reichau,* Preussisches Wassergesetz, S. 434.

1172 PrAH, Drucks. Nr. 9 B, S. 183, in: Sammlung der Drucksachen des Preußischen Hauses der Abgeordneten, 21. Legislaturperiode, V. Session 1912/1913, 1. Bd., S. 756

1173 *Lenhard/Reichau,* Preussisches Wassergesetz, S. 435.

eigenen Haus- und Wirtschaftsgebrauch sowie dann, wenn die Förderung nicht zum Zweck des Wassergebrauchs bzw. -verbrauchs erfolgte, sondern anderen Zielen, wie z.B. der Bodenentwässerung, diente. Diese unbegrenzte Förderung galt selbst dann, wenn sie zu Schädigungen anderer führte. Der Eigentümer hatte aber den allgemeinen Grundsatz des § 196 PrWG zu beachten, dass durch das Zutagefördern unterirdischen Wassers nicht in die an einem Wasserlauf bestehenden Rechte Dritter eingegriffen wurde.[1174] Dies konnte insbesondere mittelbar durch eine auf der Wasserförderung beruhende Absenkung des Grundwasserspiegels geschehen. Eine solche Absenkung hätte Auswirkungen auf den Wasserstand des Wasserlaufs gehabt und hätte mithin mittelbar die Ableitung von Wasser aus demselben bedeutet, welche nur dem Eigentümer des Wasserlaufs gestattet war. Verboten nach § 200 Abs. 1 PrWG war die dauerhafte, über den Haushaltsgebrauch hinausgehende Zutageförderung von Wasser zu Gebrauchs- und Verbrauchszwecken, wenn dadurch einer Wassergewinnungsanlage oder einer durch einen Dritten genutzte Quelle Wasser entzogen wurde oder wenn die Grundstücksnutzung eines Dritten erheblich beeinträchtigt wurde oder Dritte aufgrund von Veränderungen des Wasserstandes an einem Wasserlauf bzw. See in ihrer Rechtsausübung beeinträchtigt wurden.

Die bei einem Verstoß gegen dieses Verbot sich eigentlich aus dem BGB ergebenden Unterlassungs- und Schadensersatzansprüche wurden durch § 200 Abs. 2 und 3 PrWG modifiziert. Überstieg der sich aus der Zutageförderung ergebende Nutzen den von ihr angerichteten Schaden wesentlich, so schied ein Unterlassungsanspruch nach § 200 Abs. 2 Satz 1 PrWG aus. Gleiches galt, wenn die Zutageförderung zugunsten des öffentlichen Wohls, vor allem bei kommunalen Trinkwasserversorgungsanlagen,[1175] erfolgte. Durch diese Ausschlüsse von Unterlassungsansprüchen wollte das PrWG die Errichtung und den Bestand nützlicher und effektiver Wasserförderung – insbesondere aus Gründen des Gemeinwohls – schützen. Soweit es mit dem Unternehmen vereinbar und wirtschaftlich gerechtfertigt war, stand von der Zutageförderung nachteilig betroffenen Dritten ein Anspruch auf Herstellung schadensverhütender Einrichtungen zu. War auch dies nicht möglich oder genügten die Einrichtungen nicht, den Schaden vollständig zu verhindern, hatte der Betroffene einen verschuldensunabhängigen Schadensersatzanspruch gegen den Unternehmer. In dieser Hinsicht

---

1174 *Lenhard/Reichau*, Preussisches Wassergesetz, S. 438 f., *Holtz/Kreutz*, Das preußische Wassergesetz, Bd. 2, S. 20 f.

1175 *Lenhard/Reichau*, Preussisches Wassergesetz, S. 442; *Holtz/Kreutz*, Das preußische Wassergesetz, Bd. 2, S. 22.

erweiterte das PrWG die Schadensersatzansprüche im Vergleich zum BGB. Eine Einschränkung erfuhren sie aber dadurch, dass die Entschädigung nur gefordert werden konnte, soweit sie den Umständen nach billig war. Im Rahmen der Billigkeit musste sich der Geschädigte insbesondere die Vorteile anrechnen lassen, die er aufgrund des Unternehmens erhielt.[1176] Auch blieben mittelbare sowie nicht vorhersehbare Schäden unberücksichtigt.[1177] Lagen die Voraussetzungen des § 200 Abs. 2 PrWG nicht vor, bestand also ein Unterlassungsanspruch, dann konnte der Geschädigte Schadensersatz nach den Grundsätzen des BGB verlangen, d.h. in voller Höhe aber nur bei Nachweis des Verschuldens des Unternehmers.[1178]

2. Nutzung von Gewässern, die nicht zu den Wasserläufen gehören, durch Dritte

Das PrWG sprach in den Vorschriften über die Gewässer, die nicht zu den Wasserläufen gehörten, lediglich von den Wassernutzungen des Eigentümers. Trotzdem bezogen sich die Vorschriften auch auf andere Nutzungsberechtigte, die ihr Recht vom Eigentümer ableiteten. Das bedeutete, ein Dritter konnte über das auf oder unter der Oberfläche befindliche Wasser eines Grundstücks nur dann verfügen, wenn er ein entsprechendes Recht vom Eigentümer ableitete, z.B. in dem er es mittels vertraglicher Vereinbarung erworben hatte und daher ein Miet-, Pacht- oder Nießbrauchsverhältnis zu Grunde lag. Dem auf diese Weise Berechtigten standen, wenn sich aus der privatrechtlichen Vereinbarung nicht ein anderes ergab, die gleichen Rechte aus den §§ 196 ff. PrWG wie dem Eigentümer zu. Ihn trafen aber auch die gleichen Beschränkungen der §§ 197, 199 bis 202 PrWG. Im Rahmen von § 199 Abs. 2 PrWG war die Besonderheit zu beachten, dass für das Einleiten von flüssigen Stoffen in einen See, das über den Gemeingebrauch hinausging, in jedem Fall die Anzeigepflicht galt. Das hieß, der Dritte musste, bevor er mit dem Einleiten begann, dieses bei der zuständigen Wasserpolizeibehörde anzeigen. Eine Genehmigung seitens der Behörde konnte dann in dem Umfang erfolgen, wie dem Dritten das Nutzungsrecht aufgrund privatrechtliche Vereinbarung zu stand, da sie in Privatrechte ohne ausdrückliche gesetzliche Ermächtigung nicht eingreifen durfte.[1179] Dem Dritten war es

1176 *Lenhard/Reichau,* Preussisches Wassergesetz, S. 443.
1177 *Wulff/Herold,* Wassergesetz, S. 313.
1178 *Lenhard/Reichau,* Preussisches Wassergesetz, S. 442 f., *Bergdolt,* Preußisches Wasserrecht, S. 110 f.
1179 *Wulff/Herold,* Wassergesetz, S. 306.

ebenso möglich nach § 203 i.V.m. §§ 46 ff. PrWG, die ihm nach den §§ 199 bis 202 PrWG nicht zustehenden Rechte im Wege der Verleihung zu erwerben, vorausgesetzt, er erhielt die vorherige Zustimmung des Grundstücks- bzw. Seeeigentümers.

3. Gemeingebrauch an Gewässern, die nicht zu den Wasserläufen gehören

Den Gemeingebrauch kraft Gesetzes kannte das PrWG nur für Wasserläufe, für Gewässer, die nicht dazu gehörten, war er gesetzlich nicht vorgesehen. Dies entsprach der bis dahin geltenden Rechtslage des ALR, welches den Gemeingebrauch an Privatgewässern nicht anerkannt hatte. § 199 Abs. 3 PrWG ermöglichte allerdings für Seen die Zulassung des Gemeingebrauchs durch den Regierungspräsidenten. Dies setzte neben einer Anhörung des Seeeigentümers voraus, dass der Gemeingebrauch am See bisher üblich gewesen war und ein entsprechendes Bedürfnis auf Fortbestand bestand. Das bisher Übliche meinte dabei jenen Gemeingebrauch, der sich im Laufe der Zeit durch eine entsprechende Seenutzung unter Duldung des Eigentümers gewohnheitsrechtlich herausgebildet hatte, ohne auf einer gesetzlichen Grundlage zu beruhen.[1180] Es konnte damit nicht ein Gemeingebrauch gemeint sein, der nach bisherigem Recht zulässig gewesen war, da weder das ALR noch das Gemeine Recht oder der französische Code Civil den Gemeingebrauch an im Privateigentum stehenden Seen gekannt hatten.[1181] Ließ der Regierungspräsident den Gemeingebrauch an Seen zu, so konnte er im Nutzungsumfang nicht über die in § 25 PrWG gesteckten Grenzen hinausgehen, auch wenn ein weiterer Umfang bisher üblich gewesen war, da diese Norm den Maximalumfang dessen angab, was das PrWG für den Gemeingebrauch als zulässig erachtete.[1182] Dementsprechend konnten aufgrund seiner Gewährung Ansprüche gegen den Seeeigentümer auf Einhaltung der in den §§ 197, 199 bis 202 PrWG normierten Beschränkungen geltend gemacht werden, da er kein Privatrecht gewährte[1183]. Eine Rücksichtnahmepflicht durch den Eigentümer ergab sich nur aus § 36 PrWG, auf den § 199 Abs. 3 Satz 4 PrWG verweist. Die

1180 *Holtz/Kreutz,* Das preußische Wassergesetz, Bd. 2, S. 15; *Lenhard/Reichau,* Preussisches Wassergesetz, S. 436.

1181 *Holtz/Kreutz,* Das preußische Wassergesetz, Bd. 2, S. 15; *Lenhard/Reichau,* Preussisches Wassergesetz, S. 436; a.A.: *Wulff/Herold,* Wassergesetz, S. 308.

1182 *Holtz/Kreutz,* Das preußische Wassergesetz, Bd. 2, S. 15; *Lenhard/Reichau,* Preussisches Wassergesetz, S. 436.

1183 *Holtz/Kreutz,* Das preußische Wassergesetz, Bd. 2, S. 16.

Zulassung des Gemeingebrauchs war jederzeit widerruflich, § 199 Abs. 3 Satz 3 PrWG. Ein Anspruch auf dessen Einräumung oder Fortgeltung bestand nicht.

4. Zwischenfazit

Das PrWG führte die bis dahin bestehende Rechtslage fort. Seen wurden in das Eigentum der angrenzenden Anlieger gestellt, wie dies für Landseen bereits im Geltungszeitraum des ALR der Fall gewesen war. Auch wenn es keine ausdrücklichen diesbezüglichen Vorschriften gegeben hatte, so lässt sich aus ALR I 9 §§ 267, 268 schließen, dass Seen nach Ausdehnung des Uferbesitzes bis zur Mitte im Eigentum des jeweiligen Anliegers standen[1184]. Mit Aufhebung dieser beiden Paragraphen durch § 399 Abs. 2 Nr. 1 a PrWG fiel auch die Grundlage weg, aus der die Eigentumsverhältnisse gefolgert wurden, so dass, um Regelungslücken und Unklarheiten über die Eigentumslage zu vermeiden, eine der Auslegung entsprechende Vorschrift ins PrWG aufgenommen wurde.[1185] Alle Beschränkungen, die das PrWG für die Nutzung von Gewässern, die nicht zu den Wasserläufen gehörten, vorsah, waren Neuerungen. Das bis dahin geltende Recht hatte den Berechtigten bzw. Eigentümern derartiger Gewässern die unbeschränkte Nutzung zugestanden. Insbesondere die Vorschriften zum Schutz vor Verunreinigung und zum übermäßigen Zutagefördern von Grundwasser trugen der Tatsache Rechnung, dass Gewässer durch unterirdische Wasseradern verbunden waren und sich daher Maßnahmen auf Privatgrundstücken an im Privateigentum stehenden Gewässern, die nicht unter die Definition von § 1 PrWG fielen, auf Wasserläufe und damit auf Nutzungsrechte und Nutzungsmöglichkeiten anderer auswirken konnten. Sowohl die wachsende Industrie als auch die Zunahme der Bevölkerung hatte zu einem stärkeren Bedürfnis nach Wasser geführt. Als die in den Wasserläufen vorhandene Wassermenge nicht mehr ausreichte, wurde das unterirdische Wasser zu gewerblichen Zwecken intensiv zutage gefördert. Da diese Zutageförderung des Grundwassers bis dato keiner Beschränkung unterlegen hatte, auch wenn sie sich nachteilig auf Grundstücke anderer bzw. den ihnen zur Verfügung stehenden Grundwasserstand ausgewirkt hatte,[1186] führte sie zur Schädigung landwirtschaftlicher Nutzflächen und Wasserversorgungsanlagen[1187]. Um dem unkontrollierten und unbeschränkten

---

1184 ObTr. 52, 38, 41 f.; RG 3, 245, 246.

1185 PrAH, Drucks. Nr. 9 B, S. 186, in: Sammlung der Drucksachen des Preußischen Hauses der Abgeordneten, 21. Legislaturperiode, V. Session 1912/1913,1. Bd., S. 757.

1186 ObTr. 73, 31; 36; RGZ 16, 229, 232 f.; RGZ 26, 224, 226.

1187 PrAH, Drucks. Nr. 9 B, S. 180, in: Sammlung der Drucksachen des Preußischen Hauses der Abgeordneten, 21. Legislaturperiode, V. Session 1912/1913, 1. Bd., S. 754.

Zutagefördern unterirdischen Wassers insbesondere vor dem Hintergrund des mit der zunehmenden Industrie- und Bevölkerungsentwicklung einhergehenden steigenden Wasserbedarfs Einhalt zu gebieten und eine rücksichtsvollere Nutzung zu erreichen, wurde die Beschränkung des § 200 PrWG eingeführt. Gleiches gilt, um der steigenden Verunreinigung der Gewässer entgegenzuwirken, für die Einführung der §§ 199 Abs. 2, 202 PrWG. Im Ergebnis hatte das PrWG damit Beschränkungen, die während des 19. Jahrhunderts für die Nutzungen von Wasserläufen eingeführt wurden, erstmals auch auf andere Gewässer übertragen, welche von den Gesetzgebungsversuchen weitgehend unbeachtet geblieben waren.

IV. Fazit

Das PrWG verfolgte mit den dargestellten verschiedenen Nutzungsberechtigungen, wie Gemeingebrauch, Eigentümergebrauch, Verleihung und Zwangsrecht, den Zweck, die Wasserläufe auf größtmögliche Weise wirtschaftlich auszunutzen, ohne dabei jedoch den gerechten Ausgleich der Interessen der verschiedenen Berechtigten zu vernachlässigen. Im Vergleich zu den zersplitterten Regelungen des 19. Jahrhunderts gelang dies auch wesentlich besser: zum einen aufgrund der einheitlichen, alle Fragen des Wasserrechts behandelnden Bestimmungen, die für das gesamte Staatsgebiet galten; zum anderen durch das extra eingeführte Ausgleichsverfahren nach den §§ 87 ff. PrWG, durch das bei Kollisionen bestehender Nutzungsrechte regulierend eingegriffen werden konnte.

Betrachtet man die einzelnen Nutzungsberechtigungen, ergibt sich, dass es sich beim Gemeingebrauch um ein öffentliches Recht der Allgemeinheit handelte. Dem einzelnen wurde gerade kein subjektives Privatrecht gewährt, weshalb sich daraus auch keine Ansprüche des einzelnen auf Gewässernutzung herleiten ließen. Im Gegensatz dazu ergab sich sowohl aus dem Eigentümergebrauch als auch aus der Verleihung von Nutzungsrechten sowie aus einigen Zwangsrechten für den Berechtigten ein Privatrecht auf Nutzung des Flusslaufs, wodurch er gegen Beeinträchtigungen durch Dritte geschützt war. Der durch die Verleihung gewährte Schutz war dabei der umfassendste, da sowohl Ansprüche Dritter auf Einschränkung, Einstellung oder Unterlassung der Nutzungsausübung als auch diesbezügliche behördliche Verfügungen ausgeschlossen waren. Nur im Ausnahmefall konnte die Verleihungsbehörde nach den Voraussetzungen der §§ 84, 85 PrWG und dem Durchlaufen eines behördlichen Verfahrens das Nutzungsrecht einschränken oder vollständig zurücknehmen. Diese Regelung erscheint vor dem Hintergrund sich verändernder tatsächlicher Gegebenheiten und technischen Fortschritts als geboten.

Die im PrWG vorgesehenen Beschränkungen wurden zum größten Teil aus den Bestimmungen des PrivatflussG von 1843 entnommen. Teilweise wurden die Vorschriften klarer gefasst, indem man gefestigte Rechtsprechung und Literaturansicht in das Gesetz mit aufnahm und so die bereits bestehende Rechtspraxis in Gesetzesform goss. Teilweise wurde auch deren Anwendungsbereich erweitert, in dem ursprünglich nur für Privatflüsse geltende Regelungen nun auch für Wasserläufe erster Ordnung galten. Trotz dieser Verbesserungen versäumte es der Gesetzgeber, die im 19. Jahrhundert am PrivatflussG von 1843 – insbesondere hinsichtlich des mangelhaft ausgestalteten Bestandsschutzes für Mühlen und Triebwerke – lautgewordene Kritik zu beherzigen und die Bestimmungen im PrWG entsprechend anzupassen. So wurde der Schutz der Stauungsberechtigten vor Wasserentzug nur über § 42 PrWG an Wasserläufen zweiter und dritter Ordnung erreicht. Auch wenn § 41 Abs. 1 Nr. 2 PrWG vermutlich dazu gedacht war, den Unterlieger vor Wasserentziehung durch den Oberlieger zu schützen, konnte aufgrund der Formulierung, die nur eine Konservierung des Wasserstandes, nicht der Wassermenge verlangte, ein solcher Schutz wohl nicht erreicht werden. Dementsprechend waren Mühlen und Triebwerksbesitzer an Wasserläufen erster Ordnung nicht vor Beeinträchtigungen in Form des Wasserentzugs geschützt.

E. Ausblick: Die Bedeutung und Fortgeltungsberechtigung alter Rechte im heutigen System der Gewässernutzung nach dem WHG

Im heutigen System der Gewässernutzung stehen die Bundeswasserstraßen[1188] gemäß § 4 Abs. 1 Satz 1 WHG in Verbindung mit Art 89 Abs. 1 GG im Eigentum des Bundes. Es ist Privateigentum im bürgerlichrechtlichen Sinne[1189] und erstreckt sich auf den Gewässergrund, die Ufer sowie die sonstigen Bestandteile.[1190] Das Wasser selbst ist gemäß § 4 Abs. 2 WHG nicht eigentumsfähig. Die Eigentumsverhältnisse an den übrigen Gewässern richten sich nach dem jeweiligen Landesrecht, § 4 Abs. 5 WHG. Die Landeswassergesetze teilen dabei die Gewässer entsprechend ihrer wasserwirtschaftlichen Bedeutung in Ordnungen ein und knüpfen das Eigentum an die jeweilige Ordnung. So stehen in der Regel die wasserwirtschaftlich bedeutsamsten Gewässer, die nicht zu den Bundeswasserstraßen gehören, im Eigentum des jeweiligen Landes, die weniger bedeutsamen Gewässer im Eigentum der Grundstückseigentümer der Ufergrundstücke oder Gemeinden, durch die das Gewässer fließt.[1191]

Die Ausgestaltung von Nutzungsbefugnissen an Gewässern erfolgt heute nach den Regeln des öffentlichen Rechts. Gewässer werden grundsätzlich als öffentliche Sachen[1192] angesehen.[1193] Davon ausgenommen sind nur Gewässer von wasserwirtschaftlich untergeordneter Bedeutung,[1194] wie Quellen, Gräben

1188 Der Bund ist Eigentümer der bisherigen Reichswasserstraßen, d.h. jener Wasserwege, die am 08.05.1945 Reichswasserstraßen gewesen sind (BVerwGE 9, 50, 53).

1189 BGHZ 49, 69, 71; *Pieroth* in: *Jarass/Pieroth*, Grundgesetz, Art. 89 Rn. 1.

1190 BGHZ 108, 114 ff.

1191 Z.B. Artt. 2, 4 BayWG; §§ 2, 3–5 BWG; §§ 3, 5 BbgWG; §§ 3, 5 BremWG; §§ 2, 3 HWG; §§ 48–51 LaWG MV; §§ 3–5 WG NRW; §§ 3, 4 LWG RLP; §§ 3–6 WG LSA; §§ 3, 88, 89 LWG SH; §§ 3, 4 ThürWG.

1192 Zum Begriff der öffentlichen Sache vgl. *Papier,* Recht der öffentlichen Sachen, S. 2; *Pappermann/Löhr/Andriske,* Das Recht der öffentlichen Sachen, S. 4; *Weber,* VVDStrL, 21 (1962), 145, 149; *Forsthoff,* Lehrbuch des Verwaltungsrechts, Bd. 1, S. 378; *Kromer,* Sachenrecht des öffentlichen Rechts, S. 40; *Wolff/Bachof/Stober/Kluth,* Verwaltungsrecht II, Bd. 2, § 74 Rn. 4.

1193 *Breuer,* Öffentliches und privates Wasserrecht, Rn. 119.

1194 *Breuer,* Öffentliches und privates Wasserrecht, Rn. 156.

und Teiche.[1195] Als öffentliche Sache unterliegen die Gewässer der öffentlich-rechtlichen Sachherrschaft[1196] des Hoheitsträgers, welche nach zutreffender herrschender Ansicht auf der dualistischen Theorie des modifizierten Privateigentums[1197] basiert. Danach unterfallen die Gewässer als öffentliche Sachen sowohl dem öffentlichen Recht als auch dem Regelungsbereich des Zivilrechts, so dass sie insbesondere von der Eigentumsordnung des BGB erfasst werden[1198]. Die öffentlich-rechtliche Sachherrschaft lastet wie ein dingliches Recht, also als eine öffentlich-rechtliche Dienstbarkeit, auf dem zivilrechtlichen Eigentum.[1199] Als das engere Sonderrecht verdrängt das öffentliche Recht das umfassendere private,[1200] soweit ersteres reicht und mit letzterem in Konflikt steht.

Bei der Nutzung von Gewässern im Einzelnen ist zwischen dem Gemeingebrauch (§ 25 WHG), dem Eigentümer- und Anliegergebrauch (§ 26 WHG)

1195 Diese sind zwar grundsätzlich als oberirdische Gewässer im Sinne von § 2 Abs. 1 Nr. 1 WHG in den Geltungsbereich des WHG einbezogen, können aber nach § 2 Abs. 2 WHG durch Landesgesetz aus dem Anwendungsbereich des WHG ausgeschlossen werden.

1196 Zur Entstehung des öffentlich-rechtlichen Rechtsstatus‘ vgl. *Axer,* Die Widmung als Schlüsselbegriff, S. 34 f.; *Wolff/Bachof/Stober/Kluth,* Verwaltungsrecht II, § 75 Rn 21.

1197 *Weber,* VVDStrL, 21 (1962), 145, 169 f.; *Wolff/Bachof/Stober/Kluth,* Verwaltungsrecht II, § 76 Rn. 2 ff.; *Papier,* Recht der öffentlichen Sachen, S. 10 ff.; *Breuer,* Öffentliches und privates Wasserrecht, Rn. 156; *Forsthoff,* Lehrbuch des Verwaltungsrechts, Bd. 1, S. 379 ff.; VG Köln, NJW 1991, 2584, 2585 f., VG Neustadt, NJW 2011, 3317, 3318; BGHZ 9, 373, 385; a.A.: *Mayer,* Deutsches Verwaltungsrecht, Bd. 2, S. 39ff., der zu Beginn des vergangenen Jahrhunderts nach dem Vorbild des im französischen Recht dominierenden Prinzips der *domaine public* die Theorie des öffentlichen Eigentums entwickelte, wonach öffentliches Eigentum an einer öffentlichen Sache dann entsteht, wenn sowohl das Eigentum an der Sache als auch die auf ihr lastende öffentlich-rechtliche Dienstbarkeit in der Hand eines Hoheitsträgers liegen und bei ihm zusammenfallen.

1198 *Forsthoff,* Lehrbuch des Verwaltungsrechts, Bd. 1, S. 379. Die Ausnahme bilden § 4a HWaG und § 4 Abs. 1 WG BW, die Hochwasserschutzanlagen, die auf Grund einer in das Wasserbuch eingetragenen Planfeststellung oder Genehmigung (§ 55) errichtet worden sind und der Freien und Hansestadt Hamburg gehören bzw. das Gewässerbett von Gewässern erster und zweiter Ordnung in das öffentliche Eigentum von Hamburg bzw. des Landes Baden- Württemberg stellen. Zur umfassenden Kritik an der gesetzlichen Umsetzung der Rechtsfigur des öffentlichen Eigentums vgl.: *Papier,* Recht der öffentlichen Sachen, S. 9; *Axer,* Die Widmung als Schlüsselbegriff, S. 48.

1199 *Salzwedel,* in: *Erichsen/Martens (Hg.),* Allg. Verwaltungsrecht, S. 396; *Weber,* VVDStrL, 21 (1962), 145, 169 f.

1200 BGHZ 9, 373, 383.

sowie der Sondernutzung zu differenzieren, während erstere ohne besondere behördliche Zulassung den Gebrauch von öffentlichen Sachen gewähren, setzt die Sondernutzung eine Zulassung in Form der einfachen Erlaubnis (§ 10 Abs. 1, 1.Alt. WHG), gehobenen Erlaubnis (§ 15 WHG) oder Bewilligung durch den Träger der öffentlichen Sachherrschaft voraus. § 4 Abs. 3 WHG stellt ausdrücklich klar, dass das Grundeigentum kein Recht zur Wassernutzung gibt, sondern dass im WHG die öffentlich-rechtliche Nutzungsordnung vom Eigentum an den Gewässern getrennt ist.[1201] Damit gibt das WHG – abgesehen von dem in § 26 WHG in engen Grenzen zugelassenen Eigentümergebrauch bzw. dem Gemeingebrauch nach § 25 WHG – die noch im PrWG bestehende Möglichkeit, dass sich ein Recht zur Wassernutzung unmittelbar aus dem Gesetz oder dem Eigentum am Gewässer ergeben kann, auf, um das in § 1 WHG festgelegte Ziel, den Schutz der lebenswichtigen, beschränkten Ressource Wasser durch eine geordnete und nachhaltige Gewässerbewirtschaftung sicherzustellen.

Der Gemeingebrauch ist nach dem WHG auf die Nutzung oberirdischer Gewässer beschränkt. Die Landeswassergesetze, die die Ausgestaltung des Gemeingebrauchs im Einzelnen regeln, verringern zum einen die Arten und damit die Anzahl der Gewässer weiter, an denen Gemeingebrauch zulässig ist.[1202] Zum anderen beschränken sie die Nutzung im Sinne des Gemeingebrauchs auf traditionelle, wasserwirtschaftlich wenig bedeutsame Gebrauchsarten[1203], wie z.B. das Baden, Schwimmen, Viehtränken, Schöpfen mit Handgefäßen,

---

1201 *Czychowski/Reinhardt,* WHG Kommentar, § 4 Rn. 6; BVerfGE 58, 300, 328, 341.

1202 Sie eröffnen den Gemeingebrauch z.B. nur für natürliche Gewässer (§ 19 Abs. 1 Satz 1 HWG; § 21 Abs. 1 LWG NRW; § 36 Abs. 1 LWG RLP; § 22 Abs. 1 SWG; § 34 Abs. 1 SächsWG; § 29 Abs. 1 WG LSA; § 37 Abs. 1 ThürWG, wobei diese Bestimmung nur den Gemeingebrauch an künstlichen fließenden Gewässern ausschließt) und schließen ihn z.B. für Talsperren (§ 25 Abs. 1 BWG; § 14 Abs. 1 BremWG; § 21 Abs. 1 LWaG MeckPom; § 22 Abs. 1 SWG; § 29 Abs. 4 WG LSA), Speicherbecken (§ 20 Abs. 1 WG BW; § 25 Abs. 1 BWG; § 14 Abs. 1 BremWG; § 21 Abs. 1 LWaG MeckPom; § 22 Abs. 1 SWG; § 29 Abs. 1 WG LSA), für Gewässer in Gärten oder Parkanlagen (§ 20 Abs. 1 WG BW; Art. 18 Abs. 2 BayWG; § 43 Abs. 5 Bbg WG; § 14 Abs. 3 BremWG; § 9 Abs. 2 HWaG; § 19 Abs. 1 Satz 2 HWG; § 21 Abs. 3 LWG NRW; § 22 Abs. 1 SWG; § 34 Abs. 2 SächsWG; § 29 Abs. 3 WG LSA; § 14 Abs. 6 WH SH; § 37 Abs. 2 ThürWG), für Gewässer, aus denen zur Trinkwasserversorgung Wasser entnommen wird (§ 43 Abs. 1 Bbg WG; § 37 Abs. 1 ThürWG) oder für Gewässer dritter Ordnung (§ 14 Abs. 3 BremWG) aus.

1203 *Papier,* Recht der öffentlichen Sachen, S. 22; *Czychowski/Reinhardt,* WHG Kommentar, § 25 Rn. 2; *Wolff/Bachof/Stober/Kluth,* Verwaltungsrecht II, § 77 Rn. 24; *Salzwedel,* ZfW, 1962, 73, 85.

Befahren mit Kleinfahrzeugen ohne Motorbetrieb.[1204] Alle anderen Nutzungsarten, die wasserwirtschaftlich von großer Bedeutung sind, wie z.B. das Entnehmen, Ableiten, Aufstauen von Wasser, das Einleiten von Stoffen ins Wasser, sind stets Sondernutzung.[1205] Der Gemeingebrauch wird folglich so stark durch die Gesetzgeber begrenzt, dass er im Wasserrecht die Ausnahme bildet. Er ist somit für die öffentlich-rechtliche Zweckbestimmung der Gewässer nicht prägend bzw. ausschlaggebend.[1206] Der Grund liegt in der Tatsache, dass es sich bei Wasser um eine lebenswichtige, aber nur begrenzt vorhandene Ressource handelt, die es zu schützen und zu bewahren gilt. Es ist demnach gerade nicht im Interesse des Gesetzgebers, die Gewässer einem unbeschränkten Personenkreis für eine möglichst umfangreiche Anzahl von Nutzungsmöglichkeiten zur Verfügung zu stellen.

Gleiches gilt für den in § 26 WHG normierten Eigentümer- und Anliegergebrauch, der es dem Eigentümer bzw. dem Anlieger gestattet, das in seinem Eigentum stehende bzw. das an sein Grundstück grenzende Gewässer ohne besondere behördliche Zulassung für den eigenen Bedarf zu nutzen, soweit dadurch andere nicht beeinträchtigt werden und keine nachteilige Veränderung der Wasserbeschaffenheit, keine wesentliche Verminderung der Wasserführung sowie keine andere Beeinträchtigung des Wasserhaushalts zu erwarten sind.

Alle nach § 9 Abs. 1 WHG definierten Benutzungen, d.h. jene Nutzungen, die wasserwirtschaftlich bedeutsam sind, bedürfen nach § 8 Abs. 1 WHG grundsätzlich einer behördlichen Sondernutzungserlaubnis in Form der Bewilligung oder der (einfachen oder gehobenen) Erlaubnis. § 8 Abs. 1 WHG enthält ein diesbezügliches repressives Verbot mit Befreiungsvorbehalt.[1207] Aus Wortlaut und Struktur des § 12 Abs. 1 WHG[1208] ergibt sich, dass kein Rechtsanspruch auf

---

1204 Vgl.: § 20 Abs. 1 WG BW; Art. 18 Abs. 1 BayWG; § 25 Abs. 1 BWG; § 25 Abs. 1BerWG; § 43 Abs. 1 Bbg WG; § 14 Abs. 1 BremWG; § 9 Abs. 1 HWaG; § 19 Abs. 1 HWG; § 21 Abs. 1, 2 LWaG MeckPom; § 33 Abs. 1 LWG NRW; § 36 Abs. 1 LWG RLP; § 22 Abs. 1 SWG; § 34 Abs. 1 SächsWG; § 29 Abs. 1 WG LSA; § 14 Abs. 1, 2, 3 LWG SH; § 37 Abs. 1 ThürWG. Niedersachsen überlässt gemäß § 34 NWG die nähere Ausgestaltung des Gemeingebrauchs der Wasserbehörde, welche diesen durch Verordnung bzw. Verfügung regeln kann.

1205 *Wolff/Bachof/Stober/Kluth*, Verwaltungsrecht II, § 77 Rn 24; *Papier*, Recht der öffentlichen Sachen, S. 22.

1206 *Papier*, Recht der öffentlichen Sachen, S. 25.

1207 *Czychowski/Reinhardt*, WHG Kommentar, § 8 Rn. 3.

1208 *Czychowski/Reinhardt*, WHG Kommentar, § 12 Rn. 10.

Erteilung einer Befreiung zur Gewässernutzung besteht,[1209] sondern lediglich, wie § 12 Abs. 2 WHG ausdrücklich klargestellt, ein Anspruch auf ermessensfehlerfreie Entscheidung. Ein solcher lässt sich auch nicht aus dem Eigentum, wie § 4 Abs. 3 WHG klarstellt, oder aus der allgemeinen Handlungsfreiheit nach Art. 2 Abs. 1 GG ableiten. Die Gewässernutzung ist nach § 4 Abs. 3 WHG kein Eigentum, sondern sie unterliegt allein staatlicher Verfügungsbefugnis und bedarf damit behördlicher Zulassung.[1210] Erlaubnis bzw. Bewilligung beseitigen mithin keine auf dem Eigentum lastende Beschränkung, die die grundsätzlich freie Betätigung einer grundrechtlich gewährleisteten Rechtsposition hindert, sondern sie gewähren erst die Befugnis bzw. das Recht, das Gewässer zu nutzen, also eine Rechtsposition bzw. ein subjektiv-öffentliches Recht, welche/welches dem Benutzer vorher nicht zukam.[1211]

Die einfache Erlaubnis nach § 10 Abs. 1 Alt. 1 WHG und die gehobene Erlaubnis nach § 15 WHG sind ihrer Rechtsnatur nach identisch,[1212] bei beiden handelt es sich um eine Befugnis, ein Gewässer zu einem bestimmten Zweck in einer nach Maß und Art bestimmten Weise zu nutzen. Nach § 15 WHG kann eine gehobene Erlaubnis bei öffentlichem Interesse[1213] bzw. bei berechtigtem Interesse des Gewässernutzers erteilt werden. Das im WHG nicht definierte öffentliche Interesse liegt dann vor, wenn die beabsichtigte Gewässernutzung öffentlichen Zielen dient,[1214] wie z.B. der öffentlichen Daseinsvorsorge. Das „berechtigte Interesse" ist ausweislich der Gesetzesbegründung zu bejahen, wenn „Tatsachen vorliegen, aus denen sich ergibt, dass der Gewässerbenutzer zur Wahrung seiner

---

1209 BT-Drucks. 2/2072 S. 23 zu § 6 WHG a.F., welcher inhaltlich durch § 12 WHG n.F. ersetzt wurde. § 12 WHG geht zwar über den Regelungsgehalt des § 6 WHG a.F. hinaus (BT-Drucks. 16/12275, S. 55), indem er die Versagungsgründe weiter fasst, entspricht § 6 WHG aber in Struktur und Regelungscharakter. Zur Frage des Rechtsanspruchs vgl. auch BVerfGE 58, 300, 328; BVerfGE 93, 319, 339; *Czychowski/Reinhardt,* WHG Kommentar, § 12 Rn. 10, 33.

1210 *Hösch,* ZfW, 2009, 65, 69.

1211 Vgl. *Sendler,* Der Widerruf von Wasserrechten, RdWWi 18, 29, 32; *Czychowski/Reinhardt,* WHG Kommentar, § 10 Rn. 44.

1212 *Czychowski/Reinhardt,* WHG Kommentar, § 15 Rn. 4.

1213 Zur Frage der Übereinstimmung des Begriffs des öffentlichen Interesses mit dem des Wohls der Allgemeinheit nach § 6 Abs. 1 Satz 1 Nr. 3 WHG vgl. *Henseler,* NuR, 1982, 66, 66 Fn. 13; *Czychowski/Reinhardt,* WHG Kommentar, § 6 Rn. 26. Nach Ansicht von *Czychowski/Reinhardt* ist das öffentliche Interesse etwas qualitativ anderes als das Wohl der Allgemeinheit.

1214 Vgl. *Berendes,* Gewässerausbau und Spielräume der Wasserkraftnutzung, in: *Breuer (Hg.),* Gewässerausbau, § 15 Rn. 3.

gegenwärtigen oder zukünftigen wirtschaftlichen oder sonst anerkennenswerten Belange ein Interesse an der Erteilung einer gehobenen Erlaubnis hat"[1215]. Die beiden Formen der Erlaubnis unterscheiden sich aber in der sich gegenüber Dritten ergebenden Rechtsposition. Die einfache Erlaubnis führt nicht zu einem Ausschluss von Rechten Dritter.[1216] Gegen eine unanfechtbare gehobene Erlaubnis hingegen können gemäß § 16 Abs. 1 WHG privatrechtliche Ansprüche auf Einstellung der Gewässerbenutzung nicht geltend gemacht werden. Öffentlich-rechtliche Ansprüche sowie privatrechtliche Ansprüche, die auf Störungsbeseitigung, Schadensersatz oder Herstellung von Schutzvorkehrungen gerichtet sind, bleiben indessen unberührt.[1217] Kennzeichnend für beide Formen der Erlaubnis ist, dass sie grundsätzlich unbefristet erteilt werden und gemäß § 18 Abs. 1 WHG ohne Entschädigungspflicht seitens des Hoheitsträgers widerruflich sind. Dies hat seinen Grund darin, dass die Erlaubnis in ihrer Konzeption als Befugnis privatrechtliche Rechtsbeziehungen nicht abschließend regelt, sondern nur eine grundsätzliche Vereinbarkeit der Gewässernutzung mit öffentlich-rechtlichen Vorschriften bestätigt.[1218]

Im Gegensatz zur Erlaubnis gewährt die Bewilligung nach § 10 Abs. 1 Alt. 2 WHG ein subjektiv-öffentliches Recht, ein Gewässer zu einem bestimmten Zweck in einer nach Maß und Art bestimmten Weise zu nutzen. Die Erteilung einer Bewilligung ist gegenüber der Erlaubnis an die zusätzlichen Voraussetzungen des § 14 Abs. 1 WHG gebunden. Die Bewilligung wird stets befristet, d.h. für eine bestimmte Zeit erteilt, wobei die Frist von 30 Jahren nur aus besonderen Gründen überschritten werden darf (§ 14 Abs. 2 WHG), so dass die 30 Jahre grundsätzlich als Höchstgrenze anzusehen sind. Ist die Frist abgelaufen, erlischt die Bewilligung ipso iure. Im Gegensatz zur Erlaubnis ist die Bewilligung nur

---

1215 BT-Drucks. 16/12275, S. 57.

1216 BT. Drucks. 2/2072, S. 7 zu § 7 WHG a.F.; vgl. BGHZ 55, 180, 185; 88, 34, 40 f.; BGH NUR 1984, 203, 204; BGH ZfW 1997, 27, 30.

1217 BT-Drucks. 16/12275, S. 57, welche darauf abstellt, dass die Regelung des § 16 Abs. 1 WHG in Anlehnung an § 14 BImSchG erfolgte. Letzterer ordnet den Ausschluss der Geltendmachung privater Ansprüche, die auf dauerhafte Einstellung des Betriebes gerichtet sind, an. Für § 14 BImSchG ist anerkannt, dass diese Norm nicht öffentlich-rechtliche bzw. andere, nicht auf Betriebseinstellung gerichtete zivilrechtliche Ansprüche ausschließt, vielmehr wandelt sich ein bestehenden auf Einstellung des Betriebes gerichteten Abwehranspruch, der nach § 14 BImSchG ausgeschlossen ist, in einen Anspruch gerichtet auf Schutzvorkehrungen bzw. in einen Schadensersatzanspruch um (vgl. *Jarass,* BImschG – Kommentar, § 14 Rn. 12 ff.).

1218 Vgl. BGHZ 88, 34, 40.

begrenzt widerruflich, da ein solcher Widerruf den Schranken des § 18 Abs. 2 WHG unterliegt. Dementsprechend ist er nur nach den in § 49 Abs. 1 Nr. 2–5 VwVfG bzw. den in § 18 Abs. 2 Nr. 1 – 2 WHG genannten Gründen möglich. Im Gegensatz zur Erlaubnis gewährt die Bewilligung umfassenden Schutz gegen Rechte Dritter. Gemäß § 16 Abs. 2 Satz 1 WHG sind zivilrechtliche und öffentlich-rechtliche Beseitigungs-, Unterlassungs- und Schadensersatzansprüche Dritter hinsichtlich der bewilligten Gewässernutzung ausgeschlossen. Voraussetzung dafür ist, dass die Bewilligung bestandskräftig ist und der Betroffene in einem mit der Maßgabe des § 11 Abs. 2 WHG durchzuführenden Bewilligungsverfahren die Möglichkeit hatte, Einwendungen geltend zu machen[1219]. Dieser umfassende Ausschluss nach Abs. 1 Satz 1 wird durchbrochen, indem solche Ansprüche wegen nachteiliger Wirkungen erhoben werden können, falls der Bewilligungsinhaber den angeordneten Inhalts- oder Nebenbestimmungen nicht nachkommt. Ebenso bleiben nach § 16 Abs. 3 WHG jene Ansprüche erhalten, die auf zwischen dem Bewilligungsinhaber und einem betroffenen Dritten geschlossenen zivilrechtlichen oder öffentlich-rechtlichen Vertrag beruhen oder sich aus letztwilligen Verfügungen bzw. aus dinglichen Rechten ergeben, welche an dem Grundstück bestehen, auf dem das Gewässer genutzt wird[1220].

Aufgrund der nur in sehr engen Grenzen vorhandenen Möglichkeit des Widerrufs und dem Schutz der gestattungskonformen Gewässernutzung vor Einwendungen Dritter ist die Bewilligung die beständigste der drei Gestattungsformen. Sie gewährleistet damit ihrem Inhaber größtmögliche Planungs- und Investitionssicherheit und räumt ihm, im Vergleich zur einfachen bzw. gehobenen Erlaubnis, ein gesteigertes Nutzungsrecht am Gewässer ein, so dass sie im Ergebnis die stärkste Rechtsposition gewährt.

Auch wenn mit der Bewilligung eine grundsätzlich unentziehbare Rechtsposition für eine bestimmte Wassernutzung erteilt wird, so darf dies nicht darüber hinwegtäuschen, dass über die – wenn auch eingeschränkte – Möglichkeit der Widerrufsmöglichkeit nach § 18 Abs. 2 WHG, die Zulässigkeit nachträglicher Anordnungen (§ 13 Abs. 3, § 14 Abs. 5 und 6), dem Vorbehalt weiterer Inhalts- und Nebenbestimmungen nach § 13 WHG, dem Ausgleich konkurrierender Gewässernutzungen nach § 22 WHG sowie der Befristung der Bewilligung der Zugriff auf das bewilligte Wassernutzungsrecht erhalten bleibt, so dass auf veränderte wasserwirtschaftliche Gegebenheiten und Erfordernisse reagiert werden kann. Insbesondere die Befristung der Bewilligung dient dazu, künftigen, derzeit

1219 BGH, VersR 1970, 625, 626.

1220 *Czychowski/Reinhardt,* WHG Kommentar, § 16 Rn. 26.

nicht voraussehbaren Anforderungen an eine nachhaltige Gewässerbewirtschaftung gerecht zu werden.[1221] Dieser Notwendigkeit wird bei der unbefristet erteilten Erlaubnis durch ihre Widerruflichkeit Rechnung getragen.

Neben diesem reglementierten und kontrollierten System der Gewässerbewirtschaftung, das im Interesse der Nachhaltigkeit einen gerechten Ausgleich zwischen Trink- und Brauchwasserversorgung, Energiegewinnung, Abwasserbeseitigung sowie der Nutzung für Freizeitzwecke schaffen soll, bestehen über § 20 WHG alte Wassernutzungsrechte und Befugnisse fort, bei deren Entstehung im 19. Jahrhundert Fragen des Umweltschutzes und nachhaltige Gewässerbewirtschaftung – wenn überhaupt – nur eine untergeordnete Rolle gespielt haben. Weder das Inkrafttreten des WHG a.F. am 01. August 1957 noch das Inkrafttreten des aktuellen WHG am 01. März 2010 führte zur Abschaffung der von 1794 bis 1913 erworbenen Rechte an Gewässern. Auch wenn das WHG ein eigenes, in sich geschlossenes Gestattungssystem für die Nutzung der in Deutschland befindlichen Gewässer enthält, das dazu dient, das knappe Gut Wasser – auch unter Berücksichtigung von Umweltschutzbelangen – wirtschaftlich und nachhaltig zu verteilen, um so eine nachhaltige Bewirtschaftung der Gewässer sicherzustellen, ist das in Preußen entwickelte System der Gewässernutzung aufgrund von § 20 WHG unter den im Folgenden darzustellenden Voraussetzungen und Einschränkungen nach wie vor Bestandteil des aktuellen Wasserhaushaltsrechts. Im Folgenden gilt es zu untersuchen, ob wir heute zur nachhaltigen Bewirtschaftung der Gewässer jener alten Rechte noch bedürfen oder ob sie nicht vielmehr der mit dem aktuellen Gestattungssystem des WHG angestrebten Zielsetzung entgegenlaufen. Es ist zu klären, ob und ggf. unter welchen Voraussetzungen eine Abschaffung der alten Rechte sinnvoll und möglich erscheint oder ob nicht eine Überleitung des in Preußen entwickelten Systems der Gewässernutzung in das heutige Gestattungssystem in Betracht kommt.

I. Die Aufrechterhaltung alter Rechte nach § 20 Abs. 1 Satz 1 Nr. 1 WHG

Das WHG erhält nach Maßgabe des § 20 WHG alte Rechte und alte Befugnisse aufrecht und schafft für sie ein Sonderrecht, dass die für die Gewässernutzung ansonsten erforderliche behördliche Gestattung nicht eingeholt werden muss.[1222] Gemäß § 20 Abs. 1 Satz 1 Nr. 1 WHG sind für Gewässerbenutzungen, die auf

1221 BT-Drucks. 16/12275, S. 25.
1222 Reinhardt, NWVBl. 2015, S. 408, 409.

nach den Landeswassergesetzen erteilten oder durch sie aufrechterhaltenen Rechten beruhen, keine Erlaubnis oder Bewilligung erforderlich, vorausgesetzt am gesetzlich bestimmten Stichtag waren rechtmäßige Anlagen vorhanden. Nach dem ausdrücklichen Wortlaut der Vorschrift haben die Länder die Möglichkeit, von dieser Bestimmung abzuweichen und folglich für alte Rechte und Befugnisse keine Befreiung vom Erfordernis der Bewilligung bzw. Erlaubnis zu erteilen. Hinsichtlich des hier relevanten § 20 Abs. 1 Satz 1 Nr. 1 WHG haben die Länder mit Ausnahme von Sachsen, das gemäß § 22 a SächsWG für alte Rechte und Befugnisse eine entsprechende Anwendung der Vorschriften über Erlaubnis oder Bewilligung vorsieht, von der Abweichungsbefugnis keinen Gebrauch gemacht.[1223]

1. Rechte, die nach den Landeswassergesetzen erteilt wurden, § 20 Abs. 1 Satz 1 Nr. 1, 1.Alt WHG

Rechte, die nach Landeswassergesetzen erteilt wurden, bleiben aufrechterhalten. Der Begriff „Landeswassergesetze" ist dabei nicht streng terminologisch zu verstehen. Neben jenen Gesetzen, die ausdrücklich als Wassergesetze bezeichnet werden, sind auch solche Vorschriften mit einzubeziehen, die zwar so nicht benannt sind, aber aus wasserwirtschaftlicher Sicht Regelungen zur Benutzung von Gewässern treffen.[1224] Es werden insbesondere die alten Wassergesetze erfasst, die vor Inkrafttreten des WHG galten, wie z.B. das Preußische Wassergesetz von 1913[1225] (PrWG), das Bayerische Wassergesetz von 1907 oder das Badische Wassergesetz von 1899. Die Erteilung der Rechte setzt voraus, dass sie auf einem behördlichen Gestattungsakt beruht, dem sowohl eine Einzelfallprüfung als auch eine Prüfung wasserrechtlicher Vorschriften vorausgegangen ist.[1226] War

---

1223 Durch ausdrückliche Regelungen machen dies deutlich: § 15 WG BW; Art. 75 BayWG; § 147 Abs. 1 BbGWG; § 105 Abs. 1 Nr. 1 BWG; § 10 BremWG; § 17 Abs. 1 Satz 2 Nr. 1a HWG; § 135 LWaG MV, § 164 LWG NRW; § 142 Abs. 1 Nr. 1 SWG; § 145 Abs. 1 SchlHWG § 129 ThürWG. Das LWG RLP enthält keine Vorschrift zur Fortgeltung alter Rechte. Dadurch wird deutlich, dass von der bundesgesetzlichen Regelung nicht abgewichen werden soll. Niedersachsen (§ 19 NWG), Hamburg (§ 111 HWaG) und Sachsen-Anhalt (§ 26 WG LSA) treffen lediglich Regelungen zu Inhalt und Umfang der alten Rechte und Befugnis, wodurch eine Weitergeltung nach dem WHG vorausgesetzt wird.

1224 *Gieseke,* RdWWi, 7 (1959), 7, 14; *Gieseke,* ZfW, 1967, 33, 35.

1225 Vgl. Abschnitt D., S. 207 ff.

1226 BVerwGE 37, 103, 105 ff.; BayVGH, ZfW 2003, 228, 229; *Bell,* ZfW, 2004, 65, 71, *Czychowski/Reinhardt,* WHG Kommentar, § 20 Rn. 15; *Kotulla,* Wasserhaushaltsgesetz Kommentar, § 20 Rn. 8.

der entsprechende Bescheid nach dem vor Inkrafttreten des WHG geltenden Recht rechtmäßig, so ist das Recht als erteilt anzusehen.[1227] Hingegen fällt ein Recht bzw. eine Rechtsposition, das bzw. die sich unmittelbar aus dem Gesetz ergibt, nicht unter den Begriff der Erteilung im Sinne von § 20 Abs. 1 Satz 1 Nr. 1, 1. Alt. WHG.[1228]

Erteilt nach dem PrWG sind nach diesen Voraussetzungen jene Rechte, die im Wege der Verleihung nach den §§ 46 ff. PrWG[1229] erworben wurden, da der Verleihung ein umfassendes behördliches Verfahren vorausgegangen war, in dem unter anderem die Vereinbarkeit mit wasserrechtlichen Vorschriften geprüft wurde. Mit dem Verleihungsbeschluss erwirbt der Berechtigte ein Privatrecht am Wasserlauf, dem auch öffentlich-rechtliche Wirkung zukommt.[1230] Es handelt sich dabei entweder um Nutzungsrechte von Wasserlaufseigentümern, die nicht den Beschränkungen der §§ 41 ff. PrWG unterliegen, oder um Nutzungsrechte privater Dritter an nicht in ihrem Eigentum stehenden Privatgewässern bzw. an öffentlichen Wasserläufen. Da auch den Zwangsrechten ein öffentlich-rechtliches Verfahren vorausgegangen war, das sich an dem für die Verleihung maßgeblichen orientierte,[1231] sind auch die Zwangsrechte – zumindest die nach §§ 331–333 PrWG am Wasserlauf erworben werden konnten – als erteilt iSv § 20 Abs. 1 Satz 1 Nr. 1, 1. Alt WHG anzusehen. Gleiches gilt für die nach § 86 PrWG sichergestellten Rechte. Zwar ist die Sicherstellung kein originärer Rechtserwerb, weil nur dem Berechtigten bereits zustehende Rechte nach § 86 PrWG sichergestellt werden können. Jedoch stehen sichergestellte Rechte den nach § 86 Abs. 3 PrWG verliehenen Rechten gleich, so dass der Rechtsinhaber eine der Verleihung entsprechende bevorzugte Rechtsstellung erwirbt.[1232] Aufgrund der im PrWG vorgesehenen gesetzlichen Gleichstellung von sichergestelltem und verliehenem Recht sind sie auch im Rahmen von § 20 Abs. 1 Satz 1, 1. Alt. WHG gleich zu behandeln, weshalb ersteres auch als nach den Landeswassergesetzen erteilt gilt. Nicht unter den Anwendungsbereich des § 20 Abs. 1 Satz 1, 1. Alt. WHG fallen hingegen alle Nutzungsrechte, die sich unmittelbar aus Gesetz ergeben. Das sind im Fall des PrWG insbesondere die Nutzungsrechte, die dem Eigentümer von Wasserläufen bzw. sonstigen Gewässern kraft

1227 BVerwG, ZfW 1968, 261, 263.

1228 *Gieseke*, RdWWi, 7 (1959), 7, 14; *Czychowski/Reinhardt*, WHG Kommentar, § 20 Rn. 15.

1229 Vgl. Abschnitt D.II.4., S. 232 ff.

1230 Vgl. Abschnitt D.II.4.e), S. 242.

1231 Vgl. Abschnitt D.II.6., S. 256 ff.

1232 Vgl. Abschnitt D.II.5., S. 254 ff.

Gesetzes zustehen. Aus dem Eigentümergebrauch ergeben sich damit keine nach den Landeswassergesetzen erteilten Nutzungsrechte, mit Ausnahme derjenigen Rechte, die der jeweilige Eigentümer nach § 86 PrWG sicherstellen ließ.

2. Nach den Landeswassergesetzen aufrechterhaltene Rechte, § 20 Abs. 1 Satz 1 Nr. 1, 2. Alt WHG

§ 20 Abs. 1 Satz 1 Nr. 1, 2. Alt. WHG erfasst Rechte, die vor dem Inkrafttreten der alten, um die Jahrhundertwende erlassenen Wassergesetze erworben wurden, wenn in diesen ausdrücklich die Aufrechterhaltung der Benutzungsrechte bestimmt war. Aber auch wenn eine entsprechende ausdrückliche Bestimmung in den alten Wassergesetzen fehlt, die die Aufrechterhaltung anordnet, ist nicht automatisch von einer Aufhebung der alten Rechte mit Gesetzeserlass auszugehen, da solche Anordnungen nicht immer üblich gewesen sind.[1233] Vielmehr ist im Einzelfall zu prüfen, ob die Benutzung durch erlassene Gesetze einer neuen Gestattungspflicht unterworfen wird. Ist dies nicht der Fall und wurde die Benutzung bei Inkrafttreten des Gesetzes weiter ausgeübt, so ist vom Fortbestand des Benutzungsrechts auszugehen.[1234]

Das PrWG bestimmt die Aufrechterhaltung von Rechten nach den §§ 379 ff. PrWG[1235]. Im Rahmen des § 379 PrWG ist zwischen jenen Rechten, die auf einem besonderen Titel beruhen (Abs. 1), und den übrigen Nutzungsrechten (Abs. 2) zu differenzieren. Während für erstere außer dem besonderen Titel keine weitere Voraussetzung für die Aufrechterhaltung erfüllt sein muss, ist bei letzteren erforderlich, dass zu einem gesetzlich festgelegten Stichtag rechtmäßige Anlagen zur Rechtsausübung vorhanden gewesen sind[1236].

Das Privileg, der sich im Laufe des 19. Jahrhunderts aus dem Privileg entwickelnde hoheitlicher Gestattungsakt, die Ersitzung, und die Erlaubnis nach ALR II 15 § 46, soweit man sie als Verleihung eines regalen Rechts anerkennt, sind für die Zeit bis zum Inkrafttreten des PrWG im Jahre 1913 die maßgeblichen Arten, ein subjektives Wasserrecht an öffentlichen Wasserläufen zu erwerben. All diese Erwerbsarten stellen einen besonderen Titel im Sinne von § 379 Abs. 1 PrWG dar.[1237] Darauf beruhende Nutzungsrechte sind damit nach diesem Gesetz

1233 *Kotulla*, Wasserhaushaltsgesetz Kommentar, § 20 Rn. 10.

1234 *Zöllner*, in: *Sieder u. a. (Hrsg.)*, Wasserhaushaltsgesetz, Stand: 2016 § 20 Rn. 28; *Kotulla*, Wasserhaushaltsgesetz Kommentar, § 20 Rn. 10.

1235 Vgl. Abschnitt D.II.7., S. 261 ff.

1236 Einzelheiten zu den Voraussetzungen des § 379 Abs. 2 PrWG siehe oben S. 288 ff.

1237 Vgl. Abschnitt D.II.7., S. 262 f.

aufrechterhalten, soweit es sich um eine von § 46 PrWG erfasste Nutzungsart handelt.[1238] Daneben kommt auch noch die Belehnung zur Übertragung von Nutzungsrechten an öffentlichen Wasserläufen in Betracht. Mit der Abschaffung der Belehnung können aber aus dem Lehnsverhältnis keine Nutzungsrechte mehr abgeleitet werden, weshalb auf die Belehnung im Folgenden nicht näher eingegangen wird.

Bei Privatgewässern beruhen die Nutzungsrechte unmittelbar auf Gesetz, wie z.B. bei den §§ 1, 13 PrivatflussG von 1843[1239], und/oder sind Ausfluss des an den Gewässern bestehenden Eigentums. Weder das Eigentum noch das Gesetz selbst sind besondere Titel im Sinne von § 379 Abs. 1 PrWG, so dass darauf beruhende Nutzungsrechte nur nach § 379 Abs. 2 PrWG aufrechterhalten sind, d.h. wenn eine rechtmäßige Anlage zur Rechtsausübung am gesetzlich vorgesehenen Stichtag vorgelegen hat.[1240] Auch der aufgrund des nach den §§ 19 ff. PrivatflussG von 1843 durchgeführten Aufgebots- und Präklusionsverfahrens erlassene Präklusionsbescheid begründet kein subjektives Recht auf Wassernutzung (insbesondere auf Errichtung einer Bewässerungsanlage) an einem Privatfluss und ist somit auch kein besonderer Titel im Sinne von § 379 Abs. 1 PrWG. Der Bescheid dient ausschließlich dazu, mögliche der Bewässerungsanlage entgegenstehende Ansprüche und Widersprüche Dritter mit präklusiver Wirkung festzustellen. Damit setzt er voraus, dass dem Inhaber der Bewässerungsanlage bereits ein subjektives Wassernutzungsrecht zusteht.[1241]

Der Beschluss, welcher aufgrund des nach den §§ 24 ff. PrivatflussG von 1843 durchgeführten Vermittlungsverfahrens ergangenen ist, hat nur in den Fällen des § 25 Nr. 3 PrivatflussG von 1843 (Erweiterung des Umfangs des dem Berechtigten gesetzlich zustehenden Rechts auf Wassernutzung) und des § 25 Nr. 2 PrivatflussG von 1843 dem Inhaber einer Bewässerungsanlage ein subjektives Recht auf Wassernutzung übertragen,[1242] so dass diesbezüglich der erteilte Beschluss als besonderer Titel angesehen werden kann. Für § 25 Nr. 1 und Nr. 4 PrivatflussG von 1843 gilt dies nicht, weil in beiden Fällen kein Recht auf Wassernutzung erworben werden kann[1243].

1238 Einzelheiten zu den Voraussetzungen des § 379 Abs. 1 PrWG siehe oben S. 287 ff., Einzelheiten zu § 46 PrWG siehe oben S. 258 ff.

1239 Vgl. Abschnitt C.III.2., S. 120, 129.

1240 Vgl. Abschnitt D.II.7.b), S. 263 f.

1241 Vgl. Abschnitt C.III.5.a), S. 138 f.

1242 Vgl. Abschnitt C.III.5.b).cc., S. 143 f.

1243 Vgl. Abschnitt C.III.5.b).cc., S. 143 f.

Jegliche (landes-)polizeilichen Genehmigungen, wie die strompolizeiliche Genehmigung nach ALR II 15 § 62,[1244] die Genehmigung zur Errichtung einer Mühle nach ALR II 15 § 236,[1245] die nach § 3 Strombauordnung von 1806 notwendige Genehmigung für die Anlage von Wasch- und Badehäusern und Wasserleitungen[1246] oder die nach § 5 Edikt von 1810 erforderliche Genehmigung für die Errichtung bzw. Veränderung einer Mühle,[1247] führen nicht zum Erwerb eines Wassernutzungsrechts, so dass ein solches darauf auch nicht beruhen kann. Mit Erteilung der Genehmigung wird bestätigt, dass das Vorhaben mit den polizeilichen Vorschriften vereinbar ist und diese der geplanten Anlage nicht entgegenstehen.[1248] Die Genehmigung stellt somit eine Gebrauchserlaubnis dar, dass eine über den Gemeingebrauch hinausgehende Nutzung zulässig ist.[1249] Eine subjektive Berechtigung wird dadurch nicht verliehen, so dass zusätzlich eine solche erworben werden muss. Gleiches gilt für gewerberechtliche Genehmigungen nach § 27 GewO von 1845, § 1 GewO von 1841 und § 16 RGewO von 1869, auch wenn ihnen sowohl in öffentlich-rechtlicher als auch in privatrechtlicher Hinsicht eine umfassendere Bedeutung zukommt als den polizeilichen Genehmigungen, da mit Erteilung der gewerberechtlichen Genehmigung die Anlage sowohl gegen Eingriffe aus öffentlich-rechtlichen Gründen sowie gegen privatrechtliche Ansprüche auf Betriebseinstellung geschützt ist. Jedoch stellen auch die gewerberechtlichen Genehmigungen lediglich fest, dass Bedenken gegen Errichtung und Betrieb der Anlage nicht bestehen, einen materiellen Rechtsanspruch gewähren sie hingegen nicht.[1250] Da sowohl die gewerberechtliche Genehmigung als auch die polizeiliche Genehmigung „nicht das Recht, dessen Ausübung sie gestattet"[1251], begründen, stellen sie auch keinen besonderen Titel im Sinne des § 379 Abs. 1 PrWG dar.[1252] Soweit der Wassernutzung neben der Genehmigung kein besonderer Titel zugrunde liegt, kommt allenfalls ihre Aufrechterhaltung nach § 379 Abs. 2 PrWG in Betracht.

1244 Vgl. Abschnitt B.IV.2.a).dd., S. 63 f.

1245 Vgl. Abschnitt B.IV.2.a).dd., S. 65.

1246 Vgl. Abschnitt C.I., S. 115 f.

1247 Vgl. Abschnitt C.IV.1.c), S. 156 ff.

1248 *Holtz/Kreutz/Schlegelberger*, Das preußische Wassergesetz 1955, Bd. 2, S. 575.

1249 *Holtz/Kreutz/Schlegelberger*, Das preußische Wassergesetz 1955, Bd. 2, S. 575; *Hatschek/Kurtzig*, Lehrbuch des deutschen und preußischen Verwaltungsrechts, S. 476; *Mayer*, Deutsches Verwaltungsrecht, Bd. 2, S. 89 ff.

1250 LWA, PrVwBl. 37, 618, 619.

1251 LWA, PrVwBl. 37, 618, 619

1252 Vgl. Abschnitt D.II.7.a), S. 262.

Die Aufrechterhaltung der Wassernutzungsrechte nach § 379 Abs. 1 und Abs. 2 PrWG bedeutet jedoch nicht, dass diese nach § 20 Abs. 1 Satz 1 WHG unverändert fortgelten, auch wenn der Wortlaut zunächst dies vermuten lässt. Weite Teile der Rechtsprechung[1253] und der überwiegende Teil der Literatur[1254] verlangen, dass auch der Erteilung der nach den Landeswassergesetzen aufrechterhaltenen Rechten eine „behördliche Einzelfallprüfung in wasserrechtlicher Hinsicht“[1255], also hinsichtlich der Vereinbarkeit der Benutzung mit damals bestehenden wasserrechtlichen Bestimmungen und hinsichtlich der Auswirkungen der Wassernutzung auf die Wasserwirtschaft und den Wasserhaushalt, vorausgegangen muss. Dabei sei entscheidend, dass die Behörde auf die Rechtserteilung Einfluss nehmen und sie bei fehlender Vereinbarkeit mit öffentlichen Interessen hätte versagen können.[1256] Nicht ausreichend sei es, wenn die Gewässernutzung lediglich nach dem damals geltenden Recht erlaubnisfrei war.[1257] Das Erfordernis der behördlichen Prüfung ergebe sich zum einen aus dem Gesamtzusammenhang, dem Sinn und Zweck sowie der Entstehungsgeschichte der Vorschrift.[1258] Sowohl bei § 15 Abs. 1 Satz 1 Nr. 1, 1. Alt. WHG a.F. als auch bei den nach § 15 Abs. 1 Satz 1 Nr. 2 und 3, Abs. 2 WHG a.F. aufrechterhaltenen Rechten habe bei Rechtserwerb eine Prüfung öffentlich-rechtlicher Vorschriften stattgefunden, so dass wenig dafür spreche, dass bei § 15 Abs. 1 Satz 1 Nr. 1, 2. Alt. WHG a.F. auch jene Rechte erfasst sein sollen, die ohne vorausgehende öffentlich-rechtliche Prüfung erworben worden sind.[1259] Auch die Entstehungsgeschichte der Norm lasse den Schluss zu, dass die Vorschrift eng auszulegen

1253 BVerwG 37, 103, 105 ff., BVerwG, ZfW 1975, 92, 93; OVG Münster RdL 1978, 49, 50 f.; VGH BW ZfW 1981, 27, 28; VGH Mannheim, NVwZ-RR 1995, 193; BayVGH ZfW 2003, 228, 229; VGH München NVwZ 2004, 368, 369;

1254 *Kotulla*, Wasserhaushaltsgesetz Kommentar, § 20 Rn. 11; *Czychowski/Reinhardt*, WHG Kommentar, § 20 Rn. 21; Reinhardt, NWVBl. 2015, 408, 409; *Pape* in: *Landmann/Rohmer*, Umweltrecht, WHG § 20 Rn. 9; *Bell*, ZfW, 2004, 65, S. 72 f.; *Thiem*, Landeswassergesetz Schleswig-Holstein, § 106 Anm. 4; insoweit widersprüchlich *Breuer*, Öffentliches und privates Wasserrecht, Bd. 24, Rn. 288, der einerseits eine öffentlich-rechtliche Einzelfallprüfung verlangt, andererseits aber § 379 Abs. 2 PrWG als bei § 20 Abs. 1 Satz 1 Nr. 1 PrWG anwendbar anerkennt, obwohl nach dieser Norm aufrechterhaltene Rechte nicht auf einem besonderen Titel beruhen und keine Rechtsprüfung vorausgegangen ist.

1255 *Pape* in: *Landmann/Rohmer*, Umweltrecht, WHG § 20 Rn. 9.

1256 *Bell*, ZfW, 2004, 65, S. 73.

1257 OVG Lüneburg, ZfW 1987, 111, 112.

1258 BayVGH, ZfW 2003, 228, 229; VGH München, NVwZ 2004, 368, 369.

1259 BVerwGE 37, 103, 105 f.

sei, da ausweislich der Gesetzesbegründung der Grund für das Sonderrecht alter Rechte und Befugnisse darin zu sehen sei, dass diese aufgrund eines förmlichen Verfahrens oder staatlichen Hoheitsaktes erteilt worden seien.[1260] Nach Ansicht des Gesetzgebers sei eine Überprüfung daher nicht mehr notwendig, weil sie bereits stattgefunden habe. Auch sei § 15 Abs. 1 Satz 1 Nr. 1 WHG a.F. entsprechend dem Sinn und Zweck des Wasserhaushaltsgesetzes, eine nachhaltige Gewässerbewirtschaftung sowie den Schutz des vorhandenen (Grund-)Wassers sicherzustellen, eng auszulegen.[1261]

Wendet man diese Einschränkung von weiten Teilen der Literatur und der Rechtsprechung auf die nach § 379 Abs. 1 und 2 PrWG aufrechterhaltenen Rechte an, so ergibt sich, dass alle Rechte, die unter § 379 Abs. 2 PrWG fallen, nicht den Schutz des § 20 Abs. 1 Satz 1, 1. Alt WHG genießen, weil diese sich unmittelbar aus dem Gesetz ergeben und ihnen kein behördlicher Gestattungsakt vorausgegangen ist. Für die nach § 379 Abs. 1 PrWG aufrechterhaltenen Rechte gilt, dass Nutzungsrechte, die auf einem einzelnen verliehenen Privileg – sowohl in der Form der lex specialis als auch später als Verwaltungsentscheidung – oder auf einer Erlaubnis nach ALR II 15 § 46 beruhen, nach § 20 Abs. 1 Satz 1, 2. Alt. WHG keiner Erlaubnis oder Bewilligung bedürfen, sondern in ihrer bisher geltenden Form fortgelten, da ihnen eine hoheitliche Entscheidung vorausging. Rechte, die sich auf eine Ersitzung als besonderen Titel im Sinne des § 379 Abs. 1 PrWG stützen, würden bei Zugrundelegung der herrschenden Meinung nicht von § 20 Abs. 1 Satz 1, 2. Alt. WHG erfasst werden, weil es sich hierbei um einen gesetzlich begründeten Rechtserwerb handelt, der sich ohne aktives Tätigwerden der Behörden und insbesondere ohne gesonderte öffentlich-rechtliche Überprüfung vollzogen hat.

Teile der Literatur[1262] wollen von dem Grundsatz, dass ein Recht nur aufrechterhalten werden kann, wenn bei ihrem Erwerb eine öffentlich-rechtliche Überprüfung vorausgegangen ist, für titulierte Rechte eine Ausnahme machen. Diese seien ohne Rücksicht darauf, ob es eine Überprüfung gegeben habe, in jedem Fall aufrechtzuerhalten. Nach *Landmann/Rohmer* kann unterstellt werden, dass bei Begründung des Titels eine Prüfung in wasserrechtlicher Hinsicht stattgefunden habe.[1263] In eine ähnliche Richtung gehen Teile der

---

1260 BVerwGE 37, 103, 106.

1261 BVerwGE 37, 103, 106 f.

1262 *Pape* in: *Landmann/Rohmer*, Umweltrecht, WHG § 20 Rn. 50; *Knopp* in: *Sieder u. a. (Hrsg.)*, Wasserhaushaltsgesetz, Stand: 2009, § 15 Rn. 5a.; *Reinhardt* in: *Giesberts/Reinhardt*, Beck'scher OK Umweltrecht, § 20 Rn. 3; *Berendes*, Wasserhaushaltsgesetz, § 29 Rn. 6.

1263 *Pape* in: *Landmann/Rohmer*, Umweltrecht, WHG § 20 Rn. 50.

Rechtsprechung[1264], welche versuchen die restriktive Rechtsprechung des BVerwG dadurch abzumildern, dass sie an den Nachweis des Vorliegens der öffentlich-rechtlichen Überprüfung nur geringe Anforderungen stellen bzw. bei Vorliegen eines besonderen Titels entsprechend der Literatur ganz davon absehen[1265].

Legt man diese Ansicht zugrunde, so fiele neben den auf einem Privileg oder der Erlaubnis nach ALR II 15 § 46 beruhenden Nutzungsrechten auch diejenigen, die sich auf eine Ersitzung gründen, unter den Anwendungsbereich des § 20 Abs. 1 Satz 1, 2. Alt WHG, da auch die Ersitzung ein besonderer Rechtstitel ist. Rechte, die auf Gesetz beruhen und damit dem § 379 Abs. 2 WHG unterfallen, bleiben auch nach dieser Ansicht nicht aufrechterhalten.

Nach anderer Ansicht[1266], die von *Knopp*[1267] und *Burghartz*[1268] vertreten wird, und der früheren Rechtsprechung[1269], die vor der grundlegenden Entscheidung des BVerwG aus dem Jahre 1971 vertreten worden ist, fallen auch untitulierte Rechte unter den Anwendungsbereich des § 15 Abs. 1 Satz 1 Nr. 1, Alt. 2 WHG a.F., denen keine öffentlich-rechtliche Prüfung vorausgegangen ist. Sie stützt dies auf das Argument, dass aufgrund der vor 1913 eingeschränkten technischen Möglichkeiten der Wassernutzung und des geringen Wasserbedarfs zur damaligen Zeit durch eine auf solchen Rechten beruhende Nutzung nur geringe Eingriffe in den Wasserhaushalt zu befürchten seien, weshalb eine Aufrechterhaltung wenig bedenklich sei.[1270] Dies gelte insbesondere für die Grundwasserförderung, welche aufgrund des am Grundstück bestehenden Eigentums vor Inkrafttreten des PrWG unbegrenzt zulässig war. Aufgrund der geringen Anzahl der Fälle sowie der Beschränkung des Umfangs des Förderungsrechts auf den Stand vor 1913 halte sich das Recht in engen Grenzen.[1271]

1264 OVG Münster, ZfW 1976, 296, 301 f.; OVG Münster, ZfW Sh 1976 II Nr. 19.

1265 VG Minden, ZfW Sh 1976 II Nr. 20.

1266 BGHZ 47, 1, 9 f.; OVG Münster, ZfW 1970, 174, 176 ff. Diese Urteile ergingen allerdings vor der richtungsweisenden Entscheidung des BVerwG (BVerwGE 37, 103); *Wiedemann*, ZfW, 1965, 107, 110; *Burghartz*, Wasserhaushaltsgesetz und Wassergesetz, S. 158 f.; *Knopp* in: *Sieder u. a. (Hrsg.)*, Wasserhaushaltsgesetz, Stand: 2009, § 15 Rn. 5.; offen gelassen BGHZ 69, 1, 5; nicht eindeutig: *Bulling/Finkenbeiner/Eckardt u. a.*, Wassergesetz für Baden-Württemberg, Bd. 1, § 122 Rn. 16.

1267 *Knopp* in: *Sieder u.a. (Hrsg.)*, Wasserhaushaltsgesetz, Stand: 2009, § 15 Rn. 5 f.

1268 *Burghartz*, Wasserhaushaltsgesetz und Wassergesetz, S. 158 f.

1269 BGHZ 47, 1, 9 f.; OVG Münster, ZfW 1970, 174, 176 ff.

1270 *Wiedemann*, ZfW, 1965, 107, 110.

1271 OVG Münster, ZfW 1970, 174, 180.

Unter Heranziehung dieser abweichenden Ansicht fallen alle von § 379 Abs. 1 und 2 PrWG erfassten Rechte unter den Anwendungsbereich von § 20 Abs. 1 Satz 1, 2. Alt. WHG, unabhängig davon, ob dem Rechtserwerb eine behördliche Entscheidung vorausgegangen ist oder nicht. Diese Ansicht zieht damit den Kreis der aufrechterhaltenen Rechte am weitesten, da sowohl ersessene Rechte als auch solche, die sich unmittelbar aus Gesetz ergeben haben, fortgelten sollen, da nach ihrer Auffassung der Fortbestand der alten Rechte wegen deren Geringfügigkeit nicht ins Gewicht fallen würde.

Unterschiede in den Ansichten hinsichtlich der Frage, welche alten Rechte nach § 20 Abs. 1 Satz 1, 2. Alt. WHG aufrechterhalten sind und welche nicht, bestehen mithin bei Rechten, die auf einer Ersitzung beruhen und bei jenen, die sich unmittelbar aus Gesetz ergeben haben. Im Folgenden ist zu bewerten, inwieweit die unterschiedlichen Auffassungen bezüglich der Fortgeltung alter Rechte überzeugen können.

a) Bewertung der von der Rechtsprechung des BVerwG abweichenden Ansichten

Die von der abweichenden Ansicht favorisierte Aufrechterhaltung aller alten Wassernutzungsrechte, die dem § 379 Abs. 1 und Abs. 2 PrWG unterfallen, entspricht dem Wortlaut der Vorschrift des § 20 Abs. 1 Satz 1 Nr. 1 WHG. Dennoch erscheint sie sowohl vor dem Hintergrund der Zielsetzung des Wasserhaushaltsgesetzes, eine geordnete und nachhaltige Wasserbewirtschaftung sicherzustellen, als auch der Zielsetzung, die Gewässer vor Verunreinigungen zu schützen, als zu weitgehend. Dies gilt insbesondere hinsichtlich jener Nutzungsrechte, die ausschließlich auf gesetzlichen Bestimmungen beruhen. Diese gesetzlichen Vorschriften, wie das ALR bzw. insbesondere das PrivatflussG von 1843, sind zu einer Zeit entstanden, in der aufgrund der wesentlich geringeren Bevölkerungsdichte und der erst am Anfang stehende industrielle Entwicklung der Wasserbedarf und damit die Wassernutzung nicht so umfangreich waren wie heute. Die Gefahr der Gewässerverschmutzung war bereits vorhanden, aber – wie gezeigt – noch nicht in das Bewusstsein des Gesetzgebers gerückt. Vor diesem Hintergrund bestand daher insbesondere keine Notwendigkeit seitens des Staates, in die Nutzungsverhältnisse durch behördliche Einzelfallentscheidungen regulierend einzugreifen. Geprägt von der Idee der Selbstregulierung der Wirtschaft und dem Ziel der Förderung der Bodenkultur wurden mit dem PrivatflussG von 1843 die Nutzungsverhältnisse an Privatflüssen privatrechtlich ausgestaltet und der staatlichen Kontrolle über sie wenig Raum gewährt. Mit einer Aufrechterhaltung der sich unmittelbar aus dem Gesetz ergebenden Wassernutzungsrechte würde die Fortgeltung dieser, auf die Verhältnisse zu Beginn des 19. Jahrhunderts zugeschnittenen, heute nicht mehr zeitgemäßen Gesetze einhergehen, da diese für Inhalt und Umfang der aufrechterhaltenen Rechte maßgeblich wären.

Zudem erscheint es fraglich, ob den alten Rechten wirklich eine so geringe Umweltrelevanz zukommt, wie diese Ansicht vertritt. Selbst wenn es, wie diese Ansicht anführt, hinsichtlich der Grundwasserförderung nur eine geringe Anzahl von Fällen gäbe und das Recht sich daher in sehr engen Grenzen hielte, so muss diese Tatsache nicht zwangsläufig für alle Arten der Wassernutzung gelten. Je weiter der Kreis der von § 20 WHG erfassten alten Rechte gezogen wird, desto größer wird die Wahrscheinlichkeit, dass alte Rechte dem Bewirtschaftungskonzept des WHG und damit der Vereinbarkeit mit heutigen Gewässernutzungszielen und -interessen zu widerlaufen. Das bei Fortgeltung alter Rechte stets bestehende Risiko, dass bestimmte Gewässer oder Gewässerabschnitte einem veränderten, nach dem heutigen WHG errichteten Bewirtschaftungskonzept entzogen wären, würde mit der Anzahl der aufrechterhaltenen Rechte ansteigen.

Auch das Argument *Knopps,* dass es wenig verständlich sei, „warum der Gesetzgeber z.B. Gewässerbenutzungen, die nicht an einem staatseigenen Gewässer ausgeübt wurden und deshalb nach früherem Landesrechts im Gegensatz zu Nutzungen an Privatflüssen erlaubnispflichtig waren, heute erlaubnisfrei lassen wollte, während die auf Grund des Eigentums geübten Nutzungen eines Privatflusses erlaubnispflichtig sein sollten“[1272], vermag nicht zu überzeugen. Die ehemals erlaubnispflichtigen Nutzungen werden nicht erlaubnisfrei. Die engere Auslegung geht vielmehr davon aus, dass eine Gestattung erteilt wurde und daher nicht mehr vorgenommen werden braucht, während für die ehemals erlaubnisfreien Nutzungen einer solchen nun bedürfen. Dementsprechend werden erlaubnisfreie und erlaubnispflichtige Nutzungen nicht vertauscht, sondern der Kreis der erlaubnispflichtigen Nutzungen erweitert.

Darüber hinaus würde es zu dem Widerspruch führen, dass die dem § 379 Abs. 2 PrWG unterfallenden Rechte, die auf wasserrechtlichen Regelungen des 19. Jahrhunderts beruhen, weiter bestehen, während jene Nutzungsrechte, die sich unmittelbar aus dem PrWG ableiten lassen, insbesondere der Eigentümergebrauch, abgeschafft sind, weil letztere weder als „erteilt“ iSv § 20 Abs. 1 Satz 1 Nr. 1, 1. Alt WHG noch als aufrechterhalten iSv § 20 Abs. 1 Satz 1 Nr. 1, 2. Alt WHG anzusehen sind. Dies ist zum einen widersprüchlich, weil die Grundlage der Rechte jeweils Gesetze sind, mit dem einzigen Unterschied, dass das

1272 *Knopp* in *Sieder u.a. (Hrsg.),* Wasserhaushaltsgesetz, Stand: 2009, § 15 Rn. 5.

eine älter ist als das andere, so dass kein sachlicher Grund für eine Ungleichbehandlung vorliegt, denn erweckter Vertrauensschutz ist unabhängig vom Alter des Gesetzes. Zum anderen wäre es angesichts der Zielsetzung des WHG paradox, die weniger stark reglementierten Rechte aus dem 19. Jahrhundert fortgelten zu lassen und diejenigen, die auf dem PrWG beruhen, abzuschaffen. Das PrWG stellt an den Eigentümergebrauch wesentlich strengere Anforderungen und unterwirft ihn stärker der staatlichen Kontrolle und Regulierung, als dies in den vorhergehenden Gesetzen der Fall war. Die auf dem PrWG beruhenden Nutzungsrechte, die sowohl aus Gründen des Gewässerschutzes als auch aus Gründen des Wasserbedarfs stärker staatlich reglementiert waren, böten bei ihrer Fortgeltung größere Kontroll- und Eingriffsoptionen für die staatlichen Behörden und würden somit eine bessere Einbindung in das heutige Bewirtschaftungsregime ermöglichen, als Nutzungsrechte, die auf dem ALR oder dem PrivatflussG von 1843 beruhen.

Aufgrund dessen ist die abweichende Ansicht abzulehnen und der Rechtsprechung und Teilen der Literatur darin zuzustimmen, dass der § 20 Abs. 1 Satz 1 Nr. 1, 2. Alt. WHG einschränkend auszulegen ist. Dabei ist allerdings fraglich, ob die vom BVerwG vorgenommene Einschränkung, dass eine behördliche Einzelfallentscheidung in wasserrechtlicher Hinsicht erfolgen muss, das geeignete Differenzierungsmerkmal darstellt.

b) Bewertung der Rechtsprechung des BVerwG und der abmilderten Ansichten von Literatur und Rechtsprechung

Das BVerwG stützt die von ihm vorgenommene Einschränkung – abgesehen vom Hinweis auf Sinn und Zweck des Wasserhaushaltsgesetzes – zum einen auf den Gesamtzusammenhang und zum anderen auf die Entstehungsgeschichte der Vorschrift. Es ist zutreffend, dass, wie das BVerwG ausführt, alle anderen Tatbestände des § 15 Abs. 1 WHG a.F. sich auf den Erhalt von Rechten beziehen, denen eine öffentlich-rechtliche Einzelfallprüfung vorausgegangen ist[1273]. Dies legt den Schluss nahe, dass eine solche auch für aufrechterhaltene Rechte vorauszusetzen ist, insbesondere da die Gesetzesbegründung wie folgt lautet: „Der Grund für diese Sonderstellung der alten Rechte und Befugnisse liegt darin, dass diese grundsätzlich auch schon bisher nur nach Durchführung eines förmlichen Verfahrens oder auf Grund eines staatlichen Hoheitsaktes erteilt worden sind“[1274].

1273 BVerwGE 37, 103, 105 f.
1274 BT-Drucks. II/2072, S. 27.

Diese Prämisse des Gesetzgebers kann angesichts der rechtshistorischen Untersuchung nicht geteilt werden. Es ist zutreffend, dass alte Rechte auf staatlichen Hoheitsakten beruhen, daneben können sie sich aber ebenso unmittelbar aus Gesetz ergeben. Zwar gibt der Gesetzgeber durch das Wort „grundsätzlich" zu verstehen, dass ein förmliches Verfahren bzw. ein staatlicher Hoheitsakt nicht alleinige Erwerbsgründe eines Nutzungsrechts sein können, allerdings suggeriert er durch die Begriffswahl ein Regel-Ausnahme-Verhältnis zwischen den unterschiedlichen Grundlagen, auf denen Nutzungsrechte beruhen können, welches hier nicht besteht. Diese stehen vielmehr gleichwertig nebeneinander. In Preußen waren Nutzungsrechte an Privatgewässern je nach Ansicht Ausfluss des Eigentums bzw. Annex zum Eigentum oder davon unabhängige, sich unmittelbar aus Gesetz ergebende Rechte, während lediglich Nutzungsrechten an öffentlichen Gewässern ein hoheitlicher Gestattungsakt zu Grunde liegen konnte, aber nicht musste – wie sich an der Möglichkeit der Ersitzung zeigt. Dies verkennt der Gesetzgeber in der Entwurfsbegründung und unterliegt insofern einer Fehlvorstellung, so dass seine Argumentation nicht zu überzeugen vermag.

Die Vorstellung des Gesetzgebers, dass nur Rechte, die auf einem förmlichen Verfahren bzw. einem staatlichen Hoheitsakt beruhen, aufrechterhalten bleiben sollen, zeugt zudem von einer falschen Erwartungshaltung an die staatlichen Hoheitsakte des 19. Jahrhunderts. Mit dem staatlichen Hoheitsakt wird verbunden, dass vor seiner Erteilung die angestrebte Wassernutzung in wasserrechtlicher Hinsicht überprüft wird und der Erteilung die Bestätigung der Vereinbarkeit mit den damals geltenden wasserrechtlichen Vorschriften innewohnt. Ein derartiges Verständnis wird auch aus der Formulierung des BVerwG, dass „eine Überprüfung der Nutzung unter wasserrechtlichen Gesichtspunkten stattgefunden haben müsse, um auf eine Erlaubnis oder Bewilligung nach neuem Recht verzichten zu können"[1275] sowie aus der folgenden Aussage *Bells* deutlich: „Aus dem Verfahren sowie der abschließenden Entscheidung muss sich ersehen lassen, ob und in welchem Maße die Gewässerbenutzung unter wasserwirtschaftlichen Gesichtspunkten als unbedenklich gewertet worden ist. Entscheidend ist, dass die staatliche Verwaltung bei der Entstehung der Benutzungen mitgewirkt hat und dass solche Benutzungen, die dem öffentlichen Interesse zuwiderliefen, untersagt werden konnten"[1276]. Es entspricht der heutigen Vorstellung eines staatlichen Hoheitsaktes und mag sicherlich auf jene Gestattungsakte zutreffen, die sich aus dem Privileg entwickelt haben und die Vorstufen des heutigen Verwaltungsaktes

1275 BVerwGE 37, 103, 106.
1276 *Bell*, ZfW, 2004, 65, 73.

gewesen sind. Ob eine derartige Erwartungshaltung dem Privileg des frühen 19. Jahrhunderts gerecht wird, erscheint zweifelhaft. Das Privileg wurde durch das Staatsoberhaupt als Ausnahme von den geltenden Regelungen des ALR gewährt, ALR II 13 § 7.[1277] Da es als lex specialis außerhalb der bestehenden Gesetze lag und diesen im Zweifel vorging, wie sich aus ALR Einl. § 21 ergibt, konnten mit dem Privileg auch Nutzungsrechte verliehen werden, deren Ausübung nicht den wasserrechtlichen Vorschriften entsprach.[1278] Vereinbarkeit des zu verleihenden Rechts mit den geltenden Gesetzen war nicht Voraussetzung für die Erteilung eines Privilegs. Im Gegenteil, das Charakteristische des Privilegienwesens bestand gerade darin, dass der Berechtigte ein Sonderrecht erhielt, das allein vom Staatsoberhaupt bestimmt wurde und willkürlich bestimmt werden konnte.[1279] Das Staatsoberhaupt war bei der Gewährung nicht an die Einhaltung des geltenden Wasserrechts gebunden, weil dies eine Beschränkung seines unveräußerlichen Majestätsrechts bedeutet hätte. Unabhängig davon, ob das Privileg onerosa, remuneratoria oder mere gratiosa erteilt wurde, diente es immer der Begünstigung und Bevorrechtigung einzelner Personen. In einem von Obrigkeitsdenken geprägten Staat, in dem Privilegien sowohl seitens des Königs als auch seitens des Berechtigten dazu dienten, die eigene Machtbasis und Vormachtstellung zu erhalten, erscheint es daher zweifelhaft, dass bei ihrer Erteilung eine Prüfung der wasserrechtlichen Bestimmungen durchgeführt bzw. Rücksicht auf diese oder auf die durch die Rechtsausübung verursachten Auswirkungen auf die Wasserläufe genommen wurde. Dafür spricht auch, dass im Gemeinen Recht umstritten war und dass von Svarez im Gesetzgebungsverfahren ausgeführt wurde, wie kollidierende Privilegien zu behandeln seien. Wenn schon Privilegien ungeachtet bereits bestehender gleichrangiger Sonderrechte erteilt wurden, dann spricht vieles dafür, dass dies auch für die gesetzlichen Regelungen galt, welche stets nachrangig waren. Aufgrund dessen kann ein Privileg kaum der Erwartungshaltung und dem Anspruch gerecht werden, den die herrschende Meinung an es als staatlichen Hoheitsakt knüpft. Deshalb eignet sich das Erfordernis der vorausgegangenen, hoheitlichen Einzelfallentscheidung auch nicht als Abgrenzungskriterium.

Ein weiteres Problem dieses Erfordernisses zeigt sich an der Ersitzung als möglichen Erwerbsakt für ein Wassernutzungsrecht. Der Ersitzung geht gerade keine behördliche Gestattung im Einzelfall voraus. Sie vollzieht sich vielmehr

1277 Vgl. Abschnitt B.IV.2.a).aa.(1), S. 47 f. und Abschnitt B.IV.2.a).ee.(1), S. 67 ff.
1278 Vgl. Abschnitt B.IV.2.a).cc.(1), S. 47 f.
1279 Vgl. Abschnitt B.IV.2.a).cc.(1), S. 47 f. und Abschnitt B.IV.2.a).ee.(1), S. 67 ff.

ohne aktives Tätigwerden eines Hoheitsträgers.[1280] Konsequenterweise dürften daher auf ihr beruhende Rechte nicht nach § 20 Abs. 1 Satz 1, 2. Alt. WHG fortgelten. Für Rechte, denen die unvordenkliche Verjährung zugrunde liegt, hat der Bayerische VGH dementsprechend eine Weitergeltung im Sinne der Vorschrift abgelehnt, wenn es „an einer über die bloße Duldung hinausgehenden inhaltlichen Bestätigung der Altrechte“[1281] fehlt, d.h. auch nachträglich keine Überprüfung in wasserrechtlicher Hinsicht stattgefunden hat. Ob das Gericht von diesem Erfordernis bei titulierten Rechten eine Ausnahme machen würde, hat es bewusst offen gelassen, da die unvordenkliche Verjährung keinen besonderen Rechtstitel darstelle.[1282] Anders als die unvordenkliche Verjährung, die eine dahingehende Vermutung begründet, dass das Recht zu irgendeiner Zeit rechtswirksam erworben wurde, und damit selbst weder dessen Erwerbsgrund noch einen besonderen Titel bildet,[1283] handelt es sich bei der Ersitzung sowohl um einen Erwerbsakt als auch um einen dem Nutzungsrecht zugrundeliegenden besonderen Titel. Daher kann aus der Entscheidung des Bayrischen VGH hinsichtlich der Fortgeltung ersessener Rechte nichts abgeleitet werden, auch wenn eine konsequente Umsetzung der obergerichtlichen Rechtsprechung zu einem diesem Urteil entsprechenden Ergebnis führen müsste.

Dessen ungeachtet versuchen Rechtsprechung und Literatur auf einer Ersitzung beruhende Rechte in den Anwendungsbereich des § 20 Abs. 1 Satz 1, 2. Alt. WHG miteinzubeziehen. Dies geschieht über die Konstruktion eines behördlichen Verfahrens. So möchte *Wiedemann*[1284] die Eintragung ins Wasserbuch nach §§ 380, 186 ff. PrWG, die für die nach § 379 Abs. 1 und 2 PrWG aufrechterhaltenen Rechte erforderlich ist, als behördliche Einzelfallentscheidung genügen lassen, weil bei dieser Gelegenheit eine Prüfung in wasserrechtlicher Hinsicht stattgefunden habe. Diese Argumentation überzeugt nicht. Zum einen wird im Rahmen der Eintragung nur geprüft, ob das angemeldete Recht tatsächlich besteht. Eine Prüfung wasserrechtlicher Vorschriften und inwieweit das angemeldete Recht mit diesen vereinbar ist, erfolgt gerade nicht, weshalb das OVG Münster[1285] in seinen Entscheidungen das Eintragungsverfahren auch nicht genügen lässt. Zum anderen stellt sich die Frage, warum die Eintragung und das

1280 Bzgl. der Voraussetzungen der Ersitzung nach dem ALR vgl. Abschnitt B.IV.2.a). ee.(3), S. 74 f.

1281 BayVGH, NVwZ 2004, 368, 369.

1282 BayVGH, NVwZ 2004, 368, 369.

1283 *Larenz*, NJW, 1955, 1786, 1786 f.

1284 *Wiedemann*, ZfW, 1965, 107, 170.

1285 OVG Münster, RdL 1978, 49, 50 f.; OVG Münster, ZfW 1976, 296, 301.

Eintragungsverfahren nach §§ 186 ff. PrWG hinsichtlich ersessener Rechte eine ausreichende behördliche Prüfung darstellen, während sie für die nach § 379 Abs. 2 PrWG aufrechterhaltene Rechte, die ebenfalls nach §§ 380, 186 ff. PrWG eintragungspflichtig sind, gerade nicht genügen. Das ist inkonsequent. Lässt man die §§ 186 ff. PrWG als behördliche Prüfung genügen, dann muss das für alle im Wasserbuch eingetragenen Rechte – also auch für die, die unter den § 379 Abs. 2 PrWG fallen – gelten. Sieht man hingegen die Eintragung nach §§ 186 ff. PrWG als nicht ausreichend an, dann kann für ersessene Rechte nichts anderes gelten. Die Anwendung der §§ 186 ff. PrWG ist somit einheitlich zu handhaben. Die Tatsache, dass ausweislich der Entwurfsbegründung zum PrWG das Ziel der Eintragung „die Klarstellung der gesamten Rechtslage"[1286] war, spricht dafür, das Eintragungsverfahren nicht genügen zu lassen. Es sollte mit rechtserhaltender Wirkung lediglich festgestellt werden, welche alten Rechte vorhanden waren, so dass nach Beantragung der Eintragung auch nur geprüft worden ist, ob das angemeldete Recht bestanden hat oder nicht. Dementsprechend hatte der Berechtigte den Nachweis zu führen, dass das einzutragende Recht tatsächlich bestand, wobei für titulierte Rechte, die vor dem 1.1.1912 zehn Jahre lang ausgeübt wurden, gemäß § 187 Abs. 2 PrWG die Glaubhaftmachung genügte. Die gleiche Beweiserleichterung galt für untitulierte Rechte, wenn die zu ihrer Ausübung notwendige Anlage rechtmäßig war oder vor dem 1.1.1912 mehr als zehn Jahre bestand. Konnte der Nachweis nicht geführt werden, war gemäß § 188 PrWG der Eintragungsantrag öffentlich bekannt zu machen, so dass Dritte innerhalb der festgesetzten Frist Widersprüche erheben konnten. Nach Ablauf der Frist war das Recht gemäß § 188 Abs. 3 Satz 1, 3 PrWG ggf. mit dem Vermerk der Widersprüche einzutragen. Über die Widersprüche entschied die Wasserbuchbehörde nicht. Der Rechtsinhaber musste sie vielmehr gerichtlich im Wege der Feststellungsklage gerichtet auf die Anerkennung des Bestehens des Rechtsverhältnisses klären lassen.[1287] Dies zeigt, dass keine Prüfung in wasserrechtlicher Hinsicht vorgenommen wurde. Die Wasserbuchbehörde stellte nicht fest, ob das beantragte Recht mit dem früheren Wasserrecht oder mit den Vorschriften des PrWG vereinbar war oder nicht, so dass die Einhaltung der §§ 380, 186 ff. PrWG für die vom BVerwG geforderten einschränkenden Auslegung des § 20 Abs. 1 Satz 1, 2. Alt. WHG nicht genügen und auf sie weder in Ansehung ersessener

1286 PrAH, Drucks. Nr. 9 B, S. 253, in: Sammlung der Drucksachen des Preußischen Hauses der Abgeordneten, 21. Legislaturperiode, V. Session 1912/1913, 1. Bd., S. 791.

1287 *Holtz/Kreutz*, Das preußische Wassergesetz, Bd. 1, S. 690.

Rechte noch hinsichtlich der nach § 379 Abs. 2 PrWG aufrechterhaltenen Rechte abgestellt werden kann.

Das OVG Münster[1288] und Vertreter der Literatur[1289] gehen einen anderen Weg, um eine Einbeziehung ersessener Rechte zu erreichen. Sie mildern die Einschränkung des BVerwG dahingehend ab, dass die behördliche Prüfung in wasserrechtlicher Hinsicht nicht bei Erwerb des Rechts vorgenommen worden sein müsse, sondern es ausreiche, wenn eine solche während der Ausübungszeit vorgenommen worden sei. Wurde beispielsweise ein Sicherstellungsverfahren nach § 86 PrWG durchgeführt, so genügt das nach Ansicht des OVG Münster, selbst wenn das Nutzungsrecht nicht aufgrund der Sicherstellung aufrechterhalten blieb.[1290] Diese Aufweichung der höchstrichterlichen Rechtsprechung hat zur Folge, dass vom Zufall abhängig ist, ob ein ersessenes Recht den Schutz des § 20 Abs. 1 Satz 1 Nr. 1, 2. Alt. WHG genießt oder nicht, je nachdem, ob in seiner Bestehenszeit ein förmliches Verfahren durchgeführt wurde oder nicht. Dies kann zum einen zu Rechtsunsicherheiten führen. Zum anderen bedeutet es, dass Nutzungsrechte, denen der identische Erwerbsakt, nämlich die Ersitzung, zu Grunde liegt, ungleich behandelt werden, obwohl sie gleichermaßen den Regelungen des ALR und der wasserrechtlichen Vorschriften des 19. Jahrhunderts unterworfen sind und sich damit gleiche Nutzungsmöglichkeiten und -beschränkungen ergeben. Aufgrund dessen eignet sich diese Einschränkung nicht, um eine Einbeziehung ersessener Rechte in den Anwendungsbereich des § 20 Abs. 1 Satz 1 Nr. 1, 2. Alt. WHG zu erreichen.

Auch wenn die dargestellten Konstruktionen der Rechtsprechung und der Literatur, ersessene Rechte in den Anwendungsbereich des § 20 Abs. 1 Satz 1, 2. Alt. WHG miteinzubeziehen, aus den dargelegten Gründen nicht überzeugen können, so ist doch dem von Rechtsprechung und Literatur angestrebten Ziel der Aufrechterhaltung ersessener Rechte zuzustimmen. Unter konsequenter Zugrundelegung der Rechtsprechung des BVerwG kann dieses Ziel jedoch nicht erreicht werden, da es bei der Ersitzung an der vom BVerwG geforderten behördlichen Überprüfung in der Form eines aktiven Tätigwerdens im Einzelfall fehlt.

Ein Ausschluss und damit die Abschaffung der ersessenen Rechte bedeutet eine Ungleichbehandlung zu den übrigen titulierten Rechten, die sich

---

1288 OVG Münster ZfW 1976, 296, 301 f.

1289 *Bell*, ZfW, 2004, 65, 72 f.; *Thiem*, Landeswassergesetz Schleswig-Holstein, § 106 Anm. 4.

1290 OVG Münster ZfW, 1976, 296, 301 f.

rechtshistorisch nicht rechtfertigen lässt und die willkürlich erscheint. Auch wenn es zutreffend ist, dass die Behörden bei der Ersitzung eines Wassernutzungsrechts nicht aktiv tätig werden, so steht dies einer Gleichbehandlung der ersessenen mit den übrigen titulierten Rechten nicht entgegen. Im Gegenteil, die vom Gesetzgeber des ALR festgelegten Voraussetzungen der Ersitzung sprechen für eine identische Behandlung und damit die Aufrechterhaltung ersessener Rechte. Voraussetzung für die Ersitzung eines Nutzungsrechts ist es, dass der Nutzer sich gesetzeskonform verhält und dabei insbesondere die ausgeübte Art und Weise der Wassernutzung mit dem öffentlichen Zweck des Gewässers vereinbar ist. Zudem muss der Hoheitsträger die Wassernutzung während der Ersitzungszeit (von 30 bzw. 44 Jahren) ohne Widerspruch dulden.[1291] In dem Hinnehmen der Wassernutzung seitens des Hoheitsträgers ist die konkludente dahingehende Billigung zu sehen, dass die ausgeübte Wassernutzung auch tatsächlich gesetzeskonform ist und nicht dem Zweck des Gewässers, insbesondere Schifffahrt, zuwiderläuft. Das Unterlassen des Hoheitsträgers bei der Ersitzung einzuschreiten, ist folglich seinem aktiven Tun bei der Übertragung der anderen titulierten Rechte gleichzusetzen, da er während der Ersitzungszeit die Gewässernutzung und ihre Auswirkungen auf das Gewässer und andere Nutzungen ausreichend überprüfen konnte und im Zweifelsfall hätte einschreiten können. Dies spricht dafür, auch die Ersitzung über § 20 Abs. 1 Satz 1, Alt. 2 WHG entsprechend der übrigen titulierten Rechte aufrechtzuerhalten.

Die Ersitzung wurde im 19. Jahrhundert ebenso wie das Privileg als besonderer Titel anerkannt. Alle titulierten Rechte nahmen damals eine Sonderstellung gegenüber den sonstigen Rechten ein, die sich unmittelbar aus dem Gesetz ergaben oder aus dem Eigentum ableiten ließen. Das zeigt sich z.B. daran, dass das nach den §§ 1, 13 PrivatflussG von 1843 gesetzlich gewährte Nutzungsrecht des Eigentümers des Privatflusses hinter den besonderen Rechtstiteln zurücktreten musste und somit ein tituliertes Recht im Konfliktfall Vorrang vor einem auf Gesetz beruhenden erhielt.[1292] Es bedeutete für den Rechtsinhaber einen stärkeren Schutz und eine stärkere Rechtsposition, als wenn sich das Nutzungsrecht aus dem Gesetz bzw. Eigentum ableitete. Gesetze waren änderbar und auch das Eigentum genoss keinen dem heutigen Art. 14 GG vergleichbaren Schutz, so dass darauf beruhende Rechte dementsprechend den Veränderungen unterworfen waren und die Inhaber wenig Vertrauensschutz für sich beanspruchen

---

1291 Vgl. zu den Voraussetzungen der Ersitzung im Einzelnen: Abschnitt B.IV.2.a).ee.(3), S. 74 f.

1292 Vgl. Abschnitt C.III.1.d).aa., S. 127.

konnten. Anders verhielt sich dies bei titulierten Rechten. Die Titel erloschen nur aufgrund der gesetzlich vorgesehenen Gründe[1293], deren Eintritt größtenteils vom Verhalten des Berechtigten abhängig und damit von diesem kalkulier- und steuerbar war. Eine Differenzierung innerhalb der Gruppe der titulierten Rechte erfolgte nicht, so dass beispielsweise dem durch Privileg erworbenen Recht kein Vorrang vor dem durch Ersitzung erworbenen eingeräumt wurde. Die einzelnen Titel standen vielmehr gleichberechtigt nebeneinander.[1294]

Da alte Rechte ihrem Bestand und Inhalt nach derart aufrechterhalten werden, dass die damals geltende Rechtslage zu Grunde zu legen ist, wäre es konsequent, wenn auch bei der Frage, welche Rechte unverändert fortgelten, ihre Bedeutung und rechtliche Stellung im damaligen Normgefüge berücksichtigt würden. Die gleichberechtigte Stellung der besonderen Titel untereinander, die nach dem damaligen Recht bestand, sollte sich damit in der Frage der Fortgeltung der alten Rechte niederschlagen, um eine willkürliche Differenzierung zu vermeiden, was in der Folge bedeutet, dass auch ersessene Rechte nach § 20 Abs. 1 Satz 1 Nr. 1, 2. Alt. WHG bestehen bleiben müssten. Für eine solche Gleichbehandlung sprechen auch – wie dargelegt – die gesetzlichen Voraussetzungen, die erfüllt sein müssen, um ein Wassernutzungsrecht zu ersitzen. Dieses Ergebnis ist mit der einschränkenden Auslegung des BVerwG nicht zu erreichen. Aus diesem Grund ist das Differenzierungsmerkmal des BVerwG, das Erfordernis einer hoheitlichen Einzelfallentscheidung, abzulehnen.

c) *Titulierte Rechte als maßgebliches Abgrenzungskriterium*

Als maßgebliches Abgrenzungskriterium ist darauf abzustellen, ob das aufrechtzuerhaltene Recht auf einem besonderen Titel, d.h. z.B. auf einem Privileg oder auf Ersitzung, beruht oder sich unmittelbar aus Gesetz ergibt. Im ersteren Fall zählt es zu den nach § 20 Abs. 1 Satz 1 Nr. 1, 2. Alt. WHG aufrechterhaltenen Rechten, für die keine Bewilligung oder Erlaubnis erforderlich ist, im letzteren Fall ist eine solche einzuholen, da das Recht nicht vom Anwendungsbereich der Vorschrift erfasst ist. Damit ist dem Teil der Literatur, der den Vorschlag macht, hinsichtlich titulierter Rechte vom Erfordernis der behördlichen Einzelfallprüfung abzusehen, zumindest vom Ergebnis her zuzustimmen. Die insbesondere von *Pape* vorgebrachte Argumentation, dass bei titulierten Rechten davon ausgegangen werden könne, dass die behördliche Prüfung bei Begründung des

---

1293 Vgl. dazu im Einzelnen hinsichtlich der Erlöschensgründe im ALR: Abschnitt B.IV.2.a).gg., S. 84 ff.

1294 Vgl. Abschnitt B.IV.2.a).ff.(3), S. 79 ff.

Rechts stattgefunden habe,[1295] ist hingegen nicht zutreffend, wie sich am Beispiel der Ersitzung zeigt. Für eine Differenzierung zwischen titulierten und nichttitulierten Rechten im Rahmen von § 20 Abs. 1 Satz 1 Nr. 1, 2. Alt. WHG sprechen folgende Gründe:

Eine solche Unterscheidung bestand bereits in den (wasser-)rechtlichen Vorschriften des 19. Jahrhunderts. Schon gemäß ALR Einl. § 21 genossen wohlerworbene Rechte, zu denen neben den Privilegien auch sonstige titulierte Rechte zählten, Vorrang vor den Regelungen des ALR,[1296] was Friedrich Wilhelm im Publikationspatent vom 5.2.1794 mit der Anweisung „dabei gegen Jedermann geschützt, und in dem Genusse, oder in der Ausübung dieser seiner wohlerworbenen Gerechtsame, unter irgendeinem aus dem neuen Landrechte entlehnten Vorwande, nicht gestört oder beeinträchtigt werden soll"[1297] betonte. Der ihnen auf diese Weise gewährte Bestandsschutz zog sich durch die gesetzlichen Bestimmungen des 19. Jahrhunderts, wie sich an z.B. §§ 1, 13 PrivatflussG von 1843 zeigt. Auch die Bestimmungen des § 379 Abs. 1 und 2 PrWG zur Aufrechterhaltung alter Rechte führten die Differenzierung zwischen titulierten und untitulierten Rechten fort.[1298] Damit stand die Norm in der Tradition des stärkeren Bestandsschutzes für titulierte Rechte, in dem sie einen solchen unter leichteren Bedingungen als für Rechte, die nicht auf einem besonderen Titel beruhten, ermöglichte. § 20 WHG bzw. § 15 WHG a.F. ist dem § 379 PrWG nachempfunden und orientiert sich an dessen Wortlaut und Regelungsgehalt.[1299] Insofern bedeutet die Auslegung der Vorschrift unter dem Aspekt tituliertes oder nicht tituliertes Recht die Kontinuität der historisch gewachsenen Unterscheidung und die Fortführung des im 19. Jahrhundert bestehenden Verständnisses von Bestandsschutz. Die Beibehaltung einer derartigen Differenzierung trägt damit sowohl der seit jeher bestehenden Sonderstellung titulierter Rechte als auch dem sich daraus ergebenden stärkeren Schutz des Berechtigten Rechnung.

Auch lässt sich durch das vorgeschlagene Differenzierungskriterium die erst durch die Rechtsprechung des BVerwG verursachte Ungleichbehandlung von ersessenem und auf einem Privileg beruhendem Recht, die im 19. Jahrhundert nicht vorhanden war und sich rechtshistorisch nicht begründen lässt, vermeiden.

1295 *Pape* in: *Landmann/Rohmer*, Umweltrecht, WHG § 20 Rn. 50.

1296 Vgl. Abschnitt B.IV.2.a).cc.(1)(a), S. 47.

1297 Patent wegen Publikation des neuen allgemeinen Landrechts für die Preußischen Staaten, vom 5.2.1794, VIII., abgedruckt in: *Koch*, Kommentar zum ALR, Bd. 1, S. 1, 9.

1298 Vgl. Abschnitt D.II.7., S. 261 ff.

1299 *Breuer*, Öffentliches und privates Wasserrecht, Rn. 290.

Ein Rückgriff auf die nicht überzeugenden Abmilderungsversuche der Literatur und Rechtsprechung ist nicht notwendig, so dass es auch nicht mehr vom Zufall abhängt, ob ein ersessenes Recht dem Anwendungsbereich des § 20 Abs. 1 Satz 1 Nr. 1 WHG unterfällt oder nicht. Auf diese Weise lässt sich eine der Rechtshistorie entsprechende einheitliche Behandlung alter Rechte erzielen, was zur Rechtssicherheit und -klarheit einen wesentlichen Beitrag leistet.

Das Abstellen auf das Kriterium des besonderen Titels entspricht, vor allem im Fall der Ersitzung, nicht der Vorstellung des Gesetzgebers von einem durchgeführten förmlichen Verfahren bzw. einem staatlichen Hoheitsakt. Die Normvorstellungen des Gesetzgebers sind bei der Auslegung einer Vorschrift jedoch nicht zwingend, insbesondere wenn sie auf Fehlvorstellungen beruhen. Die Vorstellung und Prämisse des Gesetzgebers vom Erwerb alter Rechte haben sich – wie aufgezeigt – auch bei auf einem Privileg beruhenden Rechten, welche unstreitig zu den nach § 20 Abs. 1 Satz 1 Nr. 1, 2. Alt. WHG aufrechterhaltenen Rechten zählen, nicht vollständig bewahrheitet. Zwar geht das Privileg aus einem staatlichen Hoheitsakt hervor, die erwartete Überprüfung wasserrechtlicher Vorschriften geht damit aber – wie dargelegt – nicht zwangsläufig einher. Angesichts dessen, dass beim Privileg auch nicht der gewünschte Effekt einer vorangegangenen Prüfung erzielt wird, kann zugunsten ersessener Rechte und damit zugunsten von Rechtssicherheit und rechtlicher Gleichbehandlung von der Vorstellung des Gesetzgebers in der Entwurfsbegründung abgewichen und auf das Kriterium des besonderen Titels abgestellt werden. Durch eine Begrenzung des Anwendungsbereichs auf titulierte Rechte wird der vom BVerwG geforderten engen Auslegung des § 20 WHG Rechnung getragen, da die nach der Rechtsprechung des BVerwG bereits aufrechtzuerhaltenden Rechte lediglich um den Kreis der ersessenen Rechte erweitert werden. Alle anderen Rechte, die sich unmittelbar aus dem Gesetz ergeben werden jedoch nicht erfasst. Insoweit bleibt zwar das Risiko, dass die fortgeltenden alten Rechte der Konzeption einer geordneten Wasserwirtschaft widersprechen könnten, weiterhin bestehen, es wird jedoch durch die einengende Auslegung reduziert.

Die Unterscheidung zwischen titulierten Rechten und solchen, die nicht auf einem besonderen Titel beruhen, stellt auch keinen Verstoß gegen den Gleichheitsgrundsatz dar. Das titulierte Recht wurde dem Inhaber besonders eingeräumt und ist gegenüber den sich unmittelbar aus dem Gesetz ergebenden Rechten „als rechtlich neu gestaltet und verdicht anzusehen", woraus sich eine gesetzliche Bevorzugung desselben begründen lässt.[1300] Die auf unmittelbar auf

1300 BVerwGE 20, 219, 222.

gesetzlichen Vorschriften beruhenden Rechte sind je nach Ansicht in der Regel als Annex zum bzw. als Ausfluss des Eigentums[1301] ausgestaltet. Angesichts der Sozialbindung des Eigentums ist der Gesetzgeber nicht verpflichtet, die Ausflüsse des Eigentums bei gesetzlichen Neuregelungen unverändert bestehen zu lassen. Er kann sie den veränderten Verhältnissen anpassen und sie zu diesem Zweck beschränken.[1302] Gerade im Wasserrecht sind sozialstaatliche Gebote und Umweltschutzgesichtspunkte vor dem Hintergrund einer geordneten Wasserwirtschaft zu beachten,[1303] was nur über einen engen Anwendungsbereich des § 20 Abs. 1 Satz 1 Nr. 1 WHG und der damit einhergehenden auf titulierte Rechte beschränkten Fortgeltung alter Rechte und Befugnisse zu erzielen ist.

Eine an den besonderen Rechtstiteln orientierte Abgrenzung für die Frage der Fortgeltung alter Rechte trägt folglich sowohl der Sonderstellung der titulierten Rechte im Rechtssystem des 19. Jahrhunderts sowie ihrer untereinander bestehenden Gleichberechtigung als auch der vom BVerwG geforderten einschränkenden Auslegung des § 20 Abs. 1 Satz 1, 2. Alt. WHG Rechnung und ist daher für dessen Auslegung heranzuziehen.

3. Weitere Voraussetzungen für die Fortgeltung alter Rechte

Neben der Erteilung bzw. Aufrechterhaltung der Rechte ist für ihre Fortgeltung ohne das Erfordernis der Erlaubnis oder Bewilligung gemäß § 20 Abs. 1 Satz 2 WHG Voraussetzung, dass am Tag der Verkündung des WHGs (12.08.1957) in den neuen Bundesländern am 1.7.1990 bzw. an dem in den Ländern bestimmten Stichtag rechtmäßige Anlagen zur Rechtsausübung bestanden. Auf diese Weise soll das Bestehen einer Gewässernutzung nach außen offenkundig zu Tage treten.[1304] Auch soll die erlaubnis- oder bewilligungsfreie Ausübung für Wassernutzungsrechte vermieden werden, die nur noch auf dem Papier bestehen.[1305] An den Begriff der Anlage sind keine zu hohen Anforderungen zu stellen, es genügt jegliche ortsfeste Vorrichtung, unabhängig von Größe und Umfang, die erkennbar einer Rechtsausübung zu dienen, geeignet ist, z.B. auch ein Graben.[1306] Es

---

1301 Bzw. nach *Nieberding* als ein vom Eigentum unabhängiges Nutzungsrecht, vgl. oben S. 145 ff.

1302 BVerwGE 20, 219, 222.

1303 BVerwGE 37, 103, 107.

1304 *Gieseke,* ZfW 1964, 179, 181; BayVGH, ZfW Sh 1980 II Nr. 89.

1305 Reinhardt, NVWBl 2015, 408, 409.

1306 *Pape* in: *Landmann/Rohmer,* Umweltrecht, WHG § 20 Rn. 25; BayOLG, ZfW 1982, 378, 379.

müssen aber die für die Rechtsausübung unentbehrlichen Teile der Anlage vorhanden gewesen sein. Ausreichend ist auch, wenn eine kurz vor dem gesetzlichen Stichtag durch Naturereignis zerstörte Anlage später wieder errichtet wurde bzw. wenn sich die Anlage am Stichtag im Umbau befand.[1307] Darauf, ob die Anlage am Stichtag benutzt worden ist, kommt es nicht an, solange sie theoretisch benutzbar war. An die Benutzbarkeit sind keine zu hohen Anforderungen zu stellen; die Notwendigkeit geringfügiger Instandsetzungsarbeiten schadet nicht, denn durch das Kriterium sollen lediglich vollständig verfallene Anlagen ausgenommen werden.[1308] Letztlich handelt es sich bei der Beurteilung, ob eine Anlage vorhanden war oder nicht, um eine Einzelfallentscheidung, die vor dem Hintergrund des Sinns und Zwecks der Vorschrift, d.h. die nach außen bestehende Erkennbarkeit der Benutzung, zu treffen ist.[1309] Allgemeingültige Kriterien für das Vorhandensein lassen sich daher kaum festlegen.

Die Anlage muss rechtmäßig sein. Dies beurteilt sich danach, ob sie nach den wasserrechtlichen Vorschriften zulässig ist.[1310] Daneben wird vereinzelt vertreten, dass zudem eine Vereinbarkeit mit dem übrigen öffentlichen Recht[1311] oder sogar mit privatrechtlichen Bestimmungen[1312] erforderlich ist. Ob die mit der Anlage ausgeübte Wassernutzung rechtmäßig ist oder nicht, ist unerheblich, da auch eine rechtswidrige Nutzung an der Rechtmäßigkeit der Anlage nichts ändert.[1313] Nachträgliche wesentliche Veränderungen der Anlagen, wie Umbauten, Erneuerungen, sonstige technische Änderungen, die sich qualitativ oder quantitativ auf die Wassernutzung auswirken, beeinflussen auch die Frage der Rechtmäßigkeit der Anlage. Insbesondere dann, wenn die Anlage dadurch nicht mehr vollständig dem ursprünglichen Titel entspräche und so teilweise rechtswidrig würde, wäre die Einholung einer Erlaubnis oder Bewilligung für die ganze

1307 *Czychowski/Reinhardt,* WHG Kommentar, § 20 Rn. 41; VGH BW, ZfW 1982, 358, 363.

1308 *Czychowski/Reinhardt,* WHG Kommentar, § 20 Rn. 41.

1309 *Czychowski/Reinhardt,* WHG Kommentar, § 20 Rn. 41.

1310 *Czychowski/Reinhardt,* WHG Kommentar, § 20 Rn. 44; *Pape* in: *Landmann/Rohmer,* Umweltrecht, WHG § 20 Rn. 23; *Bell,* ZfW, 2004, 65, 73; *Knopp* in: *Sieder u. a. (Hrsg.),* Wasserhaushaltsgesetz, Stand: 2009, § 15 Rn. 9; OLG Braunschweig, ZfW 1991, 52, 59; *Berendes,* Wasserhaushaltsgesetz, § 20 Rn. 8; *Zöllner* in: *Sieder u. a. (Hrsg.),* Wasserhaushaltsgesetz, Stand: 2016, § 20 Rn. 67.

1311 *Gieseke,* ZfW 1967, 33, 38; *Zimniok,* Gesetz zur Ordnung des Wasserhaushalts, § 15 Anm. 7d; *Abt,* RdWWi, 13 (1964), 72, 79.

1312 *Burghartz,* Wasserhaushaltsgesetz und Wassergesetz, S. 161.

1313 *Knopp* in: *Sieder u. a. (Hrsg.),* Wasserhaushaltsgesetz, Stand: 2009, § 15 Rn. 11, *Zöllner* in: *Sieder u. a. (Hrsg.),* Wasserhaushaltsgesetz, Stand: 2016, § 20 Rn. 71-

Nutzung erforderlich.[1314] Technische Modernisierungen bzw. die Anpassung der Anlage an neue technische Erkenntnisse wirken sich dann nicht auf die Rechtmäßigkeit aus, wenn mit den Neuerungen keine nachteiligen Auswirkungen, wie z.B. ein wesentlich stärkerer Eingriff in den Wasserhaushalt oder Beeinträchtigungen des Wohls der Allgemeinheit einhergehen.[1315] Eine durch technische Modernisierung hervorgerufene Nutzungsintensivierung, die sich im Rahmen des Verkehrsüblichen hält, ist zulässig.[1316]

4. Inhalt und Umfang der alten Rechte

Die aufrechterhaltenen bzw. nach den Landeswassergesetzen erteilten Rechte bleiben ihrem bisherigen Inhalt und Umfang nach bestehen.[1317] Folglich darf ihre Ausübung und damit die Wassernutzung entsprechend des bestehenden Inhalts fortgesetzt werden. Die Tatsache, dass eine Erlaubnis oder Bewilligung zur Wassernutzung nicht erforderlich ist, zeigt, dass der Gesetzgeber das alte Recht in seinem Bestand unangetastet lässt. Beruhen die alten Rechte auf einem besonderen Titel, dann richtet sich deren Inhalt und Umfang nach diesem, sollte ein solcher nicht vorhanden sein, dann nach den dem alten Recht zugrundeliegenden gesetzlichen Bestimmungen[1318]. Da die Fortgeltung alter Rechte nur dem Bestandsschutz hinsichtlich der Wassernutzung Rechnung trägt, soll sowohl eine Erweiterung des Rechtskreises als auch eine Besserstellung des Rechtsinhabers vermieden werden.[1319] Folglich richten sich auch die Übertragbarkeit und die Geltungsdauer des alten Rechts nach dem früher geltenden Recht, d.h. den alten Landeswassergesetzen bzw. den für die besonderen Titel geltenden Bestimmungen.[1320] Dennoch besteht bei alten Rechten, die befristet erteilt wurden, kein Anspruch auf Verlängerung, selbst wenn nach damaligem Recht ein solcher gegeben gewesen wäre.[1321]

1314 *Bell,* ZfW, 2004, 65, 73; *Czychowski/Reinhardt,* WHG Kommentar, § 20 Rn. 45.

1315 *Czychowski/Reinhardt,* WHG Kommentar, § 20 Rn. 46; OVG Münster ZfW 1976, 296, 300;

1316 OVG Münster, ZfW 1976, 296, 299 f.; Pape in: *Landmann/Rohmer,* Umweltrecht, WHG § 20 Rn. 27; *Gieseke,* ZfW, 1967, 33, 38.

1317 BayOLG, ZfW 1982, 378, 379; BayOLGZ 1971, 247, 250.

1318 BVerwG, Urteil vom 20.10.1972 – Az.: IV CB 44.71 (zitiert nach iuris); BVerwG ZfW 1974, 306, 308; BGHZ 124, 394, 400; BGHZ 147, 125, 131.

1319 BGH ZfW 1978, 219, 226; *Pape* in: *Landmann/Rohmer,* Umweltrecht, WHG § 20 Rn. 31.

1320 *Pape* in: *Landmann/Rohmer,* Umweltrecht, WHG § 20 Rn. 35 f.; *Czychowski/Reinhardt,* WHG Kommentar, § 20 Rn. 53;

1321 *Wiedemann,* ZfW, 1963, 352, 353; OVG Münster OVGE 18, 29, 32.

5. Das Erlöschen alter Rechte

Umstritten ist, wonach sich das Erlöschen alter Rechte richtet. Uneinigkeit besteht dahingehend, ob auch die gesetzlichen Erlöschensgründe des früher geltenden Rechts heranzuziehen sind oder ob für das Erlöschen nur auf die Vorschriften des aktuellen Rechts abzustellen ist. Nach Ansicht einiger Vertreter der Literatur gelten die alten Erlöschenstatbestände dann fort, wenn diese entweder im Bescheid des alten Rechts stehen oder diesem innewohnen, wie z.B. eine Befristung oder ein Widerrufsvorbehalt.[1322] In allen anderen Fällen seien sie mit dem WHG aufgehoben worden. Dies gelte insbesondere für gesetzliche Vorschriften, die eine bestimmte Handlung oder ein Unterlassen des Rechtsinhabers voraussetzen.[1323]

Mit der überzeugenden Ansicht der Rechtsprechung[1324] und des überwiegenden Teils der Literatur[1325] ist die Fortgeltung der gesetzlichen Erlöschensgründe des bisherigen Rechts anzuerkennen. Da das alte Recht nur in seinem Bestand aufrechterhalten bleiben und keine Verbesserung der Rechtsposition geschaffen werden soll, setzt dies eine Weitergeltung der alten Erlöschensgründe voraus, da ihre Aufhebung zu einer verbesserten Rechtsstellung des Berechtigten führen könnte.[1326] Insbesondere in den Fällen, in denen das bisherige Recht eine größere Anzahl von Erlöschensgründen vorsieht oder das Erlöschen unter erleichterten Bedingungen zulässt, würde eine Abschaffung dieser Gründe zu einem sicheren Recht und damit zu einer verbesserten Rechtsposition führen, was gesetzgeberisch gerade nicht gewollt ist. Zum Bestand eines Rechts gehören neben Inhalt, Umfang, Geltungsdauer und Übertragbarkeit auch die Gründe seines Erlöschens. Es ist insofern inkonsequent, hinsichtlich aller anderen Bestandteile auf das früher geltende Recht zu rekurrieren und bei der Frage des Erlöschens davon eine Ausnahme zu machen. Auch sind oft Zufälligkeiten ausschlaggebend gewesen, ob die Erlöschensgründe Aufnahme in den Bescheid des alten Rechts

---

1322 *Bell,* ZfW, 2004, 65, 76; *Knopp* in: *Sieder u. a. (Hrsg.),* Wasserhaushaltsgesetz, Stand: 2009, § 15 Rn. 22.

1323 *Bell,* ZfW, 2004, 65, 76; *Knopp* in: *Sieder u. a. (Hg.),* Wasserhaushaltsgesetz, Stand: 2009, § 15 Rn. 22.

1324 BVerwGE 191, 162 f.; VGH Mannheim ZfW 1982, 358, 361;

1325 *Czychowski/Reinhardt,* WHG Kommentar, § 20 Rn. 54; *Pape* in: *Landmann/Rohmer,* Umweltrecht, WHG § 20 Rn. 38; *Thiem,* Landeswassergesetz Schleswig-Holstein, § 106 Rn. 10; *Zöllner* in: *Sieder u. a. (Hrsg.),* Wasserhaushaltsgesetz, Stand: 2016, § 20 Rn. 77.

1326 *Pape* in: *Landmann/Rohmer,* Umweltrecht, WHG § 20 Rn. 38; *Czychowski/Reinhardt,* WHG Kommentar, § 20 Rn. 54; BVerwGE 191, 162 f.

fanden oder nicht, so dass dies nicht das maßgebliche Unterscheidungskriterium sein kann.[1327] Dies gilt vor allem vor dem Hintergrund, dass bei Vorhandensein einer gesetzlichen Normierung der Erlöschensgründe eine ausdrückliche Angabe im Bescheid für überflüssig erachtet worden sein könnte. Daher gelten auch die Erlöschensgründe des früheren Rechts fort.

Daneben sieht § 20 Abs. 2 WHG eine zusätzliche Möglichkeit vor, die alten Rechte im Wege des Widerrufs zum Erlöschen zu bringen. Das Gesetz unterscheidet dabei zwischen dem Widerruf gegen Entschädigung nach § 20 Abs. 2 Satz 1 WHG und dem ohne Entschädigung nach § 20 Abs. 2 Satz 2 WHG. Soweit die im WHG normierten Erlöschenstatbestände des entschädigungsfreien Widerrufs denen entsprechen, die in den alten Landeswassergesetzen enthalten waren, kann der Widerruf auf das aktuelle WHG gestützt werden.[1328] Ein Rückgriff auf die alten Vorschriften ist dementsprechend nicht notwendig.

a) Der Widerruf alter Rechte gegen Entschädigung

Alte Rechte können gemäß § 20 Abs. 2 Satz 1 WHG gegen Entschädigung dann widerrufen werden, wenn eine erhebliche Beeinträchtigung des Wohls der Allgemeinheit durch die Fortsetzung der Wassernutzung zu erwarten ist. Art und Umfang der Entschädigung sowie das Entschädigungsverfahren bestimmen sich nach den §§ 96–98 WHG. Für einen Widerruf ist es nicht erforderlich, dass den Rechtsinhaber ein Verschulden trifft.[1329] Ebenso ist es unerheblich, auf welche Umstände die drohende Gemeinwohlbeeinträchtigung zurückzuführen ist.[1330] Hinsichtlich des Wohls der Allgemeinheit sind vor allem Aspekte der Wasserwirtschaft, daneben aber auch sonstige Belange des öffentlichen Wohls zu berücksichtigten.[1331] Beispielhaft seien hier die Gewährleistung der öffentlichen Wasserversorgung, der Schutz vor Gewässerverunreinigung und Hochwasserschäden, die Ermöglichung der Grundwasserneubildung sowie nachhaltige und sparsame Wasserverwendung genannt. Der Widerruf steht im pflichtgemäßen Ermessen der zuständigen Behörde, die insbesondere zu berücksichtigen hat,

---

1327 *Pape* in: *Landmann/Rohmer*, Umweltrecht, WHG § 20 Rn. 38; *Czychowski/Reinhardt*, WHG Kommentar, § 20 Rn. 54.

1328 *Czychowski/Reinhardt*, WHG Kommentar, § 20 Rn. 72.

1329 BVerwG, NVwZ-RR 1996, 193; BVerwG ZfW 1996, 440, 441; *Czychowski/Reinhardt*, WHG Kommentar, § 20 Rn. 58.

1330 *Czychowski/Reinhardt*, WHG Kommentar, § 20 Rn. 59.

1331 *Breuer*, Öffentliches und privates Wasserrecht, Rn. 161; *Czychowski/Reinhardt*, WHG Kommentar, § 6 Rn. 25.

ob ein Teilwiderruf oder eine Beschränkung des Nutzungsrechts vor dem Hintergrund des Übermaßverbots ausreichen, eine erhebliche Gemeinwohlbeeinträchtigung zu verhindern.[1332] Da § 20 Abs. 2 WHG nicht drittschützend ist, sondern allein dem öffentlichen Interesse dient, haben Dritte keinen Anspruch auf Widerruf eines alten Rechts nach § 20 Abs. 2 Satz 1 WHG.[1333]

b) Der entschädigungslose Widerruf alter Rechte

§ 20 Abs. 2 Satz 2 WHG normiert Gründe, nach denen ein Widerruf alter Rechte auch ohne Entschädigung möglich ist. Die Gründe orientieren sich dabei an denen, die nach § 12 Abs. 2 WHG a.F. für den Widerruf einer Bewilligung galten, berücksichtigen aber auch die Besonderheiten, die sich aus der Tatsache ergeben, dass die alten Nutzungsrechte nicht nach dem WHG erteilt wurden, sondern aus einer Zeit vor seinem Inkrafttreten stammen.[1334] Soweit der entschädigungslose Widerruf eines alten Rechts nach den vor dem Inkrafttreten des WHG geltenden Gesetzen zulässig war, bleibt diese Möglichkeit unberührt. Die damals geltenden Normen sind heranzuziehen. Weitere Widerrufsgründe werden abschließend in § 20 Abs. 2 Satz 2 Nr. 1 bis 4 WHG aufgelistet.

Nach § 20 Abs. 2 Satz 2 Nr. 1 WHG kann ein Recht widerrufen werden, wenn die Nutzung drei Jahre lang ununterbrochen nicht ausgeübt wurde. Bei einer derartig langen Nichtnutzung kann nach der Intention des Gesetzgebers davon ausgegangen werden, dass der Berechtigte das Recht auch nicht mehr nutzen möchte und es damit aufgegeben hat.[1335] Gründe, warum die Nutzung unterblieben ist und Erwägungen, ob wasserrechtliche Belange einen Widerruf des Rechts erfordern, sind im Rahmen des Widerrufsermessens zu beachten, da ein altes Recht nicht allein aufgrund des Fristablaufs widerrufen werden darf.[1336]

§ 20 Abs. 2 Satz 2 Nr. 2 WHG ermöglicht den Widerruf bei einer erheblichen Unterschreitung des Nutzungsumfangs, wenn der bisherige nicht mehr erforderlich ist. Diese Bestimmung zielt vor allem auf dem teilweisen Widerruf eines Nutzungsrechts zur Anpassung an den tatsächlichen Nutzungsbedarf ab. Deshalb darf die Nutzungsunterschreitung auch nicht an einer Momentaufnahme

---

1332 *Czychowski/Reinhardt,* WHG Kommentar, § 20 Rn. 59; *Pape* in: *Landmann/Rohmer,* Umweltrecht, WHG § 20 Rn. 72.

1333 *Czychowski/Reinhardt,* WHG Kommentar, § 20 Rn. 58; OVG Münster ZfW 1994, 369, 370; *Pape* in: *Landmann/Rohmer,* Umweltrecht, WHG § 20 Rn. 68.

1334 *Czychowski/Reinhardt,* WHG Kommentar, § 20 Rn. 62.

1335 *Czychowski/Reinhardt,* WHG Kommentar, § 18 Rn. 45.

1336 OVG Rh-Pf. ZfW 1989, 38, 39; *Riegel,* NJW 1976, 783, 784.

festgemacht werden, sondern muss über einen längeren Zeitraum andauern.[1337] Das Gesetz sieht dafür eine Zeitspanne von drei Jahren vor.

Weicht der ausgeübte Nutzungszweck von der festgelegten Zweckbestimmung ab, dann kann das Recht nach § 20 Abs. 2 Satz 2 Nr. 3 WHG widerrufen werden. Die festgelegte Zweckbestimmung kann sich aus dem Rechtstitel selbst, also aus einer hoheitlichen Anordnung, aus früheren gesetzlichen Bestimmungen oder – sollte beides nicht vorhanden sein – aus Inhalt und Umfang der bisher ausgeübten Nutzung ergeben.[1338] Erhebliche Überschreitungen des aufrechterhaltenen Rechts durch eine Nutzungsausdehnung sowie die Nichtbeachtung von Bedingungen und Auflagen können dann gemäß § 20 Abs. 2 Satz 2 Nr. 4 WHG zu einem Widerruf führen, wenn sie unter Missachtung eines bereits angedrohten Widerrufs erfolgen. Die Nutzungsausdehnung meint Veränderungen hinsichtlich der Art und des Maßes der Nutzung. Während Änderungen der Nutzungsart stets als erheblich anzusehen sind,[1339] ist bei Ausdehnung des Maßes im Einzelfall zu prüfen, ob dies der Fall ist. Dabei sind neben dem Verhältnis der Ausdehnung zum gestatteten Umfang auch die mit der Erweiterung einhergehenden nachteiligen Auswirkungen zu berücksichtigen.[1340] Voraussetzung für den Widerruf ist zudem, dass der Berechtigte von der zuständigen Behörde verwarnt wurde. Das heißt, nur bei einem wiederholten Rechtsverstoß kann das alte Recht entzogen werden,[1341] auch wenn dieser vom ersten Verstoß abweicht.[1342] Denn auch bei fehlender Identität der Verstöße kann der hinter der Regelung stehende Grund, die Missachtung des Inhalts und Umfangs des alten Rechts zu unterbinden, erfüllt sein.[1343]

Die Eröffnung des entschädigungslosen Widerspruchs zielt darauf ab, den ansonsten bestehenden Vorrang alter Rechte vor dem Interesse die Gewässer vollständig und uneingeschränkt der Nutzungs- und Bewirtschaftungsordnung des WHG zu unterstellen.[1344] Soweit das Recht für den einzelnen gemäß § 20 Abs. 2 Satz 2 Nr. 1 WHG nutzlos geworden ist, soll durch die Aufhebung die durch das Recht gebundene Wassernutzung und Wassermenge wieder der

1337 *Czychowski/Reinhardt,* WHG Kommentar, § 18 Rn. 47.

1338 BT-Drucks. 7/888, S. 17; *Schulz,* Die aktuellen Grundwasserrechte, S. 214.

1339 *Czychowski/Reinhardt,* WHG Kommentar, § 20 Rn. 67.

1340 *Czychowski/Reinhardt,* WHG Kommentar, § 20 Rn. 67; *Schulz,* Die aktuellen Grundwasserrechte, S. 199.

1341 *Pape* in: *Landmann/Rohmer,* Umweltrecht, WHG, § 20 Rn. 93.

1342 *Czychowski/Reinhardt,* WHG Kommentar, § 20 Rn. 68.

1343 *Czychowski/Reinhardt,* WHG Kommentar, § 20 Rn. 68.

1344 *Berendes,* Wasserhaushaltsgesetz, § 20 Rn. 11.

Allgemeinheit zugänglich gemacht werden.[1345] Die in den Nr. 2 und 3 enthaltenen Widerrufsgründe sind Tatbestände, deren Eintreten der Berechtigte selbst zu vertreten hat, so dass er das Erlöschen oder die Beschränkung durch ein entsprechendes Verhalten verhindern kann.[1346] Angesichts der knappen Ressource Wasser und den „zahlreichen konkurrierenden Anforderungen an das Allgemeingut Wasser“[1347] müssen alte Rechte im Interesse einer nachhaltigen und effektiven Wasserbewirtschaftung aufgehoben werden können. Die Festlegung der Widerrufsgründe dient damit der Konkretisierung des Inhalts und der Schranken der alten Rechte iSv Art. 14 GG,[1348] so dass § 20 Abs. 2 Satz 2 WHG nicht gegen Art. 14 GG verstößt.

II. Die geplante Abschaffung alter Rechte im Rahmen des Umweltgesetzbuches

Die Fortgeltung alter Rechte nach § 20 WHG entspricht – von einigen redaktionellen Änderungen abgesehen – der Regelung des § 15 WHG a.F. Die Übernahme der Vorschrift in das am 01.03.2010 in Kraft getretene WHG war jedoch nicht unumstritten. Dies zeigt sich an den verschiedenen Entwürfen zum gescheiterten Umweltgesetzbuch, aus dem letztlich das heute geltende WHG hervorgegangen ist.

1. Die historische Entwicklung[1349] des Umweltgesetzbuchs (UGB)

Ende der achtziger Jahre des vergangenen Jahrhunderts wurde eine Kommission von Professoren beauftragt, eine Gesamtkodifikation des Umweltrechts zu erarbeiten. Sie legte daraufhin den sich aus zwei Teilen zusammensetzenden Professorenentwurf (Prof-E) vor, im Jahre 1990 den allgemeinen Teil und vier Jahre später den besonderen Teil. Als zweites Gremium wurde 1992 eine Sachverständigenkommission ebenfalls mit der Erarbeitung einer Umweltrechtskodifikation betraut. Diese legte ihren Entwurf, den sog. Kommissionsentwurf (Kom-E) 1998, vor. Einige Teile dieses Entwurfs wurden ein Jahr später in den Referentenentwurf der Bundesregierung aufgenommen, der als Grundstein für

1345 BVerwG, ZfW 1994, 394, 395.

1346 BT-Drucks. 7/888, S. 17.

1347 BT-Drucks. 7/888, S. 17, BT-Drucks. 7/4546, S. 6.

1348 BT-Drucks. 7/888, S. 16, BT-Drucks. 7/4546, S. 6.

1349 Für eine ausführliche Darstellung der Geschichte des UGB vgl. *Welke*, Die integrierte Vorhabengenehmigung, S. 64 ff.

das gesamte UGB gedacht war und neben der Umsetzung der IVU- und UVP-Änderungsrichtlinie der Einführung der integrierten Vorhabengenehmigung als zentrales Zulassungsverfahren dienen sollte.[1350] Von einer Einbringung dieses Entwurfs in das Gesetzgebungsverfahren wurde mit der offiziellen Begründung, dass dem Bund die Gesetzgebungskompetenz für ein bundeseinheitliches Umweltrecht fehle, abgesehen.[1351]

Mit der Föderalismusreform I lebte 2006 auch der Plan, ein einheitliches Umweltrecht zu schaffen, wieder auf.[1352] Das Bundesumweltministerium legte einen von ihm erarbeiteten Referentenentwurf (Ref-E) vom 19.11.2007 für ein aus sechs Büchern bestehendes UGB vor und leitete es den Ressorts zu. Eine erste Abstimmung innerhalb der Bundesministerien führte zu einer Überarbeitung des Entwurfs in redaktioneller und inhaltlicher Hinsicht. Das Bundesumweltministerium legte einen zweiten Entwurf vom 28. Mai 2008 vor, zu dem die Länder und Verbände im Juni 2008 Stellung nehmen konnten[1353]. Der ursprüngliche Plan sah vor, dass das Gesetzgebungsverfahren bis Dezember 2008 abgeschlossen sein sollte, um es aus der im September 2009 anstehenden Bundestagswahl herauszuhalten.[1354] Dieses Vorhaben ließ sich jedoch nicht umsetzen. Die Abstimmung zwischen den Ministerien dauerte länger als geplant, woraufhin der Kabinettsbeschluss wegen der am 28.09.2008 anstehenden Landtagswahl in Bayern verschoben wurde.[1355] Nachdem der Beschluss über das UGB im Dezember 2008 und Januar 2009 von der Tagesordnung des Kabinetts genommen wurde und auch der letzte Einigungsversuch mit dem bayrischen Ministerpräsidenten Seehofer misslang, verkündete Bundesumweltminister Gabriel am 01.02.2009 letztlich das endgültige Scheitern des UGB[1356].

Der Grund für das Scheitern ist darin zu sehen, dass sich die Große Koalition nicht auf einen in den Bundestag einzubringenden Gesetzesentwurf einigen konnte.[1357] Während man sich über die geplanten Bücher UGB II–V verständigen konnte, war hinsichtlich des UGB I kein Kompromiss zu erzielen.[1358] Bayern

1350 *Nisipeanu,* NuR, 2008 (30), 87, 93 f.

1351 *Nisipeanu,* NuR, 2008 (30), 87, 93 f.; *Bohne* (Hrsg.), Das Projekt eines Umweltgesetzbuchs 2009, S. 11.

1352 BMU, Pressemitteilung Nr. 175/06 vom 05.07.2006 und Nr. 047/07 vom 16.02.2007.

1353 BMU, Pressemitteilung Nr. 107/08 vom 23.05.2008.

1354 *Kloepfer,* UPR, 2007, 161, S. 167; *Welke,* Die integrierte Vorhabengenehmigung, S. 76.

1355 *Köck,* ZUR, 2009, 57, 57

1356 BMU, Pressemitteilung Nr. 033/09 vom 01.02.2009.

1357 *Welke,* Die integrierte Vorhabengenehmigung, S. 76; *Seeliger/Wrede,* NuR, 31 (2009), 679, S. 680.

1358 *Köck,* ZUR, 2009, 57.

und die CSU lehnten die Einführung der integrierten Vorhabengenehmigung als „Monsterbürokratie" ab.[1359] Da von den von der Unionsfraktion vorgelegten Änderungswünschen nicht alle übernommen wurden und auch über die verbleibenden Unstimmigkeiten kein Konsens erzielt werden konnte, scheiterte das UGB endgültig.

Dennoch wollte die Bundesregierung im Wasserrecht die Möglichkeit für eine bundeseinheitliche Regelung nutzen. Dafür musste man sich an die Zeitvorgabe des Art. 125b Abs. 1 Satz 3 GG halten, nach der bis zum 01.01.2010 die Länder von der ihnen nach Art. 72 Abs. 3 GG zustehenden Abweichungskompetenz keinen Gebrauch machen durften. Da die Zeit drängte, verabschiedete man das als UGB II geplante Buch als Einzelgesetz, als das heute geltende WHG, das am 01.03.2010 in Kraft trat.

2. Inhalt der UGB-Entwürfe

Betrachtet man die einzelnen Entwürfe des UGB hinsichtlich der Vorschriften zu den alten Wassernutzungsrechten ergibt sich folgendes Bild.

Der besondere Teil des Prof-E von 1994 enthielt eine Vorschrift zur Aufrechterhaltung alter Rechte. § 241 Prof-E lautete: „*Alte Rechte und alte Befugnisse und einbezüglich der Regelung über deren Anmeldung zur Eintragung in das Wasserbuch sowie über andere alte Befugnisse bleiben nach Maßgabe der §§ 15 bis 17 des Wasserhaushaltsgesetzes aufrechterhalten.*"[1360] Zur Begründung wurde angeführt, dass sich diese mangels vollständiger Ausnutzung der alten Rechte auf die Gewässermengen- und -gütewirtschaft nicht auswirken würden.[1361] Ein Bedürfnis zu einer stärkeren Einschränkung durch den Gesetzgeber bestehe daher nicht, auch wenn dies verfassungsrechtlich möglich sei.[1362] Von Seiten der Professoren bestand also zu diesem Zeitpunkt keine Tendenz, die alten Rechte abzuschaffen.

Entsprechend dem Prof-E sah auch der Kom-E von 1998 ebenfalls die Fortgeltung alter Rechte vor. § 368 Abs. 2 Kom-E lautete: „*Eine Genehmigung ist, soweit die Länder nichts anderes bestimmen, nicht erforderlich für Benutzungen, für die am … (letzter Geltungstag des WHG) nach § 15 des Wasserhaushaltsgesetzes und ergänzendem Landesrecht eine Erlaubnis oder eine Bewilligung nicht*

1359 *Köck*, ZUR, 2009, 57; *Seeliger/Wrede*, NuR, 31 (2009), 679, 680; *Bohne (Hg.)*, Das Projekt eines Umweltgesetzbuchs 2009, S. 11.

1360 Abgedruckt in: *Umweltbundesamt (Hg.)*, Umweltgesetzbuch BT, S. 99.

1361 *Umweltbundesamt (Hg.)*, Umweltgesetzbuch BT, S. 515.

1362 *Umweltbundesamt (Hg.)*, Umweltgesetzbuch BT, S. 515.

erforderlich war (alte Rechte und Befugnisse)."[1363] Der sich anschließende dritte Absatz der Norm verweist auf die Widerrufsvorschriften des Kom-E, welche sich an § 15 Abs. 4 WHG a.F. orientierten, so dass im Ergebnis auch die Widerrufsgründe übernommen wurden. Auch wenn die Kommission ausweislich der Begründung davon ausging, dass eine Beseitigung der alten Rechte verfassungsrechtlich möglich gewesen wäre, so sahen sie aufgrund der geringen Umweltrelevanz der alten Rechte keinen Grund und kein Bedürfnis für eine Aufhebung oder Überführung ins aktuelle Recht.[1364] Aus Gründen des Bestandschutzes sei demnach für alle Rechte, die von § 15 Abs. 1 und 2 WHG a.F. erfasst worden seien, keine Genehmigung erforderlich.[1365]

Davon abweichend sah der Referentenentwurf vom 19.11.2007 zum UGB I und II die Aufhebung alter Rechte vor. Geplant war im Einzelnen folgende Regelung: Nach § 88 Abs. 3 Satz 3 Ref-E UGB II erlöschen alte Rechte und Befugnisse, die nicht innerhalb der gesetzlichen Frist zur Eintragung ins Wasserbuch angemeldet worden sind, fünf Jahre nach Inkrafttreten des UGB II; eingetragene oder angemeldete Rechte gemäß § 88 Abs. 3 Satz 4 Ref-E UGB II fünfzehn Jahre nach Inkrafttreten des UGB II. Unabhängig von der Frage der Anmeldung oder Eintragung gelten die alten Rechte nach § 129 Abs. 2 Ref-E UGB I als Genehmigungen fort. Dementsprechend ist nicht mehr der ursprüngliche Bestand der alten Rechte, der sich nach den gesetzlichen Regelungen richtete, die vor Inkrafttreten des WHG bestanden, maßgeblich, sondern die im Ref-E UGB I vorgesehenen Bestimmungen für die Genehmigung. Inhalt und Umfang des alten Rechts bleiben während der maximal fünfzehnjährigen Übergangszeit unangetastet, da keine Genehmigung erteilt wird, die dies festlegen könnte, sondern nur eine Überführung des bestehenden Rechts in die Genehmigung stattfindet. Ein solcher Übergang wirkt sich aber auf die Erlöschensgründe, Widerruflichkeit und Rechtswirkungen aus. So unterliegen die alten Rechte den in § 59 Ref-E UGB I für die Genehmigung geltenden Erlöschensgründen. Die für die Genehmigung nach § 122 Abs. 1 Ref-E UGB I bestehende jederzeitige Widerruflichkeit gilt folglich auch für die alten Rechte. Auch die in § 58 Ref-E UGB I normierten Rechtswirkungen sind auf die alten Rechte anzuwenden. Dies hat zur Folge, dass nach § 58 Abs. 2 Ref-E UGB I aufgrund allgemeiner privatrechtlicher Ansprüche die Einstellung des Vorhabens, d.h. die Unterlassung der

---

1363 Abgedruckt in: *Bundesministerium für Umwelt,* Umweltgesetzbuch UGB-KomE, S. 254 f.

1364 *Bundesministerium für Umwelt,* Umweltgesetzbuch UGB-KomE, S. 1089.

1365 *Bundesministerium für Umwelt,* Umweltgesetzbuch UGB-KomE, S. 1089 f.

Gewässernutzung, nicht verlangt werden kann, um nachteilige Einwirkungen auf benachbarte Grundstücke oder andere Gewässernutzungen zu verhindern. Eine Ausnahme gilt für besondere privatrechtliche Ansprüche, d.h. vertragliche oder dingliche Ansprüche am Vorhabengrundstück, oder solche, die auf einer letztwilligen Verfügung beruhen. Allerdings kann der nachteilig Betroffene Vorkehrungen zur Beseitigung der nachteiligen Wirkungen bzw. – soweit dies tatsächlich nicht möglich oder wirtschaftlich unzumutbar ist – Schadensersatz verlangen. Nach dem Erlöschen der alten Rechte nach spätestens fünfzehn Jahren muss der ehemals Berechtigte eine Genehmigung beantragen und das in den §§ 84 ff. Ref-E UGB I vorgesehene Verfahren durchlaufen, wenn er weiterhin das Gewässer nutzen möchte. Die Erteilung der Genehmigung richtet sich nach den §§ 54 ff. Ref-E UGB I. Sie steht nach § 54 Abs. 2 Ref-E UGB I im Ermessen der zuständigen Behörde, so dass der einzelne keinen Anspruch auf Erteilung einer Genehmigung hat.

Der Referentenentwurf sah folglich einen weichen Übergang der alten Rechte in das aktuelle Rechtssystem vor. Die Überführung in den Genehmigungstatbestand bedeutete für den Berechtigten insbesondere aufgrund der jederzeitigen Widerruflichkeit, eine Schwächung der Rechtsposition im Vergleich zur Regelung des WHG, was aber bei einem Auslaufenlassen der alten Rechte unvermeidlich ist. Die geplante Weitergeltung der alten Rechte nach Inhalt und Umfang für einen Zeitraum von fünfzehn Jahren hätte einen sanften Übergang ermöglicht. Nach fünfzehn Jahren wäre dann der endgültige Rechtsverlust eingetreten und nur noch Gewässernutzungen aufgrund aktueller Gestattungen möglich gewesen. Das Bundesumweltministerium begründet die Abschaffung der alten Rechte damit, dass deren Sonderstatus eine Steuerung der Wasserwirtschaft, die den heutigen Bedürfnissen entspricht, erschweren würde.[1366] Alte Rechte würden nicht auf der Grundlage des WHG und seinen Maßstäben beruhen. Eine Aufrechterhaltung sei daher wasserwirtschaftlich nicht zu rechtfertigen.[1367] Auch der Bestandsschutz erfordere eine solche nicht. Da die Berechtigten bereits über einen langen Zeitraum die Möglichkeit gehabt hätten, ihre Rechte zu nutzen und auszuüben, sei eine allmähliche Angleichung an die aktuellen Gestattungsregime zumutbar und im Vergleich zu den Inhabern einer

1366 BMU, Begründung zum Entwurf des Umweltgesetzbuches, Zweites Buch, vom 19.11.2007, S. 86.

1367 BMU, Begründung zum Entwurf des Umweltgesetzbuches, Zweites Buch, vom 19.11.2007, S. 86.

widerruflichen Erlaubnis bzw. befristeten Bewilligung geboten.[1368] Zudem trage eine Überführung der Nutzungsrechte ins aktuelle Recht zur Vollzugsvereinfachung bei, weil nicht mehr auf sehr alte und wenig bekannte Regelungen und Vorschriften zurückgegriffen werden müsse.[1369]

Der anschließende Entwurf des UWG vom 29.05.2009 enthielt diese Vorschriften zur Abschaffung alter Rechte nicht mehr, sondern es wurde in das UWG II der § 14 a eingefügt, der sich an dem § 15 WHG a.F. orientiert und weitgehend dem heutigen § 20 WHG entspricht. § 129 Abs. 2 UBG I stellt zudem klar, dass für alte Rechte und Befugnisse eine Genehmigung nicht erforderlich ist. Anders als im Referentenentwurf werden sie nicht in eine Genehmigung überführt, d.h. sie gelten nicht als Genehmigung fort, sondern unterliegen ausschließlich den Regelungen der §§ 14a, 14b UGB II, so dass insbesondere die für die Genehmigung geltenden Vorschriften über das Erlöschen, den Widerruf und die Rechtswirkungen nicht heranzuziehen sind.[1370] Es verbleibt damit bei der Regelung, dass sich der Bestand des alten Rechts nach den vor dem Inkrafttreten des WGH geltenden Bestimmungen richtet.

3. Reaktionen auf die geplante Abschaffung der alten Rechte und die Gründe für ihr Scheitern

Die Mehrheit der Literatur begrüßte die im Referentenentwurf vom 19.11.2007 vorgesehene Abschaffung der alten Rechte.[1371] So lasse sich eine Vereinheitlichung des Wasserrechts erreichen.[1372] Zudem werde zu einer erheblichen Vereinfachung in der Praxis beigetragen, da nicht mehr auf jahrhundertealte,

1368 BMU, Begründung zum Entwurf des Umweltgesetzbuches, Zweites Buch, vom 19.11.2007, S. 86.

1369 BMU, Begründung zum Entwurf des Umweltgesetzbuches, Zweites Buch, vom 19.11.2007, S. 86.

1370 BMU, Begründung zum Entwurf des Umweltgesetzbuches, Erstes Buch, vom 20.05.2008, S. 284

1371 *Sangenstet*, Der Referentenentwurf für ein Umweltgesetzbuch, in: *Köck (Hg.)*, Auf dem Weg 2009, S. 45; *Durner*, NuR, 30 (2008), 293, 299; *Knopp*, Das neue Wasserhaushaltsrecht, Rn. 228; *Reinhardt*, ZUR, 2008, 352, 356; *Welke*, Die integrierte Vorhabengenehmigung, S. 92; *Berendes*, Wasserhaushaltsgesetz, § 20 Rn. 4; *Berendes* in: *Berendes* (Hg.), WHG, § 20 Rn. 8; *Knopp*, in: *Reinhardt (Hg.)*, Wasserrecht im Umbruch, S. 48 f.

1372 *Welke*, Die integrierte Vorhabengenehmigung, S. 92.

unübersichtliche Regelungen zurückgegriffen werden müsse.[1373] Ihre Aufrechterhaltung sei als „Überdehnung des verfassungsrechtlichen Bestandsschutzes“[1374] anzusehen.

Der Deutsche Bauernverband[1375] hingegen wertet die Abschaffung der alten Rechte als einen massiven Eingriff in das Eigentumsrecht. Die Gefahr des jederzeitigen Widerrufs der Nutzungsgestattung beeinträchtige die Planungssicherheit der Berechtigten und lasse Bürokratie und zusätzliche Kosten entstehen.[1376]

Trotz der breiten Zustimmung in der Literatur setzte sich die Aufhebung der alten Rechte nicht durch. Angesichts des radikalen Kurswechsels in den Gesetzesentwürfen innerhalb weniger Monate von der vollständigen Abschaffung der alten Rechte hin zu ihrer unbegrenzten Aufrechterhaltung stellt sich die Frage, worin die Gründe dieser Änderung zu suchen sind. Zum einen spielte es eine Rolle, dass Verbände, wie z.B. der Deutsche Bauernverband oder der Bundesverband der deutschen Industrie[1377], die Abschaffung der alten Rechte kritisch sahen und auch sonst Industrie und Wirtschaft die Bewahrung der alten Rechte als volkswirtschaftlich sinnvoll werteten[1378], so dass sich eine Lobby gegen die Überführung der alten Rechte stark machte und letztlich auch durchsetzen konnte. Zum anderen darf nicht übersehen werden, dass das Bundesumweltministerium die umstrittene integrierte Vorhabengenehmigung mit dem UGB auf jeden Fall einführen wollte. Um dieses Ziel zu erreichen, zeigte es in den Ressortabstimmungen insbesondere gegenüber der CDU/CSU-Fraktion, bezüglich anderer streitiger Regelungen des geplanten Gesetzes eine große Kompromissbereitschaft.[1379] Dies hatte zur Folge, dass die Aufhebung der alten Rechte letztlich „geopfert“ wurde, um hinsichtlich des Gesamtvorhabens UGB einen Konsens erzielen zu können.[1380] Die Beibehaltung der alten Rechte war also nicht

---

1373 *Knopp,* Das neue Wasserhaushaltsrecht, Rn. 228; *Sangenstet,* Der Referentenentwurf für ein Umweltgesetzbuch, in: Köck (Hg.), Auf dem Weg 2009, S. 45.

1374 *Durner,* NuR, 30 (2008), 293, 299.

1375 Stellungnahme des Präsidiums des Deutschen Bauernverbandes vom 11. März 2008 zum Referentenentwurf des Umweltgesetzbuchs, S. 2.

1376 Stellungnahme des Präsidiums des Deutschen Bauernverbandes vom 11. März 2008 zum Referentenentwurf des Umweltgesetzbuchs, S. 2.

1377 Stellungnahme zum Referentenentwurf für das Umweltgesetzbuch II – Wasserwirtschaft vom 27.02.2008, S. 23 f., zitiert nach *Durner,* NuR, 30 (2008), 293, 299 Fn. 78.

1378 *Lottermoser,* Einführungsvortrag, in: *Durner (Hg.),* Umweltgesetzbuch, S. 8.

1379 *Berendes* in: *Berendes (Hg.),* WHG, § 20 Rn. 8.

1380 *Berendes* in: *Berendes (Hg.),* WHG, § 20 Rn. 8; *Reinhardt,* ZUR, 2008, 352, 356.

das Ergebnis einer juristischen Abwägung, sondern sie beruhte auf einem politischen „Kuhhandel“ und dem Schutz partikulärer Interessen.

Dass sich die Abschaffung alter Rechte politisch nicht durchsetzen ließ, wurde vom Bundesumweltministerium bedauert.[1381] In ihrer Rede vor dem BDEW wies die Staatssekretärin *Klug* darauf hin, dass die Abschaffung zur Entbürokratisierung und Vereinfachung hätte beitragen können.[1382] Die Konsequenz der Beibehaltung des Status quo sei, dass auch weiterhin historische Schriften heranzuziehen seien.[1383] In der Literatur stieß der Kurswechsel im Gesetzesentwurf vielfach auf Unverständnis und Ablehnung.[1384] Vor dem Hintergrund, dass im UGB das Gestattungsinstrument der Bewilligung aus Vereinheitlichungsgründen abgeschafft und die darauf beruhenden Gewässernutzungen in das neue Regime des UGB überführt werden sollten, sei die Aufrechterhaltung der alten Rechte als nicht systemimmanent anzusehen.[1385]

III. Aufrechterhaltung oder Abschaffung alter Rechte und Befugnisse?

Sollte einer der Entwürfe des UGB wieder aufgegriffen oder das WHG vollständig bzw. zum Teil überarbeitet und reformiert werden, so muss – unabhängig vom jetzigen Status quo – die Frage überdacht werden, ob alte Rechte und Befugnisse weiterhin aufrechterhalten werden sollen oder ob eine Überführung in ein dann aktuelles Regelungssystem vorzugswürdig ist.

Die Beibehaltung der alten, titulierten Rechte würde ihrer historisch gewachsenen Sonderstellung Rechnung tragen. Bereits im ALR wurden bestehende Wassernutzungsrechte aufrechterhalten und traten neben die im Geltungszeitraum des ALR neu erteilten oder erhielten sogar Vorrang vor diesen. Letzteres galt insbesondere für bereits errichtete Mühlen, denen nach ALR I 22 § 246 das Wasser nicht entzogen werden durfte.[1386] Die Sonderstellung bestehender

1381 *Klug,* Rede zur 7. Wasserwirtschaftlichen Jahrestagung 13.10.2008, S. 3; *Wendenburg,* Einführungsvortrag, in: *Durner (Hg.),* Umweltgesetzbuch, S. 119.

1382 *Klug,* Rede zur 7. Wasserwirtschaftlichen Jahrestagung 13.10.2008, S. 3; ebenso *Wendenburg,* Einführungsvortrag, in: *Durner (Hg.),* Umweltgesetzbuch, S. 119.

1383 *Klug,* Rede zur 7. Wasserwirtschaftlichen Jahrestagung 13.10.2008, S. 3; ebenso *Wendenburg,* Einführungsvortrag, in: *Durner (Hg.),* Umweltgesetzbuch, S. 119.

1384 *Reinhardt,* ZUR, 2008, 352, S. 356; *Berendes* in: *Berendes (Hg.),* WHG, § 20 Rn. 8; *Sangenstet,* Der Referentenentwurf für ein Umweltgesetzbuch in: *Köck (Hg.),* Auf dem Weg 2009, 25; S. 44 f.; *Knopp,* Das neue Wasserhaushaltsrecht, Rn. 228.

1385 *Reinhardt,* ZUR, 2008, 352, 356.

1386 Vgl. Abschnitt B.IV.2.a).ff.(2), S. 76 f.

Nutzungsrechte zog sich durch die wasserrechtlichen und gewerberechtlichen Vorschriften des 19. Jahrhunderts. So galten die gesetzlich gewährten Nutzungsrechte an Privatflüssen nur unbeschadet bereits bestehender Rechte Dritter, §§ 1, 13 PrivatflussG.[1387] Ebenso billigte man bereits bestehenden Mühlen einen gewissen Bestandsschutz gegenüber neu zu errichtenden Bewässerungsanlagen zu. Privatrechtliche Einwendungen genossen in den GewO von 1845 und 1861 sowie der RGewO von 1869 eine Vorrangstellung,[1388] da sie nicht der Präklusionsfrist für einzureichende Widersprüche unterlagen und somit nicht vom Inhaber einer gewerberechtlichen Genehmigung „wegerworben" werden konnten. Auch das PrWG erhielt alte Wassernutzungsrechte nach den §§ 379 ff. PrWG aufrecht, obwohl es bestrebt war, ein einheitliches Wasserrecht für das gesamte Staatsgebiet zu schaffen und so der bestehenden Rechtszersplitterung Einhalt zu gebieten.[1389] Die Aufrechterhaltung alter Rechte entspricht daher der rechtshistorischen Tradition und wahrt die Kontinuität der geschichtlichen Entwicklung und des historisch gewachsenen Bestandsschutzes. Der Bestandsschutz und die Erhaltung der wirtschaftlichen Werte, die der Berechtigte zum Zwecke der Nutzungsausübung geschaffen hat, sind nach Ansicht des BGH der Hauptbeweggrund[1390], warum es alte Rechte beizubehalten gilt.

Mit der Aufrechterhaltung der alten Rechte perpetuiert sich aber auch die Rechtszersplitterung der wasserrechtlichen Regelungen des 19. Jahrhunderts. Ihre Abschaffung würde die Vereinheitlichung des Wasserrechts ermöglichen.[1391] Damit könnte die vom Gesetzgeber mit dem UGB bzw. dem 2010 erlassenen WHG angestrebte Absicht, die „Systematisierung, Vereinheitlichung des Wasserrechts mit dem Ziel, die Verständlichkeit und Praktikabilität der komplizierten und unübersichtlichen Wasserrechtsordnung zu verbessern"[1392], verwirklicht werden. Auch wenn über den Erlass nachträglicher Inhalts- und Nebenbestimmungen gemäß § 20 Abs. 2 Satz 3 i.V.m. § 13 Abs. 2 WHG der Behörde die Möglichkeit eingeräumt wird, Gewässernutzungen, deren Basis die alten Rechte und Befugnisse bilden, an die heutigen wasserwirtschaftlichen Standards anzupassen,[1393] so eignet sich dieses Instrumentarium nur bedingt

1387 Vgl. Abschnitt C.III.2.a).aa., S. 127.

1388 Vgl. Abschnitt C.IV.3.a).bb., S. 169 ff.

1389 PrAH, Drucks. Nr. 9 B, S. 6, in: Sammlung der Drucksachen des Preußischen Hauses der Abgeordneten, 21. Legislaturperiode, V. Session 1912/1913, 1. Bd., S. 667.

1390 BGH, ZfW 1978, 219, 226.

1391 *Welke,* Die integrierte Vorhabengenehmigung, S. 92.

1392 BT-Drucks. 16/12275, S. 1.

1393 Reinhardt, NWVBl. 2015, 408, 410.

einem nachhaltigen Gewässerbewirtschaftssystem und den zukünftigen Anforderungen an den Umweltschutz gerecht zu werden. Die nachträglichen Maßnahmen sind Eingriffe in den eingerichteten und ausgeübten Gewerbebetrieb und insbesondere am Verhältnismäßigkeitsgrundsatz zu messen, so dass die Behörde bei der Anordnung nachträglicher Inhalts- und Schrankenbestimmungen wesentlich gebundener ist, als bei der erstmaligen Erteilung einer Erlaubnis oder Bewilligung.[1394] Auch kann über diese nachträglichen Bestimmungen nur Zielen des Gewässerschutzes und der Wasserwirtschaft, nicht jedoch darüber hinausgehenden umweltrechtlichen Belangen Rechnung getragen werden.[1395] Die Umweltprobleme verschärfen sich zukünftig, so dass sowohl der Schutz der Gewässer vor schädlichen Immissionen als auch die Verteilung von qualitativ hochwertigem Wasser noch stärker in den Mittelpunkt der Gewässerbewirtschaftung rücken werden. Um auch für künftige Generationen eine effektive und ausreichende Versorgung mit sauberem Wasser sicherzustellen, muss das Bewirtschaftungssystem zum einen flexibel sein, damit auf Veränderungen reagiert werden kann. Zum anderen müssen bei der Wassernutzung die dann geltenden Umweltstandards eingehalten werden. Dies ist über eine erstmalig zu erteilende Erlaubnis oder Bewilligung einfacher zu regulieren, als über eine nachträgliche Einschränkung eines bereits seit Jahrhunderten bestehenden Rechts. Inhalt und Umfang der alten Rechte richten sich nach den gesetzlichen Bestimmungen des 19. Jahrhunderts bzw. des PrWG. Soweit diese Gesetze überhaupt schon zu beachtende Vorschriften zugunsten des Umweltschutzes enthielten, genügen diese nicht den heutigen Anforderungen des Umweltschutzes und damit zwangsläufig den zukünftigen, vermutlich strengeren Maßstäben erst recht nicht. Diese seit Jahrhunderten bestehenden Rechte schränken die Flexibilität neuer Bewirtschaftungskonzepte ein, da sie in diese eingebunden werden bzw. die Konzepte an sie angepasst werden müssen. Im Hinblick auf ein nachhaltiges Gewässerbewirtschaftungssystem, das den insbesondere umweltrechtlichen Herausforderungen der kommenden Jahre gewachsen sein will, ist die Abschaffung der alten Rechte im Rahmen einer künftigen, einheitlichen Neuordnung des Wasserrechts zu befürworten.

Aus verfassungsrechtlicher Sicht, insbesondere vor dem Hintergrund der in Art. 14 GG verankerten Eigentumsgewährleistung ist eine Abschaffung alter Rechte möglich. Als subjektivöffentliche Rechte bzw. als Privatrechte werden die alten Rechte vom Schutzbereich des Art. 14 Abs. 1 S. 1 GG erfasst.[1396] Dies

---

1394 Reinhardt, NWVBl. 2015, 408, 410.
1395 Reinhardt, NWVBl. 2015, 408, 410.
1396 *Zeitler*, ZUR, 2007, 183.

bedeutet jedoch nicht, dass die bestehende Rechtsposition für immer unantastbar ist und damit auf alle Zeit unverändert fortbesteht.[1397] Aufgrund der Sozialpflichtigkeit des Eigentums, die in Art. 14 Abs. 2 GG betont wird, und des Prinzips der Rechtsstaatlichkeit kann der Gesetzgeber im Rahmen einer gesetzlichen Neuregelung in der Vergangenheit erworbene Rechtspositionen modifizieren und an aktuelle Anforderungen anpassen oder vollständig abschaffen.[1398] Neben der sofortigen und übergangslosen Abschaffung alter Rechte, die wohl als entschädigungspflichtige Enteignung oder entschädigungspflichtiger enteignungsgleicher Eingriff anzusehen wären, bzw. ihrer unveränderten Aufrechterhaltung, hat der Gesetzgeber mittels der in Art. 14 Abs. 1 Satz 2 GG vorgesehenen Möglichkeit einer Inhalts- und Schrankbestimmung die Befugnis, den Inhalt und Umfang der alten Rechte neu zu gestalten.[1399] Dies gilt insbesondere beim Vorliegen von Belangen des Gemeinwohls, die das Vertrauen des Berechtigten in den Fortbestand seiner Rechtsposition überwiegen.[1400] Die Notwendigkeit eines nachhaltigen Wasserhaushalts, der sowohl Qualität als auch Quantität des Wassers zur Sicherung von Leben und wirtschaftlichen Entwicklungen aufrechterhält, ist ein Gemeinwohlbelang, der das Vertrauen in den Bestandsschutz des alten Rechts überwiegt.[1401] Eine Umwandlung von bisher gestattungsfreien in gestattungspflichtige Wasserbenutzungen stellt eine Inhalts- und Schrankbestimmung im Sinne von Art. 14 Abs. 2 GG dar, weil die Einführung einer Gestattungspflicht nicht notwendigerweise zum Wegfall der Nutzungsberechtigung führt,[1402] sondern vielmehr die mit der Nutzungsberechtigung verbundenen Rechte und Pflichten verändert werden. Bei Gestaltung der Inhalts- und Schrankenbestimmung ist der Grundsatz der Verhältnismäßigkeit zu beachten, so dass eine angemessene Übergangsregelung zu finden ist.[1403]

Die Abschaffung der alten Rechte sollte schrittweise in Form eines „weichen Übergangs" erfolgen, indem man die alten Rechten in ein aktuelles Gestattungsinstrument überführt und dann allmählich auslaufen lässt. Als aktuelles Gestattungsinstrument, in die die alten Rechte überführt werden könnten, erscheint die Bewilligung als das geeignetste. Denn die Bewilligung ist eine grundsätzlich unentziehbare Rechtsposition. Sie bietet dem Gestattungsinhaber die beste

1397 BVerwG, ZfW 1975, 92, 94; BVerfGE 31, 275, 284 f.
1398 BVerwG, ZfW 1975, 92, 94 f.
1399 BVerfGE 31, 275, 285.
1400 BVerfGE 58, 300, 351.
1401 *Hösch,* ZfW, 2009, 65, 74.
1402 BVerwG, ZfW 1975, 92, 95.
1403 BVerfGE 43, 242, 289.

Absicherung, da sie nur in engen gesetzlichen Grenzen widerruflich ist und den Inhaber vor Ansprüchen und Widersprüchen Dritter schützt. Die gehobene Erlaubnis bietet zwar Schutz vor Ansprüchen Dritter, ist aber frei widerruflich und gewährt dem Inhaber nur die Befugnis, nicht aber das Recht zur Wassernutzung. Die einfache Erlaubnis ist demgegenüber noch schwächer ausgestaltet, da hier auch noch der Schutz vor Ansprüchen Dritter fehlt. Die Bewilligung würde daher für den Inhaber des alten Rechts die geringsten Einbußen seiner Rechtsposition bedeuten. Insbesondere wäre er nicht der Gefahr der jederzeitigen Widerruflichkeit seines Rechts ausgesetzt, sondern nur bei Vorliegen der in § 18 Abs. 2 WHG normierten gesetzlichen Gründe. Nach § 18 Abs. 2 Satz 2 WHG und nach § 18 Abs. 2 Satz 1 WHG i.V.m. § 49 Abs. 2 Nr. 2, Abs. 6 Satz 1 VwVfG kann die Bewilligung aus Gründen, die in seiner Person liegen, entschädigungslos widerrufen werden. Dieser Gefahr kann der Berechtigte durch eigenes Verhalten entgegenwirken. § 18 Abs. 2 Satz 1 WHG i.V.m. § 49 Abs. 2 Nr. 3–5 VwVfG beinhaltet Widerrufsgründe, die der Berechtigte zwar nicht kontrollieren kann, die aber zumindest zu einer Entschädigung berechtigten, § 49 Abs. 6 Satz 1 VwVfG. Sowohl der in § 49 Abs. 2 Nr. 5 VwVfG vorgesehene Widerrufsgrund zur Vermeidung schwerer Nachteile für das Gemeinwohl als auch die in § 18 Abs. 2 Satz 2 WHG normierten Gründe sind bereits jetzt in § 20 Abs. 2 Satz 1, 2 Nr. 1 und 3 WHG als zulässige Möglichkeiten für den Widerruf alter Rechte gesetzlich festgelegt, so dass diesbezüglich keine Verschlechterung der Rechtsposition des Inhabers alter Rechte entstehen würde, wenn die alten Rechte in eine Bewilligung überführt würden. Die Bewilligung ist befristet auf maximal dreißig Jahre. Um eine Gleichstellung mit dem aktuellen Gestattungsinstrument zu erreichen, böte es sich an, eine Übergangsfrist von 30 Jahren für die Überführung der alten Rechte ins aktuelle Regelungsregime in der Weise anzusetzen, dass das alte Recht als Bewilligung dreißig Jahre fortgilt. Durch diese Verdopplung der im UGB ursprünglich angedachten 15-jährigen Übergangszeit würde eine Benachteiligung der Inhaber alter Rechte gegenüber den Inhabern der Bewilligung vermieden und eine einheitliche zeitliche Geltungsdauer erreicht. Zudem würde sich die 30-jährige Übergangszeit an die hergebrachten Verjährungshöchstfristen des Zivilrechts anlehnen und entspräche damit den Höchstgrenzen, die der Gesetzgeber unter Abwägung der Interessen Rechtsfrieden, Rechtssicherheit, wirksamer Rechtsschutz, Schuldnerschutz und Erhalt der Rechtsposition für angemessen erachtet. Die dreißigjährige Übergangsfrist böte dem Inhaber des alten Rechts genügend Planungsspielraum und -sicherheit für die weitere Ausübung seines Rechts und würde es ihm ermöglichen, Investitionen zu tätigen oder Vorkehrungen für eine Neubeantragung der Bewilligung nach Fristablauf zu treffen.

Möchte der Berechtigte nach Ablauf dieser Frist weiterhin das Recht ausüben, so müsste er – wie jeder andere auch – eine Bewilligung beantragen und das dafür vorgesehene gesetzliche Verfahren durchlaufen. Ihm käme die gleiche Rechtsstellung zu – wie jemandem, der eine Bewilligung nach dem WHG beantragt hat. Er wäre damit zwar den Einschränkungen der Bewilligung ausgesetzt, die ihn dadurch treffenden Beeinträchtigungen hielten sich jedoch in Grenzen, da sich insbesondere hinsichtlich der Widerruflichkeit nur wenige Veränderungen im Vergleich zu der in § 20 Abs. 2 WHG getroffenen Regelung ergeben würden.

F. Schlussbetrachtung

Die derzeitige Rechtslage erfordert aufgrund von § 20 Abs. 1 Satz 1 Nr. 1 WHG, wonach alte Rechte aufrechterhalten bleiben, eine Auseinandersetzung mit den historisch gewachsenen wasserrechtlichen Regelungen, da sich Inhalt und Umfang dieser Rechte aus den alten Bestimmungen ergeben. Von *Knopp*, *Sangenstedt* und der Staatssekretärin *Klug*[1404] wird dieser Umstand zu Unrecht beklagt, da das preußische Wasserrecht das Fundament des heutigen WHG bildet. Die Untersuchung des preußischen Wasserrechts des 19. Jahrhunderts zeigt, wie lange es dauerte und welche Schwierigkeiten überwunden werden mussten, bis ein einheitliches Wasserrecht für das preußische Staatsgebiet geschaffen werden konnte.

An der Entwicklung des preußischen Wasserrechts im Verlauf des 19. Jahrhunderts und dem Ringen um ein einheitliches umfassendes Gesetz zur Regelung der Wassernutzungsverhältnisse zeigt sich auch, wie sich aus dem dem ALR zugrundeliegenden feudalen System und der im ständischen Denken verhafteten Ordnung allmählich das Verwaltungsrecht mit den Verwaltungsverfahren und Grundprinzipien ausbildet, so wie wir es heute kennen.

Ausgangspunkt bildet das ALR, dessen rudimentäre wasserrechtliche Regelungen einzelne Fragestellungen und Probleme im Sinne des vorherrschenden ständischen Denkens normierten, ohne jedoch ein einheitliches Gesamtkonzept aufzuweisen, so dass viele Rechtsfragen ungelöst blieben. Die Nutzungen der Gewässer gehörten zu den Regalien des Staates und die Verleihung von Privilegien bildete das zentrale Mittel zum Erwerb und Erhalt von Wassernutzungsrechten. Über dieses Regalienwesen verschaffte sich der Staat eine wichtige Einnahmequelle und band zugleich seine Untertanen an sich, was ihm den Erhalt der eigenen Machtbasis sicherte. Auch wenn sich die Privilegien am Wohl der Allgemeinheit messen lassen mussten, so standen sie doch außerhalb der Rechtsordnung und konnten vom Herrscher willkürlich vergeben werden. Diese Kontrolle über die Gewässernutzungen ermöglichte es dem Staat, sie im eigenen Interesse einzusetzen und zu nutzen, um so bestehende Vorrechte zu bewahren und die eigene Macht zu erhalten. Auch wenn erste Ansätze heutiger verwaltungsrechtlicher Grundlagen, wie z.B. die Trennung von Gemeingebrauch und Sondernutzung oder die Idee des Wohls der Allgemeinheit, erkennbar sind,

1404 *Knopp*, Das neue Wasserhaushaltsrecht, Rn. 228; *Sangenstet*, Der Referentenentwurf für ein Umweltgesetzbuch, in: *Köck (Hg.)*, Auf dem Weg 2009, 25, S. 45; *Klug*, S. 3.

so ist das dem ALR zugrundeliegende „System" der Wassernutzung im Feudalismus verhaftet und damit weit entfernt von heutigen verwaltungsrechtlichen Strukturen.

Mit Einführung des Privatflussgesetzes von 1843 zeigen sich im wasserrechtlichen Bereich erste Ansätze „verwaltungsrechtlicher" Verfahren, die vor oder nach der Inbetriebnahme einer Bewässerungsanlage durchlaufen werden konnten, das Präklusions- und Aufgebotsverfahren sowie das Vermittlungsverfahren. An der Ermöglichung solcher Verfahren wird deutlich, dass grundsätzlich die Notwendigkeit erkannt wurde, von der Wassernutzung betroffene Dritte und ihre Nutzungsinteressen mit einzubeziehen, um dem Anlagenbetreiber Rechtssicherheit hinsichtlich des Betriebs seiner Anlage zu verschaffen. Beiden Verfahren ist gemein, dass sie bereits die Präklusion von Rechten Dritter als Mittel zur Herbeiführung von Rechtssicherheit beinhalteten. Dennoch ist das Präklusions- und Aufgebotsverfahren allenfalls einer der ersten Schritte auf dem Weg zum heutigen Erlaubnis- bzw. Bewilligungsverfahren des WHG. So war das Präklusions- und Aufgebotsverfahren im Gegensatz zum heutigen Verfahren, das für alle wasserwirtschaftlich bedeutsamen Nutzungen i.S.d. § 9 WHG vorgeschrieben ist, nur auf eine Nutzungsform, nämlich den Betrieb von Bewässerungsanlagen beschränkt. Auch war es für den Anlagenbetreiber, anders als heute, nicht verpflichtend und musste nicht vor der Betriebsaufnahme durchlaufen werden, sondern konnte auch bei einer bereits bestehenden und genutzten Bewässerungsanlage durchgeführt werden. Ebenso wie die übrigen Formen der Wassernutzung an Privatflüssen war damit der Betrieb einer Bewässerungsanlage genehmigungs- und anzeigefrei. Zudem gewährte das Präklusions- und Aufgebotsverfahren kein Wassernutzungsrecht, sondern setzte ein solches voraus, während über das Erlaubnis- bzw. Bewilligungsverfahren gerade das Recht zur Wassernutzung erworben wurde. Auch diente es ausschließlich der Feststellung entgegenstehender Rechte Dritter, ohne weitere polizeiliche oder wasserrechtliche Fragestellungen, wie z.B. umweltrechtliche Belange, in den Blick zu nehmen.

Es zeigt sich, dass der staatlichen Kontrolle und Regulierung der Nutzungsverhältnisse im Interesse der Förderung der Bodenkultur, der Bewässerungsanlagen und damit der Landwirtschaft nur eine untergeordnete Rolle zugestanden und der Privatautonomie größtmögliche Freiheit eingeräumt wurden, um Uferbesitzer, insbesondere zum Gebrauch des Wassers im Sinne der Bodenkultur, zu motivieren. Bei einer derartigen Zielsetzung, die größtmögliche Freiheit der Wassernutzung bezweckte, bestand kein Raum für ein einheitliches, staatlich reguliertes Vergabeverfahren für Wassernutzungsrechte. Die Notwendigkeit eines solchen im Interesse einer geordneten, nachhaltigen Wasserwirtschaft war noch nicht in den Blick gerückt. Dementsprechend bot das PrivatflussG von

1843 auch keine Lösungsstrategien zur Auflösung des Konfliktes sich widersprechender Nutzungsinteressen und -rechte.

Etwas anders verhielt es sich hinsichtlich des Betriebes von Mühlen und Triebwerken. Mit den Mühlenedikten vom 29.03.1808 und vom 28.10.1810 wurde für die Errichtung von Mühlen und Triebwerken die Einholung einer polizeilichen Genehmigung verpflichtend vorgeschrieben. In den GewO von 1845, von 1861 und der RGewO von 1869 wurde das Genehmigungsverfahren weiterentwickelt, detaillierter und ausgereifter geregelt sowie vorhandene Gesetzeslücken und Zweifelsfragen beseitigt. Den Edikten und Gewerbeordnungen ist gemein, dass ein Genehmigungsverfahren durchlaufen werden musste, in dem die Einhaltung polizeilicher Vorschriften von Amts wegen sowie die Beeinträchtigung Rechte Dritter auf den Widerspruch des Dritten hin überprüft bzw. bzgl. privatrechtlicher Einwendungen der gerichtlichen Entscheidung überlassen wurden. Im Vergleich zum wasserrechtlichen Präklusions- und Aufgebotsverfahren des Privatflussgesetz von 1843 war das gewerberechtliche Genehmigungsverfahren damit bereits weiterentwickelt, wie sich an der vorgeschriebenen, umfassenden Prüfung polizeilicher Vorschriften und der verpflichtenden Durchführung des Verfahrens zeigt. Die vorgeschriebene Anzeigen- und Genehmigungspflicht war jedoch rein öffentlich-rechtlich ausgestaltet, so dass daneben für die Nutzung der Gewässer ein hoheitlich übertragenes oder ein auf einer zivilrechtlichen Berechtigung bestehendes Nutzungsrecht vorhanden sein musste. Über die polizeiliche Genehmigung konnte ein solches nicht erworben werden. Dennoch war dieses Genehmigungsverfahren ein weiterer Schritt in Richtung der Genehmigungsverfahren des heutigen Verwaltungsrechts. Zu beachten ist jedoch, dass versucht wurde, die von Mühlen ausgehenden Gefahren und Beeinträchtigungen für Dritte entsprechend der historischen Tradition über das Gewerberecht und nicht über wasserrechtliche Bestimmungen zu bannen. Dementsprechend handelt es sich bei diesen Edikten und Ordnungen um Vorläufer der heutigen Gewerbeordnung und nicht des heutigen Wasserhaushaltsgesetzes.

Erst mit dem PrWG wurde über das neu eingeführte Verleihungsverfahren die Möglichkeit geschaffen über ein staatlich reguliertes Verfahren ein Wassernutzungsrecht mit öffentlich-rechtlicher Wirkung zu erwerben. Voraussetzung war die Vereinbarkeit des beantragten Wassernutzungsrechts sowohl mit den polizeilichen Vorschriften, wie z.B. baupolizeiliche, wasserpolizeiliche, feuerpolizeiliche Bestimmungen, als auch mit Nutzungsrechten Dritter. Die Überprüfung entgegenstehender Rechte Dritter wurde – im Gegensatz zu den meisten Bestimmungen des 19. Jahrhunderts – in das Verwaltungsverfahren mit einbezogen. Zwar entschieden Zivilgerichte über das Bestehen des titulierten Anspruchs, die Überprüfung der Vereinbarkeit mit der beabsichtigten Verleihung oblag aber der Verleihungsbehörde. Dem verliehenen Recht kam dabei im Vergleich zu den übrigen nach dem PrWG gewährten Wassernutzungsrechten der umfassendste Schutz bzgl. Ansprüchen Dritter auf Nutzungseinschränkung sowie der Einstellung oder Unterlassung der Nutzungsausübung zu. Es zeigt sich, dass aus dem außerhalb der Rechtsordnung stehenden Privileg zu Zeiten des ALR mit Einführung des PrWG ein mit der Rechtsordnung in Einklang stehender Verwaltungsakt geworden war, der der umfassenden rechtlichen Überprüfung unterlag.

Auch zeigt sich an der Entwicklung des Wasserrechts vom Inkrafttreten des ALR am 17.06.1794 bis zum heute geltenden WHG, wie sehr sich die Zielsetzungen der einzelnen wasserrechtlichen Gesetze und Verordnungen im Laufe des 19. Jahrhunderts veränderten und weiterentwickelten. Während das heutige WHG dazu dienen soll, eine geordnete und nachhaltige Gewässerbewirtschaftung sicherzustellen und die beschränkte, lebenswichtige Ressource Wasser auch für künftige Generationen zu bewahren und zu erhalten, standen bei den historischen wasserrechtlichen Regelungen des 19. Jahrhunderts andere Interessen und Ziele im Vordergrund.

So dienten die Vorschriften des ALR dazu, im Interesse einzelner eine bevorrechtigte Gewässernutzung zu gewähren und dadurch über die Verleihung von Regalien dem Staat eine wichtige Einnahmequelle zu verschaffen. Zwar klang in den Regelungen des ALR ein rudimentärer Schutz des Allgemeinwohls an. Dieser beschränkte sich jedoch auf die Förderung der Schifffahrt und auf den Schutz der für die Versorgung der Bevölkerung zentralen Gebrauchsarten. Die wasserrechtlichen Vorschriften des ALR sollten kein am Gemeinwohl orientiertes, nachhaltiges Gesamtkonzept der Gewässerbewirtschaftung schaffen und umsetzen, sondern bestehende Vorrechte und Privilegien entsprechend des vorherrschenden ständischen Denkens sichern, um die staatliche Machtbasis zu erhalten.

Mit den Mühlenedikten vom 29.03.1808 und vom 28.10.1810 sollte ein öffentlich-rechtlich ausgestaltetes Regelungssystem für die Anlage und Errichtung von Mühlen und anderen Wassertriebwerken geschaffen werden, in welchem sowohl den von Mühlen und Triebwerken ausgehende Gefahren begegnet als auch dem Bestandsschutz und der Stabilität der Mühlen und Triebwerken Vorrang vor Belangen und Interessen Dritter, insbesondere anderer Flussanlieger, Rechnung getragen werden konnte. Auch diese Edikte regelten somit über gewerberechtliche Vorschriften eine einzelne Gewässernutzungsmöglichkeit ohne diese in ein Gesamtkonzept einzubinden oder zu anderen Nutzungsinteressen in Bezug zu setzen. Die vorgesehenen Möglichkeiten für Dritte in beschränktem Umfang Einwendungen zu erheben und Entschädigungsansprüche geltend zu machen, bildeten allerdings einen ersten Ansatz und Versuch Nutzungskonflikte aufzulösen. Dabei darf jedoch nicht übersehen werden, dass auch diese Möglichkeiten dem gesetzgeberisch vorgesehenen Vorrang der Sicherung der Stabilität von Mühlen und Triebwerken unterworfen waren, was sich insbesondere an den strengen Präklusionsregeln zeigte.

Das Vorfluthedikt vom 15.11.1811 diente ausschließlich dem Ziel, jene Nachteile für die Landwirtschaft, die durch das Aufstauen von Wasser an Mühlen entstehen könnten, zu verhindern und über die Förderung der Entwässerung und dem Verschaffen der Vorfluth eine Privilegierung und Weiterentwicklung der Bodenkultur und der Schifffahrt zu erreichen. Eine umfassende Regulierung der Nutzungsverhältnisse zur gerechten Verteilung von Wasser war nicht die Zielsetzung des Gesetzgebers und folglich im Vorfluthedikt von 1811 nicht enthalten.

Das bereits im Vorfluthedikt von 1811 anklingende Ziel, die von dem Betrieb von Mühlen und Triebwerken ausgehenden Gefahren und Beeinträchtigungen zu regulieren, wurde in den Gewerbeordnungen von 1845 und 1861 sowie der Reichsgewerbeordnung von 1869 wieder aufgegriffen. Diese Gesetze dienten dazu, die für diese Betriebsarten bestehende unübersichtliche Einzelgesetzgebung zu harmonisieren und über den Weg des Gewerberechts mögliche Gefahren und Nachteile für Dritte zu verhindern. Eine Ordnung der Mühlenverhältnisse am Wasserlauf sowie eine Regelung zu den von den Gewerbebetrieben ausgehenden Immissionen hinsichtlich der Gewässer ging damit nicht einher.

Im Rahmen des Privatflussgesetz von 1843 standen wiederum agrarpolitische Aspekte im Vordergrund. Das vorhandene, teilweise ungenutzte Wasser sollte im Interesse des Gemeinwohls für die Bewässerung von Grund und Boden zur Förderung der Landwirtschaft verwendet werden. Die Idee war, über eine verbesserte Bewässerung eine Ertragssteigerung und damit eine Verbesserung der Gewerbe- und Ernährungsverhältnisse zu erzielen. Zur Motivation der Wassernutzung im Interesse der Bodenkultur wurde den Berechtigten größtmögliche Privatautonomie eingeräumt und der staatlichen Kontrolle eine nur untergeordnete Nebenrolle zugestanden. Den Aufbau einer einheitlichen Wasserwirtschaft, in der verschiedene Nutzungsarten in einen gerechten Ausgleich gebracht werden und die auch Aspekten des Umweltschutzes und der Nachhaltigkeit Rechnung trägt, hatte der Gesetzgeber 1843, in der Anfangszeit der Industrialisierung, noch nicht im Blick.

Erst mit dem Fortschreiten der Industrialisierung in den siebziger Jahren des 19. Jahrhunderts begann die Frage des Schutzes der Gewässer vor Verunreinigungen an Bedeutung zu gewinnen. So wurden mit dem Fischereigesetz von 1874 Verbote zur Gewässerverunreinigung zugunsten fremder Fischereirechte erlassen. Mit dem Strafgesetzbuch für das Deutsche Reich von 1876 sollte über entsprechende Verbots- und Strafvorschriften die Fahrrinne in den Wasserstraßen von Unrat freigehalten werden, um die Schifffahrt und den ungehinderten

Gütertransport zu gewährleisten. In der Folgezeit gelang es jedoch bis zum Ende des 19. Jahrhunderts nicht, aus diesen punktuellen Regelungen zum Schutz der Gewässer vor Verunreinigung ein umweltrechtliches Gesamtkonzept zu entwickeln, das darauf abzielte die Wasserqualität für eine Nutzung des Wassers zu Trink-, Haushalts- und Gewerbezwecken zu sichern und insbesondere die Einleitung von Abwässern zu reglementieren, auch wenn die Problematik aufgrund der zunehmenden Ausnutzung der Wasserläufe für industrielle und landwirtschaftliche Zwecke mehr in den Blickpunkt des Gesetzgesetzgebers gerückt war. Gleiches gilt für den mit dieser zunehmenden Ausnutzung notwendiger werdenden Ausgleich widerstreitender Nutzungsinteressen.

Beidem wurde erst mit dem PrWG von 1913 Rechnung getragen. So schuf der Gesetzgeber beispielsweise über die Möglichkeit des Ausgleichsverfahrens ein Instrument, im Einzelfall Nutzungskonflikte im Wege eines behördlichen Verfahrens aufzulösen. Ebenso beschränkte bzw. verbot er z.B. das Einleiten flüssiger bzw. das Einbringen fester Stoffe in den Wasserlauf. Das PrWG sollte über einheitliche Regelungen, denen ein gesetzgeberisches Gesamtkonzept zugrunde lag, die größtmögliche wirtschaftliche Nutzung von Gewässern ermöglichen. Es ist das Ergebnis der fortschreitenden Bemühungen, im Wege gesetzlicher Regulierung und über das Mittel des Verwaltungsverfahrens eine in ein Gesamtkonzept eingebettete geordnete Wasserbewirtschaftung zu erzielen.

Das PrWG bildet damit sowohl den Schlusspunkt eines über hundert Jahre dauernden Ringens um ein einheitliches Wasserrecht für die preußischen Staaten als auch das Ergebnis eines langen Entwicklungsprozesses zur Ausbildung des Verwaltungsrechts. Seine Vorschriften und Bestimmungen, die auf den Regelungen und den sich daraus ergebenden Erfahrungen des 19. Jahrhunderts beruhen, dienten als Inspiration und Vorbild für das WHG. Das heutige WHG steht in der Tradition dieser wasserrechtlichen Entwicklung und führt diese weiter. Die Integrierung der alten Wassernutzungsrechte ins heutige Recht und die dadurch notwendige Auseinandersetzung mit ihnen bedeutet damit zugleich eine Beschäftigung mit den Wurzeln und Grundlagen des WHG, welche zu einem besseren Verständnis der heutigen Normen beiträgt.

Für eine künftige Reform des Wasserrechts ist es vorzugswürdig, die alten Rechte als Bewilligung dreißig Jahre ab Inkrafttreten der Neuregelung fortgelten und sie mit Ablauf der Frist erlöschen zu lassen. Bis dahin aber sind die alten Wassernutzungsrechte und mit ihnen die Bestimmungen der preußischen wasserrechtlichen Regelungen Bestandteil des aktuellen Rechts. Die damit einhergehende Notwendigkeit, sich mit den historischen Wurzeln und damit den Vorschriften der vergangenen Jahrhunderte auseinanderzusetzen, ist nicht nur für das Wasserrecht spezifisch.

Literaturverzeichnis

Abt, Margot, Teilbarkeit der wasserrechtlichen Zulassung, RdWWi, 13 (1964), 72–80.

Achilles/Spahn/Gebhard, Protokolle der Kommission für die zweite Lesung des Entwurfs des Bürgerlichen Gesetzbuchs, Band III., Sachenrecht, Berlin, 1899.

Arndt, Über die Zulässigkeit polizeilicher Anordnungen bei den § 16 der Gewerbeordnung genehmigten Anlagen, VerwA, 10 (1902), 185–196.

Axer, Peter, Die Widmung als Schlüsselbegriff des Rechts der öffentlichen Sachen, Zur Identität des Rechts der öffentlichen Sachen als Rechtsgebiet, Berlin, 1994.

Bamberger, Heinz Georg/Roth, Herbert (Hg.), Beck'scher Onlinekommentar BGB, München, Stand: 40. Edition, 1.8.2016.

Baron, Begriff und Bedeutung des öffentlichen und privaten Wasserlaufs nach alten und neuen Gesetzen, Zeitschrift für vergleichende Rechtswissenschaft, Bd. 1 (1878), 261–314.

Bastineller, Gebhard Christian, Diss. iur. inaug. de eo quod iustum est in privilegiorum collisione, Wittenberg, 1727.

Baudisch, Rosemarie, Geographische Grundlagen und historisch-politische Gliederung Brandenburgs, in: *Materna, Ingo/Ribbe, Wolfgang (Hrsg.)*, Brandenburgische Geschichte, Berlin 1995, S. 15–32.

Baumert, Georg Ferdinand, Die Unzulänglichkeit der bestehenden Wassergesetze in Deutschland und die Nothwendigkeit gesetzlichen Schutzes des Wassers als Triebkraft, Vorschläge zur Abänderung und Ergänzung der ersteren und Herbeiführung der letzteren, Berlin, 1876.

Baumert, Georg Ferdinand, Ueber Wasserrecht, Deutsche Juristen-Zeitung, IV. (1899), 354–355.

Bell, Albrecht, Die Behandlung von alten Wasserrechten im Freistaat Sachsen, ZfW, 2004, 65–79.

Berendes, Konrad, Gewässerausbau und Spielräume der Wasserkraftnutzung aus der Sicht des Bundes, in: *Breuer, Rüdiger (Hrsg.)*, Gewässerausbau, Wasserkraftnutzung und alte Mühlenrechte, Bd. 29, Köln 2001, S. 71–98.

Berendes, Konrad, Wasserhaushaltsgesetz, Kurzkommentar, Berlin, 2010.

Berendes, Konrad/Frenz, Walter/Müggenborg, Hans-Jürgen/Böhme, Martin/Dammert, Bernd/Esser, Claus/Gruneberg, Ralf/Heselhaus, Sebastian/Janssen-Overath, Anne/Maus, Moritz/Niesen, Frank/Nisipeanu, Peter/Reiff, Peter/Schmid,

Bernhard/Schwind, Joachim/Weber, Martin/Wendenburg, Helge/Zloch, Bernd (Hrsg.), WHG, Wasserhaushaltsgesetz; Kommentar, Berlin, 2011.

Bergdolt, Curt, Preußisches Wasserrecht, Schadensersatz, Gemeingebrauch, Verleihung, Ausbau von Wasserläufen, Köln, 1957.

Berger, Johann Heinrich von, Oeconomia juris ad usum hodiernum accomodati Ed. 4, Lipisia, 1734.

Bluntschli, Johann Caspar, Deutsches Privatrecht, Bd. 1, München, 1853.

Boele, Th., Beitrag zur Lehre vom Wasserrecht, Neues Archiv für preußisches Recht und Verfahren, sowie für deutsches Privatrecht, 2 (1836), 627–651.

Bohne, Eberhard (Hrsg.), Das Projekt eines Umweltgesetzbuchs 2009, Berlin, 2009.

Bornemann, Friedrich Wilhelm Ludwig, Systematische Darstellung des Preußischen Civilrechts mit Benutzung der Materialien des Allgemeinen Landrechts, Bd. 1., enthaltend die geschichtliche Einleitung, die Fundamentallehren des Preußischen Rechts und die Lehre vom Besitz, 2. Aufl., Berlin, 1842.

Bornemann, Friedrich Wilhelm Ludwig, Systematische Darstellung des Preußischen Civilrechts mit Benutzung der Materialien des Allgemeinen Landrechts, Bd. 4., 2. Aufl., Berlin, 1844.

Bornhak, Conrad, Preußische Staats- und Rechtsgeschichte, Köln, 1903.

Bresslau, Harry, Handbuch der Urkundenlehre für Deutschland und Italien, Bd. 1, 1969.

Breuer, Rüdiger, Öffentliches und privates Wasserrecht, 3. Auflage, München, 2004.

Brüggemeier, Franz-Joseph, Eine Kränkung des Rechtsgefühls? Soziale Frage, Umweltprobleme und Verursacherprinzip im 19. Jahrhundert, in: *Abelshauser, Werner (Hrsg.)*, Umweltgeschichte, Umweltverträgliches Wirtschaften in historischer Perspektive: acht Beiträge, Göttingen 1994, S. 106–142.

Brunnemann, Johann, Commentarius in quinquaginta libros pandectarum, Wittenberg, 1701.

Bull, Hans Peter/Mehde, Veith, Allgemeines Verwaltungsrecht mit Verwaltungslehre, 9. Aufl., Heidelberg, 2015.

Bulling, Manfred/Finkenbeiner, Otto/Eckardt, Wolf-Dieter/Kibele, Karl-Heinz, Wassergesetz für Baden-Württemberg, Bd. 1, 3. Auflage, Stuttgart, 2002.

Bülow, C. Freiherr /. Fastenau C. von, Gesetz betreffend die Bildung von Wassergenossenschaften vom 1. April 1879, 2. Aufl., Berlin, 1886.

Bundesministerium für Umwelt, Naturschutz und Reaktorsicherheit *(Hg.)*, Umweltgesetzbuch (UGB-KomE), Entwurf der Unabhängigen Sachverständigenkommission zum Umweltgesetzbuch beim Bundesministerium für Umwelt, Naturschutz und Reaktorsicherheit, Berlin, 1998.

Bundesministerium für Umwelt, Naturschutz und Reaktorsicherheit, Begründung zum Entwurf des Umweltgesetzbuches, Erstes Buch, vom 20.05.2008,

Bundesministerium für Umwelt, Naturschutz und Reaktorsicherheit, Begründung zum Entwurf des Umweltgesetzbuches, Zweites Buch, vom 19.11.2007

Bundesministerium für Umwelt, Naturschutz und Reaktorsicherheit, Pressemitteilung Nr. 107/08 vom 23.05.2008

Bundesministerium für Umwelt, Naturschutz und Reaktorsicherheit, Pressemitteilung Nr. 033/09 vom 01.02.2009

Bundesministerium für Umwelt, Naturschutz und Reaktorsicherheit, Pressemitteilung Nr. 175/06 vom 05.07.2006

Bundesministerium für Umwelt, Naturschutz und Reaktorsicherheit, Pressemitteilung Nr. 047/07 vom 16.02.2007

Burghartz, Franz-Josef, Wasserhaushaltsgesetz und Wassergesetz für das Land Nordrhein-Westfalen, Kommentar, 2. Aufl., München, 1974.

Büschenfeld, Jürgen, Flüsse und Kloaken, Umweltfragen im Zeitalter der Industrialisierung (1870–1918), Stuttgart, 1997.

Cocceji, Samuel, Jus civile controversum, Bd. 1, Frankfurt, 1729.

Corpus Constitutionum Marchicarum, Oder Königl. Preußis. und Churfürstl. Brandenburgische in der Chur- und Marck Brandenburg, auch incorporirten Landen publicirte und ergangene Ordnungen, Edicta, Mandata, Rescripta [et]c., 4. Teil, 1744.

Czychowski, Manfred/Reinhardt, Michael, Wasserhaushaltsgesetz, Unter Berücksichtigung der Landeswassergesetze; Kommentar, 11. Auflage, München, 2014.

Denkschrift, in: *Salviati, C. von*, Annalen der Landwirtschaft in den Königlich preussischen Staaten, 29. Jg., Bd. 58 (1871), III. 15. Anlage B

Denkschrift, in: *Salviati, C. von*, Annalen der Landwirtschaft in den Königlich preussischen Staaten, 29. Jg., Bd. 58 (1871), III. 15. Anlage D

Denkschrift über den Gesetz-Entwurf wegen Benutzung der Privatflüsse, Allgemeine Preußische Staatszeitung 1842, Beilage zu No. 303 (01.11.1842), S. 2193 ff.

Dernburg, Heinrich, Lehrbuch des preußischen Privatrechts und der Privatrechtsnormen des Reichs, Bd. 1, Halle a.S., 1885.

Dernburg, Heinrich, Das Sachenrecht des Deutschen Reichs und Preußens, Bd. 3, 3. Aufl., Halle a.S., 1904.

Dickel, Karl, Beiträge zum preußischen Rechte für Studierende und Referendare, 1.Heft: Friedrich der Große und die Prozesse des Müllers Arnold, Marburg an der Lahn, 1891.

Die Verhandlungen im Ausschuß, in: *Salviati, C. von*, Annalen der Landwirtschaft in den Königlich preussischen Staaten, 29. Jg., Bd. 58 (1871), III. 15., S. 154–161

Die Verhandlungen im Plenum, in: *Salviati, C. von,* Annalen der Landwirtschaft in den Königlich preussischen Staaten, 29. Jg., Bd. 58 (1871), III. 15., S. 162–170

Dießelhorst, Malte, Die Prozesse des Müllers Arnold und das Eingreifen Friedrichs des Großen, Bd. 129, Göttingen, 1984.

Dilcher, Gerhard, Die janusköpfige Kodifikation – Das preußische allgemeine Landrecht (1794) und die europäische Rechtsgeschichte, ZEuP, 1994, 446–469.

Durner, Wolfgang, Die Reform des Wasserrechts im Referentenentwurf zum Umweltgesetzbuch, NuR, 30 (2008), 293–303.

Ebel, Wilhelm, Geschichte der Gesetzgebung in Deutschland, 2. Aufl., Göttingen, 1958.

Eccius, Max Ernst/Förster, Franz, Preußisches Privatrecht, Bd. 1., 6. Aufl., Berlin, 1892.

Eichmann, Johann Bernhard Christian, Erklärungen des Bürgerlichen Rechts nach Anleitung des Herrn Ordinarius Hellfelds, Lehrbuch der Pandekten, 2. Teil, Berlin, Stralsund, 1781.

Elvers, Christian Friedrich, Das Recht des Wasserlaufes: nach seinen leitenden Principien und in seinen einzelnen Bestimmungen aus den Quellen des Römischen Rechts dargestellt, Themis – Zeitschrift für Doctrin und Praxis des Römischen Rechts, N.F. Bd. 1 (1841), 413–553.

Endemann, Wilhelm, Das ländliche Wasserrecht, Kassel, 1862.

Engert, Markus, Die historische Entwicklung des Rechtsinstituts Verwaltungsakt, Frankfurt am Main, 2002.

Enneccerus, Ludwig/Wolff, Martin, Lehrbuch des Bürgerlichen Rechts, 3. Band: Das Sachenrecht, Marburg, 1929.

Erichsen, Hans Uwe/Martens, Wolfgang, Das Verwaltungshandeln, in: *Erichsen, Hans Uwe/Martens, Wolfgang (Hrsg.)*, Allgemeines Verwaltungsrecht. 5. Aufl., Berlin; New York 1981, S. 121–300.

Evelt, Beitrag zur Lehre über das Wasser-Recht, Neues Archiv für preußisches Recht und Verfahren, sowie für deutsches Privatrecht, 12 (1847), 155–172.

Finkenauer, Thomas, Vom Allgemeinen Gesetzbuch zum Allgemeinen Landrecht – preußische Gesetzgebung in der Krise, ZRG (GA), 113 (1996), 40–216.

Fischer, Friedrich Christoph Jonathan, Lehrbegrif sämtlicher Kameral- und Polizeyrechte: Sowol von Teutschland überhaupt als insbesondere von den Preußischen Staaten, Bd. 3., Frankfurt an der Oder, 1785.

Fleiner, Fritz, Institutionen des deutschen Verwaltungsrechts, 8. Auflage, Aalen, 1963.

Foerstemann, Th, Principien des preußischen Polizeirechts, Berlin, 1869.

Förster, Franz, Theorie und Praxis des heutigen gemeinen preussischen Privatrechts auf der Grundlage des gemeinen deutschen Rechts, Bd. 3., 3. Aufl., Berlin, 1874.

Forsthoff, Ernst, Lehrbuch des Verwaltungsrechts, Bd. 1, Allgemeiner Teil, 10. Aufl., 1973.

Frank, Felix, Gesetze, betreffend Wasserrecht und Wasserpolizei im Preussischen Staate, Breslau, 1888.

Frank, Felix, Arnold Nieberding's Wasserrecht und Wasserpolizei im Preußischen Staate, systematisch dargestellt, 2. Auflage, Breslau, 1889.

Frotscher, Werner/Pieroth, Bodo, Verfassungsgeschichte, 5. Auflage, München, 2005.

Funke, Gottlob L., Beiträge zum Wasser-Recht Teil 2, Archiv für die civilistische Praxis, 12 (1839), 432–447.

Gerber, Carl Friedrich Wilhelm von, Ueber die Privilegienhoheit und Dispensationsgewalt im modernen Staate, Zeitschrift für die gesammte Staatswissenschaft, 1871 (27), 430–448.

Gerber, Carl Friedrich Wilhelm von/Cosack, Konrad, System des deutschen Privatrechts, 17. Aufl., Jena, 1895.

Gesetz-Entwurf über die Benutzung der Privatflüsse, Allgemeine Preußische Staatszeitung 1842, Beilage zu No. 304 (02.11.1842), S. 2199 ff.

Gesetzesrevision – Pensum XII., Entwurf Allgemeines Landrecht Th. II Tit.10. Tit.13. Tit. 14. Tit. 15. Tit. 16. Abschn. 1–3. Tit. 17 Abschn. 2. und Tit. 19. abgedruckt in *Schubert, Werner*, Gesetzrevision (1825–1848), II. Abteilung – Öffentliches Recht, Zivilrecht und Zivilprozessrecht, Bd. 1 – Öffentliches Recht und Sachenrecht I, 1. Halbband, Unveränd. Nachdr. [der] als Manuskript vervielf. Ausg. aus den Jahren 1829–1839, Vaduz, 1981, S. 1–84.

Gesetzesrevision – Pensum XII., Motive zu dem vom Revisor vorgelegten Entwurfe der Tit.10. Tit.13. Tit. 14. Tit. 15. Tit. 16. Abschn. 1–3. Tit. 17 Abschn. 2. und Tit. 19. des zweiten Theils des Allgemeinen Landrechts, S. 205 f., abgedruckt in *Schubert, Werner*, Gesetzrevision (1825–1848), II. Abteilung – Öffentliches Recht, Zivilrecht und Zivilprozessrecht, Bd. 1 – Öffentliches Recht und Sachenrecht I, 1. Halbband, Unveränd. Nachdr. [der] als Manuskript vervielf. Ausg. aus den Jahren 1829–1839, Vaduz, 1981, S. 85–458.

Gesetzesrevision, Motive des revidierten Lehnrechts, S. 144, abgedruckt in: *Schubert, Werner*, Gesetzrevision (1825–1848), II. Abteilung – Öffentliches Recht, Zivilrecht und Zivilprozessrecht, Bd. 7 Erbrecht und Lehensrecht, Unveränd.

Nachdr. [der] als Manuskript vervielf. Ausg. aus den Jahren 1829–1839, Vaduz, 1981, S. 801–952.

Gesetzesrevision – Pensum XIII., Motive zu dem von der Deputation vorgelegten Entwurf der Tit.2., Tit.7., Tit. 8., Tit. 9.b Abschn. 1–7 u. 9., Tit. 10. und Tit. 15. des ersten Theils des Allgemeinen Landrechts, S. 62, abgedruckt in *Schubert, Werner*, Gesetzrevision (1825–1848), II. Abteilung – Öffentliches Recht, Zivilrecht und Zivilprozessrecht, Bd. 2 – Sachenrecht II, 1. Halbband, Unveränd. Nachdr. [der] als Manuskript vervielf. Ausg. aus den Jahren 1829–1839., Vaduz, 1982, S. 1–208.

Gesetzesrevision – Pensum XIII. – Allgemeines Landrecht. Th. I Tit. 2; Tit. 7–8; Tit. 9 Abschn. 1–7, 9; Tit. 10; Tit. 15, ALR I 8 §§ 73, 75; S. 44, abgedruckt in *Schubert, Werner*, Gesetzrevision (1825–1848), II. Abteilung – Öffentliches Recht, Zivilrecht und Zivilprozessrecht, Bd. 1 – Öffentliches Recht und Sachenrecht I, 2. Halbband, Unveränd. Nachdr. [der] als Ms vervielf. Ausg. aus den Jahren 1829–1839., Vaduz, 1981, S. 1065-.

Gierke, Otto von, Deutsches Privatrecht, Bd. 2, Sachenrecht, Leipzig, 1905.

Giesberts, Ludger/Reinhardt, Michael, Beck'scher Onlinekommentar Umweltrecht, 47. Edition Stand: 01.12.2017, München.

Gieseke, Paul, Umfang und Behandlung der alten Rechte und Befugnisse nach dem Wasserhaushaltsgesetz, RdWWi, 7 (1959), 7–26.

Gieseke, Paul, 85. und 86. Kolloquium am 4. Mai und 8. Juni 1962, ZfW, 1962, 46–53.

Gieseke, Paul, Haftung für Grundwasserverunreinigungen durch Auslaufen von Öl aus einem Tankwagen, ZfW, 1964, 179–190.

Gieseke, Paul, Wasserrecht und Wasserwirtschaft, ZfW, 1964, 1–21.

Gieseke, Paul, 117. Kolloquium am 24. Juni 1966 – Fragen der alten Rechte und Befugnisse, ZfW, 1967, 33–39.

Gilhaus, Ulrike, „Schmerzenskinder der Industrie", Umweltverschmutzung, Umweltpolitik und sozialer Protest im Industriezeitalter in Westfalen 1845–1914, Paderborn, 1995.

Glaß, Richard, Die wasserrechtliche Gesetzgebung auf dem Standpunkt der Gegenwart, Altenberg, 1856.

Glück, Christian Friedrich, Ausführliche Erläuterung der Pandecten nach Hellfeld, ein Commentar, Bd. 2, 2. Aufl., Erlangen, 1800.

Glück, Christian Friedrich, Ausführliche Erläuterung der Pandecten nach Hellfeld, ein Commentar, Bd. 1., 2. Aufl., Erlangen, 1879.

Gönner, Nicolaus Thaddäus, Teutsches Staatsrecht, Landshut, 1804.

Gottschalk, Hans, Das preußische Wassergesetz vom 7. April 1913 auf Grund der Verhandlungen des Landtages, Breslau, 1913.

Güthe, Die Neuregelung des preußischen Wasserrechts in ihrer Bedeutung für den Grundbuchverkehr, JMBl., 1914, 492–502.

Häberlin, Carl Friedrich, Repertorium des Teutschen Staats- und Lehnrechts: P – R, Bd. 4, Leipzig, 1795.

Hahn, Oskar, Die preußische Gesetzgebung über Vorfluth, die Ent- und Bewässerungen und das Deichwesen sowie überhaupt in Bezug auf das Wasserrecht, 2. Aufl., Breslau, 1886.

Hartleben, Franz Joseph, Meditationes ad pandectas: quibus cel. Augustini a Leyser meditationes variis in capitibus refelluntur contra impugnatores recentiores vindicantur et ita supplentur ut novum omnino opus resultet, 1778.

Hatschek, Julius/Kurtzig, Paul, Lehrbuch des deutschen und preußischen Verwaltungsrechts, 7. und 8. Aufl., Leipzig, 1931.

Haxthausen, August Freiherrn von, Ueber den Begriff, den Umfang und Über den Begriff, den Umfang und das Verhältniß des Provinzialrechts zum Allg. Landrechte in der preußischen Monarchie, Jahrbücher für die preußische Gesetzgebung, Rechtswissenschaft und Rechtsverwaltung, Bd. 43 (1834), 3–94.

Heimbach, Art. „Privileg", in: *Weiske, Julius (Hg.)*, Rechtslexicon für Juristen aller teutschen Staaten, enthaltend die gesammte Rechtswisschenschaft, Leipzig 1854, S. 492–503.

Heimbach, Art. „Wasserrecht", in: *Weiske, Julius (Hg.)*, Rechtslexicon für Juristen aller teutschen Staaten, enthaltend die gesammte Rechtswisschenschaft, Leipzig 1860, S. 86–202.

Henseler, Paul, Buchbesprechung zu Friesecke, A. Bundeswasserstraßengesetz, Kommentar 2.Auflage 1981, NuR, 1982, 66–67.

Hermes, Justus, Das preußische Wassergesetz vom 7. April 1913, Berlin, 1913.

Hesse, Grundzüge des Wasserrechts nach gemeinem Rechte, Jahrbücher für Dogmatik des heutigen römischen und deutschen Privatrechts, 7 (1865), 179–317.

Heydemann, Ludwig Eduard, Einleitung in das System des preußischen Civilrechts, Bd. 1: Allgemeiner Teil, 2. Aufl., Leipzig, 1861.

Hinschius-Kahl, Art. „Privilegium", in: *Fleischmann, Maximilian/Stengel, Karl von (Hrsg.)*, Wörterbuch des deutschen Staats- und Verwaltungsrechts. 2. Aufl., Tübingen 1911, S. 196–201.

Hofacker, Karl Christoph, Principia Iuris Civilis Romano-Germanici, Bd. 1, Tübingen, 1788.

Holtz, Leo/Kreutz, Franz, Das preußische Wassergesetz, Vom 7. April 1913; nebst Ausführungsverordnungen, Bd. 1, Berlin, 1914.

Holtz, Leo/Kreutz, Franz, Das preußische Wassergesetz, Vom 7. April 1913; nebst Ausführungsverordnungen, Bd. 2, Berlin, 1914.

Holtz, Leo/Kreutz, Franz/Schlegelberger, Paul, Das preußische Wassergesetz, Vom 7. April 1913; nebst Ausführungsverordnungen, Bd. 1, 3. und 4. Auflage, Berlin, Köln, 1955.

Holtz, Leo/Kreutz, Franz/Schlegelberger, Paul, Das preußische Wassergesetz, Vom 7. April 1913; nebst Ausführungsverordnungen, Bd. 2, 4. Aufl., Berlin, Köln, 1955.

Hommel, Carl Ferdinand, Rhapsodia quaestionum in foro quotidie obvenientium neque tamen legibus decisarum, Bd. III., 4. Aufl., Bayreuth, 1792.

Höpfner, Ludwig Julius Friedrich, Theoretisch-practischer Commentar über die heineccischen Institutionen, 7. Aufl., Frankfurt am Main, 1803.

Hösch, Ulrich, Bestandsschutz und Eigentum im Wasserrecht, ZfW, 2009, 65–78.

Hundertmark, Dieter, Die Rechtsstellung der Sondernutzungsberechtigten im Wasserrecht, Göttingen, 1967.

Jarass, Hans D., Bundes-Immissionsschutzgesetz, Kommentar unter Berücksichtigung der Bundes-Immissionsschutzverordnungen, der TA Luft sowie der TA Lärm, 11. Aufl., München, 2015.

Jarass, Hans D./Pieroth, Bodo, Grundgesetz für die Bundesrepublik Deutschland, Kommentar, 14. Aufl., München, 2016.

Jeromin, Curt M./Kerkmann, Jochen (Hrsg.), Kommentar zum Landeswassergesetz Rheinland-Pfalz und zum Wasserhaushaltsgesetz, Neuwied, Stand: April 2008.

Klein, Adolf, Die rheinische Justiz und der rechtsstaatliche Gedanke in Deutschland – Zur Geschichte des Oberlandesgerichts Köln und der Gerichtsbarkeit in seinem Bezirk, in: *Wolffram, Josef /. Klein Adolf (Hrsg.)*, Recht und Rechtspflege in den Rheinlanden, 1819–1969; Festschrift zum 150jährigen Bestehen des Oberlandesgerichts Köln, Köln 1969, S. 113–264.

Klein, Ernst Ferdinand, System des preußischen Zivilrechts, 2. Aufl., Halle, 1835.

Kloepfer, Michael, Sinn und Gestalt des kommenden Umweltgesetzbuches, UPR, 2007, 161–170.

Kloepfer, Michael, Umweltrecht, 4. Aufl., München, 2016.

Kloess, Arno, Grundriss des preußischen Wasserrechts, Systematische Einführung in das Wasserrecht, Mühlenrecht, Heilquellenrecht und Bergwasserrecht Preussens, Halle a.S., 1913.

Klug, Astrid, Das neue Umweltgesetzbuch – Die wasserrelevanten BMU-Vorschläge in einem „gebündelten“ Umweltrecht, Rede zur 7. Wasserwirtschaftlichen Jahrestagung BDDEW, 13.10.2008,

Knopp, Günther-Michael, Die Neuordnung des deutschen Wasserrechts nach der Föderalismusreform, in: *Reinhardt, Michael (Hrsg.)*, Wasserrecht im Umbruch, Trierer Wasserwirtschaftsrechtstag 2007, Berlin 2007, S. 37–54.

Knopp, Günther-Michael, Das neue Wasserhaushaltsrecht, WHG-Novelle 2010, Gewässerbenutzung, Ausbau, München, 2010.

Koch, C.F., Allgemeines Landrecht für die preußischen Staaten, Unter Andeutung der obsoleten oder aufgehobenen Vorschriften und Einschaltung der jüngeren noch geltenden Bestimmungen, Bd. 1., 7. Aufl., Berlin, 1878.

Koch, C.F., Allgemeines Landrecht für die preußischen Staaten, Unter Andeutung der obsoleten oder aufgehobenen Vorschriften und Einschaltung der jüngeren noch geltenden Bestimmungen, Bd. 2, 6. Aufl., Berlin, 1879.

Koch, C.F., Allgemeines Landrecht für die preußischen Staaten, Unter Andeutung der obsoleten oder aufgehobenen Vorschriften und Einschaltung der jüngeren noch geltenden Bestimmungen, Bd. 4, 6. Aufl., Berlin, 1880.

Köck, Wolfgang, Nach dem Scheitern des UGB: Wie geht es weiter?, ZUR, 2009, 57–58.

Kommission zur Ausarbeitung des Entwurfs eines bürgerlichen Gesetzbuchs, Entwurf eines Buergerlichen Gesetzbuches für das Deutsche Reich, Sachenrecht I, Begründung, Vorlage des Redaktors Johow, Berlin, 1880.

König, Joseph, Die Verunreinigung der Gewässer, deren schädliche Folgen sowie die Reinigung von Trink- und Schmutzwasser, Berlin, 1899.

Kopp, Ferdinand O./Ramsauer, Ulrich, Verwaltungsverfahrensgesetz, (VwVfG), Kommentar, 17. Aufl., München, 2016.

Kori, August Siegmund, II. Ueber das Waffenrecht, Archiv für die civilistische Praxis, 18 (1835), 37–54.

Koselleck, Reinhart, Preussen zwischen Reform und Revolution, Allg. Landrecht, Verwaltung u. soziale Bewegung von 1791 bis 1848, 2. Aufl., Stuttgart, 1975.

Kotulla, Michael, Wasserhaushaltsgesetz, Kommentar, 2. Aufl., Stuttgart, 2011.

Kromer, Michael, Sachenrecht des öffentlichen Rechts, Probleme und Grundlagen eines allgemeinen Teils des öffentlichen Sachenrechts, Berlin, 1985.

Landé, Paul, Das Allgemeine Landrecht für die Preußischen Staaten, In seiner jetzigen Gestalt, 3. Aufl., Berlin, 1896.

Landmann, Robert von/Rohmer, Gustav (Begr.), Kommentar zur Gewerbeordnung, Bd. 1, Einleitung, Gewerbeordnung Titel I bis V (§§ 1–80) und Anhang, 9. Aufl., München, Berlin, 1938.

Landmann, Robert von/Rohmer, Gustav (Begr.), Umweltrecht, München, Stand 82. Ergänzungslieferung 2017, Onlineausgabe.

Larenz, Karl, Unvordenkliche Verjährung und Wasserbenutzungsrecht, NJW, 1955, 1786–1787.

Ders., Methodenlehre der Rechtswissenschaft, 6. Aufl., Berlin, New York, 1991.

Lenhard, Alfred/Reichau, Werner, Preussisches Wassergesetz, Vom 7. April 1913, Berlin, 1918.

Lette, Adolf /. Rönne Ludwig von, Die Landeskulturgesetzgebung des Preußischen Staates, Bd. II., 2. Abteil.,

Lette, Wilhelm Adolf, Die Gesetzgebung über Benutzung der Privatflüsse zur Bewässerung von Grundstücken, Berlin, 1850.

Leyser, August, Augustini a Leyser Meditationes ad Pandectas: quibus praecipua iuris capita ex antiquitate explicantur atque variis celebrium collegiorum responsis et rebus iudicatis illustrantur, Bd. 1., 1771.

Lies-Benachib, Gudrun, Immissionsschutz im 19. Jahrhundert, Berlin, 2002.

Lobethan, F.G.A, Abhandlung über die Lehre von Privilegien überhaupt und Buchhändlerprivilgien insbesondere, Dispensationen und Immunitäten, Leipzig, 1796.

Lottermoser, Susanne, Einführungsvortrag: Zum Stand der Arbeiten am Umweltgesetzbuch, in: *Durner, Wolfgang (Hrsg.)*, Umweltgesetzbuch, Ziele und Wirkungen; integrierte Genehmigung; Naturschutz; Wasserwirtschaft; Umweltrechtstage Nordrhein-Westfalen am 10. und 11. Juni 2008 in Bonn, Köln [u.a.] 2009, S. 1–19.

Maunz, Theodor, Hauptprobleme des öffentlichen Sachenrechts, Eine Studie zur Methodik und Dogmatik des deutschen Verwaltungsrechts, München, Berlin, Leipzig, 1933.

Maurenbrecher, Romeo, Grundsätze des heutigen deutschen Staatsrechts, Frankfurt a.M., 1837.

Mayer, Otto, Deutsches Verwaltungsrecht, Bd. 2, München, 1895.

Meili, Studien über die rechtliche Natur und Wirkung der von einer Eisenbahn-Gesellschaft gegenüber Gründungsgesellschaften oder -Comites eingegangenen Verpflichtung zum Bau und Betrieb einer Eisenbahn, ZHR, 24 (1879), 339–386.

Merk, Wilhelm, Deutsches Verwaltungsrecht, Bd. 1, Berlin, 1962.

Meyer, Georg, Lehrbuch des deutschen Staatsrechtes, 2. Aufl., Leipzig, 1885.

Mittermeier, Carl Joseph Anton, Grundsätze des gemeinen deutschen Privatrechts, Bd. 1., 6. Aufl., Regensburg, 1842.

Mohnhaupt, Heinz, Art. „Privileg, neuzeitlich", in: *Erler, Adalbert/Kaufmann, Ekkehard (Hg.)*, Handwörterbuch zur deutschen Rechtsgeschichte, HRG, Berlin 1971, Sp. 2005–2010.

Mohnhaupt, Heinz, Untersuchung zum Verhältnis Privileg und Kodifikation im 18. und 19. Jahrhundert, in: Ius Commune, V (1975), 71–121.

Mohnhaupt, Heinz, Privatrecht in Privilegien, in: Vorträge zur Geschichte des Privatrechts in Europa, Symposion in Krakau, 9.–12. Oktober 1979, Frankfurt am Main 1981, S. 58–75.

Mohnhaupt, Heinz, Vom Privileg zum Verwaltungsakt. Beobachtungen zur dogmengeschichtlichen Entwicklung in Deutschland seit der Mitte des 18.Jahrhunderts, in: *Heyen, Erk Volkmar (Hg.),* Wissenschaft und Recht der Verwaltung seit dem Ancien Régime, Europäische Ansichten, Frankfurt a.M 1984, S. 41–58.

Mohnhaupt, Heinz, Privilegien und „gemeines Wohl" im ALR sowie deren Behandlung durch Theorie und Praxis im 19. Jahrhundert, in: *Dölemeyer, Barbara/Mohnhaupt, Heinz (Hg.),* 200 Jahre Allgemeines Landrecht für die preußischen Staaten, Wirkungsgeschichte und internationaler Kontext, Frankfurt am Main 1995, S. 105–144.

Mohnhaupt, Heinz, Erteilung und Widerruf von Privilegien nach der gemeinrechtlichen Lehre vom 16. bis 19. Jahrhundert, in: Dölemeyer, Barbara/Mohnhaupt, Heinz (Hrsg.), Das Privileg im europäischen Vergleich, Frankfurt a.M. 1997–1999, S. 93–122.

Motive zu dem Entwurfe eines Bürgerlichen Gesetzbuches für das Deutsche Reich, Bd. III. - Sachenrecht, Berlin, 1896.

Mugdan, Benno, Die gesamten Materialien zum bürgerlichen Gesetzbuch für das Deutsche Reich, Bd. 3, Sachenrecht, Berlin, 1899.

Müri, Hans, Das Recht an der Wasserquelle, Bern, 1886.

Nisipeanu, Peter, Tradition oder Fortentwicklung? Wasserrecht im UGB, NuR, 2008 (30), 87–97.

Novum Corpus Constitutionum Prussico-Brandenburgensium Praecipue Marchicarum Oder Neue Sammlung Königl. Preußl. und Churfürstl. Brandenburgischer, sonderlich in der Chur- und Marck-Brandenburg, Wie auch andern Provintzien, publicirten und ergangenen Ordnungen, Edicten, Mandaten, Rescripten, &, von 1776, 1777, 1778, 1779 und 1780, Bd. Bd. 6, Berlin, 1780.

Oppenhoff, Th. F., Die preußischen Gesetze über die Ressort-verhältnisse zwischen den Gerichten und den Verwaltungs-Behörden, Berlin, 1863.

Papier, Hans-Jürgen, Recht der öffentlichen Sachen, 3. Auflage, Berlin [u.a.], 1998.

Pappermann, Ernst/Löhr, Rolf-Peter/Andriske, Wolfgang, Recht der öffentlichen Sachen, München, 1987.

Pfeiffer, B.W., Practische Ausführungen aus allen Theilen der Rechtswissenschaft: mit Erkenntnissen des Oberappellationsgerichts zu Cassel, Bd. 3., Hannover, 1831.

Preuss, Johann David Erdmann, Friedrich der Grosse: Eine Lebensgeschichte, Bd. 3., Berlin, 1833.

Preußisches Abgeordneten Haus, Drucksache Nr. 9 B, in: Sammlung der Drucksachen des Preußischen Hauses der Abgeordneten, 21. Legislaturperiode, V. Session 1912/1913, 1. Bd.

Preußisches Abgeordneten Haus, Drucksache Nr. 611 A, Bericht der 13. Kommission über den Entwurf eines Wassergesetzes, Drucksachen Nr. 9 A und B, in: Sammlung der Drucksachen des Preußischen Hauses der Abgeordneten, 21. Legislaturperiode, V. Session 1912/1913, 7. Bd.

Protokolle der Kommission zur Ausarbeitung des Entwurfs eines bürgerlichen Gesetzbuches für das Deutsche Reich, Berlin, 1885 (zitiert: Protokolle der I. Kommission).

Rausnitz, Das Recht an den öffentlichen Flüssen nach dem preußischen Allgemeinen Landrecht, Beiträge zur Erläuterung des Deutschen Rechts, 39 (= 5.F. Jg. 4) (1895), 525–541.

Rehbein, Hugo/Reinicke, Otto Allgemeines Landrecht für die preußischen Staaten (Theil I, Titel 1–11), Bd. 1, 2. Aufl., 1882.

Rehbein, Hugo/Reinicke, Otto Allgemeines Landrecht für die preußischen Staaten, Nebst den ergänzenden und abändernden Bestimmungen der Reichs- und Landesgesetzgebung, Bd. 4. (Theil II, Titel 9–20)., 2. Auflage, Berlin, 1882.

Reinhardt, Michael, Die gesetzliche Förderung kleiner Wasserkraftanlagen und der Gewässerschutz, Zum Schutz der Umwelt vor dem Umweltschutz, NuR, 2006, 205–214.

Reinhardt, Michael, Vertrauensschutz und Gewässerschutz bei der Wasserkraftnutzung auf der Grundlage alter Rechte und alter Befugnisse, NWVBl. 2015, 408–413.

Reinhardt, Michael, Identität und Zukunft des Wasserrechts als Bestandteil eines Umweltgesetzbuchs, ZUR, 2008, 352–357.

Repgen, Tilmann, Der Müller Arnold Prozess und die Unabhängigkeit des Richters im friderizianischen Preußen, in: *Falk, Ulrich/Luminati, Michele/Schmoeckel, Matthias (Hrsg.)*, Fälle aus der Rechtsgeschichte, München 2008, S. 224–253.

Riegel, Reinhard, Die neuen Vorschriften des Wasserhaushaltsgesetzes, NJW, 1976, 783–787.

Rohde, Jörg, Das Recht der genehmigungsbedürftigen Anlagen im Gewerbe- und Immissionsschutzrecht von 1810 bis in die Gegenwart unter besonderer Berücksichtigung des Preußischen Verwaltungsrechts, Hamburg, 2000.

Rönnau, Claudia, Die Beratungen des Wasserrechtsausschusses der Akademie für Deutsches Recht zu einem Reichswassergesetz (1934–1941), Ein Beitrag zur Dogmatik der Begriffe Gemeingebrauch und Sondergebrauch in der Zeit des Nationalsozialismus, Univ., Diss., Kiel, 2000., Frankfurt am Main, 2001.

Rönne, Ludwig von, Ergänzungen und Erläuterungen der Preußischen Rechtsbücher durch Gesetzgebung und Wissenschaft, Bd. 1, Ergänzungen des Allgemeinen Landrechts Teil I, 4. Aufl., Berlin, 1858.

Rumpf *(Hrsg.)*, Landtagsverhandlungen der Provinzialstände in der Preußischen Monarchie, zweite Folge, enthaltend die ersten Provinzial-Landtags-Verhandlungen des Herzogthums Schlesien, der Graftschaft Glatz, des Markgrafenthums Oberlausitz und der Provinz Sachsen im Jahre 1825, Berlin 1828.

Rumpf *(Hrsg.)*, Landtagsverhandlungen der Provinzialstände in der Preußischen Monarchie, sechste Folge, enthaltend die Verhandlungen des zweiten Westphälischen, des dritten Pommerschen und des dritten Preußischen Landtags in den Jahren 1829 und 1830, Berlin 1831.

Rumpf *(Hrsg.)*, Landtagsverhandlungen der Provinzial-Stände in der Preußischen Monarchie, zwölfte Folge, enthaltend die Verhandlungen des fünften Preußischen, des dritten Posenschen und des fünften Brandenburgischen Provinzial-Landtages, nebst den Landtags-Abschieden, Berlin 1837.

Rumpf/Nitschke *(Hrsg.)*, Landtagsverhandlungen der Provinzial-Stände in der Preußischen Monarchie, vierzehnte Folge, enthaltend die Verhandlungen des sechsten Provinzial-Landtages in Preußen und der fünften Provinzial-Landtage in Schlesien und Sachsen, vom Jahre 1837, nebst den Landtags-Abschieden, Berlin 1840.

Runde, Justus Friedrich, Grundsätze des allgemeinen deutschen Privatrechts, Göttingen, 1791.

Sammlung sämtlicher Drucksachen des Hauses der Abgeordneten aus der dritten Session der V. Legislatur-Periode 1861, Bd. III

Salzwedel, Jürgen, Gemeingebrauch im Wegerecht und Wasserrecht, ZfW, 1962, 73–93.

Salzwedel, Jürgen, Anstaltsnutzung und Nutzung öffentlicher Sachen, in: *Erichsen, Hans Uwe/Martens, Wolfgang (Hrsg.)*, Allgemeines Verwaltungsrecht. 5. Aufl., Berlin, New York 1981, S. 377–432.

Sangenstest, Christof, Der Referentenentwurf für ein Umweltgesetzbuch, in: Köck, Wolfgang (Hrsg.), Auf dem Weg zu einem Umweltgesetzbuch nach der Föderalismusreform, Dokumentation des 13. Leipziger Umweltrechts-Symposions des Instituts für Umwelt- und Planungsrecht der Universität Leipzig und des Helmholtz-Zentrums für Umweltforschung – UFZ am 17. und 18. April 2008. 1. Aufl., Baden-Baden 2009, S. 25–48.

Scheele, E., Das preußische Wasserrecht, Lippstadt, 1860.

Schenck, Carl, Zur Wasserrechtsfrage, Wiesbaden, 1860.

Schick, Walter, Das Verbot mit Anzeigevorbehalt, BayVBl., 1967, 341–343.

Schlegelberger, Paul, Die Aufrechterhaltung älterer Benutzungsrechte nach dem preußischen Wassergesetze, Beiträge zur Erläuterung des Deutschen Rechts, 63 (1919), 529–557.

Schmalz, Dieter, Allgemeines Verwaltungsrecht und Grundlagen des Verwaltungsrechtsschutzes, 3. Aufl., Baden-Baden, 1998.

Schmid, Karl Ernst, Lehrbuch des gemeinen deutschen Staatsrechts, Bd. 1, Jena, 1821.

Schneider, U., Wasserrecht, in: Erler, Adalbert/Kaufmann, Ekkehard (Hrsg.), Handwörterbuch zur deutschen Rechtsgeschichte, HRG, Berlin 1998, 1156–1164.

Schül, Jakob, Die Verleihung besonderer Rechte an Wasserläufen mit besonderer Berücksichtigung des in Preussen, Baden und Hessen geltenden Wasserrechts, Giessen, Heidelberg, 1930.

Schulze, Reiner, Geschichte der neueren vorkonstitutionellen Gesetzgebung, ZRG (GA), 98 (1981), 157–235.

Schulz, Jürgen, Die aktuellen Grundwasserrechte und ihre nachträgliche Belastbarkeit nach dem Wasserhaushaltsgesetz und dem Landeswassergesetz in Nordrhein-Westfalen, Münster, 1988.

Schwab, C. G., Die Conflicte der Wasserfahrt auf den Flüssen mit Benützung der letzern zum Maschinenbetriebe erörtert nach den Grundsätzen des gemeinen in Deutschland gültigen Rechts, Ein Beitrag zur Lehre vom Wasserrecht, Beilagenheft zur AcP, 30 ((1847)), I-285.

Schwennicke, Andreas, Die Entstehung der Einleitung des Preussischen Allgemeinen Landrechts von 1794, Frankfurt am Main, 1993.

Seeliger, Per/Wrede, Sabine, Zum neuen Wasserhaushaltsgesetz, NuR, 31 (2009), 679–686.

Seiler, Harald, Die Gewässerbenutzungen und ihre Rechtsgrundlagen im Verlauf der Geschichte des Wasserrechts, Ein vergleichender Überblick, Bonn, 1976.

Sendler, Horst, Der Widerruf von Wasserrechten und der Schutz des eingerichteten und ausgeübten Gewerbebetriebs, RdWWi, Bd. 18, 1973, S. 29–58,

Sendler, Horst, Friedrich der Große und der Müller Arnold, JuS, 1986, 759–763.

Sieder, Frank/Zeitler, Herbert/Dahme, Heinz/Knopp, Günther-Michael (Hrsg.), Wasserhaushaltsgesetz, Abwasserabgabengesetz, München, Stand 38. Ergänzungslieferung 2009, Onlineausgabe.

Sieder, Frank/Zeitler, Herbert/Dahme, Heinz/Knopp, Günther-Michael (Hrsg.), Wasserhaushaltsgesetz, Abwasserabgabengesetz, München, Stand 50. Ergänzungslieferung 2016, Onlineausgabe.

Siegel, Thorsten, Entscheidungsfindung im Verwaltungsverbund, Horizontale Entscheidungsvernetzung und vertikale Entscheidungsstufung im nationalen und europäischen Verwaltungsverbund, Tübingen, 2009.

Sievers, Rudolf, Der natürliche Wasserlauf im Recht, VerwA, 51 (1960), 187–210.

Simon/Strampff, Materialien des allgemeinen Landrechts zu den Lehren von Gewahrsam und Besitz und von der Verjährung, Zeitschrift für wissenschaftliche Bearbeitung des preußischen Rechtes, 3 (1836), 1–705.

Sitzung der ständischen Ausschüsse vom 31.10.1842, Allgemeine Preußische Staatszeitung 1842, No. 312 (10.11.1842), S. 2231 ff.

Sitzung der ständischen Ausschüsse vom 02.11.1842, Allgemeine Preußische Staatszeitung 1842, No. 314 (12.11.1842), S. 2243 ff.

Sitzung der ständischen Ausschüsse vom 04.11.1842, Allgemeine Preußische Staatszeitung 1842, No. 320 (18.11.1842), S. 2269 ff.

Sitzung der ständischen Ausschüsse vom 07.11.1842, Allgemeine Preußische Staatszeitung 1842, No. 321 (129.11.1842), S. 2243 ff.

Sommer, Archiv für Rechtsfälle aus der Praxis der Rechts-Anwalte des Königl. Obertribunals. Herausgegeben von den Ober-Tribunals-Rechts-Anwalten und redigirt von Theodor Striethorst, Kammergerichts-Rath. Erster Band, Berlin, Verlag von Carl David. 1851, Neues Archiv für preußisches Recht und Verfahren, sowie für deutsches Privatrecht, 15 (1852), 665–667.

Stammler, Rudolf, Deutsches Rechtsleben in alter und neuer Zeit, Bd. 1, Deutsches Rechtsleben im alten Reich, München, 1932.

Stammler, Rudolf, Privilegien und Vorrechte, Rede, in: *Stammler, Rudolf (Hrsg.)*, Rechtsphilosophie Abhandlungen und Vorträge, 1888–1913, Aalen 1970, S. 207–229.

Stelkens, Paul/Bonk, Joachim/Sachs, Michael, Verwaltungsverfahrensgesetz – Kommentar, 8. Aufl., München, 2014.

Stelling, D., Das Jagdrecht auf den Wasserläufen erster Ordnung und auf den Reichswasserstraßen, JW, 1925, 1085–1088.

Stellungnahme des Präsidiums des Deutschen Bauernverbandes vom 11. März 2008 zum Referentenentwurf des Umweltgesetzbuchs

Stenografische Berichte des Reichstags über die Verhandlung des Norddeutschen Bundes, I. Legislaturperiode Session 1869, I. Bd.

Stenografische Berichte des Reichstags über die Verhandlung des Norddeutschen Bundes, I. Legislaturperiode Session 1869, III. Bd.

Sternberg, Leo, Preußische Wasserbenutzungsrechte erworben durch unvordenkliche Verjährung, Ersitzung oder Verleihung staatlichen Regals, Berlin, 1928.

Stryk, Samuel, Diss. inaug. de privilegiorum interpretatione, Magdeburg, 1683.

Stüer, Bernhard, Handbuch des Bau- und Fachplanungsrechts, Planung, Genehmigung, Rechtsschutz, 4. Aufl., München, 2009.

Svarez, Carl Gottlieb, Abhandlung über Privilegien in der „Revisio Monitorum", Von Privilegis VII., in: *Schwennige, Andreas,* Die Entstehung der Einleitung des Preussischen Allgemeinen Landrechts von 1794, Frankfurt am Main, 1993, Anhang IV, S. 401–405.

Svarez, Carl Gottlieb, Abhandlung über die Berücksichtigung der Regalien im Gesetzbuch, in: *Schwennige, Andreas,* Die Entstehung der Einleitung des Preussischen Allgemeinen Landrechts von 1794, Frankfurt am Main, 1993, Anhang III, S. 392 ff., S. 393.

Svarez, Carl Gottlieb, Amtliche Vorträge bei der Schlussrevision des Allgemeinen Landrechts, Jahrbücher für die preußische Gesetzgebung, Rechtswissenschaft und Rechtsverwaltung, Bd. 41 (1833), V–208.

Svarez, Carl Gottlieb, Vorträge über Recht und Staat, hg. von Hermann Conrad und Gerd Kleinheyer, Köln, Opladen, 1960.

Svarez, Carl Gottlieb/Krause, Peter, Entwurf eines allgemeinen Gesetzbuches für die Preussischen Staaten, Edition nach der Ausgabe von 1784 mit Hinweisen auf das ALR; AGB, die eingegangenen Monita und deren Bearbeitung, Bd. I A/1, Stuttgart, Bad Canstatt, 1996.

Sympher, Leo, Die neuen wasserwirtschaftlichen Gesetze in Preußen, Berlin, 1905.

Thiem, Hans, Landeswassergesetz Schleswig-Holstein, Kommentar, Köln, 1985.

Thomasius, Christian, Disputatio Juridica, De Interpretatione Beneficiorum Principis, Ad l. 3. de Constit. Princ., 1701.

Treuenfels, Franz, Gemeingebrauch und Sonderrechte an öffentlichen Flüssen nach gemeinem Recht, Breslau, 1899.

Umweltbundesamt *(Hg.),* Umweltgesetzbuch, Besonderer Teil; (UGB-BT); Berlin, 1994.

Vitriarius, Philipp Reinhard, Corpus iuris publici/3: Vitriarii Institutionum Iuris Publici … illustratarum Tomus III. Libri Tertii Titulos Priores Exhibens, Gotha, ca. 1725.

Voet, Johannes, Commentarius ad Pandectas, Bd. 1, 1778.

Volz, W. L., Entwurf eines Gesetzes über die Benutzung der Gewässer für Landwirthschaft und Gewerbe, Tübingen, 1843.

Vorlage des Herrn Ministers, betreffend den Entwurf eines Vorfluthgesetzes für den ganzen Umfang des preußischen Staates vom 11.02.1871, in: *Salviati, C. von,* Annalen der Landwirtschaft in den Königlich preussischen Staaten, 29. Jg., Bd. 58 (1871), III. 15. Anlage A

Walch, Carl Friedrich, Intoductio in controversias iuris civilis recentiores inter iurisconsultos agitas, 3. Auflage, Jena, 1791.

Wangenheim, Karl August von, Die befreite Undine, Ein Beitrag zur Kritik des Gesetzesentwurfs über die Benutzung der Privatflüsse, Berlin, 1843.

Weber, Werner, Die öffentliche Sache, VVDStrL, 21 (1962), 145–182.

Weigelt, Curt, Die Industrie und die preußische Ministerialverfügung vom 20. Februar 1901: „Fürsorge und Reinhaltung der Gewässer in Preußen", Die chemische Industrie, 24 (1901), 555–559.

Welke, Britta, Die integrierte Vorhabengenehmigung, Tübingen, 2010.

Wendenburg, Helge, Einführungsvortrag: Das neue Buch Wasserwirtschaft im Umweltgesetzbuch, in: Durner, Wolfgang (Hrsg.), Umweltgesetzbuch, Ziele und Wirkungen; integrierte Genehmigung; Naturschutz; Wasserwirtschaft; Umweltrechtstage Nordrhein-Westfalen am 10. und 11. Juni 2008 in Bonn, Köln [u.a.] 2009, S. 113–123.

Wiedemann, Werner, „Verlängerung" von Wasserbenutzungsrechten, ZfW, 1963, 352–356.

Wiedemann, Werner, Anmerkung zu BVerwG, Urteil vom 29.1.1965 - IV C 61.64, ZfW, 1965, 107–112.

Wolff, Hans J./Bachof, Otto/Stober, Rolf/Kluth, Winfried, Verwaltungsrecht II, 7. Auflage, München, 2010.

Wolf, Rainer, Der Stand der Technik, Geschichte, Strukturelemente und Funktion der Verrechtlichung technischer Risiken am Beispiel des Immissionsschutzes, Opladen, 1986.

Wulff, Georg/Herold, Ferdinand, Wassergesetz vom 7. April 1913, 2. Aufl., Berlin, Leipzig, 1928.

Wüsthoff, Alexander, Handbuch des deutschen Wasserrechts 1949, Bd. 1., Berlin, Bielefeld, München.

Wüsthoff, Alexander/Grimme, Wilhelm/Kolb, Fritz Einführung in das deutsche Wasserrecht, 3. Auflage, Berlin, 1962.

Zeitler, Josef, Ökonomische Betrachtung des Widerrufs alter Gewässerbenutzungsrechte zum Wohle der Allgemeinheit, ZUR, 2007, 183–188.

Zimniok, Klaus, Gesetz zur Ordnung des Wasserhaushalts, (Wasserhaushaltsgesetz) vom 27. Juli 1957 (BGBl. I S. 1110), München, 1972.

Zusammenstellung der Bemerkungen und Anträge der Provinzialbehörden und landwirthschaftlichen Hauptvereine zu dem Entwurf eines Vorfluthgesetzes für den ganzen Umfang des preußischen Staates, in: *Salviati, C. von*, Annalen der Landwirtschaft in den Königlich preussischen Staaten, 29. Jg., Bd. 58 (1871), III. 15. Anlage C

Zusammenstellung der gutachterlichen Aeußerungen zu dem Entwurf eines Bürgerlichen Gesetzbuchs, Band III, Aeußerungen zum Sachenrecht, 1890.

www.ingramcontent.com/pod-product-compliance
Ingram Content Group UK Ltd.
Pitfield, Milton Keynes, MK11 3LW, UK
UKHW021831290926
8980IPUK00004B/380

9 783631 790410